I0046497

F. 4382.
21.

# RÉPERTOIRE

## *UNIVERSEL ET RAISONNÉ*

# DE JURISPRUDENCE

### *CIVILE, CRIMINELLE,*

### CANONIQUE ET BÉNÉFICIALE.

*OUVRAGE DE PLUSIEURS JURISCONSULTES :*

Mis en ordre & publié par M. GUYOT, Écuyer, ancien Magiſtrat.

---

## TOME SEIZIÈME.

---

### *A PARIS,*

Chez PANCKOUCKE, Hôtel de Thou, rue des Poitevins.

*Et ſe trouve* chez les principaux Libraires de France.

M. DCC. LXXVII.

# RÉPERTOIRE

*UNIVERSEL ET RAISONNÉ*

## DE JURISPRUDENCE

*CIVILE, CRIMINELLE,*

CANONIQUE ET BÉNÉFICIALE.

## C

**ONTRÔLEUR.** C'eſt en général un officier dont la charge conſiſte à tenir contrôle de certaines choſes.

Il y a pluſieurs ſortes de Contrôleurs qu'on diſtingue par des épithètes particulières. Nous allons parler ſucceſſivement des principaux de ces officiers ſous la dénomination propre à chacun d'eux.

**CONTRÔLEUR** GÉNÉRAL DES FINANCES. C'eſt le titre que portoit en France celui qui avoit la direction & adminiſtration générale de toutes les finances ordinaires & extraordinaires du royaume.

A ij

Le Contrôleur général n'étoit autrefois que le second officier des finances, mais il en étoit devenu le chef depuis la disgrâce du surintendant Fouquet dont la charge fut supprimée par l'édit du 15 septembre 1661.

C'étoit lui seul qui faisoit le rapport de toutes les affaires au conseil royal des finances.

Il opinoit le premier après les commissaires, dans les assemblées de la grande & de la petite direction des finances, qui ne pouvoient se tenir sans lui ; & lorsqu'on y rapportoit quelque affaire qui paroissoit intéresser les finances du roi, il pouvoit après l'exposition des faits & des moyens, avant que les opinions fussent ouvertes, demander que les pièces lui fussent remises, ce que M. le chancelier ordonnoit, & ensuite le Contrôleur général rapportoit l'affaire au conseil royal des finances.

Il avoit aussi entrée & séance aux assemblées qui se tenoient chez M. le chancelier, pour les cahiers du clergé & pour la signature du contrat que le roi passoit avec lui.

Ses fonctions hors du conseil étoient, 1°. de vérifier & parapher les enregistremens faits par les gardes des registres du contrôle général des finances, de tous les actes qui concernoient les finances du roi, tels que les quittances comptables délivrées par les gardes du trésor royal aux officiers comptables, pour raison des payemens qu'ils y avoient faits des deniers de leur maniement destinés au trésor royal ; les quittances de finances aussi délivrées par le garde du trésor royal, pour constitutions de rentes, & généralement pour tout payement de finances, à l'exception de celles qui concernoient les officiers ; les quittances de finance délivrées par le tréforier des revenus cafuels pour payemens de finance ou droits, au fujet de toutes fortes de charges & offices du royaume ; de tous les baux des fermes générales & leurs cautionnemens ; des traités des vivres, des munitions & autres qui concernoient le roi directement ; de toutes les lettres de dons faits par le roi, lettres de priviléges, commiffions des tailles, arrêts du confeil portant impofitions, commiffions pour faire la recette des deniers du roi, & autres expéditions mentionnées dans la déclaration du roi du 6 mars 1716, & de figner les certificats d'enregiftremens au contrôle, au dos de ces pièces.

Il avoit droit par fa charge, & notamment par édit du mois d'avril 1637, & par la déclaration du 16 mai 1655, de commettre les gardes des regiftres du contrôle général des finances, à l'exercice des fonctions que les continuelles & importantes occupations qu'il avoit au confeil pour les affaires & le fervice du roi ne lui permettoient pas de remplir. L'édit du mois d'août 1667 & la déclaration du 6 mars 1716 lui donnoient le droit de commettre aux fonctions des offices de Contrôleurs des finances, domaines & bois, dans toute l'étendue du royaume, en cas de décès, abfence, maladie ou autres empêchemens des titulaires. Il commettoit tous les ans un officier dans chaque province, pour exercer le contrôle de la recette du prêt & annuel, fans que ceux qui étoient ainfi commis en vertu d'un pouvoir figné de lui, fuffent tenus de fe pourvoir en chancellerie pour obtenir des lettres du grand fceau.

2°. Les intendans des finances lui faifoient le rapport de toutes les affaires des départemens dont chacun d'eux étoit chargé. Il donnoit en matière de finances tous les ordres néceffaires aux commiffaires du roi départis dans les provinces, aux tréforiers des deniers royaux, fermiers, receveurs & payeurs du roi pour le domaine, tailles, capitation, aides & autres droits compris dans les fermes générales, octrois, dixième, vingtième, &c.

Outre l'infpection générale qu'il avoit fur tous les officiers de finances, il avoit lui-même le principal département des affaires de finances, qui comprenoit le tréfor royal, les parties cafuelles, la direction générale de toutes les fermes du roi, le clergé, le commerce de l'intérieur du royaume, & extérieur par terre, la compagnie des Indes & les différens commerces maritimes dont elle avoit le privilége; l'extraordinaire des guerres, le pain de munition & les vivres de l'artillerie; toutes les rentes, les pays d'états, les monnoies, les parlemens du royaume & les cours fupérieures; les ponts & chauffées, le pavé de Paris; les manufactures, les octrois des villes, les dettes de communauté, les ligues Suiffes & la caiffe générale des amortiffemens.

Enfin c'étoit lui qui fous le bon plaifir du roi donnoit l'agrément de toutes les chages de finances.

Ce qui vient d'être dit fait connoître que le Contrôleur général n'étoit pas feulement le chef de toutes les finances du roi, mais qu'en cette qualité il avoit auffi part dans les confeils du roi à l'adminiftration de la juftice & au gouvernement de l'état en général.

Comme la place de Contrôleur général eſt aujourd'hui vacante & que par l'édit du mois de juin de la préſente année 1777 , & les lettres patentes du 29 de ce mois , il a été établi une nouvelle forme dans l'adminiſtration des finances, nous renvoyons à l'article FINANCES , pour tout ce qui a rapport à cette matière.

CONTRÔLEUR GÉNÉRAL DES DOMAINES ET BOIS. C'eſt le titre qu'on a donné à des officiers créés pour veiller à la conſervation des domaines du roi.

Ces officiers furent d'abord établis dans chaque généralité par édit du mois d'octobre 1582 ſous le titre de Contrôleurs généraux des domaines.

Par un autre édit du mois de mai 1639 , il fut encore créé trois offices de Contrôleurs généraux des domaines de France , ainſi que trois Contrôleurs généraux provinciaux dans chaque généralité & trois Contrôleurs dans chaque bailliage , ſénéchauſſée & bureau de recette ordinaire. Mais tous ces offices furent enſuite ſupprimés par un édit du mois d'août 1669 qui érigea en titre d'office formé deux Contrôleurs généraux des tréſoriers des domaines , ancien & alternatif, dans chacune des chambres des comptes de Paris, Rouen, Dijon, Grenoble, Aix, Montpellier & Nantes. Il fut dit qu'outre le contrôle que ces officiers tiendroient de tout ce qui ſeroit reçu & payé par les tréſoriers des domaines, ils feroient & exerceroient toutes les fonctions, recherches, pourſuites & diligences attribuées aux Contrôleurs généraux & particuliers des domaines , & au Contrôleur du tréſor, conformément aux édits de 1581, 1582 & 1583. Il fut en même temps attribué des gages à ces officiers, ainsi que quatre deniers pour livre dans les casuels affermés, & les mêmes privilèges que ceux dont jouissoient les trésoriers de France.

Par un autre édit du mois de mars 1673, il fut créé deux receveurs & deux Contrôleurs provinciaux anciens & alternatifs des domaines dans chaque généralité du ressort de la chambre des comptes de Paris, pour recevoir des fermiers des domaines le fonds ordonné pour l'acquit des fiefs & aumônes, rentes, gages d'officiers, & autres redevances assignées sur les domaines, &c.

Et par l'article onze de l'édit du mois d'avril 1685, les offices de trésoriers & Contrôleurs généraux, de receveurs & Contrôleurs provinciaux des domaines créés en 1669 & en 1673, & autres de quelque création qu'ils fussent, furent supprimés, à l'exception néanmoins des offices de Contrôleurs généraux des domaines, anciens & alernatifs de la chambre des comptes de Paris qui furent conservés, pour exercer leurs fonctions conformément à l'édit de 1669. Il fut dit par l'article 12 que les quittances des receveurs généraux seroient contrôlées par les Contrôleurs des recettes générales des finances de chaque généralité, à l'exception de celle de Paris où les Contrôleurs des domaines continueroient de les contrôler.

Un autre édit du mois de décembre 1689 créa deux offices héréditaires de conseillers du roi, Contrôleurs généraux des domaines & bois, anciens & alternatifs dans la généralité de Paris, & un dans chacune des autres provinces &

généralités du royaume où il y a des receveurs
généraux établis. Les deux offices de Contrôleurs du reffort de la chambre des comptes
réfervés en 1685 furent en même-temps fupprimés , & il fut ordonné que les Contrôleurs
généraux nouvellement créés contrôleroient
chacun dans leur département , les quittances
comptables que les receveurs généraux delivre-
roient aux fermiers des domaines, tant des fonds
des charges locales employés dans les états du
roi , que des frais de juftice , réparations &
autres dépenfes , ainfi que les quittances finales
qui feroient délivrées aux adjudicataires des bois,
& celles qui feroient pareillement délivrées aux
engagiftes , du fonds des charges locales de leurs
domaines : il fut en outre dit qu'ils contrôleroient tous les contrats ou actes tranflatifs de
propriété des héritages mouvans en fief ou en
cenfive des domaines du roi , avant que ces
actes puffent être enfaifinés par les receveurs
généraux. Il fut attribué par la même loi aux
Contrôleurs généraux des domaines & bois ,
des gages & un fou pour livre de tous les
droits cafuels affermés , donnés , ou refervés ,
avec les mêmes privilèges , prérogatives , franchifes & exemptions que ceux dont jouiffoient
les receveurs généraux , foit qu'ils réfidaffent
dans le lieu de l'établiffement des bureaux des
finances , ou dans quelqu'autre lieu de l'étendue
de la généralité.

Ces offices de Contrôleurs généraux des domaines & bois créés en 1689 , furent encore
fupprimés par un édit du mois de juin 1725 qui
créa en même-temps dans chaque province &
généralités trois offices de confeillers du roi

Contrôleurs généraux anciens , alternatifs &
triennaux des domaines & bois : il fut dit que
les offices triennaux demeureroient réunis aux
anciens & alternatifs pour être possédés sous le
titre d'anciens mi-triennaux , & d'alternatifs
mi-triennaux , & exercés alternativement par
année , aux fonctions , droits , privilèges &
exemptions portées par les règlemens antérieurs.
Les gages de ces nouveaux officiers furent fixés
au denier 25 de la finance.

Suivant l'article onze de ce dernier édit, les
offices dont il s'agit peuvent être possédés sans
incompatibilité avec tout autre office , & les
acquéreurs peuvent en être pourvus à l'âge de
vingt-deux ans accomplis. Ces offices peuvent
aussi être possédés dans chaque généralité par
une seule & même personne qui peut ensuite
les défunir & les vendre si elle le juge à propos.

Par l'article premier de l'édit du mois de
décembre 1727, les receveurs & Contrôleurs
généraux des domaines & bois ont été maintenus dans leurs offices pour en jouir conformément aux édits de création de 1685 , 1689,
1701 , 1725 & autres, moyennant un supplément de finance. L'article 13 les a rétablis dans
le droit d'hérédité attribué à leurs offices par
les mêmes édits , nonobstant la révocation portée par la déclaration du 9 août 1722 à laquelle
il a été dérogé à cet égard. Et l'article 14 a
maintenu les mêmes officiers dans toutes leurs
fonctions , gages , chauffages , remises , taxations, dispense de donner caution & de faire
résidence actuelle , exemption de tailles , tail-
lon , ustensile , & logemens de gens de guerre,
& droit d'entrée , rang, & séance aux bureaux :

des finances & chambres qui connoiſſent des domaines & autres droits.

Un arrêt du conseil du 12 octobre 1728 a déclaré que l'office de Contrôleur général alternatif des finances de la généralité de Toulouse que le ſieur Falguières poſſédoit conjointement avec celui de Contrôleur général des domaines, n'avoit point vaqué, attendu l'union qui en avoit été faite par les déclarations des 15 mai 1692 & 30 juin 1693 à l'office de Contrôleur général des domaines & bois, pour en jouir à titre d'hérédité, au moyen de la finance payée. Il a été en même temps ordonné que le fils du ſieur Falguières & tout autre pourvu de pareils offices dans les différentes généralités du royaume, jouiroient du bénéfice des déclarations dont on vient de parler, au moyen des finances par eux payées, & en conséquence demeureroient confirmés ou rétablis, en tant que beſoin feroit, dans l'hérédité de ces offices, conformément à l'article 13 de l'édit de 1727, comme ſi les mêmes offices unis y avoient été nommément exprimés.

Les Contrôleurs généraux des domaines & bois doivent jouir de leurs attributions dans les caſuels, nonobſtant les priviléges accordés poſtérieurement à ces attributions. C'eſt ce qui réſulte de différentes lois.

D'après cette juriſprudence, le conſeil a par arrêt du 17 février 1739 ordonné l'exécution de l'édit du mois de décembre 1689, & de la déclaration du 15 mai 1692, & en conséquence a condamné MM. Brayer, conseillers au parlement de Paris, à payer au ſieur Duval, Contrôleur général des domaines de la généralité de Rouen, le ſou pour livre des droits de treizième de l'acquifition par eux faite en 1734 de la terre de Rieux mouvante du roi, attendu que la conceffion du privilége des officiers du parlement de Paris n'eft que du mois de novembre 1690, & que l'attribution des Contrôleurs généraux eft du mois de décembre 1689.

Les Contrôleurs généraux des domaines & bois ont entrée, rang & féance aux bureaux des finances, ainfi qu'aux fiéges qui connoiffent des domaines, dans les lieux où il n'y a point de bureau des finances. C'eft ce qui réfulte des édits de décembre 1689, mars 1693, & décembre 1727.

Par arrêt du 23 août 1735, le confeil, fans s'arrêter aux demandes & prétentions des officiers du bureau des finances de Bordeaux dont ils ont été déboutés, a ordonné que le fieur Mifonnet feroit inftallé en la manière accoutumée ; qu'il auroit rang & féance aux audiences du bureau où il feroit placé immédiatement après le procureur & l'avocat du roi, & qu'il payeroit feulement cent quarante livres feize fous pour les droits de fon inftallation, fomme pareille à celle qu'il avoit payée pour les droits de fa réception à la chambre des comptes de Paris. Il a en outre été ordonné par le même arrêt, qu'à l'avenir les officiers du bureau des finances de Bordeaux ne pourroient exiger pour les droits d'inftallation des officiers qui feroient inftallés dans leur bureau, des fommes plus fortes que celles que ces derniers auroient payées à la chambre des comptes de Paris.

Par arrêt du confeil du 16 mai 1730, il a été permis aux Contrôleurs généraux des domaines & bois, d'établir en vertu de leurs procurations

enregiſtrées aux bureaux des finances , des commis (*) dans les lieux éloignés du chef-lieu de
la généralité , à l'effet de contrôler les enſaiſi-
nemens & enregiſtremens preſcrits par l'article 5 de l'édit du mois de décembre 1727 ,
tenir des regiſtres & les dépoſer : il a même été
ordonné que ces officiers feroient tenus d'établir
des commis dans tous les lieux où les receveurs
généraux jügeroient à propos d'en mettre , à
peine de demeurer déchus des droits qu'ils auroient à prétendre ; & qu'en cas de négligence
de leur part, les officiers du domaine pourroient
établir des commis qui percevroient à leur profit
les droits de contrôle.

Les Contrôleurs généraux des domaines &
ceux des finances ont prétendu qu'ils devoient
jouir de l'exemption des droits de franc fief. Ils
ſe fondoient ſur un édit de 1554 , & ſur deux
déclarations de 1576 & 1624 , qui avoient attribué aux receveurs généraux & aux Contrôleurs généraux des finances , les priviléges des
tréforiers de France : mais comme ni la nobleſſe
ni l'exemption du droit de franc fief ne ſont
ſpécifiées dans ces lois non plus que dans les
édits de création des Contrôleurs généraux , ils
ont été déboutés de leurs prétentions par différens arrêts du conſeil. Il y en a un, entr'autres ,
du 10 mai 1723 , contre le ſieur Boyer d'An-

---

(*) Par arrêt du conſeil du 19 juillet 1723 , il a été
ordonné aux commis des contrôleurs des domaines , bois
& finances, de prendre des proviſions & commiſſions au
grand ſceau , à peine de mille livres d'amende, conformément à l'arrêt du 25 ſeptembre 1718 , concernant les offices
de judicature, police, finance, ou domaniaux.

glezard, Contrôleur général alternatif des finances & domaines de la généralité d'Auch, & un
autre du 18 mars 1732, contre le sieur Garreau
de Haute-Faye, Contrôleur des finances, domaines & bois de la généralité de Moulins.

Par édit du mois de mai 1773 (*), le feu roi

---

(*) *Comme cet édit détermine les fonctions & les droits
des offices dont il s'agit, il convient de le rapporter ici :*

Louis, par la grace de Dieu, roi de France & de Navarre : A tous présens & à venir ; salut. Notre très-cher &
très-amé petit-fils Louis-Stanislas-Xavier, fils de France,
nous auroit représenté que son apanage s'étend dans plusieurs provinces différentes, & qu'il seroit nécessaire pour la
conservation des domaines dudit apanage, de suivre pour le
recouvrement des droits qui en dépendent, le même ordre
que dans nos autres domaines, en y établissant des offices
de receveurs & contrôleurs généraux des domaines & bois
à l'instar de ceux créés dans les différentes généralités du
royaume ; & pour cet effet, il nous auroit supplié de créer
en titre d'office dans l'étendue de sondit apanage, deux receveurs généraux desdits domaines & bois, semblables à
ceux créés dans chacune généralité de notre royaume, &
deux contrôleurs généraux desdits domaines & bois ; savoir,
un receveur général ancien, alternatif & triennal, & un
contrôleur général ancien, alternatif & triennal, pour le
duché d'Anjou, & les comtés du Maine & du Perche, &
un autre receveur général ancien, alternatif & triennal, &
un contrôleur général ancien, alternatif & triennal, pour
le comté de Senonches & le Thimerais, aux gages de quinze
cens livres pour le receveur général des domaines & bois
du duché d'Anjou, comtés du Maine & du Perche, de cinq
cens livres pour le receveur général des domaines & bois
du comté de Senonches & du Thimerais, & de quatre cens
livres pour chacun des Contrôleurs généraux desdits domaines, & aux autres droits, fonctions, honneurs & priviléges
que nous avons accordés auxdits receveurs & Contrôleurs
généraux de nos domaines, par nos édits des mois d'avril
1685, août 1689, décembre 1701, décembre 1727, &

décembre 1743 , & de vouloir bien que la finance qui proviendra desdites charges soit employée au payement des indemnités qui seront dues aux offices de nos receveurs & contrôleurs généraux des domaines, dont seront distraits à l'avenir les domaines & bois qui composent son apanage ; & voulant contribuer au bien & avantage de notredit petit-fils, & lui donner en toute occasion des marques de notre affection : A ces causes , & autres a ce nous mouvant, & de notre certaine science, pleine puissance & autorité royale, nous avons, à la priere de notredit petit-fils, comte de Provence, par le présent édit perpétuel & irrévocable, dit, statué & ordonné, disons, statuons & ordonnons, voulons & nous plaît, qu'à l'avenir le duché d'Anjou , les comtés du Maine & du Perche, & le Thimerais, soient distraits des recettes générales de nos domaines & bois des généralités de Tours, d'Alençon & de Paris, sauf à pourvoir par nous aux indemnités qui pourront être dues aux receveurs & contrôleurs généraux de nos domaines & bois desdites généralités , & ce sur les mémoires qu'ils seront tenus à cet effet de remettre au sieur contrôleur général de nos finances, & de la même autorité que dessus , nous avons par notre présent édit créé & érigé , créons & érigeons en titre d'office deux nos conseillers receveurs généraux, & deux nos conseillers-contrôleurs généraux des domaines & bois dans l'étendue de l'apanage de notredit petit-fils le comte de Provence ; savoir un receveur général ancien , alternatif & triennal, & un Contrôleur général des domaines & bois pour l'Anjou, le Maine & la partie du Perche qui faisoit partie de la recette générale d'Alençon , & un receveur général ancien , alternatif & triennal, & un contrôleur général des domaines & bois pour le comté de Senonches & le Thimerais, pour en jouir par ceux qui en seront par nous pourvus auxdits titres , & recevoir en conséquence des adjudicataires des ventes, tant ordinaires qu'extraordinaires des bois & forêts dudit apanage, les deniers provenans desdites ventes, ensemble des restitutions qui seront adjugées pour dégradations commises dans lesdits bois , acquitter les charges assignées sur lesdites recettes , recevoir les droits seigneuriaux

de Provence, aujourdhui MONSIEUR, frère du

casuels & fruits adjugés au profit de notredit petit-fils le
comte de Provence, & faire chacun dans l'étendue de leur
département, toutes les fonctions attribuées à nos receveurs
& Contrôleurs généraux des domaines bois, tant par nos
édits de 1685, 1689, 1701, 1727 & 1743, que par les
déclarations & réglemens rendus en conséquence sans aucune exception, & compter en notre chambre des comptes
dans la forme prescrite par nos édits, déclarations & lettres
patentes ; voulons que lesdits receveurs & contrôleurs généraux des domaines & bois, créés par notre présent édit,
jouissent, à compter du premier janvier de cette année,
des gages ci-après, savoir, le receveur général des domaines & bois des duchés d'Anjou & comtés du Maine &
du Perche qui étoient compris en la généralité d'Alençon,
de quinze cens livres ; le receveur général du comté de
Senonches & Thimerais, de cinq cens livres ; & chacun des
Contrôleurs généraux, de quatre cens livres ; desquels gages
le fonds sera fait dans les états des domaines de notredit
petit-fils, ensemble & à compter du même jour des taxations, attributions, chauffages & autres droits dont jouissent
les receveurs généraux de nos domaines & bois, à l'effet de
quoi lesdits receveurs généraux des domaines & bois des
généralités de Tours, Alençon & Paris, seront tenus de
remettre entre leurs mains, chacun pour ce qui les concerne, tous les deniers qu'ils peuvent avoir reçus, tant du
sou pour livre des ventes des bois de l'apanage de notredit
petit-fils, que du principal d'icelles pour l'ordinaire de la
présente année, à ce faire contraints comme pour nos deniers & affaires ; & en ce faisant, ils en demeureront bien
& valablement déchargés ; voulons que lesdits receveurs &
contrôleurs généraux jouissent de tous les honneurs, dignités, fonctions, rang, séance, prérogatives & priviléges
dont jouissent les receveurs généraux de nos domaines &
bois, que lesdits contrôleurs généraux aient droit d'assister
aux adjudications des ventes des bois de l'apanage, qu'ils
fassent le contrôle desdites ventes & en tiennent bons &
fidèles registres ; à l'effet de quoi les adjudicataires seront
tenus de représenter leurs adjudications & actes de caution-

roi,

roi, deux offices de Contrôleurs généraux des domaines & bois. Ces officiers rempliffent dans l'apanage les mêmes fonctions que celles dont les Contrôleurs généraux des domaines & bois du roi font chargés dans les différentes généralités du royaume, & il n'y a aucune différence entre les priviléges & attributions des uns & des autres.

Voyez *les édits d'octobre 1582, mai 1639, août 1669, mars 1673, avril 1685, décembre 1701, mai 1717, juin 1725; & décembre 1727; l'arrêt du conseil du 12 octobre 1728; les déclarations des 15 mai 1692, & 30 juin 1693; l'arrêt du conseil du 19 juillet 1723; le dictionnaire raisonné des domaines*, &c. Voyez auffi les articles DOMAINE, FRANF - FIEF, ENSAISINE-MENT, &c.

CONTRÔLEUR DES GUERRES. C'eft le titre d'un officier chargé de tenir regiftre

---

ment; voulons en outre qu'il foit par nous pourvu, pour la première fois feulement, auxdits offices, & ci-après par notredit petit-fils, ainfi qu'aux autres offices de fon apanage; ordonnons qu'il fera procédé inceffamment à la liquidation des indemnités dues aux receveurs généraux de nos domaines & bois des généralités d'Alençon, Tours & Paris, & qu'il fera pourvu au payement defdites indemnités du fonds qui proviendra de la finance defdits offices créés par notre préfent édit, & que ceux qui prêteront leurs deniers pour l'acquifition defdits offices, auront privilége fur iceux en en faifant mention tant dans les contrats d'emprunts, que dans les quittances de finances qui feront délivrées par le receveur de nos revenus cafuels; & defirant faciliter l'exécution du préfent édit, nous ordonnons qu'il ne fera payé par les pourvus defdits offices, que moitié des droits de marc d'or & frais de réception, fans tirer à conféquence. Si donnons en mandement. &c.

& contrôle des montres & revues des troupes
du roi.

Les offices de Contrôleurs des guerres ayant
été fupprimés par édit du mois de mars 1667,
il en a été créé de nouveaux par édits des mois
de décembre 1691, feptembre 1692, & par
d'autres édits poftérieurs.

L'âge pour la réception de ces officiers eft
réputé compétent lorfqu'ils font entrés dans leur
vingt-cinquième année.

Un arrêt du confeil du 16 juin 1693 a maintenu les Contrôleurs des guerres dans tous les
droits, priviléges, franchifes & exemptions à
eux attribués par les édits de 1691 & 1692,
& par ceux de création des anciens pourvus de
pareilles charges ; en conféquence il a été fait
défenfe aux maires, échevins, jurats & capitouls
des villes & communautés, même aux baillis &
fénéchaux, d'impofer ces officiers à aucune taxe
pour raifon des charges des villes ou communautés, de quelque nature qu'elles foient, & de
les commander pour le fervice perfonnel du ban
& arrière ban, ou de les taxer à ce fujet, fous
quelque prétexte que ce fût, à peine de tous
dépens, dommages & intérêts.

Par un autre arrêt du confeil, du 4 août
1693, il a été ordonné que les Contrôleurs des
guerres créés par les édits de décembre 1691
& feptembre 1692, jouiroient de l'exemption
de tutelle & curatelle, de guet & de garde, &
de toutes les autres charges de ville quoique non
exprimées dans ces édits.

Les Contrôleurs des guerres jouiffent auffi du
droit de committimus à l'inftar des commenfaux
de la maifon du roi.

Divers arrêts & décisions du conseil des 15 novembre 1720, 17 novembre 1722, 9 juillet 1730, 21 janvier 1731, &c. avoient déclaré les Contrôleurs des guerres assujettis au droit de franc-fief, dont ils prétendoient devoir être exempts : mais ils ont enfin obtenu un arrêt du conseil en leur faveur le 26 mai 1757.

Par cet arrêt le roi a ordonné qu'ils demeureroient maintenus & confirmés, & en tant que de besoin, rétablis dans l'exemption du droit de franc-fief & dans les autres exemptions, priviléges, prérogatives, franchises & immunités dont jouissent les commensaux de la maison du roi, & qui leur sont attribués par les édits de création de leurs offices ; en conséquence, il a été fait défense au fermier de les troubler dans la jouissance de ces droits, tant pour le passé que pour l'avenir, à peine de tous dépens, dommages & intérêts. Mais ces avantages n'ont été accordés aux Contrôleurs des guerres qu'à la charge de payer chacun entre les mains du trésorier des revenus casuels, une somme de trois mille livres, & les deux sous pour livre par forme de supplément de finance.

Il n'y a par conséquent d'exempts du droit de franc-fief, que les Contrôleurs des guerres qui ont payé le supplément de finance dont on vient de parler.

Voyez *les lois citées ; le code militaire ; le dictionnaire des arrêts & celui des domaines*, &c.

CONTRÔLEUR GÉNÉRAL DES RESTES. C'est un officier de la chambre des comptes chargé de la poursuite de tous les débets des comptables & des charges prononcées contre eux au jugement de leurs comptes.

Il exerce ſes fonctions ſous l'autorité de la chambre & en conſéquence des ordres des commiſſaires par elle établis pour veiller aux pourſuites néceſſaires , à l'effet d'accélérer l'apurement des comptes & les payemens des débets dûs au roi par les comptables , de quelque nature qu'ils ſoient.

Pour faire les pourſuites , il prend copie de tous les états finaux des comptes ſur un regiſtre du parquet, où ils ſont inſcrits auſſi-tôt qu'ils ſont jugés ; & d'après les débets & charges qui réſultent de ces états finaux , il dreſſe ſes contraintes & les fait ſignifier au comptable par un huiſſier de la chambre. Si le comptable ne ſe met pas en règle en payant les débets par lui dûs , & en préſentant ſes requêtes à la chambre pour l'apurement de ſes comptes , alors il lui fait un itératif commandement , & enfin un commandement recordé.

Cette procédure eſt ſuivie de la vente des effets mobiliers du comptable , & ſi le prix ne ſuffit pas pour payer ce qu'il doit au roi & les frais des apuremens de ſes comptes , alors le Contrôleur des reſtes fait ſaiſir réellement à la requête du procureur général de la chambre , l'office de ce comptable & ſes autres immeubles ; il continue enſuite ſa procédure à la cour des aides pour parvenir à la vente & à l'ordre qui doit être dreſſé en conſéquence.

Pour éviter ces pourſuites du Contrôleur des reſtes, les comptables doivent faire apurer leurs comptes & rapporter les pièces néceſſaires pour obtenir le rétabliſſement des charges ſur leurs comptes : cette opération faite , ils doivent faire ſignifier les états finaux des comptes ainſi apurés au Contrôleur des restes, qui en doit faire mention sur ses registres, en lui payant les droits de rétablissement qui lui sont dûs pour raison de ses poursuites, outre le sou pour livre de toutes les sommes qui sont portées par le comptable au trésor royal, en conséquence de ses diligences.

Le roi ayant par sa déclaration du 4 mai 1766, fait un réglement pour la comptabilité & les poursuites du Contrôleur général des restes (*),

---

(*) *Voici cette déclaration, suivie de l'arrêt d'enregistrement.*

Louis, par la grâce de Dieu, roi de France & de Navarre : A tous ceux qui ces présentes verront, salut. En même temps que nous nous occupons des moyens d'établir plus d'ordre dans la perception & l'administration de nos finances, nous avons pensé que nous devions apporter nos soins sur les différens objets de comptabilité, & principalement sur les moyens qui pourroient concourir à l'apurement & à la correction des comptes ; nous avons cru qu'en prenant les précautions les plus grandes pour l'avenir, nous devions user d'indulgence pour le passé : c'est dans cette vue que nous nous sommes proposé d'accorder une amnistie totale & gratuite à tous nos comptables pour les comptes antérieurs à 1665, sur lesquels il pourroit encore rester quelques charges. Quoique les débets des comptes soient imprescriptibles, nous avons pensé qu'après une époque de plus de cent années, nous pouvions, pour procurer à nos comptables & à leurs héritiers & ayant cause, une plus grande tranquillité, renoncer à nos droits; & nous nous y sommes déterminés d'autant plus volontiers, que nous avons lieu de croire, par l'effet de l'amnistie accordée par l'édit du mois de décembre 1691, & les différens traités faits depuis pour le recouvrement des restes, que les charges qui peuvent encore subsister sur les registres de nos Contrôleurs des restes pour les comptes antérieurs à 1665, se trouveroient réduites à des objets qui n'indemniseroient pas des

la chambre des comptes rendit le 2 juin 1767 ;

frais qu'il en coûteroit, & du trouble que les pourſuites qu'il faudroit faire répandroient dans la plupart des familles. C'eſt dans les mêmes vues que pour tous les comptes poſtérieurs à 1664, juſques & compris 1719, nous avons cru devoir faciliter à noſdits comptables les moyens de les apurer en les traitant favorablement, non ſeulement ſur les formalités & ſur les intérêts auxquels ils ont été ou pourroient être condamnés ſur leſdits comptes, & dont nous nous propoſons de les décharger entièrement, mais encore par rapport aux débets de quittances ſur leſquels nous ferons une remiſe proportionnée à l'exactitude qu'ils apporteront à payer les débets de leurs comptes. A l'egard des parties poſtérieures à l'année 1719, en exigeant en entier le capital, nous nous ſommes portés à leur faire quelque remiſe ſur les intérêts. En prenant le parti de traiter nos comptables auſſi favorablement pour le paſſé, nous avons cru devoir preſcrire pour l'avenir les moyens les plus ſûrs pour parvenir à l'apurement des comptes ; & nous avons penſé qu'un des meilleurs que nous puiſſions employer, étoit de rendre uniforme le temps pendant lequel nos comptables doivent être dépoſitaires des parties non réclamées, ſans avoir égard à la clôture réelle des comptes, qui par elle-même formoit une époque inégale. La correction des comptes, qui de tout temps a été preſcrite par les ordonnances, nous a paru mériter notre attention ; mais en prenant des précautions pour que leſdites corrections ſoient faites à l'avenir, nous avons cru, pour les faciliter, devoir uſer de la même indulgence pour d'anciens comptes dont la correction ſeroit difficile & diſpendieuſe, & proportionner la diſpenſe de correction que nous entendons accorder à l'empreſſement que les comptables témoigneront de ſatisfaire à l'apurement de leurs comptes. A ces cauſes, & autres à ce nous mouvant, de l'avis de notre conſeil & de notre certaine ſcience, pleine puiſſance & autorité royale, nous avons dit, déclaré & ordonné ; diſons, déclarons & ordonnons, voulons & nous plaît ce qui ſuit :

en exécution de cette déclaration, un arrêt de

## ARTICLE PREMIER.

Les comptables feront tenus de préfenter leurs comptes dans les délais prefcrits par l'ordonnance du mois d'août 1669, s'ils n'ont un délai particulier que nous leur ayons fixé pour la préfentation de leurs comptes ; & faute par eux d'y fatisfaire, ils feront condamnés aux amendes réglées par nos ordonnances.

II. Dans le cas où lefdits comptables à qui nous aurions fixé un délai particulier pour la préfentation de leurs comptes, foit par leur édit de création, foit par nos déclarations particulières, n'auroient point profité dudit délai, & feroient condamnables à l'amende & aux intérêts, nous voulons que lefdites amendes foient comptées du jour de l'expiration du délai particulier qui leur aura été accordé, & lefdits intérêts du jour que le compte auroit dû être clos, relativement audit délai particulier, & non au delai ordinaire de préfentation, réglé par l'ordonnance du mois d'août 1669, à laquelle il aura été dérogé en faveur des comptables : n'entendons néanmoins comprendre dans les difpofitions du préfent article, ceux de nos comptables chargés de recevoir les impofitions qui n'auront pas profité des délais particuliers de préfentation à eux accordés ; permettons auffi à nos chambres des comptes, dans des cas de trop grande négligence, de condamner les comptables en telles amendes extraordinaires qu'elles jugeront à propos, faute de préfentation de compte.

III. Pour juger des différentes caufes qui peuvent retarder le jugement des comptes, nous voulons que par le garde des livres il foit tenu un regiftre paraphé par un de nos confeillers-maîtres des comptes, qui contiendra la nature des comptes qui lui auront été remis, & le jour qu'il s'en chargera au parquet ; ce qu'il fera tenu de faire fur l'avis qui lui en fera donné par notre procureur général ou fon fubftitut & en leur préfence ; fera en outre tenu ledit garde des livres, de mettre à fon *habui* la date du jour que le dernier volume lui aura été remis.

IV. Nos procureurs généraux feront tenus dans le mois

règlement qu'il est intéressant de faire connoître & que nous allons rapporter :

après la remise des comptes au parquet, de remettre au Contrôleur des restes les extraits des états finaux desdits comptes, & d'envoyer autant desdits extraits d'états finaux au Contrôleur général de nos finances, conformément à l'article 23 de l'ordonnance du mois d'août 1669.

V. Les receveurs généraux de nos finances, receveurs des tailles, receveurs généraux de nos domaines, payeurs des charges assignées sur nos fermes, trésoriers-payeurs des gages de cours supérieures & compagnies créées à l'instar d'icelles, & généralement tous nos comptables qui prennent leurs fonds sur nos recettes générales, sur nos fermes ou sur notre trésor royal, à l'exception toutefois des comptables mentionnés en l'article ci-après, seront tenus, faute de réclamation, de garder entre leurs mains les fonds des charges employées dans les états qu'ils sont tenus d'acquitter pendant six années après leur exercice expiré ; voulons que dans les six mois qui suivront lesdites six années, ils soient tenus d'en remettre les fonds en notre trésor royal; & que faute par eux d'y satisfaire, ils soient condamnés aux intérêts, à compter de l'expiration desdites six années ; du montant des souffrances, faute de quittances qui se trouveront excéder deux cens livres pour chaque compte ; n'entendons néanmoins que lesdits comptables puissent s'en dessaisir en aucun cas avant le jugemens de leurs comptes, s'ils n'y sont autorisés par des arrêts particuliers de nos chambres des comptes.

VI. N'entendons comprendre dans les dispositions de l'article 5 ci-dessus, les payeurs des rentes assignées sur les aides & gabelles & le clergé, à qui nous avons par notre déclaration du 20 juin 1752, accordé un délai particulier pour payer au trésor royal lesdites parties non réclamées, non plus que les receveurs des octrois, les trésoriers des secours aux communautés & des offrandes & aumônes, & autres comptables dont les fonds des parties non réclamées ne se portent point au trésor royal.

VII. N'entendons pareillement rien innover à la déclaration du 19 mars 1711, à l'égard des souffrances pour

« Vu par la chambre son arrêt du 16 juin

formalités ; voulons en conséquence que les trois années
accordées aux comptables pour la décharge desdites parties,
soient comptées comme ci-devant, du jour de la clôture des
comptes.

VIII. Les comptables seront tenus de se conformer à
l'article 5 des présentes pour le passé, à compter du premier janvier dernier, en leur accordant néanmoins six mois,
à compter du jour de l'enregistrement des présentes, pour
l'expédition des quittances du trésor royal ; & faute d'y
satisfaire, ils seront condamnés aux intérêts, ainsi & de la
manière qu'il est dit ci-devant article 2, sans néanmoins
que ceux qui rapporteront des quittances du trésor royal,
datées avant ledit jour premier janvier dernier, puissent
être condamnés à aucuns intérêts, sous prétexte des présentes, s'ils se sont conformés à la déclaration du 19 mars
1712.

IX. Dans le cas où les parties non réclamées seroient
saisies entre les mains des comptables, lesdits comptables
feront tenus d'en faire leur déclaration aux gardes de notre
trésor royal, dont mention sera faite dans les quittances
qu'ils en délivreront ; voulons que le remplacement n'en
puisse être fait qu'en rapportant la main-levée desdites
saisies & oppositions, ou jugemens qui en ordonnent le
payement.

X. Voulons que tous nos comptables, conformément à
l'ordonnance du 19 octobre 1566, ne puissent être assignés
pour affirmer ce qui peut être dû aux parties sur lesquelles
il aura été fait des saisies & arrêts, à peine de nullité des
exploits ; & que les huissiers soient tenus de laisser l'original
de leur exploit entre les mains des comptables qui seront
obligés de faire leur déclaration de ce qui peut être dû aux
parties saisies, le tout dans la même forme & manière qu'il
est ordonné pour les payeurs des rentes de l'hôtel-de-ville
de Paris; voulons que les réglemens intervenus à ce sujet,
à l'égard desdits payeurs des rentes, soient communs à tous
nosdits comptables.

XI. Les Contrôleurs des restes seront tenus de se conformer pour les poursuites qu'ils auront à faire à l'avenir

» 1765, par lequel elle a nommé des commiſſai-

---

pour le recouvrement des débets , aux articles 2 & 3 de
notre déclaration du 14 août 1735 ; voulons néanmoins
que pour les comptables domiciliés dans les villes où nos
chambres des comptes ſont établies , & pendant leur vivant,
les commandemens & contraintes ne ſoient faits qu'à leurs
perſonnes ou à leurs véritables domiciles , & qu'il ne puiſſe
en être fait aux domiciles par eux élus, que pour les veuves
& héritiers deſdits comptables, & pour ceux qui ſont domiciliés hors des lieux où nos chambres des comptes ſont
établies

XII. Pour éviter à nos comptables les frais de pourſuite,
nous voulons & entendons que dans les cas où nos chambres des comptes ou nos procureurs généraux en icelles,
ne jugeront point à propos d'envoyer des huiſſiers deſdites
chambres, les commandemens, contraintes & autres pourſuites qu'il ſeroit néceſſaire de faire contre leſdits comptables domiciliés dans les villes éloignées de celles où ſont
établies nos chambres des comptes , puiſſent être faits par le
premier huiſſier de juridiction royale ſur ce requis , ſans
qu'il ſoit beſoin de commiſſion ni pareatis : entendons
néanmoins que lorſqu'il ſera employé d'autres huiſſiers que
ceux de nos chambres des comptes, leſdits commandemens
& contraintes ſoient viſés de nos procureurs généraux en
noſdites chambres des comptes , & ſeront leſdits huiſſiers
comptables de l'exécution de leurs commiſſions en nos
chambres des comptes, qui taxeront les frais par eux légitimement faits ; & pour indemniſer les huiſſiers de noſdites
chambres de la diſtraction de cette partie de leurs fonctions,
il leur ſera payé par noſdits comptables, à l'exception toutefois des payeurs des rentes ſur la ville de Paris, la moitié
des droits de rétabliſſement qui ſeront dus au Contrôleur
des reſtes, lors de la ſignification qui lui ſera faite des états
finaux des comptes, & dans le cas ſeulement où il en ſera
dû au Contrôleur des reſtes.

XIII. Leſdits Contrôleurs des reſtes ne pourront être
contraints de délivrer aucuns certificats d'apuremens qu'après
le payement des frais de pourſuites ; & faute par leſdits
Contrôleurs des reſtes de ſe faire payer deſdits frais avant

» res pour procéder à l'examen de la déclara-

de délivrer lesdits certificats, ils seront déchus de toute répétition à cet égard; entendons néanmoins, quant aux frais
de contraintes & poursuites qui seront faites contre des
comptables en faillite, qu'il en soit fait taxe par nos chambres des comptes, & qu'il en soit délivré exécutoire sur les
receveurs généraux des domaines, qui seront tenus de les
payer en rapportant avec ledit exécutoire, un certificat de
notre procureur général dans nosdites chambres des comptes,
qui constate que lesdits exécutoires n'ont pu être payés par
les débiteurs par carence de biens.

XIV. Voulons que les Contrôleurs des restes soient
tenus de poursuivre tous nos comptables jusqu'à l'entier
apurement de leurs comptes; savoir, lesdits comptables,
leurs cautions & certificateurs, comme pour nos deniers
& affaires, & leurs veuves, bien-tenans ou ayans cause,
par saisies réelles & exécution de leurs biens, en la manière
accoutumée; & dans le cas où les premières poursuites
n'auroient point opéré l'entier apurement desdits comptes,
voulons qu'il ne soit usé d'aucun délai ni surséance pour
tous les comptes antérieurs à la dixième année précédant
le dernier compte jugé desdits comptables, à peine par
lesdits Contrôleurs des restes d'être déchus des droits de
rétablissement & du sou pour livre à eux attribués, s'ils
ne justifient de saisies de biens meubles & immeubles desdits comptables, ou s'il n'est accordé des arrêts de surséance en connoissance de cause par nos chambres des
comptes.

XV. Pour d'autant plus assurer l'exécution de l'article
précédent, nous voulons que par le Contrôleur des restes
il soit remis tous les ans à nos procureurs généraux un état
de tous les comptes antérieurs à la dixième année précédant
le dernier compte jugé de chaque comptable, qui ne seront
pas apurés, pour être par nos chambres des comptes ordonné ce qu'il appartiendra, & qu'autant dudit état soit
remis par nosdits procureurs généraux ès mains du Contrôleur général des finances, pour être par nous mêmes
pourvu à la destitution ou suspension desdits comptables qui
n'auront pas satisfait à l'apurement des comptes dont ils sont
tenus.

» tion du roi du 4 mai précédent, portant une

XVI. Pour faciliter à nosdits comptables l'apurement de tous les anciens comptes dont ils pourroient être tenus, & procurer aux enfans, héritiers, cautions & bien tenans des comptables décédés, une plus grande tranquillité, nous avons par ces présentes, quitté & déchargé, quittons & déchargeons tous nos officiers comptables, leurs veuves, héritiers, bien-tenans ou ayans caufe, même ceux qui ont acquis des biens defdits comptables, fur lefquels nous pourrions avoir privilége ou hypothèque, de tous les débets clairs, débets de quittances, amendes, indécifions, fouffrances & autres charges, & finalement de tout ce qui pourroit leur être demandé par défaut de reddition, apurement & correction des comptes, pour toutes les années antérieures à 1665; défendons à nos procureurs généraux & à leurs fubftituts, de faire aucunes réquifitions & demandes, & à nos Contrôleurs des reftes & des bons d'états de notre confeil, de faire aucunes pourfuites ni décerner aucunes contraintes pour raifon defdits comptes antérieurs à ladite année 1665, faifant en tant que de befoin, don & remife auxdits comptables, leurs héritiers & bien-tenans, de tous les débets qui pourroient réfulter defdits comptes; n'entendons néanmoins, en fixant la préfente amniftie à l'année 1664, préjudicier à ceux qui en conféquence de l'édit de décembre 1691, l'auroient acquife jufques & compris l'année 1670, en juftifiant avoir payé les fommes auxquelles ils auroient été taxés en exécution dudit édit,

XVII. Nous avons pareillement déchargé tous nosdits comptables des amendes, indécifions, fouffrances & autres charges pour formalités, même des débets d'intérêts fubfiftans fur les comptes des années 1665 & fuivantes, jufques & compris l'année 1719; pour raifon defquelles amendes, débets d'intérêts, indécifions, fouffrances & autres charges pour formalités, dont nous leur faifons don & remife, nous voulons qu'il ne foit fait aucunes demandes ni pourfuites.

XVIII. A l'égard des fouffrances ou parties rayées, faute des quittances & débets clairs fubfiftans fur lefdits

» amniftie en faveur des comptables, & conte-

comptes des années 1665 & fuivantes, jufques & compris
l'année 1719, en payant par lefdits comptables & leurs
héritiers tenus defdites années, la moitié feulement du montant defdits débets clairs, fouffrances ou parties rayées faute
de quittances, ès mains des gardes de notre tréfor royal,
dans un an, à compter du jour de l'enregiftrement des préfentes, & les deux tiers dans l'année fuivante, pour ceux
qui n'y auront pas fatisfait dans la première ; voulons que
leurs comptes foient tenus pour entièrement apurés, leur
faifant don & remife de l'autre moitié ou du dernier tiers
defdits débets clairs & fouffrances ou parties rayées, faute
de quittances, & des intérêts auxquels ils pourroient être
condamnés.

- XIX. Ceux qui n'auront point profité de la grâce accordée par l'article précédent, dans les deux années qui
fuivront l'enregiftrement des prefentes, feront tenus de payer
la totalité du montant defdits débets clairs & fouffrances,
ou parties rayées faute de quittances, avec les intérêts, fans
néanmoins que lefdits intérêts puiffent excéder le capital,
duquel excédant, pour cette fois feulement, nous leur faifons don & remife ; & feront lefdits intérêts liquidés comme
il eft dit par l'article 2 des préfentes : n'entendons non plus
les priver de la décharge & remife des formalités & amendes accordées en général à tous nos comptables par l'article 17 des préfentes, pourvu toutefois qu'ils fatisfaffent
au payement des débets clairs & debets de quittances &
intérêts, dans les quatre années qui fuivront l'enregiftrement des préfentes, faute de quoi ils feront privés de toutes
remifes d'intérêts, amendes & formalités, fur les comptes
poftérieurs à l'année 1664.

XX. Entendons que ceux de nos comptables qui auroient
entre leurs mains des quittances ou rééépiffés des gardes
de notre tréfor royal, libellés fur lefdits débets clairs ou
parties non réclamées, profitent en entier de la grâce accordée à ceux qui auront payé dans la première année,
fans néanmoins que fous ce prétexte ils puiffent prétendre
être en avance vis-à-vis de nous, ni exercer, pour raifon
des comptes antérieurs à ladite année 1720, aucune répé-

» nant plusieurs règlemens pour la comptabilité

tition contre nous , dans le cas où lesdites quittances ou récépissés se trouveroient excéder la moitié des débets qu'ils seroient obligés de nous payer, conformément à l'article 18 ci-dessus ; voulons que les quittances du trésor royal qui seront expédiées sur lesdits récépissés, fassent mention des années sur lesquelles ils auront été libellés.

XXI. Désirant traiter favorablement nosdits comptables pour les comptes des années 1720 & suivantes , jusques & compris l'année 1740, nous voulons qu'en payant par lesdits comptables dans les six mois qui suivront l'enregistrement des présentes, la totalité des débets clairs & des parties rayées ou en souffrances, faute de quittance subsistant sur lesdits comptes , ils soient déchargés , comme par ces présentes nous les déchargeons, de la moitié des intérêts auxquels ils seroient condamnés.

XXII. Nous modérons & réduisons au dixième , les amendes auxquelles lesdits comptables pourroient avoir été condamnés sur tous lesdits comptes actuellement jugés , jusques & compris ceux de l'année 1760.

XXIII. N'entendons priver de la remise de la moitié des intérêts accordée par l'article 21 , ceux qui ont été condamnés auxdits intérêts sur les quittances qu'ils ont produites au jugement ou à l'apurement de leurs comptes, ou qui ont actuellement entre leurs mains des quittances des gardes de notre trésor royal , libellées sur les débets desdits comptes ; voulons qu'en payant la moitié desdits intérêts, ils soient déchargés de la totalité , sans que néanmoins ceux qui auroient payé la totalité desdits intérêts, puissent exercer aucun recours ni répétition contre nous sous prétexte des présentes.

XXIV. Nous confirmons les Contrôleurs des restes de nos chambres des comptes, dans le droit de sou pour livre des sommes qu'ils feront porter en notre trésor royal ; & en tant que de besoin , nous accordons à ceux desdits Contrôleurs des restes, à qui il a été accordé un moindre droit , ou à l'égard desquels nous ne nous sommes point encore expliqué , ledit droit d'un sou pour livre , en la même forme & manière qu'il a été attribué au Contrôleur des restes de

» & les pourfuites du Contrôleur général des

la chambre des comptes de Paris, par notredite déclaraion du 14 août 1735.

XXV. Lefdits Contrôleurs des reftes ne pourront prétendre aucun droit de fou pour livre pour les fommes dont nous faifons remife; & pour indemnifer le Contrôleur des reftes de notre chambre des comptes de Paris, de la perte & diminution dudit droit de fou pour livre, & de la diminution qui doit fe trouver par la fuite, en exécution des préfentes, fur les droits de rétabliffement, nous voulons qu'il jouiffe en entier des droits de rétabliffement à lui accordés, & qu'il les perçoive à fon profit, à quelque fomme que lefdits droits puiffent monter, fans être tenu de nous en rendre aucun compte; voulons feulement qu'il rénde compte à notre chambre des comptes des pourfuires & diligences qu'il eft tenu de faire.

XXVI. Ledit droit de rétabliffement fera perçu conformément aux lettres patentes du 13 février 1596 & arrêt d'enregiftrement de notredite chambre des comptes de Paris, du 12 mars 1601; & ne pourront être lefdits droits perçus qu'une feule fois, à raifon du montant total des charges contenues ès états finaux, fans que fous prétexte de la fignification defdits états finaux, faite à plufieurs & diverfes fois, lefdits Contrôleurs des reftes puiffent prétendre aucuns droits après que par les premières fignifications ils auront été remplis de la totalité de leurs droits.

XXVII. Il ne fera perçu aucun droit de rétabliffement fur les débets qui feront jugés devoir fe porter de compte en compte, & qui doivent former des recettes dans les comptes fuivans; & en cas de conteftation fur la quotité defdits droits ou la manière de les percevoir, il y fera ftatué par nos chambres des comptes, ainfi qu'il appartiendra.

XXVIII Les comptables qui payeront les débets des comptes de leurs prédéceffeurs, les propriétaires d'offices comptables ou autres intéreffés à l'apurement defdits comptes qui payeront en notre tréfor royal les débets clairs & parties non réclamées, mentionnés en ces préfentes, feront, en tant que de befoin, fubroges, comme nous les fubrogeons, en tous nos droits, actions & hypothèques, jufqu'à

» reſtes : ladite déclaration du 4 mai 1766 :

concurrence des ſommes qu'ils auront payées ; deſquelles ſommes, tant en principal qu'intérêts, même des frais pour l'apurement & décharge deſdits comptes, tels qu'ils ſeront réglés par nos chambres des comptes, ils pourront ſe faire payer de la même forme & manière que pourroit le faire le Contrôleur des reſtes, ſans qu'il ſoit beſoin d'aucune ſommation ni dénonciation.

XXIX. Pour faciliter à noſdits comptables la correction des comptes que nous voulons, conformément aux ordonnances, être faite à l'avenir, nous avons diſpenſé & diſpenſons par ces préſentes, ceux deſdits comptables qui ſe ſeront conformés pour le payement des parties non réclamées & des débets, aux articles 18 & 19 des préſentes, de faire corriger les comptes dont ils pourroient être tenus, antérieurs à l'année 1720 ; voulons qu'en apurant leſdits comptes, à compter de l'année 1665, juſques & compris l'année 1719, ils ſoient tenus pour corrigés, & que la préſente diſpenſe de correction ait lieu, même pour les offices comptables ſupprimés, & pour les enfans & héritiers deſdits comptables qui ſeroient pourvus d'offices en nos chambres des comptes, ſans néanmoins que ceux qui voudront être pourvus d'offices en noſdites chambres des comptes, puiſſent être diſpenſés du récolement & autres formalités preſcrites par l'article premier de l'ordonnance du mois d'août 1598.

XXX. Voulons que pour la correction des comptes des années 1720, 1721 & ſuivantes, compris 1749, il en ſoit uſé comme par le paſſé ; & pour parvenir plus efficacement à la correction de tous les comptes, ordonnons qu'à commencer de ceux de l'exercice 1750 & à l'avenir, lorſqu'un comptable viendra à vendre ou à décéder, ledit comptable ou ſes héritiers & repréſentans, ſoient tenus dans les ſix mois après la clôture du dernier compte qu'ils auront à rendre, de requérir la correction de tous les comptes dont ils ſeront tenus depuis ladite année 1750.

XXXI. Faute par les derniers titulaires ou leurs repréſentans, de ſe conformer aux diſpoſitions de l'article ci-
» l'arrêt

» l'arrêt de la chambre , intervenu le 4 août

deſſus, leurs ſucceſſeurs, s'ils ſont tenus des faits de leurs prédéceſſeurs, feront perſonnellement tenus d'y faire procéder à leur requête & aux frais de leurs prédéceſſeurs & ayant cauſe, dans les trois mois, ſuivant l'expiration du délai porté en l'article précédent , ſous peine de radiation de leurs gages, qui ne pourront être rétablis ſous quelque prétexte que ce ſoit , qu'après y avoir ſatisfait , à moins que nos chambres des comptes ne jugent à propos de proroger ledit délai ; enjoignons à nos procureurs généraux de tenir la main à ce que leſdites corrections ſoient rapportées & exécutées , & de faire faire toutes pourſuites pour le payement des débets qui pourroient en réſulter.

XXXII. Voulons que nos chambres des comptes ſoient tenues pour la taxe des épices de correction, de ſe conformer à l'uſage de notre chambre des comptes de Paris ; & en conſéquence, qu'il ne puiſſe être taxé plus de dix écus d'épices par compte d'une année , dont la recette excédera mille livres ; & à l'égard des comptes des octrois des villes , de ceux de dixième & capitation de retenue , & autres dont la recette ſera au deſſous de cinquante mille livres , il ſera taxé un écu pour chaque compte dont la recette ſera au-deſſous de cinq mille livres, deux écus pour chaque compte dont la recette ſera au-deſſous de dix mille livres , & ainſi à proportion pour les autres comptes juſqu'à dix écus , & en outre le cinquième en ſus pour l'exécution de l'arrêt de correction qui doit être faite par nos conſeillers auditeurs, ſans qu'il puiſſe être taxé aucunes épices pour les comptes ſur leſquels il n'y aura aucune partie ſujette à correction , même ſur ceux ſur leſquels les parties ſujettes à correction nous rendroient débiteurs.

XXXIII. Les arrêts de correction feront levés, ſigniés , tranſcrits & exécutés aux frais & à la diligence des comptables ; & en cas de refus ou de négligence de leur part , d'y ſatisfaire dans trois mois de la date de l'arrêt, ils feront délivrés au greffe par extrait, à notre procureur général , pour être exécutés à ſa diligence , ſur les comptes par les conſeillers auditeurs commis par iceux, pour, après

---

ladite exécution, & fur l'extrait des états finaux des comptes qu'il en fournira au Contrôleur des reftes, être par ledit Contrôleur des reftes, fait toutes les pourfuites néceffaires pour le recouvrement, tant des débets réfultans des arrêts de correction créés à notre profit, que des frais faits pour raifon defdites corrections, dont fera délivré exécutoire audit Contrôleur des reftes, & fans néanmoins, audit cas que les parties mifes en fouffrance ou rayées, & les débets formés en conféquence defdits arrêts, puiffent être déchargés ni rétablis, qu'en rapportant par les comptables & autres intéreffés auxdites corrections, les expéditions en forme defdits arrêts de correction, dont ils payeront les épices & frais en la manière accoutumée, conformément à l'arrêt de notre confeil & lettres-patentes du 8 janvier 1686. Voulons & entendons néanmoins qu'il ne foit payé aucuns droits aux différens officiers de nos chambres des comptes, pour raifon des comptes fur lefquels les comptables ne fe trouvant débiteurs envers nous, il ne doit être taxé aucunes épices, ainfi qu'il eft dû par l'article précédent.

XXXIV. Enjoignons à nos procureurs généraux en nos chambres des comptes, conformément à l'article 35 de l'ordonnance du mois d'août 1669, que nous voulons être ponctuellement exécutée, d'envoyer à notre procureur général en notre chambre des comptes à Paris, fix mois après chaque année finie, les extraits des chapitres des comptes rendus efdites chambres, qui contiendront les parties payées, tant au tréfor royal qu'aux autres comptables qui comptent à notredite chambre des comptes à Paris, pour y fervir à la correction defdits comptes.

XXXV. Déclarons les biens de nos comptables, affectés & grevés de priviléges & d'hypothèques envers nous, jufqu'après la correction de leurs comptes; défendons à nos procureurs généraux dans nos cours des aides, de donner à l'avenir aucune main-levée, & de confentir à ce qu'aucuns décrets des biens qui auroient appartenu à des comptables, foient fcellés & délivrés, qu'après qu'il leur fera apparu du certificat de correction des comptes defdits comtables. N'entendons néanmoins que les difpofitions du pré-

» tion, par lequel la chambre a ordonné que

fent article puiffent avoir lieu pour les comptes des exercices antérieurs à l'année 1750, pour raifon defquelles il
en fera ufé comme par le paffé.

XXXVI. Nous avons dérogé & dérogeons à tous édits,
déclarations & ordonnances contraires à ce qui eft porté par
ces préfentes ; voulons au furplus que lefdits édits, ordonnances & réglemens, en ce qui ne fe trouvera contraire
auxdites préfentes, foient gardés & obfervés fuivant leur
forme & teneur. Si donnons en mandement à nos amés &
féaux confeillers les gens tenant notre chambre des comptes
à Paris, &c.

*Regiftrée en la chambre des comptes, ouï & ce requérant
le procureur général du roi, pour être exécutée felon fa
forme & teneur, aux charges, claufes & conditions fuivantes : favoir, fur l'article 3, que les difpofitions de
l'article 4 de la déclaration du 15 août 1762, concernant
la remife des comptes par les procureurs, entre les mains
des confeillers-auditeurs rapporteurs, quatre mois après
celle des comptes précédens au parquet, continueront d'être
éxécutées felon leur forme & teneur. Sur l'article 5, que
les comptables qui n'auront pu fe deffaifir du fond des
parties non réclamées, dans les fix mois après les fix
années mentionnées audit article, faute de jugement de
leurs comptes, feront tenus de le porter au tréfor royal
dans les fix mois qui fuivront la clôture d'iceux ; & faute
par eux d'y fatisfaire, ils feront condamnés aux intérêts,
à compter de l'expiration defdites fix années. Sur l'article 10, fans approbation des édits, déclarations & réglemens y énoncés, qui n'auroient point été regiftrés en la
chambre : Sur l'article 11, que les fignifications qui pourroient être faites aux comptables domiciliés dans la ville
de Paris, feront également valables aux domiciles par eux
élus en vertu de l'arrêt de réglement de la chambre du 19
février 1687 : Sur l'article 15, qu'il fera par la chambre,
procédé contre les comptables qui n'auroient pas fatisfait
aux difpofitions dudit article, par telles voies qu'il appartiendra, même de fufpenfion ou deftitution s'il y a lieu,
conformément aux édits & ordonnances : Sur les arti-*

C ij

» pour l'exécution des articles 25, 26 & 27, il
» y feroit inceffamment pourvu par la voie d'un

___

cles 18, 19, 20, 21, 22 & 23, que les comptables feront
tenus de fe pourvoir par requéte d'apurement, au rapport
des confeillers-auditeurs, pour l'exécution des décharges y
mentionnées, & que celles portées par l'article 22 n'auront
lieu qu'en payant par lefdits comptables le dixième des
amendes y mentionné, dans fix mois, à compter des jour
& date du préfent arrêt : Sur les articles 25, 26 & 27,
que pour l'exécution des difpofitions y contenues, il fera
pourvu inceffamment par la voie d'un réglement : Sur l'article 29, fans que les enfans & héritiers des comptables,
qui voudroient fe faire pourvoir d'offices en la chambre,
puiffent fe difpenfer de faire procéder à la correction des
comptes dont ils peuvent être tenus, conformément aux difpofitions de l'ordonnance du mois d'août 1598, ainfi qu'au
récolement & autres formalités prefcrites par l'arrêt de
réglement de la chambre du 17 novembre dudit an : Sur
les articles 30 & 31, fans néanmoins que les difpofitions
defdits articles puiffent priver les comptables du délai qui
leur eft accordé par l'article 7 de la préfente déclaration,
pour le rétabliffement des parties tenues en fouffrance pour
formalité : Sur les articles 32 & 33, qu'il ne fera taxé
par ladite chambre aucunes épices fur les comptes fur lefquels il n'y aura aucunes parties fujettes à correction, qui
rendent les comptables débiteurs envers le roi, fans préjudice néanmoins des droits qui pourroient être dûs aux
commis du greffe, pour l'expédition defdits arrêts, & aux
procureurs, de leurs vacations & debourfés. Et fera la
préfente déclaration, enfemble le préfent arrêt, imprimé,
publié & affiché par tout où befoin fera ; & copies collationnées envoyées, à la diligence du procureu- général du
roi, dans tous les bailliages, fénéchauffees & autres juridictions royales & municipales dans l'étendue du reffort de
la chambre ; comme auffi notifiés aux fyndics des procureurs, pour ce mandés au bureau, & à eux enjôint d'en
faire part à leurs comptables, à ce qu'ils aient à avertir
leurs confrères de s'y conformer. Les fémeftres affemblés,
le quatre août mil fept cens foixante-fix. Signé HENRY.

» règlement : les obfervations faites auxdits
» fieurs commiffaires par Mᶜ. Alexandre-Claude
» Bafly , avocat au parlement & ès confeils du
» roi , contrôleur général des reftes en la cham-
» bre , tendantes à ce qu'il plût à ladite chambre
» lui prefcrire la conduite qu'il devoit tenir au
» fujet de l'exécution de plufieurs articles de
» ladite déclaration ; 1°. fur l'article 5 , d'après
» les difpofitions duquel il pourroit douter , s'il
» contient une dérogation formelle à la décla-
» ration du 19 mars 1712 , à celle du 14 août
» 1735 , & à l'arrêt de règlement de la chambre
» du premier avril 1745 ; 2°. fur l'article 8 , à
» l'effet d'être inftruit de quelle époque il doit
» commencer fes pourfuites ; 3°. fur l'article 14,
» fur la queftion de favoir s'il eft tenu de faire fes
» pourfuites pour toutes les charges exiftantes
» fur des comptes antérieurs à la dixième année
» précédant le dernier compte jugé , foit que
» lefdits comptes foient antérieurs ou poftérieurs
» à 1720 , ou s'il doit attendre l'expiration des
» termes de grâce portés par les articles 18
» & 19 de ladite déclaration : fur l'article 15 ,
» que la chambre voulût bien fixer le délai dans
» lequel il doit remettre au procureur général
» du roi l'état mentionné audit article ; fur les
» articles 25 , 26 & 27 , qu'il plût à la chambre
» lui prefcrire le genre des pourfuites qu'il doit
» faire vis-à-vis des engagiftes ou parties pre-
» nantes, pour les obliger à faire lever les indé-
» cifions prononcées fur eux au jugement des
» comptes ; & en outre, l'autorifer à dreffer
» lui-même fes contrôles , fans ufer du miniftère
» d'un procureur, attendu la difpenfe qui lui
» eft accordée , de compter par la fuite du droit

» de rétabliſſement ; enfin ſur l'article 33, que
» la chambre voulût bien aviſer aux moyens de
» lui donner connoiſſance des charges pronon-
» cées ſur les comptes par arrêt d'apurement &
» de correction. Vu pareillement les différens
» règlemens de la chambre, rendus ſur le fait
» du contrôle général des reſtes, & notamment
» ceux des 13 ſeptembre 1651, 24 janvier 1654
» & 19 août 1749. Les différens arrêtés deſdits
» ſieurs commiſſaires nommés par ledit arrêt du
» 16 juin 1766. L'arrêt de la chambre du 14
» avril dernier, qui ordonne la communication
» aux procureurs de la chambre, dudit mémoire
» d'obſervation du Contrôleur général des reſtes,
» pour y répondre en ce qui concerne la de-
» mande portée par un des articles d'icelui,
» d'être autoriſé à remettre à la chambre ſon
» contrôle de ſes pourſuites, ſans être certifié
» & coté d'un procureur. La réponſe des pro-
» cureurs ſur ladite demande. Concluſions du
» procureur général du roi : ouï le rapport de
» Mᵉ. Nicolas-Hugues Bizeau, conſeiller-maî-
» tre, & l'un deſdits ſieurs commiſſaires, & tout
» conſidéré ; la chambre a ordonné & ordonne
» ce qui ſuit :

### ARTICLE PREMIER.

» Le Contrôleur des reſtes ſera tenu de ſe
» conformer à l'avenir aux diſpoſitions de l'ar-
» ticle 5 de la déclaration du 4 mai 1766, &
» à celles de l'arrêt de la chambre du 4 août
» ſuivant, intervenu à l'enregiſtrement de ladite
» déclaration.

» II. Le Contrôleur des reſtes ſera tenu de
» faire, ſi fait n'a été depuis l'expiration des ſix

» mois portés en l'article 8 de ladite déclaration,
» les pourfuites néceffaires pour obliger les
» comptables à vider leurs mains en celles des
» gardes du tréfor royal, des fonds des parties
» non réclamées, des années antérieures à la
» fixième année de leurs exercices, conformé-
» ment aux difpofitions portées par l'article 5
» de ladite déclaration, & à l'arrêt d'enregiftre-
» ment de la chambre fur icelui.

» III. Ordonne la chambre au Contrôleur gé-
» néral des reftes, de faire dès à préfent toutes
» pourfuites contre les comptables leurs héri-
» tiers, bien-tenans & ayans caufe, pour les
» exercices des années 1720 & fuivantes, pour
» raifon des charges fubfiftantes fur les comptes
» antérieurs à la dixième année précédant le
» dernier exercice jugé defdits comptables ; de
» furfeoir à toutes pourfuites pour les charges
» fubfiftantes fur les exercices antérieurs à 1720,
» pendant les deux années mentionnées en l'ar-
» ticle 18, pendant lefquelles les comptables
» defdites années peuvent profiter de la remife
» de moitié ou du tiers des débets clairs, fouf-
» frances ou parties rayées, faute de quittance,
» enfemble des intérêts auxquels ils pourroient
» être condamnés ; de furfeoir pareillement fes
» pourfuites jufqu'à l'expiration des quatre an-
» nées mentionnées en l'article 19 pour raifon
» des amendes fouffrantes pour formalités &
» intérêts excédant les capitaux defdits débets :
» & demeurera néanmoins le Contrôleur général
» des reftes, autorifé à faire toutes pourfuites
» néceffaires pour la confervation des intérêts
» du roi, dans les cas d'abfence, faillites ou di-
» vertiffemens d'effets, dont il fera tenu de

C iv

» rendre compte à la chambre & aux commif-
» faires chargés fpécialement de l'exécution du
» préfent règlement, auffitôt après lefdites pour-
» fuites.

» IV. Le Contrôleur général des reftes re-
» mettra au procureur général du roi, dans trois
» mois, du jour & date du préfent arrêt, l'état
» mentionné en l'article 15 de ladite déclara-
» tion, lequel contiendra fommairement toutes
» les charges exiftantes fur chaque comptabi-
» lité, foit que lefdits comptes foient antérieurs
» ou poftérieurs à 1720, à l'exception néan-
» moins de celles mentionnées en l'article fui-
» vant.

» V. Enjoint la chambre au Contrôleur des
» reftes, de furfeoir à toutes pourfuites pour
» rétabliffement d'indécifions prononcées fur
» toutes efpèces de comptabilité, depuis 1665
» jufqu'au 31 décembre 1766, autres que celles
» prononcées fur des comptables de la chambre
» ou commis chargés perfonnellement de rendre
» lefdits comptes, jufqu'à ce que par la chambre
» il en ait été ordonné ; en conféquence, de ne
» point les comprendre dans l'état qu'il doit
» fournir au procureur général du roi, ni dans
» fes comptes, mais d'en préfenter l'état à la
» chambre deux ans après l'arrêté & clôture du
» compte de Me. Tartarin fon prédéceffeur ;
» dans lequel état il comprendra, autant qu'il
» fera poffible, les caufes defdites indécifions,
» en énonçant en marge les diligences qui ont
» été faites jufqu'à préfent, foit par lui, foit par
» fon prédéceffeur, avec la date d'icelles : pour
» ledit état communiqué au procureur général
» du roi, être par lui pris telles conclufions qu'il

» avifera bon être , & fur le tout par la chambre
» ftatué ce qu'il appartiendra.

» VI. Le Contrôleur des reftes demeurera au-
» torifé à dreffer lui-même fes contrôles , lef-
» quels feront feulement certifiés véritables ;
» & fera tenu, pour la remife d'iceux à la cham-
» bre , d'y préfenter requête fignée d'un pro-
» cureur en icelle.

VII. Les procureurs remettront à l'avenir au
» parquet, les volumes des comptes fur lefquels
» auront été tranfcrits les requêtes & arrêts
» d'apurement, incontinent après la collation .
» qui en aura été faite par les confeillers-audi-
» teurs , à l'effet d'être extrait par le procureur
» général du roi , les condamnations d'intérêts
» & autres charges qui auroient pu être pro-
» noncées, pour lefdits extraits être tranfcrits
» en fin des états finaux qu'il doit délivrer chaque
» mois au Contrôleur des reftes.

» VIII. Les greffiers de la chambre remettront
» pareillement au procureur général du roi ,
» trois mois après la date des arrêts de correc-
» tion , les extraits defdits arrêts mentionnés en
» l'article 33 de ladite déclaration du roi du 4
» mai 1766 , foit que les arrêts aient été levés au
» greffe, foit qu'ils n'y aient pas été levés ; def-
» quels extraits fera délivré copie par le pro-
» cureur général du roi , au Contrôleur des
» reftes , en fuite de celle des états finaux qu'il
» lui remet tous les mois.

» IX. Défend la chambre à tous fes officiers ,
» procureurs , leurs clercs ou autres, de retirer
» aucuns comptes ou volumes d'iceux , du par-
» quet du procureur général du roi, mais feu-
» lement du garde des livres , pour s'en charger

» envers lui ainfi qu'il eft accoutumé, à peine
» de mille livres d'amende, & de plus grande
» peine s'il y échet.

» X. Pour empêcher les vexations qui peu-
» vent fe faire fur les redevables par la multi-
» plicité des contraintes, ordonne la chambre
» que le Contrôleur général des reftes n'en
» pourra expédier qu'une feule : & les huiffiers
» porteurs d'icelle, qu'un feul exploit, faifie &
» exécution, pour toutes les parties rayées dans
» un compte, fur un même comptable ou partie
» prenante.

» XI. Dans tous les comptes qui feront pré-
» fentés dorénavant, les procureurs coteront
» au-deffous de la préfentation les noms des
» cautions & des certificateurs d'icelles fournis
» par les comptables, à peine de cinquante livres
» d'amende, dont mention fera faite au bas des
» états finaux defdits comptes, par les confeil-
» lers-auditeurs rapporteurs.

» XII. Ordonne la chambre aux procureurs,
» de faire procéder aux apuremens des comptes
» des comptables, immédiatement après qu'ils
» auront été chargés des deniers à ce néceffaires,
» à peine de cinq cens livres d'amende, & de
» répondre envers les comptables de tous dé-
» pens, dommages & intérêts.

» XIII. Il ne fera dorénavant fait droit fur
» aucunes requêtes tendantes à furféances ou
» main-levée des pourfuites du Contrôleur des
» reftes, qu'il n'ait préalablement été ouï au
» bureau, ou que ladite requête ne lui ait été
» communiquée en parlant à fa perfonne, &
» qu'il n'y ait réponfe fignée de lui ; defquelles
» réponfes verbales ou par écrit, mention fera

CONTRÔLEUR. 43

» faite dans les arrêts qui interviendront fur
» lefdites requêtes, à peine de nullité defdits
» arrêts qui feroient rendus fans les formalités
» fufdites.

„ XIV. Le Contrôleur des reftes avertira les
» commiffaires chargés de veiller aux pourfuites
» qu'il doit faire des obftacles qui pourroient fe
» rencontrer à leur exécution, pour, fur le rap-
» port de l'un d'eux au bureau, être par la cham-
» bre ordonné ce que de raifon.

» XV. Il fera tenu de préfenter fon contrôle à
» la chambre, une année après fon exercice ex-
» piré, & ainfi continuer tous les ans, à com-
» mencer de celui de 1767.

„ XVI. Lefdits contrôles feront dreffés par
» nature de comptabilité, ordre de généralités
» & années d'exercices, ainfi qu'il eft prefcrit
» par le règlement de la chambre du 19 août
» 1749.

» XVII. A l'égard des charges comprifes ès
» états finaux qui lui ont été délivrés par le
» procureur général du roi, depuis le 6 feptem-
» bre 1761, qu'il a été commis à l'exercice de
» l'office de Contrôleur général des reftes en la
» chambre, au lieu & place de Me. Tartarin
» fon prédéceffeur, jufques & compris le 31
» décembre 1766, il les comprendra dans un
» feul & même contrôle qu'il préfentera à la
» chambre dans le courant du mois d'avril 1768,
» lequel fera dreffé dans la forme mentionnée
» en l'article précédent.

» XVIII. Dans le cas où le contrôle des reftes
» des exercices & geftion dudit Me. Tartarin
» feroit jugé, que l'extrait des parties non dé-
» chargées fur icelui feroit fait, collationné &

» remis au Contrôleur des restes lors de la pré-
» sentation du compte mentionné en l'article
» précédent, il sera tenu de ioindre aux acquits
» dudit compte les diligences par lui faites & les
» états finaux qui lui avoient été signifiés sur des
» parties employées au compte dudit M<sup>e</sup>. Tar-
» tarin, & non déchargées sur icelui, pour en
» être fait mention par le Conseiller-auditeur
» rapporteur du contrôle étant à juger sur les
» articles dudit contrôle, où les diligences &
» significations d'états finaux auront lieu : & dans
» le cas où le contrôle dudit M<sup>e</sup>. Tartarin ne
» seroit point encore jugé, ou que l'extrait des
» parties non déchargées en icelui ne seroit point
» encore dressé, il ne rapportera lesdites dili-
» gences & significations d'états finaux, qu'en
» son contrôle suivant, qu'il présentera à la
» chambre dans le courant du mois de janvier
» 1769.

   XIX. Le Contrôleur des restes sera égale-
» ment tenu de joindre aux acquits de chacun
» des contrôles qu'il rendra à l'avenir, les pour-
» suites qu'il aura faites, & les significations
» d'états finaux de comptes apurés à lui faites,
» pour raison des comptabilités comprises dans
» des contrôles antérieurs, soit de sa gestion
» personnelle, soit de celle de ses prédécesseurs,
» dont mention sera également faite par le con-
» seiller-auditeur rapporteur, au jugement de
» chacun contrôle, sur lesdits articles desdits
» contrôles antérieurs, où lesdites diligences &
» significations d'états finaux auront lieu.

   » XX. Arrivant la démission ou le décès dudit
» M<sup>e</sup>. Basly, lui ou sa veuve & ses héritiers
» seront tenus de comprendre en son dernier

» contrôle toutes les parties reſtantes à pour-
» ſuivre , tant des contrôles qu'il aura per-
» ſonnellement rendus , que de ceux de ſes pré-
» déceſſeurs , ce qui ſera de même obſervé à
» chaque mutation de titulaire dudit office.

» XXI. Sera fait double extrait des parties
» non déchargées & reſtantes à pourſuivre du
» contrôle de Me. Tartarin, auſſitôt après le
» jugement qui ſera intervenu ſur icelui ; leſquels
» extraits ſeront collationnés par le conſeiller-
» auditeur rapporteur dudit compte , & par lui
» remis ès mains du procureur-général du roi ;
» l'un deſquels extraits ſera enſuite remis par le
» procureur général du roi au Contrôleur des
» reſtes, l'autre aux commiſſaires de la chambre
» chargés de veiller à ſa geſtion ; ce qui ſera
» également obſervé après le jugement de chacun
» des contrôles qui ſeront fournis à l'avenir par
» le contrôleur des reſtes en exécution du préſent
» règlement.

» XXII. Le préſent règlement ſera ponctuel-
» lement gardé & obſervé ; à l'effet de quoi la
» commiſſion établie par arrêt de la chambre ,
» en forme de règlement , du 24 janvier 1754 ,
» & qui a toujours continué en vertu de la no-
» mination qui ſe fait au commencement de
» chaque ſemeſtre , des commiſſaires qui doivent
» la compoſer pendant ledit ſemeſtre , tiendra
» ſes ſéances en la chambre du conſeil , tous les
» jeudi de chaque ſemaine à l'iſſue du bureau,
» ou tel autre jour qui ſera indiqué par leſdits
» commiſſaires , auxquels jours le Contrôleur
» des reſtes ſe trouvera en ladite chambre pour
» être en état de rendre compte auxdits com-
» miſſaires de ſon adminiſtration , & de l'exé-

» cution de tout ce qu'ils auront jugé conve-
» nable de lui prefcrire pour l'intérêt du roi.

XXIII. Quant au compte que ledit Me. Bafly,
» Contrôleur des reftes actuel, eft tenu de rendre
» perfonnellement du produit des droits de ré-
» tabliffement qu'il a perçus depuis le 6 feptem-
» tembre 1761, qu'il a été commis à l'exercice
» de l'office de Contrôleur général des reftes ,
» au lieu de Me. Tartarin fon prédéceffeur, juf-
» qu'au 4 août 1766, date de l'enregiftrement
» de la déclaration du roi du 4 mai précédent,
» par l'article 25 de laquelle, le roi a fait don
» à cet officier de la totalité du produit dudit
» droit, à quelque fomme qu'il puiffe monter,
» il fera tenu de le préfenter dans le courant du
» mois d'avril 1768, & de le dreffer dans la
» forme prefcrite par les arrêts de la chambre
» fur ce intervenus, & notamment par celui du
» 19 août 1749.

» XXIV. Enjoint la chambre très-expreffé-
» ment au Contrôleur des reftes, d'obferver
» ponctuellement ce qui lui eft prefcrit par le
» préfent règlement, lequel fera tranfcrit au
» commencement de chacun contrôle qui fera
» rendu par la fuite. Seront les confeillers-cor-
» recteurs & auditeurs mandés au bureau par
» leurs députés, pour leur donner connoiffance
» du préfent arrêt, lequel fera prononcé au
» procureur général du roi, & à lui enjoint de
» le faire fignifier à fa requête au Contrôleur des
» reftes ; comme auffi notifié aux fyndics des
» procureurs, pour ce mandés au bureau, &
» à eux enjoint d'avertir leurs confrères de s'y
» conformer, & d'en faire part à leurs compta-
» bles ».

Toute requête qui tend à être déchargé des pourfuites du Contrôleur général des reftes doit lui être communiquée, & elle ne peut être jugée qu'après qu'il y a répondu.

Voyez *les lois citées*, & les articles COMPTE, CHAMBRE DES COMPTES, &c.

CONTRÔLEUR DES RENTES DE L'HÔTEL DE VILLE DE PARIS. C'eft un officier royal établi pour tenir regiftre du payement des rentes dûes par le roi & par le clergé qui fe payent à bureau ouvert à l'hôtel de ville de Paris, pour affurer la vérité & la date des payemens.

Le premier établiffement de ces officiers n'eft que de l'année 1576, quoique depuis 1515, il y ait eu des rentes affignées fur les aides, les gabelles & les autres revenus du roi, & que depuis 1562, il y ait eu d'autres rentes affignées fur les revenus temporels du clergé.

Le receveur de la ville étoit feul chargé du payement de toutes ces rentes, qui montoient en 1576 à environ trois millions cent quarante mille livres par an.

Plufieurs bourgeois de Paris & d'autres particuliers fe plaignirent au roi de la confufion & de la longueur du payement des rentes : d'un autre côté, les premiers prélats avec les fyndics généraux du clergé de France firent des remontrances au roi, tendantes à ce qu'il lui plût de retirer des mains du receveur de la ville de Paris le maniement des finances deftinées au payement des rentes affignées fur le clergé, afin qu'à l'avenir ces deniers ne fuffent plus confondus avec ceux d'une autre nature : le clergé demanda en même-temps au roi qu'il lui plût, pour établir le bon ordre dans la recette & le payement des rentes, de revêtir de son autorité quelque notable personnage à l'effet de tenir le contrôle de ces opérations.

Le roi n'accepta pas pour lors la proposition de détacher le payement des rentes du clergé, du maniement du receveur de la ville ; mais il fît expédier un premier édit au mois de décembre 1575, pour la création de deux Contrôleurs.

Le parlement ayant ordonné que cet édit seroit communiqué au bureau de la ville, il y eut une assemblée générale, non-seulement de tous les officiers de la ville, mais des députés de tous les corps & états intéressés aux rentes : comme on crut trouver quelques inconvéniens dans ce nouvel établissement, la ville s'y opposa. Le parlement fit aussi des remontrances à ce sujet, & ce premier édit fut retiré.

Au mois d'avril 1576, le roi donna un autre édit portant création de deux Contrôleurs, un pour les rentes sur les revenus du roi, & un autre pour les rentes sur le clergé. La ville voulut encore s'opposer à l'enregistrement de cet édit, mais il fut regîstré le 14 mai suivant, & à la chambre des comptes le 21.

Cet édit portoit aussi création d'un payeur des rentes sur le clergé; mais comme, suivant la modification mise par les cours à l'enregistrement, la création de cet office de payeur n'eut pas lieu, & que celui qui devoit faire le contrôle de ce payeur se trouvoit sans fonction, le roi par une déclaration du 23 mai, ordonna que les deux Contrôleurs généraux des rentes exerceroient alternativement & par année.

Dans la suite les rentes sur la ville s'étant accrues,

crues, on a augmenté le nombre des Contrôleurs. La première augmentation fut faite par édit de 1615, qui ne fut vérifié qu'en 1621. Louis XIII en créa encore peu de temps après, mais qui furent destinés particulièrement au contrôle des rentes du sel, & depuis ce temps-là chaque partie de rente a eu ses Contrôleurs particuliers.

Il y eut dix créations de ces Contrôleurs sous le même règne, & trente sous celui de Louis XIV, ce qui fait en tout quarante-trois créations depuis la première jusqu'à celle du mois d'octobre 1711, qui est la dernière.

Le remboursement qui a été fait en divers temps de quelques parties de rentes, & les nouveaux arrangemens qui ont été pris pour le payement, ont occasionné divers retranchemens de Contrôleurs; le premier fut fait en 1654, & le dernier est du mois de mai 1772 : ils sont présentement au nombre de trente.

L'édit du mois de novembre 1624 a attribué aux Contrôleurs des rentes le titre de conseillers du roi.

Conformément à la déclaration de Henri III du 28 janvier 1576, ils doivent jouir, ainsi que leurs veuves pendant leur viduité, des priviléges, franchises & exemptions dont jouissent les trésoriers de France & généraux des finances; & en conséquence ils sont exempts de toutes charges, tant ordinaires qu'extraordinaires, aides, tailles, emprunts, subsides & impositions quelconques, faites ou à faire, pour quelque cause que ce soit.

Leurs priviléges ont été exceptés des révocations faites en 1705 & en 1706 de différens priviléges : ils ont même été étendus par différens

édits poftérieurs, qui leur donnent l'exemption
de toutes charges & emplois publics, comme
de collecte, tutelle, curatelle, de police, guet
& garde, exemption de ban & arrière-ban &
de la milice, & de la contribution pour le fervice actuel de fes troupes, du logement des
gens de guerre, uftenfile & fubfiftance, droit de
*committimus* au grand & au petit fceau, droit de
franc-falé; & ils jouiffent de ces priviléges en
quelques lieux qu'ils faffent leur réfidence ou
qu'ils cultivent leurs biens.

Ces mêmes priviléges ont été confirmés par
l'article 9 de l'édit du mois de mai 1772.

L'article 10 a rétabli ces officiers dans le droit
d'hérédité attribué à leurs offices par les édits
de janvier 1634, juin 1638, & juillet 1654. Il
a en même-temps été ordonné que ces officiers
& leurs fucceffeurs feroient difpenfés de payer
les droits d'annuel, de mutation & de centième
denier nonobftant l'édit du mois de février 1771
auquel il a été dérogé à cet égard.

Par l'article 11, les Contrôleurs des rentes
ont été confirmés dans l'exemption des dixième,
vingtième & deux fous pour livre du dixième à
eux accordée par plufieurs lois antérieures; &
leurs gages, taxations & droits d'exercice ont
été déchargés de la retenue du dixième d'amortiffement établie par l'édit du mois de décembre 1764.

Les Contrôleurs des rentes font feuls en droit
de délivrer des extraits certifiés des regiftres de
leur contrôle.

Ces officiers doivent être reçus à la chambre
des comptes; mais enfuite pour leurs fonctons ils
font foumis à la juridiction du bureau de la ville.

Ils doivent être préfens au payement des rentes & inscrire les parties de rente dans le même ordre qu'elles sont appelées. En cas d'absence ou de maladie, ils peuvent suppléer l'un pour l'autre.

Chaque Contrôleur doit envoyer à la chambre des comptes son registre de contrôle trois mois après l'expiration de l'année.

*Voyez les édits de décembre 1375, d'avril 1376, juillet 1585, juin 1621, & janvier 1635; la déclaration du 19 mars 1708; les édits de juin 1714, juillet 1760, juin 1768, & mai 1772; le dictionnaire des arrêts; l'encyclopédie; les mémoires concernant le contrôle des rentes sur la ville, par Pierre Leroi,* &c. Voyez aussi les articles PAYEUR DES RENTES, RENTES, &c.

CONTRÔLEUR DE LA MARINE. C'est un officier qui a été établi par l'ordonnance du 27 septembre 1776 pour servir dans les ports & arsenaux de marine.

Par l'article premier de cette ordonnance, il a été établi un Contrôleur de la marine dans chacun des départemens de Brest, Toulon, Rochefort, le Havre, Dunkerque & Bordeaux.

Ces Contrôleurs ne font point compris dans le nombre des commissaires des ports & arsenaux de marine établis par une autre ordonnance du même jour; & s'il plaisoit au roi d'agréer pour Contrôleur quelqu'un de ces commissaires, il feroit tenu de remettre la commission dont il se trouveroit pourvu & il lui en feroit expédié une de Contrôleur de la marine. C'est ce qui résulte de l'article 2.

Suivant l'article 3, les Contrôleurs de la marine doivent exercer dans les ports & arsenaux de marine, les fonctions qui leur sont attribuées par leur commission, & se conformer au surplus à ce qui leur est prescrit par l'ordonnance concernant la régie & administration générale & particulière des ports & arsenaux de marine (*).

(*) *Voici ce que porte le titre 17 de cette ordonnance, concernant les officiers dont il s'agit:*

*Article* 357. Le Contrôleur aura inspection sur toutes les recettes & dépenses, achats & emploi de marchandises, & sur l'emploi du temps des ouvriers & journaliers, desquels il fera des revues particulières lorsqu'il le jugera à propos, ainsi que des gardiens de vaisseaux & autres, & il assistera à tous les marchés qui feront faits, & à tous les comptes qui feront arrêtés par l'intendant.

*Article* 358. Il fera présent tous les jours, par lui ou par un de ses commis, à l'ouverture des magasins, desquels il aura une clef, & le soir ils feront fermés en sa présence.

*Article* 359. Un de ses commis tiendra au magasin général de semblables registres à ceux qu'il est prescrit au garde magasin de tenir; excepté le livre de balance & celui pour l'enregistrement des certificats délivrés aux divers particuliers fournisseurs.

*Article* 360. Le Contrôleur paraphera tous les soirs & au bas de chaque page, sur le registre du garde magasins, les recettes & dépenses qui feront faites pendant le jour; & à la fin de chaque semaine il les arrêtera, ainsi que les siens, avec l'intendant, & tous les mois il vérifiera le livre de balance & l'arrêtera tous les ans, pour reconnoître au juste ce qui reste dans les magasins, faisant mention des déchets & revenans bons qui y feront trouvés; & des causes d'où ils feront provenus.

*Article* 361. Il vérifiera ensuite par un recensement, de chaque sorte de marchandises & munitions, si elles se trouvent en la qualité & quantité qu'elles doivent être, & si elles font placées en un lieu où elles se puissent conserver.

*Article* 362. Il tiendra un registre particulier de tous les

En cas de mort ou d'abſence , & juſqu'à ce

marchés qui ſe feront pour fournir des marchandiſes aux
magaſins de ſa majeſté ou pour faire quelques ouvrages ,
& il aura ſoin de pourſuivre l'exécution des marchés , &
d'avertir l'intendant des défauts & manquemens qu'il pourroit y avoir, afin qu'il y ſoit pourvu.

*Article* 363. Il conſervera dans un bon ordre tous les
regiſtres, contrats, marchés , adjudications & autres papiers & mémoires qui regarderont ſes fonctions , & en
tiendra un inventaire exact, afin qu'on puiſſe y avoir recours.

*Article* 364. Il contrôlera généralement tous les acquits,
rôles, états & reçus ſervant à la décharge du tréſorier général de la marine , & tiendra un regiſtre exact & fidèle de
la recette & dépenſe qui ſera faite par le commis du tréſorier pendant chaque année , dans le port où il ſera
établi.

*Article* 365. Il ſe fera remettre par le tréſorier général
de la marine , les copies collationnées des états & ordres
de fonds qui lui auront été envoyés ; & à la fin de chaque
année , il enverra au ſecrétaire d'état ayant le département
de la marine , le regiſtre de la recette & dépenſe qui aura
eté faite dans le port.

*Article* 366. Il aſſiſtera à l'arrêté des comptes du tréſorier & du munitionnaire général de la marine , comme
auſſi à tous les contrats & marchés qui ſeront faits par l'intendant, en préſence du conſeil de la marine , & le ſignera
avec lui ; il en examinera dans le conſeil les clauſes &
conditions , recevra les enchères & cautions qui ſeront
préſentées, & le marché ſera adjugé à celui qui fera la
condition de ſa majeſté meilleure.

*Article* 367. Il fera les pourſuites & diligences néceſſaires pour le payement de ce qui ſe trouvera dû à ſa majeſté, ſoit par les ouvriers travaillant hors de l'arſenal, à
qui le garde-magaſins délivre les marchandiſes à compte
des ouvrages qu'ils doivent fournir, ſoit par les particuliers
à qui il auroit été prêté ou vendu des marchandiſes , munitions & autres effets appartenans à ſa majeſté, en quelque

qu'il y ait été pourvu par le roi, les Contrôleurs

manière que ce puisse être, à peine de répondre des pertes qui pourroient arriver par sa faute & négligence.

*Article 368.* Il enregistrera toutes les commissions & les brevets accordés par sa majesté aux officiers de la marine & autres entretenus, & mettra l'enregistrement en abrégé au dos, afin d'y avoir recours en cas de besoin.

*Article 369.* Il sera présent aux revues des officiers, des ingénieurs-constructeurs, des compagnies des gardes du pavillon & de la marine, des compagnies des bombardiers & d'apprentis canoniers, des compagnies de la division du corps royal d'infanterie de la marine, & des officiers mariniers & autres entretenus dans le port ; il en signera les extraits conjointement avec l'intendant, & il prendra garde qu'il n'y ait que les présens qui y soient employés, à peine d'interdiction.

*Article 370.* Il sera également présent aux revues & montres des états majors & équipages des vaisseaux, prendra garde que le nombre des officiers mariniers, canoniers, matelots, & les détachemens de soldats soient complets ; qu'il n'y ait aucun passe-volant, & qu'ils soient tous en état de servir.

*Article 371.* Il examinera si les vivres qui sont embarqués sur les vaisseaux de sa majesté sont en la quantité ordonnée & de la qualité requise.

*Article 372.* Lors de l'armement & du désarmement des vaisseaux, il tiendra la main à ce que les officiers majors & équipages soient payés par le trésorier à l'armement à bord, & au désarmement dans le bureau des armemens & vivres suivant l'état qui en sera arrêté.

*Article 373.* Il prendra garde que les agrès & autres effets qui devront être rapportés dans les divers magasins après le désarmement, y soient distribués conformément à ce qui en a été fixé dans le procès-verbal de la visite desdits effets, & y soient classés, rangés & conservés dans l'ordre qui aura été prescrit, pour y demeurer à la charge du garde magasin.

*Article 374.* Il visitera tous les ouvrages que sa majesté fera faire, soit pour les vaisseaux, soit aux bâtimens civils ;

doivent dans chaque port, être suppléés pour
les fonctions journalières du Contrôle par celui
de leurs commis auquel l'intendant ou ordonna-
teur juge à propos de donner un ordre à cet
effet, sans toutefois que ce commis puisse signer
les pièces de décharge de la comptabilité, à
moins qu'il n'y soit autorisé par un ordre de sa
majesté. Telles sont les dispositions de l'article 4.

Les appointemens des officiers dont il s'agit
sont fixés par l'article 5. Cette loi veut qu'il soit
payé à chacun des Contrôleurs de Brest, Toulon & Rochefort quatre mille livres par an, &
à chacun de ceux du Havre, Dunkerque & Bordeaux, trois mille livres.

Il doit être réglé chaque année dans des états
arrêtés par le roi sur la demande des intendans
ou ordonnateurs, le nombre de commis au contrôle qui peuvent être employés selon les circonstances & les besoins du service dans chaque
département, & les sommes qui doivent être
payées dans chaque port tant pour les appointemens de ces commis que pour les frais de bureau du Contrôle. C'est ce que porte l'article 6.

Indépendamment des Contrôleurs de la marine des six départemens, l'article sept a établi
un Contrôleur de la comptabilité des ports &

assistera aux toisés & à leur réception, sera présent aux
payemens qui en seront faits; & ne pourra s'en dispenser
sous quelque prétexte que ce puisse être.

*Article* 375. Le Contrôleur assistera à tous les conseils
de marine; il en sera le secrétaire, & en portera les délibérations sur des registres particuliers qu'il tiendra à cet
effet; il n'y aura pas de voix, excepté dans le cas où s'a-
gissant de marchés & d'adjudications, il aura voix délibérative en sa qualité de Contrôleur.

D iv.

arſenaux de marine à l'effet de maintenir un ordre uniforme dans cette partie importante du ſervice du roi.

L'uniforme des Contrôleurs de la marine eſt déterminé par l'article 8, & l'article 9 leur défend de porter d'autre habit dans les ports où ils ſont établis.

Voyez *les lois citées*, & les articles COMMISSAIRE, PORT, MARINE ; &c.

CONTRÔLEUR GÉNÉRAL DES MONNOIES DE FRANCE. C'eſt le titre d'un office créé par un édit du mois de juin 1696, ſupprimé par un autre édit du mois de janvier 1708, & rétabli par un troiſième édit du mois de février 1717.

Cet officier a le titre de conſeiller du roi : ſes fonctions ſont de tenir regiſtre de tous les fonds tirés des monnoies par le tréſorier-général avec mention de l'enregiſtrement au dos des reſcriptions, récépiſſés ou autres acquits que ce tréſorier expédie à la décharge des directeurs particuliers ; de tenir pareillement regiſtre de tous les payemens faits par le même tréſorier pour le compte du roi & de viſer les pièces juſtificatives ; de fournir tous les mois au directeur général des monnoies, un état pour lui certifier de la recette & dépenſe du tréſorier-général ſuivant les regiſtres ; de viſer les comptes de caiſſe arrêtés entre ce dernier & les directeurs particuliers des monnoies, après avoir vérifié ſi toutes les parties énoncées ſont conformes à ſon regiſtre.

L'édit attribue à cet officier ſix mille livres de gages par an, & cinq mille livres auſſi par an pour frais de bureau ; mais pour en être payé il faut qu'il rapporte chaque fois un certificat du directeur général atteſtant qu'il a exactement fourni tous les mois les états de ſon contrôle. La finance de ſon office eſt fixée à cent vingt mille livres.

Ce Contrôleur-général ſuivant l'édit n'étoit obligé de ſe faire recevoir qu'à la cour des monnoies ; mais la chambre des comptes lors de l'enregiſtrement de cette loi exigea qu'il fut encore tenu de ſe faire recevoir & de prêter ſerment devant elle.

Le titre de l'office accorde au Contrôleur un logement à l'hôtel des monnoies & les mêmes honneurs, franchiſes, immunités, prééminences, exemptions, droits de *committimus*, de franc-ſalé & autres que ceux qui ſont attribués au directeur général. ( *Article de M. DAREAU, avocat, &c.* )

CONTRÔLEUR ET GARDE DES MÈDAILLES ET JETONS. C'eſt le titre d'un officier créé par édit du mois de juin 1696.

Celui qui étoit pourvu de cet office, avoit la qualité de conſeiller du roi : ſes fonctions étoient de tenir regiſtre des fontes & de la quantité de marcs des médailles & des jetons qui ſe fabriqueroient : il devoit garder la clef des balanciers après le travail fini : il devoit avoir auſſi une clef des poinçons, matières & carrés ſervant à la fabrication des médailles & des jetons ; l'autre clef devoit être entre les mains du directeur des pièces fabriquées. Il avoit une attribution de mille livres pour trois quartiers de 1333 livres 6 ſous 8 deniers de gages par an, mais cet office fut réuni à celui du directeur de la monnoie des médailles par un arrêt du conſeil du 3 novembre 1696. ( *Article de M. DAREAU, avocat, &c.* )

CONTRÔLEUR-Contre-Garde. C'eſt un officier des monnoies créé par l'édit du mois de juin 1696.

Les fonctions de cet officier ſont de tenir regiſtre de toutes les matières apportées au change, d'aſſiſter à toutes les délivrances & à la peſée des matières qu'on veut mettre en fonte, de tenir un Contrôle exact de toute la dépenſe qui ſe fait dans les monnoies, de viſer les mémoires des ouvriers, de ſuppléer les juges-gardes en leur abſence, de vérifier tous les ſix mois le regiſtre des changeurs, & à cet effet il lui eſt accordé trois livres pour vérification de chaque regiſtre. C'eſt lui qui doit avoir la clef des uſtenciles de la monnoie, lorſqu'il arrive qu'on eſt obligé de les mettre en dépôt. Il a un logement aux hôtels des monnoies avec exemption de toute charge publique. Un arrêt du conſeil du 9 décembre 1702 enjoint particulièrement aux juges-gardes d'appeler les Contrôleurs-contre-gardes aux fontes & aux délivrances, & à ceux-ci d'y aſſiſter pour en tenir le contrôle, conformément à l'article 13 de l'édit de juin 1696.

Un édit du mois de janvier 1705 a ſupprimé l'office de Contrôleur-contre-garde de la monnoie de Paris. Un autre édit du mois d'avril 1709 avoit réduit les droits de ces officiers dans les monnoies de province à quatre deniers par marc d'or au lieu de ſix qu'ils avoient auparavant, & à deux deniers par marc d'argent au lieu de trois. Mais une déclaration du 14 février 1713 ordonna que ces droits ſeroient rétablis à commencer du premier janvier 1712. Voyez l'article CONTRE-GARDE. ( *Article de M. Dareau, avocat, &c.* )

CONTRÔLEUR - Général des Fermes.

C'eſt le titre d'un employé dont les fonctions
font très-importantes. Il les exerce dans un certain arrondiſſement ſur une commiſſion du fermier général & de ſes cautions, après avoir
prêté ſerment pardevant un des juges des droits
des fermes.

Ces fonctions conſiſtent à vérifier au moins
quatre fois l'année les receveurs-généraux de
tabac, les receveurs des greniers à ſel, ceux
des bureaux des droits de ſortie & d'entrée
des huiles, ſavons & autres fermes & droits y.
joints; tous les bureaux de contrôle & des dépôts, entrepôts de tabac, de ſel & autres marchandiſes; les regratiers des ſels & les débitans
de tabac, & généralement tous les poſtes où les
capitaines-généraux, brigades à pied & à cheval & leurs commandans ſont établis pour la
conſervation des droiss des fermes, à l'effet de
s'aſſurer s'il ne s'y paſſe rien contre les intérêts
des fermes, de tout quoi il eſt tenu de rendre
compte, tant aux fermiers généraux qu'au directeur du département. Il doit avoir attention
de voir ſi dans chaque bureau où doit ſe faire la
perception des droits, le tarif de ces droits eſt
placardé dans un lieu apparent pour que les marchands puiſſent en prendre communication, &
ſi la perception de ces mêmes droits ſe fait ſuivant les ordonnances.

. Il doit examiner & connoître à fond la capacité & les talens des capitaines, lieutenans,
gardes & autres employés; s'informer s'ils ont
prêté ſerment en juſtice, ſi leurs commiſſions
ſont en bonne forme & duement enregiſtrées;
s'ils exercent leurs emplois avec affection & fidélité conformément aux ordonnances & aux or-

dres qui leurs font donnés ; fi les commandans & gardes à cheval font bien montés & bien équipés & fi les gardes à pied font bien habillés & bien armés ; obliger les commandans & les gardes de fe rendre tant de nuit que de jour dans tous les paffages par où l'on pourroit conduire & faire paffer les marchandifes prohibées ou autres en fraude des droits du roi & de rendre procès-verbal en bonne forme pour conftater toutes les contraventions qu'ils peuvent connoître.

Il faut qu'il voie fi chaque capitaine, brigadier & commandant des poftes tient un regiftre exact de toutes les faifies & captures, avec les noms, qualités & demeures des perfonnes fur lefquelles elles ont été faites, & le nom des receveurs ou autres commis chez qui les marchandifes ont été remifes.

Il doit faire tenir à chaque commandant un regiftre portatif contenant jour par jour le travail de fes employés & s'en faire remettre des extraits quand il juge à propos pour en faire la vérification.

Le contrôleur-général doit tenir lui-même un regiftre à mi-marge pour y porter d'un côté les extraits des procès-verbaux rendus par les brigades, & de l'autre les jugemens intervenus ou les accommodemens faits, le prix de la vente des effets faifis & généralement tous les détails relatifs aux inftances, jufqu'à ce qu'elles aient été terminées.

Il doit auffi tenir un autre regiftre cotté & paraphé par un fermier général ou par le directeur du département pour y infcrire toutes les découvertes qu'il peut faire de chofes contraires au bien de la ferme, & en donner avis promptement à peine de demeurer responsable de l'évènement en son propre & privé nom.

Il doit dresser des procès verbaux de tournées dans lesquels il doit rapporter toutes les vérifications & opérations qu'il a faites, & il doit mettre son vû sur les regiftres des entrèpoſeurs & autres.

Il doit auſſi rendre compte de l'état des caiſſes de tous les receveurs particuliers pour voir s'ils font exactement la remiſe de leurs fonds ; & au cas qu'il leur en manque en avertir fur le champ les fermiers & attendre fur les lieux leurs ordres.

Il doit porter fur un regiftre deſtiné à cet effet par ſuite de dates & de numéros les arrêts, réglemens, & les ordres d'une certaine conféquence qui leur font adreſſés par les fermiers ou leurs directeurs ; il doit enliaſſer les arrêts & ordres & les timbrer du numéro de fon regiftre qu'il eſt tenu de repréſenter quand il en eſt requis. Ce regiftre & les pièces doivent être remis au ſucceſſeur en cas qu'on juge à propos de faire quelques changemens & d'envoyer un autre ſujet à la place du pourvu.

Le Conttôleur-général doit aſſiſter aux emplacemens & fins de maſſe des greniers à ſel ; voir ſi les règles preſcrites pour le meſurage font ſtrictement ſuivies ; compter le nombre des ſacs, en peſer pluſieurs, & avoir attention à ce qu'il ne s'introduiſe aucun abus dans le regratage des ſacs.

Il doit ſe faire repréſenter les regiftres des greniers à ſel, s'aſſurer ſi les ventes en ſel y font portées le lendemain de chaque jour d'ouverture du grenier & voir s'ils sont conformes aux rôles sur lesquels ils ont été formés, se faire repréfenter · les extraits qui ont été publiés & veiller exactement à ce qu'il ne se commette aucune espèce de fraude.

Le Contrôleur-général est chargé d'exécuter & faire exécuter ponctuellement les ordonnances & règlemens concernant la régie des fermes, & notamment sur le fait du tabac, la déclaration du premier août 1721 ; sur le fait des gabelles, l'ordonnance du mois de mai 1680 ; sur le fait des droits d'entrée & sortie, la déclaration du mois de février 1687 ; sur le fait des huiles, la déclaration du 21 mars 1716 ; & généralement tous les édits, lettres-patentes & réglemens postérieurement rendus ; il est auffi tenu de faire exécuter tout ce qui est porté par les commiffions des employés dont il doit avoir une pleine & entière connoiffance, à peine de demeurer garant & refponfable de l'inexécution & des défauts de formalité qui se trouveroient de son fait, pourquoi il est tenu de donner caution.

Il est défendu aux Contrôleurs - généraux à peine de révocation, de se servir des capitaines, lieutenans, gardes & autres employés, finon pour ce qui regarde le service des fermes ; de recevoir aucun préfent ; de s'intéreffer en aucun traité, ferme ni fous-ferme du roi, des communautés ou des particuliers ; d'exercer aucune charge, office ou emploi ; & de faire aucun trafic, commerce ou négoce directement ni indirectement. Il leur est auffi défendu ds recevoir aucune fomme de deniers procédans des fermes par les mains des receveurs ou des redevables fous quelque prétexte & pour quelque raifon que ce foit.

Les Contrôleurs-généraux jouissent des priviléges & exemptions accordés aux employés des fermes & ont droit de porter & faire porter à tous ceux qui les assistent dans leurs fonctions toutes sortes d'armes pour la sûreté & défense de leurs presonnes, à la charge de n'en point abuser. (*Article de M. LAMBERT, avocat & secrétaire des commandemens de S. A. S. Monseigneur le prince de Condé.*)

CONTRÔLEUR AMBULANT DES DOMAINES. C'est un employé des fermes qui est chargé de faire le recouvrement des recettes dans les bureaux particuliers de contrôle. Cet emploi ne peut être confié qu'à un sujet très-instruit, comme on peut en juger par le détail que nous allons faire des fonctions qu'il a à remplir.

Il est chargé par une procuration passée pardevant notaires, qui lui tient lieu de commission, de faire au nom des fermiers généraux dans l'étendue de la généralité ou du département qu'on lui a assigné, la régie & recette de tous les droits de contrôle des actes & des exploits, insinuations laïques, centième denier, petit scel, amortissemens, francs-fiefs, nouveaux acquêts & usages, formules & huit sous pour livre de ces droits; des droits d'échange dans les directes & mouvances des seigneurs particuliers; des droits d'aubaine, bâtardise, deshérence, confiscation & épaves, & des restes des précédens baux : il doit à cet effet se transporter tous les trois mois, & plus souvent s'il est nécessaire, dans les différens bureaux de son département, pour arrêter les comptes de la recette faite par les commis buralistes, en recevoir le montant & leur en donner quittances au pied des comptes, qui doivent être signés doubles. Il doit vérifier les regiſtres ſervant à la perception de tous les droits ; examiner dans les tournées de recouvrement & dans les contre-tournées la conduite des buraliſtes, & s'ils ont perçu les droits en conformité des réglemens ; les charger en recette de ceux qu'ils ont reçus de moins, & leur faire reſtituer les ſommes qu'ils ont perçues de trop ; faire des viſites, recherches, vérifications & perquiſitions pour la conſervation des droits énoncés ci-deſſus, tant chez les notaires, que chez les greffiers & autres ; dreſſer des procès-verbaux des contraventions & malverſations qu'il peut découvrir, pour faire condamner les contrevenans aux peines & amendes qu'ils ont encourues ; conférer les regiſtres du contrôle des actes avec ceux d'inſinuations, petit ſcel, exploits & droits réſervés, pour s'aſſurer ſi tous les droits réſultans des actes y ont été enregiſtrés ; ſe faire fournir par les notaires, greffiers, curés & autres perſonnes publiques, des extraits des teſtamens, codiciles & autres actes de dernière volonté ; ſe faire repréſenter par les curés, vicaires & autres dépoſitaires, les regiſtres de ſépulture, pour en tirer des extraits ; examiner les tables alphabétiques & les ſommiers tenus dans chaque bureau pour la régie, pourſuite & recouvrement des droits de centième denier, francs-fiefs & autres ; faire faire les pourſuites négligées par les commis ſur les articles ſubſiſtans ; donner aux commis les ordres & les inſtructions dont ils ont beſoin ; établir ceux qui ſont néceſſaires pour la régie, ſuivant. les ordres du

directeur

directeur ou des fermiers ; révoquer ceux qui ne font pas leur devoir ; en établir d'autres fur les commiffions qui doivent leur être délivrées par le directeur, ou provifoirement fur les fiennes, en cas de befoin urgent ; pourfuivre & faire contraindre les commis pour le payement des fommes dont ils fe trouvent reliquataires ; décerner des contraintes, & les faire mettre à exécution ; faire faire les emprifonnemens, faifies & arrêts, exécutions de biens meubles, & faifies-réelles d'immeubles ; faire procéder à la vente, adjudication & délivrance des chofes faifies, &, fi befoin eft, plaider, appeler ; oppofer, élire domicile, conftituer procureur, faire tous les actes judiciaires & autres qui font néceffaires, & confentir toutes main levees & élargiffemens ; & généralement faire pour l'établiffement, régie, perception & exploitation des fermes, tout ce que les fermiers généraux feroient en droit de faire s'ils y étoient en perfonne. Mais le Contrôleur ambulant ne peut faire, fans ordre exprès & par écrit des fermiers généraux ou du directeur, aucune remife ni modération d'aucun droit, foit en tout ou en partie, pour quelque caufe que ce puiffe être, à peine de nullité, & d'en répondre en fon propre & privé nom.

Le Contrôleur ambulant doit tenir bon & fidele regiftre cotté & paraphé de l'intendant ou de fon fubdélégué, pour y porter jour par jour, & fans interruption de dates, toutes les recettes & dépenfes qu'il peut faire, tant à compte que pour payement final, fous les peines portées par l'edit du mois de juin 1716, & les déclarations des 4 octobre & 7 décembre

1723. Il eſt obligé de rendre compte au retour
de la tournée de recouvrement, & lorſqu'il en
eſt requis, dans la forme qui peut lui être prefcrite ; & il doit remettre les fonds provenans des
droits à fur & à meſure qu'il les reçoit, au directeur ou au fondé de pouvoir pour faire la recette géné rale de la province, ſans qu'il puiſſe
en aucune manière, & ſous quelque prétexte
que ce ſoit, remettre aucune ſomme à d'autres
qu'au directeur ou receveur général.

Cet emploi exige un cautionnement ; mais
quoique la ferme des domaines ait été réunie
en 1757 aux autres fermes, & qu'il ait été ordonné par l'arrêt du 30 avril 1758, que tous les
commis & receveurs des fermes remettroient
à la caiſſe des fermes les ſommes auxquelles ils
ſont taxés pour tenir lieu de cautionnement,
les Contrôleurs ambulans des domaines ont été
excepté, par ce qu'on a jugé que les ſujets convenables pour régir cette partie eſſentielle des
droits du roi n'étoient pas auſſi faciles à trouver
que pour les autres parties, & qu'il étoit d'une
néceſſité indiſpenſable de lever les obſtacles qui
mettroient à prix d'argent des emplois qui ne
peuvent être exercés que par des gens inſtruits
dans les affaires ; il ſuffit donc que les Contrôleurs ambulans propoſent pour caution une perſonne ſolvable & telle que les fermiers peuvent
l'exiger. ( *Article de M. LAMBERT, avocat &
ſecrétaire des commandemens de S. A. S. Monſei-
gneur le prince de Condé* ).

CONTUMACE. Ce mot s'employe en
matière civile & en matière criminelle.

En matière civile, c'eſt le défaut que fait une
partie de comparoître ſur une aſſignation à elle

donnée devant le juge. Ce défaut de comparution n'empêche pas qu'on ne la juge en son absence comme on la jugeroit en sa présence ; mais ce jugement par défaut ne produit pas le même effet que s'il étoit contradictoire, parce que la partie condamnée peut en arrêter les suites par une opposition ; cependant lorsqu'elle se pourvoit par opposition, elle est obligée de rembourser tous les frais qu'elle a occasionnés par son défaut de comparution, & ces frais on les appelle *frais de Contumace*, frais qui ne se répetent point en définitif, quand même la partie défaillante & opposante réussiroit au fond sur la demande.

Les défauts faute de défendre sont encore dans le cas de donner lieu à des frais de Contumace ; mais les défauts faute de plaider n'en produisent pas.

Denizart nous atteste que la refusion de ces frais *s'ordonne rigoureusement au palais & aux consuls* ; mais qu'au châtelet elle n'a lieu qu'aux auditeurs. Les autres chambres, dit-il, reçoivent les oppositions sans remboursement préalable des frais de Contumace ; mais quand on en fait l'observation, on y a égard en définitif par une compensation jusqu'à dûe concurrence.

Dans les présidiaux, dans les bailliages & autres justices du ressort, ce remboursement ne souffre aucune difficulté ; les oppositions ne s'y reçoivent qu'à la charge de ces frais, qui sont ceux qu'il a fallu faire pour obtenir le jugement par défaut, y compris le coût, l'expédition & la signification de ce jugement ; mais non les autres frais, comme de saisie & d'exécution faite en conséquence.

E ij

La refufion de ces frais eft fixée dans quelques fiéges à une fomme determinée ; cette fomme eft de huit francs au châtelet de Paris, fuivant un réglement homologué par arrêt de la cour, le 2 juillet 1691.

Au refte, quoiqu'il foit dit qu'on eft reçu oppofant à un jugement par défaut, à la charge de rembourfer les frais de Contumace, cette oppofition n'en eft pas moins valablement reçue, quoique le rembourfement des frais foit différé ; il ne refte à la partie à qui ces frais reviennent que de les faire taxer & d'en pourfuivre le payement par les voies de droit.

*Contumace en matière criminelle*, fe dit d'un refus opiniâtre que fait un accufé décrété de comparoître devant le juge pour répondre fur les faits qui lui font imputés, & pour purger fon décret. On dit refus *opiniâtre*, parce qu'il eft ordinairement précédé de fommations, de proclamations, &c.

Chez les Romains on appeloit *Contumax* celui qui avoit refufé de comparoître nonobftant trois citations confécutives ou une feule citation péremptoire.

Selon la loi des Ripuaires & la loi falique, quand quelqu'un étoit cité en jugement, & qu'il ne comparoiffoit point, il étoit appelé devant le roi ; & alors, s'il perfiftoit dans le refus de fe préfenter, il étoit mis hors de la protection du roi ; perfonne ne pouvoit le recevoir chez foi, ni même lui donner un morceau de pain.

⁻ Notre jurifprudence eft aujourd'hui bien différente. Pour expliquer avec une certaine méthode ce que nous avons à dire fur cette matière, nous diviserons cet article en trois sections.

Dans la première, nous traiterons de la procédure à observer pour l'instruction des défauts & des Contumaces.

Dans la seconde, nous parlerons des jugemens de Contumace, de leur exécution & de leur effet.

Dans la troisième, nous dirons comment les accusés peuvent se représenter, & quel est l'effet de cette représentation.

## SECTION PREMIÈRE.

### De la procédure concernant la Contumace.

Il faut distinguer sur le défaut que fait un accusé de paroître devant le juge, entre un décret de prise de corps qui l'oblige à se constituer prisonnier, & un décret d'ajournement personnel, ou simplement de soit oui, qui n'exige de lui qu'une représentation de sa personne, sans perdre sa liberté.

Le défaut de comparution sur un décret de prise de corps originaire est, à proprement parler, la vraie Contumace qui donne lieu à l'annotation de biens & à la procédure dont nous allons parler, au lieu que le défaut de paroître sur un décret de *soit oui* ou d'ajournement personnel, n'est qu'une Contumace *de présence* au sujet de laquelle on observe une procédure particulière dont nous parlerons dans la suite.

Quand un accusé est décrété de prise de corps par un décret *originaire*, ce décret ne lui est signifié qu'au moment où l'on se saisit de sa personne, parce qu'autrement ce seroit l'avertir de

E iij

prendre la fuite. Mais lorfqu'on ne peut l'appré-
hender au corps, comme il faut qu'il foit jugé,
on doit alors le conformer au titre 17 de l'ordonnance de 1670, dont les difpofitions ont été
plus particulièrement expliquées par des lettres-
patentes en forme d'édit données au mois de
décembre 1680, & dont voici le réfultat.

D'abord il faut diftinguer fi c'eft dans les
trois mois ou après les trois mois du jour du
crime commis qu'on pourfuit la Contumace d'un
accufé; fi c'eft dans les trois mois du crime
commis, la perquifition de l'accufé peut être
valablement faite dans la maifon où il réfidoit
fi elle fe trouve située dans la juridiction où
le crime a été commis, en laiffant copie du
procès-verbal de perquifition (*).

On doit en ufer de même pour l'affignation
à comparoître à la quinzaine en laiffant copie
de l'exploit d'affignation.

Mais fi l'accufé n'a point réfidé dans l'étendue de la juridiction où le crime a été commis,
la perquifition doit être faite & les affignations
doivent être données fuivant l'article 3 du titre
17 de l'ordonnance de 1670; c'eft-à-dire qu'on
doit afficher à la porte de l'auditoire copie du
décret & de l'exploit d'affignation à quinzaine
fans qu'il foit néceffaire, portent les lettres-
patentes de 1680, de faire les perquifitions
& de donner les affignations au lieu où demeuroit l'accufé avant qu'il eût commis le crime.

---

(*) C'eft par la perquifition que commence l'inftruction
de la Contumace : cette perquifition doit être fuivie de
la faifie & de l'annotation de biens de l'accufé. Voyez à
l'article ANNOTATION une formule de perquifition &
d'annotation.

Si l'accufé ne comparoît point à la quinzaine on doit lui donner une nouvelle affignation à huitaine par un feul cri public, à fon de trompe ou de tambour, fuivant l'ufage ; & cette affignation doit lui être donnée à la place publique & à la porte-de la juridiction où fe fait l'inftruction du procès , & encore au devant de fon domicile s'il en a un dans l'étendue de la juridiction.

Si la Contumace fe pourfuit après que trois mois fe font écoulés depuis le crime commis , la perquifition doit fe faire & les affignations doivent fe donner au domicile ordinaire de l'accufé, foit qu'il demeure dans l'étendue ou hors de l'étendue de la juridiction où le procès fe pourfuit ; en obfervant pour l'affignation à quinzaine, qu'on doit lui accorder un jour de plus pour chaque dix lieues de diftance de fon domicile jufqu'au lieu de la juridiction où il eft affigné.

Si l'accufé ne comparoît point dans le délai réglé fuivant la diftance, on doit l'affigner à fon de trompe & par un cri public , à huitaine dans le lieu de la juridiction où s'inftruit le procès, & afficher le cri & la proclamation à la porte de l'auditoire de la juridiction. Les lettres patentes n'exigent rien au-delà ; mais il eft toujours fous-entendu qu'on a dû laiffer au domicile de l'accufé copie de la perquifition & de l'affignation, & qu'en affichant la proclamation on doit auffi afficher copie du décret.

A l'égard des accufés qui n'ont ni domicile, ni réfidence connue , foit que leur Contumace fe pourfuivre avant ou après les trois mois échus à compter du jour du crime commis , le règlement dont il s'agit porte que la copié du décret ensemble de l'exploit d'assignation feront seulement affichés à la porte de l'auditoire de la juridiction.

Observez que le jour où l'assignation est donnée, n'est point compris dans le délai accordé, non plus que celui où l'échéance a lieu.

Observez encore que l'huissier qui fait le cri public doit être assisté de deux témoins, l'un desquels peut être celui qui sonne de la trompe ou qui bat du tambour (*).

Quand les délais des assignations sont expirés & que la Contumace est instruite, la procedure doit être remise au ministère public pour y donner des conclusions.

Les juges doivent ensuite passer à l'examen du procès pour savoir si la procédure est en règle, & la faire rétablir si elle pêche par quelque formalité. Si la procédure se trouve régulièrement faite, & qu'il y ait lieu à un règlement à l'extraordinaire, on ordonne que les témoins seront récolés dans leurs dépositions & que leur récolement vaudra confrontation.

Observez que lorsque parmi les accusés il s'en trouve de Contumax, & d'autres qui ne le sont pas, il n'est point nécessaire d'attendre que la Contumace soit instruite contre les absens pour pouvoir passer au règlement à l'extraor-

_____

(*) Un accusé ne peut pas être cité par cri public & à son de trompe en vertu de la sentence d'un official. La chose a été ainsi jugée au parlement de Rouen le 14 août 1736. On peut voir à ce sujet le traité de l'abus par Févret, livre 7 chapitre 1 n. 5, & les nouveaux mémoires du clergé, tome 7 page 819.

dinaire contre les accufés en général , prifonniers
& autres ; il fuffit qu'après l'inftruction de la
Contumace contre les abfens il foit ordonné
que le récolement fait auparavant vaudra confrontation à leur égard ; autrement , comme
l'obferve fort bien l'auteur du traité de la juftice criminelle , fi l'on attendoit que les délais
de la Contumace fuffent échus pour paffer au
récolement , il pourroit arriver que pendant
ce temps la preuve periclitât contre les accufés
prifonniers , par la mort ou par l'abfence des témoins ; mais on ne peut ordonner que le récolement vaudra confrontation à l'égard des accufés
abfens , qu'après l'inftruction de la Contumace ,
parce que c'eft cette inftruction achevée qui
conftate leur refus & leur opiniâtreté.

Obfervez encore qu'en ordonnant que le récolement vaudra confrontation , on doit dire
qu'il vaudra confrontation nommément contre
tel & tel : l'expreffion qu'*il vaudra confrontation
contre les accufés Contumax , en général* , ne fuffiroit pas.

Lorfqu'un accufé s'évade des prifons , on
diftingue fi c'eft avant ou après des interrogatoires fubis : fi c'eft avant d'avoir été interrogé ,
on doit inftruire fa Contumace parce que fon
emprifonnement doit être regardé comme non
avenu ; fi au contraire il a été interrogé avant
fon évafion , on ordonne feulement que l'inftruction fera continuée , que les témoins ouïs
feront récolés , fi fait n'a été , & que le récolement vaudra confrontation ; apres toute fois l'a-
voir fommé ( au domicile qu'il a dûélire en vertu
de l'édit de 1773 dont il fera ci-après parlé ) de
fe repréfenter.

Mais fi l'évafion eft la fuite d'un bris de prifon, foit avant foit après les interrogatoires fubis, comme ce bris de prifon eft un nouveau crime, il faut que cé délit foit inftruit par une procédure particulière ( ), qui ne doit pas pour cela retarder l'inftruction ni le jugement de la première accufation, fur-tout fi cette première accufation a pour objet un crime dont la preuve foit fuffifamment acquife.

Si l'inftruction du procès fe trouve achevée avant l'évafion de l'accufé, on doit paffer outre au jugement, après une fommation à lui faite à fon domicile élu de fe repréfenter pour le dernier interrogatoire. C'eft ce qui réfulte & de l'article 24 du titre 7 de l'ordonnance de 1670, & de l'édit de juillet 1773.

Une queftion qui s'eft préfentée à M. Serpillon, auteur d'un *code criminel*, a été de favoir fi lorfqu'il furvient un nouveau chef d'accufation contre le Contumax, dans le cours de la procédure, après la Contumace commencée ou finie, on doit pour raifon de ce nouveau chef inftruire contre lui une nouvelle Contumace, ou s'il fuffit de s'en tenir à la première.

Cet auteur a penfé qu'il falloit une nouvelle inftruction, parce qu'on ne doit pas juger un accufé fur une nouvelle plainte, qu'il n'ait été interrogé, ou que fon refus de comparoître n'ait

_____

(*) Un arrêt du 14 août 1736, rapporté par Lacombe en fes *matières criminelles*, a déclaré nulle une procédure du juge d'Eu, pour n'avoir pas inftruit un bris de prifon par information, &c. comme les au res délits. Mais la nullité ne portoit que fur la procédure concernant ie bris de prifon, & non fur celle qui avoit trait à l'acc ation originaire.

été conftaté : mais nous préférons de penfer avec
M. Jouffe que cette nouvelle inftruction de Contumace feroit fort inutile ; car dès que l'accufé
ne paroît point pour les premiers chefs d'accufation, le motif de fon refus fubfifte naturellement pour les chefs furvenus poftérieurement :
cependant il eft toujours convenable de lui notifier
le nouveau décret avec une feule proclamation
à huitaine , afin qu'il fache du moins qu'il eft
recherché pour des faits nouveaux , & qu'il doit
fe repréfenter pour les uns & pour les autres.

Voilà pour ce qui concerne les Contumaces
inftruites ou à inftruire en vertu d'un décret de
prife de corps originaire.

A l'égard des autres Contumaces qu'on appelle
*Contumaces de préfence*, ce ne font que des défauts
de fatisfaire ou à un décret de *foit ouï*, ou à un
décret d'ajournement perfonnel, en fe repréfentant en perfonne , fans être obligé de fe
conftituer prifonnier. Autrefois , lorfqu'un accufé
faifoit défaut, foit pour la confrontation ou pour
les derniers interrogatoires , on penfoit dans
quelques tribunaux qu'il falloit alors inftruire fa
Contumace, & dans d'autres on ne croyoit point
cette inftruction néceffaire. Pour établir un ufage
uniforme à cet égard , il a été rendu un édit au
mois de juillet 1773 , qui a pourvu à ces inconvéniens. Voici cette loi.

« Louis, par la grâce de Dieu, roi de France
» & de Navarre : A tous préfens & à venir ; falut.
» Nous étant fait repréfenter les mémoires qui
» nous ont été adreffés par plufieurs cours de
» notre royaume, par rapport aux Contumaces
» des accufés qui ne fe préfentent pas pour fubir
» interrogatoire lors du jugement du procès,

» nous avons jugé néceffaire de faire ceffer la
» diverfité d'ufages qui fubfiftent entre lefdites
» cours fur la manière d'inftruire lefdites Con-
» tumaces, & de fixer la jurifprudence fur l'effet
» des jugemens rendus contre lefdits accufés ;
» & voulant que l'adminiftration de la juftice
» foit uniforme en cette matière. A ces caufes
» & autres à ce nous mouvant, de l'avis de
» notre confeil & de notre certaine fcience,
» pleine puiffance & autorité royale, nous avons
» par notre préfent édit perpétuel & irrévocable,
» dit, ftatué & ordonné, difons, ftatuons &
» ordonnons, voulons & nous plaît ce qui fuit:

ARTICLE PREMIER.

» Tout accufé, foit qu'il foit décrété de prife
» de corps, d'ajournement perfonnel ou d'affigné
» pour être oui, fera tenu d'élire domicile dans
» le lieu où l'accufation contre lui intentée fera
» pourfuivie, ce qui fera obfervé en cas d'appel
» ou de renvoi du procès dans une autre juri-
» diction, pour nullités de procédures, reven-
» dication ou autrement, auxquels cas l'accufé
» fera élection de domicile dans le lieu où le
» procès fera porté par appel ou par renvoi.

II. » Lorfque l'accufé aura élu domicile, toutes
» les fignifications & fommations que les parties
» publiques ou civiles feront dans le cas de lui
» faire pendant l'inftruction du procès & jufqu'au
» jugement ou arrêt définitif, feront faites au
» domicile par lui élu.

III. » Faute par l'accufé d'avoir élu domicile,
» voulons que toutes les fignifications & fom-
» mations puiffent être faites au greffe de la
» prifon où il fera détenu lorfqu'il fera prifon-

» nier, ou au greffe de la juridiction où le procès
» fera fuivi lorfqu'il fera en liberté. ·

IV. » Et afin que les accufés ne puiffent pré-
» tendre caufe d'ignorance de la difpofition des
» trois précédens articles, enjoignons à tous
» juges de leur en donner connoiffance dans le
» premier interrogatoire qu'ils fubiront devant
» eux, & d'en faire mention dans ledit inter-
» rogatoire.

V. » Pourront au furplus les accufés élire
» domicile ou en changer en tout état de caufe ,
» fans toutefois qu'ils puiffent choifir un domicile
» hors du lieu où le procès fera fuivi ; leur per-
» mettons de faire élection de domicile fur le
» regiftre de la geole lorfqu'ils feront en prifon,
» ou fur le regiftre du greffe criminel lorfqu'ils
» feront en liberté.

VI. » Enjoignons à cet effet aux greffiers des
» prifons & aux geoliers de celles où il n'y a pas
» de greffiers, ainfi qu'aux greffiers criminels,
» chacun à leur égard, de recevoir lefdites élec-
» tions de domicile à la première requifition des
» accufés, & d'en joindre une expédition à la
» procédure dans les vingt - quatre heures, à
» peine de répondre en leur propre & privé
» nom de tous dépens, dommages & intérêts;
» & à compter du jour que ladite élection de
» domicile aura été jointe à la procédure , toutes
» fignifications & fommations à la requête de la
» partie publique ou civile feront faites à l'accufé,
» au domicile par lui élu.

VII. » Dans les procès où il y aura partie
» civile, l'accufé fera tenu de lui faire fignifier
» ladite élection ou ledit changement de do-
» micile. Voulons qu'audit cas, & à compter

» du jour que ladite fignification aura été faite
» à la partie civile, il ne foit plus fait à l'accufé
» de fommation ni fignification qu'au domicile
» par lui élu.

VIII. » Les articles 3 & 4 du titre 10 de notre
» ordonnance de 1670 feront exécutés ; en
» conféquence, lorfque les accufés décretés
» d'affignés pour être ouïs, ou d'ajournement
» perfonnel, n'auront pas comparu pour fubir
» interrogatoire, les décrets feront convertis;
» favoir, ceux d'affignés pour être ouis en dé-
» crets d'ajournement perfonnel, & ceux d'ajour-
» nement perfonnel en décrets de prife de corps,
» & ce à l'échéance de chacune des affignations
» données fur chacun des décrets, fans qu'il foit
» néceffaire d'attendre les délais pour lever le
» défaut ou pour le faire juger, dont nous abro-
» geons l'ufage en matière criminelle, en toutes
» juridictions, même en nos cours; abrogeons
» pareillement l'ufage des préfentations dans les
» procès qui ne s'inftruiront qu'à la requête de
» la partie publique.

IX. » Si l'accufé décrété d'affigné pour être
» ouï, après avoir comparu fur ledit décret &
» fubi interrogatoire, ne comparoît pas pour les
» récolemens & confrontations & autres inf-
» tructions, il fera, fur la conclufion de la partie
» publique, décrété de prife de corps, fans ob-
» ferver le décret intermédiaire d'ajournement
» perfonnel, & ce fur le certificat du greffier de
» la juridiction, que l'accufé ne s'eft pas pré-
» fenté, lequel certificat fera joint au procès ;
» n'entendons néanmoins rien innover à l'égard
» des accufés décrétés d'affignés pour être ouïs,
» & qui ne fe feroient pas préfentés fur ledit

» décret pour fubir interrogatoire, à l'égard
» defquels tous les degrés de décrets feront
» obfervés.

X. » Il ne pourra être procédé, tant en pre-
» mière qu'en dernière inftance, au jugement
» d'aucun procès criminel inftruit par récole-
» ment & confrontation, & dont l'appel fera
» de nature à être porté ès chambres de tour-
» nelle ou autres chambres de nos cours où fe
» portent les appels des procès de grand cri-
» minel, fans appeler, pour fubir le dernier in-
» terrogatoire en préfence des juges, tous les
» accufés autres néanmoins que ceux contre
» lefquels la Contumace aura été inftruite en la
» forme ordinaire; voulons en conféquence qu'en
» vertu d'un jugement qui fera rendu à la requête
» de la partie publique, il leur foit fait fomma-
» tion de comparoître au jour indiqué par ledit
» jugement pour fubir interrogatoire, & de fe
» réintégrer à cet effet dans les prifons, ou de
» fe repréfenter aux pieds de la cour, fuivant
» l'exigence des cas.

XI. » faute par lefdits accufés d'avoir comparu
» ou de s'être mis en prifon, il fera paffé outre
» au jugement du procès, fans qu'il foit befoin
» de conftater leur abfence autrement que par
» un certificat qui fera délivré par le greffier de
» la geole, ou par le procès-verbal de l'huiffier
» qui aura été chargé de les appeler, fans qu'il
» puiffe être fait aucune perquifition defdits
» accufés & inftruit aucune Contumace, faute
» de préfence, dont nous abrogeons l'ufage; &
» fera le certificat dudit greffier ou le procès-
» verbal de l'huiffier joint au procès.

XII. » Les fentences, jugemens ou arrêts qui
» auront été rendus fans avoir entendu tous les
» accufés fur la fellette ou derrière le barreau,
» ne feront regardés & exécutés que comme
» jugemens de Contumace à l'égard des accufés
» qui n'auront pas fubi ledit interrogatoire en
» préfence des juges, quand même ils auroient
» comparu à toute l'inftruction. Voulons en
» conféquence que lorfque lefdits accufés fe
» préfenteront, il foit procédé fans délai audit
» interrogatoire, & enfuite à un nouveau juge-
» gement à leur égard, & ce en vertu du préfent
» édit, & fans qu'il foit befoin de le faire ainfi
» ordonner ; ce qui fera exécuté tant à l'égard
» des jugemens qui auroient été ci-devant rendus
» fans avoir entendu les accufés, que pour ceux
» qui feront rendus à l'avenir : voulons toutefois
» que les accufés qui n'auront pas comparu pour
» être interrogés lors du premier jugement, ne
» puiffent être admis à un nouveau qu'en fe re-
» mettant dans les prifons.

XIII. » Notre préfent édit fera exécuté, tant
» en première inftance que par appel, en toutes
» juridictions, même en nos cours, à compter
» du jour de la publication & enregiftrement
» d'icelui ; dérogeant, en tant que de befoin, à
» toutes ordonnances, édits, déclarations &
» ufages, en ce qui ne feroit pas conforme aux
» difpofitions y contenues, fans que les cours
» dans lefquelles les accufations feroient portées
» ou dévolues puiffent lui donner un effet ré-
» troactif, quant aux jugemens intervenus ou
» aux procédures d'inftructions faites jufqu'à ce
» jour. Si donnons en mandement, &c. »

SECTION

## SECTION DEUXIÈME.

### Des jugemens de Contumace, de leur exécution & de leur effet.

Les jugemens qu'on peut rendre par Contumace doivent être aussi fondés que ceux qu'on appelle contradictoires. C'est une erreur que les criminalistes se font transmise, de penser, comme en Italie, que les accusés fugitifs doivent être réputés coupables du crime pour lequel ils sont poursuivis, & que leur Contumace est même un motif pour augmenter contre eux la peine attachée au délit.

» Quoiqu'il soit vrai de dire en général ( ob-
» serve l'auteur du traité de la justice criminelle )
» qu'on n'a rien à craindre quand on est innocent,
» cela n'est cependant pas toujours vrai, & il
» peut fort bien arriver que la crainte qu'inspire
» un procès criminel soit la seule cause de l'ab-
» sence de l'accusé. On peut quelquefois se jus-
» tifier dans un temps & ne le pouvoir faire dans
» un autre. D'ailleurs celui qui voit que sa vie
» dépend de la volonté & de la déposition des
» témoins qui peuvent être séduits, pense plutôt
» à ce que ces témoins peuvent dire, & à ce que
» ses juges peuvent faire, qu'à ce qu'il doit faire
» pour justifier son innocence : ainsi il croit
» devoir prendre le parti le plus sûr qui est celui
» de la fuite ». C'est pourquoi si les preuves
administrées contre lui n'annoncent pas qu'il soit
coupable, on ne peut s'empêcher de l'absoudre,
quoique par défaut, comme le fut en 1734 le
sieur de Beaurepaire, contre lequel on avoit

procédé par Contumace, à raison d'un affaffinat dont il étoit accufé.

Mais quand le délit eft conftaté & que la preuve en eft acquife contre celui auquel il eft imputé, on peut prononcer contre lui la même peine que celle qu'il feroit dans le cas de fubir réellement s'il étoit pris ; mais on doit s'abftenir d'ajouter au jugement cette modification, *fi pris & apréhendé peut être*, dont l'ufage eft abrogé par l'ordonnance de 1670.

Les condamnations à mort naturelle par Contumace, s'exécutent par effigie, & l'effigie par la repréfentation en peinture du genre de mort auquel l'accufé a été condamné ; repréfentation qui fe fait en forme de tableau qu'on attache à une potence dans la place publique.

Les jugemens qui prononcent la peine des galères perpétuelles ou à temps, celle de l'amende honorable (*), du banniffement perpétuel, de la flétriffure ou du fouet, s'exécutent en les écrivant feulement fur un tableau fans aucune effigie, & le tableau s'attache à un poteau dans la place publique. Il en eft de même de la peine du pilori & du carcan, fuivant une déclaration du 11 juillet 1749.

L'exécution de ces peines s'attefte par le procès-verbal du greffier mis au bas du jugement de condamnation.

A l'égard des autres condamnations par Contumace, elles fe fignifient au domicile du condamné, ou elles s'affichent à la porte de

(*) Ceci s'entend de l'amende-honorable *à Dieu & à juftice*, car la condamnation à l'amende-honorable *fèche* fe fignifie fimplement.

l'auditoire, s'il n'a point de domicile connu ou de domicile élu.

Il faut bien diftinguer en fait de Contumace, entre un jugement exécuté & un jugement non-exécuté. La condamnation ne produit fon effet que du jour qu'elle a été exécutée ; de forte que fi les vingt ans de la prefcription introduite à l'égard des crimes, étoient écoulés à compter du jour du crime commis, avant l'exécution du jugement, la condamnation exécutée poftérieu-rement à ces vingt années ne produiroit aucun effet ; mais fi elle avoit été exécutée avant la révolution de ces vingt années, la prefcription ne feroit acquife qu'après trente ans depuis le crime commis. Dans le doute fi le jugement a été exécuté ou non, on doit tenir pour la néga-tive, à moins qu'on ne juftifie d'un procès-ver-bal d'exécution. Une preuve par témoins d'une telle exécution, fut déclarée inadmiffible au parlement de Touloufe le 23 août 1731 ; en conféquence le crime & les actions pécuniaires furent déclarés prefcrits par le laps de vingt ans. Voyez à ce fujet l'article PRESCRIPTION.

L'accufé condamné par Contumace ne peut pendant qu'il eft fugitif arrêter par un appel l'exécution du jugement porté contre lui, parce que pour être admis à fe pourvoir par appel, il faut commencer par obéir à la juftice, c'eft-à-dire fe mettre en prifon. On peut cependant faire propofer une exoine, lorfqu'on eft dans un état de maladie ou qu'on eft retenu par des affaires qui ne permettent point de fe repréfenter. C'eft ce qui réfulte de l'article 4 du titre 25 de l'or-donnance de 1670.

Mais obfervez que quand l'accufé fugitif eft

condamné par contumace avec d'autres accufés
jugés contradictoirement, & que le jugement ne
peut point fe mettre à exécution contre ceux-
ci qu'il n'ait été confirmé par le tribunal fupérieur, on ne doit point l'exécuter non plus contre le Contumax avant que les juges fupérieurs
n'aient prononcé fur le fort de tous les accufés,
parce que fouvent le fort des uns eft attaché à
celui des autres. D'ailleurs la chofe a été ainfi
jugée au parlement de Paris le 24 feptembre
1757 par un arrêt qui a déclaré nul un procès-
verbal d'exécution d'un jugement par Cotumace
contre un accufé condamné au bailliage de
Troyes avec un autre accufé qui s'étoit rendu
appelant. Si la partie public interjetoit appel du
jugement de Contumace, cet appel feroit auffi
fufpenfif, & il faudroit attendre l'évènement de
l'arrêt pour l'exécution de ce jugement.

Quand la Contumace a été exécutée par fentence ou par arrêt, le condamné a encore cinq
années pour fe repréfenter à compter du jour de
l'exécution ; mais s'il laiffe paffer ce temps fans
en profiter, fon jugement eft réputé contradictoire & en dernier reffort, quant aux condamnations pécuniaires, amendes & confifcations :
cependant il peut être reçu à efter à droit &
obtenir des lettres-royaux pour fe purger, conformément à l'article 28 du titre 17 de l'ordonnance criminelle.

Dans l'incertitude fi l'accufé fe repréfentera
ou non dans les cinq ans, on ne peut pour le
payement des amendes, frais & intérêts civils,
faire vendre les meubles & biens faifis de l'accufé qu'après la première année de l'exécution
de la fentence de Contumace, & encore ceux

au profit de qui font adjugées les condamnations pécuniaires, doivent-ils donner caution de
les rapporter au cas que l'accufé fe repréfente
dans les cinq ans fuivant que l'a jugé un arrêt de
la cour des aides de Paris du 7 août 1683, rapporté au journal du palais ; caution qu'ils ne
font pas obligés de donner lorfqu'ils ont attendu
l'expiration des cinq années.

Pour ce qui eft de la confifcation, elle n'a
pas lieu même par provifion pendant les cinq
ans ; il faut attendre l'expiration de ce délai, &
encore les receveurs du domaine, les donataires
& les feigneurs à qui elle appartient font-ils
tenus de fe pourvoir en juftice (*) non pas précifément devant les juges qui l'ont prononcée,
mais devant les juges des lieux où les biens font
fitués, pour avoir permiffion de fe mettre en
poffeffion des biens confifqués. Ils doivent d'ailleurs faire dreffer procès-verbal de la qualité &
de la valeur des meubles & des effets mobiliers
& de l'état des immeubles pour en jouir enfuite
en pleine propriété. Cette formalité eft prefcrite
par l'article 32 du titre cité à peine contre les
donataires & les feigneurs de déchéance de leur
droit au profit des pauvres du lieu, & contre
les receveurs du domaine du roi de mille livres
d'amende applicable moitié au profit des pauvres du lieu. C'eft pour cela auffi que l'article
déclare nuls tous les dons qui pourroient avoir
été faits dans les cinq ans par le roi ou par les

_____

(*) L'article 23 de l'édit des duels du mois d'août 1679,
contient une exception à cette régle ; la confifcation pour
duel eft acquife au roi fans attendre que les années des
défauts & des Contumaces foient expirées.

seigneurs des biens confisqués, excepté des fruits & revenus de ces biens dont ils peuvent jouir pendant ce temps-là par les mains des commissaires & desquels ils peuvent disposer comme étant à eux. Mais si après les cinq ans les confiscataires avoient disposé des biens confisqués, l'accusé ne pourroit plus revenir contre cette disposition parce que tout seroit consommé.

La faveur accordée aux condamnés pour se représenter dans les cinq ans après l'exécution du jugement par contumace, produit encore cet effet que si un condamné vient à mourir dans les cinq ans, il meurt comme s'il n'avoit point été condamné ; il meurt comme on dit, *integri status*, c'est-à-dire en possession de son état, parce qu'on présume qu'il n'auroit point laissé passer les cinq ans sans se représenter pour sa justification, s'il eût vécu plus longtemps ; mais si son décès n'arrive qu'après les cinq ans, & qu'il ait été condamné à mort, aux galères perpétuelles ou au bannissement à perpétuité hors du royaume, ou que même il n'ait point été constitué prisonnier malgré lui avant ce temps-là, il est réputé mort du jour de l'exécution du jugement, & avoir été incapable depuis de recueillir aucune succession ni de faire aucune disposition, soit entre-vifs, soit à cause de mort.

Observez qu'à l'égard du crime de duel, l'article 27 de l'édit du mois d'août 1679, déclare ceux qui sont condamnés par Contumace, indignes de toute succession qui pourroit leur écheoir quand même ils seroient encore dans les cinq années & qu'ils auroient été restitués contre la Contumace, parce que ce crime est excepté de ceux qui s'éteignent par la mort du coupable, & qu'on peut en pourfuivre la punition contre la mémoire de ceux qui le commettent.

Les bénéficiers condamnés par Contumace à des peines qui emportent la mort civile font privés des fruits & revenus qui proviennent de leurs bénéfices. Il eft même d'ufage de déclarer les bénéfices vacans & impétrables. Nous en avons un exemple cité par Denizart dans un arrêt du parlement rendu le 17 janvier 1759 contre le curé de faint-Nicolas-des-Champs & d'autres eccléfiaftiques de la même paroiffe. Si ces bénéficiers laiffent acquérir la poffeffion triennale fans fe repréfenter, ils ne peuvent plus dépoffé-der les titulaires actuels. C'eft ce qui réfulte du concordat & de l'édit de 1606.

Lorfqu'on procède à un jugement par Contumace, on doit déclarer la Contumace *bien inftruite*; c'eft ce que prefcrit l'article 15 du titre 17 de l'ordonnance de 1670; mais s'il ne s'agit que d'une Contumace de préfence, on doit fimplement déclarer le défaut *bien acquis*.

Quand un criminel condamné contradictoirement s'évade avant l'exécution, on peut faire ordonner que le jugement fera exécuté contre lui par effigie.

## SECTION TROISIÈME.

*De la repréfentation des accufés Contumax & de l'effet de cette repréfentation.*

L'article 18 du titre 17 de l'ordonnance de 1670, dit que « fi le Contumax eft arrêté pri-» fonnier ou fe repréfente après le jugement, ou

F iv

» *même après les cinq années* ( * ) dans les prisons
» du juge qui l'aura condamné, les défauts &
» contumaces seront mis au néant sans qu'il soit
» besoin de jugement ou d'interjeter appel de la
» sentence de condamnation ». Mais il est dérogé
à cet article à l'égard de ceux qui ont été condamnés pour duel : l'article 23 de l'édit de 1679
porte qu'ils ne pourront être reçus dans leur
justification, même pendant les cinq ans de la
Contumace, qu'ils n'aient obtenu auparavant
des lettres du roi portant permission de se représenter.

L'ordonnance semble exiger que l'accusé se
représente devant le juge qui l'a condamné ; mais
si ce juge étoit incompétent, l'accusé pourroit
se mettre en état dans les prisons du juge compétent pour connoître de l'accusation.

L'auteur du traité de la justice criminelle duquel cette remarque est tirée, demande si les
juges supérieurs étant saisis de la connoissance de
l'affaire par l'appel d'un co-accusé condamné
contradictoirement, l'accusé Contumax ne devroit pas se représenter devant ces juges d'appel ?

Il n'y a aucune difficulté à penser qu'il peut
se représenter devant les juges d'appel, sauf à
eux à le juger avec les co-accusés s'il n'est pas

---

(*) Il semble que cette disposition soit difficile à concilier avec l'article 28 du même titre qui annonce qu'il
faut des lettres quand on a passé les cinq années, mais
observez d'après M. Jousse que l'article 18 dont il s'agit
ici ne s'entend que de la procédure sur les défauts &
Contumaces, & que l'article 28 s'entend des condamnations pécuniaires qui doivent subsister après les cinq ans,
malgré la représentation de l'accusé.

néceffaire d'une plus ample inftruction, ou à le renvoyer fur les lieux pour le confronter aux témoins, fi les faits & les circonftances l'exigent. Il y a plus, c'eft que la repréfentation de l'accufé fe faifant devant le premier juge, celui-ci ne pourroit point en ce cas s'empêcher d'en donner avis aux juges d'appel ; autrement ces derniers pourroient bien juger en conféquence des preuves portées devant eux, & mal juger eu égard à la nouvelle inftruction qui fe feroit devant le premier juge. D'ailleurs dans les accufations où il y a des complices, il eft prefque toujours néceffaire de les confronter les uns aux autres, ce qui ne pourroit fe faire fi les uns étoient dans les prifons des juges d'appel, & les autres dans celles du premier juge. Mais quand les juges d'appel ont ftatué définitivement fur le fort des prifonniers appelans, les accufés Contumax qui fe préfentent doivent fe mettre en état devant le premier juge.

On trouve dans le recueil des règlemens du parlement de Provence un arrêt du 15 décembre 1727, rendu toutes les chambres affemblées, par lequel il eft ordonné »que tous les défail-»lans & Contumax qui feront arrêtés ou qui » fe repréfenteront après les fentences de défaut » quoiqu'elles aient été fuivies d'un arrêt de dé-» faut, feront renvoyés aux premiers juges en la » forme de l'ordonnance, pour leurs procès être » inftruits & jugés jufqu'à fentence définitive, à »l'exception néanmoins des Contumax & dé-» faillans qui auront été jugés par des arrêts de » défaut, dans lefquels un des accufés aura été » jugé contradictoirement & en perfonne, au-» quel cas l'inftruction & le jugement des com-

» plices qui feront arrêtés ou fe repréfenteront,
» feront faits pardevant la cour & de fon auto-
» rité ».

L'effet de la repréfentation de l'accufé, foit
que cette repréfentation foit forcée ou volontaire, eft d'abord de le remettre au même état
qu'il étoit lors de l'accufation : il recouvre la
vie civile, mais la validité des actes qu'il fait
depuis, dépend du jugement qui intervient enfuite : fa repréfentation eft fi favorable que s'il
venoit à mourir avant ce jugement ( quoiqu'il
ne fe fût repréfenté qu'après les cinq ans ) ou
pendant l'appel qu'il pourroit en interjeter, il
n'en mourroit pas moins, comme nous l'avons
dit en la fection précédente, avec tous les avantages d'un homme libre ; & en cas d'évafion de
fa part, la Contumace n'en auroit pas moins été
mife au néant, fauf à juger de nouveau fur fon
évafion.

Le fecond effet de fa repréfentation eft de lui
faire en même-temps recouvrer fes biens faifis
& annotés. C'eft ce que nous avons expliqué à
l'article ANNOTATION.

Lorfque l'accufé a été condamné par Contumace à une de ces peines auxquelles il lui eft
libre d'acquiefcer, telles qu'à un banniffement à
temps, à un blâme, &c. & qu'en fe repréfentant il déclare s'y foumettre, cette déclaration
fuffit pour opérer fon élargiffement & pour avoir
main-levée de la faifie & annotation de fes biens
en payant les frais de Contumace ; car pour ces
frais il les doit aux termes de l'article 19 du
titre 17 de l'ordonnance de 1670 : il les doit
auffi quand même il feroit queftion de paffer à
un nouveau jugement, & qu'il n'y auroit point

de partie civile. C'est ce que porte une décision insérée dans une lettre de feu M. d'Aguesseau écrite au procureur du roi de la maréchaussée de Blois. Cette décision est relative à une ordonnance du mois de janvier 1600, rendue pour les eaux & forêts, laquelle ordonne le payement des frais de Contumace lors même qu'il n'y a d'autre partie que le procureur du roi ; d'où l'on conclut que l'accusé qui est décrété de prise-de-corps par conversion , doit avant d'être élargi payer les frais de cette conversion. Mais on observe que le payement de ces frais ne doit pas avoir lieu lorsque la Contumace de l'accusé est motivée sur l'incompétence du juge qui l'a décrété, & que cette incompétence est reconnue par la suite. Au reste , que les frais soient payés ou non, l'ordonnance veut qu'on aille toujours en avant pour l'instruction & pour le jugement du procès. D'ailleurs ces mêmes frais ne sont pas moins dûs lorsque l'accusé parvient à un jugement d'absolution , même avec dommages-intérêts. C'est ce qui a été jugé à la Tournelle du parlement de Paris le 20 juin 1731, en conformité de l'article 19 du titre 17 de l'ordonnance de 1670, dont l'exécution a été renouvelée.

Si l'accusé qui se représente n'a point été encore interrogé , il doit l'être dans les vingt-quatre heures de sa représentation. Ensuite on procède à sa confrontation avec les témoins , quoiqu'il ait été dit par la procédure de Contumace que le simple récolement vaudroit confrontation. Il n'est même pas nécessaire de prendre à cet effet un nouveau règlement à l'extraordinaire. Cependant s'il convenoit qu'il fût

confronté à d'autres accufés, & que le premier
règlement ne portât point que les accufés feroient confrontés entr'eux, il faudroit en ce cas
le faire ordonner auparavant (*).

La dépofition des témoins décédés avant le
récolement doit être rejetée; on ne doit même
la lire qu'autant qu'elle va à la décharge de l'accufé. Mais fi le témoin *qui a été récolé* eft décédé
ou mort civilement pendant la Contumace, fa
dépofition fubfifte, & l'on doit en faire la confrontation littérale à l'accufé dans la forme prefcrite pour la confrontation des témoins, fans
avoir égard aux reproches que pourra faire
l'accufé, à moins que ces reproches ne foient
juftifiés par écrit. La même chofe doit avoir lieu
à l'égard des témoins qui ne peuvent être con-

(*) Une déclaration du 18 novembre 1679, rendue pour
le préfidial de Nîmes, porte » que lorfqu'un accufé con-
» damné par Contumace fe préfentera, & que le procu-
» reur du roi ou la partie civile ne fera point comparoître
» les témoins qui lui feront prefcrits à l'effet de la confron-
» tation, dans les procès auxquels cette confrontation aura
» été ordonnée, les juges ne pourront prononcer l'abfolu-
» tion de cet accufé, mais feulement qu'il fera mis hors de
» prifon, à fa caution juratoire de fe préfenter toutefois
» & quantes qu'il lui fera ordonné pour fubir cette con-
» frontation, & qu'il fera procédé enfuite au jugement
» définitif de fon procès; fans que l'arrêt ou fentence
» qu'aura obtenu l'accufé puiffe lui fervir de juftification
» ou d'abfolution définitive, quand ledit arrêt ou fentence
» feront intervenus lorfque ladite confrontation aura été
» ordonnée, & fans auffi qu'aucun accufé Contumax
» pendant la tenue du parlement, puiffe pourfuivre fa juf-
» tification ou abfolution en la chambre des vacations à
» peine de nullité. »

Les difpofitions de ce règlement font applicables dans
tous les tribunaux où le cas prévu peut fe préfenter.

frontés à caufe d'une longue abfence, d'une
condamnation aux galères ou banniffement à
temps, ou de quelqu'autre empêchement légitime pendant le temps de la Contumace.

Quand toute l'inftruction eft finie, & que
l'accufé a fubi le dernier interrogatoire ou fur
la fellette ou derrière le barreau, on procéde à
un nouveau jugement, comme s'il n'y en avoit
eu aucun de rendu précédemment

L'accufé contre lequel il n'y a eu originairement qu'un décret de *foit ouï* ou d'ajournement
perfonnel, n'eft pas obligé en fe repréfentant,
de fe mettre en prifon, quand même ces décrets auroient été convertis faute de comparution en prife de corps, parce que la comparution
faifant ceffer cette efpèce de Contumace, elle
fait ceffer en même-temps le décret qui n'en eft
que la fuite.

Mais fi l'accufé originairement décreté de
prife de corps & jugé par Contumace, n'eft
condamné qu'à une fimple peine pécuniaire envers la partie civile, & qu'il y ait appel du jugement, eft-il obligé fur cet appel de fe mettre en
état ?

Il faut diftinguer : s'il y a appel *à minimâ* de
la part du miniftère public, il eft obligé dé fe
repréfenter; mais fi l'appel ne provient que de
l'accufé ou de la partie civile, ce n'eft plus
qu'une affaire à porter aux enquêtes.

Voyez *l'ordonnance criminelle du mois d'août
1670 ; les lettres-patentes en forme d'édit du mois
de décembre 1680 ; l'édit du mois de juillet 1773 ;
Bornier ; Lacombe ; MM. Muyart de Vouglans,
Serpillon & Jouffe, fur l'ordonnance de 1670, &c.*
Voyez auffi les articles ANNOTATION, DÉCRET,

PRESCRIPTION, &c. (*Article de M. DAREAU, avocat au parlement*, &c.)

CONVENANCE. C'eſt un ancien terme de coutume qui ſignifie une convention.

Loyſel dit dans ſes inſtitutions coutumières, que *Convenances vainquent la loi*, c'eſt-à-dire que par convention on peut déroger à ce qui eſt établi par la loi. Obſervez néanmoins que cette règle n'a pas lieu contre un ſtatut prohibitif négatif, tel que celui de la coutume de Normandie, qui défend expreſſément aux conjoints par mariage de ſtipuler une communauté.

*Convenance de ſuccéder*, ſe dit d'une convention portant que des aſſociés ſuccéderont à ceux d'entre eux qui viendront à décéder ſans laiſſer des enfans.

Ces ſortes de conventions ſont autoriſées par l'article premier du chapitre 15 de la coutume d'Auvergne. L'article 2 permet de ſtipuler que la *Convenance de ſuccéder* ſubſiſtera nonobſtant le décès de l'un des aſſociés; l'article 3 porte que cette convention finit par la mort d'un aſſocié, quand il n'y a point de ſtipulation au contraire; & l'article 4 dit que la *Convenance de ſuccéder* eſt entièrement révoquée lorſqu'il ſurvient des enfans, à moins qu'il n'y ait une convention expreſſe au contraire.

Henrys établit que quand il ſurvient des enfans à l'un des aſſociés, la convention de ſuccéder eſt annullée non-ſeulement par rapport à lui, mais encore pour tous les autres aſſociés.

Voyez *la coutume d'Auvergne*; *les œuvres de Henrys*, & l'article SUCCESSION.

· CONVENT. Ce mot dérivé de *conventus* ſignifie aſſemblée. On ne connoît que les coutumes de Hainaut qui en faſſent uſage. Il y eſt employé avec deux ſignifications différentes.

Quand ce mot ſe trouve ſeul, il déſigne proprement une aſſemblée de juges féodaux ou fonciers, dans laquelle ſe font les devoirs de loi néceſſaires en pays de nantiſſement, pour transférer d'une perſonne à une autre la propriété d'un immeuble. Mais le plus ſouvent il déſigne les devoirs de loi mêmes. Voici quelques textes qui juſtifient cette propoſition en même temps qu'ils font connoître la juriſprudence du Hainaut ſur cet objet.

On lit dans les chartes générales, chapitre 94, article 13 : « Si le ſeigneur ou bailli étoient en » faute d'adminiſtrer cour, ( *c'eſt-à-dire de fournir* » *des juges* ) pour paſſer les Convens de fiefs, » les parties ſe pourront pourvoir en notredite » cour pour les y contraindre, ou aller deshé-» riter pardevant autres baillis & hommes plus » prochains du lieu ».

La cour dont parle cet article eſt le conſeil ſouverain de Mons. Il ſembleroit que dans le Hainaut françois on dût pour le cas dont il y eſt queſtion, s'adreſſer au parlement de Douai qui a été ſubrogé à cette cour. Mais deux arrêts du conſeil d'état des 18 juin 1703, & 12 ſeptembre 1724, ont ordonné que toutes les matières dont la connoiſſance eſt attribuée par les chartes à la cour de Mons, ſoient portées en première inſtance dans les ſièges royaux de la province, ſauf l'appel au parlement. Ainſi ce ſeroit aux juges royaux qu'il faudroit aujourd'hui recourir, ſi le cas dont parle cet article ſe préſentoit.

L'article 2 du chapitre cité porte, « que pour » approuver deshéritance, Convens ou œuvres » de loi d'aucuns fiefs, convient le faire par » lettres fcellées ou record d'hommes de fiefs , » & de même pour alloëts & main-fermes ».

L'article premier du chapitre 30 contient la même difpofition « pour Convens & œuvres de » loi faits & paffés pardevant le bailli, hommes » de fiefs & franc-alloëtiers, defquels n'y auroit » lettres, record s'en pourra demander....».

Il réfulte de ces deux articles, que l'on peut en Hainaut prouver les devoirs de loi par la repréfentation des actes qui en font dreffés, ou par le témoignage des juges qui les ont reçus. M. Dumées dans fa jurifprudence du Hainaut françois , a mal-à-propos établi comme une maxime inconteftable que la preuve *par témoins finguliers* eft admife en cette province en matière de devoirs de loi. Il ne faut pour appercevoir le contraire , que jeter les yeux fur les deux articles que l'on vient de lire ; ces textes ne prefcrivent que deux manières de prouver les devoirs de loi ; ce feroit fans doute aller contre leur efprit, que d'en admettre une troifième.

M. Dumées fe fonde fur l'article 14 du chapitre 34 ; mais cet article bien entendu, détruit fon fyftême. En voici les termes : « Pour affurer » promeffe de douaire fur fief ou alloët, le » conviendra faire , fi comme pour fief, par » dehéritance pardevant bailli & hommes du » feigneur dont le fief feroit tenu ; & pour les » alloëts, pardevant franc-alloëtiers , auffi-bien » que pour autres charges ; néanmoins icelles » deshéritance de douaire & affenne, fe pour-» ront prouver par témoins finguliers ».

Cet

Cet article contient deux parties. Dans la première, il établit que pour affecter un immeuble au douaire d'une femme, il faut que le propriétaire s'en deshérite *comme pour autres charges*, c'est-à-dire comme s'il étoit question de l'hypothéquer, de l'assujettir à une servitude, ou même de l'aliéner.

Dans la seconde partie, cet article ajoute en faveur du douaire une exception aux principes établis sur les devoirs de loi qui se font pour autres charges : cette exception est que la preuve *par témoins singuliers*, quoi qu'inadmissible pour les devoirs de loi en général, peut néanmoins être reçue quand il s'agit de devoirs de loi faits pour assigner le douaire d'une femme sur un immeuble.

S'il est vrai, comme personne n'en doute, que l'effet d'une exemption est de confirmer la règle générale ; il faut convenir que l'article cité par Dumées pour prouver que les devoirs de loi peuvent se vérifier par témoins singuliers, prouve précisément tout le contraire.

La coutume de Cambresis qui a beaucoup de rapport avec celle de Hainaut, dont Cambrai étoit autrefois la capitale, contient sur ce point une disposition qui confirme & modifie ce que l'on vient de dire. Elle porte, titre 5, article 7, que » témoins particuliers ne peuvent déposer » d'œuvres ou devoirs de loi, n'est en cas de » violation de ferme & de la mort de tous les » hommes de fiefs ou échevins y ayant été pré- » sens ».

La coutume entend par ferme l'endroit où sont déposés les actes des devoirs de loi ; de sorte que quand ces actes ont été brûlés ou enlevés de force, & que tous les juges font morts, on peut recourir à la preuve par témoins finguliers. Cette difpofition eft affez analogue à l'article 14 du titre 20 de l'ordonnance de 1667, portant permiffion de recevoir la preuve par témoins de l'âge, du mariage & du temps du décès, en cas de perte des regiftres, ce qui eft fondé fur ce qu'alors on ne peut rien imputer à la partie qui réclame la preuve teftimoniale.

On ne doute point que dans le cas dont parle la coutume de Cambrefis, la preuve par témoins finguliers ne doive être admife même en Hainaut ; mais il faut qu'on ne puiffe rien imputer à celui qui la demande ; ainfi une perfonne qui ayant été partie dans des devoirs de loi, foit pour fe déshériter, foit pour être adhéritée, auroit négligé d'en faire dreffer un acte, ou qui après la *violation de la ferme*, auroit laiffé écouler le temps prefcrit par les chartes pour demander le record de loi, ne feroit point recevable à faire entendre des témoins finguliers pour fuppléer à la preuve écrite ou au témoignage des juges.

La coutume du chef-lieu de Mons emploie auffi le mot Convent pour fignifier des devoirs de loi. Dans le chapitre 24, elle ordonne aux propriétaires qui n'ayant pas les qualités requifes pour aliéner s'y font autorifer par juftice, *de faire ferment ès mains des perfonnes de loi préfentes aux Convens, que les vendages, charges, rapports & déshéritances qu'ils feront, feront à bonne intention, pour mieux faire que laiffer.*

Dans le chapitre 41, elle oblige le débiteur qui rapporte fes meubles à fon créancier par le moyen d'œuvres de loi , de *faire ferment ès mains de ceux de la loi pardevant lefquels tels Convens fe pafferont* , que le rapport fe fait fans fraude.

Le mot Convent fe trouve employé avec *mariage* , dans les chartes générales. Voici ce que porte l'article 2 du chapitre 30 : « De toutes » obligations , *Convens de mariage* , contrats ou » marchés paffés par-devant nos hommes de » fiefs dont n'y auroit lettres , record s'en devra » prétendre...... ».

La coutume du chef-lieu de Valenciennes parle auffi des *Convens de mariage ;* & c'eft en conférant ce qu'elle en dit avec le texte qu'on vient de lire , qu'on peut fe former une jufte idée du fens de ces mots. Voici les termes de l'article 21 de cette coutume.

« Quand *Convens de mariage* , connus par-» devant échevins ou jurés de cattel font re-» cordés , & que manbours font dûment établis , » une femme devenante vefve eft déchargée de » la manbournie , fans qu'il foit befoin la mettre » hors ».

Les Convens de mariage peuvent , fuivant cet article , être paffés *pardevant échevins ou jurés de cattel* , & c'eft ce qui prouve que ce ne font point des devoirs de loi , autrement les jurés de cattel feroient incompétens pour les recevoir ; car ils ne font pas juges ; ce font de fimples officiers dont l'article 5 de la coutume borne le pouvoir à paffer des contrats purement perfonnels. Les échevins font les feuls qui puiffent recevoir des devoirs de loi , comme le décide l'article 50.

Il réfulte de ces obfervations , que les mots

*Convent de mariage* ne peuvent fignifier qu'un contrat de mariage : le mot Convent eft très-bien appliqué à cet acte qui fe fait ordinairement dans une affemblée compofée des parens de chacun des futurs époux.

L'article 21 de la coutume de Valenciennes ainfi expliqué, on peut en inférer que les échevins & les jurés de cattel de cette ville peuvent recevoir des contrats de mariage. C'eft d'ailleurs ce qui réfulte de l'article 5 de la même coutume, qui leur permet de recevoir toutes fortes de contrats mobiliers, c'eft-à-dire qui ne tendent à aucun objet réel.

Il faut obferver que cette coutume a été rédigée & homologuée dans un temps où il n'y avoit point encore de notaires en Hainaut : c'eft par conféquent une queftion de favoir fi depuis les édits de 1675 & 1692 qui en ont créé dans cette province, les échevins de Valenciennes & les jurés de Cattel peuvent encore recevoir des contrats, & notamment des *Convens de mariage?* Il n'y a point de difficulté quant aux échevins : le roi déclare dans l'édit de 1675 que, « par » l'établiffement du tabellionage, il n'entend » préjudicier........ aux magiftrats des villes » clofes, qui ont été de tout temps & font en-» core en poffeffion de recevoir & paffer actes » & contrats fous le fcel de leurs villes ; lefquels » demeureront tous en leurs droits, & en joui-» ront comme du paffé ».

Les échevins de Valenciennes avoient certainement en 1675 la poffeffion requife par cet édit ; l'article 5 de la coutume en renferme la preuve la plus authentique. Ainfi point de doute qu'ils ne puiffent continuer de recevoir des contrats comme avant l'établiffement des notaires.

C'eft en vertu d'une poffeffion pareille que les échevins d'Avefnes ont été maintenus dans le droit de paffer des actes fous leur fcel, par une ordonnance de M. de Sechelles intendant du Hainaut, rendue contradictoirement le 17 juin 1741, entre le greffier de l'échevinage & le tabellion de la ville.

La queftion fouffre plus de difficulté par rapport aux jurés de Cattel ; comme il faudroit pour la difcuter, entrer dans le détail de tout ce qui concerne ces officiers, nous croyons devoir la renvoyer à l'article JURÉS DE CATTEL.

_. Voyez *le recueil des édits & déclarations propres au reffort du parlement de Flandre ; les chartes générales du Hainaut ; les coutumes de Mons, de Valenciennes, de Cambrefis ; Dumées en fa jurifprudence du Hainaut françois*, &c. Voyez auffi les articles DEVOIRS DE LOI, CONTRAT, ÉCHEVINS, NOTAIRE, HOMMES DE FIEFS, PREUVE, TÉMOINS, HAINAUT, MONS, VALENCIENNES, MANBOURNIE, RECORD, RECORD DE LOI, RAPPORT A LOI, FERME, &c. ( *Cet article eft de M. MERLIN, avocat au parlement* ).

CONVENTION. C'eft en général un pacte, un accord entre deux ou plufieurs perfonnes.

Dès que les hommes ont été amenés du fentiment de leur foibleffe particulière à la combinaifon de leurs forces réunies ; dès qu'ils fe font raffemblés, dès qu'ils fe font appuyés les uns fur les autres, ils ont fait des conventions. La fociété elle-même n'eft que la plus grande des conventions.

Des êtres infuffifans à leur bonheur ont été obligés de fe le demander réciproquement. Ce qui manque à l'un, il peut l'obtenir de l'autre; pour cela, il faut qu'ils conviennent de ce que chacun donnera ou recevra. C'eft le befoin mutuel qui les rapproche; c'eft lui qui les lie.

Ainfi en analifant ce mot par lequel on repréfente tout engagement que les hommes prennent les uns envers les autres, & èn le féparant des nombreufes applications qu'on en peut faire, on voit qu'il n'exprime qu'une idée bien fimple, celle de l'échange.

Si la plus parfaite image fous laquelle on puiffe fe repréfenter la fociété avoit jamais été autre chofe que le fonge du bonheur des hommes; fi en fe réuniffant, ils avoient fu déraciner en eux le goût fi vif & fi naturel de la propriété; s'ils avoient pu rendre le bien-être de chacun inféparable du bonheur de tous; fi en un mot ils avoient créé ou foutenu le fiftême de leurs affociations fur celui d'une communauté de biens abfolue, leurs conventions feroient toujours reftées fimples & bornées. A proprement parler, il n'y en auroit eu qu'une, celle même qui les auroit unis; effectivement tous les biens étant également à chacun, nul autre pacte à faire, que celui par lequel la fociété fe feroit chargée du bonheur de l'individu, & celui-ci fe feroit confacré à elle.

Mais l'efprit de propriété entraînant avec foi un choc perpétuel d'intérêts & de befoins, il en eft réfulté des traités auffi nombreux, auffi variés que les objets fur lefquels s'étendent les ufages & le commerce de la fociété.

Outre que les engagemens fe multiplient a

l'infini, on les charge encore d'une foule de modifications, de réserves que les diverses fituations, les vues différentes font imaginer. Tantôt on foumet l'effet d'une Convention à l'incertitude d'un événement ; tantôt on prévoit que les motifs qui la forcent pourront ceffer, & l'on veut fe conferver la faculté de la révoquer.

Toutes les Conventions des fauvages font fimples comme leurs idées & leurs befoins. Celles des peuples policés dépendent de plus de vues : portant fur des objets plus compliqués, elles font néceffairement longues & embarraffées. Voyez ce que difent deux fauvages qui s'uniffent, & ce que ftipulent les héritiers de deux grandes maifons qui s'allient.

D'un autre côté dans cette complication de vues & d'objets, entre la mifère amenée à la rufe par le befoin, & l'opulence qui calcule dans fon infenfibilité, naiffent bientôt la défiance & la tromperie. De-là des précautions qui font fouvent des piéges elles-mêmes ; de-là les garanties, les cautionnemens, les hypothèques, &c.

La prévoyance eft encore moindre que le danger. La mauvaife foi qui n'a plus la reffource de la rufe prend le parti de l'impudence. Elle lève le mafque & fe joue des engagemens les plus précis.

Alors il faut fe prémunir contre le manque de parole ; il faut la proférer de manière qu'elle puiffe fe renouveler & fe reproduire par des bouches défintéreffées, ou bien il faut l'arrêter pour ainfi dire au paffage, la rendre fenfible aux yeux, lorfqu'elle eft échappée aux oreilles, & la retenir ainfi pour gage d'elle-même.

G iv

Des témoins, des écrits peuvent bien retracer un engagement, & confondre la mauvaise foi qui voudroit le nier ou en abuser ; mais ils n'en assurent pas l'exécution. Celui qui n'ose désavouer sa promesse est bien près de la fouler aux pieds, & de braver le remords & la honte. Que faire alors ? & qu'est-ce que les Conventions, si elles peuvent rester sans effet ?

Les institutions sociales sont venues ici au secours de la foiblesse humaine ; & s'attribuant les droits que la nature donnoit aux individus, elles en usent plus utilement pour eux-mêmes.

Dans l'état de nature, l'homme est l'unique réparateur des torts qu'il éprouve. Il est offensé ; personne n'a le droit de le faire souffrir ; il employe ce qu'il a de force pour repousser l'injustice ; & pourvu que la vengeance ne l'emporte pas au-delà de ce qu'exige sa sûreté, il cède à un sentiment aussi légitime qu'irrésistible.

Mais l'homme sait-il mesurer la punition sur l'injure ? & que deviendroit le monde, que deviendroit-il lui-même au milieu des attaques & des défenses continuelles qui l'occuperoient ? Les états sont entr'eux ce qu'on suppose que les individus ont été autrefois. Combien de crimes & de calamités sont sortis de cette fatale liberté de se faire justice à eux-mêmes.

Les maux qui n'ont pu être prévenus entre les différens corps dans lesquels le genre humain s'est divisé, l'ont été entre les membres.

Les hommes en se réunissant ont voulu avoir un appui commun pour soutenir leur foiblesse particulière. Ils ont mis leurs Conventions sous la protection de la société, & elle employe sa force à les maintenir. Par-là le citoyen jouit dans fon facrifice même; il ne peut plus armer fon foible bras; mais c'eft qu'un bras plus puif-fant agit pour lui, & le préferve à la fois du malheur de combattre, & du danger de com-battre fans vaincre.

Dans ce nouvel ordre de chofes, les hommes ne traitent plus entr'eux fans l'influence de la fociété. Quand ils fe font liés entr'eux, ils le font encore bien davantage par la fociété qui ferre le lien & le couvre de fon fceau.

Mais pour qu'elle puiffe, pour qu'elle doive étendre fon empire dans les Conventions, il faut qu'elles foient conftantes, qu'elles portent des fignes certains. Et comme tout ce qui fe paffe entre les parties dépend de leur intention qui eft fouvent un miftère, elle a voulu préfider elle-même aux actes, & les recevoir ainfi que les maintenir. De-là des formalités dans la ma-nière de les former, & des officiers publics pour les recevoir; de-là encore une jufte préférence pour les actes qui ont cette forme publique & probante.

Par la même raifon qu'elle doit foutenir les conventions, elle doit auffi les expliquer dans les difficultés qu'elles préfentent. De-là des juges pour les examiner & en décider; de-là encore des règles pour les interprêter.

C'eft donc par la fociété que les Conventions deviennent efficaces, & qu'elles forment des obligations réelles, c'eft-à-dire auxquelles on ne peut échapper.

Il ne faut pas croire cependant que l'obliga-tion réfide dans les formalités auxquelles on affujettit fouvent les conventions. Telle a été une des grandes erreurs du droit civil des Romains, comme nous l'expliquerons bientôt.

Dictées par l'intérêt, formées par la liberté, elles font en elles-mêmes des liens parfaits.

Si les lois les foumettent à des formalités, c'eft pour les rendre plus conftantes : fi elles les annullent à défaut de ces formalités, c'eft parce qu'elles ne peuvent les défendre dans cette ef-pèce de nudité : c'eft fouvent encore pour pu-nir l'infraction à leurs ftatuts.

Les Conventions appartiennent donc effen-tiellement au droit des gens, c'eft-à-dire que leur validité eft intrinféque & dépend de ces lois générales que la raifon a données à tous les hommes comme les règles de leur intérêt commun.

Cependant le droit civil a pu les foumettre à des formalités fans lefquelles il ne les recon-noît plus ; il peut en même-temps les modifier, les reftraindre, les défendre pour les faire con-courir à fon but ou les empêcher de le contra-rier. Dans le fein de la loi, couvertes de fa pro-tection, les Conventions particulières ne doi-vent jamais la bleffer.

Nous venons d'effayer de remonter à l'origine des Conventions, de voir fur qu'elle bafe elles font établies, comment elles fe font multipliées, embaraffées, rafinées, & de quelles lois elles dépendent.

Nous devons actuellement les étudier en elles-mêmes, expliquer ou prévenir les difficultés qu'elles peuvent faire naître, & rappeler les principes que la raifon & les lois ont établis fur cette vafte matière.

Nous remplirions mal notre objet, fi nous ne mettions de l'ordre dans la difcuffion que nous nous propofons.

Il faut commencer par fixer ce que l'on entend dans la jurifprudence naturelle & civile par le mot de *Convention* , & ce qui le diſtingue des autres termes avec leſquels il a des rapports.

Le premier de ces termes eſt celui d'*obligation* ; c'eſt celui dont la fignification eſt la plus étendue.

*L'obligation* eſt un devoir auquel on ne peut fe fouſtraire : la loi l'appelle un lien de droit : *vinculum juris.*

L'obligation peut dériver d'une infinité de caufes ; il naît une obligation de toute Convention. Ainfi lorſqu'on défigne une Convention par le terme d'obligation, on prend l'effet pour la caufe ; ce qui n'eſt point impropre, lorſque, comme ici, l'un eſt inféparable de l'autre.

Les autres termes font ceux d'*engagement* , de *pacte* , de *traité* , de *contrat* , de *pollicitation.*

L'*engagement* fuppofe , ainfi que l'obligation & la Convention , une caufe , des perfonnes & un objet.

Il eſt fynonime à ces mots, puiſque partout où il y a Convention, il y a engagement, & que de toute Convention, il fort une obligation.

Nous ne pourrions que dire les mêmes chofes du *pacte* & du *traité.* Nous obſerverons feulement que le terme de Convention eſt le plus général, le plus expreſſif & le plus ufité de ces fynonimes.

Il eſt cependant encore à propos de remarquer que chez les Romains on diſtinguoit le pacte du contrat, en ce que le premier n'étoit protégé que par la loi naturelle , & reſtoit toujours par-là confié uniquement à la bonne foi des parties ; mais cette diſtinction plus fubtile que juſte eſt rejetée dans notre droit.

Quant au terme *contrat*, il eſt pris ordinairement dans une acception particulière.

On entend par ce mot une Convention revêtue de la forme publique, ce qui la rend capable de certains effets qui lui ſont propres, comme d'imprimer hypothèque & d'emporter exécution parée.

Mais comme cette forme publique n'eſt que l'écorce du contrat, & qu'il n'exiſte réellement que par les caractères de la Convention même, il n'en doit pas être diſtingué, non plus que les autres mots que nous venons de rappeler; & nous nous ſervirons également des uns & des autres dans cette diſcuſſion.

La *pollicitation* ſeule exprime des idées vraiment oppoſées à celles de la Convention.

La *Convention* renferme eſſentiellement le conſentement de deux ou de pluſieurs perſonnes dans une même choſe. *Duorum vel plurium in idem placitum conſenſus.*

La *pollicitation* au contraire n'eſt que la promeſſe non-acceptée qu'une perſonne fait à une autre. *Pollicitatio eſt ſolius offerentis promiſſum.*

Cherchons actuellement le ſens du mot Convention dans la ſubſtance & les effets de la choſe même.

*Par le contrat ou la Convention*, dit M. Potier dans ſon excellent traité des obligations, *deux perſonnes réciproquement ou ſeulement l'une des deux promettent & s'engagent ou de donner, ou de faire, ou de ne pas faire quelque choſe.*

On dit d'abord *deux perſonnes*: cela eſt eſſentiel au contrat ou à la Convention. Il y faut deux perſonnes qui arrêtent entr'elles quelque choſe.

On dit énfuite que *réciproquement ou feulement l'une des deux promettent :* fi deux perfonnes doivent concourir à la Convention, il n'eft pas néceffaire qu'elles s'y engagent refpectivement.

Il peut fe faire qu'il n'y en ait qu'une qui contracte une obligation : c'eft ainfi que dans le prêt, il n'y a que celui qui a reçu l'argent ou la chofe qui refte engagé. L'autre partie n'eft tenue de rien.

Il étoit cependant néceffaire qu'elle intervint dans la Convention ; car fans cela l'argent ou la chofe qu'on doit lui rendre ne feroient fortis de fes mains que par un vol.

On dit encore que ces perfonnes *promettent & s'engagent :* ces termes font effentiels dans la définition dont il s'agit, & ils ne font pas une vaine répétition l'un de l'autre.

Il doit y avoir non-feulement une promeffe, mais encore une véritable obligation dans le contrat.

D'après les notions préliminaires que nous avons données fur les Conventions, on a du remarquer que les hommes ne traitent que par intérêt & pour s'affurer de part & d'autre les avantages qu'ils efpèrent. Ce qu'ils ont obtenu, ils ne veulent pas le perdre.

C'eft pourquoi fi l'un change de manière de voir, s'il fe dégoûte, s'il s'eft trompé, il ne faut pas moins qu'il exécute un engagement formel.

Sans cela rien de certain dans le commerce des hommes.

Les Conventions doivent être férieufes & conftantes : un fouffle ne doit pas les créer & un autre les détruire ; auffi la fociété s'eft armée pour les maintenir, pour les défendre. Les lois les appelent *des liens*. *Obligatio eſt vinculum juris :* nous avons dit que de toute Convention, il naiſſoit une obligation.

Enfin on ajoute que c'eſt pour *donner, faire ou ne pas faire quelque choſe que les hommes font des Conventions.*

Dans leur mutuelle dépendance, ils ſont forcés de recourir ſans ceſſe les uns aux autres. Tantôt ils ſe débaraſſent d'un bien onéreux pour s'en procurer un plus utile. D'autrefois un individu favoriſé dans le partage des biens, peut en mettre un autre à ſa ſolde.

Quelquefois encore l'un veut arrêter l'autre dans l'exercice de ſes droits même. Mais il doit payer le ſacrifice, & il faut qu'il s'y ſoumette.

C'eſt autour de ces trois points que roulent en général toutes les Conventions.

Les voilà ſuffiſamment définies & expliquées : approfondiſſons-les dans le détail.

Les conventions ont des propriétés caractériſtiques, des propriété de convenance & des propriétés accidentelles.

Voyons donc premièrement ce qu'on doit diſtinguer dans chaque contrat.

Elles ont auſſi un but général qui leur eſt propre à toutes indépendamment du but particulier de chacune.

Voyons ſecondement quel eſt leur objet général & eſſentiel, & ce qui peut en être la matière.

Elles exigent des perſonnes qui ſe rapprochent & qui traitent. Mais toutes perſonnes peuvent-elles traiter ? qu'elles ſont les capables & les incapables ?

Troifième point que nous devons examiner.

Elles doivent néceffairement produire des effets. Quels font les effets généraux qui leur appartiennent ?

Quatrième objet de notre difcuffion.

Elles peuvent être arrêtées dans leur exécution, foit par des vices intrinféques, foit par un changement de volonté dans les parties.

Examinons donc cinquièmement comment elles peuvent fe réfoudre, quels font les vices qui les détruifent radicalement, quels font ceux qui ne font que leur donner atteinte ?

Souvent les parties fortifient leurs engagemens par un ferment : il convient de faire quelques réflexions fur la validité ou l'effet de ce ferment.

Sixième objet fur lequel nous nous arrêterons.

Les Conventions font fouvent obfcures, foit par la mauvaife foi des parties, foit par les vices de la rédaction, foit par d'autres caufes.

Quelles font les règles que le bon fens a dictées, que les lois ont recueillis pour leur interprétation ?

Septième objet de notre examen.

Enfin elles font devenues fi compliquées, fi multipliées, qu'il eft utile, pour en avoir des idées juftes & diftinctes, de les ranger fous différentes claffes. Quelle eft la divifion la plus fimple & la plus parfaite que les jurifconfultes en ayent imaginée ?

Huitième & dernier objet qui doit nous occuper.

Premièrement. *Ce qu'il faut diftinguer dans chaque Convention.*

Chaque chofe a fon effence, c'eft-à-dire, ce qui fait qu'elle eft elle-même, & fans quoi elle ceſſeroit d'être.

Un contrat n'eft autre chofe que l'accord de pluſieurs perfonnes fur une chofe ou dans une chofe. *Duorum vel plurium in idem placitum conſenſus.*

Il eft donc effentiel au contrat qu'il y ait un confentement clair, exprès & libre des perfonnes qui y figurent.

Il faut encore qu'il y ait une chofe fixe & déterminée qui en faſſe la matière.

Ce n'eft pas tout ; un contrat eft néceffairement la difpofition d'une chofe ; cette chofe paſſe d'un des contraɛtans à l'autre ; il faut un dédommagement à celui qui cède ; c'eft la condition unique du dépouillement.

Ce dédommagement que fuppofe la ceſſion eft donc effentiel auffi au contrat : on l'exprime ordinairement par le mot de *prix*.

On conçoit peut-être difficilement que tout contrat emporte la ceſſion d'une chofe ; & l'on en citera où il n'y a ni chofe ni ceſſion proprement dites. Le mariage, par exemple.

Si l'on veut examiner attentivement l'exemple qu'on peut nous oppofer, on verra qu'il renferme bien réellement *une ceſſion* qui doit avoir & qui a toujours *un prix*.

Le mariage eft une forte d'abnégation de foi-même. Chaque époux fe donne à l'autre ; & il ne fe donne pas fans un retour, fans des conditions qui peuvent être affimilées à un prix. Le *prix* eft donc bien réellement de l'effence de tout contrat.

Ainſi trois points principaux forment l'effence
de

de toute convention & doivent s'y rencontrer pour qu'elle foit parfaite & réelle.

- 1°. *Le confentement des parties.*
- 2°. *Une chofe dont elles difpofent.*
- 3°. *Un prix, une condition, une raifon en vertu de laquelle cette chofe paffe d'un des contractans à l'autre.*

Ces principes vont s'éclaircir par des exemples fournis par les lois mêmes.

Vous avez un écrit de moi par lequel je me fuis engagé à vous bâtir une maifon ; mais fi je prouve que lorfque j'ai figné cet écrit, j'en croyois figner un autre ; fi je prouve encore que j'ai été obfédé, violenté pour le figner : il eft évident qu'alors mon confentement n'eft pas relatif à l'engagement ou qu'il n'a pas été libre ; & par-là il eft nul, & cette nullité entraîne celle de la Convention même ; car vous ne pouvez en rien & par rien être engagé envers moi, lorfque je ne le fuis plus envers vous.

Le défaut d'un confentement valable dans une des parties eft donc un vice radical dans une Convention.

Cette regle admet cependant une exception ; elle tombe fur les Conventions des mineurs.

On fait qu'ils peuvent s'en faire relever, lorfqu'elles leur font défavantageufes, & que cependant on ne traite pas impunément avec eux.

C'eft que la loi borne le confentement qu'ils peuvent donner ; elle ne veut pas qu'ils puiffent faire leur propre mal, & fa fageffe les fauve de leur indifcrétion.

Mais par une fuite même de cette jufte faveur que la loi leur accorde, elle les autorife à faire leur avantage dans leur traités ; elle le desire ; & rien ne peut anéantir l'acte qui le contient.

Le consentement alors est parfait & valable, & c'est pour cela que la loi conserve l'obligation qui en est résultée ; ainsi la règle que nous établissons ici subsiste toujours.

Nous avons dit en second lieu qu'il falloit une chose, un objet fixe & certain dans tout contrat. Sans cela il n'y auroit point de contrat ; on ne traite pas sur des chimères.

Si je vous vends ma maison & qu'elle ait cessé d'exister avant la consommation de la vente, c'est comme si je ne vous avois rien vendu. *L. 47, ff. de Cond. empt.*

Nous avons observé en troisième lieu, qu'il étoit de l'essence de la Convention qu'elle renfermât un prix.

Un exemple va rendre ce principe plus sensible.

Je vous vends un cheval pour une telle somme que je crois qu'il a coûté à mon parent dont je suis légataire ; il se trouve que mon parent n'a jamais acheté ce cheval, mais qu'il lui a été donné ; il n'y a donc pas de prix ici, & par conséquent point de vente.

N'oublions pas ici une observation importante ; c'est qu'il faut bien distinguer ce qui est de l'essence de tout contrat d'avec ce qui est de l'essence d'un contrat particulier.

Si un contrat manque d'un des caractères généraux & essentiels des contrats mêmes, il ne peut se soutenir, & il n'est qu'une ombre de contrat, *umbratilis pactio.*

Mais si une Convention manque seulement d'une des qualités propres à une espèce de Convention particulière, alors il faut voir si le contrat ne fe réfout pas en un autre ; ce qui arrive néceffairement quand il y a confentement, chofe & prix ; & dans ce cas le contrat refte entier, il ne fait que changer de nom & quelquefois de forme.

Je vous donne mon cheval pour avoir votre voiture ; il nous a plu de qualifier cette convention d'une double vente, nous nous fommes trompés, c'eft un véritable échange que nous avons fait ; le nom ici ne fait rien à la chofe ; la convention fubfifte, mais elle fe réglera fuivant les principes reçus pour les échanges.

Il ne faut pas feulement remarquer dans les Conventions ce qui eft de *leur effence*, il faut encore faire attention à ce qui eft de *leur nature*.

Il feroit bien difficile d'expliquer les chofes qui font de la nature des Conventions ; on peut feulement dire que ce font celles qui leur conviennent, qui y font préfumées, & qu'elles tiennent le milieu entre ce qui eft effentiel & ce qui n'eft qu'effentiel aux Conventions.

De forte que lorfque ces chofes n'y font pas expliquées, elles y font toujours foufentendues, & elles n'en peuvent être rejetées que par une volonté expreffe & bien énoncée.

Expliquons-nous toujours par des exemples.

La garantie eft de droit dans le contrat de vente ; cependant le vendeur peut s'en affranchir par une ftipulation pofitive.

La raifon en eft fenfible ; c'eft que la vente peut fubfifter fans la garantie, quoique celle-ci foit juftement préfumée une fûreté dont l'acquéreur n'a pas fait le facrifice.

Les ftipulations accidentelles font la troifième chofe qu'il faut examiner dans les contrats.

On conçoit aisément que celles-ci doivent y
être exprimées & ne s'y suppléent jamais.

La prudence, la situation des parties, des
vues particulières peuvent leur suggérer des réserves, des conditions, des précautions sans
nombre dans leurs traités.

Dans les ventes, on peut déléguer la totalité
ou une partie du prix. Dans les échanges, on
peut stipuler des mieux-values; dans les prêts,
fixer des termes, spécifier la nature des payemens, &c. Toutes ces particularités dépendent
des clauses des actes, & ne sont présumées dans
l'intention des parties que lorsqu'on en a des
preuves précises ou des indices puissans.

De l'examen des contrats en eux-mêmes passons à celui de leurs objets.

*Des objets des contrats.* Les juriconsultes romains avoient rangé les contrats sous quatre
classes qu'ils exprimoient par ces mots : *do ut
des, facio ut facias, facio ut des, do ut facias.*

» Je vous donne une chose pour en recevoir
» une autre de vous ; je m'oblige envers vous à
» un fait, afin que vous vous engagiez à un autre
» pour moi ; j'agis pour vous afin que vous m'en
» donniez une récompense ; je vous fais un don
» pour une action à laquelle vous vous engagez
» pour moi. »

Il est évident d'abord que ces deux dernières
espèces rentrent l'une dans l'autre.

Car lorsque *je vous donne pour faire*, & lorsque
*je fais pour que vous me donniez*, il y a bien deux
conventions, c'est - à - dire deux actes distincts
& séparés, mais ils sont exactement du même
genre. Nous ne faisons qu'y changer de rôle.
Dans l'un, je suis *le donneur* & vous *le faiseur*

( il faut ici nous passer ces expressions ) ; dans l'autre, je deviens *le faiseur* & vous le *donneur;* dans tous les deux il n'y a jamais qu'un don & un fait qui font tour à tour cause & effet.

Sous ce premier aspect, cette division des objets des contrats est donc peu juste, & elle n'en a imposé si long-temps que par le quadruple jeu de mots qu'elle présente. Dans la jurisprudence, ainsi que dans les autres sciences, on a souvent été dupe des mots.

Mais quand on la considère encore d'un autre côté, cette ancienne division trop peu examinée, on y remarque un vice plus essentiel, c'est qu'elle est incomplette.

En effet, plusieurs Conventions ont un objet négatif; elles ne tendent qu'à empêcher un fait qui nuiroit à la partie qui veut l'éviter, & celles-ci ne sont pas comprises dans la description que les jurisconsultes romains nous donnent de la matière des Conventions.

Il faut donc préférer la division d'un jurisconsulte moderne, comme plus précise & plus exacte. Il dit: *Les Conventions portent toutes ou sur une chose à donner, ou sur une chose à faire, ou sur une chose à ne pas faire.*

Que le *don*, le *fait* ou l'*abstinence du fait* soient respectifs ou ne le soient pas, qu'ils soient tour à tour causes ou effets les uns des autres, cela est indifférent aux Contrats.

Mais quelles sont les choses que les hommes peuvent se donner? quels sont les faits auxquels ils peuvent s'obliger? quels sont ceux dont ils peuvent promettre ou vendre la renonciation? Voilà ce qui doit nous arrêter un moment.

Non-seulement les choses, mais l'usage, mais

l'efpérance des chofes peuvent être les objets des Conventions. Mais il importe que tous les objets dont on traite foient bien défignés & fpécifiés. Il faut au moins qu'ils aient une poffibilité, une mefure, une certaine détermination : *Oportet ut genus quod habetur habeat certam finitionem.* Ceci ne s'entendra bien que par un exemple.

Je puis vendre un cheval, un habit, une maifon en général ; mais fi *je vendois du bled* fans m'expliquer davantage, fans défigner ni efpèce ni quantité, il eft évident que la vente n'auroit pas d'objet, parce que *du bled en général* n'eft qu'une efpèce, & qu'on n'en peut mettre dans le commerce que des mefures, des qualités & des quantités. Il feroit poffible d'ailleurs de réduire cette vente à fi peu de chofe, par exemple à un grain, qu'elle ne pourroit pas paroître férieufe : c'eft l'exemple & la décifion que nous fournit la loi 58, *ff. de verb. oblig.*

Mais fi l'obligation indéterminée par elle-même eft défignée par quelque circonftance, elle eft valable. C'eft ainfi que celle de me fournir *du bled pour la nourriture de ma famille,* devroit avoir fon effet.

Les chofes qui n'exiftent encore que métaphyfiquement, c'eft-à-dire en efpérance & en poffibilité, peuvent auffi être la matière des Conventions, mais alors leur exiftence & leur réalifation feules rendent la Convention parfaite.

Je puis vendre les vins que j'aurai à recueillir dans mes vignes ; mais fi des accidens imprévus anéantiffent mon efpérance, fi mes vignes ne produifent point de vin, la Convention fera nulle faute d'objet.

Il y a une exception remarquable à la règle, qu'on peut traiter des chofes futures : elle tombe fur les fucceffions non échues.

Il feroit contraire aux bonnes mœurs, au refpeét filial, à cette reconnoiffance qu'un héritier doit annoncer d'avance pour celui qui lui laiffera fes biens, de trafiquer de ces biens pendant qu'ils font encore dans les mains qui doivent nous les tranfmettre, & de faire ainfi connoître l'impatience de jouir.

Les légiflateurs peuvent donc déroger à la règle que nous établiffons, quoiqu'elle foit du droit naturel, par des motifs d'honnêteté publique. Ils le peuvent & ils le font fouvent auffi par des vues de politique ou par des raifons de police.

Ainfi chez nous il eft défendu aux marchands d'acheter les bleds & les foins en herbe, parce qu'on a confidéré que ces marchés faifoient la ruine du cultivateur, & étoient toujours l'effet de l'oppreffion de fes créanciers.

On peut auffi difpofer des chofes qui ne nous appartiennent pas.

Nous nous engageons par-là à les acquérir pour fatisfaire à notre obligation.

En vain exciperions-nous que le propriétaire ne veut pas nous les vendre.

Tant pis pour nous fi nous nous fommes engagés inconfidérément.

Il fuffit que l'obligation foit poffible en foi pour qu'elle doive être exécutée ; ou fi elle ne peut pas l'être abfolument, elle donne lieu à des dommages-intérêts proportionnés à la perte que nous occafionnons à celui avec qui nous avions traité.

Ce feroit une difpofition illufoire que celle d'une chofe en faveur de celui qui la poſsède.

C'en feroit une autre que de donner une chofe à celui que l'on fait ne pouvoir pas la poſséder.

On ne peut pas non plus difpofer des chofes qui ne font pas dans le commerce, comme d'une rivière, d'une promenade publique.

Ce que nous venons de dire fur les chofes que l'on peut donner fimplifie & abrège ce que nous devons ajouter fur les faits auxquels on peut s'obliger.

Premièrement on ne peut s'engager qu'à des faits poffibles ; car une obligation impoffible n'en eft pas une : *Impoffibilium nulla obligatio eft.*

La difficulté eft de favoir quand un fait eft réputé poffible.

On le regarde comme tel lorfqu'il l'eft en foi, quand même il ne le feroit pas à la perfonne qui l'a entrepris. Tout ce que j'ai pu attendre raifonnablement, j'ai droit de l'exiger : *in id quanti meâ intereft non effe deceptum.*

Secondement le fait que l'on promet ne doit être contraire ni aux loix ni aux bonnes mœurs.

Troifièmement il doit être déterminé. On n'eft pas tenu de ce qu'on ne peut pas connoître.

On ne fait qu'énoncer ces principes. Les idées évidentes par elles-mêmes s'obfcurciffent par les explications.

En voici une qui demande plus de développement.

Le fait doit intéreffer celui à qui il a été promis, & cet intérêt doit être appréciable en argent pour donner lieu à une obligation civile.

Ou bien le fait doit avoir une raifon d'affection pour celui à qui il a été promis ; & alors il peut produire une obligation naturelle.

Pour concevoir ce principe, il suffit de faire attention à ce qui rapproche, ce qui lie les hommes, ce qui les fait traiter les uns avec les autres : c'est l'intérêt.

Le seul motif qui a pu les amener à une Convention doit être le seul qui les fasse insister à ce qu'elle soit exécutée.

Sans cela leur poursuite dégénereroit en une pure vexation. Il seroit possible que cet indigne motif les animât ; mais la raison le condamne, & les lois doivent l'arrêter. Elles ne veulent pas que les contrats nés parmi les hommes, de la nécessité de se servir les uns les autres, puissent devenir dans leurs mains, des instrumens de persécution.

C'est pour cela qu'elles ont posé cette maxime : *qu'il faut avoir intérêt à une chose pour être en droit de l'exiger.*

Mais cet intérêt, comment le reconnoîtra-t-on, si ce n'est lorsqu'il est appréciable en argent ?

Toute promesse tend à produire un effet. Mais on ne peut pas réduire la partie engagée à un fait qui lui répugne. *Nemo potest præcise cogi ad factum.*

On peut seulement la forcer au dédommagement de celui à qui elle cause un préjudice. *In id quanti creditoris interfit factum fuisse id quod promissum est.*

Et comment fixer ce dédommagement, si l'objet sur lequel il doit tomber n'est pas appréciable, & appréciable dans le signe représentatif de toutes choses ?

Et si la Convention ne peut pas se résoudre en dommages intérêts, si elle n'est pas suscep-

tible de l'unique effet auquel on peut la réduire ;
que peut-on exiger ? Voilà la raifon qui a dicté
cette autre maxime : *qu'il faut dans chaque Con-*
*vention un intérêt pour les parties, & un intérêt*
*appréciable en argent, pour que l'exécution en puiffe*
*être réclamée.*

Mais ce que les lois ont fagement établi pour
maintenir le repos de la fociété, n'altère en
rien le vœu de la première des lois ; celle de la
nature.

Elle nous défend de bleffer quelqu'un dans
fes affections, même fans le dédommager, autant qu'il eft en nous, de la douleur que nous
lui caufons.

Si je fuis affez malheureux pour enlever,
même par une de ces imprudences qu'il n'eft
pas toujours donné à l'homme d'éviter, un époux
chéri à une femme dont il faifoit la félicité &
l'honneur. La loi va calculer toute la perte que
fait cette époufe, & elle épuifera, s'il le faut,
toute ma fortune pour la réparer.

Mais elle ne donnera jamais que de l'argent ;
& qu'eft-ce que de l'argent, lorfqu'il s'agit de
confoler l'amour, de remplacer de la gloire,
des efpérances flatteufes, & toutes les chimeres
même qui font une partie de notre bonheur ?

C'eft ici qu'il faut gémir fur le fort de l'homme :
fes fautes & fes peines font fouvent fans compenfation.

Les faits dont on peut ftipuler de s'abftenir,
ou autrement les droits auxquels on peut renoncer, fe conçoivent facilement.

Ce font tous ceux qui ne font pas des devoirs
pour nous, tous ceux dont la renonciation ne

fait tort à perſonne, tous ceux dont il nous eſt permis de nous diſpenſer.

Après avoir étudié les Conventions en elles-mêmes & les objets ſur leſquels elles peuvent porter, il faut examiner les perſonnes qui peuvent y figurer & celles qui ne le peuvent pas.

*Des perſonnes qui peuvent contracter.* Il faut toujours partir du principe fondamental de la matière; on ne doit pas ſe laſſer de le répéter.

Il eſt, ce principe important, que la Convention dépend eſſentiellement du conſentement des parties.

Or il n'y a de véritable conſentement que celui qui eſt libre & réfléchi; car conſentir, c'eſt tout à la fois vouloir & choiſir.

Et nous ne pouvons vouloir que ce qui nous eſt bon. Nous ne pouvons choiſir non plus que ce que nous connoiſſons.

Nous ne voulons pas réellement ce que nous choiſiſſons, ſi par quelque violence ou quelque captation, notre choix n'eſt pas l'ouvrage de notre propre diſcernement ou de notre liberté.

Il eſt pluſieurs perſonnes en qui ces deux qualités, *choix & liberté*, ne ſe rencontrent pas ou ne ſont pas cenſées ſe rencontrer.

Il en eſt qui ſont dépourvues de ces qualités par la nature même : *les furieux*, *les imbécilles*, *les enfans*.

Il en eſt d'autres chez qui la loi ne les préſume pas, ou chez qui elle en réputé, en certains cas, les ſignes équivoques : *les mineurs*, *les ſourds & les muets*.

Il en eſt enfin à qui la loi a ôté l'exercice de ces premières facultés de l'homme, & par un effet de fa réprobation, de fa prévoyance ou de fa fageffe : *les perfonnes mortes civilement*, foit par une condamnation juridique, foit par des vœux en religion : *celles qui font interdites*, *les femmes fous puiffance de mari en plufieurs occafions.*

D'après les diftinctions que nous venons de faire, on doit remarquer que les diverfes incapacités ont des effets différens, & qui fe rapporportent à leurs caufes.

Les obligations des enfans, des infenfés font nulles par elles - mêmes : ces perfonnes n'ont jamais pu donner un confentement valide.

Mais celles des interdits, des perfonnes mortes civilement, ne le font que du jour de l'interdiction, de la condamnation ou de l'entrée en religion.

Celles des mineurs ne ceffent qu'autant qu'elles tournent à leur défavantage, parce que la loi ne veut que les relever des fautes où la foibleffe & la facilité de leur âge ont pu les entraîner.

Les femmes fous puiffance de mari, au contraire, ne peuvent contracter valablement ; parce que l'autorifation à laquelle on les a foumifes eft un hommage qu'on les force de rendre à l'autorité maritale, en même-temps qu'elle eft une précaution contre les imprudences où leur défaut de connoiffance dans les affaires pourroit les entraîner. Il faut excepter, bien entendu, les cas où elles font fuppléer l'autorifation de leur mari par celle de la juftice même.

· Il nous femble que nous laifferions un point intéreffant à l'écart, fi en traitant de la capacité des perfonnes pour les Conventions, nous n'établissions pas un principe important qui nous paroît tenir à cet objet.

Il est, ce principe, que *personne ne peut contracter que pour ce qui l'intéresse.*

Il est énoncé de plusieurs manières dans des maximes de droit :

*Alteri stipulari nemo potest. instit. de inut. stipul.*

*Nec pacifcendo, nec legem dicendo, nec stipulando, quifquam alteri cavere potest, L. 73, 51, fin. ff.*

*Qui alium facturum promifit, videtur in ea effe caufa, ut non teneatur, nifi pœnam ipfe promiferit. inft.*

*Alius pro alio promittens daturum, facturum ve non obligatur ; nam de fe quemque promittere oportet. L. 83, de verb. oblig.*

La discussion de ce principe demande de l'ordre & quelque détail. Nous obferverons cependant de ne pas fortir des bornes où nous devons nous renfermer dans cette revue des principes généraux des Conventions.

Examinons d'abord les raifons du principe.

Expliquons en fecond lieu comment on stipule réellement pour foi-même en paroiffant le faire pour un autre.

Remarquons en troisième lieu, que la claufe particulière à un tiers peut être le mode, la condition de la Convention, & qu'alors elle est valable.

Montrons, en quatriéme lieu, que stipuler par le miniftère d'un tiers, c'est stipuler pour foi-même.

Cette propofition, *qu'on ne peut stipuler pour un tiers*, est une de çelle dont on n'apperçoit pas d'abord l'équité & la raison. Elle paroît même les choquer.

A la bonne heure, dira-t-on, qu'on ne puisse pas nuire à quelqu'un à son insçu, l'envelopper dans une mauvaise affaire sans sa mission. Mais pourquoi ne profiteroit-il pas du bien que deux de ses semblables ont concouru à lui faire ?

Pour faire sentir le vice de cette objection, il faut encore rappeler les principes que nous avons déja établis.

Sans consentement, point de Convention ; & point de consentement valide en justice, sans un intérêt dans celui qui le fournit & un intérêt appréciable.

La première de ces propositions est l'évidence même. Pour la seconde, on se souvient sans doute comment nous l'avons prouvée il n'y a qu'un moment.

Nous avons dit qu'exiger l'accomplissement d'une promesse qui nous est indifférente seroit une vexation, qu'il est utile & sage de prévenir.

Nous avons dit ensuite que le signe auquel on connoissoit l'intérêt de celui qui poursuit l'effet d'une Convention, c'est la possibilité de réduire l'accomplissement de cette Convention en dommages-intérêts, qui sont toujours fixés en argent.

Actuellement appliquons ces vérités à la proposition nouvelle que nous voulons établir dans ce moment.

Et pour mieux nous faire entendre, prenons un exemple sur lequel nous puissions raisonner.

Si Pierre fait promettre à Jacques qu'il fournira un cheval à Paul, pour un voyage que celui-ci se propose , entre qui sera la Convention ?

Entre Pierre & Paul ? il n'y en peut avoir , puisqu'il n'y a pas de consentement de la part de Paul.

Entre Jacques & Paul ? nul consentement encore de la part de ce dernier.

Entre Jacques & Pierre ? mais si Pierre n'a aucun intérêt à la donation ou à la fourniture dont il a chargé Jacques, l'acte qui la contient est sans cause , & il doit par conséquent rester sans effet. *Inventa sunt enim obligationes ad hoc ut unusquisque sibi acquirat quod sua interest ; cæterùm ut alio detur , nihil interest meâ. L. 38 , de verb. obligatione.*

Il faut faire attention que dans le cas où nous parlons , nous supposons que Pierre ne gagne rien directement ni indirectement à l'accomplissement de la Convention , & que la fourniture dont il s'agit n'est pas la condition d'un autre engagement passé entre Pierre & Jacques.

Renouvelons encore ici une observation qu'il ne faut pas perdre de vue : c'est qu'il n'y a que la loi civile qui arrête l'effet de la Convention sur laquelle nous raisonnons, & que la loi naturelle , au contraire , en exige l'accomplissement. Elle nous commande de faire tout le bien que nous pouvons, à plus forte raison celui que nous avons promis.

D'ailleurs Pierre ne gagne rien , à la vérité , à la stipulation qu'il a faite en faveur de Paul ; mais il satisfait par-là sa bienfaisance, & Jacques ne doit pas lui ôter la gloire & le plaisir d'une bonne action. *Hominis enim interest alterum hominem beneficio affici.*

Il faut remarquer encore qu'alors l'obligation de Jacques eſt envers Pierre, & non pas envers Paul. C'eſt à Pierre ſeul qu'il a promis; & Pierre peut ſe dégager ſans le conſentement de Paul, qui n'a acquis aucun droit par la première Convention.

Si l'on ne peut pas traiter en faveur d'un tiers, à plus forte raiſon ne peut-on pas s'obliger pour lui ſans une permiſſion expreſſe.

J'ai promis à Jacques que vous lui bâtiriez ſa maiſon.

Il eſt évident qu'il n'y a là aucune obligation ni pour vous ni pour moi.

Pour vous, parce que vous ne pouvez vous trouver engagé ſans votre conſentement.

Pour moi, parce que n'ayant contracté qu'en votre nom, je ſuis cenſé m'être excepté de l'obligation.

Mais dans une pareille Convention, on préſume toujours que le promettant s'eſt fait fort pour celui qui doit exécuter; qu'il s'eſt conſtitué garant du fait qu'il a promis de la part de ce dernier. Et comme en vertu de la Convention, il ne peut forcer celui pour qui il a parlé de dégager ſa parole, la Convention reſte ſans effet; mais le promettant eſt reſponſable des dommages-intérêts. C'eſt la diſpoſition de la loi _8_, _ff._ _de verb. oblig._

On n'eſt donc pas tenu de ce que l'on a ſtipulé en faveur d'un tiers, & on l'eſt ſeul de ce qu'on promet pour lui.

Mais quelquefois en paroiſſant traiter pour un tiers, on traite réellement pour ſoi-même.

Par exemple, je vous dois vingt mille livres. Je conviens avec vous que Pierre, qui me les

doit,

doit , vous les remettra. C'eft comme fi je m'obligeois moi-même à payer les vingt mille livres.

Il arrive fouvent aufli que la claufe qui concerne un tiers eft une condition fous laquelle les deux parties contractantes ont traité.

Ainfi je puis vous donner ma terre à condition que vous remettrez foixante mille livres après ma mort à mon héritier. Alors vous ne pouvez recueillir le legs qu'en fatisfaifant à la charge qui en eft inféparable. Et dans ce cas , mon héritier a droit de vous pourfuivre & de fufpendre votre jouiffance jufqu'à l'accompliffement de la condition qui le regarde.

Il a intérêt , & l'intérêt eft le fondement de l'action en juftice.

D'ailleurs la donation eft fubordonnée à l'exécution de la condition:

L'ancienne jurifprudence romaine étoit cependant contraire à ce principe. Elle ne permettoit qu'au donateur de faire exécuter la condition appofée à la libéralité.

Mais les empereurs avoient trouvé cette décifion dure & injufte ; & ils avoient accordé , dans ce cas , au tiers en faveur duquel étoit la condition , une de ces actions particulières qui remédioient aux formules qui furchargeoient cette jurifprudence.

Remarquons en paffant que tel étoit le refpect des Romains pour les vices mêmes de leur droit ; qu'ils aimoient mieux y faire des dérogations continuelles que des réformes. Auffi difoient-ils que les actions n'étoient pas *de droit* , mais d'*équité* , comme fi le droit devoit jamais être oppofé à l'équité..... *Quæ contra fubtili-*

*tatem juris , utilitate ita exigente , ex solâ æquitate instituebantur.*

Quelquefois on stipule pour soi-même par le ministère d'autrui.

Lorsqu'un tuteur traite pour des mineurs, c'est lui seul qui paroît , qui fait les conditions, qui arrête tout. Mais il n'est personnellement pour rien dans la Convention ; il n'en est que l'instrument. L'avantage ou la perte doivent tomber sur les mineurs, pourvu toutefois que le tuteur ait agi avec la prudence & les précautions que l'on exige de lui.

*De l'effet des contrats.* Nous avons déja remarqué qu'une Convention tendoit nécessairement à procurer quelqu'avantage aux parties. Par-là elle doit toujours produire son effet ; car il n'est pas dans la nature de l'homme de se départir d'un avantage qui lui étoit assuré.

Toutes les Conventions deviennent donc des obligations ; les obligations varient suivant l'espèce des Conventions. Il seroit trop long d'entrer ici dans ce détail.

Nous croyons devoir nous borner à approfondir l'effet commun & constant de toutes les Conventions.

Pour peu qu'on recherche avec attention ce qui en doit résulter, on est frappé d'une vérité générale & lumineuse : c'est qu'elles ne peuvent opérer que relativement à la chose qui en fait l'objet, & entre les personnes qui y ont concouru. C'est ce que les lois ont vu & décidé elles-mêmes. *Adnimadvertendum est ne Conventio in aliâ re factâ , aut cum aliâ personâ , in aliâ re , aliâve personâ noceat. L. 27 , §. 5 , ff. de pactis.*

La sagesse & l'équité de cette décision se développent par les plus simples réflexions.

TOUTE Convention a un objet ; tout ce qui eſt étranger à cet objet l'eſt par cela même à la Convention. Elle ne peut jamais tomber que ſur ce qui y étoit compris. Ceci deviendra encore plus ſenſible par un exemple.

Je me marie ; je mets en communauté un certain bien que je déſigne ; je ſtipule que *mes autres biens ſortiront nature de propres.*

Il eſt évident que par-là je n'ai pas exclu de la communauté les ſucceſſions qui peuvent m'échoir. La réſerve que j'ai faite ne peut tomber que ſur les objets ſur leſquels j'ai prétendu la faire tomber, & ces objets, je les ai fait connoître : ce ſont tous les biens que je poſſédois lors du traité de mariage, excepté celui que j'ai nommément fait entrer dans la communauté. D'autant plus que par notre droit commun, tous les biens qui ſont de nature à entrer dans la communauté y tombent pour ainſi dire d'eux-mêmes, à moins qu'ils n'en ſoient formellement exclus.

La ſeconde partie du principe que nous expliquons a le même caractère d'évidence & d'équité.

La Convention ne peut opérer qu'entre les parties contractantes ſeules.

Nous avons déjà établi qu'on ne pouvoit obliger perſonne ſans ſon adhéſion à l'engagement. Cette maxime s'applique encore à notre propoſition actuelle.

Tant qu'une perſonne n'a pas accédé à un contrat, elle n'y a aucune part, il n'en réſulte aucune ſorte d'engagement pour elle. Tout l'engagement, toute la force du contrat réſident dans les perſonnes qui ont cru voir leur avan-

tage commun dans un objet , & qui ont concer-
té les moyens de fe le procurer.

Je fuis convenu avec un de mes débiteurs qu'il
payera entre les mains d'un tiers à qui je dois
moi même, & à ma décharge.

L'obligation eft uniquement entre moi qui
puis forcer mon débiteur à acquitter ma dette,
& entre mon débiteur, qui en payant au tiers,
fe libère lui-même, & qui acquiert le droit de
n'être obligé de payer à aucun autre, pas même
à moi.

Quant au tiers notre Convention ne retran-
che rien de fes droits, il peut toujours me pourfuivre moi·même pour fon payement. *Debito-
rum pactionibus, creditorum petitio nec tolli nec
minui poteft.*

Quelque jufte & naturelle que foit cette règle, elle paroît cependant fe renverfer dans certains cas ; elle femble au moins alors admettre
des exceptions.

Mais cés exceptions apparentes ne font réellement que des applications moins faciles à faifir
d'un principe qui ne peut ni varier ni fe modifier.

Le premier cas que l'on pourroit oppofer eft
celui du contrat d'atermoiement.

On fait que ce contrat eft une grace ou plutôt une jufte protection que la loi accorde à un
débiteur malheureux contre la dureté mal enten-
due d'une partie de fes créanciers.

Lorfque ceux qui emportent entr'eux les trois
quarts des fommes croient jufte ou utile d'accorder une compofition an débiteur, les autres font
obligés d'accèder à cet acte, à moins qu'ils ne

puiffent le faire tomber par des moyens de fraude ou d'erreur.

Voilà donc un acte auquel ils n'ont aucune part, auquel ils réfiftent qui les oblige.

Examinons bien la nature, les circonftances & les motifs de cet acte, & nous verrons qu'il ne choque point notre principe.

Perfonne ne peut être obligé fans fon confentement ; mais on eft cenfé confentir à fon avantage.

Cependant l'homme fe trompe fur tout, & fur fes intérêts même. Alors la règle la plus fage comme la plus fûre, eft de croire meilleur le parti préféré par la pluralité.

L'opiniâtreté qui eft trop fouvent, auffi bien que l'erreur, le partage de l'homme, peut-être même une fagacité plus pénétrante & plus heureufe que celle des autres hommes réunis, peuvent faire perfifter dans un avis ifolé.

Mais la loi doit croire cette fagacité en défaut, & cette opiniâtreté fondée fur l'erreur plutôt que fur de plus grandes lumières. Elle regarde alors le confentement que l'on refufe de donner comme le fruit d'une mauvaife combinaifon.

Elle confidère en outre que cet entêtement tourneroit au préjudice de celui qui en eft poffédé, de ceux qui ont dans ce moment un intérêt commun avec lui, & à la ruine d'un citoyen qui paroît mériter fa compaffion.

Elle le force pour ainfi dire, ce confentement, ou plutôt elle le fupplée, perfuadée qu'il fera un jour ratifié par un homme fur lequel la prévention n'agira plus. C'eft ainfi que l'on garotte un homme agité de la fièvre, qu'on le retient dans fon lit tandis que fon délire le conduiroit à la rivière. On fait pour lui ce que sa raison lui auroit fait faire.

Autre exception : une caution profite des Conventions faites sans elle entre le débiteur & le créancier.

Exemple : Je dois une somme de mille livres à Pierre : Jacques est caution pour moi, & même caution solidaire, tout cela est consigné dans un acte en bonne forme.

Avant l'échéance de la dette, je vais trouver Pierre mon créancier ; je lui remets une lettre de change à tant de jours de vue sur un banquier de Lyon, & il accepte la traite.

La caution par-là se trouve dégagée. Si Pierre ne touche pas la lettre de change que je lui ai passée, il ne pourra recourir que sur moi. Ma caution profite donc d'un acte où elle n'a pas concouru.

A la vérité, elle n'y a pas concouru formellement ; mais elle est censée y avoir accédé tacitement.

Un consentement nécessaire est toujours présumé. Or, en est-il un auquel vous puissiez moins vous refuser, que celui qui vous procure un avantage ? Et vous, que je suppose ma caution, ne trouverez-vous pas votre avantage le plus sûr & le plus constant à ma libération ? En y travaillant je suis donc censé travailler pour vous ainsi que pour moi ; car dans tout ce qui tient à ce point, nous sommes indivisibles. Vous êtes donc nécessairement présumé adopter l'acte qui fait notre bien commun, & c'est pour cela qu'il opère en votre faveur.

Il est encore un troisième cas qui pourroit paroître sortir de la règle que nous venons de voir fe confirmer par ceux qui y paroiſſoient contraires.

C'eſt celui où une donation entre-vifs eſt chargée de la tradition d'un effet particulier envers une perſonne déſignée; alors cette perſonne a droit de réclamer l'effet dont il s'agit contre le donataire. Elle profite donc d'un acte qui eſt valide & parfait, ſans que ſa comparution y ait été néceſſaire.

Mais il faut faire attention que dans ce cas, c'eſt la Convention même des parties qui les oblige, que c'eſt cette même Convention qui s'exécute; car la remiſe d'un effet particulier de la donation, ſtipulée en faveur d'un tiers, eſt la condition ou une des conditions de la donation même. Or, on ne peut ſéparer un contrat des conditions qu'il renferme.

Nous venons de prouver que les Conventions ayant néceſſairement un but certain, elles doivent toujours produire un effet.

Mais nous avions obſervé auparavant que les parties pouvoient changer réciproquement de vues & d'intérêts.

Il ſuit de-là que les parties peuvent d'un commun accord, révoquer les actes que ces vues & ces intérêts leur avoient ſuggérés.

D'un autre côté, ces actes peuvent renfermer des vices qui les faſſent tomber, qui les reſtreignent ou les modifient.

Traitons donc actuellement de la réſolution ou des vices des contrats.

*De la réſolution des contrats & des vices qui peuvent s'y rencontrer.*

Les Conventions dans l'ordre civil ſont des

I iv

liens de droit, tiſſus des mains mêmes des parties, & ſerrés par l'autorité publique.

Il n'y a donc que ceux qui les ont formés, & la ſociété qui les protége qui puiſſent les diſſoudre.

Les parties le peuvent, parce que tout ouvrier a droit de détruire ſon ouvrage.

La ſociété le peut auſſi, parce qu'elle doit rejeter tout ce qui ſe formant dans ſon ſein & ſous ſa protection tendroit à lui nuire.

Ne quittons pas l'ordre que nous avons tâché d'obſerver juſqu'ici, & voyons d'abord comment les Conventions peuvent tomber par la volonté des parties mêmes.

Diſtinguons d'abord deux mots que l'on pourroient confondre, parce que l'effet en eſt le même : ce ſont ceux de *nullité* & de *réſolution*.

La *nullité* réſulte de l'acte même & fait qu'il n'a que l'apparence d'une Convention.

La *réſolution* au contraire ſort d'une cauſe étrangère, qui fait que ce qui a ſubſiſté & pouvoit ſubſiſter n'exiſte plus.

Cela poſé, on conçoit que les parties peuvent réſoudre leurs Conventions.

Premièrement en en formant de nouvelles qui anéantiſſent les précédentes.

Secondement en les faiſant dépendre d'évènemens incertains, & les évènemens tiennent ou aux circonſtances ou aux faits mêmes des deux parties ou ſeulement de l'une d'elles.

Je vous vends mon cheval à condition que je n'aurai pas un tel voyage à faire. Voilà un exemple du premier cas.

Nous convenons que nous entrerons en ſociété, lorſque nous aurons vendu chacun les objets dont le débit nous occupe actuellement. C'est un exemple du second cas.

Je vous promets de vous épouser lorsque vous aurez fait l'acquisition d'une charge. Exemple du troisième cas.

Parmi les choses qui peuvent faire révoquer une Convention, il faut distinguer les conditions & les clauses résolutoires.

L'évènement des premières résout à l'instant la Convention, au lieu que les secondes donnent seulement lieu à en demander la révocation.

Lorsqu'un acte renferme des clauses résolutoires, l'usage est d'examiner si les parties ont pu remplir leurs engagemens préparatoires dans le temps fixé ; & suivant les circonstances on prolonge le délai ; il arrive même souvent qu'on en accorde plusieurs successivement.

Cette jurisprudence est sûrement sage & utile. Elle est même fondée sur une loi ; mais cette loi est trop arbitraire. *Quod omne ad judicis cognitionem remittendum est*, dit la loi 135. §. 2. ff. *de verb. oblig.*

Une Convention tient à l'accomplissement de certains faits ; cet accomplissement a été impossible par des circonstances imprévues. Sans doute cette Convention ne doit pas tomber & ruiner les espérances & les projets de celui qui n'a pu satisfaire à ce qui étoit nécessaire pour donner une base solide à la Convention.

Mais ces cas de grâce ne doivent-ils pas être bornés à des occasions de force majeure & d'une impossibilité physique ? Car enfin l'intention des parties a été de s'obliger à tout ce qui étoit moralement en leur pouvoir pour hâter l'effet de la Convention. Pour peu donc qu'il y ait de leur

faute, elles doivent fubir la peine qu'elles s'é-
toient impofées elles-mêmes, qui eft la réfolu-
tion de l'acte.

Les nouvelles Conventions détruifent les premières. Elles remettent les parties dans le même
état qu'auparavant.

Mais, & c'eft ce qu'il faut bien remarquer,
elles ne changent rien aux droits acquis à des tiers
par les précédentes Conventions. On ne s'arrêtera plus fur les motifs de cette décifion : ils ont
été amplement développés. *Non debet alio nocere
quod inter alios actum eft.* L. 10. *de jure jur.*

Nous avons dit que les Conventions fe réfol-
voient auffi par l'intervention de la fociété qui
a intérêt de les annuller ou par l'autorité de la
juftice fur la dénonciation qu'on lui fait des vices
capables d'en arrêter l'exécution.

Les vices les plus communs qui peuvent fe
rencontrer dans les contrats font l'erreur, la
violence, le dol, la léfion, le défaut de caufe
valable, le défaut de lieu.

Nous allons les parcourir rapidement en renvoyant pour le refte aux articles particuliers
qu'ils demandent.

*L'erreur.* Il n'y a pas de confentement où il y a
erreur. *Non videntur confentire qui errant.* Loi
116. §. 2. ff. *de reg. jur.*

L'erreur peut tomber ou fur la chofe dont on
traite, ou fur les motifs qui font traiter, ou fur
la perfonne avec qui l'on traite.

Suivant ces divers objets, elle laiffe fubfifter
la Convention, elle la modifie, ou elle l'annulle.

*La violence.* Le défaut de liberté n'empêche
pas comme l'erreur que le contrat ne puiffe fubfifter ; mais il rend le contrat vicieux.

*Le dol.* Il en eft de même du dol ; il donne feulement des armes pour attaquer le contrat, mais il ne l'annulle pas en lui-même.

*La léfion* fe rencontre ou entre majeurs ou entre mineurs. Ceux-ci peuvent toujours s'en fervir contre leurs Conventions. Mais il n'y a que ce qu'on appelle le dol perfonnel & le dol réel d'outre moitié qui puiffe être oppofé par les premiers.

*Le défaut de caufe.* Il eft de l'effence du contrat d'avoir une caufe ; nous l'avons prouvé. Si la caufe étoit fauffe, c'eft comme s'il n'y en avoit pas ; c'eft encore ce que nous avons développé & établi.

Une caufe illicite, c'eft-à-dire qui bleffe l'équité, les lois ou les mœurs, vicie le contrat en lui-même & le rend incapable d'aucun effet.

*Le défaut de lien.* Il eft de l'effence du contrat qu'il produife une obligation. Si les parties fe réfervoient de l'exécuter ou de ne l'exécuter pas, il feroit nul, ou plutôt il ne feroit pas du tout.

Les Conventions peuvent donc fe trouver réfolues, nulles & annullées.

Ces trois états ne font pas les mêmes, & ils procèdent de caufes différentes.

Les Conventions font réfolues, lorfque les parties les révoquent d'un accord unanime, ou bien lorfqu'elles les ont fait dépendre d'une condition ou de leur propre fait ; & que le fait ou l'évènement de la condition font tels qu'ils doivent diffoudre la Convention.

Elles font nulles, quand elles font infectées de quelque vice qui les bleffe dans leur effence même, comme un défaut de confentement, un défaut de caufe, l'erreur fur la chofe même, &c.

Elles peuvent être annullées lorfque l'une des parties ayant droit de s'en plaindre les dénonce à la juftice & réclame fon autorité pour fe faire relever d'un acte vicieux en lui-même & qui lui fait préjudice.

Les Conventions, nulles tombent pour ainfi dire d'elles-même : elles renferment le principe de leur deftruction.

Les Convetions que l'on peut faire annuller ont aufli des vices intrinsèques ; mais ces vices ne font pas effentiels ; ils n'empêchent pas la Convention de fubfifter , & elle fubfifteroit en effet , fi l'on ne réclamoit contre elle la faveur de la loi.

Nous difons la faveur , c'en eft une en effet que d'autorifer à revenir contre un engagement ; aufli les lois appellent-elles la *refcifion* , pour caufe de léfion , *un bénéfice : beneficium refcifionis.*

Ce bénéfice eft une faveur du droit civil ; car on ne voit pas fur quel fondement & par quels moyens un engagement qui ne contient rien de vicieux en foi, pourroit être annullé dans le droit naturel.

N'oublions pas de dire que la forme des actes rend quelquefois les Conventions nulles, & que d'autrefois elle fournit feulement des moyens pour les faire annuller. L'effet dépend alors du rapport plus ou moins intime qui peut fe trouver entre le fond & la forme, & de l'importance que la loi civile peut avoir attachée à celle-ci.

Si nous rédigeons une Convention par écrit, & que nous oublions de la figner : la forme tient ici trop intimement au fond.

r. Dans la vérité il y a eu Convention, s'il y a eu confentement , chofe & prix ; mais on ne voit aucun figne certain de la Convention; l'écrit non figné ne peut faire une preuve.

Mais il y a des nullités de forme qui fe couvrent, qui n'opèrent que pendant un temps , & lorfqu'on en fait ufage.

Nos lois veulent qu'un mariage foit précédé de publications de bans. Mais comme cette formalité n'eft point effentielle au mariage, il n'y a que les perfonnes en faveur de qui elle a été établie qui puiffent fe plaindre de ce qu'elle a été omife.

· Mais il y a auffi des formalités que la loi exige impérieufement. Pour ne pas quitter l'exemple du mariage on peut citer celle du concours des deux curés.

Les vices des Conventions quand ils ne font pas deftructeurs de la Convention même peuvent fe réparer ; ainfi un mineur peut ratifier en majorité l'obligation contre laquelle il auroit pu fe pourvoir.

Nous croyons avoir donné une idée fuffifante des différens vices des Conventions , des effets divers de ces vices & des moyens par lefquels les Conventions peuvent être réfolues & annullées.

Il eft temps de nous occuper d'une des branches les plus importantes de la matière des Conventions , des règles fuivant lefquelles on doit les interprêter.

*Des règles pour l'interprétation des Conventions.*
Les hommes fe trompent eux-mêmes & cherchent encore plus à tromper les autres. D'ailleurs leurs engagemens font fouvent compliqués ; & en les rédigeant la plus grande attention peut laiffer échapper des incertitudes & des obfcurités.

Embarraſſée ſur le ſens dans lequel elle doit les ſaiſir , la juſtice s'eſt formé des principes qui abrégent ſes recherches & qui rendent ſa marche plus ſûre. Ce ſont ces principes que nous allons développer en les diviſant.

*Première règle.* Les obſcurités & les doutes qui naiſſent par les mots s'interprêtent par l'intention des parties.

*In Conventionibus contrahentium voluntatem potiùs quam verba ſpectari placuit* L. 210. *de verb. ſignif.*

Vous m'écrivez que vous acheterez volontiers ma maiſon, ſi je veux la vendre *toute meublée.* Je vous exprime mon conſentement dans une réponſe, & je vous fais mon prix ſur lequel nous tombons enſuite d'accord, & nous ſtipulons que la maiſon vous ſera donnée *telle qu'elle ſe comporte.*

Cette expreſſion eſt ſûrement ſuſceptible d'équivoque, mais l'équivoque diſparoît ſous l'évidence de notre intention reſpective, qui a été de vendre & d'acheter la maiſon dont il s'agit *toute meublée.*

*Seconde règle.* Dans le double ſens il faut préférer celui qui tend à faire produire un effet à la Convention ; c'eſt celui qui étoit dans la penſée des parties ; car elles n'ont pas voulu faire un contrat qui n'auroit pu les conduire à rien.

*Quoties in ſtipulationibus ambigua oratio eſt, commodiſſimum eſt, id accipi quod res de qua agitur in tuto ſit.* L. 80. *de verb. oblig.*

Il a été convenu entre Pierre & Paul, *que Paul paſſeroit ſur ſes héritages.*

Les héritages doivent s'entendre de ceux de Pierre ; car Paul a le droit de paſſer ſur ſes propres héritages, & il n'y avoit pas besoin de Convention pour lui donner ce droit.

*Troisième règle.* Le sens le plus conforme à la nature du contrat est celui qu'il faut préférer.

Il est convenu entre vous & moi que vous aurez ma maison à louage pour 300 livres.

La nature du louage est de percevoir un prix pour chaque année appelé *loyer*, & non pas un prix total pour toute la durée du bail. Ainsi on entendra que les 300 livres dont il s'agit sont le loyer de chaque année & non pas le prix du bail entier.

*Quatrième règle.* Les clauses douteuses s'interprètent par l'usage.

*Semper in stipulationibus & cæteris contractibus, id sequimur quod actum est; aut si non appareat quod actum est, erit consequens ut id sequamur quod in regione in qua actum est, frequentatur.* L. 34, *de regulis jur.* C'est sur ce principe que les Conditions d'un mariage fait sans contrat se règlent d'après la coutume où les parties se sont mariées, ou d'après celle où elles vont habiter incontinent après leur union.

*Cinquième règle.* Les choses d'usage n'ont pas besoin d'être exprimées.

*In contractibus tacitè veniunt ea quæ sunt moris & consuetudinis.*

*Sixième règle.* Une clause obscure s'interprète par une autre qui y est relative, ou par la teneur entière de l'acte.

La loi 126, *ff. de verb. signif.* fournit un exemple du premier cas.

Un vendeur stipule qu'il vend un domaine franc & quitte de toutes charges : mais dans une seconde clause il dit qu'il n'entend être

garant que de ſes faits. La ſeconde reſtreint la
première, & il réſulte des deux que le vendeur
n'a garanti que des charges qu'il auroit pu impo-
ſer, & non pas de celles dont ſes auteurs auroient
pu affecter ce même bien.

Pour exemple du ſecond cas, on peut donner
celui où un homme ne vend ſa maiſon que pour
faire de l'argent ; ce qui eſt expliqué dans le
contrat même, & où cependant il dit qu'il la
céde pour la valeur d'une métairie qui appartient
à l'acheteur.

Il eſt évident que l'acheteur doit vendre ſans
délai ſa métairie & en donner le prix au vendeur,
& non pas lui céder la métairie même.

*Septième règle.* Dans le doute, la rigueur eſt
contre celui qui oblige, & la faveur pour celui
qui eſt obligé.

*In ſtipulationibus cùm queritur quid actum ſit,
verba contra ſtipulatorem interpretenda ſúnt.* L. 38,
§ 18, *ff. de verb. oblig.*

*Fere ſecudùm promiſſorem interpretamur.* L. 99,
*ff. de iit.*

C'eſt à celui qui a parlé de s'imputer de ne
s'être pas aſſez expliqué.

*Huitième règle.* Une convention n'a jamais
rapport qu'aux objets qui y ſont mentionnés.

*Iniquum eſt perimi pacto id de quo cogitatum non
eſt.* L. 9, *ff. de tranſact.*

En faiſant bail avec un fermier, je lui ai cédé
toutes mes terres dans un tel lieu. Si j'ai auſſi
des vignes dans ce lieu, elles ſont exceptées.

Si j'ai tranſigé avec vous ſur certains droits,
je n'ai pas nui à d'autres que je ne connoiſſois
pas, quoique je vous aie tenu quitte de tout
envers moi.

*His*

*His tantùm transactio de quibus actum probatur:*
*non porrigitur ad ea quorum actiones competere*
*postea compertum est. L. 9, § fin. ff.*

*Neuvième règle.* Une convention sur une universalité de choses comprend celles mêmes que
les parties ne connoissoient pas

Une vente d'une succession s'étend à tout ce
qui en dépend. Il ne peut y avoir d'excepté que
les choses qui auroient été cachées au vendeur
par le fait de l'acheteur.

*Sub pretextu specierum post repertarum, generali*
*transactione finita rescendi prohibent jura.* Loi 29,
cod. *de transact.*

*Error circa proprietatem rei apud alium extra*
*personas transigentium, tempore transactionis, consti-*
*titutæ, nihil potest nocere.*

*Dixième règle.* Une stipulation expresse pour
un cas ne nuit pas à des cas semblables.

*Quæ dubitationis tollendæ causâ, contractibus*
*inferuntur, jus commune non lædunt.* L. 81, *de*
*regul. jur.*

Exemple. On convient dans un contrat de
mariage, que le mobilier des successions qui
pourront échoir aux époux, entrera en communauté; il est clair qu'on a seulement eu en vue
de prévenir toute difficulté sur ce point, & on
n'a aucunement pensé à exclure de la communauté les autres biens ou les autres droits qui
peuvent y entrer.

*Onzième règle.* Lorsque de deux obligations
une seule est imposée, le choix appartient à celui
sur qui tombe l'obligation.

Cette règle est fondée sur ce qu'on doit toujours favoriser celui qui a une obligation à remplir; à plus forte raison, lorsqu'il paroît que telle

*Tome XVI.* K

a été l'intention de celui qui a impofé cette obligation; & cette intention eft fenfible ici, puifqu'il n'a préfenté deux obligations à remplir que pour en laiffer le choix à celui qui s'y eft foumis.

Je vous vends ma maifon à la charge d'en porter le prix à un de mes fils qui eft en Bretagne, ou bien à un autre qui eft en Flandre. Vous choifirez celui qu'il vous plaira.

*Douzième règle.* Lorfque le prix d'une chofe n'eft pas fixé, il fe règle fur le prix mitoyen.

Je vous dois la valeur de cent quintaux de bled. Ils feront eftimés fur le prix commun, entre le plus haut & le plus bas.

Remarquons encore fur cette règle, que le prix s'eftime toujours eu égard au temps de la vente & non pas à celui de la délivrance.

Ainfi dans l'exemple ci-deffus on prendra le taux mitoyen du temps où j'ai contracté l'obligation de vous délivrer cent quintaux de bled.

*Treizième & dernière règle.* Lorfqu'il y a des obfcurités ou des contrariétés apparentes dans les Conventions, on peut avoir recours, pour les faire difparoître, à des conjectures; & ces conjectures fe tirent ordinairement:

1°. De l'intention des parties.

2°. De l'enfemble des difpofitions ou des termes de l'acte.

3°. De la nature de la Convention.

4°. Des fuites qui réfulteroient des divers fens; & on doit préférer ceux qui s'accordent avec les vues & l'intérêt des parties, ou avec le bien public.

Prenons un exemple auquel nous puiffions appliquer la règle que nous venons d'établir dans tous les cas qu'elle comprend.

L'orateur romain nous en fournit un qui remplit cet objet.

Un père, après avoir institué son fils son héritier, voulant faire un legs à sa femme s'exprime ainsi :

*Mon héritier donnera à ma femme le poids de mille livres en vaisselle d'argent,* TELLE QU'IL LUI PLAIRA.

Cette dernière expression peut se rapporter également à l'héritier & à la légataire. Aussi, celle-ci prétendant le droit de choisir, demande les morceaux d'argenterie les mieux travaillés, & l'héritier prétend qu'il lui est accordé de donner ceux qu'il voudra.

Comment trouvera-t-on le sens dans lequel on peut présumer que le testateur a parlé ?

Il faut d'abord chercher dans le testament s'il annonce une volonté évidente d'avantager la légataire le plus qu'il lui est possible, ou de retrancher le moins qu'il lui est convenable des droits de l'héritier.

L'intention du testateur une fois connue fixera le sens du terme équivoque dont il s'est servi.

Si l'intention du testateur ne se manifeste pas dans toute la contexture de l'acte, il faudra rechercher si dans d'autres dispositions il n'y a rien qui puisse s'appliquer à celle-ci.

On suppose, par exemple, qu'en parlant de son argenterie, il se soit abstenu de disposer des morceaux les mieux travaillés, *parce que cela étoit déjà fait.*

Il sera clair alors qu'il entendoit que sa femme auroit la faculté de choisir, & qu'il prévoyoit qu'elle choisiroit les ouvrages les mieux faits &

du meilleur goût, & voilà comment une claufe interprète l'autre.

Que rien de tout ceci ne fe trouve dans le teftament, il faudra entendre la difpofition dans le fens qui fe rapporte à la nature de l'acte.

Or le bon fens, l'équité naturelle & les lois mêmes veulent que lorfqu'on donne une chofe qui peut être choifie entre plufieurs de la même efpèce, le choix appartienne à celui qui la doit recevoir.

La libéralité feule peut fe prefcrire des bornes, & l'effet doit en être étendu autant qu'il peut l'être. D'ailleurs il importe que le bienfait que nous offrons ne dépende pas de celui qui a intérêt de le diminuer. Voilà les raifons qui ont fait établir ce principe : que toutes les fois que le choix n'eft pas fpécialement donné à quelqu'un, il appartient à celui à qui la chofe à choifir doit appartenir auffi (*).

Si l'on ne rencontre pas dans toutes ces re-cherches & ces lois de quoi fe décider, on pourra encore employer d'autres confidérations, par exemple celle-ci : qu'en accordant à l'héritier le droit de choifir les vafes qu'il lui eft ordonné de délivrer, il pourroit en donner d'une fi petite valeur que le legs fait par le mari à fa femme feroit plutôt une injure qu'un gage de fon affec-tion.

On pourra encore confidérer qu'il feroit odieux, qu'il feroit contre les bonnes mœurs

_____

(*) Quoties fervi electio vel optio datur, legatarius op-tabit, quem velit. Sed & homine generaliter legato; aibi-tinum eligendi, ad legatarium pertinet. De optione vel electione data. *Lib. 33, tit. 5, ff.*

qu'une femme à qui son mari a fait un legs tombât dans la pauvreté, par la modicité où l'on pourroit réduire le legs qui lui auroit été fait ; & cette seule consideration, qui tient aux mœurs & par conséquent à l'utilité publique, suffiroit pour décider la question.

Nous pouvons appliquer aux Conventions ce beau passage de Ciceron sur les lois.

Elles doivent toutes se rapporter à l'avantage de l'état, & par conséquent il faut les expliquer par des vues d'utilité publique. . . . « Le but des » législateurs, continue-t-il, ( & on doit supposer » aussi que tel est celui des contractans ) ; le but » des législateurs n'étoit pas d'établir des choses » préjudiciables à l'état ; & quand ils auroient » voulu le faire, ils savoient bien qu'on rejet- » teroit de telles lois, aussitôt qu'on en auroit » aperçu les inconvéniens. En effet, si l'on sou- » haite de maintenir les lois, ce n'est pas à cause » d'elles-mêmes, mais pour le bien de la ré- » publique. »

C'est par les mêmes moyens que l'on peut lever les contradictions apparentes qui se rencontrent entre les dispositions d'un même acte. Nous disons contradictions apparentes ; car si elles étoient réelles, il faudroit regarder les dispositions qui se combattent, comme se détruisant l'une l'autre, & ne pouvant produire aucun effet.

*Du serment que les parties ajoutent à leurs Conventions.* Souvent les parties, comme si elles se défioient elles-mêmes de leur constance & de leur bonne foi, invoquent l'être suprême dans leurs Conventions pour l'en rendre le dépositaire

& le protecteur. Quel est l'effet & la force de
ce serment ?

Il faut distinguer ici les lois civiles des lois de
la conscience.

Il est évident d'abord qu'un serment sur une
Convention ne peut produire aucun effet civil.
Cette proposition s'établit par le dilême sui-
vant :

Ou la Convention est valable par elle-même,
ou elle ne l'est pas.

Si elle est valable, elle n'a pas besoin du serment.

Si elle n'est pas valable, c'est par quelque
prohibition des lois naturelles ou civiles, &
rien ne peut sauver ce que les lois ne veulent
pas conserver.

Mais dans le for intérieur la question change.
Il faut examiner si la Convention est proscrite
par le droit civil seulement, ou par le droit civil
& le droit naturel tout ensemble.

Dans le premier cas, elle produit une obligation naturelle, & le serment y ajoute.

Dans le second cas il n'y a aucune obligation,
parce que si promettre quelque chose contre
l'équité est un mal, l'accomplir en seroit un plus
grand ; & alors le serment, qui n'est qu'un engagement plus solemnel & plus auguste, & qui
rend celui qui y contrevient parjure tout à la
fois devant Dieu & devant les hommes, tombe
avec l'obligation qu'il rendoit plus étroite. Il
produit seulement cet effet, de rendre plus coupable celui qui y a eu recours pour donner plus
de poids à l'injustice.

Nous pouvons appliquer ces réflexions à un
exemple que nous fournissent les lois romaines,

& en même-temps nous en servir pour apprécier la décision de ces lois sur ce cas.

Elles prononcent qu'une vente faite par un mineur, avec serment de ne jamais l'attaquer par le moyen de la lésion, doit être confirmée. Cette décision est infiniment respectable & par le nom de son auteur, & par le motif même qui l'a fait porter. Elle est de l'empereur Alexandre Sévère, qui répondit à celui qui lui proposoit cette question : « Avez-vous espéré que je serois » le protecteur & d'une perfidie & d'un par- » jure » ? *Nec perfidiæ, nec perjurii, me autorem tibi futurum sperare debuisti? L. 1, cod. si adv. vend.*

Elle pêche cependant par une méprise aisée à saisir. Elle ordonne dans l'ordre politique ce qui ne devroit être prescrit que dans l'ordre naturel.

Sans doute un mineur qui n'a point vendu inconsidérément, qui avoit de bonnes raisons pour vendre, qui les a fait goûter à un acheteur, qui a prodigué les promesses & les sermens pour dissiper les inquiétudes de cet acheteur justement allarmé de traiter avec un homme muni d'une ressource contre sa parole même : sans doute ce mineur, qui n'a été ni séduit ni trompé, & qui relativement aux circonstances, a trouvé un avantage au lieu de souffrir une lésion dans la vente dont il s'agit, est obligé par les lois de l'honneur, par celles de la conscience, de respecter & d'exécuter cet engagement.

Mais la loi pour rester toujours sage, toujours prévoyante, toujours conséquente, ne doit pas s'arrêter à ces considérations.

Elle veille à ce que les mineurs ne fassent pas

leur ruine en traitant avec défavantage & fans l'expérience qui pourroit les garantir des piéges où l'on cherche fouvent à les entraîner.

Toutes les fois qu'elle les trouve léfés dans leurs engagemens, elle doit.les en relever. Le ferment dont ils ont‸ pu fortifier leur promeffe ne la leur rend pas plus préjudiciable. Ils feront blâmables d'y manquer, s'ils l'ont faite en con-noiffance de caufe & par des motifs raifonna-bles. Mais la loi doit aller à fon but fans regar-der fi dans des circonftances particulières il y a des hommes qui devroient fe refufer à fes grâces.

D'ailleurs pour faire le bien d'un moment, elle ne doit pas s'expofer à occafionner un mal durable ; & c'eft ce qui arriveroit ici , fi le fer-ment des mineurs validoit les engagemens indi-rects qu'ils contracteroient. Alors tous ceux qui voudroient abufer de la foibleffe & de l'inex-périence ordinaires à cet âge , trouveroient une reffource dans la loi même contre fa pré-voyance. Ils ne manqueroient pas de faire jurer toutes les Conventions où leur artificieufe cupi-dité confommeroit la ruine des mineurs , & la loï fe verroit réduite à leur refufer ainfi le fe-cours qu'elle leur accorde.

Les auteurs fe font partagés fur une autre queftion qui mérite de nous arrêter un mo-ment.

Un ferment arraché par violence ou par dol oblige-t il dans le for intérieur ?

Prenons des exemples. Un homme fous le piftolet d'un voleur , compofe avec lui ; il lui demande de lui laiffer fon argent dont il a be-foin pour continuer fon voyage , & il lui prome

t

avec ferment, de lui donner une telle fomme à fon retour.

Ou bien un jeune homme ignorant qu'on ne peut engager au fervice du roi qu'à l'âge de feize ans accomplis, a juré de donner une telle fomme pour retirer l'écrit inutile qu'il croyoit un engagement valide & obligatoire.

L'un & l'autre doivent-ils en confcience la fomme qu'ils ont promife ?

Nous difons en confcience, parce qu'il n'eft pas douteux que les lois civiles n'annullent toutes les conventions arrachées par la violence ou par le dol.

Grotius agite cette queftion, & il decide d'après faint Thomas, que le ferment oblige.

Et voici comme il raifonne :

Il eft vrai que celui qui a employé la violence ou le dol pour extorquer une promeffe, ne doit pas profiter des moyens injuftes auxquels il a eu recours. Il n'y a donc pas d'obligation envers lui ; & quand même il y en auroit une, elle feroit compenfation avec une autre perfonnelle au voleur ou à l'enrôleur, qui feroit de dédommager la victime de leur violence ou de leur fraude.

Mais s'il n'y a pas d'obligation envers eux, il y en a une envers Dieu à qui on a promis auffi, à qui on ne doit pas promettre envain, à moins que ce ne foit une chofe dont l'accompliffement feroit un nouvel outrage, un nouveau crime envers lui.

S. Thomas, que Grotius a confulté ici, ajoute à fa décifion une reftriction fingulière, & que Grotius lui-même combat.

Elle eft qu'après avoir exécuté la promeffe

par respect pour le serment , on peut dénoncer la violence ou la fraude à la justice , & demander pour réparation la somme même que l'on a été forcé de donner.

Il est clair que cette manière d'exécuter le serment n'est plus qu'une dérision ; elle ressemble à ce trait d'un homme qui voulant concilier ses scrupules & sa vengeance , imagina de mettre un gand pour donner un soufflet à un évêque.

Grotius ajoute aussi une restriction , mais qui est plus sensée. Il dit que l'obligation qui résulte de ce serment est propre à celui qui l'a fait , & qu'elle ne passe pas à l'héritier , parce que l'héritier n'est tenu de remplir que les engagemens contractés par son auteur , & contractés devant les hommes.

Nous pourrions observer que Grotius passe ici du for intérieur au for extérieur.

Dans l'ordre civil , sans doute , l'héritier n'est chargé que des engagemens précis & obligatoires de celui à qui il succéde.

Mais par les lois de la religion & de la conscience , il doit souvent se regarder comme responsable des promesses de son auteur.

J'ai promis à Dieu de faire une telle bonne œuvre en reconnoissance de l'abondante récolte que je regarde comme un bienfait particulier de sa part. Je fais suffisamment connoître ce vœu , mais je meurs avant de l'avoir exécuté.

Mon héritier qui recueille les biens dont je voulois rendre grâces à Dieu , ne manquera pas de consommer la bonne œuvre que je me proposois ; s'il a de la piété & de la religion , il s'y croira obligé.

Mon domestique arrache à un voleur un tréfor que ce voleur m'enlevoit : je promets à l'inftant à mon domeftique une récompenfe de fon zèle, de fa fidélité, de fon courage ; mais la mort vient me frapper.

Si mon héritier a de la fenfibilité, de l'honneur, de la délicateffe, il fe reprochera de manquer à une promeffe auffi jufte, malgré qu'elle n'ait été faite que par celui qu'il repréfente dans fa richeffe, & qu'il doit repréfenter dans fa reconnoiffance.

Seulement, dans ces deux cas, mon héritier pourra modérer ma libéralité, fi elle eft exceffive & difproportionnée ; en fuccédant à mon devoir, il refte le juge de ce qui fuffit pour l'acquitter.

Mais il eft vrai de dire qu'en écoutant la voix de la religion & de l'équité naturelle, un héritier ne peut fouvent fe refufer à remplir certains engagemens de fon auteur.

Ainfi Grotius efface une obligation en mêmetemps qu'il veut en établir une qui n'exifte pas.

Les décrétales portent cependant la même décifion que lui fur la force du ferment furpris par la fraude ou commandé par la violence. Mais les papes en déclarant le ferment valide, fe font réfervé le pouvoir d'en difpenfer. « *Nous n'en-* » *tendons pas que l'on méprife de pareils fermens,* » dit Céleftin III ; *mais fi l'on s'étoit permis de les* » *violer, nous ferons, par notre pardon, que cette* » *efpèce de parjure n'attire plus la punition d'un* » *péché mortel* ». *Non eis dicatur ut juramenta non fervent, fed fi non ea attenderint, non ob hoc, ob tanquam pro mortali crimine, puniendi, chap.8, extra de juram. Celeftin III, chap. 15, D T.*

Puffendorf s'élève contre cette décision, & voici comme il la réfute.

Le serment par lequel on confirme l'engagement que l'on a pris pour échapper à une violence ou en cédant à quelque fraude, ce serment n'est qu'une attestation plus solemnelle de l'engagement même ; il n'est point un vœu que l'on fait à Dieu , une obligation que l'on contracte particulièrement avec lui.

D'ailleurs une promesse à Dieu même n'oblige qu'autant qu'elle est acceptée. Or , imaginera-t-on que Dieu accepte le vœu forcé qu'un innocent lui fait pour échapper à un scélérat ?

C'est pêcher sans contredit , d'appeler Dieu à témoin d'une parole que l'on se propose dans son cœur de ne pas tenir. Mais il y a plutôt ici une faute grave à expier , qu'une promesse à accomplir ; & il seroit beaucoup mieux de donner la somme promise aux pauvres, qu'au scélérat qui l'exige pour prix de son crime.

Il faut convenir que Puffendorf raisonne ici beaucoup mieux que S. Thomas, Célestin III & Grotius.

Mais ce qui appuie particulièrement son sentiment, c'est qu'une promesse forcée ne peut par elle-même produire aucune obligation, & que cette règle éternelle n'est pas moins certaine devant Dieu que devant les hommes.

Terminons cette revue générale des principes des Conventions, par la division la plus simple & la plus juste que nous en puissions faire.

Il faut s'écarter ici de la jurisprudence romaine , & nous ne parlerons *ni des contrats du droit des gens, ni de ceux du droit civil , ni des* contrats de droit étroit , ni des contrats de bonne foi , ni des contrats nommés , ni des contrats innommés , &c.

Chacun des jurifconfultes qui ont écrit fur les Conventions les a rangées fous différentes claffes ; & il eft certain que dans ce point ils ont pu fe partager.

Il nous paroît que la divifion la plus fimple , fi elle eft en même-temps jufte & exacte , fera toujours la plus généralement préférée.

Celle de M. Pothier, qui a été notre principal guide dans cette difcuffion , nous paroît réunir tous ces différens mérites.

On pourroit feulement lui reprocher des foudivifions plus embarraffantes que néceffaires. Nous nous permettrons de les élaguer.

Il obferve d'abord que les contrats qui réfident tous dans le concours de deux ou de plufieurs parties , les lient différemment.

, Ou toutes les parties fe trouvent refpectivement obligées, c'eft-à-dire, tenues l'une envers l'autre de certains faits, ou bien il n'y en a qu'une qui ait quelqu'obligation à acquitter.

On peut donc dire que tous les contrats font *ou bilatéraux* , autrement *fynallagmatiques* , c'eft-à-dire, liens de deux côtés, ou *unilatéraux* , c'eft-à-dire, liens d'un feul côté.

Le contrat de vente, par exemple, eft fynalagmatique ou bilatéral , parce qu'il renferme une double tradition ; favoir celle de la chofe par le vendeur, & celle du prix par l'acheteur ; & par-là les deux parties ont chacune une obligation à remplir.

Le contrat du prêt, au contraire, n'eft qu'unilatéral, parce qu'il n'y a que l'emprunteur qui s'oblige à un fait ; favoir, le remboursement.

On pourroit ici fous-divifer & obferver que les contrats peuvent être bilatéraux parfaitement ou imparfaitement.

Parfaitement, lorfque l'obligation de chaque partie eft une obligation principale, comme dans la vente, qui ne pourroit fubfifter fans la tradition de la chofe & fans celle du prix.

Imparfaitement, lorfqu'il n'y a qu'une des obligations qui foient effentielles, comme dans le mandat, où le mandataire eft feul tenu d'un fait, qui eft de rendre compte de la miffion qu'il s'eft engagé de remplir.

Mais nous avons promis d'écarter ces fous-divifions que l'on pourroit multiplier à l'infini, & qui ne feroient que charger la mémoire fans éclaircir les objets dans l'efprit. Nous toucherons feulement les principales.

On remarque en féparant les efpèces de contrats par les effets de chacun d'eux, qu'il y en a qui font parfaits par le feul confentement, & d'autres qui exigent au-delà de ce confentement, la tradition d'une chofe.

Une obfervation importante fe préfente ici. C'eft que fouvent les Conventions qui font de nature à être conclues par le feul confentement font cependant fufpendues jufqu'à une certaine époque ou un certain événement.

Alors le délai ou la condition font partie du confentement même, & ne peuvent en être féparés.

Mais il faut, & c'eft ce qu'on ne doit pas perdre de vue, que l'intention des parties en ftipulant le délai ou la condition, ait été de retarder jufques-là la perfection du contrat.

Une troifième divifion auffi raifonnable, eft celle des *contrats intéreffés de part & d'autre & des contrats intéreffés d'une feule part.*

Le contrat d'échange porte fur un intérêt réciproque.

La donation n'intéreffe qu'une feule partie.

Mais fi la donation porte une condition qui charge le donataire, elle intéreffe les deux parties.

Cependant fi la charge n'eft pas égale à la libéralité, il y a une des parties plus intéreffée que l'autre ; & plufieurs jurifconfultes appellent ce contrat *mixte.* Mais on ne finiroit pas, fi on vouloit faire autant de claffes qu'il y a de nuances entre les engagemens des hommes.

Nous fupprimons ici la fameufe divifion du droit romain que nous avons déja combattue : *do ut des , facio ut facias ;* elle rentre dans les contrats bilatéraux.

Mais fi elle explique imparfaitement l'objet des contrats, elle en défigne une quatrième efpèce : c'eft celle dans laquelle chaque partie reçoit l'équivalent de ce qu'elle donne. On appelle juftement ces contrats *commutatifs* , c'eft-à-dire où chaque contractant communique quelque chofe.

On diftingue ceux-ci de ceux où une partie reçoit quelque chofe fans avoir rien donné de fa part, & moins par libéralité, que comme le prix d'un rifque qu'elle a couru. On les nomme *aléatoires.* Tous les contrats de hâfard , les jeux , les gageures , les traités d'affurance font de ce nombre.

La quatrième divifion eft donc des contrats *commutatifs* & des contrats *aléatoires*.

Une cinquième eft en contrats *principaux*, dont l'unique but eft leur propre exécution, & en contrats *acceffoires*, c'eft-à-dire, qui n'interviennent que pour affurer & modifier l'exécution d'autres contrats antérieurs. Tels font les contrats de cautionnement ou de nantiffement.

La fixième & dernière divifion comprend les contrats que le droit civil a affujettis à certaines formalités, & ceux qu'il protége, quoique conformes aux feules règles du droit naturel.

Les contrats qui ont parmi nous des formes prefcrites, font le contrat de mariage, la donation, les négociations de commerce, appelées lettres de change, & les conftitutions de rente.

Toutes les autres conventions, pourvu qu'elles n'aient rien en elles qui les vicie, ne font foumifes à aucune formalité.

Il faut cependant obferver que toute Convention dont l'objet excède cent livres, n'a d'effet qu'autant qu'elle eft écrite lorfqu'elle eft conteftée, parce que la juftice n'en admet pas la preuve par témoins. Mais la loi a moins voulu rendre l'écrit effentiel à cette Convention, que prévenir les abus qui pourroient réfulter de la preuve par témoins.

Voyez *les lois civiles de Domat ; les œuvres de Cujas, & celles de Defpeiffes ; Brodeau, fur Louet ; l'inftruction fur les Conventions ; le traité des obligations de Pothier*, &c. Voyez auffi les articles CONTRAT, OBLIGATION, PACTE, PROMESSE,

PROMESSE, &c. (*Article de M. LACRETELLE*, *avocat au parlement*).

CONVENTIONS ROYALES DE NÎMES. C'eſt une juridiction royale établie dans cette ville par Philippe Auguſte en 1271. Ce prince donnà à cette juridiction pluſieurs priviléges à l'inſtar de ceux des foires de Champagne & de Brie, & des bourgeoiſies royales de Paris. Ces priviléges furent confirmés par Philippe-de-Valois en 1345. Le juge des Conventions roya-les a ſon principal ſiège à Nîmes & des lieute-nans dans pluſieurs endroits de la ſénéchauſſée. Il a ſcel royal, authentique & rigoureux. Il con-noît des exécutions faites en vertu des obliga-tions paſſées dans ſa cour, & il peut faire payer les débiteurs par ſaiſie de corps & de biens ; mais l'ordonnance de Charles VIII, du 28 dé-cembre 1490, lui interdit la connoiſſance de toute action, ſoit réelle, ſoit perſonnelle.

CONVENTUALITÉ. On donne ce nom à la vie commune des religieux dans un monaſtère.

La Conventualité eſt une obligation impoſée par tous les canons aux religieux. Ils ne peu-vent en ſecouer le joug ſans enfreindre les rè-gles de la diſcipline de l'égliſe.

L'origine de la Conventualité remonte à l'éta-bliſſement des monaſtères : auparavant les reli-gieux étoient des ſolitaires qui vivoient loin des villes, & qui n'avoient aucune communication avec les autres hommes. La réunion de pluſieurs de ces ſolitaires dans une même maiſon a formé ce que nous appelons aujourd'hui des commu-nautés religieuſes. Auſſitôt que ce changement a été fait, il a été défendu aux religieux d'en-freindre la Conventualité, & elle eſt devenue

une obligation indifpenfable de l'état monaftique. Cette obligation fubfifte encore aujour-
d'hui , & rout membre d'un corps religieux ne
peut s'y fouftraire & vivre dans un lieu féparé,
fans en avoir obtenu la permiffion de fes fupérieurs. Cette permiffion eft révocable fuivant la
volonté des fupérieurs , & elle ne peut être
regardée que comme une grâce particulière &
& une efpèce de tolérance. Ainfi aucun religieux ne peut fous aucun prétexte que ce foit ,
fe difpenfer d'obferver la Conventualité , parce
que , fuivant le vœu des lois de l'églife , elle eft
de l'effence de l'état religieux.

Tous les bénéfices réguliers font conventuels
de droit ; & cette Conventualité ne peut être
prefcrite même par une poffeffion de plufieurs
fiècles. L'églife veut même que la Conventualité foit rétablie dans tous les bénéfices réguliers où elle a été détruite. Les conciles contiennent à cet égard les difpofitions les plus
précifes. Ils ont en effet défendu aux religieux
de demeurer feuls dans des bénéfices , & ils leur
ont ordonné de fe retirer dans le principal monaftère , parce que l'églife ne reconnoit point
d'autres bénéfices réguliers que ceux où il y a
Conventualité.

La Conventualité confidérée dans fon principe , n'eft autre chofe qu'un établiffement civil
d'un corps monaftique dans une maifon reli-
gieufe, pour y obferver une règle fous l'autorité
d'un fupérieur régulier. Il ne peut donc exifter
de bénéfice véritablement régulier s'il n'y a point
de Conventualité.

L'auteur des définitions canoniques dit « que
» les prieurs font appelés conventuels , parce

» qu'ils font fujets à un fupérieur régulier, &
» obligés de garder une règle & des ftatuts ; ils
» font encore appellés conventuels ( ajoute cet
» auteur ) comme qui diroit prieurs du cou-
» vent, parce qu'on leur donne ce nom dans
» tous les endroits où il y a une communauté
» de religieux vivans fous une règle (*) ».

Il y a deux efpèces de prieurés conventuels,
les uns font *électifs* & les autres *collatifs*. Quoique tous les prieurés foient conventuels, puifque tous étoient deftinés à des religieux, les
auteurs diftinguent ordinairement ceux qui font
compofés de douze religieux, & qui ont un
prieur en titre, de ceux qui n'ont qu'un prieur
commis & révocable.

Les premiers font des prieurés conventuels
proprement dits, parce qu'ils ont la pleine Conventualité ; les autres n'ayant que le nombre de
religieux fixé par la fondation, ou que les revenus du bénéfice peuvent y faire fubfifter, forment de fimples obédiences.

Nous avons dit que les conciles exigent que
tous les bénéfices réguliers foient foumis à la
Conventualité. Le troifième concile général de
Latran tenu en 1179 fous le pape Alexandre III,
défend en. effet aux religieux de demeurer feuls
dans des prieurés obédientiels, & il leur ordonne de fe retirer dans le principal monaftère,
s'ils ne préfèrent de fe réunir plufieurs dans
chaque obédience.

_____

(*) L'annotateur ajoute que fuivant Rebuffe une églife
de religieux eft ordinairement appelée conventuelle , *eft
communi ufû loquendi conventualis dicitur ecclefia reli-
gioforum.*

Le pape Grégoire IX a renouvelé ce règlement dans une décrétale adreſſée à l'archevêque de Bourges en 1220 : il a ordonné aux abbés de rappeler les religieux ſolitaires, ou de leur aſſocier pluſieurs religieux pour vivre en commun & pour pratiquer les obſervances regulières. Ainſi dans le troiſième ſiècle les religieux qui réſidoient dans des prieurés obédientiels vivoient en commun ſous l'empire de leur règle : ils avoient à leur tête un prieur qui veilloit ſur leur conduite, & qui leur ſervoit de paſteur ou de ſupérieur immédiat.

Auſſi voyons-nous dans les conciles du treiſième ſiècle que les prieurés forains étoient regardés comme de petits monaſtères qui avoient leur exiſtence *propre*, & dont le ſort n'étoit point abandonné à la volonté & au caprice des abbés. En effet, le concile de Paris tenu en 1212, défendit aux religieux de réunir pluſieurs de ces prieurés ſur leurs têtes, & il condamna comme une entrepriſe criminelle la conduite des abbés qui diminuoient le nombre des religieux deſtinés à deſſervir ces prieurés.

Le concile de Montpellier tenu en 1214, impoſe l'obligation aux abbés d'entretenir au moins trois religieux dans chaque prieuré rural, afin d'y conſerver la Conventualité.

Celui de Laval tenu en 1242, obligea les abbés de rétablir les prieurés qu'ils avoient laiſſé tomber en ruine, & leur ordonna d'y maintenir la Conventualité.

Le concile de Saumur de l'année 1253, dans ſon neuvième canon, renouvela la défenſe faite par le vingt-deuxième canon du concile de Paris, & il autoriſa les évêques à forcer par la

voie des cenſures les abbés à completter le nombre des religieux qui devoient deſſervir les
prieurés ; & pour aſſurer la Conventualité dans
ces bénéfices, il fit de très-expreſſes inhibitions aux abbés d'augmenter les penſions qu'ils
avoient impoſées aux prieurs.

Les conciles de Nantes de l'année 1264, &
de Château-Gontier de l'année 1268, contiennent les mêmes défenſes.

Pluſieurs abbés ayant voulu dans le même
ſiècle ſupprimer la Conventualité pour augmenter leurs revenus, il leur fut enjoint par le concile tenu à Reims en 1271, d'y rétablir dans
l'eſpace d'un mois l'ancien nombre des religieux
qui étoient dans chaque prieuré, ſous peine d'y
être contraints par les évêques.

Pour forcer les abbés à maintenir la Conventualité, le concile de Langeis tenu en 1278,
défendit expreſſément aux abbés & aux prieurs
de laiſſer un religieux habiter ſeul dans une obédience.

Enfin le concile général de Vienne de l'année
1313 a fixé d'une manière irrévocable les principes de la Conventualité des bénéfices réguliers. Ce concile a renouvelé par ſon premier
décret les défenſes faites par les conciles précédens de laiſſer les prieurs réſider ſeuls dans
des obédiences, & il a ordonné que les obédiences dont les revenus ne ſuffiroient pas pour
la ſubſiſtance de deux religieux au moins, ſeroient réunies à d'autres par l'autorité de l'évêque, & du conſentement de l'abbé.

On peut réduire les diſpoſitions de ce concile
à quatre conſéquences principales, qui forment

quatre règles invariables dans la difcipline monaftique.

La première, c'eft que dans le rreizième fiècle, & fpécialement en France, les prieurés obédientiels formoient des établiffemens diftinɛts & féparés des abbayes.

La feconde, que les abbés ne pouvoient s'approprier les revenus de ces bénéfices, ni les conférer à un feul titulaire.

La troifième, qu'il n'étoit pas permis aux prieurs d'y réfider feuls; qu'ils devoient avoir plufieurs religieux avec eux, y obferver & faire obferver la vie commune, enfin qu'ils étoient obligés de s'affocier autant de religieux que les revenus du bénéfice pouvoient en faire fubfifter.

La quatrième, que fi l'on pouvoit unir ces prieurés ou en confier la defferte à des clercs féculiers, c'étoit uniquement lorfque les revenus n'étoient pas fuffifans pour faire fubfifter plufieurs religieux au nombre de trois ou de deux au moins.

D'après les difpofitions formelles des conciles que nous venons de rappeler, il eft évident que la Conventualité eft abfolument néceffaire dans les bénéfices réguliers.

Nous avons dit ci-devant que la Conventualité eft imprefcriptible; c'eft une maxime fi vraie, que tous les canoniftes conviennent qu'il fuffit pour en ordonner le rétabliffement, qu'il exifte quelques veftiges qui la faffent préfumer. De-là eft née la diftiction qu'on fait des bénéfices conventuels *habitu*, de ceux qui le font *aɛtu*.

La Conventualité *habitu* exifte lorfque le bé-

néfice régulier n'a jamais été fupprimé ni uni,
eprès avoir obfervé les formalités requifes pour
la validité des fuppreffions & des unions.

La Conventualité *actu* exifte lorfqu'il y a des
religieux dans le bénéfice, foit qu'il n'y en ait
qu'un feul ou plufieurs.

La maxime de l'imprefcriptibilité de la Conventualité a été confacrée dans le royaume par
une déclaration du roi du 6 mai 1680, enregiftrée
au grand confeil le 21 juin de la même année.

Suivant cette loi, on favorife en France toutes
les fuppreffions & les unions de bénéfices qui
ont pour but de rétablir la Conventualité dans
les ordres religieux.

M. Piales, dans fon traité des collations,
tome 7, partie 3, chapitre 7, dit « que pour
» conferver la qualité & l'état des prieurés ré-
» guliers, on affujettit ceux qui les demandent
» en cour de Rome, ou à la vice-légation
» d'Avignon, à exprimer dans leur fupplique fi
» ces prieurés font fimples ou conventuels, &
» encore s'ils font conventuels *actu* ou feulement
» *habitu*.

» Il n'eft pas difficile ( dit au auteur moderne ) » à l'égard du plus grand nombre des
» prieurés, de difcerner quel eft leur état; il
» y en a qui font manifeftement fimples; on le
» voit, ou par la fondation, ou par la manière
» dont on y a toujours pourvu, ou par les titres
» de poffeffion.

» Il y en a d'autres qui font inconteftablement
» conventuels, foit *actu*, foit *habitu*. Il n'y a
» point de difficulté par rapport à ceux où il y
» a une communauté de religieux actuellement
» exiftante; il n'y en a point non plus par rap-

» port à ceux où il n'y a ni communautés, ni
» lieux réguliers subsistans, ni religieux man-
» sionnaires ; mais où il y a des vestiges évi-
» dens des lieux réguliers, & qui de temps im-
» mémorial ont été qualifiés conventuels dans
» les provisions qui en ont été accordées, ces
» prieurés sont visiblement conventuels *habitu*.

 » L'usage a mis au nombre des prieurés sim-
» ples ceux qui sont conventuels *habitu* ; & en
» effet, il n'y a presque point de différence entre
» les uns & les autres, soit quant à la manière
» de les conférer, soit à l'égard des qualités re-
» quises pour en être valablement pourvu, soit
» enfin par rapport aux obligations qu'ils impo-
» sent à ceux qui en sont pourvus, surtout lors-
» qu'il n'y a aucune apparence d'y pouvoir réta-
» blir la Conventualité ».

On peut contester la Conventualité *habitu* de
deux manières ; 1°. en soutenant que le prieuré
est simple, & qu'il n'a jamais été conventuel ;
2°. lorsqu'on prétend que le prieuré jouit des
prérogatives & des priviléges attachés à la Conventualité actuelle.

Mais il faut avouer que ces sortes de contestations sont très-difficiles à juger, parce qu'elles
sont ordinairement embarrassées par une foule
de difficultés. Au reste, c'est par l'état du bénéfice, par ses titres, & surtout par la possession,
que les juges doivent se déterminer.

Quoique les impétrans de ces sortes de bénéfices soient souvent exposés à tomber dans des
erreurs sur les caractères qui les distinguent, la
jurisprudence n'impose pas moins l'obligation à
ceux qui les requièrent en cour de Rome, de
marquer dans leur supplique si le bénéfice est

conventuel *habitu* ou *actu*, & s'ils se trompent, les provisions qu'ils obtiennent sont nulles. La jurisprudence a même porté la sévérité jusqu'à défendre aux impétrans de rectifier leur erreur ou de suppléer l'omission qu'ils ont commise. C'est ce qui a été formellement jugé par un arrêt rendu au grand conseil le 2 août 1749. L'espèce en est rapportée par M. Piales dans son traité de la prévention, tome 1, chapitre 29 ; tome 2, page 421.

L'affiliation est un privilége particulier qui dérive de la Conventualité : il consiste à autoriser des religieux qui se sont attachés à une maison de leur ordre, à réclamer la prérogative d'y rester toute leur vie, sans pouvoir être envoyés par leurs supérieurs dans d'autres monastères, à moins qu'il n'y ait de justes motifs de les priver du privilége de l'affiliation. Cette espèce de Conventualité n'existe que dans les ordres où l'usage des statuts ou des bulles l'ont admise. Il faut encore pour qu'elle ait lieu en France, que les statuts ou les bulles qui l'autorisent ayent été approuvés par la puissance séculière : sans cette formalité il n'existe point de véritable affiliation dans le royaume, & tous les religieux sont obligés de se soumettre aux ordres de leurs supérieurs, & de se retirer dans les monastères qu'ils leur indiquent.

Voyez *les mémoires du clergé ; la discipline de l'église, par le père Thomassin ; Wanespen ; Piales; le dictionnaire canonique ; le recueil de jurisprudence canonique, &c.* Voyez aussi les articles ABBAYE, ABBÉ, MONASTÈRES, PRIEURÉS, PRIEURS, RELIGIEUX, &c. *Cet article est de M. DESSESARTS, avocat au parlement.*

CONVENTUEL. C'eſt le nom qui fut donné en 1250 par le pape Innocent IV à tous les religieux de l'ordre de ſaint François qui vivoient en communauté, pour les diſtinguer de ceux qui ſe retiroient dans des ſolitudes. Ce nom dans la ſuite fut particulièrement attribué à ceux qui tombèrent dans le relâchement & qui ne voulurent pas en ſortir.

Il faut voir à l'article CORDELIER tous les efforts que firent les Conventuels pour empêcher la réforme que voulurent introduire pour l'obſervance de la règle ceux qu'on nomme aujourd'hui *obſervantins*. Lorſqu'enfin ceux-ci eurent triomphé de tous les obſtacles qu'on leur oppoſoit, ils trouvèrent beaucoup de facilité à s'emparer de nombre de maiſons appartenantes aux Conventuels. Les biens en fonds & en rentes qui appartenoient à ces derniers furent vendus & employés ou à la réparation des égliſes, ou à la ſubſiſtance des religieuſes, qui étoient obligées d'enfreindre le vœu de clôture pour mendier.

Les Conventuels ne furent pas traités avec la même rigueur en France & en Allemagne; ils ne laiſsèrent pas néanmoins d'y être beaucoup inquiétés: les princes & les peuples ſcandaliſés du relâchement de ces religieux, qui avoient en propre des terres, des maiſons, des revenus, & dont les uns ſe diſoient Conventuels & les autres clauſtraux, obligeoient ces mêmes religieux à céder leurs maiſons aux obſervans. Les provinces de Touraine, de ſaint Bonaventure & de Saxe paſsèrent volontairement ſous la juridiction du miniſtre général chef de tout l'ordre de ſaint François, & furent reçues dans

le chapitre qui fe tint à Lyon en 1518, à condition qu'elles embrafferoient l'obfervance, &
qu'elles renonceroient à tous les priviléges de
pouvoir poffeder des biens. Mais comme il y
avoit beaucoup de ces Conventuels qui vouloient
continuer de jouir, il fut ordonné dans un autre
chapitre général, que les anciens couvens des
frères *de la famille* ( c'étoit le nom qu'on donna
à ces Conventuels foumis à la juridiction de
l'ordre ) auroient une province fous le nom de
*France Parifienne*, & que les autres qu'on appeloit *réformés*, en auroient auffi une fous le
nom de *France*. Il fut réglé qu'il y auroit encore
en France une province de *Touraine* pour les
réformés, & une autre fous le nom de *Touraine-
Pictavienne* pour ceux de la famille ; mais on ne
permit pas aux religieux de ces provinces de
continuer de jouir des priviléges & des difpenfes
dont ils avoient auparavant joui ; on leur accorda
feulement un définiteur général.

Quelques couvens de la cuftodie de Liége qui
appartenoient à la province de France, ayant
voulu fe fouftraire à cette nouvelle réforme
qu'ils avoient d'abord embraffée, le pape Léon X
ordonna en 1519 au provincial de les contraindre par la voie des cenfures à rentrer fous fon
obéiffance. La même année, François Premier
ordonna que tous les couvens des Conventuels
de la province d'Aquitaine pafferoient aux obfervans, & à la prière de ce prince, le pape
donna une nouvelle bulle en 1521, par laquelle il nomma des commiffaires apoftoliques
pour réduire tous les Conventuels de France
à l'obfervance régulière. Cette bulle fut exécutée dans les provinces d'Aquitaine & de faint
Louis.

Après la mort de Léon X, les Conventuels cherchèrent à se rendre favorable Clément VII, son successeur; mais combattus par la duchesse d'Angoulême, régente du royaume en l'absence de François Premier, & par la duchesse d'Alençon, sœur de ce prince, le pape confirma par une bulle du 3 novembre 1525, les observans dans la possession des monastères qui avoient appartenu aux Conventuels.

Le chef général de l'ordre de saint François étant venu faire sa visite en France en 1532, il fut sollicité par le roi de réduire toute la province d'Aquitaine sous sa loi, en la réduisant à l'observance régulière, ce qu'il exécuta. Ce général fut quelque temps après nommé commissaire apostolique avec Pierre de Verduzzano pour réformer les couvens de l'ordre. Ils firent en vertu de cette commission un concordat avec le vicaire apostolique des Conventuels, par lequel ils convinrent que leurs différents ne seroient point portés dans les tribunaux séculiers, & que la province d'Aquitaine seroit entièrement incorporée dans l'observance; ce qui fut ratifié au chapitre général tenu à Nice en 1535, & confirmé par un bref de Paul III, du 4 septembre 1538. Il fut arrêté dans ce même chapitre que les Conventuels ne seroient plus reçus dans le grand couvent de Paris pour étudier. Enfin ils perdirent peu à peu presque tous les couvents qu'ils avoient en France, & il ne leur en est resté qu'environ cinquante dans la Bourgogne, le Dauphiné, la Provence, la Guyenne & le Languedoc, ce qui forme pour eux trois provinces différentes. Ils furent plus heureux en Italie & en Allemagne; ils y ont confervé un très-grand nombre de monaftères qui renferment environ quinze mille religieux.

Le chapitre national des obfervantins tenu à Paris au mois de feptembre 1769, & celui des Conventuels tenu à Aix au mois d'avril 1770, ayant délibéré de demander l'union des deux congrégations comme avantageufe aux uns & aux autres, Louis XV ordonna aux obfervantins par un arrêt de fon confeil du 23 juin 1770, de tenir des chapitres dans toutes leurs provinces pour nommer des députés qui s'affembleroient avec ceux que les Conventuels avoient déja nommés au couvent des cordeliers de Paris, à l'effet de travailler à la rédaction des articles préliminaires de la réunion defirée, en préfence des commiffaires du roi, & d'élire par les obfervantins un député qui iroit avec le député nommé par les Conventuels au chapitre général que ceux-ci devoient tenir à Rome, pour folliciter les permiffions du faint fiége néceffaires au fujet de la réunion projetée.

La députation eut fon effet; le pape Clément XIV adhéra à l'union demandée, & la confirma par un bref du 9 août 1771, qui fut revêtu de lettres-patentes. Par cette réunion, les obfervantins ont adopté le régime des Conventuels; de forte qu'aujourd'hui il n'y a plus en France de diftinction entre les uns & les autres. Comme il a fallu faire une nouvelle diftribution de provinces, cette diftribution a eu lieu immédiatement après; & ces provinces font celle de France, de Touraine, d'Aquitaine, de faint Bonaventure, de faint Jofeph, qu'on nomme autrement *clémentine*, de faint Louis, de Marfeille & de Lorraine. Chacune de ces provinces eſt compoſée d'un certain nombre de cuſtodies ; & chaque cuſtodie d'un certain nombre de monaſtères. Cette diviſion a été confirmée par un nouveau bref du pape du 23 décembre 1771 , revêtu de lettres-patentes du mois de février 1772 , enregiſtrées au mois de juillet de la même année.

Les papes Sixte IV , Sixte V & Clément XIV ont été religieux de l'ordre des Conventuels.

Voyez *les livres latins intitulés* : *ORBIS SERAPHICUS* , *autore Dominic. de Gubernatis* ; *ANTIQUIORITAS FRANCISCANA* , *autore Fortunat. Hoſpitel* ; *SPECULUM FRANCISCANÆ RELIGIONIS* , *autore Gabriel Faber* ; *l'hiſtoire des ordres religieux* , *par le pere Héliot* , *&c.* Voyez auſſi l'article CORDELIER. ( *Article de M. DAREAU* , *avocat* , *&c* )

CONVERS , CONVERSE. On donne ce nom aux religieux qui n'ont point reçu les ordres ſacrés , & qui ſont aggrégés à un monaſtère par des vœux ſolemnels.

Le mot Convers vient du latin *converſus* , qui dans ſon origine ſignifioit un homme converti. C'étoit ainſi que l'on appeloit les laïcs qui dans l'âge de raiſon embraſſoient la vie religieuſe. On les diſtinguoit des enfans que leurs parens offroient à Dieu dès leurs premières années , & que l'on nommoit *oblats*. On donne auſſi auſſi aux religieux Convers le nom *de frères lais*.

L'origine des religieux Convers ne remonte point au-delà de l'onzième ſiècle. » Le père Mabillon dit en effet que l'on commença dans ce » ſiècle à recevoir dans les monaſtères des hom- » mes ſans lettres qui ne pouvoient aſpirer à la » cléricature & qui étoient deſtinés au travail des » mains ».

Longtemps avant l'onzième siècle les religieux étoient appelés à la cléricature ; puisque ce fut le pape Sirice qui enjoignit par une bulle de l'an 383 aux moines de recevoir les ordres sacrés. Ainsi lorsqu'on se détermina à recevoir dans les monastères des religieux non-lettrés, on regarda qu'il étoit essentiel de les distinguer par un nom différent. De-là l'origine du nom *Convers* qu'on donna aux religieux qui ne pouvoient aspirer aux ordres sacrés.

Le nombre des religieux Convers étoit autrefois très-considérable, aujourd'hui il ne forme que la plus petite partie de la hiérarchie monastique.

Les religieux Convers, quoiqu'on leur donne le nom des frères lais, n'en font pas moins de véritables religieux ; ils font les vœux prescrits par les statuts de l'ordre dans lequel ils entrent. Ils sont morts civilement, & ils sont regardés comme membres du corps religieux auquel ils se sont aggrégés. Cependant ils sont incapables de posséder des bénéfices, & comme leur institution est le travail des mains, ils n'ont point de voix en chapitre. Par la même raison ils ne sont point assujettis à se trouver au chœur, parce que leurs exercices étant extérieurs, ils ne pourroient pas les remplir s'ils étoient obligés d'assister avec une exactitude aussi rigoureuse que les autres religieux aux différentes fonctions qui sont imposées à ces deniers.

Les religieux Convers portent l'habit de l'ordre auquel ils sont attachés, & lorsque leurs occupations ordinaires leur permettent d'assister au chœur, ils y ont rang & séance à la suite des religieux ; mais ils y occupent ordinairement des places séparées qui marquent la distance qu'il y

a entre eux & les religieux engagés dans les ordres facrés.

Plufieurs canoniftes rangent dans la même
claffe les frères lais, *les Convers & les oblats ou
donnés :* mais Mirandas les diftingue. » Les pre-
» miers, dit-il, font de vrais religieux : ils font
» profeffion folemnelle de trois vœux dans une,
» religion approuvée & ne diffèrent des autres
» religieux, qu'en ce que ceux-ci font deftinés
» à fervir le chœur, & qu'ils font au contraire
» employés à d'autres fonctions dans le monaf-
» tère. Quant aux Convers, oblats ou donnés,
» ils ne s'engagent qu'à fuivre une manière de vi-
» vre qui ne les fait pas religieux. En effet le
» Convers eft celui qui après avoir promis &
» fait vœu de fuivre le règlement de conduite
» qu'on lui propofe, fe revêt de l'habit de reli-
» gieux & fe dépouille de tout en faveur d'un
» monaftère. L'oblat ou le donné eft celui qui
» fait la même promeffe & la même donation
» fans quitter l'habit du fiècle.

Les idées que cet auteur donne des Convers
& des oblats ne font pas juftes. Plufieurs canoniftes rapportent cependant fon opinion comme
une autorité; mais il eft certain qu'il fe trompe
lorfqu'il dit que les Convers ne font pas de véritables religieux. Ils font réellement religieux,
& les vœux qu'ils font les mettent au rang des
perfonnes mortes civilement.

Comme les profeffions tacites ne font point
reçues en France, nous ne regardons comme
vrais religieux que ceux qui ont fait des vœux
irrévocables dans une religion approuvée &
conformément aux règles prefcrites par fes ftatuts. Ainfi les oblats dont on voit encore quelques

ques exemples ne perdant point leur état de féculier, n'ont rien de commun avec les Convers.

Le pape Pie V avoit publié une bulle pour
défendre aux communautés de religieuses de recevoir des sœurs Converses ; ce pape avoit
même proncé la nullité de leur profession. Plusieurs conciles ont renouvelé depuis la même
défense ; mais l'usage a prévalu, & l'on a continué de recevoir des sœurs Converses. Cet
usage existe encore aujourd'hui, car on voit des
sœurs Converses dans presque tous les couvens
de religieuses du royaume.

Nous avons dit ci-devant que les Convers
sont incapables de posséder des bénéfices ; c'est
ce qui a été formellement jugé par arrêt du
parlement de Dijon rendu le 14 août 1555,
pour la cure de Notre-Dame de Ville-Bichot
contre François Guyennot Convers de l'abbaye
de Cîteaux.

Ce sont les usages & les statuts des différens
ordres qui donnent aux Convers le droits d'assister à l'élection de leurs supérieurs & d'y avoir
voix délibérative. Ainsi on ne peut à cet égard
rapporter aucune règle fixe & déterminée.

M. le Prêtre rapporte un arrêt du parlement
de Paris du 13 mars 1641, qui a jugé que les
sœurs Converses de l'ordre de saint-François ont
voix délibérative lors de l'élection de leurs
abbesses.

Voyez *le dictionnaire de Jean Thaumas imprimé à Paris en 1647 ; Tournet, lettre B. ; M.
le Prêtre dans ses arrêts célèbres du parlement ;
le dictionnaire des arrêts ; la discipline de l'église,
par le pere Thomassin ; d'Héricourt dans ses lois
ecclésiastiques ; le dictionnaire canonique.* Voyez

*Tome XVI.* M

auſſi les articles ABBAYES, ABBÉ, COUVENT, MONASTÈRES, RELIGIEUX, RELIGIEUSES, VŒUX, OBLAT, &c. ( *Cet article eſt de M. DE-SESSARTS, avocat au parlement* ).

CONVERSION. C'eſt en général, le changement d'un acte en un autre ; ainſi l'on dit au civil, *convertir ſon appel en oppoſition ; convertir un bail conventionnel en judiciaire.* Et l'on dit au criminel, *convertir un décret d'ajournement perſonnel en décret de priſe de corps ; convertir des informations en enquêtes ; convertir un procès civil en criminel.* Nous allons rendre compte de ces différentes eſpèces de Converſions.

1°. *La Converſion d'appel en oppoſition* a lieu lorſqu'un plaideur condamné par défaut veut après avoir interjeté appel conteſter devant le même juge. Il fait dans ce cas ſignifier à ſon adverſaire, un acte par lequel il déclare convertir ſon appel en oppoſition. On prenoit autrefois des lettres de chancellerie pour faire cette Converſion, mais aujourd'hui elle ſe fait par requête ou par un ſimple acte.

Au parlement de Nancy, comme tous les actes & règlemens d'inſtruction & de procédures ſe font pardevant des commiſſaires de grand'-chambre députés à la barre, & que les appels de leurs ordonnances ſe portent en la grand'-chambre où ſiégent les mêmes commiſſaires, il arrive ſouvent que l'on convertit en oppoſition les appels interjetés de leurs ordonnances, quoi qu'elles aient été rendues contradictoirement, après avoir entendu les procureurs des parties.

2°. La *Converſion de décret* ſe fait lorſque l'on prononce contre un accuſé déja décrété, un décret plus rigoureux. Cela ſe pratique ſoit à cauſe de fa contumace , foit en vertu des nouvelles charges qui furviennent.

3°. Nous avons dit à l'article CIVILISER UNE PROCÉDURE, ce que l'on entend par la *Converfion d'enquête en information.*

4°. La Converfion *d'un bail judiciaire en conventionnel* a lieu lorfqu'après la faifie réelle d'un immeuble , on maintient le bail paffé par le propriétaire , à charge par le fermier ou locataire d'en payer le prix entre les mains du commiffaire ou du féqueftre établi par la juftice. *Voyez* BAIL JUDICIAIRE.

5°. La *Converfion d'un procès civil en procès criminel*, eft un jugement qui ordonne qu'un procès fera continué à l'extraordinaire , lorfque par l'inftruction civile , le juge découvre quelque chofe dans la conduite de l'une ou de l'autre des parties qui peut donner lieu à prononcer contre elles des peines corporelles ou afflictives.

C'eft improprement que l'on fe fert ici d'après l'ordonnance même du mot de Converfion; car le décret criminel commence une procédure abfolument nouvelle dans laquelle la partie publique devient partie principale , & les enquêtes mêmes faites dans la procédure civile ne font pas des pièces probantes; elles fervent feulement d'indication pour répéter les témoins.

L'article premier du titre 20 de l'ordonnance de 1670, autorife les juges à ordonner » qu'un » procès commencé par la voie civile fera pour- » fuivi extraordinairement s'ils connoiffent qu'il » peut y avoir lieu à quelque peine corporelle ».

Cet article eft conforme aux ordonnances de Louis XII de 1498 , article 118; de 1507, article 200, & à celle de François premier de 1535, article 49.

Les parties publiques peuvent requérir cette Converſion de procédure ; les juges peuvent auſſi la prononcer d'office ; mais ſuivant l'arrêt du conſeil du 30 mars 1719 rendu pour les officiers du préſidial de Brive, cette ordonnance doit être prononcée par le ſiége aſſemblé, & non par le lieutenant criminel ſeul.

A l'égard des parties, dès qu'une fois elles ont pris la voie civile, elles ne peuvent plus revenir à la criminelle.

L'article 2 du titre 18 de l'ordonnance de 1667 veut qu'en matière de complainte & de réintégrante celui à qui l'option eſt laiſſée de prendre la voie ordinaire ou extraordinaire ne puiſſe plus, après avoir choiſi l'une de ces deux actions, ſe ſervir de l'autre.

Ce qui eſt ordonné en matière de complainte & de réintégrande, doit être étendu à toute autre eſpèce d'actions.

Cependant il faut avec l'ordonnance réſerver le cas où en procédant ſur l'action extraordinaire, le juge réſerve au plaignant l'action civile.

Dans les ſiéges où il y a un lieutenant civil & un lieutenant criminel, c'eſt au dernier qu'appartient le droit d'inſtruire la procédure qui de civile a été convertie en criminelle. La grand'chambre & les enquêtes doivent également la renvoyer à la tournelle.

L'article 2 du titre 10 de l'ordonnance de 1667 autoriſe encore les juges lorſqu'ils inſtruiſent les procès ordinaires « à décerner s'il » échet, des décrets de priſe de corps ou d'a-

» journement perfonnel fuivant la qualité de la
» preuve & à ordonner l'inftruction à l'extraor-
» dinaire ».

Conformément à l'article premier du titre 10
de l'ordonnance criminelle, ces décrets doivent
toujours être rendus fur les conclufions de la partie publique ; cependant s'il y a du danger que le
coupable ne s'échappe, les juges peuvent d'office le faire arrêter fur le champ, fauf à ordonner que les charges feront communiquées aux
gens du roi pour prendre des réquifitions.

Voyez *l'ordonnance de 1670 ; le titre 9 de
l'ordonnance criminelle du duc Léopold ; les com-
mentaires de Serpillon, de Jouffe & de Bornier ; le procès-verbal des conférences tenues pour
l'examen de l'ordonnance de 1670 ; les traités fur
les matières criminelles de Rouffeau de la Combe ;
les inftitutes au droit criminel par Muyard de Vouglans, la pratique criminelle du préfident Lizel ; le
traité de Jouffe fur la juftice criminelle de France ;
le praticien françois ; le traité de l'ordre & des formalités qui doivent être obfervés aux matières criminelles par Airaut, &c.* Voyez auffi les articles
CIVILISER UNE PROCÉDURE, BAIL, COMMIS-
SAIRE AUX SAISIES RÉELLES, LIEUTENANT CI-
VIL, LIEUTENANT CRIMINEL, CRIME, DÉ-
CRET, &c. ( *Article de M. HENRI, avocat au
parlement* ).

CONVERSION DES ROTURES EN FIEF. Un
feigneur peut-il convertir en fief les rotures de fon
enclave ? De quelle manière cette Converfion
peut-elle fe faire ? & quels en font les effets ?

Un feigneur peut inconteftablement convertir
en fief les terres cenfuelles foumifes à fa directe.
Cette décifion eft fondée fur les autorités les

plus graves. Les jurifconfultes qui ont examiné la queſtion décident qu'un ſeigneur peut imprimer le caractère de la féodalité aux rotures ſoumiſes à ſa directe, & qu'il ſuffit pour opérer cette Converſion que le tenancier reporte même une ſeule fois la roture comme fief, pourvu que le ſeigneur reçoive cet hommage ſciemment & avec l'intention de diſpoſer. Telle eſt l'opinion de Dumoulin, après avoir dit qu'une ſeule reconnoiſſance pure & ſimple ne ſuffit pas pour convertir la roture en fief. *Si fit ſimplex recognitio non immutatur qualitas rei.* Cet auteur ajoute : « il en ſeroit autrement ſi cette reconnoiſſance » étoit portée par le tenancier & reçue par le » ſeigneur, *animo novum ſtatum rei inducendi.* Sur » l'article 35 de l'ancienne coutume de Paris. » Ainſi aux termes de Dumoulin cette Converſion s'opère par la volonté ſeule du ſeigneur & du tenancier. On retrouve la même déciſion dans Pontanus. « Lorſqu'il n'y a ni fraude ni erreur, » dit-il, je ne vois pas ce qui pourroit s'oppo-» ſer à cette Converſion, » *ubi omnis error doluſve ceſſaret . . . . non video quid obſtat quominus eam feudalem effici dicamus eum licuerit rei ſuæ legem quam voluerit imponere.* Sur la coutume de Blois, titre 4 *de juribus dom.* article 37, § 5.

Tronçon & Ferriere, ſur l'article 12 de la coutume de Paris, penſent de même qu'un ſeul acte d'hommage ſuffit pour convertir la roture en fief, pourvu que cet acte ait les qualités requiſes par Dumoulin, c'eſt-à-dire qu'il ſoit fait & reçu, *animo novum ſtatum inducendi.*

Il ſeroit facile d'appuyer d'un plus grand nombre d'autorités cette propoſition que le ſeigneur peut inféoder les rotures de ſon enclave : on voit par exemple la plupart des feudiſtes s'oc-

cuper de la queſtion de ſavoir quel eſt le préciput de l'aîné dans le partage de ce nouveau fief
entre les enfans de celui qui a fait la Converſion ;
queſtion qui ſuppoſe la poſſibilité & la légitimité
de cette Converſion.

Ajoutons encore que cette déciſion eſt fondée
ſur la nature des choſes. Toutes les terres cen-
ſuelles ſont préſumées avoir fait originairement
partie du fief duquel elles ſont mouvantes, ainſi
leur inféodation ne fait autre choſe que les re-
placer dans leur état primitif : *res facile redit ad
primam naturam.*

Mais ces inféodations qui obligent à tous
égards le ſeigneur & le nouveau vaſſal, ſont
cependant ſans effet contre le ſuzerain ; non pas
qu'il puiſſe les faire annuller, mais lorſque le
fief s'ouvrira à ſon profit, il exploitera la roture
inféodée comme ſi elle n'avoit pas changé de nature, du moins juſqu'à ce qu'il ait ratifié l'inféodation ; & c'eſt par cette raiſon là même qu'il
ne peut pas critiquer ces Converſions de rotures en fiefs : en effet, elles ne lui portent aucune
eſpèce de préjudice. Cependant M. le Camus,
dans ſes obſervations ſur l'article 12 de la coutume de Paris, penſe que ces ſortes de Converſions obligent le ſeigneur dominant, parce que,
dit-il, *il n'en ſouffre aucun préjudice & même elles
lui ſont avantageuſes.* Cela eſt vrai ; il eſt plus
avantageux à un ſeigneur d'avoir des fiefs dans
ſa mouvance que des rotures. Mais ce n'eſt pas
au vaſſal à décider de l'intérêt de ſon ſeigneur ;
& ſi malgré cet avantage le ſeigneur refuſe de
ratifier l'inféodation, elle eſt nulle à ſon égard ;
c'eſt une règle générale que l'on ne peut ſans
l'agrément du ſeigneur changer la nature du fief
ſervant.                                    M iv

Ces Converſions ont fréquemment lieu dans les domaines de la couronne. Il faut pour les obtenir préſenter requête au conſeil, contenant que l'expoſant poſſède roturièrement & ſous la cenſive de ſa majeſté un domaine conſidérable compoſé de tant d'arpens, qu'il en deſireroit l'inféodation à l'effet de tenir ce domaine de ſa majeſté à foi & hommage & ſous les autres droits & devoirs portés & établis par la coutume des lieux. Sur cette requête interviennent des lettres d'érection adreſſées à la chambre des comptes du reſſort ; l'enregiſtrement de ces lettres conſomme l'inféodation. Ces ſortes de demandes ſont très-bien accueillies au conſeil, parce qu'en effet il eſt plus avantageux pour le roi d'avoir des fiefs dans ſa mouvance que des tenures conſuelles.

Nous venons de dire que le ſeigneur dominant peut refuſer de reconnaître & ratifier la Converſion de la roture en fief, lorſque le fief dans l'enclave duquel s'eſt faite cette Converſion vient à s'ouvrir à ſon profit ; cela eſt ſans difficulté pour les fiefs ordinaires : mais à l'égard des grandes ſeigneuries, telles que les pairies, duchés & autres fiefs de dignité relevant nuement de la couronne, on peut ſoutenir que le dominant & même le roi eſt obligé de reconnoître ces ſortes d'inféodations. En effet, il eſt certain que dans l'origine les grands vaſſaux avaient le droit d'inféoder dans l'étendue de leur enclave. Cet uſage eſt atteſté par le livre des fiefs, *liv. 1. chap. 1. § 5.* Et Loiſeau eſtime que ces grands vaſſaux doivent encore jouir de cet avantage. « La quatrième prérogative des gran-
» des ſeigneuries, dit cet auteur, qui eſt d'une
» notable importance, & toutefois mal tenue
» en notre uſage, eſt que ceux qui les ont &

» non autres peuvent créer des fiefs & des cen-
» fives . . . . . Ce qu'il faut entendre qu'il n'y a
» qu'eux qui les puiffent concéder de leur pro-
» pre autorité & fans permiffion du fouverain,
» en telle forte qu'ils foient diftraits de fa tenure
» immédiate & foient faits arrière-fiefs ou cens
» inféodé . . . . . ce que j'entends à l'égard du roi
» même & à fon préjudice ; fans qu'avenant l'ou-
» verrure de leur fief le roi puiffe comprendre
» dans la faifie d'icelui, les terres ainfi fous in-
» féodées & accenfivées, ni en la taxe de fon
» relief. » *Des feigneuries, chap. 6. n°. 21.*

Il faut cependant convenir que les articles 51
& 52 de la coutume de Paris paroiffent bien contraires à l'opinion de ce jurifconfulte. Ces articles établiffent que le jeu de fief, les fous inféodations, &c. ne peuvent en aucun cas préjudicier au feigneur dominant, & la difpofition de
ces articles eft générale fans aucune efpèce d'exception.

Cette Converfion de roture en fief peut encore s'opérer d'une autre manière ; par la voie
de la prefcription.

Lorfque le propriétaire d'un héritage cenfuel
l'a reporté à fon feigneur comme féodal, pendant le temps néceffaire pour acquérir la prefcription ; par cela feul la nature de la mouvance
eft changée ; de cenfuelle elle eft devenue féodale, & le tenancier a acquis le droit d'obliger
fon feigneur de le reconnoître déformais comme
fon vaffal.

Le plus grand obftacle contre cette efpèce de
prefcription, celui qui fe préfente d'abord à l'efprit, réfulte de cette règle fi connue, *le vaffal &
le feigneur ne peuvent prefcrire l'un contre l'autre.*

Cette maxime, le feigneur ne prefcrit pas contre fon vaffal, *& vice verfa*, telle qu'on la trouve écrite dans différentes coutumes, préfente à la vérité le fens le plus abfolu; mais il s'en faut bien que fes effets aient la même étendue. Etablie dans des temps d'ignorance, dans des temps où les lois féodales avoient la plus grande extenfion, on ne penfa pas d'abord aux juftes reftrictions dont elle étoit fufceptible. Dumoulin parut; fes premiers regards tombèrent fur la matière féodale, & la règle que nous difcutons fut une de celles qu'il examina avec le plus de foin. C'eft dans fon commentaire fur l'article 7 de l'ancienne coutume de Paris que l'on trouve le véritable fens de cette règle, & les juftes modifications dont elle eft fufceptible. Voici le précis de la doctrine de cet auteur.

Le feigneur & le vaffal ne peuvent prefcrire l'un contre l'autre, c'eft-à-dire qu'ils ne peuvent réciproquement altérer le lien féodal, qu'ils ne peuvent par la prefcription anéantir la foi refpective qu'ils fe doivent l'un à l'autre; ainfi le feigneur ne peut prefcrire le fief de fon vaffal qu'il retient en fa qualité de feigneur: par exemple, en vertu d'une faifie féodale: d'un autre côté le vaffal ne prefcrit jamais la directe du domaine qu'il tient en fief, parce que cette prefcription détruiroit la féodalité; il ne peut pas non plus s'affranchir par cette voie des devoirs attachés à la tenure féodale, parce que ce feroit déroger à la nature du fief: ainfi deux chofes feulement imprefcriptibles entre le feigneur & le vaffal: le domaine utile de la part du premier, & le domaine direct de la part du fecond. Voici les termes mêmes de Dumoulin:

*Patronus non poteſt preſcribendo acquirere feudum, ſive utile dominium à ſe conceſſum clienti ; nec vice verſa cliens dominium directum patroni, & jura feudalia, & hoc eſt quod intendit noſtra conſuetudo & non aliud.* Telle eſt la doctrine de Dumoulin ; elle n'interdit, comme l'on voit, la preſcription au ſeigneur contre ſon vaſſal qu'à l'égard de la propriété du domaine utile, *utile dominium a ſe conceſſum clienti.*

C'eſt d'après ces principes que les magiſtrats prépoſés à la réformation de la coutume de Paris en 1580 ont rédigé l'article 12 de cette coutume. Cet article eſt conçu en ces termes : *le ſeigneur féodal ne peut preſcrire contre ſon vaſſal le fief ſur lui ſaiſi ou mis en ſa main par faute d'hommes droits & devoirs non faits ou dénombrement non baillé.* Cet article qui par ſa ſageſſe & ſa conformité avec l'opinion de Dumoulin forme aujourd'hui le droit commun du royaume, ne met comme l'on voit le ſeigneur dans l'impoſſibilité de preſcrire contre ſon vaſſal qu'une ſeule choſe & dans un ſeul cas, la propriété du domaine utile ſaiſi faute d'hommes ou de dénombrement : à l'égard de tout le reſte, les choſes ſont demeurées dans les termes du droit commun.

Ainſi cette règle, *le ſeigneur ne peut preſcrire contre ſon vaſſal,* loin d'être auſſi abſolue qu'elle le paroît au premier coup-d'œil, n'eſt au contraire qu'une exception très-reſſerrée à la loi générale des preſcriptions. C'eſt ce que Bretonnier a très judicieuſement remarqué. « La preſcription, » dit-il, n'a pas lieu entre le ſeigneur & le vaſ-» ſal ; cependant à bien prendre la choſe, c'eſt » moins une maxime qu'une exception bien bornée . . . . . » La règle de l'impreſcriptibilité des fiefs

ainſi modifiée , il eſt clair qu'elle ne peut être ap-
pliquée au cas que nous examinons, c'eſt-à-dire
à la Converſion de la roture en fief par la voie
de la preſcription. En effet, ce cas n'eſt point
compris dans la prohibition prononcée par Dumoulin & par la coutume de Paris ; il eſt donc
ſoumis aux règles générales & ordinaires de la
preſcription.

Auſſi les auteurs qui ont examiné cette queſtion décident-ils que la preſcription peut convertir un fief en roture & réciproquement une
roture en fief. Un pareil changement, dit Fon-
tanus, peut s'opérer par la convention, à plus
forte raiſon par la preſcription , *cum feudi natura
poſſit pacto alterari magis preſcriptionis vis id poteſt.
in conſ. Bleſ. tit. 4. de juribus, dom. art. 37.*

Tronçon tient la même opinion ſur l'article
12 de la coutume de Paris.

« Un héritage féodal, dit Feriere , peut de-
» venir cenſuel, parce que le propriétaire d'icelui
» aura pris ſaiſine telle qu'elle ſe prend pour les
» héritages roturiers, payé les lods & poſſédé
» cet héritage en cette qualité pendant trente
» ans, *ſur l'article 12 de Paris gl. 3. n°. 18.* » La
preſtation des droits cenſuels pendant trente ans
ſuffit donc, ſuivant cet auteur, pour mettre en
roture ce qui précédemment étoit féodal, &
conſéquemment inféoder ce qui précédemment
étoit cenſuel & roturier. Legrand dans ſon commentaire ſur la coutume de Troie, examine cette
queſtion, & il la décide conformément à ce que
nous venons de dire. Voici comme il s'exprime :

« Encore que nous ayons dit que le ſeigneur
» ne peut preſcrire contre ſon vaſſal, ni le vaſſal
» contre ſon ſeigneur ; néanmoins ſi un vaſſal

» avoit reconnu tenir certaines terres & hérita-
» ges en fief d'un seigneur, encore que ladite
» terré fût de roture, & en avoit fait la foi &
» hommage au seigneur qui l'auroit admis com-
» me son vassal, & reçu les droits de lui & de
» ses successeurs de trente ans, depuis les-
» quels autres foi & hommage auroient été
» faits & droits payés & dénombrement baillé
» ensuite par le vassal au seigneur, non pas une
» seule fois ni par une seule reconnoissance,
» *eumque feuda, neque alia jura per simplicem re-*
» *cognitionem constituantur*, mais par deux ou
» trois reconnoissances; le vassal aura acquis pres-
» cription contre le seigneur féodal qui sera désor-
» mais tenu de reconnoître & recevoir pour son
» vassal. Mais avant le temps de trente ans,
» les aveux & reconnoissances faites pas erreur,
» pourront être révoqués; & ce que dessus
» aura lieu pourvu que le seigneur supérieur
» n'y soit point intéressé, ou bien qu'il y ait
» prêté consentement, ou ait reçu plusieurs
» aveux & dénombremens conformes, ensorte
» que l'on ait prescrit contre lui; autrement
» tout ce qui aura été fait contre son vassal &
» arrière vassal ne lui pourra préjudicier. Le-
» grand, sur l'article 24 de la coutume de Troie,
» gl. 3, n°. 14. »

Voyez *Dumoulin sur l'article 35 de l'ancienne
coutume de Paris ; Loiseau, des seigneuries, chapitre 61 ; les commentateurs de la coutume de Paris
sur l'article 12 ; les observations de M. le Camus
sur cet article; Pontanus sur celle de Blois ; le
traité des prescriptions de Dunod.* Voyez aussi l'article INFÉODATION. ( *Arrticle de M. H * * * ,
avocat au parlement.* )

CONVERTI. On appelle particulièrement *nouveaux Convertis* les sujets du roi qui ont abjuré la religion protestante pour embrasser la catholique romaine.

Différentes lois qu'on a coutume de renouveler tous les trois ans, & dont la dernière est une déclaration du premier mars 1775 (\*),

---

(\*) *Cette déclaration est ainsi conçue :*

Louis, par la grace de Dieu, roi de France & de Navarre : à tous ceux qui ces présentes lettres verront ; Salut. Par notre déclaration du 15 mars 1772, nous aurions fait défenses à ceux de nos sujets qui auroient été de la religion prétendue réformée, de vendre sans permission, pendant trois ans, leurs biens immeubles & l'universalité de leurs meubles ; & les mêmes raisons qui nous ont déterminé à la rendre subsistant encore, nous avons estimé à propos de renouveler ces défenses pendant un pareil délai. A ces causes & autres à ce nous mouvant, nous avons dit, déclaré & ordonné, & par ces présentes signées de notre main, disons, déclarons & ordonnons, voulons & nous plaît, que nos précédentes déclarations soient exécutées selon leur forme & teneur ; & , conformément à icelles, nous avons fait & faisons très-expresses inhibitions & défenses à ceux de nos sujets qui ont fait profession de la religion prétendue réformée, de vendre durant ledit temps de trois ans les biens immeubles qui leur appartiennent, & l'universalité de leurs meubles & effets mobiliers, sans en avoir obtenu la permission de nous, par un brevet qui sera expédié par l'un de nos secrétaires d'état & de nos commandemens, pour la somme de trois mille livres & au-dessus ; & des intendans & commissaires départis pour l'exécution de nos ordres dans les généralités ou provinces où ils sont demeurans, pour la somme au-dessous de trois mille livres. Nous faisons pareillement défenses à nosdits sujets de disposer de leurs biens immeubles & de l'universalité de leurs meubles & effets mobiliers, par donation entre-vifs durant lesdites trois années, si ce n'est en faveur & par les contrats de mariage de

ont défendu aux nouveaux Convertis d'aliéner
leurs biens immeubles & l'universalité de leurs
meubles & effets mobiliers fans en avoir obtenu
auparavant la permiſſion du roi, lorſqu'il s'agit
d'une vente de trois mille livres & au-deſſus, ou

---

leurs enfans & petits enfans , & de leurs héritiers pré-
ſomptifs demeurans dans le royaume, au défaut de deſcendans en ligne directe ; nous avons déclaré & déclarons
nulles toutes les diſpoſitions que noſdits ſujets pourroient
faire entre-vifs de leurs biens immeubles en tout ou en
partie , & de l'univerſalité de leurs meubles & effets mobiliers; enſemble tous contrats , quittances & autres actes
qui ſeront paſſés pour raiſon de ce durant leſdits trois ans
au préjudice & en fraude des préſentes. Déclarons auſſi
nuls les contrats d'échange que noſdits ſujets pourroient
faire pendant ce temps , en cas qu'ils ſortiſſent de notre
royaume , & qu'il ſe trouvât que les choſes qu'ils auroient
reçues en échange valuſſent un tiers moins que celles qu'ils
auroient données. Voulons que , lorſque les biens de
noſdits ſujets ſeront vendus en juſtice, ou abandonnés par
eux à leurs créanciers en payement de dettes pendant leſdites trois années, leſdits créanciers ne puiſſent être colloqués utilement dans les ordres & préférences que l'on en
fera , qu'en rapportant les contrats en bonne & due
forme , & les titres de leurs dettes devant ceux qui feront
leſdits ordres & préférences , ni en toucher le prix , & ſe
faire adjuger & prendre la totalité ou partie deſdits biens ,
en payement des ſommes à eux dues, qu'après avoir affirmé
préalablement , & en perſonne , pardevant le juge qui fera
l'ordre & préférence ſi on les pourſuit en juſtice , ou pardevant le juge du lieu où ils ſe feront à l'amiable , que
leurs dettes ſont ſérieuſes , & qu'elles leur ſont dues
effectivement ; le tout à peine de confiscation des ſommes par eux touchées ou des biens immeubles ou effets
qui leur auront été adjugés ou délaiſſés , en cas que les
titres par eux rapportés , & que les affirmations qu'ils
auroient faites ne ſe trouvaſſent pas véritables. Si donnons
en mandement , &c.

de l'intendant de la province fi la vente eft au-
deffous de trois mille livres.

Ces lois ont eu pour objet de retenir les nouveaux Convertis dans le royaume, & d'empêcher que dans le cas de migration ils ne puiffent
emporter leur fortune chez l'étranger. Voyez
l'article PROTESTANT.

CONVOI MILITAIRE. C'eft le tranfport des
vivres, des munitions, d'équipages, &c. qu'on
mène dans un camp ou dans une place.

Les Convois militaires fe faifoient autrefois
par le moyen de corvées très-onéreufes aux
gens de la campagne : déjà neuf généralités
étoient affranchies de ce fervice, enfuite des
marchés particuliers que les intendans avoient
été autorifés à faire à prix d'argent avec des entrepreneurs, & cette dépenfe étoit acquittée au
moyen d'une impofition particulière fur ces
généralités. Le fuccès de cet établiffement & les
avantages que les peuples en retiroient ont déterminé le roi a fupprimer les corvées dont il
s'agit dans les autres généralités : en conféquence
fa majefté a rendu en fon confeil le 29 août
1775, un arrêt qui a ordonné qu'il feroit impofé annuellement par le fecond brevet des impofitions acceffoires de la taille, dans les vingt
généralités des pays d'élection un million cent
quatorze mille quatre cent quatre-vingt dix-fept
livres; & qu'il feroit pareillement impofé quatre-vingt-cinq mille cinq cens trois livres fur le
comté de Bourgogne & fur les départemens de
Metz, de Lorraine & de Bar, pour être ces
fommes employées au payement de la dépenfe
occafionnée par le fervice des Convois militaires.

Et.

## Et par un autre arrêt du 23 juillet 1776 (*),

---

(*) *Voici cette arrêt :*

Le roi s'étant fait repréſenter , en ſon conſeil , l'arrêt rendu en iceiui le 29 août 1775 , par lequel ſa majeſté auroit ordonné , pour le ſoulagement de ſes peuples , qu'à compter de 1776 , il ſeroit impoſé , au marc la livre de la taille , ſur les vingt généralités des pays d'élections , une ſomme d'un million cent quatorze mille quatre cents quatre-vingt-dix-ſept livres , & celle de quatre-vingt-cinq mille cent trois livres , ſur les départemens de Metz, Lorraine , & ſur le comté de Bourgogne , au marc la livre de la ſubvention, pour être , ces deux ſommes , formant enſemble celle d'un million deux cens mille livres , employées au payement de la dépenſe des Convois militaires dans ces provinces : ſa majeſté à conſidéré que , ſi au lieu d'adopter pour la répartition de cette impoſition , la baſe qui a été choiſie , on la déterminoit d'après la conſommation que les troupes font dans ces provinces , lors de leur paſſage , la dépenſe ſeroit, en quelque ſorte , proportionnée avec les fonds qu'y répand la fourniture de l'étape payée en argent , & l'impoſition pour les Convois militaires , deviendroit moins onéreuſe aux peuples : en conſéquence, ſa majeſté, ſans ceſſe occupée de tout ce qui peut adoucir leur ſort , à jugé néceſſaire d'expliquer ſes intentions à ce ſujet. A quoi voulant pourvoir : ouï le rapport du ſieur Clugny , conſeiller ordinaire au conſeil royal , contrôleur général des finances ; le roi en ſon conſeil , a ordonné & ordonne : qu'à compter de l'année prochaine 1777 , il ſera impoſé à l'avenir , & juſqu'à ce qu'il en ſoit autrement ordonné , dans le deuxième brevet des impoſitions acceſſoires de la taille des vingt généralités des pays d'élections , un million ſeize mille cent quarante-ſix livres , au lieu de la ſomme d'un million cent quatorze mille quatre cent quatre-vingt-dix-ſept livres , impoſée en la préſente année 1776 ; & qu'il ſera de même annuellement impoſé ſur le département de Metz, ſur celui de Lorraine , & ſur le comté de Bourgogne , une ſomme de cent quatre-vingt-trois mille huit cent cinquante-quatre livres , au lieu de celle de quatre-vingt-cinq mille cinq

il a été ordonné qu'à commencer en 1777, il

---

cens trois livres, qui avoit été pareillement imposée la présente année; revenant les deux sommes à celle d'un million deux cens mille livres; laquelle, non compris les taxations ordinaires, qui seront également imposées, conformément à l'arrêt du 29 août 1775, sera répartie de la manière suivante:

### S A V O I R;

| | |
|---|---:|
| Sur la généralité de Paris, la somme de. | 156886 liv. |
| Sur celle de Soissons. . . . . . | 71808. |
| Sur celle d'Amiens. . . . . . | 46091. |
| Sur celle de Châlons. . . . . . | 193229. |
| Sur celle d'Orléans. . . . . . | 78895. |
| Sur celle de Tours. . . . . . | 72571. |
| Sur celle de Bourges. . . . . . | 30891. |
| Sur celle de Moulins. . . . . . | 15572. |
| Sur celle de Lyon. . . . . . | 19539. |
| Sur celle de Riom. . . . . . | 9512. |
| Sur celle de Poitiers. . . . . . | 41423. |
| Sur celle de Limoges. . . . . . | 20403. |
| Sur celle de Bordeaux. . . . . . | 50566. |
| Sur celle de la Rochelle. . . . . . | 19734. |
| Sur celle de Montauban. . . . . . | 24039. |
| Sur celle d'Auch . . . . . . | 7859. |
| Sur celle de Rouen. . . . . . | 35012. |
| Sur celle de Caen. . . . . . | 12944. |
| Sur celle d'Alençon. . . . . . | 36310. |
| Sur celle de Grenoble. . . . . . | 72861. |
| Sur le département de Metz. . . . . | 67105. |
| Sur celui du comté de Bourgogne. . . | 63082. |
| Sur les duchés de Lorraine & de Bar. . | 53667. |

Seront lesdites sommes ci-dessus fixées pour chacune desdites vingt généralités de pays d'élections, & pour les départemens de Metz, Lorraine & Bar, & du comté de Bourgogne, levées au lieu & place de celles dont la perception avoit été ordonnée par ledit arrêt du 29 août 1755, par les collecteurs & autres préposés au recouvre-

ne feroit impofé annuellement fur les vingt généralités qu'un million feize mille cent quarante - fix livres , & qu'il feroit levé fur les
départemens de Metz & de Lorraine & fur le
comté de Bourgogne cent quatre - vingt - trois
mille huit cens cinquante-quatre livres.

CONVOI DE BORDEAUX. Voyez BORDEAUX.

COOBLIGÉ. C'eft celui qui eft obligé avec
un ou plufieurs autres , dans un traité , dans un
contrat , &c.

Chez les romains , les Coobligés étoient toujours folidaires lorfque chacun d'eux avoit répondu féparément de payer la dette : cependant
l'un des Coobligés pouvoit être obligé purement & fimplement, tandis qu'un autre l'étoit à
terme ou fous condition , & les délais dont l'un
pouvoit exciper n'empêchoient pas que l'on ne pût

---

ment des impofitions , & par eux remifes ès mains des
receveurs des impofitions , qui en verferont le montant
aux receveurs généraux des finances, & ceux ci au tréfor
royal : feront lefdites fommes employées fans aucun diver-
tiffement, pendant la durée du marché paffé aux entrepreneurs generaux des étapes , au payement de la dépenfe qu'occafionnera le fervice des Convois militaires &
tranfport des équipages des troupes , dont ils font chargés:
fe refervant , au furplus , fa majefté , dans le cas où des
circonftances particulières apporteroient des changemens
marqués dans les mouvemens ordinaires des troupes , de
faire connoître fes intentions fur les mefures qu'il pourroit
être alors convenable de prendre , afin de maintenir la
proportion & l'égalité dans cette répartition : enjoint fa
majefté aux fieurs intendans & commiffaires départis , de
tenir la main à l'exécution du prefent arrêt , fur lequel
feront toutes lettres néceffaires expédiées. Fait au confeil
d'état du roi, tenu à Verfailles le vingt-trois juillet mil fept
cent foixante-feize. Collationné. *Signé* BERGERET.

pourfuivre celui qui étoit obligé purement & fimplement. Si l'un des Coobligés étoit abfent ou infolvable, les autres étoient obligés de payer pour
lui. Cet ancien droit dont il eft parlé au titre 17
du livre 3 des inftitutes de Juftinien, fut corrigé
par la novelle 99, fuivant laquelle les cofide-
juffeurs ne font point obligés folidairement à
moins que cela n'ait été expreffément ftipulé.
Cela s'obferve de même parmi nous. Chaque
Coobligé ne doit que fa part & portion lorfque
l'acte qui les oblige ne contient pas expreffément la claufe de folidité.

Lorfqu'on dirige des pourfuites contre quelqu'un de ceux qui font obligés folidairement,
elles ont l'effet d'interrompre la prefcription
contre les autres Coobligés : mais on ne peut
point prétendre d'intérêts d'un Coobligé à moins
qu'ils n'aient été prononcés contre lui judiciairement : la condamnation obtenue contre fon
Coobligé n'opéreroit rien contre lui à cet égard.

Voyez *les inftitutes de Juftinien ; le dictionnaire
des fciences ;* & les articles OBLIGATION, So-
LIDITÉ, CAUTION, &c.

COPAGINAIRES. Terme de coutume par lequel on défigne dans quelques provinces plufieurs tenanciers d'un même héritage qui en ont
paffé conjointement reconnoiffance au terrier du
feigneur.

COPARTAGEANT. C'eft celui qui partage
avec un autre. Des héritiers, des négocians affociés deviennent Copartageans, quand ils procèdent au partage des chofes qu'ils poffédoient
par indivis.

COPIE. C'eft un écrit qui a été tranfcrit d'a-
près un autre.

Le terme de *Copie* est quelquefois opposé à celui d'original : on dit, par exemple, l'original d'un exploit qui reste au demandeur, & la Copie qu'on laisse au défendeur.

Ce même terme de *Copie* est quelquefois opposé à celui de *minute*, lorsque la Copie est tirée sur l'original d'un acte que l'on qualifie de minute, tel que la minute d'un acte passé devant notaire, la minute d'une consultation, ou autre écriture du ministère d'avocat. Le terme de *Copie* est aussi quelquefois opposé à celui de grosse ; par exemple, l'original d'une requête s'appelle la grosse, & le double que l'on en fait est la Copie. En Bretagne, au lieu de *Copie* on dit *un autant*, parce qu'en effet celui qui a la Copie d'un acte en a autant qu'il y en a dans l'original. On distingue dans certains actes la Copie de la grosse & de l'expédition. La grosse d'un acte devant notaire, ou d'un jugement, est bien une Copie tirée sur la minute ; mais c'est une Copie revêtue de plus de formalités ; elle est en forme exécutoire ; & pour la distinguer des autres Copies on l'appelle *grosse*. L'expédition est aussi une Copie de l'acte, mais distinguée de la simple Copie, parce qu'elle est ordinairement en parchemin. Il y a cependant aussi des expéditions en papiers ; mais elles sont encore distinguées des simples Copies, soit parce qu'elles sont sur du papier différent, soit parce qu'elles sont tirées sur la minute ; au lieu qu'une simple Copie d'un acte devant notaire n'est ordinairement tirée que sur une expédition : il y a pourtant des Copies collationnées à la minute.

En général une *Copie collationnée* est celle qui après avoir été tirée sur un acte, a été reconnue

N iij

conforme à cet acte. Les notaires délivrent des Copies collationnées des actes dont ils ont la minute ou qui leur font préfentés. Les fecrétaires du roi ont auffi le droit de collationner des Copies de toutes fortes d'actes. Les huiffiers ou fergens, lorfqu'ils compulfent des pièces, en tirent pareillement des Copies, foit entières ou par extrait, collationnées à l'original. L'ordonnance de Charles V du mois de février 1356, veut qu'on ajoute la même foi aux Copies de cette ordonnance collationnées fous le fcel royal que fi c'était l'original même. Voyez COLLATION DE PIÈCES.

On appelle *Copie figurée*, celle qui eft fur du papier de même grandeur que l'original, avec les mêmes efpaces & les mêmes ratures s'il y en a. Ces fortes de Copies font ordinairement demandées & ordonnées quand l'original eft foupçonné d'être faux ou d'avoir été altéré après coup.

*Des Copies en matière de procédures.* Les Copies fignifiées foit aux parties, foit de procureur à procureur, doivent être écrites lifiblement & avoir une marge au moins d'un travers de doigt. C'eft la difpofition de la déclaration du 24 juillet 1691.

« Toutes les Copies, porte cette loi, des pièces
» & écritures même des exploits & autres actes
» qui aux termes de nos ordonnances pour la pro-
» cédure criminelle, & de l'arrêt de notre confeil
» du 28 mai 1758 ou de celui de notre parlement
» de Touloufe du 22 août 1669 rendu entre la
» communauté des procureurs & huiffiers de
» notre parlement, doivent être fignifiées de
» procureur à procureur ou de partie à partie,

» feront écrites d'une écriture lifible ; voulons
» qu'il y ait une marge au moins d'un travers de
» doigt , & que la page de papier moyen à deux
» fous ne puiffe contenir au-delà de quarante-
» quatre lignes , & celle du petit papier à feize
» deniers la feuille trente lignes : voulons pareil-
» ment que les copies qui auront été fignifiées
» refpectivement foient mifes à la diligence des
» procureurs dans les productions des parties
» tant du demandeur que du défendeur , & que
» le préfent article auffi bien que le précédent
» foient exécutés dans les fiéges & juftices fu-
» balternes comme dans les fupérieures. »

Cette loi n'eft pas la feule que nous avons. Le
parlement avoit rendu un arrêt le 25 novembre
1688 , qui avoit enjoint aux parties & aux procureurs de bailler des Copies lifibles. Cet arrêt
fait encore défenfes aux huiffiers & fergens de
bailler aucune Copie aux enfans , chambrières
ou autres domeftiques de procureurs & autres
qu'à leurs clercs ou leurs fubftituts , à peine de
vingt-cinq livres d'amende : difpofition que nous
trouvons encore répétée dans un arrêt du parlement de Touloufe du 25 juin 1755 , qui en ordonnant que les arrêts de règlemens des 15 novembre 1681 , 25 novembre 1688 & premier
février 1716 , feroient de plus fort exécutés ;
fait inhibitions & défenfes aux huiffiers de faire
aucune fignification aux procureurs à raifon de
leur miniftère , qu'en parlant & laiffant les Copies à eux ou à leurs clercs , & en cas d'abfence
aux fubftitus des procureurs feulement.

*De la foi due aux Copies de certains actes.* Pour
déterminer l'autorité d'une Copie , il faut d'a-

bord examiner fi elle eft tirée d'après un aﬅé privé ou d'après un aﬅe authentique.

Si elle eft tirée d'après un aﬅe privé, quelqu'authentique qu'elle puiﬄe être, elle ne prouve pas plus que l'original. Telle eft la règle établie par Dumoulin fur l'article 5 de l'ancienne coutume de Paris n°. 33.

Si au contraire la copie eft tirée d'après un original authentique, il faut diﬅinguer : la Copie eft authentique ou elle ne l'eft pas.

Dumoulin a examiné fur le § 5 de l'ancienne coutume de Paris, n°. 26, quelle devoit être l'autorité de la Copie authentique d'un original, lorfque l'un & l'autre font très - anciens, & il décide dans les termes les plus formels, que cette Copie forme une preuve complette contre xoutes fortes·de perfonnes, même contre ceux avec qui elle n'a pas été collationnée contradiﬅoirement. « Son antiquité, dit-il, fupplée à » l'infuffifance des preuves. Elles font fi difficiles » à conferver, lorfqu'il s'agit de chofes très- » anciennes, qu'il faut bien donner autant de » force à la Copie authentique qu'à l'original » lui-même ». *Si exemplum cﬀet antiquum & de facto & inﬅrumento antiquo, plenè probavit contra omnes quantum ipfum originale probaret.* N°. 41.

Dumoulin a auﬄi examiné quelle devoit être l'autorité de la *Copie en forme, d'un aﬅe authentique;* & tous les auteurs qui ont écrit depuis, ont adopté fon avis : ainfi c'eft le fuffrage unanime de tous les jurifconfultes que nous allons rapporter, en préfentant la décifion de Dumoulin, ( coutume de Paris, § 5, n°. 11.) « Dans la » thèfe generale, dit ce jurifconfulte, la fimple » Copie d'un dénombrement ne prouve rien ».

*Quando catalogus non habet formam publicam &*
*authenticam, & tunc cum fit fcriptura privata de*
*fe, neque probat, neque præjudicat, etiam inter*
*eafdem partes.* « Cependant, ajoute notre auteur,
» les anciens titres font fi. difficiles à conferver
» que de fimples copies doivent faire une femi-
» preuve, fi elles font anciennes. C'eft une
» dérogation à la règle que nous avons établie
» plus haut ». *Fallit fecundo in fcriptura veteri*
*& de facto antiquo, & tunc faciet femiplenam pro-*
*bationem.* « Mais, continue Dumoulin, il eft un
» cas où un fimple écrit privé fait preuve en-
» tière, c'eft lorfqu'il eft confervé dans des
» archives publiques, & c'eft une autre déro-
» gation à la règle générale ». *Fallit, quarto,*
*principalis conclufio, fi illa fcriptura effet fumpta*
*ex archivio publico. Tunc enim plene probat; etiam*
*fi careat fubfcriptione notarii, teftibus & aliis fo-*
*lemnibus inftrumenti publici.* Dumoulin explique
enfuite ce que l'on doit entendre par archives
publiques. « Ce font, dit-il, celles des chambres
» des comptes, ou des feigneurs qui ont le droit
» de créer des notaires », *habentibus poteftatem*
*notarios publicos creandi.*

*Des Copies des Copies.* De fimples Copies
collationnées fur d'autres Copies collationnées
ne font point foi en juftice. C'eft ce que nous
enfeigne Dumoulin en fon traité des fiefs, § 8,
*verbo* DÉNOMBREMENT, nº. 33. Ce jurifconfulte
décide qu'une Copie collationnée fur une autre
Copie collationnée, quand bien même on pré-
tendroit que le titre original eft authentique, ne
fait aucune foi, pas plus qu'un témoin qui dépo-
feroit d'après un fimple oui-dire: *Exemplum exem-*
*pli, quod videlicet non eft fufceptum de originali au-*

*thentico , fed de mero exemplo originalis pratenci authentici, nullo modo probat, ficut nec teftimonium de auditu , vel de auditu alieno.* Dumoulin ajoute que cette décifion a lieu quand bien même la première copie collationnée auroit été faite avec toutes les folemnités poffibles, fur le vrai original authentique, par autorité du juge, même en préfence & du confentement des parties intéreffées : *etiam fi effet fumptum de exemplo folemniffimo nec exemplato , cum vero , publico & indubitato originali , & judice autore, etiam partibus præfentibus & expreffe confentientibus vel non contradicentibus.*

Ainfi quand même la première Copie auroit été collationnée contradictoirement avec moi, je puis en recufer le témoignage lorfque l'on veut en tirer une feconde. Cette décifion eft fondée fur la confidération que je puis avoir de nouveaux motifs pour critiquer l'original, & des moyens furvenus depuis pour le faire avec fuccès. C'eft ce que Dumoulin développe très-bien dans cette efpèce. Un de mes parens, dont je fuis héritier, a fait par fon teftament un legs de cent écus à Pierre, l'un de fes gens. Le teftament eft dépofé chez un notaire. Pierre en a fait tirer une Copie entière, en vertu d'ordonnance de juge & en préfence de mon procureur. Depuis j'ai reconnu l'authenticité de la copie, en délivrant le legs. Jacques furvient enfuite, & me demande la délivrance d'un legs de dix mille livres qu'il prétend porté par le teftament, & qui l'eft effectivement dans la copie de Pierre. Mais le teftament ne fe trouve plus. Jacques me fait affigner pour être préfent à la collation d'une copie qu'il entend tirer & qu'il tire effectivement fur la première. Dumoulin décide que je puis rejeter cette feconde Copie, qu'il s'en faut bien qu'elle prouve autant contre moi que celle fur laquelle elle a été collationnée, *quia nova contradicendi caufa fubeft*. En effet, la modicité du legs, ma bienveillance pour un ancien domeftique ont pu m'engager à négliger des critiques contre le teftament; critiques que je ferois valoir aujourd'hui avec avantage fi l'original m'étoit repréfenté.

Ces règles paroiffent fort fages; cependant les tribunaux s'en font écartés plus d'une fois: c'eft ce qu'a fait la troifième chambre des enquêtes par fon arrêt en faveur de la princeffe de Naffau contre les habitans de la châtellenie de l'Ifle fous Mont-Réal. Cet arrêt du 23 juillet 1763 maintient la princeffe de Naffau dans un droit de main-morte univerfel, *& généralement dans tous les autres droits mentionnés dans la chartre du 24 juin 1279*. Ce font les termes de l'arrêt.

Ce n'étoit cependant pas la chartre originale que la princeffe de Naffau repréfentoit, mais feulement une troifième Copie collationnée par Bernard & Gibon, notaires, le 11 février 1746, fur une autre Copie collationnée le 6 avril 1486 par Jean Perrier, garde-fcel de la prévôté de l'Ifle, fur une autre copie collationnée le 12 décembre 1429 par Jean Perrier & Huguenin Bequet, coadjuteurs du tabellion de la même prévôté.

Cet arrêt eft tout-à-fait contradiftoire avec la décifion de Dumoulin, mais les principes demeurent.

On trouve dans les diplomatiques, différentes règles fur les Copies; nous allons les rapporter.

1°. On peut communément juger du contenu des originaux ou de leur fubſtance par-les Copies.

2°. La conformité de pluſieurs Copies entre elles, pourvu qu'elles ne ſoient point tirées les unes ſur les autres, mais ſur l'original ou ſur des Copies authentiques, aſſure le contenu de l'original, quelque prétendu défaut qu'on croye y trouver.

3°. Si ces défauts ſont réels dans les Copies, il ne s'enſuit pas qu'on doive les attribuer à l'original; il eſt plus raiſonnable de les mettre ſur le compte des copiſtes, à moins que la Copie ne ſoit authentique & vidimée ou collationnée ſelon les règles; car une Copie ne prouve rien contre un original, s'il n'eſt certain qu'elle lui ſoit conforme; à plus forte raiſon ſi l'on peut voir par ſoi-même qu'elle en diffère.

4°. Les fautes légères d'une copie dont les formules & les faits hiſtoriques ſont exacts, prouvent en faveur de l'original & en atteſtent la vérité.

5°. L'authenticité de la Copie jointe à ces autres petits avantages doit bannir abſolument tout ſoupçon.

6°. Les Copies même non authentiques peuvent faire juger de la vérité d'une ortographe qui ne ſubſiſte plus, pourvu qu'elles ſoient remplies de faits hiſtoriques, & qu'elles ſoient anciennes au moins de deux ſiècles.

7°. Les Copies authentiques peuvent n'avoir pas une reſſemblance entière & parfaite avec les originaux, mais toute Copie dreſſée par l'autorité publique eſt cenſée conforme à l'original dans tous les points eſſentiels.

8°. Il n'eſt pas extraordinaire que des Copies

foient fautives, mais les fautes ne doivent point être rejetées fur l'original, ni même rendre les Copies fufpectes ; & on doit les attribuer à l'ignorance, à la négligence ou à l'inadvertance des copiftes.

9°. Enfin tout le monde convient que les copiftes ont pu fe tromper, mais que cette poffibilité ne fuffit pas pour dire qu'ils fe foient réellement trompés : il faut des faits qui conftatent l'erreur ou la falfification.

Les originaux des x⁰ & xi⁰ fiècles font quelquefois diftingués des copies par des courroies nouées. Depuis le milieu du xi⁰ jufqu'au milieu du xii⁰, lorfqu'ils font deftitués de courroies & de fceaux, ils font munis de fignatures réelles ou apparentes. Lorfqu'on ne trouve ni fceaux ni nœuds ni fignatures avant le x⁰ fiècle ou après le milieu du xi⁰, l'acte, s'il eft important, doit paffer pour copie ; s'il étoit de moindre conféquence, on pourroit le regarder comme original, en fuppofant que la nomination des témoins y tînt lieu de toutes les marques précédentes.

Voyez *le recueil des ordonnances du Louvre ; la déclaration du 24 juillet 1691 ; les œuvres de Dumoulin*, &c. Voyez auffi les articles COLLATION, NOTAIRE, HUISSIER, SECRÉTAIRE DU ROI, &c. ( *Cet article, à l'exception de ce qui précède l'aftérique placé ci-deffus, eft de M. H*** avocat au parlement.* )

CO-PROPRIÉTAIRE. C'eft celui qui poffede avec un autre la propriété d'une maifon, d'une terre, d'un effet, &c Il eft libre à chacun des Co-propriétaires par indivis, de provoquer le partage ou la licitation, fi l'effet ne peut pas fe partager commodément.

On appelle *Co-propriétaires à titre particulier*, ceux dont chacun a acquis féparément la part qu'il a dans la chofe commune. Et *Co-propriétaires à titre commun*, ceux qui font devenus propriétaires par le même titre. Sur quoi il eft important de remarquer que quand les Co-propriétaires à titre commun par indivis font une licitation, celui d'entr'eux qui fe rend adjudicataire ne doit point de droits feigneuriaux, tandis que fi les Co-propriétaires ne font devenus tels qu'à titre particulier, l'adjudicataire doit des droits.

Lorfque le roi eft Co-propriétaire dans une juftice, foit haute, moyenne ou baffe, elle doit être exercée par des officiers que fa majefté crée à cet effet ; & à l'égard des profits de la juftice, ils doivent être partagés entre tous les Co-propriétaires, à moins qu'il n'y ait titre ou convention contraire faite avec le roi.

Un arrêt du confeil du 10 novembre 1699, a ordonné que les droits de petit fel ne feroient point perçus dans les juftices des terres & feigneuries dont le roi & des feigneurs particuliers font Co-propriétaires, lorfque la juridiction y feroit exercée fous le nom de ces feigneurs ; mais que fi la juridiction y étoit exercée par les officiers de fa majefté ou fous fon nom, les droits de fcel y feroient perçus comme dans les autres juridictions royales.

Les biens poffédés en commun par le roi & par des particuliers, foit qu'ils confiftent en maifons & héritages ou en droits de péage, travers, barrage, pontonage, &c. doivent être affermés par les officiers royaux, à la charge de payer aux Co-propriétaires ce qui leur revient à proportion du prix & de la part qu'ils ont dans la chose commune. Berthelot rapporte un arrêt du 12 mai 1562, qui l'a ainsi jugé contre les religieux de Barbeaux.

Et par un autre arrêt du 28 octobre 1744, le conseil a ordonné que le bail de la totalité des droits de péage du travers du pollet de Dieppe seroit adjugé par l'intendant de Rouen, à la charge par l'adjudicataire de payer le tiers du prix de son bail au sieur du Busq, Co-propriétaire, qui vouloit régir son tiers & qui prétendoit qu'on ne pouvoit pas l'affermer.

Voyez *le traité de Berthelot ; les arrêts du conseil des 10 novembre 1699, & 28 octobre 1744 ; le dictionnaire des sciences, & celui des domaines*, &c. Voyez aussi les articles PARTAGE, PROPRIÉTÉ, LICITATION, DROITS SEIGNEURIAUX, &c.

CORDAGE. Tortis fait ordinairement de chanvre.

Suivant le tarif de 1664, les cordages & les ficelles doivent à l'entrée des cinq grosses fermes quinze sous par cent pesant, & quarante sous à la sortie.

Voyez *le tarif de 1664*, & les articles ENTRÉE, SORTIE, MARCHANDISE, SOU POUR LIVRE, &c.

CORDELIER. C'est le nom qu'on donne aux religieux d'une branche de l'ordre de saint François, lesquels sont ainsi appelés à raison de la *corde* qui leur sert de ceinture.

Saint François, originaire de la ville d'Assise dans l'Ombrie, jeta les fondemens de son ordre en 1210, & lui donna une règle particulière, dont un des points principaux fut la profession d'une entière pauvreté.

Cet ordre s'étant fort étendu, il se divisa en plusieurs branches ; & ces branches sont celles des religieux de l'observance, ( qu'on nomme les Cordeliers ), des déchaussés, des recollets, des conventuels & des capucins, branches qui forment ce qu'on appelle le premier ordre. Les clarisses, les urbanistes & les capucines forment le second ordre, & le troisième ou tiers-ordre qui n'avoit été institué par saint François que pour des personnes séculières, comprend aussi des religieux & des religieuses de différentes congrégations.

Les religieux du premier ordre sont partagés en deux familles : l'une qu'on appelle la *cismontaine*, & l'autre l'*ultramontaine*. La première comprend l'Italie, l'Allemagne supérieure, la Hongrie, la Pologne, la Syrie & la Palestine. L'ultramontaine est composée des couvens qui sont en France, en Espagne, dans l'Allemagne inférieure, dans la Saxe, dans les îles de la méditerranée, dans l'Afrique, dans l'Asie & dans les Indes.

Les deux familles sont encore divisées en provinces, en vicairies & en custodies sous un même général. On entend par *provinces*, l'union d'un certain, nombre de couvens sous un chef qui dépend du général ; par *vicairies*, quelques couvens qui ne pouvant former une province, sont régis par un vicaire ; par *custodies*, quelques couvens qui font partie d'une province, mais qui ne pouvant être gouvernés par les provinciaux, sont divisés en plusieurs custodies tenues par des custodes sous la dépendance du provincial.

Les custodies se trouvent aujourd'hui avoir
succédé

fuccédé aux vicairies, & celles qui ne dépendent d'aucun provincial, font immédiatement foumifes au général. Elles tiennent leurs chapitres en particulier, ont un définitoire cuftodial, & fe gouvernent d'elles-mêmes fous l'autorité d'un cuftode.

Il y a encore ce qu'on appelle des *préfectures* qui font des établiffemens pour les miffions dans les pays des infidèles.

La famille cifmontaine a foixante-fix provinces, trois cuftodies fix préfectures. La famille ultramontaine a quatre-vingt-une provinces, & plufieurs cuftodies. Toutes ces provinces & ces cuftodies font foumifes à un général qui prend la qualité de *miniftre général* de tout l'ordre de faint François. Il a encore fous fa juridiction les clariffes, les urbaniftes & les religieux du tiers-ordre de faint François, qui ont une province en Portugal, deux en Efpagne, & quatre en France. Les conventuels ont un général qui prend le titre de *maître général* des frères mineurs conventuels ; les capucins ont le leur qui fe dit miniftre général des frères mineurs capucins. Les religieux du tiers-ordre en Italie en ont auffi un particulier que ceux de Flandres reconnoiffent pour fupérieur. Ceux d'Allemagne font peu connus & font corps à part fous la dépendance des évêques.

Le général de tout l'ordre eft alternativement de la famille cifmontaine & ultramontaine. Anciennement fa place étoit à vie ; elle n'eft plus aujourd'hui que pour fix ans. S'il meurt avant d'avoir fini le temps de fon généralat, on lui fubftitue jufqu'à l'expiration des fix années, un vicaire général élu par les pères difcrets perpétuels de l'ordre.

On élit en même-temps que le général, un
commiffaire général pour la famille dont le général n'a point été tiré. Ce commiffaire a le
même pouvoir dans fa famille que le général
dans tout l'ordre, excepté qu'il ne peut nommer
aux offices, parce que la nomination en appartient de droit au général. Il peut même faire
valoir fon autorité en préfence du général, excepté dans les provinces que le général s'eft
réfervées. Les fonctions du commiffaire ne durent que trois ans; après lefquels les vocaux de
fa famille en élifent un autre. Ce commiffaire
devient enfuite difcret perpétuel dans la même
famille, & ne peut être de nouveau élu commiffaire ou miniftre général, qu'après feize ans,
à moins qu'il n'en foit difpenfé par le faint
fiége.

Les religieux françois ont un agent en cour
de Rome fous le titre de *procureur général*, &
celui des religieux de l'obfervance eft le feul qui
ait place dans les chapelles papales. Le gardien
du couvent du Mont-Sion à Jérufalem, autrement dit du Saint-Sépulchre, eft à la nomination du général. Ce gardien a le titre de commiffaire & de *nonce apoftolique* dans la terre
fainte, & en cette qualité il a le droit de fe
fervir d'ornemens pontificaux. Le couvent d'*Ara-Cœli* à Rome, & le grand couvent des Cordeliers de Paris, font foumis immédiatement au
général.

Voici maintenant ce qui a plus particulièrement rapport à la branche des religieux de l'ob-

fervance appelés *obfervantins*, & plus communément *Cordeliers*.

Jean des Vailées & Gentil de Spolette avoient
entrepris une réforme dans l'ordre de faint François ; mais l'entreprife échoua par l'imprudence
de Spolette. Paulet de Foligny qui avoit été dif-
ciple de ces deux réformateurs, & qui voyoit
combien on s'étoit écarté de la règle de l'infti-
tuteur, puifque le vœu de pauvreté qui en faifoit la bafe étoit ouvertement violé, prit le
parti de fe retirer dans un lieu folitaire du Mont-
Cefi où faint François avoit autrefois conftruit
une efpèce de cabanne, & dont Paulet fit un
petit couvent auquel il joignit une chapelle qu'il
érigea à l'honneur de l'Annonciation de la Vierge.
Il fe propofoit de recevoir des novices, lorfque
les perfécutions qu'il eut à fouffrir des religieux
relâchés lui firent abandonner cette folitude &
chercher un afyle dans une tour de Foligny qui
avoit autrefois fervi de prifon.

Dans ce temps-là, vers l'an 1368, Thomas
de Farignano général de l'ordre, vint à Foligny
pour y tenir un chapitre. Hugolin de Trinci,
feigneur remarquable de cette ville, demanda
à ce général un endroit qui répondît aux vues
de Paulet ; le général lui accorda l'hermitage de
Bruliano fitué dans un lieu défert entre Foligny
& Camerino. Cet endroit déplut aux compagnons
de Paulet : ils y étoient fi pauvres & fi miféra-
bles, qu'ils étoient obligés de fe fervir de la
chauffure de bois que portoient les payfans du
pays ; & comme cette chauffure étoit en forme
de focques, ils furent de-là appelés *foccolanti*
pour dire *porte focques*.

Ces religieux dégoûtés furent remplacés par

d'autres religieux plus fervens. Le général leur accorda d'autres couvens tels que ceux des priſons du Mont-Subage, de Piſtif, de Dani, de Mont-Luci, de Mont-Joïo & de Stronconio ; mais celui de Bruliano fut toujours regardé comme le chef-lieu de l'obſervance.

Léonard Griffon, élu général de l'ordre en 1373 dans le chapitre qui ſe tint à Touloufe, fut ſi ſatisfait de la régularité des nouveaux religieux de Paulet, qu'il permit à ce réformateur de les envoyer par-tout où ils jugeroient à propos d'aller.

Ces religieux eurent beaucoup à ſouffrir de la part des frerots beghards ou beguins, & des biſoches, hérétiques ſans aveu qui s'étoient répandus en ſe diſant les ſeuls qui obſervaſſent à la lettre la règle de ſaint François. Le provincial pour remédier à ces déſordres, aſſembla ſes religieux qui crurent ne pouvoir propoſer de meilleur moyen pour arrêter l'inſolence de ces hérétiques, que de donner le couvent de Pérouſe au frère Paulet & à ſes compagnons.

Dans ce temps-là on commença à diſtinguer les religieux de l'ordre de ſaint François par quatre noms différens ; & ces religieux étoient les *conventuels*, les *frères des hermitages*, les *frères de la famille*, & les *frères de l'obſervance*. On appeloit *conventuels* tous ceux qui vivoient en communauté & qui ſuivoient le relâchement introduit dans l'ordre. Les *frères des hermitages* étoient ceux qui demeuroient dans de petits couvens, ou pour mieux dire, dans des lieux ſolitaires, & ce nom fut celui des diſciples de Paulet, juſqu'à ce qu'ayant formé de grands couvens, on leur donna le nom de *frères de l'ob-*

*fervance.* Enfin on appela *frères de famille* ceux qui vivoient comme s'ils euſſent fait une famille particulière.

La réforme de l'obſervance ne fut approuvée qu'au concile de Conſtance. Elle étoit compoſée de douze couvens dans la province de ſaint François, lorſque Matthieu d'Amerino qui en étoit provincial, donna à Paulet un pouvoir abſolu pour le gouvernement de ſes religieux.

Le ſchiſme d'occident retarda les progrès de la réforme ; mais lorſque tout fut appaiſé ſous le généralat de Pierre de Conza en 1383, la famille de l'obſervance fit des progrès. Pluſieurs villes les appelèrent pour les mettre en poſſeſſion des maiſons des hérétiques qui les avoient troublés dans les commencemens. L'année ſuivante Guillaume d'Aſt, provincial de la province de ſaint François, accorda au frère Paulet le pouvoir de recevoir des novices & d'établir des couvens où il ſeroit appelé. Ce religieux fut nommé commiſſaire de la part du général ſur les couvens qu'il avoit établis & ſur ceux qu'il établiroit.

Comme la France dans le temps du ſchiſme reconnoiſſoit pour pape légitime Clément VII, les religieux de l'ordre de ſaint François dans ce royaume ne reconnoiſſoient point pour général un religieux nommé d'Alfero ; ils obéiſſoient à un autre général nommé *père Ange*, élu en 1379 : quoique ce religieux ne fût pas canoniquement en place, il ne laiſſa pas de contribuer au bien de l'ordre : car trois religieux de la province de Touraine s'étant adreſſés à lui pour commencer une nouvelle réforme, non-ſeulement il le leur permit, mais encore il ordonna au provincial du pays de leur donner le couvent de Mirebeau en Poitou. Ces réformes y furent si bien reçues, qu'en peu de temps il y eut de plus onze couvens de l'observance.

Paulet de son côté continuoit à faire de grands progrès en Italie, mais il vint à mourir, & Jean de Stronconio lui fut substitué. Les généraux & les provinciaux pour favoriser les succès de ce continuateur de la réforme, lui accordèrent la permission de tenir des chapitres particuliers, d'y élire des vicaires généraux & provinciaux, de faire des règlemens pour le maintien de l'observance, & de recevoir des religieux, soit qu'ils sortissent de chez les conventuels pour embrasser la réforme, ou qu'ils quittassent immédiatement le monde.

Les observans en France ne jouissoient point alors de la même tranquillité. Le provincial de Touraine les expulsa des couvens qu'on leur avoit donnés par ordre du général Ange. Antoine de Pireto reconnu pour général légitime, soumit les réformés à la juridiction des provinciaux, leur défendant de recevoir des novices sans leur permission, ni de changer la forme de leur habillement, ce qui causa du trouble & de la division; car les provinciaux voulant détruire l'observance, & les religieux zélés voulant la maintenir, cela ne put se faire sans une altération de la paix.

Jean XXIII en ayant eu connoissance, donna aux observans un vicaire provincial; mais le parti contraire prévalut. Peu de temps après, le concile de Constance ayant été convoqué pour mettre fin au schisme qui divisoit l'église, les conventuels & les observans y portèrent leurs différens, & la décision du concile fut en faveur des derniers; il fut dit que les maisons qu'avoient ceux-ci dans les provinces de France, de Bourgogne & de Touraine, leur demeureroient, & qu'ils auroient des supérieurs particuliers; que dans chacune de ces provinces il y auroit un vicaire provincial soumis à un vicaire général; qu'ils pourroient faire des réglemens pour le maintien de leur réforme, & tenir des chapitres généraux. Ainsi les observans en France eurent les premiers un vicaire général; ils assemblèrent l'année suivante en 1416, leur premier chapitre général dans le couvent de Bercoré & l'on y fit plusieurs réglemens relatifs à la réforme.

Les conventuels cherchèrent à faire annuller par Martin V, tout ce qui avoit été arrêté au concile de Constance; mais ils ne purent pas y réussir. La réforme eut de-là occasion de faire de nouveaux progrès en France & en Italie; ses adversaires cherchèrent à exciter de nouveaux troubles. Le pape pour terminer cette division, fit assembler un chapitre généralissime de l'ordre à Assise. Les commencemens de ce chapitre furent heureux, car tous les conventuels consentirent à recevoir les constitutions que saint-Jean-Capistran avoit dressées par l'ordre du cardinal de Cerventes qui présidoit au chapitre de la part du pape; & comme ces constitutions retranchoient tous les abus qui avoient été introduits dans l'ordre, les observans renoncèrent aux vicaires généraux pour se soumettre entièrement au général. Mais le chapitre n'étoit pas encore fini qu'après un examen plus particulier de ces constitutions, les conventuels se repentirent de les avoir acceptées, & prièrent le cardinal de les relever de leur ferment de les obferver ; ce qui leur fut accordé. Le général fut de leur parti ; & pour mettre la confcience de ces religieux en fûreté, il obtint du pape une bulle qui leur permit de poſſéder des meubles & des immeubles, de recevoir des legs, d'avoir des rentes & des procureurs pour faire valoir leurs biens & toucher leurs revenus.

Auffitôt après l'obtention de cette bulle les conventuels recommencèrent à perfécuter les obfervans.

Eugene IV fut favorable à ceux-ci ; il leur permit de tenir un chapitre pour y élire des vicaires provinciaux comme ils le faifoient avant la tenue du chapitre généraliſſime. Les obfervans furent enfuite divifés en deux familles, l'une endeçà & l'autre au-delà des monts. Il y eût un vicaire général pour chacune de ces deux familles ; mais la queſtion fût de favoir quelle autorité on donneroit à ces vicaires généraux : il fut décidé qu'ils auroient la même autorité fur les obfervans que le général avoit fur tout l'ordre.

Cet arrangement ne fit qu'exciter de nouveaux troubles. Le pape pour accorder les deux partis ordonna par une bulle de 1446, que les obfervans cifmontains tiendroient leurs chapitres généraux féparément de ceux des conventuels, & qu'ils y éliroient un vicaire général qui feroit confirmé par le général de l'ordre entier. Il donna une bulle femblable aux obfervans ultramontains.

Les cifmontains tinrent leur chapitre général à Rome. Les conventuels tinrent en même-temps un chapitre général à Montpellier. Le général ne voulut pas confirmer le nouveau vicaire général des obfervans cifmontains. Mais le pape lui écrivit fortement pour fe plaindre de ce refus : il fit en même-temps expédier deux bulles en faveur des obfervans; par la première il ordonna que tous les couvens & tous les hermitages que ces religieux avoient avant la célébration du chapitre, feroient entièrement foumis à leurs vicaires généraux, & par la feconde il donna pouvoir à Jean Maubert vicaire général des obfervans ultramontains, de convoquer un chapitre général & d'y faire tous les ftatuts les plus propres au maintien & à l'augmentation de la réforme.

Les conventuels réclamèrent contre ces bulles, & leur réclamation excita de nouveaux troubles. Calixte III crut les pacifier en donnant une bulle en 1456 qui fut appelée la bulle *d'union & de paix*, par laquelle après avoir révoqué celle d'Eugene IV, il ordonna entr'autres chofes que les religieux de l'ordre de faint-François, de quelque nom qu'on les appelât, obéïroient au général; que les obfervans fe trouveroient aux chapitres généraux & y donneroient leur voix pour fon élection; qu'ils lui nommeroient trois fujets entre lefquels il en choifiroit un pour vicaire général de l'obfervance.

Mais les conventuels n'en devinrent pas plus raifonnables.

Ils inquiétèrent de nouveau les obfervans fous le pontificat de Sixte IV, qui avoit été général de l'ordre entier. Ce pape ne termina pas pour cela ces divifions, qui continuèrent jufqu'au règne de Léon X. Ce pontife réfolu d'y mettre fin, fit affembler à Rome en 1517 un chapitre généralissime au couvent d'*Ara-cœli* qui appartenoit aux observans. Ceux-ci déclarèrent qu'ils vivroient volontiers sous un même chef avec les conventuels pourvu que ces derniers voulussent se réduire à observer la règle dans toute sa pureté. Les conventuels de leur côté firent connoître qu'ils n'approuveroient pas l'union si on vouloit les contraindre à vivre d'une autre manière qu'ils n'avoient vécu jusqu'alors. A peine le pape les eut-il entendus, qu'il les fit sortir du chapitre & leur donna l'exclusion pour l'élection du général & du chef de l'ordre : il donna ensuite une bulle par laquelle il déclara que les réformés seuls auroient voix pour cette élection, & sous le nom de réformés il entendit les observans, les amadéïstes, les clarenins, les colletans & les frères du capuce auxquels il fit quitter tous ces noms pour prendre celui de *frères mineurs de la régulière observance.*

Après la lecture de cette bulle les vocaux procédèrent tout de suite à l'élection d'un ministre général de tout l'ordre de saint-François. Les conventuels tinrent de leur côté un chapitre séparé dans lequel ils élurent pour général Antoine Marcel Cherino qui prit aussi le titre de *ministre général*. Mais le pape ne lui permit d'en prendre d'autre que celui de *maître général*, & il voulut qu'à l'avenir celui qui seroit élu maître général, reçut sa confirmation du chef général de tout l'ordre de la même manière que les vicaires généraux de l'observance la recevoient auparavant du général des conventuels. Il fut ordonné en même-temps aux conventuels de considérer le ministre général comme chef de tout l'ordre de saint-François lorsqu'il iroit chez eux, & de lui rendre tous les honneurs qu'ils devoient à leur propre supérieur, à condition néanmoins que ce général ne pourroit avoir sur eux qu'une juridiction semblable à celle que les généraux avoient eue précédemment sur les observans, & qu'enfin ils céderoient le pas & la préséance dans les actes publics aux observans auxquels les conventuels remirent aussitôt les sceaux de l'ordre. C'est ainsi que Léon X termina ces longs différens.

Voyez à l'article CONVENTUEL ce qui s'est passé depuis en France entre les Cordeliers de l'ancienne & ceux de la nouvelle observance jusqu'au bref de réunion émané en 1771 du pape Clément XIV.

Les Cordeliers peuvent étudier dans la faculté de théologie de Paris & y recevoir le doctorat ; mais ils ne peuvent posséder aucun bénéfice.

L'observance nouvelle a donné lieu à d'autres réformes pour une pratique encore plus étroite de la règle de saint-François : telle est celle des déchaussés d'Espagne, dite de *saint-Pierre-d'Alcantara*, celle des réformés d'Italie, celle des Récolets en France & celle des Capucins. Mais ces religieux sont restés sous l'obéissance du ministère général de l'ordre entier à l'exception des Capucins qui comme nous l'avons dit ont actuellement leur général particulier.

Parmi les statuts de l'ordre des Cordeliers, on en remarque un qui leur défend de recourir à l'autorité des juges séculiers : mais par deux arrêts des 5 janvier 1535, & 19 octobre 1543, insérés dans le recueil des libertés de l'église gallicane, le parlement de Paris a déclaré ce statut abusif.

Il y a des religieufes à Paris qu'on appelle Cordelières : ce font des religieufes de l'ordre de fainte-Claire dont il eft parlé à l'article CLARISSES.

Voyez les livres latins intitulés : *DE ORIGINE SERAPHICÆ RELIGIONIS*, *autore Francifco Gonzaga ; HISTORIA SERAPHICA*, *autore Rodulph. Tuffinian. ; ORBIS SERAPHICUS*, *autore Dominic. de Gubernatis ; MARTYROLOGIUM FRANCISCANUM*, *SPECULUM*, &c. autore Arturio à Monafterio ; l'Hiftoire des ordres religieux*, &c. Voyez auffi les articles CONVENTUEL, BÉNÉFICE, RELIGIEUX, TIERS-ORDRE, &c. ( *Article de M. DAREAU*, avocat au parlement ).

CORDILAT. Sorte de gros drap qui fe fabrique en Languedoc & en d'autres endroits.

Les Cordilats de France doivent par pièce de vingt-huit aunes à l'entrée des cinq groffes fermes, trois livres, & quatre livres à la fortie.

Les Cordilats venant de l'étranger ne peuvent entrer que par Calais & faint Vallery, & les arrêts du confeil des 20 décembre 1687, & 3 juillet 1692 les ont affujettis à payer trente pour cent de la valeur.

L'arrêt du 6 feptembre 1701 a défendu l'entrée des Cordilats venant d'Angleterre.

Lorfque les Cordilats des manufactures du royaume paffent directement à l'étranger, ils font affranchis de tout droit de fortie : il en eft de même de ceux qui fortent des provinces de l'intérieur du royaume par les bureaux de Châlons & de fainte-Ménéhaud, pour les villes & pays de Metz, Toul & Verdun : c'eft ce qui réfulte d'un arrêt du confeil du 25 janvier 1716:

ainfi les droits du tarif ne concernent que les Cordilats deftinés pour les autres provinces réputées étrangères.

Voyez *les lois citées* & les articles ÉTOFFE, ENTREE, SORTIE, MARCHANDISE, SOU POUR LIVRE, &c.

CORDON. Sorte de petite corde.

Les Cordons d'or ou d'argent fin mêlés de foie doivent à l'entrée quatre francs la livre, conformément à l'arrêt du confeil du 15 mai 1760, & quarante fous à la fortie, felon le tarif de 1664.

Par le même tarif, les Cordons d'or ou d'argent faux doivent à l'entrée feize fous la livre & autant à la fortie. Mais quand ils font deftinés pour l'étranger ils ne doivent payer que cinq fous de droit de fortie conformément aux arrêts des trois juillet 1692 & 27 août 1737.

Les Cordons de queue de martre d'environ une demi-aune, contenant quatorze queues, doivent à l'entrée feize fous la pièce, & les autres à proportion, & à la fortie treize fous.

Tous ces Cordons ne peuvent entrer dans le royaume que par Marfeille & le pont de Beauvoifin : ils doivent enfuite être conduits directement à Lyon où les droits doivent en être acquittés avant qu'on puiffe les commercer, conformément à l'article 4 de l'arrêt du confeil du 18 mai 1720.

Toutes les autres efpèces de Cordon font dans la claffe de la mercerie.

Voyez *les lois citées*, & les articles ENTRÉE, SORTIE, MERCERIE, MARCHANDISE, SOU POUR LIVRE, &c.

CORNE. Partie dure qui fort de la tête de quelques animaux.

Le cent pefant de Cornes de cerf doit pour droit d'entrée cinq fous, & dix fous pour droit de fortie felon le tarif de 1664.

Suivant le même tarif, le millier en nombre de Cornes de bœufs ou de vaches, doit à l'entrée dix fous & quatorze fous à la fortie.

Selon une convention du 2 avril 1689, on perçoit à la romaine de fortie à Rouen fur les Cornes ouvrées pour fervir aux canonniers, vingt-huit fous du millier en nombre.

Les Cornes de moutons doivent à l'entrée deux fous par cent pefant, felon le tarif de 1664, & trois fous à la fortie.

Les Cornes claires ou à lanterne doivent à l'entrée par cent pefant une livre dix fous, conformément à l'arrêt du confeil du 14 juillet 1708, & à la fortie, elles doivent acquitter les droits comme mercerie.

L'entrée des Cornes claires venant d'Angleterre a été défendue dans le royaume par arrêt du confeil du 19 mai 1764.

Voyez *les lois citées*, & les articles ENTRÉE, SORTIE, MARCHANDISE, MERCERIE, SOU POUR LIVRE, &c.

CORNICHE. C'eft une forte d'ornement d'architecture qui reçoit différentes formes.

Le bureau des finances de la généralité de Paris a rendu le 29 mars 1776 une ordonnance concernant les Cornicles qui fe pratiquent à la face des maifons. Elle porte:

« 1°. Qu'il ne pourra à l'avenir être conftruit » aucune Corniche en pierres ou maçonnerie aux » murs de face des maifons & bâtimens en la » ville & faubourgs de Paris, fans au préalable » en avoir obtenu la permiffion du bureau, à

» peine de démolition defdites Corniches & de
» cinquante livres d'amende.

» 2°. Qu'à l'égard des maifons qui feront conf-
» truites à l'avenir, lefdites Corniches feront bâ-
» ties en pierres de taille faillantes, incorporées
» dans le mur de face même; & qu'à l'égard des
» maifons déjà conftruites elles feront bàties
» avec le meilleur plâtre poffible, foutenues de
» broches & crampons de fer, recouvertes de
» minces dalles de pierres, & le tout encaftré
» de quatre à cinq pouces dans les murs de face
» auxquelles elles feront appliquées, fans que,
» pour quelque raifon que ce foit, lefdites Cor-
» niches puiffent avoir plus de huit pouces de
» largeur ou de faillie fur la voie publique, à
» peine comme deffus de démolition & de cin-
» quante livres d'amende.

» 3°. Que fous les mêmes peines il ne pourra
» être établi aucune forte d'auvent en bois aux
» maifons où il aura été conftruit des Corniches
» en pierre ou plâtre; à l'effet de quoi fait dé-
» fenfes aux commiffaires généraux de la voierie
» de donner audit cas aucune permiffion d'au-
» vent, à peine de nullité.

» 4°. Enfin, qu'en exécution des édits, règle-
» mens & tarifs concernant les droits doma-
» niaux & utiles de la voierie, il fera payé aux
» commiffaires généraux de la voierie, aliéna-
» taires defdits droits, pour chacune des Cor-
» niches dont il s'agit, la fomme de quatre li-
» vres, en outre dix fous par toife de longueur
» defdites Corniches au-deffus de la première
» toife, & feulement quarante fous pour tout
» droit lorfqu'il ne fera queftion que de répa-
» rations ou de changemens. »

CORNOUAILLES. C'eſt un comté conſidérable en Baſſe - Bretagne, dont Quimper-Co-
rentin eſt la capitale. L'évêque qui eſt ſeigneur
de cette ville prend le titre de baron de Cornouailles.

Dans les villes & faubourgs du comté, les
rentes ſont cenſives, foncières, conſtituées ou
de ſimple ferme ſuivant le droit commun de la
province, mais partout ailleurs les terres ſont
tenues à titre de domaine congéable.

Les baux, quelque longs qu'ils ſoient, fuſ-
ſent-ils de deux cens ans; ne donnent pas lieu
aux ventes.

Les domaniers ou tenanciers ſont *maîtres des
édifices & ſuperfices* de leurs tenues; ils peuvent
les affecter aux douaires de leurs veuves, les
vendre à d'autres qu'au ſeigneur foncier, & en
prendre poſſeſſion avec les ſolemnités requiſes
pour les propriétés incommutables, ſans qu'il
ſoit dû des droits de vente au ſeigneur; ils peuvent auſſi ſans l'appeler, partager entr'eux leurs
*tenues, fonds & ſuperfices*, mais ils ne pourroient
diviſer ſa rente ſans ſon conſentement. Enfin ils
peuvent acquérir la propriété irrévocable des
*édifices* par une poſſeſſion de quarante ans ſans
titre; mais une poſſeſſion immémoriale ne ſuffiroit pas ſans un titre particulier pour poſſéder
des terres autrement qu'à titre de domaine congéable.

Il faut auſſi un titre particulier pour que les
domaniers puiſſent jouir des édifices, des ma-
noirs, moulins, colombiers, garennes, tombes
des égliſes & autres prééminences des lieux anciennement tenus par des gentilshommes.

Les domaniers n'ont pas le droit de conſtruire
des

des maisons sans la permission du seigneur; mais ils peuvent sans son consentement faire des haies, fossés, vergers, jardins & prairies, & autres améliorations de cette espèce.

Les bois qui croissent sur les fossés appartiennent aux tenanciers, à l'exception des bois de mérain qu'ils n'ont pas droit de couper par le pied; ils n'ont aussi que l'encoudage des bois de haute futaie qui croissent dans les parcs & clôtures : quant à ceux qui sont au pourpris des tenues soit nobles soit roturières, ils n'ont pas le droit de les émonder.

Tout domanier doit chaque année, s'il n'est autrement stipulé par son bail, pour le charroi des bois, vins & fruits du seigneur, trois journées avec attelage, trois journées avec ses chevaux sans attelage, & trois journées d'œuvres de main: mais il n'est pas obligé de faire ces corvées hors de la juridiction où il demeure, si ce n'est pour le charroi des vins du seigneur ou de l'ardoise nécessaire à la réparation de sa maison, ou pour la voiture de ses bleds au plus prochain port de mer ou au marché d'une ville voisine.

Il ne peut être dû d'arrérages de ces corvées; mais si le seigneur les a demandées & qu'elles aient été refusées, les domaniers doivent les payer à raison de vingt-quatre sous tournois pour chaque corvée par attelage, & les autres à proportion : au surplus le seigneur ne peut exiger d'eux d'autres corvées, à moins qu'il ne fasse bâtir en sa juridiction, & dans ce seul cas elles peuvent être doublées.

Les domaniers sont obligés de suivre le moulin de leur seigneur s'il est dans la banlieue; mais il est nécessaire qu'ils soient *étagers*, car autrement ils n'y feroient pas tenus à moins qu'ils ne s'y fuffent obligés èxpreffément.

Ils doivent également fuivre la cour de leur feigneur s'il a juridiction contentieufe, fournir déclaration de leurs tenues par tenans & aboutiffans à chaque mutation, & s'ils en font requis, paffer de nouveaux baux de neuf en neuf ans : ils doivent de plus acquitter les *chef-rentes* & autres charges dues au feigneur de fief fi le contraire n'eft ftipulé par le bail.

Lorfque les domaniers trouvent leurs tenues trop chargées de rentes, ils peuvent déguerpir quand leur bail eft fini ; mais ils doivent le déclarer judiciairement au feigneur & lui payer les arrérages des redevances.

Le feigneur foncier de fon côté peut expulfer les domaniers lorfqu'il le juge à propos ; mais il doit les dédommager à dire d'experts des améliorations utiles ou néceffaires.

Les feigneurs font dans l'ufage de ne pas donner quittance des preftations annuelles : la plupart ont le droit d'établir en chaque tenue un de leurs hommes pour toucher ce que les autres doivent : ceux qui n'ont pas cette prérogative tiennent des rôles de la recette qu'ils font obligés de repréfenter quand ils en font requis ; & lorfque ces rôles portent le payement des redevances de la dernière année, les domaniers font quittes des précédentes fi elles n'ont pas été réfervées.

Tel eft le droit commun qui régit les tenues domaniales dans le comté & évêché de Cornouailles ; mais ce n'eft pas fans quelques exceptions : par exemple, dans la juridiction de Daoulas il exifte le même ufement que dans la principauté de Léon, fuivant lequel le tenancier ne peut prefcrire la propriété des *fuperfices* de fon domaine par quelque laps de tems que ce foit fans un titre particulier.

Voyez *la coutume de Bretagne & les commentateurs.* Voyez auffi l'article BAIL A DOMAINE CONGÉABLE, &c. ( *Article de M.* GILBERT DE MARETTE, *avocat au parlement de Bretagne.* )

CORPS. On appelle ainfi certaines compagnies ou communautés.

Pour former un Corps ou communauté, il faut que ceux qui doivent le compofer aient obtenu pour cet effet des lettres-patentes duement enregiftrées ; fans quoi ils ne feroient toujours confidérés que comme particuliers : cela eft fondé fur deux motifs légitimes ; l'un d'empêcher qu'il ne fe forme des affociations qui puiffent nuire à l'état ; l'autre d'empêcher que les biens qui font dans le commerce des particuliers ne ceffent d'y être, comme il arrive quand ils appartiennent à des Corps ou communautés.

On appelle *Corps de ville,* une compagnie compofée d'officiers municipaux, comme font à Paris le prevôt des marchands & les échevins ; à Touloufe, les capitouls ; à Bordeaux, les jurats ; & dans d'autres villes, les maires & échevins, les confuls, &c.

A Paris on appelle *les fix Corps,* fix communautés de commerce. Le premier eft celui de la draperie ; le fecond, celui de l'épicerie ; le troifième, celui de la mercerie ; le quatrieme, celui de la pelleterie ; le cinquième, celui de la bonneterie ; & le fixième, celui de l'orfévrerie.

Ces fix Corps avoient été fupprimés par un édit du mois de février 1776, mais ils ont été rétablis par un autre édit du mois d'août suivant. Voyez l'article JURANDE.

CORRECTEUR DES COMPTES. On donne ce titre à certains officiers qui font membres de la chambre des comptes.

Les Correcteurs des comptes ont été établis par l'ordonnance de Charles VI du 14 juillet 1410. Les corrections des comptes étaient faites auparavant par des maîtres & clercs, ainfi qu'il eft porté par l'ordonnance du mois de janvier 1319.

Le nombre des Correcteurs s'eft accru de même que celui des autres officiers de la chambre des comptes. Il y en a actuellement trente-huit, dix-neuf de chaque femeftre. Leur robe de cérémonie eft de damas noir.

Le lieu où ils s'affemblent fe nomme la chambre de la correction ; elle joint au dépôt des contrôles, dont la garde leur eft confiée comme néceffaire à la vérification des recettes & dépenfes des comptes dont ils font la correction. On y trouve plufieurs doubles des comptes jugés dans les autres chambres des comptes du royaume, lefquels s'y remettoient anciennement, & dont il ne doit plus y être envoyé que des extraits, conformément à l'édit d'août 1669.

Les Correcteurs ont féance au grand bureau au banc qui eft en face de celui des préfidens au nombre de deux feulement,

1°. Au jugement des inftances de correction.

2°. Dans les affaires qui intéreffent le corps de la chambre : dans ces deux cas ils ont voix délibérative au grand bureau.

3°. Lorfqu'ils y font mandés pour leur faire part des arrêts qui ont ordonné le renvoi de comptes à la correction.

4°. Lorſqu'ils y viennent apporter les avis de correction.

5°. Enfin, lorſque la chambre reçoit des lettres de cachet ou ordres du roi concernant quelque invitation aux cérémonies; qu'elle fait quelque députation pour complimenter le roi, la reine, les princes & autres, ou dans les cérémonies qui intéreſſent le corps de la chambre : dans ces cas ſeulement le greffier plumitif ſe tranſporte à la chambre des Correcteurs & les avertit de députer deux d'entre eux grand bureau, où étant celui qui préſide leur fait part du ſujet qui donne lieu à l'invitation.

Le renvoi des comptes à la correction ſe fait toujours par diſtributions générales ou particulières; ces dernières ſont ordonnées par des arrêts de la chambre.

Le conſeiller Correcteur à qui la correction eſt diſtribuée, s'aſſocie un de ſes confrères pour travailler à la vérification des comptes & examiner s'il y a matière à correction.

Les comptes, états, pièces & acquits doivent leur être adminiſtrés par le garde des livres, envers lequel ils s'en chargent ſur un regiſtre particulier. Les procureurs leur adminiſtrent les pièces quand ce ſont les comptables ou leurs héritiers qui demandent la correction de leurs comptes.

L'objet principal des corrections eſt de réformer les omiſſions de recette, faux ou doubles emplois, les erreurs de calcul & de fait qui ont pu ſe gliſſer dans les comptes.

Les conſeillers-Correcteurs mettent par écrit leurs obſervations de ce qu'ils trouvent former la matière de la correction; & après avoir fait mention fur les comptes qu'ils en ont fait la correction, ils font enfuite le rapport de leurs obfervations à leurs confrères.

Sur ce rapport les confeillers-Correcteurs opinent entr'eux fur chaque article; & fuivant ce qui eft décidé à la pluralité des voix, les deux Correcteurs qui ont fait la correction rédigent l'avis par écrit fur papier timbré fans le figner, & l'apportent enfuite au grand bureau où ils rendent compte fuccinctement de l'objet de l'avis de correction.

Cet avis ayant été remis à celui qui préfide, il le donne au greffier pour y faire mention du jour, du rapport & de la remife qui en eft faite à l'inftant au procureur général, laquelle mention eft fignée d'un greffier en chef.

Le procureur général fait fignifier cet avis de correction au comptable au domicile de fon procureur, foit que la correction concerne les comptes de fes exercices ou de ceux de fes prédéceffeurs dont il eft tenu, ou aux héritiers des comptables, & les fait affigner à la chambre pour y procéder fur l'avis de correction & en voir ordonner l'entérinement.

On obferve dans ces inftances les formalités prefcrites par l'ordonnance pour les inftructions & jugemens des défauts faute de comparoir ou faute de défendre.

La partie affignée fournit des défenfes à cette demande; ce qui forme la matière d'une inftance qui s'inftruit en la forme prefcrite par l'ordonnance civile du mois d'avril 1667, fi ce n'eft qu'elle ne peut être jugée à l'audience fuivant les règlemens des 10 avril & 10 juin, & la déclaration du 15 feptembre 1684 donnée à ce fujet en interprétation de l'article 9 du titre 11 de l'ordonnance de 1667.

Suivant cette déclaration, il doit être pris sur les défenses, un appointement au greffe, soit par le procureur général, soit par le procureur du défendeur, sauf à renvoyer à l'audience les tierces oppositions ou autres incidens : deux conseillers-Correcteurs assistent avec voix délibérative à ces audiences, conformément au règlement des 17. & 20 mars 1673. L'instruction de l'instance se fait de la part du procureur général & des défendeurs par production respective, contredits & salvations, ainsi que dans les autres procès par écrit.

La production faite le procès est distribué à un maître des comptes. L'instruction de l'instance se continue, & lorsqu'elle est achevée le procureur général donne ses conclusions par écrit & cachetées.

Le maître des comptes fait ensuite son rapport à la chambre de l'instance, & les deux Correcteurs qui ont dressé l'avis de correction ont voix délibérative au jugement.

Dans le cas où celui qui défend à la demande du procureur général à fin d'entérinement de l'avis de correction, déclare par requête employée pour défense à cette demande qu'il n'a aucun moyen pour empêcher cet entérinement, & que par conséquent il n'y a pas lieu à contestation, en ce cas cette requête est distribuée à un maître des comptes & communiquée au procureur général ; & après qu'il a donné ses conclusions par écrit sur le tout, le rapport & le jugement de l'instance se font en la même forme

que les inftances dans lefquelles il a été pris un
appointement.

CORRECTION. C'eft le droit qu'un
fupérieur a d'infliger certaines peines aux perfonnes qui font foumifes à fon autorité.

Ce mot a deux acceptions différentes qui ont
chacune des règles particulières ; fçavoir, la
Correction que les laïques peuvent exercer fur
leurs inférieurs, & celle que les fupérieurs eccléfiaftiques & réguliers ont fur les membres
de leurs corps & communautés. Nous parlerons
d'abord de la première efpèce de Correction.

Les pères ont droit de Correction fur leurs
enfans : fuivant le droit romain, ils avoient
même le droit de vie & de mort ; notre jurifprudence plus fage n'a point accordé ce pouvoir terrible aux pères ; elle leur a feulement
laiffé celui de corriger leurs enfans.

De ce qu'un père peut exercer le droit de
Correction fur fes enfans, on ne peut en conclure qu'il a le droit de les maltraiter & de les
excéder de coups. Les lois lui ont tracé la route
qu'il doit fuivre ; s'il s'en écarte, les enfans peuvent avoir recours à l'autorité des magiftrats
pour fe fouftraire à un empire tyrannique ; mais
pour qu'un enfant ait le droit de porter une
pareille plainte contre l'auteur de fes jours,
il faut que l'abus de l'autorité paternelle foit
prouvé ; car il ne feroit pas écouté s'il ofoit réclamer le pouvoir des lois pour éviter de légères Corrections qu'un père eft toujours préfumé exercer pour former ou changer le caractère de fes enfans. Ce n'eft donc que dans le
cas d'un abus évident de l'autorité paternelle que

la plainte des enfans peut être admife par les tribunaux.

La jurifprudence autorife les pères à faire enfermer leurs enfans dans des maifons de Correction jufqu'à l'âge de vingt-cinq ans: les mères ont le même droit; mais fi les uns ou les autres fe font remariés, ils ne peuvent faire enfermer leurs enfans qu'après avoir obtenu une ordonnance du juge, qui ne leur en accorde la permiffion qu'en conféquence d'une affemblée de parens tant paternels que maternels & fur leur avis.

Ces principes font fondés fur plufieurs arrêts de réglemens rapportés dans le journal des audiences: par ces arrêts, qui ont été rendus les 9 & 13 mars 1673, 14 mars 1678, 27 octobre 1696, & 30 juillet 1699, « le parlement de » Paris a autorifé les pères a faire conftituer pri- » fonniers (par forme de correction) leurs en- » fans jufqu'à l'âge de vingt-cinq ans dans les » maifons qui font deftinées à cet effet, telles que » celles de l'officialité au lieu de Villeneuve-fur- » Gravois, la maifon de Saint-Lazare, &c. Dans » le cas où les pères & mères ont convolé en » fecondes noces, cette cour leur a ordonné de » fe pourvoir par devers le lieutenant civil du » châtelet de Paris, pour obtenir une ordon- » nance de ce magiftrat, lequel peut prendre, » s'il le juge à propos, l'avis des plus proches » parens des enfans mineurs ».

Les tuteurs & les tutrices font affujettis aux règles prefcrites par ces réglemens.

Comme l'intention du parlement de Paris n'a point été de laiffer aux pères le choix d'autres maiſons que celles de Correction, ils ne peuvent faire conſtituer leurs enfans priſonniers dans les priſons ordinaires : c'eſt ce qui leur a été formellement défendu par un arrêt du 26 octobre 1697, « qui a fait défenſes à toutes » perſonnes de mettre les enfans de famille par » Correction, ailleurs que dans l'officialité de » Paris, & à tous geoliers & concierges des » autres priſons de les recevoir & retenir dans » les leurs, ſous peine d'une amende de trois » cents livres ».

Suivant le droit romain, les maris avoient le droit de Correction ſur leurs femmes ; mais ſi le mari battoit ſa femme à coups de fouet, elle pouvoit demander le divorce, parce que le fouet étoit une injure pour une *ingénue*. La juriſprudence romaine n'eſt point admiſe parmi nous en cette partie ; nos loix donnent au mari l'autorité ſur la femme ; mais il doit la traiter avec douceur & amitié ; cependant ſi elle s'oublie, il peut uſer du droit de Correction, qui conſiſte à la faire enfermer dans un convent & même dans une maiſon de force, ſi ſes écarts ſont de nature à mériter cette eſpèce de punition. Au reſte, le mari avant de prendre aucun de ces partis violens & extrêmes, doit faire aſſembler les plus proches parens de ſa femme & prendre leur avis ; car s'il la faiſoit enfermer légèrement & ſans avoir des motifs graves, elle pourroit réclamer contre l'abus de l'autorité maritale, & s'en faire un titre pour demander ſa ſéparation.

Le droit de Correction appartient encore aux maîtres ſur leurs eſclaves ; mais ce droit qui n'avoit point de bornes chez les Romains, a été reftreint par les loix faites pour nos colonies, où la néceffité de la culture des terres fous un ciel brûlant a fait introduire des efclaves Africains. Un exemple récent prouve que les nègres qui font en France ont le droit de réclamer le pouvoir de la juftice pour fe fouftraire aux violences de leurs maîtres. Un juif avoit amené en France deux efclaves, un nègre & une négreffe; ces infortunés, après avoir éprouvé les traitemens les plus horribles de la part de ce maître dur & inhumain, ont eu recours à l'autorité de la juftice ; & par jugement rendu au mois de février 1776, la table de marbre a reçu la plainte du miniftère public contre le juif, & lui a permis de faire informer des violences qu'il avoit exercées envers fes efclaves. Par le même jugement, ces derniers ont obtenu leur liberté , & il leur a été accordé la fomme de cent livres à chacun pour leur tenir lieu de gages.

On trouve plufieurs autres jugemens femblables qui ont été confirmés par des arrêts du parlement.

Les fupérieurs eccléfiaftiques ont également le droit de Correction. C'eft un principe fondé fur le droit commun du royaume, que les évêques ont le pouvoir de corriger tous les clercs de leurs diocèfes, tant féculiers que réguliers, en corps & en particulier.

Voyez l'article EVÊQUE ; voyez auffi le concile de Trente , *feff. 14, c. 4, de ref.*

Plufieurs chapitres ont le droit de Correction fur leurs membres : ce privilége étant contraire au droit commun, ne peut être exécuté que lorſqu'il eſt fondé ſur des titres précis ſuivis de poſſeſſion. Si ces titres ne ſont pas revêtus des formalités preſcrites par les loix pour autoriſer de pareilles exemptions, les évêques peuvent les attaquer & réclamer le droit commun qui eſt en leur faveur.

Pluſieurs communautés religieuſes jouiſſent du même privilége d'exemption, & ne ſont ſujettes à l'inſpection de l'ordinaire que dans les cas prévus par l'édit de 1695.

Enfin les ſupérieurs des monaſtères ont le droit de Correction ſur leurs religieux ; mais comme ils n'ont aucune juridiction, ils ne peuvent infliger que des peines légères, telles que le jeûne, la diſcipline, &c. Il ne leur eſt pas permis de traiter leurs religieux avec inhumanité ; s'ils le font, les religieux peuvent porter leurs plaintes devant leurs ſupérieurs & même dans les tribunaux ſéculiers. Les juges peuvent, lorſque les plaintes des religieux ſont légitimes, ordonner qu'ils ſeront transférés dans un autre monaſtère.

Le miniſtère public peut même, s'il eſt inſtruit d'abus d'autorité très-graves, rendre plainte d'office contre les ſupérieurs, & requérir que les victimes de la tyrannie monaſtique ſoient miſes ſous la protection de la juſtice. Il peut enſuite demander d'être reçu à faire informer des abus d'autorité, & pourſuivre ceux qui s'en ſont rendus coupables.

Par arrêt du parlement de Normandie, rendu le 5 décembre 1502, un religieux qui avoit porté ſes plaintes contre ſon ſupérieur, fut autoriſé à changer de monaſtère.

Outre les acceptions fous lefquelles nous avons envifagé le mot CORRECTION, il a encore lieu en matière de compte. Voyez l'article COMPTE & celui de CORRECTEUR DES COMPTES.

On fe fert encore du mot CORRECTION en matière d'imprimerie : il eft défendu aux auteurs de faire des Corrections, & aux imprimeurs de les imprimer, fi elles n'ont pas été approuvées par le cenfeur de l'ouvrage.

Voyez *le dictionnaire des arrêts ; la difcipline de l'églife, par le père Thomaffin ; d'Héricourt dans fes lois ecclèfiaftiques ; l'édit de 1695 ; le journal des audiences ; le traité de la police, par Lamarre ; Tournet ; le dictionnaire canonique ; les mémoires du clergé ; le code de la librairie, &c.* Voyez auffi les articles ABBÉ, EVÊQUES, RELIGIEUX, SUPÉRIEURS, ENFANS, MINEURS, PÈRE, TUTEURS, &c. ( *Cet article eft de M. DESESSARTS, avocat au parlement* ).

CORRUPTION. C'eft le crime dont fe rendent coupables tous ceux qui font revêtus de quelque autorité, lorfqu'ils fuccombent à la féduction, & le crime en même temps de ceux qui cherchent à les corrompre.

La Corruption n'eft malheureufement pas fans exemple dans ceux qui font prépofés à l'adminiftration de la juftice ; continuellement expofés aux piéges de l'erreur, du menfonge & de la calomnie, leur unique fauve-garde contre tous les dangers qui les environnent, eft un cœur noble, ferme & incorruptible ; quand cette reffource leur manque, à quels maux ne font pas expofés ceux qui font obligés de défen-

dre auprès d'eux leur honneur, leur fortune &
leur vie? Un juge qui porte dans le sanctuaire
de la justice un cœur corrompu, est un monstre
dont l'aspect fait horreur & dont le souffle em-
poisonne l'air qu'il respire. La main qui exter-
mine les scélérats insignes ne sçauroit trop s'ap-
pésantir sur lui. Quel ménagement peut-il mériter, quand il fait servir à ses passions ou à son
avarice les lois les plus sacrées; quand sans pitié
& sans remords il entend les cris de l'oppression
& voit tomber les larmes de l'innocence? Il
est l'opprobre de la justice & le fléau de l'humanité.

L'amour déréglé des richesses & des plaisirs
est la principale source de Corruption dans un
juge; s'il a l'ambition d'accroître sa fortune, il
n'est rien qu'il ne sacrifie à ce desir. En se pré-
sentant avec les dehors du crédit & de l'opulence, on est assuré d'avoir auprès de lui l'accès
le plus facile; s'il n'ose pas recevoir directement les offrandes des malheureux plaideurs, il
a ses confidens & ses complices qui les reçoivent
pour lui; la balance de la justice est toujours
chez lui en équilibre; l'or est la seule puissance
qui la fasse pencher.

Si au lieu d'être l'esclave de la cupidité, il
l'est de cette autre passion qui fait rechercher le
plaisir dans le sein de la volupté, de quelles pré-
varications ne deviendra-t-il pas coupable, si
l'objet de ses ardeurs criminelles a le cœur flé-
tri & corrompu? Qu'il en coûte peu de sceller
un jugement du sceau de l'iniquité, lorsque des
plaisirs offerts par la beauté doivent en être la
récompense! Un juge qui ne craint point de

déshonorer son ministère en se livant à l'appétit de ses sens déréglés, est aussi dangereux que celui qui est corrompu par toute autre passion dominante.

Pour être jugé coupable de Corruption, il n'est pas nécessaire que les effets s'en soient manifestés, il suffit qu'il y ait des preuves qu'on s'est laissé corrompre en recevant des présens par soi ou par des gens interposés, ou qu'on ait promis son suffrage sur des sollicitations & des promesses. Il suffit même qu'on s'expose au danger de la Corruption pour qu'on soit répréhensible ; & ce danger n'est pas équivoque lorsqu'on se permet des habitudes & des familiarités qui pour l'ordinaire n'ont d'autre principe que celui de la séduction. Il est de l'intérêt de la justice que le public ait l'opinion la plus favorable de ceux qui sont préposés pour la lui administrer, & cette opinion, on ne sauroit l'avoir d'un magistrat connu par des foiblesses qui sont au moral comme au physique des signes d'un danger prochain de Corruption.

Ce que nous disons des juges en général s'applique à tous ceux qui sont revêtus de l'autorité publique dans quelque genre d'administration que ce soit : le serment de fidélité qu'on leur fait prêter est le serment de l'incorruptibilité qu'on exige d'eux. Un magistrat, car sous ce nom on peut entendre tous ceux qui sont constitués en pouvoir & en autorité, un magistrat incorruptible est le plus ferme appui de la loi ; il est l'effroi des méchans, l'espoir de l'innocent & de l'opprimé, le génie tutélaire de la justice, de l'honneur & de la vertu. Toutes les belles qualités qui peuvent le rendre recomman-

dable aux yeux des hommes font dans fon cœur,
& fa réfiftance aux efforts de la contagion eft
la preuve la plus convaincante de fa grandeur
d'ame & de fon courage.

L'icorruptibilité n'eft pas une vertu effentielle
aux magiftrats feuls, elle l'eft encore particulièrement à ceux qui, comme les greffiers & les
fecrétaires, coopèrent directement à leurs fonctions. Elle l'eft auffi aux notaires, fur la pro-
bité defquels repofe la foi publique; elle l'eft
aux procureurs, aux huiffiers, en un mot à tous
les agens minifteriels de la juftice, parce qu'il
n'en eft aucun qui en fe laiffant corrompre, ne
puiffe produire des maux infinis.

Ceux qui font commis pour des opérations
judiciaires fe rendent coupables auffi de Corruption, lorfqu'ils trahiffent leur miniftère en
fuccombant à la féduction.

Il en eft de même des témoins qui après
avoir juré de dire la vérité, ou la paffent fous
filence, ou dépofent le menfonge & la calomnie.

La Corruption eft plus ou moins puniffable,
fuivant le caractère de ceux qui s'en rendent
coupables, & fuivant les maux qui en réfultent.
Les corrupteurs qui ont provoqué le crime font
auffi dans le cas de participer aux châtimens
qu'encourent ceux qui fe laiffent corrompre.
Aucune loi ne peut déterminer le genre de punition que chaque cas particulier peut mériter;
tout eft laiffé fur cet article à la prudence & à
la fageffe des magiftrats. Les circonftances feules peuvent adoucir ou augmenter les peines.

Voyez *les articles* CONCUSSION, FAUX, MAL-
VERSATION,

VERSATION, PRÉVARICATION, SUBORNA-TION, &c. (*Article de M. DAREAU, avocat, &c.*)

CORSAIRE. Voyez PIRATE.

CORSE. Ifle de la Méditerranée, fituée entre les côtes de Provence & de Languedoc, celles d'Italie & la Sardaigne.

Les Génois ont cédé au feu roi les droits qu'ils avoient fur cette île, par une convention du mois de mai 1768.

La nation Corfe réunie dans l'affemblée gérale de 1770, a reconnu l'autorité de fa majefté, & lui a renouvelé le ferment de fidélité qui lui avoit déjà été prêté par toutes les piéves & les provinces de l'île.

La Corfe, comme nos provinces méridionales, eft régie par les loix des Romains fes anciens maîtres. Comme ces provinces, elle a des ftatuts qui s'écartent fouvent des difpofitions du droit écrit (*).

(*) *Voici les principales fingularités de ces ftatuts.*
Ils mettent les femmes dans une perpétuelle tutelle & ne leur permettent même après la majorité de quatorze ans, de s'obliger que jufqu'à la concurrence de douze livres.

Au-delà de cette fomme, il leur faut le confentement de leur père de leur mari & de leur aieul; & à leur défaut, d'un pareil nombre de parens ou de voifins, fous l'autorité du magiftrat.

Tous font obligés d'affirmer, qu'ils croyent l'engagement avantageux a la femme. C'eft ce qui réfulte du chapitre 25 du ftatut.

Au contraire, en vertu du chapitre 26, le confentement & l'affirmation du père, ou de l'aieul fuffifent; pour les enfans mâles, majeurs de quatorze ans, & mineurs de vingt-cinq.

*Tome XVI.* Q

Ces ſtatuts ont été rédigés après la paix de

Les immeubles des mineurs ne peuvent être vendus qu'en place publique, après des affiches & criées faites pendant dix jours.

Mais cette forme de décret n'a pas lieu pour les ventes forcées faites ſur des majeurs, leſquelles ſe font par la voie d'eſtimation, & non par encan.

Des appréciateurs nommés tous les ans par les podeſtats, ou convenus par les parties, font cette eſtimation.

Le créancier prend les biens ſur ce pied en déduiſant le quart du prix eſtimé.

Le débiteur peut exercer le rachat de ſes biens, pendant un mois pour les meubles, & deux mois pour les immeubles; il a huit mois s'il eſt abſent.

*Le retrait lignager* a lieu en faveur des parens paternels juſqu'au troiſième degré :

A leur défaut les plus proches voiſins, peuvent exercer le retrait de bienſéance.

Le délai eſt d'un mois pour les préſens, & d'un an pour les abſens de l'île; il ne court que du jour de la publication faite à l'égliſe dans une aſſemblée un jour de fête.

Un gentilhomme qui a des vaſſaux, ne peut former contre eux de prétentions & réciproquement ſes vaſſaux n'en peuvent former contre lui, qu'à l'aide d'un titre ou du témoignage de quatre témoins.

Le poſſeſſeur de bonne foi qui a fait des améliorations utiles & néceſſaires ſur l'héritage d'autrui, n'en peut être évincé qu'après avoir été indemniſé.

Si les dépenſes ont été faites par un vaſſal ou un cenſitaire, dans ſon fief ou ſon aſcenſement, & qu'elles ſoient conſidérables, comme ſi les terres incultes ont été défrichées, plantées de vignes ou d'arbres, le propriétaire direct a la faculté d'y rentrer, mais il doit payer en totalité les améliorations des édifices, & laiſſer la moitié des terreins au vaſſal ou cenſitaire, à moins que les améliorations n'aient été faites malgré lui, ou qu'il n'y ait eu des conventions contraires.

Lorſque les améliorations ſont en terres de communes,

Câteau-Cambrefis, par les députés Corſes & les commiſſaires Génois.

---

les chapitres 35, 36 & 39 du ſtatut en accordent ſeulement la jouiſſance pendant trois années.

Les mâles ont la faculté de teſter à quinze ans & les filles à treize, cependant avec le conſentement de leur père ou aieul s'ils ſont ſous leur puiſſance.

Toutes les diſpoſitions à cauſe de mort, & les inſtitutions d'héritiers doivent être faites par devant notaire en préſence de cinq témoins.

A défaut de notaire, on peut déclarer ſa volonté devant ſix témoins *idoines*, mais il faut que quinze jours après le décès du teſtateur, les légataires ou héritiers, faſſent examiner & rédiger ſes diſpoſitions par devant le juge ordinaire. Le chapitre 42 veut que les témoins atteſtent que le teſtateur à l'eſprit ſain.

Lorſqu'il n'y a point de teſtament les chapitres 43 & 44 du ſtatut appellent :

1°. Les enfans mâles légitimes à leur ligne maſculine. Ils excluent les filles, les petites-filles & leurs deſcendans, qui doivent s'en tenir à leur dot.

Si les filles, les petites-filles & leurs repréſentans ne ſont pas enfans du double lien, & n'ont été dotés que ſur les biens d'une de leur ligne ; ils ne peuvent répéter ſur ceux de l'autre ligne ce qui a été laiſſé par le teſtamens des aſcendans de cette ligne.

Soit qu'ils ſoient du double lien ou non, s'il ne leur a rien été donné entre-vifs ni par teſtament par les aſcendans des deux lignes, il faut s'en tenir à l'arbitrage des trois plus proches parens de la ligne des biens de laquelle il s'agit, & à leur défaut à ce qui ſera ordonné par le magiſtrat.

Les religieux & les religieuſes peuvent demander des penſions alimentaires lorſqu'il ne leur eſt rien laiſſé par le teſtament de leurs parens.

2°. La loi appelle les filles, les petites-filles de la ligne maſculine & leurs deſcendant en rapportant leur dot.

3°. S'il n'y a point de filles, les petits-enfans de la ligne feminine ne ſuccèdent que concurremment avec les

Q ij

frères germains ou confanguins du défunt, en prélevant
cependant leur dot, ou ce qui doit en tenir lieu, fuivant
l'eſtimation des parens, homologuée par le magiſtrat.

4°. A plus forte raiſon s'il n'y a ni enfans ni deſcendans les frères germains & les confanguins fuccèdent aux
biens de la ligne paternelle & à ceux d'acquêt.

A l'égard des biens maternels, les frères germains y
fuccèdent feuls, & à leur défaut les frères utérins, & s'il n'y
en a point les fœurs utérines.

Les neveux, enfans des frères germains ou confanguins fuccèdent avec leurs oncles, ou feuls à leur défaut, par
fouche & non par tête.

Le cinquième ordre de fuccéder eſt en faveur des pères,
& à leur défaut, des aieuls & biſaieuls paternels.

Ils fuccèdent au défaut d'enfans, de frère & de fils de
frères; & lorſqu'ils ne fuccèdent pas, ils ont l'uſufruit de la fuc-
ceſſion, à la charge de la nourriture & de l'entretien des
enfans du defunt.

La mère au contraire & à fon défaut l'aieul maternel
ne peuvent prétendre de légitime, qu'autant qu'il n'y a ni
petits enfans, ni pere, ni aieul, ni biſaieul paternel.

Cette légitime n'eſt même qu'en uſufruit dont ils ne
peuvent diſpoſer au préjudice des héririers de leur enfans
juſqu'au quatrième degré de la computation canonique.

5°. Les fœurs germaines & confanguines, les filles des
frères, les fils & les filles des fœurs font enſuite appelés
par fouche & non par tête, en obſervant ce qui vient d'être
dit pour les biens maternels.

La loi appelle 6°. les oncles & les couſins germains
& confanguins avec les deſcendans des fœurs par fouche,
en obſervant toujours la diſtinction des biens maternels.

7°. Les agnats mâles au quatrième degré fuivant la
computation canonique.

8°. Les bâtards lorſqu'il y a des enfans légitimes font
réduits par le chapitre 45 aux avantages qui leur ont été
faits par leurs pères, entre vifs ou à cauſe de mort, fans préjudice de la légitime des fils légitimes & des dots des
filles.

de Gènes ordonne qu'ils feront obfervés par tous
les habitans & officiers de l'île, à l'exception
des villes de Calvi & de Bonifacio.

Ces villes avoient des ftatuts particuliers,
infcrits dans les livres rouges, mais qui ne ren-
fermoient que des règlemens d'adminiftration &
de police abrogés tacitement par les nouvelles
lois.

Les Corfes avoient auffi un ftatut criminel
dont les difpofitions ont été abrogées par une
ordonnance du mois de juin 1768, concernant
les délits & les peines.

---

Si le père n'a pas difpofé en faveur de ces bâtards, les
mâles d'entr'eux peuvent demander des alimens & les filles
des dots convenables.

Mais fi leur père n'a point laiffé de parens légitimes,
jufqu'au troifième degré de la computation canonique inclu-
fivement, ils font appelés à fa fucceffion dans l'ordre qui vient
d'être tracé pour les enfans légitimes.

9°. Ce font les héritiers des femmes qui fuccèdent à
leur dot à l'exclufion du donateur, à moins qu'il n'y ait
eu dans la donation des ftipulations contraires.

Lorfqu'il y a des enfans, le père a l'ufufruit de la fucceffion de fa femme, à la charge de leur nourriture & entretien.

Suivant le chapitre 51 du ftatut, les contrats & teftamens paffés hors de l'île ont la même force que s'ils étoient
paffés dans l'île, pourvû qu'ils foient authentiques & fignés
d'un notaire.

Tout homme qui n'auroit point de paffage pour aller
à fa maifon ou à fon héritage & pour y conduire des
eaux, eft autorifé par ce chapitre 51 de forcer fon voifin
à lui en livrer un, en le payant à dire d'experts.

Celui qui n'eft pas de terre de commune ne peut y
acquérir d'héritage à moins d'aller y habiter. Les autres
difpofitions du ftatut font principalement relatives à la procédure & établiffent des formes judiciaires particulières à
cette île.

Q iij

Cette ordonnance conforme aux principes de notre jurifprudence pénale, a deux difpofitions fingulières, relatives fans doute aux circonf-tances.

L'article 2 du titre 3 veut que dans le cas où l'affaffinat prémédité auroit été commis par ven-geance de famille ou haine tranfmife, la maifon du coupable foit rafée, & fa poftérité déclarée incapable de remplir jamais aucune fonction publique. L'édit du mois de mars 1772 a des difpofitions conformes.

En vertu de cette loi, tous les Corfes, fans exception, qui feroient arrêtés portant des armes à feu, ou dans les maifons defquels il en feroit trouvé, pourroient être punis de mort s'ils ne rapportoient à cet égard une permiffion expreffe ou par écrit du commandant en chef; permiffion que cet officier ne peut refufer, fous quelque prétexte que ce foit, à aucun officier de juftice.

La prohibition du port d'armes eft étendue aux ftilets & couteaux pointus, & même aux couteaux fans pointe qui ont plus d'un pied avec le manche.

Il eft également défendu aux ouvriers & à toute autre perfonne, de fabriquer, vendre & débiter des inftrumens de cette forte, à peine de cent livres d'amende pour la première fois, & de trois ans de galère en cas de récidive.

Ce font les difpofitions de l'article 2 du titre 3 de l'ordonnance fur les délits & les peines, des articles 2 & 4 de l'édit du mois de mai 1772, & de la déclaration du 20 du même mois.

La Corfe eft regardée par les officiers du pape comme un pays d'obédience. Les règles de chan-cellerie y font obfervées, ainfi que les difpofi-

tions du concile de Trente fur le concours des
bénéfices à charge d'ames.

Cependant le conseil fouverain y a enregistré
& fait publier, fous l'autorité du roi, toutes les
lois ecclésiastiques du royaume rendues depuis
la déclaration du clergé de France de 1682, &
une ordonnance particulière qui rassemble les
principes de nos lois fur les mariages.

En général, les lois que le feu roi a rendues
pour la Corse font relatives, 1°. à l'administration
civile ou à la juridiction des tribunaux, 2°. à
l'administration économique.

Nous traiterons féparément de ces deux objets.

1°. *Des tribunaux.* Le premier de tous eft le
conseil fouverain établi à Baftia par édit du mois
de juin 1768, à l'inftar des parlemens & conseils
fouverains du royaume.

Il reçoit les appels de tous les tribunaux de
la Corse.

Il eft fpécialement chargé de la reconnoiffance
des titres de noblesse.

Il connoît, en première inftance, de la propriété des bois & forêts du roi, lorfque l'infpecteur des bois eft partie.

Il reçoit les oppofitions formées aux ordonnances rendues par l'intendant de l'île, affifté de
deux conseillers Corses de cette cour, fur la
propriété des domaines du roi, les aveux &
dénombremens des poffeffeurs des fiefs, & les
déclarations des propriétaires roturiers.

Mais les matières des aides & de la comptabilité appartiennent à l'intendant qui prétend
devoir en connoître, même au criminel. Elles
lui font attribuées par la déclaration du 28
juillet 1772.

Dans l'origine, le conseil supérieur de Corse étoit composé de l'intendant qui faisoit les fonctions de premier préfident, de dix conseillers, dont six gradués François & quatre Corses, d'un procureur général, d'un substitut, un greffier en chef, deux huissiers & deux secrétaires interprètes.

La déclaration du mois de mai 1771 a défuni les fonctions de premier préfident & d'intendant.

La charge de second préfident, supprimée en 1769, a été rétablie au mois de janvier 1772.

Les lettres-patentes du 6 mai 1773 ont attaché un des secrétaires interprètes aux bureaux de l'intendant.

La charge d'avocat général a été défunie de celle de procureur général, par l'édit du mois de juin 1773.

Ces officiers reçoivent annuellement pour gages ; savoir :

| | |
|---|---:|
| Le second préfident. . . . . | 7200 liv. |
| Les conseillers François chacun. . | 4000. |
| Les conseillers Corses chacun. . | 2000. |
| Le procureur général. . . . . | 6000. |
| L'avocat général. . . . . . | 4000. |
| Le substitut. . . . . . . | 2400. |
| Le greffier en chef. . . . . . | 3000. |

Au moyen de ces gages, ces officiers, comme ceux des autres tribunaux de l'île, doivent rendre la justice gratuitement & sans frais.

Leurs vacations en campagne sont modérées à 10 livres, 7 livres 10 sous & 5 livres, pour les conseillers, le substitut & le greffier, à charge d'employer huit heures par jour en été, & six en hiver.

Tous les magistrats de l'île exercent sur de

simples commiſſions ; *en attendant*, portent les lois de leur création, *qu'il ait plu au roi de les ériger en titre d'office.*

Ils ſont pourvus ſans finance, mais ils ſont aſſujettis à des droits de marc d'or proportionnés à leurs gages.

Lorſqu'un officier paſſe d'une charge à une autre, on lui déduit ſur les droits de la ſeconde, ceux qu'il a payés pour la première.

Les *juridictions royales* ont été créées par l'édit du mois de ſeptembre 1769, au nombre de neuf: la première à Corte, la ſeconde à Baſtia, la troiſième à Ajacio, pour les provinces & juridictions de ce nom ; la quatrième à Rogliano pour le cap Corſe ; la cinquième à Oletta pour le Nebbio ; l'hiver elle tient ſes ſéances à Saint-Florent ; la ſixième à Vico, la ſeptième à Surtenne, la huitième à Campo-Loro, la neuvième à Calvi.

L'édit du mois d'avril 1770 a créé une dixième juridiction royale à Bonifacio, diſtrict de celle de Surtenne.

Et l'édit d'avril 1772 en a créé une onzième à Ampugnani pour la partie de la province de Baſtia ſituée au-delà du Guolo.

Ces tribunaux n'étoient d'abord compoſés que d'un juge royal, d'un procureur du roi & d'un Greffier ; ils ont été augmentés d'un aſſeſſeur civil & criminel, par l'édit du mois d'avril 1771. L'édit de ſeptembre de la même année a créé un ſecond aſſeſſeur à Baſtia.

Les gages de ces officiers ſont pour chacun des juges royaux François de. . . . . . . . . 1800 liv.

Pour chacun des juges royaux Corſes de. . . . . . . . . . . . . . . . . 1500.

Pour chaque procureur du roi . . . . . . . .

François de. . . . . . . . . 1500. liv.

　Pour chaque procureur du roi

Corse de. . . . . . . . . . 1200.

　Pour chaque greffier de. . . . 500.

　Les vacations en campagne sont taxées à 5 livres pour les juges, 3 livres pour les procureurs du roi, & 2 livres 10 sous pour les greffiers.

　Les assesseurs sont tenus, toutes affaires cessantes, autres que les affaires criminelles de leurs siéges, de se rendre dans les juridictions voisines, toutes les fois qu'ils y sont appelés par les juges pour procéder aux jugemens définitifs en matière de grand criminel, à moins de légitime empêchement reconnu tel par les juges royaux de leurs siéges.

　Les juridictions royales sont, au civil & au criminel, les tribunaux ordinaires de leur ressort.

　Les procureurs du roi y ont une attribution particulière. En vertu de l'édit du mois de novembre 1770, la dation de tutelle, lorsqu'il n'y a pas été pourvu par le testament du père, & la nomination des curateurs aux mineurs se font par-devant ces magistrats, dans une assemblée de cinq ou six parens, amis ou voisins, au défaut de parens.

　Lorsqu'il y a des mineurs appelés à quelque succession, les procureurs du roi apposent & lèvent les scellés & font les inventaires dans les maisons mortuaires. Ils ne doivent pas attendre qu'ils soient appelés par les veufs & héritiers. Les appels de leurs ordonnances se portent aux siéges de leurs juridictions respectives.

　Lorsqu'il n'y a point de mineurs, l'apposition des scellés & la confection des inventaires est déférée aux juges royaux exclusivement. Ils doivent y procéder d'office en cas d'aubaine, de deshérence, de bâtardife, d'abfence de quelques héritiers, de décès ou de faillite de quelque perfonne comptable, & des eccléfiaftiques, pour fûreté des réparations & charges de leurs béné-fices.

A l'égard des *eaux & forêts*, la connoiffance des délits & de tous les différens qui concernent cette matière, appartient en première inftance aux juges royaux du reffort, & par appel au confeil fupérieur, excepté, comme nous venons de le dire, lorfque l'infpecteur des bois eft en Corfe.

La connoiffance des abus, délits & malver-fations des officiers des bois & forêts dans leurs fonctions, & des bucherons & ouvriers dans leur exploitation, appartient également aux juges ordinaires.

L'intendant peut cependant procéder contre les officiers & bucherons en faute; il a à cet égard & fur l'adminiftration des bois & forêts, la même autorité que les grand-maîtres des eaux & forêts dans le royaume.

Il a fous fes ordres un officier qui fous le titre d'infpecteur des bois eft chargé de conferver au domaine de la couronne les bois & forêts qui en font actuellement partie, d'y faire réunir ceux dont la propriété appartient au fouverain, d'em-pêcher toute anticipation & ufurpation, & d'en procurer le meilleur produit.

Les ventes & le recouvrement du prix doi-vent fe faire à fa diligence.

Il eft chargé de pourfuivre à fins civiles, les délits commis dans les bois du roi, même dans ceux des communautés, des eccléfiaftiques &

des particuliers, lorfqu'ils font difpofés à des peines pécuniaires au profit du roi.

Il peut faire des vifites & reconnoiffances dans les bois & forêts du roi, quand le bien du fervice l'exige. Il pourvoit à ce que les fonds des ventes, des amendes & confifcations foient remis entre les mains des receveurs du domaine, chacun dans fon département.

L'adminiftration économique qui appartient dans le royaume aux maîtrifes particulières, eft dévolue en Corfe à des officiers défignés fous le titre de *confervateurs* des bois & de *gardes-marteaux.*

Il y a un confervateur & un garde-marteau à Baftia pour la partie d'en-deçà des monts, un confervateur & un garde-marteau à Ajacio pour la partie d'en-delà les monts. Des ingénieurs-géomètres, à la fuite de l'intendance, exercent les fonctions d'arpenteurs.

Les confervateurs & gardes - marteaux font préfentés par l'intendant, & exercent leurs fonctions fur des commiffions fignées du roi. L'intendant nomme les gardes.

· Ces officiers font établis & leurs fonctions font réglées par une ordonnance du mois de mars 1772. Cette loi contient fur la coupe, l'aménagement & la vente des bois, des règlemens affez conformes aux difpofitions de l'ordonnance de 1669, mais avec les modifications particulières qu'exigeoit le local.

Ainfi elle ordonne que les makis ( terreins couverts de myrthes, d'arboufiers & autres efpèces d'arbres & arbuftes de cette nature ) qui par leur qualité & leur fituation font fufceptibles de culture, foient mis en valeur ; à cet effet les officiers des bois dans leurs procès-verbaux doivent indiquer l'usage que l'on peut en faire.

La coupe des futaies est réglée à cent années, celle des taillis à dix pour les forêts plantées en chênes & autres bois durs, & à sept pour les chataigniers & bois blancs.

Les amendes font de 3 livres par chaque brin de chêne ou de sapin de l'âge du taillis ; de 5 livres pour chaque baliveau de la coupe précédente, & de 12 livres par arbre futaie.

*Les deux siéges d'amirauté* de Corse sont établis à Bastia & à Ajacio, par le règlement du 21 août 1768. Ils font composés chacun d'un lieutenant, d'un procureur du roi & de plusieurs huissiers.

Les commissions de ces officiers font expédiées au grand sceau, sur la présentation de l'amiral de France, & révocables *ad nutum*. Ils doivent être reçus au conseil supérieur, où se portent les appels de leurs sentences.

L'ordonnance de 1681 & les lois du royaume sur la marine font observées en Corse, en ce qui n'est pas directement contraire aux règlemens en vigueur dans l'île.

*La juridiction municipale & l'administration des villes & communautés* font réglées par l'ordonnance du mois de mai 1771 qui supprime tous les anciens officiers municipaux & de police de l'île, quelle que soit leur dénomination, excepté ceux de Bastia & ceux qui étoient pourvus par le roi, dans les villes composées de plus de cinq cents feux.

Cette loi établit dans chaque province *un inspecteur de province* choisi par le roi dans l'ordre

de la nobleſſe, & chargé de ſurveiller les officiers des piéves & des communautés.

Les piéves ſont des diſtricts compoſés d'un
certain nombre de communautés & de villages.
A leur tête ſont des *podeſtats-majors* qui y exercent le même pouvoir que l'inſpecteur dans la
province. Ils ſont élus tous les ans dans l'aſſemblée provinciale.

Chaque communauté eſt adminiſtrée par un
*podeſtat particulier* & deux *peres du commun*, élus
à la pluralité des voix des habitans & chefs de
famille. Les Communautés éliſent auſſi un greffier
& un huiſſier, les ſeuls officiers qui ſoient en
Corſe inamovibles. Les communautés compoſées
de plus de cinq cents feux ſont autoriſées à demander un plus grand nombre d'officiers.

Les élections doivent être confirmées par le
commandant & par l'intendant.

Les podeſtats & les·pères du commun ont la
police dans toute l'étendue de leur communauté,
& la police champêtre des campagnes qui en
dépendent. Ils peuvent rendre des règlemens
proviſoires ſur ces objets, après les avoir com-
muniqués au procureur général.

Ils doivent avertir le magiſtrat des crimes
graves commis dans leur diſtrict, & peuvent
même arrêter les délinquans pris en flagrant
délit.

Ils connoiſſent de toutes les cauſes civiles
& perſonnelles des habitans de leur communauté entre eux, tant en demandant qu'en défendant, & avec des étrangers en défendant,
juſqu'à la valeur de cinquante livres. Les podeſtats
en connoiſſent ſeuls juſqu'à douze livres.

Les eccléſiaſtiques, les nobles, les officiers du

roi & employés à la perception de fes droits font feuls exempts de cette juridiction. Elle s'exerce fans forme de procès, il fuffit que les parties foient dûment appelées.

Les appels fe portent par-devant les juges royaux, & font périmés après le mois.

Sur les autres objets, l'adminiftration municipale eft en général conforme à ce qui s'obferve dans le royaume.

Les juntes font des tribunaux particuliers à la Corfe, qui ont été créés par édit du mois d'août 1772, & font établis à Orezza, Caccia, Quenza & Guagno. Ils exercent leur juridiction fur les bandits & fugitifs.

Chaque junte eft compofée de fix commiffaires Corfes, dont deux font élus chaque année par les états, & préfentés au roi, d'un fecrétaire-greffier & de deux gardes. Le dernier commiffaire fait les fonctions de fyndic ou de partie publique.

Les jugemens d'inftruction peuvent être rendus par deux commiffaires; les jugemens définitifs, par les cinq, outre le fyndic.

Aucun Corfe, excepté les nobles, les ecclé-fiaftiques & officiers du roi, ne peut s'abfenter du lieu de fon domicile fans congé du podeftat; finon, huit jours après fon abfence fans congé, le podeftat faifit fes biens & envoie fon fignalement à la junte, qui le fait affigner & fommer publiquement de fe rendre à fon domicile dans un mois au plus tard.

L'affigné qui fe préfente dans ce délai, eft renvoyé dans fes biens, en payant les frais & trente livres d'amende.

Faute de fe préfenter, il doit être déclaré fugitif, par un jugement de la junte qui le décrète de prife de corps avec nouvelle injonction de comparoître dans les fix mois.

S'il eft conftitué prifonnier dans ce délai, & n'eft prévenu d'aucun crime, il eft condamné par la junte à autant d'années de détention qu'il a été de mois fugitif; s'il fe rend volontairement prifonnier, il eft exempt de la moitié de la peine. Après fix mois, s'il ne fe préfente pas, il eft déclaré félon. Ces jugemens des juntes doivent être confirmés par le premier préfident, le commandant en chef & le procureur général, par-devant lefquels fe portent les oppofitions à ces jugemens.

L'autorité des juntes ne préjudicie pas à la juridiction ordinaire qui ftatue toujours fur toute efpèce d'action dont elle eft faifie par les demandes, plaintes ou dénonciations des parties.

La *juridiction de la maréchauffée* a été établie en Corfe en 1768 par le même édit que le confeil fupérieur, pour connoître de toutes fortes de crimes & délits: mais par l'édit du mois d'août 1772 fa compétence a été reftreinte aux fugitifs reconnus félons par jugement de la junte, aux fugitifs & bandits prévenus de violence publique, d'attroupement avec port d'armes & d'affaffinat depuis leur abfence de la communauté.

Les perfonnes de cette qualité font fujettes en première inftance & en dernier reffort à la juridiction prévôtale, fans qu'il foit befoin d'aucun jugement de compétence.

Les bandits prévenus des crimes commis avant leur fuite, doivent être renvoyés à la juridiction qui doit en connoître, à moins qu'ils ne foient infracteurs du ban du port d'armes:

en

en ce cas ils reſtent ſujets à la juridiction prévôtale, à moins que le crime commis avant
leur fuite ne ſoit diſpoſé à une peine corporelle
plus grande que celle de l'infraction.

Par l'édit du mois de juin 1768, la maré-
chauſſée avoit deux ſiéges en Corſe ; un à Baſtia
& l'autre à Ajacio. L'édit du mois d'août 1772
a ſupprimé le dernier. Celui de Baſtia eſt compoſé d'un prévôt général, ou en ſon abſence &
empêchement, d'un de ſes lieutenans, d'un
aſſeſſeur, d'un procureur du roi gradué, d'un
greffier & d'un ſecrétaire interprête.

Le prévôt général a entrée, ſéance & voix
délibérative en matière criminelle, au conſeil
ſupérieur, après le doyen des conſeillers.

En ſon abſence, ſon lieutenant à Baſtia a le
même droit après le dernier des conſeillers ; &
dans les juridictions royales, après celui qui préſide.

Le prévôt général & ſon lieutenant à Baſtia,
doivent après leur réception à la connétablie,
prêter ſerment au conſeil ſupérieur ; *ſans que*
pour cela, ajoute l'article 16 du mois de ſeptembre 1769, *ils puiſſent être ſoumis à la juri-*
*diction* du conſeil ſupérieur & des autres juges
du pays.

Ces officiers ne ſont pas attenus pour rendre
les jugemens de leur compétence, de ſe tranfporter au ſiége de la juridiction royale des lieux,
ni d'appeler pour les aſſiſter les magiſtrats de
ces juridictions. L'édit du mois d'août 1772
les autoriſe à rendre leurs jugemens dans tels
lieux & avec tels juges ou gradués, & à leur
défaut, *avec telles perſonnes notables qu'ils jugent*
*à propos.*

*Tome XVI.* R

*De l'adminiſtration économique.*

La Corſe eſt un pays d'états. Les aſſemblées générales de la nation ont lieu tous les ans, & ſont compoſées du clergé, de la nobleſſe & du tiers état.

Les repréſentans du clergé ſont les cinq évêques de l'île, & dix-huit piévans ou curés principaux, élus ainſi que les vingt-trois députés de la nobleſſe, & les vingt-trois députés du tiers état dans les aſſemblées provinciales.

Les aſſemblées des provinces ſont elles-mêmes compoſées des députés des piéves.

Les commiſſaires du roi ſont le commandant & l'intendant.

Les trois ordres s'aſſemblent dans le même lieu & ſiégent tous ſur les hauts ſiéges.

L'aſſemblée des piéves ne peut durer que trois jours; celles des provinces quatre, & les aſſemblées générales, le temps que les commiſſaires du roi jugent à propos.

Tout député peut propoſer aux aſſemblées ce qu'il croit utile aux intérêts de la nation, en juſtifiant du pouvoir de ſes commettans; mais on ne peut délibérer que ſur les matières propoſées ou admiſes par les commiſſaires du roi.

On ne peut exécuter aucune réſolution ſans l'approbation du roi. Pour l'obtenir, on choiſit dans chaque ordre un député pour porter le cahier & recevoir les ordres du roi.

L'aſſemblée choiſit en outre douze députés nobles pour former une eſpèce de commiſſion intermédiaire; deux de ces députés réſident alternativement près des commiſſaires du roi; il leur eſt payé à chacun cinquante écus par mois de ſervice.

Un des principaux objets de l'assemblée des états est de délibérer sur les impôts que la province accorde au roi & sur la forme de la répartition.

Les impôts actuels sont, 1°. *une subvention annuelle*, réduite, suivant le règlement du 28 octobre 1772, à la valeur réelle des deux vingtièmes de toutes les productions de l'île, soit animales, soit végétales, sans distinction des biens des propriétaires & des cultivateurs, des ecclésiastiques ni des nobles ; les bestiaux servant au labourage sont seuls exempts. On déduit les frais de semence & de culture.

Les productions doivent être à cet effet mesurées & nombrées dans chaque communauté par les officiers de la communauté & deux notables.

Ceux qui refusent de faire des déclarations ou n'en font pas d'exactes, sont assujettis au double ; les communautés seroient dans ce cas imposées sur la commune renommée, & à moitié en sus à la décharge des autres communautés de la piéve. Les piéves seroient condamnées à une amende pécuniaire. Les déclarations des communautés doivent être examinées & peuvent être contredites dans les assemblées des piéves, celles des piéves dans les assemblées des provinces, celles des provinces dans l'assemblée générale.

La subvention ne pouvant être perçue en nature, l'estimation de chaque production est faite dans les assemblées provinciales sur le prix commun du marché des chefs-lieux de chaque province pendant les six semaines qui ont suivi immédiatement la récolte.

Les officiers des communautés retiennent quatre pour cent de leur recette, dont un appartient au podeſtat, un à chacun des pères du commun, & un demi pour cent à chacun des deux notables qui les aſſiſtent. Le ſurplus de la recette eſt verſé ſans frais dans la caiſſe du tréſorier de la province, qui a un pour cent pour les droits.

2°. *L'impôt ſur les logemens* eſt de deux vingtièmes du loyer de toutes les maiſons occupées, ſoit qu'elles appartiennent au roi, à l'égliſe, aux communautés ou aux particuliers. En vertu d'un règlement particulier du 22 octobre 1772, cet impôt eſt affecté au payement des logemens des troupes à la charge de la nation. Elle n'eſt chargée que de ceux des ſoldats & des emplacemens occupés par les écuries, magaſins & hôpitaux des troupes.

Pour y ſubvenir, les villes & communautés dans l'enceinte deſquelles il y a des troupes, ſont d'abord obligées de fournir les bâtimens qui leur appartiennent, & d'y faire les réparations ſans aucune répétition des frais de loyer.

En cas d'inſuffiſance, on choiſit dans chaque ville ou communauté les maiſons propres aux logemens, ſoit pour les paſſages, ſoit pour les garniſons, & les maiſons reſtent chargées des logemens des gens de guerre, en payant aux propriétaires leurs loyers. Il n'y a d'excepté que les maiſons des nobles, des eccléſiaſtiques, des officiers de juſtice, des prépoſés aux recettes ou régies du roi, & les couvens des religieux.

La déſignation des logemens & la fixation du prix des loyers, ſe fait par les commiſſaires des guerres, à l'assistance des officiers communaux.

3°. Une autre charge de la nation est celle d'une partie des routes. Elles sont divisées en trois classes : les chemins royaux qui traversent toute l'île ; les chemins provinciaux qui traversent une province en tout ou en partie, & les chemins communaux qui vont d'une communauté à une autre.

La première construction des chemins royaux se fait aux frais du roi : les réparations sont aux frais de la nation. Le prix en est réparti sur la nation entière, en sus & au marc la livre de la subvention.

L'entretien des mêmes chemins se fait par corvées, & se distribue par l'intendant entre les communautés qu'ils traversent.

Les gens d'église, les nobles, les officiers de justice & subdélégués, les employés pour les revenus de sa majesté & au service de ses troupes, sont exempts des corvées.

Il en est de même des pères & des mères de huit enfans vivans, des nouveaux mariés pendant la première année de leur mariage, & des nouveaux habitans françois ou étrangers les trois premières années de leur établissement.

Les podestats majors des piéves, ceux des communautés & les pères du commun, sont exempts étant chargés de la direction des corvées.

La première construction des chemins provinciaux se fait à prix d'argent. Pour les encourager, le roi s'est chargé d'en payer le quart jusqu'en l'année 1782 ; la nation en paye un autre quart, & la province la moitié. Mais en 1782, les chemins doivent êtrè entièrement à la charge de chaque province.

Les provinces peuvent demander la construction des chemins provinciaux ; mais c'est aux états à l'ordonner sous le bon plaisir du roi.

La réparation & l'entretien des chemins provinciaux se font comme pour les chemins royaux, mais la province seule supporte les dépenses, & les communautés supportent celles des chemins communaux.

Les propriétaires des terreins employés aux chemins, soit royaux, provinciaux ou communaux, sont indemnisés par la nation.

Le fond & les revenus de ces terreins sont estimés, & la nation en paye la rente, qu'elle lève annuellement sur elle-même au marc la livre de la subvention.

Ce sont là les charges imposées directement sur la nation ; mais elle paye encore quelques impôts indirects.

*Tels sont les droits d'entrée & de sortie* fixés par une ordonnance de l'intendant du 14 décembre 1771, &c.

*Les droits d'insinuation, de contrôle, & de papier timbré*, ont aussi lieu en Corse, mais sur un pied très-modéré.

Voyez *les statuts civils & criminels de l'île de Corse ; les statuts civils traduits en françois par M. Serval, avocat au conseil supérieur de Corse, & les lois que nous avons citées. (Article de M. HENRY, avocat au parlement ).*

C O R V E E. C'est un ouvrage gratuit que l'on exige des communautés, des particuliers pour construire ou réparer les ponts, les chauffées, les chemins, &c. Voyez ce que nous avons dit fur cette matière à l'article CHEMIN.

CORVÉE SEIGNEURIALE. Coquille définit cette Corvée : « L'œuvre d'un homme un jour » durant pour l'aménagement du feigneur aux » champs, foit de la perfonne feule, foit avec » bœufs & charrettes, comme à faucher, moif- » fonner, charroyer ». *Sur l'article 5 du chapitre 8 de la coutume de Nivernois.*

Cette définition eft très-jufte. Ces mots, *pour le fervice du feigneur aux champs*, font remarquables. Nous ne connoiffons pas cette efpèce de Corvée fi commune chez les romains, qui avoit pour objet le fervice auprès de la perfonne même du feigneur.

Commençons par examiner l'origine du droit de Corvée ; on verra s'il eft auffi odieux qu'on le répéte tous les jours.

La plupart des auteurs du feizième, & même du dix-feptième fiècle, ne voient dans les Corvées feigneuriales que l'effet de la force & de la tyrannie ; mais alors nous avions des jurifconfultes & très-peu de publiciftes. On connoiffoit les lois, & l'on ignoroit abfolument l'hiftoire. Les favans n'avoient pas encore tiré du cahos ces monumens des deux premières races, qui feuls pouvoient porter la lumière fur l'ancien état des perfonnes & des chofes. Cet état eft aujourd'hui connu, & cette connoiffance a fixé les yeux fur les Corvées comme fur quantité d'autres points.

Les romains nous ont fourni le modèle des Corvées. Lorfque le maître affranchiffoit un efclave, il avoit coutume de le grèver de différentes preftations envers lui, notamment de l'obligation de faire tels ou tels travaux. C'eft ce que l'on voit en différens endroits des lois romaines, notamment au titre *de operis libertorum*. Ainsi l'affranchissement n'emportoit pas une liberté absolue, mais constituoit un état mitoyen entre la servitude & la liberté. Cet usage étoit général dans tout l'empire. Il existoit conséquemment dans les Gaules à l'époque de la conquête, & les francs l'y trouvèrent établis. Ils avoient amené des serfs avec eux, & le droit de la guerre les multiplia prodigieusement. Ils ne tardèrent pas à les affranchir. Mais cet affranchissement fut à peu près semblable à celui dont ils avoient le modèle sous les yeux. Le serf ne fut pas rendu à une liberté absolue. Il passa de la servitude de la glèbe dont parle Tacite, à ce que depuis on a nommé main-morte. Espèce de demi affranchissement qui porte encore l'empreinte de la servitude primitive, mais qui tient cependant beaucoup de la liberté.

Ces main-mortables, comme les affranchis des romains, étoient partout soumis à des prestations, à des devoirs manuels; en un mot, à ce que nous nommons Corvées. C'étoit une des conditions de ces conversions de la servitude en main-morte, & cette condition étoit générale. C'est encore aujourd'hui une maxime de notre droit françois : *tout main-mortable est Corvéable.*

Depuis, la plupart des seigneurs ont eu la bienfaisance d'abolir la main-morte dans leurs terres. Quelques-uns ont porté la générosité jusqu'à remettre aux habitans tous les droits résultans de cette main-morte, & notamment les Corvées. D'autres ont jugé à propos de les conserver & en jouissent encore aujourd'hui.

Dans quelques feigneuries le droit de Corvée a une autre origine. Le feigneur avoit des terres vacantes ; les habitans l'ont engagé à les leur céder pour fervir de pâturages à leurs beftiaux ou pour d'autres ufages, & de leur côté ils fe font foumis à faucher fes foins, à tranfporter fes bois, &c.

Il eft cependant très-vraifemblable que dans quelques endroits les Corvées font l'effet de la force & de la tyrannie du feigneur ; mais il eft encore plus vrai de dire que prefque partout elles doivent leur origine aux deux premières caufes, c'eft-à-dire à la convention & à la converfion de la fervitude en main-morte, furtout à cette dernière circonftance. On n'en fauroit douter, pour peu que l'on connoiffe les ufages du royaume fous la première & fous la deuxième race.

Ainfi l'on peut dire qu'en général les Corvées ne font rien moins qu'odieufes, & même l'on doit ajouter à l'égard des feigneuries autrefois main-mortables, qu'elles font un bienfait des anciens feigneurs ; puifqu'un droit de Corvée quel qu'il foit, eft bien moins onéreux que les charges & les entraves de la fervitude à laquelle ce droit a été fubrogé. '

Nous avons M. le préfident Bouhier pour garant de cette opinion. « Il étoit tout naturel, » dit ce favant magiftrat, que les feigneurs en » accordant la franchife à leurs main-mortables; » fe retinffent le droit de Corvées. Voilà au » vrai l'origine de ce droit auquel on ne fauroit » fans injuftice donner les noms odieux d'ufur- » pation & d'extorfion ». Comment. fur la cout. de Bourgogne, chapitre 60.

Ce judicieux écrivain fait enfuite une obfervation qui explique très-bien le filence des anciennes coutumes fur le droit de Corvée. « De
» là vient encore, ajoute-t-il, qu'il n'eft point
» parlé de Corvées dans nos anciennes coutu-
» mes. La raifon en eft que quand elles ont été
» écrites, prefque toutes les feigneuries de la
» province étoient encore en main-morte ; en-
» forte que tous les fujets en étoient corvéa-
» bles. Cela étoit de droit, de même que les
» tailles ».

On fe rappelle cet ancien axiome que nous
avons déja préfenté : *tout main-mortable eft tail-
lable & corvéable.*

Telle paroît être l'origine des Corvées.
Voyons maintenant quelles en font les différentes efpèces.

Les Corvées font de trois fortes ; perfonnelles,
réelles ou mixtes. On lit dans les anciens auteurs
que les perfonnelles font celles qui font dues
par les perfonnes ; les réelles, celles qui font
fervies par des chevaux ou des bœufs ; les mixtes,
celles où les charrois & les beftiaux font conduits par les corvéables. Cette définition n'eft
rien moins qu'exacte.

Les Corvées établies fur les perfonnes, fur
les habitans d'une feigneurie, fans confidérer
s'ils font détenteurs d'héritages ou s'ils n'en
poffèdent pas, font perfonnelles. Les Corvées
font réelles toutes les fois quelles font impofées
fur les fonds. Enfin elles font mixtes lorfquelles
font établies à raifon des fonds, mais avec quelques circonftances perfonnelles. Si les titres portent, par exemple, que les tenanciers exploi-
tant avec chevaux ou bœufs feront affujettis à

la Corvée ; mais que ceux qui cultivèront avec leurs bras en feront affranchis.

Les Corvées perfonnelles & les réelles diffèrent en deux points très-notables.

*Première différence.* Les Corvées perfonnelles augmentent ou diminuent comme le nombre des habitans chefs de famille. Enforte que les ·enfans du Corvéable établis dans la feigneurie deviennent individuellement débiteurs d'autant de Corvées qu'en doit leur pere.

Nous difons les habitans *chefs de famille*, parce que l'on ne doit compter ni les femmes mariées, ni les enfans démeurans avec leur pere. Ces enfans ne doivent faire nombre que lorfqu'ils vivent féparément de leur pere.

Il y a cependant un cas·où les Corvées perfonnelles ne peuvent ni augmenter ni diminuer. C'eft lorfqu'elles font dues par le corps des habitans, & que le nombre en eft déterminé par les titres. Si les titres portent, par exemple, que le corps de la communauté doit au feigneur cent journées de travail par chaque année.

A l'égard des Corvées réelles, impofées fur les fonds, invariables comme eux, il eft vrai de dire en général qu'elles ne font fufceptibles ni d'augmenter ni de diminuer. Il y a cependant une diftinction à faire.

La Corvée peut avoir été impofée de deux manières : fur un fond circonfcrit & limité, ou en général fur quiconque feroit détenteur d'héritage dans l'enclos de la feigneurie.

Dans le premier cas le droit eft invariable : dans le fecond, il fe multiplie autant de fois que les héritages fe divifent.

Lorfque des héritiers ont partagé un fond

chargé de Corvées réelles de la première espèce; ils ne sont pas admis à les servir par parties, & proportionnément à ce que chacun possede dans l'héritage. Par exemple celui qui en a le tiers, n'est pas reçu à travailler le tiers d'un jour. Il faut que les différens propriétaires se concilient entr'eux pour servir chacun à leur tour ou qu'ils donnent au seigneur un homme qui les remplace. S'ils n'ont pris aucun de ces tempéramens, le seigneur peut sommer celui d'entr'eux qu'il juge à propos, en observant néanmoins de les faire marcher successivement.

*Deuxième différence.* Les nobles & les forains sont affranchis des Corvées personnelles. La franchise qui constitue essentiellement l'état des premiers s'oppose à cette espèce de sujétion. A l'égard des seconds, il n'y a aucun motif pour les y asservir n'étant pas domiciliés dans la seigneurie.

L'annotateur de Boutaric prétend que les infirmes & les vieillards sont pareillement dispensés de ces Corvées personnelles,& la raison qu'il en donne paroît très-satisfaisante. » On ne peut » pas, dit cet auteur, leur dire qu'ils n'ont » qu'à les faire servir par leur métayers, leurs » domestiques ou autres, parce que comme c'est » en eux que se forme l'obligation, il s'ensuit » que les raisons particulières qui donnent lieu » de les dispenser éteignent cette obligation en » entier ». *Note sur le n. 9. du chap. 12 du traité des droits seigneuriaux de Boutaric.*

Les prêtres partagent-ils cette exemption avec les nobles? Le chapitre 17 de la novelle 123 de Justinien décide cette question. Cette loi porte que celui qui étoit grévé d'une servitude, par exemple, de l'obligation de cultiver la terre, n'en étoit pas affranchi par fa promotion aux ordres.

En France où les rois, les réformateurs des coutumes & les jurifconfultes fe font fait un devoir de favorifer l'églife, le prêtre *eſt affranchi des Corvées de fon corps*, comme dit Loifel. Cependant on a cru devoir apporter une modification à ce privilége. L'eccléfiaſtique eſt exempt du fervice perfonnel ; il n'eſt pas tenu comme chez les Romains de travailler en perfonne ; mais il eſt tenu de fubroger une perfonne à fa place ou de payer en argent la valeur de fon travail, de fervir le feigneur par fes deniers puifqu'il ne le fert pas de fon corps. » Il eſt »exempt des Corvées de fon corps, contre la »difpofition du droit romain, dit le favant de »Laurière ; mais il faut qu'il dédommage le fei-»gneur & qu'il fubroge à fa place une perfonne »pour faire fes Corvées : ce qui eſt bien expli-»qué par l'art. 7 de la coutume du châtelet », *fur la maxime 81, titre 1, livre 1 des inſtitutes de Loifel.*

Cet article 7 de la coutume du châtelet dont parle M. de Laurière porte en parlant des clercs: *font tenus de l'intérêt du feigneur & de donner un fubrogé, pour fervir ledit feigneur des droits qui font & étoient dus envers ledit feigneur.*

La coutume de Nivernois a une difpofition expreffe fur ce point. On y lit : *quant aux Corvées, a le feigneur fon recours pour fes intérêts à l'encontre defdites gens de condition, clercs ou prê-tres.* Article 17 du chap. 8.

Coquille rend ainfi l'efprit de cet article : » ce

» que la coutume dit des Corvées s'entend que
» le clerc n'eſt tenu les faire en perſonne, mais
» il les peut faire par ſubſtitut ».

A l'égard des Corvées réelles, attachées à la
glèbe, elles la ſuivent, comme toutes les charges réelles, en quelques mains qu'elle paſſe.
Tous les propriétaires y ſont aſſujettis; nul n'en
eſt exempt, ni les clercs, ni les forains, pas même
les nobles. Tous ſont obligés de les ſervir ou de
les faire ſervir à leurs dépens.

L'annotateur de Boutaric ajoute, que les
nobles ont le droit de faire eſtimer les Corvées
dont leurs fonds ſont chargés, s'ils aiment mieux
en payer la valeur en argent que de les faire
ſervir en nature. Cet auteur doute que les
eccléſiaſtiques aient le même avantage.

Le ſavant annotateur du traité du domaine de
M. de la Planche établit à l'égard des eccléſiaſtiques une maxime générale fondée ſur les raiſons les plus ſolides. On peut, dit-il, donner
pour maxime générale que les eccléſiaſtiques
ſont ſujets à tous les droits de fiefs, excepté les
Corvées perſonnelles, dont leur état qui les
appelle à d'autres fonctions les affranchit. Depuis que le droit commun a diſtingué le droit de
ſeigneurie du droit de propriété ſur les hommes,
qui les rendoit ſerfs & main mortables de leur
ſeigneur, le terme de ſujet n'emportant point
idée de ſervitude, s'applique au droit de juſtice;
& à ce titre les eccléſiaſtiques reconnoiſſant la
juſtice des ſeigneurs ne peuvent ſe défendre de
ce nom. D'ailleurs pour répondre à ce qui eſt
dit ci-deſſus de leur dignité, qui ne permet pas
de les confondre avec les payſans qui compoſent la communauté, la réponſe eſt que cette

dignité leur donne une diftinction & une prééminence qui fait qu'ils font dans cette communauté habitans diftingués; mais ils font habitans avec droit de fuffrage dans les délibérations de la communauté & foumis aux charges communes aux membres de cette communauté. *Traité du domaine, note fur le chap. 5 du livre 10.*

La plupart ou pour mieux dire la généralité des coutumes gardent le filence fur cette queftion. Mais on eft dans l'ufage de fuppléer à leur filence par celle de Paris qui forme à cet égard notre droit commun. L'article 71 porte *que nul ne peut avoir banalité, ni exiger Corvée qu'il n'en ait un titre valable ou dénombrement ancien.*

On voit au premier coup d'œil combien cet article laiffe de chofes à defirer. Qu'entend la coutume par titre valable ? Les dénombremens font-ils toujours l'équivalent de ce titre ? font-ils fuffifans dans tous les cas ? Combien en faut-il ? Suffit-il que le droit de Corvée y foit fimplement énoncé, ou la caufe doit-elle être exprimée ? Enfin n'y a-t-il pas d'autres actes également propres à établir l'exiftence & la légitimité de ce droit ? C'eft fur quoi la coutume ne s'exprime pas. Les auteurs ont beaucoup écrit fur ces différentes queftions; mais on ne trouve dans la plupart qu'incertitude, diffufion & obfcurité. Néanmoins fi l'on pèfe attentivement les diverfes opinions, & furtout fi on les rapproche les unes des autres, on s'apperçoit aifément que tout fe réduit fur ce point à quelques principes infiniment fimples.

On doit confidérer d'abord fi celui qui prétend le droit de Corvée eft où n'eft pas feigneur direct du territoire.

Dans le second cas la représentation du titre primitif est nécessaire, & il faut en outre que ce titre contienne la cause & une cause juste & légitime de l'établissement de cette servitude. Nous nous servons ici de cette expression *servitude*, parce qu'effectivement la Corvée ne peut être considérée que comme telle lorsqu'elle est prétendue par d'autres que par le seigneur direct du territoire. Des jugemens peuvent néanmoins tenir lieu de la convention primitive, pourvu cependant qu'ils l'énoncent & qu'ils en indiquent la cause.

Si au contraire celui qui prétend la Corvée est seigneur direct du territoire, la preuve alors devient plus facile à faire. La présomption est que la Corvée a été établie lors de la concession des terres ; en conséquence on la range dans la classe des autres droits seigneuriaux. Cependant cette présomption cède à des preuves contraires.

Si le bail à cens est produit & que le droit n'y soit pas réservé ; si cet acte primitif n'existant plus, on voit néanmoins par les anciennes reconnoissances que la Corvée n'avoit pas originairement lieu, alors on ne présume pas qu'elle ait été établie lors de la tradition du fonds & dans ce cas le droit n'a rien de seigneurial ; ce n'est encore qu'une simple servitude. Des dénombremens postérieurs dans lesquels il seroit énoncé sont insuffisans pour l'établir, & on le regarde comme une surcharge imposée après coup, que le tems n'a pu légitimer. Il faut donc que le seigneur prouve que cette surcharge doit son origine à une convention particulière faite pour cause légitime entre lui & ses tenanciers, & cette preuve ne peut se faire que par la représentation du titre

qui

qui renferme la convention, ou par des jugemens & autres actes contradictoires qui rappellent cette convention & qui en indiquent la
cause.

Mais c'est tout autre chose, si l'on peut présumer que la Corvée a été établie lors de la tradition du fond, c'est-à-dire lors de l'établissement de la directe. Alors elle cesse d'être une
servitude ; elle n'a plus rien d'odieux, elle rentre dans la classe des autres droits seigneuriaux,
& de simples dénombremens suffisent pour l'établir, parce qu'il est de règle que ces sortes d'actes fixent l'état de la seigneurie & la quotité
des droits seigneuriaux, & ces dénombremens
lorsqu'ils sont anciens, qu'ils énoncent la Corvée,
que rien ne les contredit, forment seuls la preuve
que ce droit a été établi *in traditione fundi*. On
exige cependant encore que la possession se joi-
gne à ces aveux. Peut-être est-ce aller trop loin ;
car on ne voit aucun motif qui puisse empêcher
un droit de Corvée de participer à l'imprescrip-
tibilité des autres droits seigneuriaux, puisqu'ici
on le suppose établi comme eux lors de la concession primitive. Quoi qu'il en soit, c'est avec
ces distinctions qu'il faut entendre l'article 71
de la coutume de Paris. Elle parle indistinctement du titre & des aveux. Mais comme on le
voit, ces deux objets ne sont rien moins qu'iden-
tiques. Il y a des cas où de simples dénombremens suffisent, il y en a d'autres où il faut rapporter le titre primitif, ou au moins des actes
contradictoires qui le représentent parfaitement.

Ce même article 71 ne parle pas des terriers,
& c'est une omission importante, mais les au-

teurs y ont suppléé. Il est certain que des déclarations émanées des habitans ont plus de force
que de simples aveux rendus par le seigneur de
la seigneurie dominante. Ainsi quand on peut
présumer que la Corvée a été établie lors de la
concession du fonds, les terriers équivalent au
moins aux dénombremens dont parle la coutume ; mais si cette présomption ne peut pas
avoir lieu, comme il ne s'agit plus d'un droit
seigneurial, ces terriers ne prouvent rien, à moins
qu'ils ne rappellent la convention primitive, &
qu'ils n'en indiquent la cause.

La possession est, comme l'on voit, insuffisante
en cette matière. Fût-elle immémoriale, elle
ne supplée pas au titre (*). Elle ne donne pas

_____

(*) En Hainaut la possession immémoriale est suffisante
sans titre pour donner à un seigneur le droit d'exiger
des Corvées de ses vassaux. C'est ce que fait voir la conférence de quelques articles des chartes générales de cette
province ; l'article 6 du chapitre 132 défend d'exiger des
Corvées des sujets du prince, sans son ordre exprès : l'article 8 ajoute ; *& quant aux Corvées patrimonielles qui
nous appartiennent ou à nosdits vassaux , nous n'entendons par ce que dessus y aucunement déroger, ainsi voulons qu'icelles demeurent en leur entier.* Ces deux textes
que plusieurs citent pour prouver qu'un seigneur peut pres-
crire le droit de Corvée , ne décident certainement rien
moins que cette question ; l'article 17 du chapitre 130
paroît plus décisif. Voici comme il est conçu : *ledit seigneur
haut-justicier à cause de sa haute justice ne peut avoir
four , moulin , ni brasserie à ban , si d'ancienneté lui &
ses prédécesseurs n'ont accoutumé de l'avoir & sont en
bonne possession.* Si un seigneur peut acquérir le droit de
banalité par possession, il est clair qu'il peut acquérir celui
de Corvée par la même voie, d'autant plus qu'en cette

au feigneur le droit de contraindre à l'avenir fes

province les fervitudes s'établiffent fans titre par la poffeffion de vingt & un ans. On appelle ordinairement le Hainaut un pays d'ufage & ce n'eft pas fans raifon, il n'eft
prefque rien qui ne s'y prefcrive : la coutume ajoute à la
plupart des difpofitions qu'elle renferme , *fauf le fait fpé-
tial au contraire.*

En Artois les Corvées peuvent auffi être exigées par le
feigneur en vertu d'une poffeffion immémoriale ; car l'article 52 de cette coutume autorife l'acquifition des banalités par la voie de la prefcription , & l'ufage de cette
province fondé fur l'article 72 permet d'acquérir une fervitude par une poffeffion de vingt ans : à plus forte raifon
une poffeffion dont l'origine fe perd dans l'obfcurité des
temps fuffit - elle pour attribuer à un feigneur le droit de
Corvée.

La preuve de cette poffeffion doit être fondée fur des
actes qui conftatent la preftation réelle & effective des
Corvées. Des jugemens prononcés contre des particuliers
par les juges du feigneur même ne fuffifent pas pour établir cette preuve : la plupart font collufoires & dictés par
la crainte ou la complaifance ; il feroit trop dangereux
de s'en rapporter à des titres fi équivoques fur un droit
prefque toujours odieux quand il n'a que la poffeffion pour
fondement.

La poffeffion la plus longue ne fuffiroit pas en Hainaut ni en Artois pour autorifer un feigneur à exiger de
fes vaffaux un nombre exorbitant de Corvées : elles peuvent être réduites à une certaine quantité , fuivant les
circonftances & le genre des fervitudes qu'elles impofent.
Les lettres-patentes du 13 feptembre 1766 accordées à
l'archevêque de Cambrai , en maintenant ce prélat & fes
fucceffeurs dans les droits de Corvées feigneuriales fur les
habitans de la ville & châtellenie du Cateau-Cambrefis ,
lui défendent d'en exiger plus de dix par an de chaque
habitant fans qu'elles puiffent s'arrérager d'une année à
l'autre. C'eft la difpofition de l'article 20. ( *Note de M.*
*MERLIN avocat au parlement de Flandre.* )

S ij

prétendus corvéables. Il y en a deux raisons dé-
cisives remarquées par les auteurs. La première,
prise de l'ordonnance de Blois, qui veut que
l'on regarde comme concussion l'exaction qui
se fait des Corvées sans titre légitime. La
deuxième est puisée dans la disposition du droit
romain, qui défend aux patrons d'exiger des
affranchis d'autres devoirs ou services que ceux
qui ont été expressément réservés lors de l'affranchissement.

Les ecclésiastiques se prétendent dans une
exception à cette règle. Ils soutiennent qu'en
vertu de la possession seule, ils font en droit
d'exiger des Corvées. Voici leurs raisons.

Par l'édit de Melun de l'année 1580, il est
dit que les ecclésiastiques seront maintenus dans
tous leurs droits sur l'exhibition des anciens
baux, reddition de comptes & autres documens
& sur la simple possession, sans être obligés de
rapportér des titres primordiaux & constitutifs.
Ce privilége est renouvelé par l'édit de 1695
qui s'explique en ces termes, dans l'article 49 :
» Voulons que lesdits ecclésiastiques jouissent de
» tous les droits, biens, dîmes, justices, & de
» toutes autres choses appartenantes à leursdits
» bénéfices. Enjoignons à nos cours de les main-
» ténir sous notre protection, quand même ils ne
» rapporteroient que des titres & preuves de pos-
» session. «

Ces édits ont deux motifs : l'un est que les
ecclésiastiques sont encore plus exposés que les
autres seigneurs à la perte de leurs anciens titres par les injures du temps, & que ne donnant
point d'aveux & dénombremens, ils ne sont plus

en état de réparer cette perte par de nouveaux titres.

L'autre motif est que les rédacteurs de ces lois ont cru que leur qualité les mettoit à couvert de tout soupçon de violence ; & comme ils ne peuvent contraindre leurs vaffaux la force à la main, il est très-clair que quand ils ont joui paisiblement pendant plusieurs siècles du droit de Corvée, c'est que leurs vaffaux s'y étoient originairement soumis par un titre ancien & constitutif.

On répond que ces deux édits ne peuvent pas être appliqués aux Corvées ni aux banalités pour lesquelles toutes les lois exigent un titre positif ; mais seulement à des prestations, qui de droit commun peuvent être établies par la possession seule.

L'église réplique que les termes de ces deux édits étant très-généraux, sans exception & sans réserve, pour tous les biens & droits des ecclésiastiques, il n'y a pas de raison pour les restraindre aux droits réels & aux charges purement foncières, puisque ce seroit réduire les ecclésiastiques à la condition ordinaire & commune de tous les autres seigneurs : ce qui ne peut pas être, parce que le clergé étant le premier corps de l'état, il est dans l'ordre naturel des choses que les lois gardent avec lui des ménagemens proportionnés au rang qu'il occupe dans la société.

Quoi qu'il en soit de la prétention des gens d'église, passons à une autre question, celle de savoir si les corvéables peuvent acquérir la libération des Corvées par la prescription ?

Coquille dans ſes inſtitutes au droit françois, diſtingue ſi la Corvée eſt certaine, ou ſi elle eſt dûe à volonté. Dans le premier cas, il la regarde comme preſcriptible, & prétend que dans le deuxième, le corvéable ne peut pas en acquérir l'affranchiſſement par la preſcription. « La raiſon » de la diverſité, dit cet Auteur, eſt que la » Corvée dûe ſur héritage certain eſt comme » redevance annuelle dûe par chacun an. La » Corvée à volonté gît en la volonté du ſei-» gneur, eſt de faculté, & partant ne ſe preſ-» crit, ſinon après contradiction ». *Chapitre des preſcriptions.*

Nous ne penſons pas qu'on doive admettre cette diſtinction. Quand on dit que les droits de pure faculté ſont impreſcriptibles, on entend ceux qui dérivent de la nature, comme la fa-culté d'uſer des grands chemins, &c. Au con-traire, tout ce qui dérive de la convention peut être preſcrit ſans conſidérer ſi l'exercice du droit dépend de la volonté du propriétaire, ſuivant cet axiome : *Tout ce qui tombe en con-vention tombe en preſcription.*

Il faut donc laiſſer à l'écart la diſtinction de Coquille pour examiner la queſtion dans la thèſe générale.

Brodeau ſur l'article 71 de la coutume de Paris, décide cette queſtion de la manière la plus tranchante. Voici ſes termes : « Je dis que » la coutume deſire titre & poſſeſſion conjoin-» tement ; car ſi le ſeigneur, quoique fondé en » titres valables, n'avoit point joui de ſon droit » de banalité & de Corvée pendant trente ans » entre âgés & non privilégiés, il l'auroit perdu

» *per non ufum*, fuppofé même qu'il n'y eût
» point eu de contradiction, fuivant la décifion
» de l'article 186, qui dit que bien que le droit
» de fervitude ne s'acquiert point par longue
» jouiffance fans titres, la liberté fe peut réac-
» quérir contre le titre par trente ans entre âgés
» & non privilégiés ». Cette décifion eft la plus
commune. Il y a cependant des autorités contraires.

On lit dans la Peyrère, *lett. P. n. 88. Corvée
ne fe peut prefcrire que du jour de la contradiction.*
Mornac eft du même avis. *Ad tit. ff. de oper.
ferv.* ; & l'on trouve un arrêt conforme dans
M. d'Olive.

Ces contradictions peuvent fe concilier. Toutes les fois que la Corvée dérive ou eft préfumée dériver d'une fimple convention, elle
tombe en prefcription. Elle fe prefcrit également lorfque le feigneur du territoire l'a établie
& réfervée lors de la conceffion du territoire,
mais à titre & en forme de furcens feulement.
Au contraire, elle eft imprefcriptible toutes les
fois que par le bail des héritages le feigneur l'a
impofée cumulativement avec le cens, & pour
en jouir au même titre & avec les mêmes prérogatives.

Guyot, *des Corvées, chapitre 4*, penfe que la
Corvée eft imprefcriptible lorfqu'elle eft le prix
de l'affranchiffement des habitans ; *parce que,*
dit-il, *la liberté dont ils jouiffent eft un titre qui
fe renouvelle chaque jour, & eft un obftacle à la
prefcription.* Il faudra donc, fuivant le même
auteur, fe décider contre la prefcriptibilité
toutes les fois que la Corvée fera le prix de

quelque conceffion de la part des feigneurs, &
que la communauté fe trouvera en être encore
en jouiffance. Voilà une reftriction qui peut
avoir de grandes conféquences ; mais n'eft-il pas
vrai de dire qu'elle choque les principes &
l'ufage. Le vendeur qui a reçu le prix & n'a pas
délivré la chofe vendue, prefcrit par trente ans
l'action en reftitution du prix ; cela eft fans difficulté. La jouiffance de la chofe n'eft donc pas
un obftacle à la prefcription de la charge qui en
eft le prix.

M. Bouguier, *lettre O*, *arrêt 8*, rapporte un
arrêt du 30 avril 1608, qui juge qu'un feigneur
n'eft point tenu de s'oppofer au décret de l'hé-
titage de fon corvéable pour la confervation du
droit de Corvée *porté par fes aveux & chartres
anciens ;* ce droit étant *perfonnel & général fur
tous les habitans de la feigneurie.*

Guiot, *des Corvées, chapitre 4*, parlant de cet
arrêt, fait une remarque fort judicieufe. *La Corvée étant dûe par le général des habitans, un particulier ne la purge pas par fon décret. Peut-être
qu'elle étoit due par la feule réfidence.*

Cet arrêt ne peut donc être tiré à conféquence pour la thèfe générale. Il faut tenir au
contraire, que dans tous les cas où la Corvée
eft prefcriptible, le feigneur, pour la conferver, eft obligé de former oppofition au décret.

Il faut, comme nous l'avons établi, un titre
pour exiger un droit de Corvée. Mais quel caractère doit porter ce titre ? Faut-il qu'il foit
univerfel, ou fuffit-il qu'il foit général ? c'eft-
à-dire, eft-il néceffaire qu'il foit foufcrit par
chaque individu, ou bien fuffit-il qu'il foit re-

vêtu de la signature des deux tiers des habitans ?

Il y a sur ce point diversité d'opinions. Dunod, dans son traité des prescriptions, & dans celui de la main-morte ; Salvaing , de l'usage des fiefs ; Bretonnier , sur Henrys , &c. estiment que la signature des deux tiers de la communauté rend le titre exécutoire contre tous.

Ceux qui ont apporté le plus d'attention à l'examen de ce qui peut être relatif à l'intérêt des communautés, font les distinctions suivantes : D'Antoine, dans son commentaire sur la règle *quod omnes tangit in sexto*, distingue : « Ou c'est » une affaire dans laquelle chacun de ceux du » corps , outre l'intérêt commun , a un intérêt » particulier ; & alors le consentement de tous » est si absolument nécessaire, que le defaut » d'un seul est capable de rendre nul tout ce qui » s'est fait sans sa participation : ou c'est une » affaire dans laquelle chacun de ceux qui com- » posent la communauté, n'a qu'un intérêt com- » mun & seulement parce qu'il est du corps ; » & alors il suffit pour la validité de l'acte, que » la plus grande partie ait donné son consente- » ment, comme il arrive dans les élections , » dans les jugemens & plusieurs autres actes ».

Freminville, dans son traité du gouvernement des biens des communautés , *chapitre 10*, adopte cette décision, & même il distingue trois cas : ou il s'agit dans l'assemblée des habitans de choses de pure police & dont l'effet n'est pas perpétuel , comme de nommer des échevins , des messiers, &c. ; ou il s'agit d'affaires notables, comme d'un prêt ou d'un emprunt considérable , ou de passer transaction pour terminer un procès : ou il s'agit de traiter avec le feigneur, de s'affujettir envers lui à un droit de banalité, de Corvée ou autre fervitude. Au premier cas, dix habitans, lorfque l'affemblée a été dûment convoquée, fuffifent ; au fecond cas, il en faut les deux tiers au moins ; au troifième, il faut le confentement de tous, parce que l'affaire les intéreffe tous en particulier.

Ces diftinctions adoptées par les meilleurs auteurs, paroiffent de toute équité. Comment concevoir que la volonté d'un tiers puiffe en affujettir un autre. Il faut donc que chaque individu confente à l'afferviffement. *Alteri per alterum iniqua conditio fieri non debet.... factum fuum cuique, & non alteri debet effe nocivum.* Voilà les principes.

Tout le monde connoît cette maxime en matière de banalité ; *n'y eft foumis qui ne veut.* Il y a identité de raifons pour les Corvées. *Ubi eadem ratio idem jus.*

Les partifans de l'opinion contraire fe fondent principalement fur cette confidération. La pluralité, difent-ils, a le même intérêt que le furplus dans les droits qu'elle avoue au feigneur. Mais fi l'adhéfion de la pluralité n'eft que l'effet de la foibleffe, de la timidité, de la féduction, eft-il jufte qu'un pareil acte faffe la règle des autres habitans ? Comment des gens fans biens & indifférens fur leur état, (& c'eft le gros des communautés), pourront-ils changer la condition des habitans riches & aifés ? Enfin ceux qui n'ont point trempé dans les cabales dont ces fortes d'actes ne font que trop fouvent l'effet, doivent-ils être les victimes de ceux qui ont eu la baffeffe de fe vendre au feigneur !

Les auteurs qui se contentent de la pluralité s'appuient communément de l'autorité d'Henrys, *livre 3, question 19.* Mais si l'on y regarde de près, on remarque que cet auteur leur est plus contraire que favorable. Après avoir établi que le préambule des terriers n'oblige pas, Henrys ajoute : « Ou le préambule est fait *en la* » *présence des emphytéotes & de leur consentement,* » ou c'est en leur absence. Au premier cas, il » pourroit être obligatoire ; mais il faudroit aussi » *qu'ils fussent tous dénommés, qu'ils fussent tous* » *assemblés,* & que le notaire leur eût fait en- » tendre la teneur du préambule & les condi- » tions qu'il porte ; il faudroit qu'il leur eût dé- » claré les droits & les devoirs auxquels ils » s'obligent ; & qu'en un mot on eût observé » ce qu'il faut observer pour rendre un contrat » valable ».

Les expressions dont se sert Henrys font parfaitement connoître qu'il exige dans les reconnoissances des droits généraux, le consentement de chaque individu.

C'est également l'avis de M. Bannelier dans ses notes sur Davot, *tome 1, traité 3, note 42,* où, après avoir rapporté les maximes de M. Ducieu, conformes à son opinion, il ajoute : *Cet auteur possédoit des seigneuries ; mais étant magistrat souverain, il n'en fut que plus attentif aux saines maximes.*

Une maxime certaine, c'est que le seigneur ne peut demander à titre de Corvée que des choses honnêtes & licites. La coutume d'Auvergne en a une disposition expresse.

Une autre règle non moins certaine, c'est que les corvéables doivent être avertis de remplir leur obligation avant de pouvoir y être contraints. L'intervalle entre l'avertissement & la contrainte n'est pas uniformément déterminé ; il varie dans les différentes provinces. Il y a des arrêts du parlement de Bourgogne qui jugent que cet intervalle doit être de deux jours. Cette jurisprudence paroît fort raisonnable. La Thaumassière pense de même *sur les anciennes coutumes du Berry , chapitre 12.*

Dans quelle forme doit être fait cet avertissement ? c'est encore un point sur lequel il y a beaucoup de variétés. Les corvéables doivent être avertis aux prônes des messes paroissiales. La même chose se pratique en Bretagne. Dans la plupart des seigneuries l'avertissement se donne verbalement par un préposé de la part du seigneur ; « & régulièrement le seigneur, son serviteur & » commis sont crus à leur serment de la semonce » de faire Corvée ». La Thaumassière , *loco citato.*

De l'obligation du seigneur d'avertir ses corvéables , il résulte que les Corvées ne sont dues que de l'instant où elles sont demandées ; & conséquemment qu'elles ne tombent point en arrérages. Voici les preuves de ces deux propositions :

La loi 24, *ff. de operis lib.*, le dit expressément. *Operas , quas patronus à liberto postulat , confestim non cedunt , quia id agi inter eos videtur , ne ante cederent quam indictæ fuerint.*

Les coutumes de Bourbonnois , d'Auvergne & de la Marche , disent expressément que les Corvées ne s'arréragent point ; si elles ne s'arréragent pas , elles doivent être demandées , *non petitæ pereunt domino.*

Dupineau en ſes obſervations ſur l'article 499 de la coutume d'Anjou, dit : Si les Corvées ne ſont point indiquées, demandées ni exigées, l'eſtimation ne peut s'en demander faute de les avoir faites. Le Grand ſur l'article 64 de la coutume de Troyes, s'exprime dans les mêmes termes : encore, dit-il, que les habitans & juſticiables doivent Corvées ; néanmoins les ſeigneurs ſont tenus de les demander. Cet auteur ajoute : mais ayant été demandées par le ſeigneur au jour qu'elles ſont dues, les redevables qui ont été négligens de les faire, en doivent payer l'eſtimation.

Guiot qui a traité cette matière avec beaucoup d'étendue, nous aſſure « que telle eſt la » juriſprudence de tous les tribunaux ; & que » la maxime générale & non contredite, eſt » que les Corvées doivent être demandées, & » qu'elles ne tombent en arrérages que quand » elles ont été demandées, & alors elles s'évaluent en argent ». Des Corvées, chapitre 8.

Sur le temps auquel les Corvées peuvent être demandées, M. le préſident Bouhier établit une règle très-ſage. « En cas que le ſeigneur, dit » ce ſavant magiſtrat, puiſſe demander les Corvées en tel temps & ſaiſon que bon lui ſemble, il ne doit pas néanmoins les demander » dans un temps qui ſoit trop incommode pour » les corvéables, comme quand ils ſont occupés aux ſemailles & aux récoltes » Cette règle eſt puiſée dans un ancien arrêt du parlement de Paris que les auteurs rapportent, & à la ſageſſe duquel tous rendent hommage.

Il faut cependant excepter le cas où la Corvée

auroit pour objet l'enfemencement & la récolte des terres de la feigneurie.

La règle générale eft que les Corvées ne peuvent être exigées que pour le lieu où elles font dues. Ainfi lorfque le titre a fixé le lieu de la Corvée, le feigneur ne peut pas impofer à fes corvéables l'obligation de travailler ailleurs. Il faut s'en tenir à la lettre du titre. Mais s'il eft muet fur ce point ? la règle eft, dans ce cas, que régulièrement les Corvées ne font dues que dans les limites de la feigneurie. Cependant on lit, dans l'article 18 du chapitre 25 de la coutume d'Auvergne, *foit dedans ladite châtellenie ou dehors.* Cette difpofition prife littéralement, préfente une grande injuftice. Eh quoi ! un feigneur pourroit envoyer de pauvres corvéables où bon lui fembleroit !

La manière dont les auteurs interprêtent cet article en efface ce qu'il a de trop dur.

« Le feigneur, dit Defpeiffes, *des juftices,* » *titre 6, fection 2,* ne peut pas obliger fes cor- » véables à lui faire fes Corvées qu'au lieu où » il fait fa réfidence & non ailleurs. .... Sinon » qu'il les veuille obliger à faire lefdites Cor- » vées en quelque lieu proche fon domicile, » dont ils puiffent le même jour, au foleil cou- » chant, retourner en leurs maifons ; car alors » ils y peuvent être contraints ».

Bretonnier tient la même opinion, « foit dans » l'étendue ou hors de la terre, pourvu qu'ils » puiffent retourner de jour en leurs maifons, » à la commodité du feigneur, à la réferve des » temps de la récolte & des fentences ». Sur » *Henrys, livre 3, queftion 32.*

La coutume d'Auvergne ainfi modifiée, n'a

plus rien de dur ; elle peut même , fans injuftice, fervir de droit commun. Qu'importe, en
effet, à des corvéables, de travailler en tel ou
ou tel lieu, pourvu qu'ils ne foient pas obligés
de découcher.

C'eft encore une loi de la matière, que les
corvéables ne peuvent être contraints de travailler avant le foleil levé, ni après fon coucher.

Par une fuite du même principe, le feigneur ne
peut obliger fon corvéable à partager fa journée
enforte qu'il en exige la moitié dans un temps
& l'autre moitié dans un autre. Ce feroit fouvent lui faire perdre deux journées éntières.
D'ailleurs fuivant les lois, la Corvée eft *officium
diurnum*. Elle ne peut fe faire que pour le fervice d'une journée. Cette judicieufe décifion eft
de M. le préfident Bouhier.

Nous venons de dire que pour le lieu où les
Corvées doivent être faites, il faut fe conformer à la difpofition du titre. Il faut également y
déférer pour le nombre de ces mêmes Corvées.
Mais s'il n'a pas fixé le nombre ; s'il porte fimplement *Corvées à volonté*, le feigneur pourra-
t-il difpofer toutes les fois qu'il le jugera à
propos, du temps & des bras de fes corvéables ?

Non. L'on fupplée au titre : on ajoute volonté *raifonnable*, & les auteurs & les arrêts
ont déterminé l'exercice de cette *volonté raifonnable*.

*Corvéees à la volonté font limitées à douze
l'année ; fe doivent faire d'un foleil à l'autre. On
n'en peut prendre plus de trois en un mois & en
diverfes femaines.* Loifel, livre 6°, titre 6 , numéro 7.

Sur cette règle le favant Laurière a mis la note fuivante : » Au lieu que chez les Romains les » patrons pouvoient exiger les Corvées de leurs » affranchis quand ils vouloient ; parmi nous les » Corvées à volonté font dues *arbitrio boni viri*, » & ont été fixées à 12 par an ».

On retrouve la même décifion dans prefque tous les auteurs.

Si les Corvées font indéfinies, il faut, dit Coquille, fuivre la coutume d'Auvergne qui les règle à 12 par an. *Cout. de Niv. ch. 8 art. 5.*

A l'égard de la jurifprudence, la Roche-Flavin, *des droits feigneuriaux*, rapporte un arrêt du parlement de Touloufe du 6 juillet 1558, qui règle de même les Corvées au nombre de douze.

La même chofe a été jugée au parlement de Paris en faveur du feigneur de la terre de Grezieu par arrêt du 26 mai 1671. Pareil arrêt en faveur du feigneur de Chevrières du 21 août 1674. Autre arrêt femblable au profit du feigneur de S. Polgue du 22 août 1689.

Bretonnier, qui rapporte ces arrêts *loco citato* ajoute : » Dans tous ces cas je crois que les fei-»gneurs ont droit de demander à leurs emphi-»téotes douze charrois fi tant ils en ont be-» foin ».

On peut donc tenir comme maxime générale que lorfque le nombre des Corvées n'eft pas déterminé par le titre, il faut le fixer à douze par chaque année.

Cependant Bouvot rapporte un arrêt du parlement de Bourgogne qui juge bien différemment. Par cet arrêt, les habitans de Leffot corvéables à la volonté de leur feigneur n'ont été condamnés qu'à faire chaque année fix Corvées à bras,

*pour*

pour ceux qui n'ont point de bétail, & six Corvées de charrois pour ceux qui en ont. Bouvot,
*tome premier, fous le mot corvéables à volonté.*

On peut concilier ces variétés, & même apporter à la jurifprudence du parlement de Paris
une modification qui paroît fort fage. Lorfque
le titre fe tait & que le feigneur a coutume d'exiger plus de douze Corvées, ou même qu'il n'y
a pas d'ufage déterminé la jurifprudence reçue
peut être regardée comme très-jufte. Mais fi les
habitans font dans l'ufage de ne fervir que fix ou
huit Corvées, il feroit injufte de les obliger à un
nombre plus confidérable, à douze par exemple.
A la vérité le titre de la feigneurie porte *Corvée à la volonté.* Mais l'ufance d'une feigneurie
eft-elle même un titre, du moins elle doit faire
préfumer que la difpofition trop vague du premier a été déterminée par un fecond que le
temps a détruit.

Nous ne devons pas omettre de dire qu'il y a
des circonftances où ces règles font fans applica-
tion. Lorfque l'objet de la Corvée eft déterminé ;
que le titre porte, par exemple, que les corvéables feront tenus de tranfporter au château tout
le bois dont le feigneur aura befoin pour fon
chaufage, alors la Corvée n'a d'autre mefure que
les befoins du feigneur ; alors les habitans n'en
doivent ni fix ni douze ; mais autant qu'il en faut
pour remplir l'objet de la Corvée. Guiot en
rapporte un arrêt en faveur de l'évêque de
Metz.

Mais fi la convention a été paffée avec un
fimple gentilhomme, & que la terre ait paffé
depuis entre les mains d'un grand feigneur qui
juge à propos d'y faire fa réfidence habituelle;

les befoins de ce nouveau feigneur feront-ils la mefure de l'obligation des corvéables ? Cela ne feroit pas jufte. Les contractans n'ont pas eu l'intention de s'affujettir à une charge indéfinie ; ils ont calculé fur ce qui fe paffoit fous leurs yeux ; il faudroit donc modérer la Corvée aux befoins d'un feigneur ordinaire.

Le feigneur doit-il nourrir fes corvéables pendant le temps que dure la Corvée ?

L'annotateur de Boutaric décide de la manière la plus précife que le feigneur eft tenu de cette obligation. » L'ufage & les arrêts, dit-il, ont » toujours décidé que c'étoit au feigneur à les » nourrir, à moins que le contraire ne foit établi » par de bons titres ».

Une affertion auffi tranchante ne devroit laiffer aucun doute, au moins pour les pays de droit écrit. Cependant nous lifons dans Defpeiffes : » Le feigneur qui a droit de Corvée n'eft » pas tenu de nourrir fes vaffaux, ni leur bétail » pendant qu'ils travaillent pour lui, comme il a » été jugé au parlement de Touloufe. Telles » Corvées font dues au feigneur comme charges, » il doit lui en réfulter un avantage, & s'il étoit » tenu de nourrir les corvéables, elles lui fe- » roient plus onéreufes que profitables ». Cet auteur cite la Roche & Bouvot, & un arrêt du parlement de Dijon conforme à fa décifion. Cet arrêt eft du 14 janvier 1560.

Guipape examinant la même queftion pour la province du Dauphiné, dit que le feigneur a coutume de nourrir les Corvéables de fes terres. Que cependant l'ufage eft contraire dans beaucoup d'autres feigneuries. *Queft. 217.* Mais Ferriere fur cette queftion de Guipape décide affirmativement, que le corvéable eſt obligé de ſe nourrir. *Certiſſimum eſt debere operas preſtare ſuo ſumptu.... ſive ſimpliciter obligatus ſit operas præſtare, nec adjutum ſit quod id faciat ſuis ſumptibus.*

Papon en ſes arrêts, *liv. 13, titre 6,* en rapporte trois dont deux impoſent au corvéable l'obligation de ſe nourrir, & le troiſième rejette cette obligation ſur le ſeigneur.

Ajoutons que ſuivant les lois romaines, l'affranchi eſt obligé de ſe nourrir pendant le temps des Corvées.

Il eſt donc au moins très-douteux que dans les pays de droit écrit, le ſeigneur ſoit obligé de nourrir ſes corvéables.

La queſtion eſt décidée en faveur de ces derniers par M. le préſident Bouhier pour la province de Bourgogne. C'eſt une règle, dit-il, dans notre Bourgogne, que le ſeigneur pendant la Corvée doit nourrir ſes corvéables & les bêtes dont ils ſe ſervent dans cette occaſion. Ceux qui ont embraſſé le ſentiment oppoſé, continue ce magiſtrat, n'ont pas fait attention à la différence infinie qui eſt entre les affranchis des Romains & les villageois de notre temps : les premiers étoient riches. Peut-on leur comparer nos villageois qui ſont la plupart dans la miſère & ne vivent que du travail de leurs mains. Notre juriſprudence, dit enfin M. Bouhier, eſt depuis plus de deux ſiècles ſi uniforme ſur ce point que j'ai été fort ſurpris d'un arrêt contraire qui fut rendu en la chambre des enquêtes le 16 novembre 1658.

Les auteurs du reſſort du parlement de Paris penſent bien différemment. Pontanus, Lalande, Legrand, Baſnage, Coquille, Livonière, Baquet,

T ij

Brodeau, Tronçon, Ferrière, &c. tiennent una-
nimement que le corvéable doit fe nourrir à
moins que la coutume & le titre n'en difpofent
autrement.

Defpeiffes, *loco citato* , apporte à cette règle
deux modifications remplies d'équité. Lorfque
les corvéables, dit-il, font fi pauvres qu'ils n'ont
pas de quoi fe nourrir , le feigneur eft obligé de
leur donner des alimens pendant qu'ils travaillent pour lui : & ainfi a été jugé au parlement
dé Touloufe. » Voire même, ajoute cet auteur ,
» au cas que lefdits vaffaux foient fort pauvres
» & qu'ils ne puiffent pas fe nourrir d'eux-
» mêmes fans leur travail, lefdits vaffaux ne font
» pas tenus à faire lefdites Corvées, & à fe
» nourrir à leurs propres dépens , bien qu'elles
» leur euffent été impofées avec le pacte qu'ils
» fe nourriroient eux-mêmes : car tel pacte eft
» inutile ».

La feconde modification de notre auteur eft
pour le cas où les corvéables travaillent fi loin
de la feigneurie qu'ils ne peuvent pas retourner
en leurs maifons le même jour : » Le feigneur eft
» tenu de les nourrir & leur bétail à la foupée
» & de leur donner gîte. Comme il a été jugé
» au parlement de Paris le 22 décembre 1543 ».

Malgré la règle générale qui obligle le corvéable de fe nourrir, il y a cependant comme
l'on voit des circonftances où le feigneur eft
tenu de cette obligation. Cela eft furtout inconteftable lorfque le titre le porte ; mais quelle eft
la nature & la quantité des alimens que doit le
feigneur ? Si cela eft déterminé par le titre, il
faut s'y conformer. Si le titre eft muet, la chofe
eft affez difficile à régler. Voici comme s'exprime

à cet égard Jabelly fur l'article 136 de la coutume de la Marche : » Comme il n'y a. rien de
» certain fur cette dépenfe, il faut fuivre l'ufage
» qui eft différent; il y a des feigneurs qui don-
» nent du pain & du falé, & du foin tout enfem-
» ble pour les bœufs ; d'autres ne donnent que
» pour le manger du corvéable, & rien pour les
» bœufs ; d'autres ne donnent que du bled pour
» le pain du corvéable, à raifon d'un boiffeau
» par paire de bœufs, comme il a été jugé par
» arrêt du 30 juillet 1639 en faveur du comman-
» deur de Maiffoniffes contre les habitans de
» Membut ; fi bien que dans une fi grande diver-
» fité d'ufage, il eft difficile de déterminer rien
» de certain ; il en faut demeurer au dernier état
» & à ce qui a été pratiqué depuis les 30 ans
» derniers ».

Le corvéable eft en outre obligé de fe fournir
des outils néceffaires pour le travail qui fait
l'objet de la Corvée. L'auteur que nous venons
de citer dit fur l'article 137 de la même coutume
de la Marche, que fi pendant la Corvée il meurt
quelques bœufs, s'il fe brife quelques charettes,
s'il fe perd des outils, s'il s'en caffe ou s'il en eft
volé, le feigneur n'eft pas tenu de ces cas for-
tuits.

Les jurifconfultes donnent comme une règle
certaine, que fi le titre conftitutif porte que le
corvéable fera la Corvée ou payera une certaine
fomme, le choix lui en eft déféré, à moins que
cette option n'ait été expreffément réfervée au
feigneur. Cette décifion eft fondée fur cette règle
du droit romain reçue parmi nous : *in alternati-
tis electio eft debitoris.* Cela fut ainfi jugé par arrêt

du parlement de Paris pour un cas où la Corvée avoit été abonnée à six deniers.

Cet arrêt est du 18 janvier 1582. M. le président Bouhier qui le rapporte fait cette remarque importante. » Il est vrai que comme depuis » les anciens abonnemens de cette nature, la » valeur de l'argent est prodigieusement dimi- » nuée, en forte que le droit du seigneur feroit » presque anéanti, si l'on suivoit à la lettre ces » estimations; le parlement de Paris y apporte » par le même arrêt un tempérament fort équita- » ble. Il réserve au seigneur de faire payer les six » deniers en monnoie forte, c'est-à-dire suivant » ce que les anciens deniers pouvoient valoir au » temps de la paffation de l'acte. Cela est con- » forme au sentiment des jurisconsultes.

Bacquet, des droits de justice, *ch. 29 , n. 43 ,* rapporte l'espèce de cet arrêt de 1582, dont parle M. le président Bouhier. « Etant porté par » la chartre de Château-Vilain de l'an 1286, que » les habitans du lieu sont tenus faire chacun an » trois Corvées de bras, pour les réparations des » murailles de la ville & du château, ou pour cha- » cune Corvée payer six deniers; le comte de » Château-Vilain disant, qu'il étoit en son option » de contraindre lesdits habitans à faire lesdites » Corvées, ou lui payer lesdits six deniers; les » habitans soutenant au contraire que l'option leur » appartenoit suivant la difposition du droit par » arrêt donné en plaidoirie le 18 janvier 1582, » fut dit que les manans & habitans de Château- » Vilain demeureroient quittes de la Corvée de » mur mentionnée en la chartre, en payant au » comte de Château-Vilain six deniers, & fans » dépens, fauf & réfervé audit comte de pouvoir

» demander en exécution de l'arrêt, que les six
» deniers soient payés en forte monnoie', non en
» deniers qui ont cours à préfent ; & auxdits ha-
» bitans leurs défenfes au contraire. Ledit Comte
» difoit que lefdits fix deniers valent à préfent
» trois fous tournois ».

*Corvées ne peuvent être vendues ni tranfportées
à autrui.* Loifel, *livre 6, titre 6, règle* 10. La
raifon en eft, dit M. de Laurière, qu'elles font
dues pour *la néceffité du feigneur.* Cette règle eft
écrite dans plufieurs coutumes. Bourbonnois,
article 339 : *Les feigneurs ne peuvent contraindre
leurs fujets faire charrois pour autres que pour eux.*
La Marche, art. 165 : *Ne peut ledit feigneur vendre & tranfporter à autrui la commodité d'iceux
binade & arban ; mais faut qu'il les emploie à fon
ufage & de fon hôtel & non ailleurs.*

De ces derniers mots, *& de fon hôtel,* Guiot
conclut que les Corvées peuvent être comprifes
dans le bail à ferme, pour faire valoir les terres
& domaines du feigneur ; car en faifant cette
location, il en fait ufage pour fes terres que fon
fermier laboure à fon profit ; on ne doit pas
contraindre un feigneur d'exploiter lui-même
fes domaines afin qu'il puiffe exercer fon droit
de Corvée.

Cependant le commentateur anonyme de la
coutume de Bretagne, rapporte fur l'article 91
un arrêt du 3 novembre 1676, qui juge que le
droit d'envoyer chercher les provifions du feigneur jufqu'au plus prochain port de mer,
ne peut être exercé par le fermier de la feigneurie.

Mais on ne penfe pas que cet arrêt foit conforme à la maxime que nous établiffons. Nous

parlons des Corvées dues à la feigneurie ; & dans l'efpèce jugée par l'arrêt du parlement de Bretagne, il s'agifloit d'un fervice qui avoit pour objet la perfonne & l'ufage même du feigneur. Une Corvée de cette efpèce eft du nombre de celles que les romains appeloient *obféquiales*, & l'on convient qu'elles ne peuvent être cédées au fermier.

Le fermier pourra donc exiger les Corvées, mais pour l'aménagement de la feigneurie feulement, & non pour fes affaires & fes befoins perfonnels.

Bacquet qui établit les mêmes principes, rapporte un arrêt conforme dont voici l'efpèce telle qu'il nous l'a tranfmife. « Par la coutume » de Bourbonnois, étant porté que les fujets » doivent chacun an à leur feigneur féodal, trois » jours de Corvées, le domaine de Bourbonnois » étant baillé à ferme par le roi, par arrêt de » la Cour, les fujets ont été condamnés faire » lefdites trois journées de Corvées au profit du » fermier du roi, après qu'il a affirmé que c'é- » toit pour faire la collecte des fruits des terres » dépendantes du domaine du roi, ou bien pour » réparer le château dudit feigneur ». *Loco citato.*

Suivant l'annotateur de Boutaric, les engagiftes qui n'ont ni château ni domaines ne peuvent exiger les Corvées dues à la feigneurie.

Le même auteur examine enfuite la queftion de favoir fi le feigneur peut convertir les Corvées en argent. Rien, dit-il, n'eft plus contraire aux arrêts & règlemens, & notamment à l'article 20 du règlement général des grands jours de Clermont, que la converfion des Corvées en argent & de s'abonner avec les payfans pour les en exempter. Les Corvées doivent abfolument fe prendre en nature.

Nul doute qu'il faut entendre cette décifion du cas où la converfion eft du fait du feigneur. Rien n'empêche affurément que le feigneur & les corvéables réunis ne tranfigent fur cet objet, & ne conviennent de fubftituer à la Corvée en nature une redevance annuelle de telle ou telle fomme. Une pareille tranfaction revêtue des formalités requifes, auroit certainement fon exécution. Il y en a d'ailleurs beaucoup d'exemples.

Sur la queftion de favoir de quelle manière les Corvées doivent être fervies, lorfque ceux qui font obligés de les faire avec chevaux, bœufs & charrettes, n'en ont pas, on trouve dans Henris, *livre 3, queftion 32*, un arrêt du 18 août 1671, confirmatif d'une fentence des requêtes du palais, conçue en ces termes : « condamne » (les habitans) à faire à l'avenir douze Corvées » chacun par chacun an. Savoir, ceux qui auront » bœufs, vaches & charriots, feront lefdites » Corvées à charrois avec toute leur puiffance ; » ceux qui n'auront que bêtes à bâts, les feront » avec bêtes à bâts ; ceux qui n'auront bêtes ni » charriots, feront lefdites Corvées à bras ; & » ce quand ils feront requis, en temps commode » & accommodable, depuis le foleil levant juf- » qu'au foleil couchant ; hors des temps de fe- » mailles & de récolte.

Cet arrêt juge, comme l'on voit, que le corvéable n'eft tenu de fervir la Corvée qu'avec ce qu'il a & fuivant fon pouvoir. La coutume d'Auvergne en a une difpofition expreffe. « Et

» font charriables à la raifon deffus dite, ceux
» qui ont bœufs à charrois ou à journées de
» bœufs ; & ceux qui n'ont bœufs, mais bêtes
» à bâts, à Corvée ; & ceux qui n'ont bœufs
» ni bêtes à bâts, à manœuvrer à bras au fer-
» vice du feigneur ». *Titre des tailles, article 19.*

Je crois, dit Guiot, cette limitation très-fage
& fondée en l'exacte équité. ✶

Encore une autorité. Nous croyons ne pouvoir trop appuyer fur tout ce qui tend à la décharge des malheureux corvéables. « Les cor-
» véables, dit M. le préfident Bouhier, qui font
» tenus à des journées de bétail, n'en ayant
» point, ne font pas tenus d'en louer pour les
» faire ; mais alors ils feront les Corvées de leurs
» bras, comme il a été jugé au parlement de
» Dijon le dernier juin 1507 ».

Le feigneur qui a un droit de Corvée fur un
corps d'habitans, doit l'exiger fucceffivement
de chacun d'eux, fans aucune efpèce de préfé-
férence.

Le feigneur doit faire un rôle contenant les
noms de tous les corvéables en état de travailler,
& fuivre ce rôle de manière que celui qui a été
employé ne puiffe plus l'être qu'après que le
rôle aura été épuifé.

De Vollant qui examine ce point fur l'article
91 de la coutume de Bretagne, exige que ce
rôle foit mis au greffe: Cette précaution eft
très-fage. Par-là chacun fait le nombre & le
temps de fes obligations, & perfonne n'a à
craindre que le feigneur le furcharge pour en
favorifer un autre.

Lorfque les titres de la feigneurie ne fixent

pas le nombre des bêtes tirantes que le corvéable doit employer, peut-il être contraint à fervir avec tous les chevaux & bœufs qu'il emploie à labourer ?

L'arrêt de 1671 dont nous venons de parler, juge l'affirmative. On s'en rappelle les termes : *Seront lefdites Corvées à charrois avec toute leur puiffance*. Un arrêt du 17 février 1624, avoit jugé la même chofe. Il eft rapporté par Brodeau fur l'article 71 de Paris.

Cette décifion n'eft pas univerfellement adoptée. Il y a des auteurs qui penfent le contraire. Ils fe fondent fur l'article 20 du règlement des grands jours de Clermont, qui fait défenfes aux feigneurs *d'exiger, même fous prétexte de confentement volontaire des redevables, le charroi de plus d'une paire de bœufs*. Il faut voir fur cette queftion l'annotateur de Boutaric.

Le même auteur examine la queftion de favoir de combien pefant on doit charger les charrettes des corvéables. Il y a, dit-il, un règlement au profit du fieur de Levi, pour la feigneurie de Changy, confirmé par arrêt contradictoire du 13 août 1675, qui paroît très-équitable, & qui peut fervir de règlement dans tous les pays où l'on fe fert de bœufs. Suivant ce règlement, chaque charriot traîné par quatre bœufs doit être chargé de douze cens. La charrette attelée de quatre vaches ou de deux bœufs, de fix cens. La charrette traînée par deux vaches, de trois cens pefant.

Nous avons dit plus haut, que lorfque le nombre des Corvées n'eft pas déterminé par les titres, la jurifprudence le fixe le plus communément à douze par an. Le feigneur peut-il les

exiger de fuite & fans intervalle ? C'eft encore
une queftion à laquelle la précédente nous con-
duit naturellement.

C'eft une maxime reçue, que le feigneur ne
peut exiger plus de trois Corvées par mois. Ces
trois Corvées font-elles confécutives ? Il y a fur
ce point diverfité de jurifprudence & d'opinion.
*Ne peut-on en prendre plus de trois en un mois
& en diverfes femaines ?* dit Loifel. Cette règle
eft tirée de la coutume d'Auvergne. On trouve
la même décifion dans la Thaumaffière, *anciennes coutumes du Berri ; chapitre 12.* « Corvées à
» volonté, dit Coquille, font limitées à douze
» par an, doivent être faites d'un foleil à l'au-
» tre ; à ufage honnête ; peuvent être prifes trois
» pour un mois, felon la néceffité du feigneur,
» *& à diverfes femaines* ».

On ne peut pas des autorités plus refpec-
tables. Cependant le parlement de Paris juge,
que le feigneur peut exiger les trois jours de
Corvée confécutivement. Brodeau fur l'article
71 de Paris, en rapporte un arrêt du 17 février
1624, dont voici le difpofitif tel qu'il nous l'a
tranfmis. La cour, par cet arrêt, a réglé la
preftation des Corvées, ayant condamné le corvéable, tant & fi longuement qu'il demeureroit
au terroir de la feigneurie, à faire par chacun
an l'efpace de trois jours, & fans intervalle
de jour, fi bon femble au feigneur, les Corvées, &c.

La jurifprudence, comme nous venons de le
dire, n'eft pas la même dans tous les parlemens.
Bouvot rapporte un arrêt de celui de Dijon,
qui juge que d'une Corvée à l'autre il fera laiffé
un intervalle de deux jours.

C'eſt une maxime qui paroît généralement adoptée, que nous ne connoiſſons plus les Corvées nommées *fabriles*, que les romains étoient dans l'uſage de retenir de leurs affranchis, de quelque profeſſion qu'ils fuſſent ; médecins, chirurgiens, peintres, notaires, &c. ; enſorte que parmi nous la Corvée ne peut plus avoir pour objet que des travaux de corps ou des charrois pour le ſervice du ſeigneur, ou l'aménagement de la ſeigneurie.

Rouſſeau de la Combe dans ſon recueil, au mot *Corvée*, confirme cette règle par un arrêt qu'il rapporte en ces termes : « Miniſtère de no-» taire n'eſt ſujet au droit de Corvées. Arrêt du » ſamedi 13 août 1735, confirmant la ſentence » de Rethel, décharge un notaire de la demande » de ſon ſeigneur, à ce qu'il fût tenu de venir » pendant trois jours dreſſer procès-verbal de » ceux qui feroient réfuſans d'aller à la Corvée, » aux offres de lui rembouſer le papier, contrôle » & autres droits du roi».

Dans l'eſpèce jugée par cet arrêt, le ſeigneur rapportoit un aveu du 24 juillet 1714, dans lequel il étoit dit : que les habitans devoient trois jours de Corvée, à quoi ils étoient propres. La demande du ſeigneur étoit donc exactement calquée ſur ſon titre, puiſqu'il ne demandoit au notaire que la confection d'un procès-verbal auquel il étoit inconteſtablement propre. Ainſi l'on peut dire d'après cet arrêt, qu'il eſt jugé que l'exercice des fonctions de notaire ne peut pas être un objet de Corvée.

Nous ne penſons cependant pas que l'on doive tirer cette conſéquence de l'arrêt. Il eſt très-douteux qu'il ait jugé cette queſtion. Guiot en

rapporte l'efpèce. Nous l'avons examinée avec
foin, & nous y avons remarqué deux circonftances qui peuvent très-bien avoir déterminé
les fuffrages.

1°. le notaire ne tenoit pas fa commiffion du
feigneur de la terre, mais du dominant. 2°. Le
feigneur n'établiffoit fa demande que fur un feul
aveu, encore étoit-il très - récent. Cet aveu
étoit du 24 juillet 1714. Un acte de cette efpèce étoit infuffifant pour l'établiffement du
droit, furtout n'étant pas appuyé de la poffeffion
comme l'articuloit le notaire. Dans cette efpèce
l'objet de la Corvée, la qualité de notaire peuvent donc très - bien n'avoir pas influé fur le
jugement, puifque l'on peut dire que la cour
auroit prononcé de même en faveur de tout
autre habitant du lieu s'il fe fût refufé à la
Corvée.

Nous ne pouvons, en parlant de cet arrêt,
diffimuler notre étonnement de voir dans Lacombe cette affertion. *Le feigneur fe fondoit fur
d'anciens aveux qui l'autorifoient*, &c. Guiot qui
a recueilli foigneufement l'efpèce & les moyens
des parties, dit au contraire très-expreffément
que le feigneur ne produifit qu'un feul aveu.
*On n'avoit que l'aveu de 1714.* Ce font les termes
de Guiot. A la vérité le feigneur en alléguoit
d'autres plus anciens, mais il n'en montra pas.
La manière dont Lacombe rapporte cet arrêt
eft, comme l'on voit, bien différente de l'efpèce fur laquelle il a été rendu; & voilà comme
les arrêtiftes nous égarent.

Nous finirons cet article par l'examen d'une
queftion qui s'élève fréquemment dans la pratique. Les plus anciens titres d'une feigneurie ne

parlent que de deux ou de quatre Corvées &
à bras feulement ; les titres poſtérieurs en énoncent un plus grand nombre , & cela avec chevaux & charrettes , & la poſſeſſion du feigneur
eſt conforme à ces derniers. Auxquels faut-il
déférer ?

C’eſt incon·eſtablement au plus ancien.

Dans le cours de pluſieurs ſiècles , il eſt ſi
facile aux feigneurs d’abuſer de leur aſcendant,
de leur autorité pour donner de l’extenſion à
leurs droits , que l’on a cru indiſpenſable d’établir comme principe fondamental en cette matière, que toutes les reconnoiſſances poſtérieures
doivent diſparoitre devant des titres plus anciens. C’eſt ce que Dumoulin exprime en ces termes : *Simplex recognitio non diſponit nec immutat
ſtatum rei.* Cet oracle de notre juriſprudence
ajoute : *Si ſit ſimplex recognitio non immutatur
qualitas rei quæ tanquam erronea cedet veritati.*

« Nous n’avons point , dit Boutaric en ſon
» traité des droits feigneuriaux , chapitre 1 , de
» principe plus trivial en matière féodale , que
» celui qui ſuit du titre originaire une loi invio-
» lable , *à primordio tituli omnis formatur even-
» tus* ; c’eſt ce qui fait dire à Dumoulin que les
» reconnoiſſances *non ſunt diſpoſitoriæ ſed decla-
» ratoriæ* , c’eſt-à-dire qu’elles ne ſont pas faites
» dans l’eſprit de contracter une nouvelle obli-
» gation ; mais feulement de reconnoître & dé-
» clarer celle qui eſt déja faite & qui ſubſiſte
» dans le titre primordial ».

Non-feulement Boutaric nous donne cette
règle comme l’une des plus certaines de notre
juriſprudence ; mais il l’appuie , comme l’on
voit , du ſuffrage le plus reſpectable , de celui de

Dumoulin. Telle eft en effet la doctrine de cet auteur : on ne peut rien de plus énergique que les termes dans lefquels il s'exprime. « Lorfque » le titre eft repréfenté, il faut rejeter toutes » les reconnoiffances poftérieures : c'eft à ce titre » feul que l'on doit s'arrêter », *ei ftandum & frequentes recognitiones, quatenus contrariæ funt tanquam erroneas rejiciendas.*

' On retrouve partout la même décifion ; mais de tous les jurifconfultes, d'Argentré paroît être celui qui a le plus approfondi cette matière. Il diftingue la reconnoiffance de la difpofition. » A l'égard de la reconnoiffance, dit-il, comme » fon objet n'eft pas de difpofer pour l'avenir, » mais uniquement de confirmer un droit que » l'on fuppofe préexiftant, fa validité eft fubor- » donnée à l'exiftence de ce droit ; elle ne » change rien à l'état de la chofe qui n'eft pas » moins ce qu'elle étoit auparavant ». *Itaque fi hodie neget qui antea confeffus eft,* s'il parvient à prouver que fa reconnoiffance eft contraire aux titres ; à la vérité, *evanefcet confeffio cujus vis nulla eft contra verum, non magis quam nebulæ contra folem flagrantem.* . . . Cet auteur ajoute quelques lignes plus bas : *At recognitio. . . . . cum fundamentum habeat de jure antecedenti, nec ad novum producendum emittatur, confequitur ut ipfa quoque fit ex caufa erroris revocabilis, fi aliter habere detegitur, id quod tanquam tale recognofcitur.*

Il eft cependant poffible de déroger aux anciens titres par des reconnoiffances ; mais en quelle forme doivent-elles être conçues pour opérer cette dérogation ? C'eft ce que d'Argentré nous apprend encore ; ce font celles *quæ difponendi*

*disponendi animo fiunt, ab sciente & prudente,
& habente poteftatem.* Sur l'article 85 , note 4 de
la coutume de Bretagne.

Si dans une reconnoiffance, il y a avec le cens
une Corvée feulement, fans dire fi c'eft à bœufs
ou à charroi, le tenancier en fera-t-il quitte
pour offrir une Corvée à bras ?

Si la queftion fe préfentoit dans la coutume
d'Auvergne , elle fe décideroit par l'article 19
du titre 25 de cette coutume, & ce feroit une
Corvée de bêtes à bât ; mais dans toute autre
coutume, où le mot de Corvée eft générique ,
une Corvée à bras fuffiroit ; ce feroit la faute
du feigneur de n'avoir pas expliqué précifément
la chofe. Si cependant le cenfitaire avoit fait des
Corvées à charroi pendant trente ou quarante
années, cet ufage auroit fuffifamment expliqué
le titre, & le cenfitaire n'auroit plus lieu de
prétendre en être quitte pour une Corvée à
bras.

Le feigneur qui a traduit en juftice un cor-
veable refufant, peut-il exiger que la communauté prenne parti dans l'affaire ? Eft-il en droit
de la mettre en caufe, à l'effet par elle de déclarer fi elle entend avouer ou contefter le droit
de Corvée ?

Il y a fur ce point diverfité d'opinions. M. Salvaing rapporte un arrêt du parlement de Grenoble qui a rejeté de pareilles conclufions, &
l'annotateur de Boutaric adopte la décifion de cet
arrêt.

Mais les auteurs du reffort du parlement de Paris, au moins pour la plupart, eftiment que le feigneur eft fondé à demander la déclaration de la

communauté : il y a même des arrêts de ce parlement qui l'ont ainsi jugé.

Bacquet, traité des droits de justice, chapitre 29, en rapporte un qui a ordonné « que la » communauté seroit ajournée à jour de dimanche, issue de la messe parochiale, pour constituer procureur, qui déclareroit si elle entendoit accorder ou empêcher la banalité prétendue ». Sur quoi cet auteur ajoute : « Sur » cet arrêt semble être donnée la forme qu'il » faut garder pour décider un droit de banalité » lequel ne se doit conduire ni juger avec un » particulier, ains avec tout le corps des habitans qui y ont intérêt ».

Le Grand, sur l'article 64 de la coutume de Troyes, tient la même opinion. Voici ses termes : « Si un particulier habitant d'une seigneurie » conteste le droit de banalité, il sera en ce cas » nécessaire d'entendre sur ce les habitans, qui » seront tenus de constituer un syndic qui déclarera s'ils entendent empêcher ou accorder le » droit de banalité, un particulier n'étant pas » capable de contester & d'abattre ce droit, suivant un arrêt du 2 août 1558 & un autre du » 21 juillet 1584 ».

Lorsque la Corvée est arréragée, & que le seigneur est en droit de l'exiger en argent, a-t-il une action solidaire contre les corvéables, ou doit-il s'adresser à chacun pour la portion qu'il lui doit ? Cette question s'est présentée au parlement de Normandie. Basnage, sur l'article 31 de la coutume de cette province, rapporte l'arrêt qui l'a décidée, avec l'espèce & les moyens des parties.

C'est un usage en cette province, dit cet au-

teur, que quand on a quelque fomme à reprendre fur quelque communauté, on ordonne que
dans un temps on en fera la répartition fur les
particuliers, autrement qu'il fera permis de fe
faire payer par les plus folvables de la commu-
nauté.On prétendit qu'un feigneur ne pouvoit pas
en ufer de même fur fes vaffaux pour le non
accompliffement de quelques Corvées. Les vaffaux de Bonenfant, fieur de Magny, étoient affujettis par leurs aveux à curer les foffés; le fieur
de Magny les y fit condamner aux plaids de fa
feigneurie, & faute d'y avoir fatisfait, il fit adjuger ce curage à huit cent livres : après l'adjudication, quelques-uns de ces vaffaux ayant
offert de travailler, il fut dit par fentence du juge de Falaife, que le prix de l'adjudication feroit
réparti fur tous les vaffaux au pied la perche
des terres que chacun poffédoit, & à faute par
eux de faire cette réparation dans le mois, il
fut permis au feigneur de faire exécuter douze
des plus folvables. Morin & le Bourgeois, deux
de fes vaffaux, ayant appelé de cette fentence,
Theroude, leur avocat, difoit que le feigneur
pour ces Corvées n'avoit point d'obligation fo-
lidaire, & que chaque vaffal n'y étoit tenu qu'à
proportion des terres qu'il poffédoit. Le Bou-
vier au contraire foutenoit que c'étoit une obligation *in factum*, qui étant individue ne pouvoit
être féparée ; que l'offre faite par un des obligés n'étoit point valable, fi tous les autres ne
s'acquittoient point de leur devoir ; que comme
les inféodations avoient été faites à une feule
fois, la condition du feigneur ne pouvoit devenir plus mauvaife par le fait des vaffaux, ni par
leurs partages & divifions, comme il arriveroit

toujours fi le feigneur étoit réduit à pourfuivre chaque vaffal en particulier; que cette condamnation fur douze vaffaux n'étoit que *per modum pœnæ*, à faute par les vaffaux d'avoir fatisfait à leur devoir dans les délais qui leur avoient été accordés : par arrêt de la grand'chambre du 6 mai 1659, la fentence fut confirmée.

Bacquet a pris la peine de nous donner un précis des conclufions que doivent prendre le demandeur & le défendeur lorfque le droit de Corvée ou de banalité eft en litige : nous croyons devoir le tranfcrire ici. Voici fes termes : « Faut noter qu'en complainte formée pour » droit de banalité, il convient baptifer poffef- » fions affirmatives & négatives, & dire qu'on » eft en poffeffion de contraindre les habitans de » tel lieu venir preffurer au preffoir banal du de- » mandeur ; de prohiber & interdire auxdits habi- » tans d'aller preffurer ailleurs qu'audit preffoir ; » en cas de contravention, les mulcter de prohi- » ber qu'ils ayent preffoir en leurs maifons & » autres poffeffions au cas pertinents.

» Le défendeur, pour exceptions & défenfes, » doit baptifer poffeffions contraires ; dénier le » droit de banalité prétendu par le demandeur ; » mettre en avant qu'il eft en poffeffion imémo- » riale de liberté d'aller preffurer fon vin en tel » preffoir que bon lui femble ; dénier que les vi- » gnes qui lui appartiennent étant au-dedans de » la feigneurie du demandeur, foient fujettes & » affervies au droit de banalité mis en avant par » le demandeur. Encore que le défendeur ait ci- » devant été preffurer au preffoir du demandeur, » cela ne peut pas induire une obligation pour

» l'avenir, ni attribuer droit de banalité au de-
» mandeur, comme il fera montré ci-après : que la
» préfomption & faveur eft pour la liberté & non
» pour la fervitude : que le feigneur *non utendo*,
» vel *per non ufum*, a perdu fon prétendu droit
» de banalité. *L. fi partem, paragr. ff. quemadm.*
» *fervit.* Partant concluera à fin d'abfolution ».
Bacquet, traité des droits de juftice, chapitre
29, n. 12 & 13.

Les Corvées entrent-elles dans l'eftimation
d'une terre vendue-fur le pied des revenus ?

Il y a fur cette queftion une règle de Loifel
conçue en ces termes : « *en affiette de terre, Cor-*
» *vée ou peine de vilain eft comptée pour rien* ».
Livre 6, titre 6, règle 11.

L'objet & les motifs de cette décifion ne
s'apperçoivent pas au premier coup d'œil : nous
allons les développer d'après le favant M. de
Laurière.

Les affiettes de terre qui étoient anciennement fréquentes en France fe faifoient pour différentes caufes.

'Quelquefois un mari qui recevoit de fa femme
la dot en argent *l'affignoit* ou en *faifoit affiette*
fur fon héritage, & cet héritage du mari étoit
réputé vendu jufqu'à concurrence de la dot.

Quelquefois un père en mariant fa fille, pro-
mettoit de lui donner une fomme & d'en faire
*affiette*, & dans ce cas, la fille & fes defcendans
avoient la propriété des terres fur lefquelles
*l'affiette* avoit été faite.

Et enfin quelquefois un débiteur qui conftituoit
une rente s'obligeoit *d'en faire affiette fur un fonds*,
afin que la rente y fût perçue par le créancier ;
& cette affiette *n'emportoit point aliénation*.

Il ſe trouvoit ſouvent qu'il étoit dû des *Cor-vées* aux terres ſur leſquelles ces *aſſiettes* étoient faites. La queſtion fut donc de ſavoir ce que ces Corvées ſeroient eſtimées ; & les créanciers à qui les aſſiettes devoient être faites n'ayant pas voulu les prendre parce qu'elles ne produiſoient point de revenu, l'uſage s'établit qu'en *aſſiette* elles ſe-roient comptées pour rien.

Il y a cependant des coutumes où elles ſont comptées pour quelque choſe. Celle d'Auver-gne, titre 31, article 52, porte, *charois*, Cor-vées *& manœuvres perſonnels dûs à merci & volonté ou autrement , & qui ne ſont aſſis ſur héritages & fonds certain , ne ſont baillés ; ſinon que l'on baillât en aſſiette la ſeigneurie ou chevance dont leſdits droits dépendent : car audit cas ils peuvent être baillés.* Et par l'article 51, la Corvée eſt eſtimée quatre deniers *en hiver* & ſix *en été.*

Par l'article 430 de la coutume de la Marche, *la Corvée* ou manœuvre de rente eſt eſtimée *ſix deniers.*

Par l'article 132 de celle de Saintonge, l'ou-vrage d'homme de bras, ſans dépens lui faire, eſt eſtimé *quinze deniers*, & avec dépens, *dix deniers.*

Par les articles 191, 192, de la coutume de Troyes, la Corvée d'un homme vaut pour un jour *douze deniers*, & celle d'une femme *ſix deniers.* Voyez l'article 419 de la coutume d'Anjou.

Cette queſtion a été jugée conformément à la déciſion de Loiſel, par arrêt du 6 ſeptembre 1641. Comme la difficulté eſt de nature à ſe

repréfenter fouvent, & que d'ailleurs elle eft en
général peu connue, nous croyons devoir rapporter l'efpèce de l'arrêt telle que M. Henrys
nous l'a confervée, livre 3, chapitre 3, queftion 33.

« Le feigneur marquis de Saint-Prieft avoit
» vendu au feigneur de Pelliffac la terre & fei-
» gneurie de Chalain d'Uffore pour le prix con-
» venu par le contrat, fans autre déclaration en
» quoi confiftoit la feigneurie, que par une dé-
» fignation générale ; que c'étoit en cens, dî-
» mes, étangs & héritages en dépendans : mais
» comme le prix n'avoit été convenu qu'en-
» fuite de l'état & mémoire que le feigneur de
» Saint-Prieft avoit baillé au feigneur de Pel-
» liffac des droits & revenus de fa terre, &
» que ledit feigneur de Pelliffac s'en étoit fié
» audit état, qu'on lui avoit affuré véritable ;
» c'eft ce qui fit naître un procès. Le feigneur
» de Pelliffac ayant vérifié les terriers, & n'y
» ayant pas trouvé fon compte, l'omiffion qui
» fe trouva en la rente noble obligea le feigneur
» de Pelliffac de tirer en inftance pardevant le
» bailly de Forez, le feigneur de Saint-Prieft,
» pour faire valoir fon mémoire, & fuppléer
» ce qui manquoit de la rente, & comme ledit
» feigneur de Pelliffac n'avoit autre fondement
» qu'un fimple état ou mémoire, & que la chofe
» excédant, il ne pouvoit être reçu à la véri-
» fier par témoins, il déclara d'abord qu'il s'en
» remettoit au ferment décifif dudit feigneur de
» Saint-Prieft. Ayant donc été obligé icelui de
» fe préfenter, & par jugement du bailli, & par
» arrêt de la cour, ainfi que nous dirons ail-

» leurs, ledit feigneur de Saint - Prieſt aima
» mieux avouer le fait, que de faire un ferment
» douteux, témoignant par-là la tendreſſe de ſa
» conſcience.

» Etant donc demeuré d'accord d'avoir baillé
» l'état, & d'avoir promis de faire valoir la
» rente pour la ſomme y contenue ſur l'eſtima-
» tion commune des denrées, il ſoutint qu'en
» effet elle ſe trouveroit valoir autant en com-
» prenant dans l'eſtimation les charrois & ma-
» nœuvres auxquels les emphytéotes étoient
» obligés. Ainſi la queſtion tomba ſur ce point,
» ſi, comme les Corvées faiſoient partie des
» droits feigneuriaux d'une directe & rente no-
» ble, ils devoient entrer dans l'eſtimation d'i-
» celle & être compris dans les revenus qui la
» compoſent.

» Le feigneur marquis de Saint-Prieſt ſoute-
» noit l'affirmative, & pour fondement, diſoit
» qu'ayant fait donner un état des revenus de ſa
» terre, & par icelui ayant fait valoir la rente
» juſqu'à la ſomme de cinq cens quatre-vingt
» livres, il avoit entendu que les Corvées y fuſ-
» ſent compriſes, & que tout ainſi que c'étoit
» à lui de bailler la loi, c'étoit à lui de l'inter-
» prêter, *cujus eſt legem facere, ejus eſt interpre-*
» *tari.* Qu'ayant été dit par le contrat que la
» feigneurie conſiſtoit en toute juſtice, cens,
» ſervis & autres droits feigneuriaux, cela ſe
» devoit entendre des charrois & manœuvres,
» & plutôt de ces droits que des droits de lods;
» qu'au lieu que les lods ſont caſuels, les char-
» rois & manœuvres ſont certains, & par con-
» ſéquent, que comme le feigneur directe en pou-
» voit faire un état aſſuré, & que c'eſt tous

» les ans qu'ils font dûs , on devoit auffi les
» mettre en ligne de compte , & les ajouter au
» projet de l'eftimation , attendu même que les
» Corvées ayant été demandées , tombent en
» arrérages , & par conféquent font un revenu
» certain. Outre que les feigneurs en compo-
» fent bien fouvent avec les emphytéotes , &
» réduifent les charrois & manœuvres à prix
» d'argent , que cela étoit d'autant plus favo-
» rable en la rencontre de la caufe , que ledit
» feigneur de Saint-Prieft n'étoit pas obligé de
» faire valoir la rente , que le contrat ne le por-
» toit pas , & que c'étoit de bonne foi qu'il
» avoit voulu reconnoître l'état & le mémoire
» des droits de la terre , qu'il avoit baillé , &
» le maintenir ; mais auffi qu'il fuffifoit qu'en
» quelques droits que ce fût il s'en acquittât.

» Le feigneur de Pelliffac , pour la négative,
» difoit qu'il n'y avoit point d'apparence que
» les Corvées fuffent comprifes en l'eftimation ;
» car quand il faut eftimer une rente noble &
» établir fon revenu , on ne peut faire état que
» des droits qui font certains , comme font les
» cens & fervis : mais comme on ne met pas en
» ligne de compte les lods , parce qu'ils font
» cafuels & incertains , on ne peut non plus
» faire état des charrois & manœuvres. N'im-
» porte qu'ils foient dûs tous les ans , ce n'eft
» pourtant qu'en tant que le feigneur en a befoin
» & qu'il les demande : de forte que n'en ayant
» pas befoin & ne les demandant pas , furtout
» lorfqu'il ne demeure pas fur le lieu , ils lui de-
» viennent inutiles. Ils ne peuvent donc pas te-
» nir lieu d'un droit affuré & qui puiffe enfler
» le revenu de la rente : car de dire que le fei-

» gneur en puiſſe tirer de l'argent & les appré-
» cier, c'eſt ce qui n'a point d'apparence ; ce
» feroit une exaction indue que de changer en
» redevance ce qui n'a été accordé ou réſervé
» que par bienſéance & pour la commodité du
» ſeigneur ; les Corvées n'étant donc dues que
» pour ſon ſervice, & en tant qu'elles lui ſont
» néceſſaires, où le beſoin ceſſe l'obligation ceſſe
» auſſi. C'eſt pour cette conſidération que les
» charrois & manœuvres ne tombent en arré-
» rages que quand ils ont été demandés, & que
» l'emphytéote eſt en demeure de les faire. Si
» alors il eſt condamné d'en payer la valeur,
» c'eſt plutôt pour la faute de la peine & con-
» tumace que par la nature du droit, pour lequel
» il ſuffit que l'emphytéote ſoit prêt à rendre
» le ſervice quand il le doit, & lorſqu'il en eſt
» requis. Il n'eſt pas en effet permis aux ſei-
» gneurs de vendre les Corvées & de les mettre
» à prix d'argent, & s'il ſe pratique le con-
» traire, il faut que ce ſoit du conſentement des
» emphytéotes, outre qu'il faut plutôt conſi-
» dérer ce qui ſe doit faire que ce qui ſe fait.
» Quoi qu'il en ſoit, cette compoſition, cette
» réduction en argent, ne peut ſe faire que du
» gré des habitans, & puiſqu'un ſeul s'y peut
» oppoſer, il eſt toujours vrai de dire que ce
» n'eſt pas un droit certain ».

Voici le diſpoſitif de l'arrêt : « en laquelle
» évaluation de ladite rente noble, ne ſeront
» compris ni eſtimés les droits de charrois, Cor-
» vées & manœuvres dûs à ladite terre & ſei-
» gneurie, ſur les manans & habitans d'icelle,
» ſans dépens ».

Voyez *Coquille, ſur la coutume de Nivernois*,

& dans *ses institutes au droit françois ; le président
Bouhier , sur celle de Bourgogne ; Boërius, de res.*
212 ; *Chasseneuz , sur la coutume de Bourgogne ;
Guipape , quest.* 472 ; *Joannes Faber , comment.
sur les institutes ; le traité des droits seigneuriaux ,
par Boutaric ; la novelle* 123 *de Justinien ; les
institutions coutumières de Loisel ; le glossaire de
Laurière ; la coutume de Paris & les commentateurs ; l'édit de Melun & celui du mois d'avril*
1695 ; *Brodeau sur Paris ; les décisions de la Peyrère ; Guiot , traité des fiefs ; les arrêts de Bouguier; Dunod , traité des prescriptions ; Salvaing ,
de l'usage des fiefs ; Bretonnier sur Henrys ; la
Thaumassière , sur les anciennes coutumes du
Berry ; Dupineau , sur la coutume d'Anjou ; les
coutumes de Bourbonnois , d'Auvergne & de la
Marche ; les œuvres de Despeisses ; Bacquet , des
droits de justice ; les œuvres de Dumoulin ; d'Argentré , sur la coutume de Bretagne , &c.* Voyez
aussi les articles POSSESSION , PRESCRIPTION ,
DROITS SEIGNEURIAUX , SERF , MAIN-MOR-
TE , &c. ( *Article de M. H\*\*\** , avocat au parlement ).

CO-SEIGNEUR. C'est celui qui possède
avec une autre personne un fief, une seigneurie.

Les Co-seigneurs sont communément égaux
à l'égard de la qualité du droit ; mais l'un peut
avoir les deux tiers ou les trois quarts, tandis
que l'autre n'a que le tiers ou le quart.

Lorsqu'il n'y a point de partage du fief entre
eux, ils sont Co-seigneurs par indivis. Si le fief
est partagé quant au domaine , ce partage n'empêche pas qu'ils ne soient toujours Co-seigneurs,
attendu qu'ils possèdent chacun une portion d'un
même fief. Mais si le fief est démembré & que ce

démembrement foit autorifé par la coutume ou approuvé par le feigneur dominant, ceux qui poffèdent les différentes portions du fief fervant ne font pas Co-feigneurs, parce qu'alors ces portions deviennent chacune un fief diftinct & féparé.

Lorfque le feigneur s'eft joué de fon fief, foit à titre d'inféodation, ou à titre de vente, ceux qui tiennent leur droit de lui ne peuvent pas fe dire fes Co-feigneurs, parce qu'ils ne font point fes égaux par la qualité felon laquelle ils jouiffent.

Si dans une même paroiffe il y a plufieurs feigneurs de fief ou hauts-jufticiers, celui qui a la haute juftice fur le lieu où l'églife eft bâtie, peut feul fe qualifier feigneur de la paroiffe.

Quand une feigneurie eft partagée entre plufieurs, le propriétaire du château ou de la principale partie de la feigneurie peut fe qualifier *feigneur* du lieu, fans aucune reftriction; les autres Co-feigneurs ne doivent prendre que le titre de *feigneurs en partie.*

Pareillement le propriétaire de la portion la plus confidérable de la feigneurie a droit de garder le titre commun, à la charge d'en aider fes Co-feigneurs. S'ils étoient tous feigneurs par égale portion, il faudroit tirer au fort lequel d'entre eux garderoit les titres.

Un Co-feigneur peut, faute de foi & hommage, faifir feul féodalement tout le fief mouvant de lui & de fes Co-feigneurs, fans qu'il foit befoin de leur confentement; mais il ne peut recevoir la foi & hommage, & tenir le fief couvert pour la part de fes Co-feigneurs, fans leur confentement.

Voyez les articles SEIGNEUR, DROITS
HONORIFIQUES, DÉMEMBREMENT, JEU DE
FIEF, &c.

COTE. C'eſt la marque numérale dont on
fait uſage pour mettre en ordre les pièces d'un
procès, d'un inventaire, &c.

On cotoit autrefois les pièces par les paroles
du *pater*; de ſorte que la première étoit cotée
*pater*, la ſeconde *noſter*, & ainſi ſucceſſivement.
Il y a à la chambre des comptes des regiſtres qui
ſont ainſi cotés, & cela ſe pratique encore dans
quelques provinces. En Bretagne on dit *coter* &
*milleſimer*, pour dire qu'en cotant les pièces on
les marque de chiffres depuis un juſqu'à mille.

L'uſage à Paris & dans la plupart des provinces eſt de coter par chiffres les pièces & liaſſes
dans les inventaires qui ſe font après le décès
d'un défunt ; mais dans les inventaires de production & requêtes de productions nouvelles,
on les cote par lettres.

On a coutume de comprendre ſous une même
Cote toutes les pièces qui ont rapport au même
objet, & alors la lettre ou chiffre ne ſe met ſur
aucune des pièces en particulier, mais ſur un
doſſier auquel elles ſont attachées enſemble. Ce
doſſier, qu'on appelle auſſi *Cote*, contient ordinairement un titre qui annonce la qualité des
pièces attachées ſous cette Cote ; & ſi c'eſt d'une
production, le nom des parties pour & contre,
le numéro du ſac dont ces pièces font partie,
les noms des procureurs, & enfin la cote proprement dite qui eſt la lettre ou chiffre relatif
aux pièces de cette liaſſe.

COTE ou COTE-PART. C'èſt la ſomme que
chacun doit payer ou recevoir dans une ſomme
totale.

Et l'on appelle *Cote mal taillée*, une composition, une convention que l'on fait en gros fur plufieurs fommes ou prétentions, au lieu d'entrer dans la difcuffion particulière de chaque objet.

CÔTÉ ET LIGNE. C'eft la ligne de parenté. On diftingue deux côtés, le paternel & le maternel.

Par le droit romain obfervé en pays de droit écrit, tous les biens dont jouiffoit un défunt, tant du côté paternel que du côté maternel, appartiennent indifféremment au plus proche parent paternel ou maternel, habile à fuccéder; mais il n'en eft pas de même en pays coutumier: on y diftingue dans les fucceffions, les parens & les biens du Côté paternel d'avec ceux du Côté maternel. L'efprit des coutumes eft en général de conferver les biens de chaque Côté aux parens qui en font, felon la règle *paterna paternis*, *materna maternis*. Au furplus toutes les coutumes ne font pas uniformes fur la manière de diftribuer ces biens.

Dans quelques coutumes il faut que l'héritier foit defcendu de l'acquéreur en ligne directe, pour être réputé parent de Côté & ligne, & capable de fuccéder aux propres.

Quand il n'y a point d'héritier du Côté & ligne de l'acquéreur d'un héritage propre, cet héritage paffe à l'héritier le plus proche d'un autre Côté & ligne, & il lui devient propre.

Voyez les articles PROPRES, SUCCESSION, RÉTRAIT LIGNAGER, &c.

COTE-MORTE. C'eft l'argent, les habits & les autres effets qu'un religieux laiffe après fa mort. Les religieux profès qui vivent en communauté, ne possédant rien en propre & en particulier, ce qui se trouve dans leurs cellules au temps de leur décès appartient au monastère. Il faut dire la même chose des religieux qui possèdent des bénéfices non cures. Leur Cote-morte ou pécule appartient au monastère où ils demeurent. S'ils font résidence à leur bénéfice, la Cote-morte appartient au monastère d'où dépend le bénéfice: mais lorsque le bénéfice dont un religieux est pourvu est un bénéfice-cure, sa Cote-morte appartient à la fabrique & aux pauvres de sa paroisse.

Telle est la jurisprudence du parlement de Paris (*). Le grand conseil a une jurisprudence différente. Il paroît par d'anciens arrêts, & entre autres par un du 26 septembre 1690, que ce tribunal adjugeoit autrefois la Cote-morte des religieux aux abbés commendataires ; mais il

(*) C'est ce que justifient divers arrêts rapportés par Bardet & par Soefve, ainsi qu'un autre plus récent que la grand'chambre a rendu le 4 février 1710 dans l'espèce suivante :

Frère Firmin Caron religieux de l'ordre de prémontré, pourvu de la cure de saint-Leger, dans le diocèse d'Amiens, dépendante de l'abbaye de Selincourt, laissa en mourant des effets qui montoient à la somme de cinq mille livres. Il y eut une contestation au sujet de la cote-morte entre la fabrique de la paroisse de saint-Leger & les religieux de Selincourt. L'affaire fut portée en première instance aux requêtes du palais. La sentence qui intervint adjugea la succession aux religieux, à la charge de payer mille livres par forme d'aumône aux pauvres de la paroisse. Il y eut appel respectif de cette sentence. L'arrêt adjugea aux habitans les effets de frère Firmin Caron, pour être distribués aux pauvres de la paroisse & à la fabrique suivant l'avis de l'évêque d'Amiens.

l'adjuge aujourd'hui aux couvents dont les religieux décédés étoient profès. C'est ce qui résulte de différens arrêts. M. Richer en cite deux des 17 novembre 1718 & 27 mai 1724, rendus au profit de la maison de Sainte-Geneviève.

Il y en a un autre du 30 avril 1760, rendu en faveur des religieux de la Magdeleine de Château-Dieu, contre l'abbé commendataire de leur abbaye. Dans cette espèce que rapporte l'auteur de la collection de jurisprudence, l'abbé commendataire avoit la possession immémoriale de recueillir les Cotes-mortes. Il en recueillit une en 1729, par les religieux mêmes, comme fondés de sa procuration; & ces religieux n'avoient paru précédemment dans les collocations que comme créanciers des Cotes-mortes.

M. d'Héricourt observe que quand il y a des traités entre l'abbé & le monastère, au sujet de la Cote-morte des religieux qui viennent à décéder, il faut suivre ces traités.

Comme un religieux pourvu d'une cure peut acquérir des immeubles, ceux qui se trouvent dans sa succession sont assujettis au payement du centième denier & même du droit d'amortissement, à moins qu'ils ne soient légués ou adjugés aux pauvres. Comme dans ce cas les pauvres ne reçoivent ces immeubles que pour leur subsistance, ils doivent jouir de l'exemption du droit d'amortissement que les règlemens leur ont accordée : mais les religieux & les fabriques sont soumis à ce droit lorsqu'ils obtiennent des lettres-patentes pour conserver ces biens.

Le subdélégué de l'intendance de Rouen ayant décidé le 30 janvier 1744, que l'évêque de Sisteron, abbé de Corneville, & ses religieux

ne

ne devoient aucun droit pour la Cote-morte du fieur Gallot, chanoine régulier de cette abbaye & curé de Colletot, le fermier fe pourvut par oppofition devant l'intendant; & par ordonnance du 22 juin de la même année, l'abbé & les religieux furent condamnés au payement du droit de centième denier des immeubles, & de celui d'amortiffement pour la portion échue aux religieux feulement, parce que l'abbé avoit mis fa portion dans le commerce, en la vendant en vertu d'un arrêt du confeil.

Il n'y a point de cote-morte à l'égard d'un religieux devenu évêque: il a fes parens pour héritiers.

Voyez *le traité de la mort civile, par M. Richer; les lois eccléfiaftiques de France; les arrêts de Soëfve & de Bardet; Chopin, de facrâ politiâ; Brodeau fur Louet; les mémoires du clergé, &c.* Voyez auffi les articles M O R T C I V I L E, É V Ê Q U E, P É C U L E, &c.

COTERIE. C'eft le nom que donnent plufieurs coutumes aux biens roturiers, de forte que *roture, cenfive* & *Coterie* font la même chofe. Maillart fait mention d'une enquête par turbes, faite à Arras le 10 mars 1491, dans laquelle on l'a ainfi attefté. Quelques coutumes donnent le nom de *main-fermes* à ces fortes de biens; telles font celles du Hainaut & du Cambrefis. Cette dernière paroît attribuer au mot *Coterie* un fens inconnu dans les autres. Les *Coteries* font en cette province des efpèces de fiefs, mais qui ont leurs règles particulières. Les véritables fiefs font indivifibles en fucceffion. S'il s'en trouve plufieurs dans une fucceffion directe, & qu'il y ait auffi plufieurs héritiers mâles, le partage s'en

fait par choix , & chaque choix emporte la
totalité d'un fief. Dans une succession collatérale
ils appartiennent tous au plus âgé des héritiers
mâles. Il en est autrement des fiefs *cotiers :* ils
se partagent également entre tous les héritiers,
sans distinction de sexe, ni de succession directe
ou collatérale. Ils ne doivent pas plus de relief ni
d'autres droits seigneuriaux que les main-fermes
ou rotures , de sorte qu'ils approchent plus de
la nature de cette dernière espèce de biens, que
de celle des véritables fiefs. C'est ce qui a fait
douter si les dispositions que la coutume renferme par rapport aux rotures , ne doivent pas
plutôt s'appliquer aux fiefs cotiers , que celles
qui concernent les fiefs véritables.

　　En conséquence on a demandé si un fief cotier
pouvoit être sujet au droit de maineté qui n'a
lieu que sur les main-fermes & point sur les fiefs.
Cette question a souffert de la difficulté. D'un
côté, l'article 74 du titre premier de la coutume
dont il s'agit déclare que *fiefs cotiers tiennent nature*
*d'autres terres que l'on dit main-fermes , & se par-*
*tissent entre les cohéritiers, & ne doivent relief ni*
*droits seigneuriaux autres que les terres de main-*
*ferme de la seigneurie où ils sont situés :* termes qui
semblent insinuer que les fiefs cotiers ne sont
fiefs que de nom , & que par leur nature ils ne
forment point une classe de biens séparée de
celle des main-fermes. D'un autre côté, suivant
l'article 8 du titre 8 , *la maineté se prend seule-*
*ment en héritages de main-fermes.* Ce mot *seulement*
exclut tous les héritages qui ne sont pas tels ; &
de peur que ces termes ne soient pas assez clairs,
la coutume répète la même disposition à l'article 12 , où elle dit, *maineté n'a point lieu sur*

*les héritages de fiefs.* Cette propofition indéfinie enveloppe toutes fortes de fiefs, de quelque dénomination qu'ils foient. Tout l'objet que la coutume fe propofe dans l'article 74 du titre premier, eft de déroger aux articles précédens, pour affranchir les fiefs cotiers des droits de relief & de lods & ventes, tels que les doivent les autres fiefs, & de les foumettre à un partage égal entre tous les héritiers, fans prérogative d'âge ni de fexe, tant en ligne directe que collatérale. Cette divifibilité abfolue exclut néceffairement tout préciput, & par conféquent la maineté. En effet le fief cotier ne peut être affranchi du préciput de l'aîné par les termes de l'article 74, qu'il ne le foit en même temps du préciput du cadet : la coutume n'abolit pas l'un pour introduire l'autre, puifqu'elle déclare le fief cotier divifible dans tous les cas & fans reftriction. Il n'en eft pas de même des main-fermes ; elle les foumet, à la vérité, à un partage égal, mais elle a foin d'ajouter, *fauf le droit de maineté.* C'eft la reftriction que renferme l'article premier du titre 2. La coutume ne pouvoit exempter plus clairement les fiefs cotiers de ce préciput, qu'en omettant d'ajouter à l'article 74 du titre premier, la réferve dont elle ufe à l'article premier du titre 2.

Enfin ce qui prouve clairement que la coutume ne confond pas les Coteries avec les main-fermes, c'eft la différence réelle qu'elle met entre ces deux efpèces de biens dans l'article 2 du titre 5 dont voici les termes : *Pour lefquels devoirs de loi faire, quant aux héritages de mainferme de la cité & banlieue, il fuffit deux échevins pour nombre compétent ; mais hors la cité eft befoin d'avoir le maire & la plupart des échevins de la seigneurie ; & pour les héritages féodaux , est requis quatre hommes de fief avec le bailli de la seigneurie de laquelle ils sont tenus ; & pour la Coterie , trois hommes cotiers.*

Ces moyens ont donné lieu à l'arrêt du 14 février 1775 , par lequel le parlement de Flandres a jugé que la maison qu'avoit occupée Jean Boniface , n'étoit pas sujette au droit de maineté, parce que c'étoit un fief cotier , & en conséquence qu'elle devoit être comptée dans la masse des biens du défunt , pour régler la légitime de Marie-Guislaine Patou sa petite-fille.

Voyez les articles BIENS, MAINETÉ , &c. ( *Article de M. MERLIN , avocat au parlement de Flandres.* )

COTON. Espèce de laine que produit un arbuste appelé cotonnier.

Le tarif de 1664 avoit assujetti les Cotons en graine ou en laine à payer à l'entrée des cinq grosses fermes trois livres par cent pesant ; mais ce droit a été supprimé par l'arrêt du conseil du 17 mai 1757 , en sorte que les Cotons peuvent librement circuler d'une province à l'autre , dans tout le royaume , sans payer aucun droit.

A l'égard des Cotons filés qui viennent de l'étranger & même des îles & colonies Françoises de l'Amérique , ils ont été assujettis par un arrêt du conseil du 12 mai 1761 , à payer vingt livres par quintal à l'entrée du royaume.

Les Cotons filés , destinés pour l'étranger ou pour l'Alsace & les trois Evêchés , doivent pour droit de sortie des cinq grosses fermes dix livres par cent pesant , conformément aux décisions &

arrêts du conseil des 21 décembre 1750, 17 août 1751 & 3 décembre 1754.

Il faut excepter de cette disposition les Cotons en laine qui proviennent du commerce direct du Levant à Marseille. Ils peuvent être envoyés de cette ville à l'étranger, sans payer aucun droit, en remplissant néanmoins les formalités prescrites par l'arrêt du conseil du 15 mai 1769. Ces formalités consistent en ce que les chargeurs sont tenus de faire une déclaration au bureau du poids & casse de Marseille, de la qualité, du poids & de la quantité des Cotons qu'ils veulent transporter, du lieu pour lequel ils sont destinés, & de celui des bureaux par lequel ils doivent sortir du royaume (*); de faire ficeler & plomber ces Cotons par les commis du même bureau du poids & casse de Marseille, & d'y prendre un acquit à caution, au dos duquel ils doivent faire leur soumission de rapporter dans trois mois, au plus tard, un certificat faisant foi de la sortie des marchandises dont il s'agit hors du royaume, par le bureau déclaré, à peine de payer le quadruple des droits.

Voyez les lois citées, & les articles ENTRÉE, SORTIE, MARCHANDISES, SOU POUR LIVRE, &c.

---

(*) Suivant l'arrêt cité, les Cotons ne peuvent jouir de l'exemption des droits qu'autant qu'ils sont envoyés de Marseille à l'étranger par quelqu'un des bureaux indiqués dans cet arrêt : ces bureaux sont ceux de Seissel & de Colonges, du pont de Beauvoisin & de Chaparillan en Dauphiné, de Jougues & d'Héricourt en Franche-comté, de saint Dizier & de sainte Menehoud en Champagne, de Strasbourg, de saint Louis & de Bourgfelden en Alsace.

X iij

COULER EN DROIT ET EN AVIS. Termes
ufités dans le reffort du parlement de Flandres
& dans les Pays-Bas, pour fignifier l'état de la
caufe après la duplique : elle eft alors *Coulée en
droit*, c'eft-à-dire qu'elle eft en état d'être jugée ;
de forte qu'il n'eft pas permis de donner un écrit
de triplique fans en avoir obtenu la permiffion :
telle eft du moins la difpofition de l'article 13
du chapitre 1 du ftyle du parlement de Flandres ;
mais on ne l'obferve pas à la rigueur ; l'ufage
permet aux plaideurs d'écrire tant qu'il leur
plaît, après la *conclufion en droit*.

Il y a une différence entre une caufe qui n'eft
que *Coulée en droit* & celle qui eft en même-
temps *Coulée en avis*. Pour qu'une caufe fimplement *Coulee en droit* foit en état d'être jugée, il
ne faut plus à la vérité que les parties fourniffent
de nouveaux écrits ; mais il faut qu'elles aient
remis refpeftivement toutes leurs pièces, foit au
greffe, foit entre les mains du rapporteur, ou
que celle qui s'eft mife en règle ait fait débouter
l'autre de rapporter les fiennes. C'eft ce qu'a jugé
un arrêt du parlement de Flandres, rapporté dans
le recueil de M. Pollet.

Quand une caufe eft tout à la fois *Coulée en droit
& en avis*, elle eft mife en état d'être jugée par
le feul fourniffement que fait la partie la plus
diligente de fes pièces, pourvu qu'il foit dûment
fignifié à l'autre. Le juge peut faire droit fur ces
pièces, fans attendre que l'autre ait fourni, ou
foit débouté de fournir les fiennes.

La *conclufion en droit* produit plufieurs effets
remarquables. Quand une caufe eft *Coulée en
droit*, elle ne tombe plus en interruption ni en
péremption, comme l'a jugé le grand confeil

de Malines par arrêts du 2 juin 1590, & du 13
octobre 1622. Voyez les articles PÉREMPTION
& INTERRUPTION.

On ne peut après la *conclusion en droit* alléguer de nouveaux faits, si ce n'est par le moyen
de lettres de requête civile ; & dans ce cas, la
partie doit être prête à les alléguer au jour où
elle conclut à l'entérinement de ses lettres : si la
partie adverse y consent, la preuve des nouveaux faits doit être faite dans un terme bref
que le juge lui prescrit. Mais si l'enthérinement
de la requête civile est contesté, on procède
par contredits, réplique & duplique, & le juge
prononce ensuite sur l'incident. C'est ce que
prescrivent les articles 43, 44, 45 & 46 du
style du parlement de Flandres.

On a mis en question si après la *conclusion en
droit* on peut produire de nouveaux titres sans
lettres de requête civile. Fachini, en son recueil
de controverses, soutient la négative ; & telle
est la jurisprudence du conseil souverain de Mons,
comme le prouvent l'article 391 de l'ordonnance rendue le 7 décembre 1611, pour l'institution de cette cour, & l'article 5 du chapitre
79 des chartes générales du Hainaut. Le style du
parlement de Flandres ne décide rien sur cette
question, & n'exige de requête civile que pour
*alléguer faits nouveaux*. C'est ce qui donne lieu
à une distinction qui paroît juste : si les titres que
l'on produit après la *conclusion en droit* renferment de nouveaux faits, il est clair que le juge ne
peut les admettre sans lettres de requête civile :
mais s'ils ne font que prouver & éclaircir les faits
allégués auparavant, ils doivent être reçus sans
cette formalité, parce qu'il est de principe que

les lettres de requête civile ne font point néceffaires quand il ne s'agit que d'éclairciſſement ou
d'interprétation. Ce point de procédure a été long-
temps conteſté ; mais le parlement de Flandres a
mis fin aux diſputes par un arrêt de réglement du 5
décembre 1691, dont la décifion eſt conforme à
ce que l'on vient de dire.

Un des principaux effets de la *concluſion en*
*droit*, eſt que quand un procès ſe trouve en cet
état, ſi l'une des parties vient à mourir, il n'eſt
pas néceſſaire d'aſſigner des héritiers pour reprendre les erremens de la cauſe. C'eſt ce que
décident l'article 375 de l'ordonnance du 7 décembre 1611, rendue pour le conſeil de Mons,
l'article 1 du chapitre 82 des chartes générales
du Hainaut, & l'article 47 du ſtyle du parlement de Flandres. Deghewiet rapporte un arrêt
rendu en 1684 conforme à ces difpofitions.

La raiſon de cette pratique eſt qu'on n'aſſi-
gne les héritiers en repriſe que pour défendre
leur cauſe & la mettre en état d'être jugée ; or
après la *concluſion en droit* le juge peut prononcer.

Il faut obſerver cependant que pour que la
*concluſion en droit* exempte de l'obligation d'aſſigner les héritiers de la partie décédée, en repriſe d'erremens, il faut qu'elle ſoit ſuivie du
fourniſſement des deux parties, ou du débou-
tement de la partie défaillante, à moins que la
cauſe ne ſoit auſſi *Coulée en avis* (*), ſuivant ce
que l'on a dit ci-deſſus.

(*) *Formule d'une ſimple concluſion en droit.*
« Et comme au moyen de la duplique du demandeur,
» (*ou* du contre-emploi des pièces de première inſtance, ſi

Voyez *les styles du parlement de Flandres, du conseil de Gand, du grand conseil de Malines ; l'institution de la cour de Mons ; les chartes générales du Hainaut ; Gail, en ses observations ; les arrêts de Cuvelier & de Dusief ; ceux de MM. Pollet & d'Hermaville, &c.* Voyez aussi les articles PÉREMPTION, INTERRUPTION, COMPARUTION, CONSEILLERS-COMMISSAIRES AUX AUDIENCES, CONTRE-EMPLOI, &c. ( *Article de M. MERLIN, avocat au parlement de Flandres* ).

COUPE DE BOIS. C'est un bois sur pied que l'on coupe ou qui est destiné à être coupé.

L'article 40 du titre 15 de l'ordonnance des eaux & forêts veut que les bois de futaie ainsi que les taillis soient coupés & abattus pour le 15 avril de chaque année (*), & qu'ils soient enlevés dans le temps réglé par le grand maître, à peine d'amendre arbitraire & de confiscation des marchandises contre les adjudicatai-

---

» c'est en cause d'appel,) la cause se trouve conclue ( *ou* » coulée) en droit, nous sommes suppliés d'ordonner aux » parties de fournir dans la quinzaine peremptoirement.

» Suivant quoi, nous conseiller du roi, &c. avons donné » acte aux parties de leurs productions ; dires, réquisitions, » & soutenemens, & leur avons ordonné de fournir dans » la quinzaine peremptoirement ».

*Formule dont on se sert pour faire Couler une cause en avis.*

» Et comme au moyen de la duplique, &c. la cause se » trouve coulée en droit, nous sommes suppliés de la re- » tenir en notre avis. Suivant quoi nous.... avons donné » acte aux parties, &c. & avons retenu la présente cause » en notre avis ».

(*) On peut commencer à couper au mois d'octobre, parce qu'après le mois de septembre la sève cesse de monter.

res, fans que les officiers des eaux & forêts puissent proroger le délai fixé, soit pour couper ou pour enlever ces marchandises, sous pareille peine d'amende arbitraire & de privation de leurs charges (*).

Suivant l'article 42, les futaies doivent être coupées le plus bas que faire se peut, & les taillis abattus à la coignée à fleur de terre, en prenant soin de ne les point *écuisser ni faire éclater*, ensorte que les brins des cépées n'excèdent pas la superficie de la terre, s'il est possible, & que tous les anciens nœuds recouverts & causés par les précédentes coupes ne paroissent aucunement.

Les arbres de futaie doivent être coupés de manière qu'en tombant dans les ventes, ils n'endommagent point les arbres retenus, à peine contre les marchands d'être condamnés à payer le dommage occasionné par la chûte des arbres coupés. C'est ce qui résulte de l'article 43.

Les bois des cépées (**) ne doivent être coupés qu'avec la coignée & non avec la serpe ni avec la scie, à peine contre les marchands con-

_____

(*) *La rigueur de ces dispositions a été tempérée par l'article 41 qui est ainsi conçu :*

Si toutefois les marchands étoient obligez par de justes considérations, de demander quelque prorogation de délai, pour couper & vider les ventes, ils se pourvoiront en notre conseil, pour au rapport du contrôleur général de nos finances, leur être par nous pourvu de ce qu'il appartiendra, sur les avis des grands-maîtres.

(**) Les cépées sont des rejetons d'arbres provenant d'un même tronc ou de deux troncs joignant qui ayant poussé plusieurs brins forment une espèce de buisson qu'on appelle cépée.

trevenans de cent livres d’amende, & de confifcation de leurs marchandifes & des outils des
onvriers. Telles font les difpofitions de l’article 44.

L’article 45 enjoint aux adjudicataires de faire
couper le plus près de terre qu’il eft poffible
les fouches ou étocs des bois rabougris qui peuvent fe trouver dans les ventes, à quoi les officiers doivent tenir la main, fous peine de fufpenfion de leurs charges.

Lorfque pendant la coupe des ventes, les
vents ou les orages abattent des arbres réfervés,
les marchands ou leurs facteurs doivent les laiffer fur place, & en avertir le fergent à garde ;
celui-ci doit en inftruire & donner avis au garde-
marteau, & ils doivent enfemble fe rendre fur
les lieux, afin d’y dreffer leurs procès-verbaux
du fait, lefquels ils font tenus de préfenter
promptement aux officiers de la maîtrife pour
qu’ils marquent d’autres arbres ; le tout fans frais.
C’eft ce que porte l’article 46.

Lorfque le temps de la coupe des bois & de
la vidange eft expiré, & qu’il fe trouve des bois
fur pied ou abattus dans les ventes, ils doivent
être confifqués au profit du roi. Cette difpofition de l’article 47 a été confirmée par un arrêt
du confeil du 29 janvier 1692, qui a déclaré
valable une faifie de dix-huit arpens de bois faite
par le grand maître du département de Caen,
faute par l’adjudicataire de les avoir abattus avant
le 15 avril.

La même règle doit être obfervée à l’égard
des bois des particuliers. La table de marbre de
paris l’a ainfi jugé le 4 janvier 1678, en faveur
de la dame de Saint-Victor. M. Chailland ob-

ferve fort bien à ce fujet que cette jurifprudence eft fondée fur la loi générale que les particuliers peuvent faire obferver à l'égard de leurs
bois toutes les formalités prefcrites pour l'exploitation des bois du roi, & faire punir les
contrevenans comme ils le feroient pour abus
commis dans les forêts de fa majefté.

Les coupes des bois des communautés doivent être faites à fleur de terre, fans laiffer aucun intervalle entre l'ancienne coupe & la nouvelle. Chaque communauté doit payer pour cet
effet des gens entendus & capables de répondre
de la mauvaife exploitation. Lorfque la coupe
eft finie, les bois doivent être diftribués fuivant
la coutume ; & dans le cas de conteftation fur
le partage, le grand maître doit y pourvoir en
faifant fes vifites. C'eft ce qui réfulte de l'article
11 du titre 25 de l'ordonnance citée.

Des lettres-patentes du roi du 5 mai 1772
ont ordonné que la délivrance des coupes ordinaires des bois taillis & de futaie de M. le comte
de Provence, aujourd'hui MONSIEUR, lui feroit
faite par les grands maîtres des eaux & forêts ou
ou par les officiers des maîtrifes qu'ils peuvent
commettre à cet effet, pour enfuite être les mêmes bois exploités par économie ou vendus au
choix de MONSIEUR, en fon confeil, conformément aux difpofitions des ordonnances & réglemens.

Voyez *l'ordonnance des eaux & forêts & les
commentateurs ; les lois foreftières ; le dictionnaire
raifonné des eaux & forêts ; les lettres-patentes du
5 mai 1772, &c.* Voyez auffi les articles BOIS,
FUTAIE, TAILLIS, VENTE, &c.

COUPEROSE. Sorte de fubftance minérale
qu'on appelle auffi vitriol martial.

La Couperofe blanche doit à l'entrée vingt fous par cent pefant, & la verte douze fous, conformément au tarif de 1664.

Si la Couperofe verte ou blanche vient d'Angleterre fur des vaiffegux anglois, elle doit à l'entrée trois livres par cent pefant, conformément à l'arrêt du 6 feptembre 1701.

Mais fi cette marchandife arrive fur des vaiffeaux hollandois ou d'une autre puiffance que l'Angleterre, elle n'eft affujetie qu'aux droits du tarif, fans qu'on puiffe examiner fi elle vient d'Angleterre ou d'ailleurs. C'eft ce qui réfulte d'un ordre du confeil du 17 feptembre 1716.

Voyez *les lois citées*, & les articles ENTRÉE, SORTIE, MARCHANDISE, SOU POUR LIVRE, &c.

COUR. C'eft en général une juridiction foit eccléfiaftique, foit laïque, dans laquelle on plaide.

COUR SUPÉRIEURE OU SOUVERAINE fe dit d'un tribunal du premier ordre, qui connoît fouverainement & fans appel des matières dont la connoiffance lui eft attribuée, & dont les jugemens ne peuvent être réformés que par le roi ou fon confeil : tels font les parlemens, le grand confeil, les confeils fupérieurs établis dans certaines provinces, les chambres des comptes, les cours des aides & les cours des monnoies.

L'autorité des cours fupérieures ou fouveraines ne s'étend pas au-delà de leur reffort, ni des matières dont la connoiffance leur eft attribuée : elles font indépendantes les unes des autres, & ont chacune un pouvoir égal en ce qui eft de leur juridiction.

S'il arrive un conflit entre deux cours fouveraines, elles tâchent de fe concilier par la médiation de quelques-uns de leurs officiers ; s'ils ne s'accordent pas , il faut fe pourvoir au confeil du roi en réglement de juges pour favoir où l'on procédera.

Comme l'adminiftration de la juftice eft une des fonctions les plus importantes qu'il y ait à remplir dans la fociété , la qualité de noble a toujours été inféparable de celle de juge fouverain. C'eft ce qu'atteftent entr'autres auteurs , Chopin, Loyfeau, Bacquet & le Bret.

Ainfi fans le fecours d'aucun édit , & en vertu des anciens ufages du royaume , les principaux officiers des cours fouveraines ont toujours joui de la nobleffe perfonnelle , & même de la prérogative de la tranfmettre à leur poftérité, quand leur père & leur aïeul avoient été pourvus d'offices tels que les leurs.

Par édit du mois de juillet 1644 , Louis XIV déclara les préfidens, les confeillers , les avocats généraux , le procureur général , le greffier en chef & les quatre notaires & fecrétaires du parlement de Paris nobles, ainfi que leur poftérité, pour jouir des mêmes droits , priviléges, franchifes , immunités , rang , féances & prééminences que les autres nobles de race , barons & gentilshommes du royaume , pourvu que ceux de ces officiers qui ne feroient point nés nobles euffent fervi vingt ans ou qu'ils décédaffent revêtus de leurs offices. Le même édit ordonna que ces officiers & leurs veuves tandis qu'elles demeuroient en·viduité , feroient exempts des droits feigneuriaux dûs au roi.

La nobleffe au premier degré fut pareillement accordée en 1644 & 1645 aux autres Cours fouveraines de Paris ; & le même privi-

lége eut auffi lieu en faveur de la plupart des
officiers des Cours fouveraines des provinces.

Ces prérogatives furent confirmées par une
déclaration du 6 novembre 1657 : mais par
l'édit du mois de juillet 1669, portant réglement
fur l'adminiftration de la juftice & fur les offices
de judicature, ces attributions furent révoquées,
enforte que les officiers du parlement de Paris
& des autres Cours fouveraines furent remis à
la nobleffe perfonnelle ou graduelle comme auparavant. Dans la fuite, les longues guerres que
le roi eut à foutenir l'ayant obligé de recourir à
des moyens extraordinaires pour fe procurer
des fonds, il augmenta le nombre des officiers
des Cours fouveraines, & leur attribua de nouveau la nobleffe au premier degré & l'exemption des droits feigneuriaux. C'eft ce qui réfulte
de différentes lois publiées en 1690, 1691, &
1704.

Un édit du mois d'août 1715 révoqua encore
cette nobleffe au premier degré ; mais les officiers du parlement de Paris, ceux de la chambre
des comptes & ceux de la Cour des aides furent
exceptés de cette révocation. A l'égard des officiers des autres Cours fupérieures & des bureaux des finances, ils furent maintenus par l'article 4 du même édit, dans la nobleffe graduelle
& dans tous les autres honneurs, privíléges &
prérogatives que les ordonnances, édits, déclarations & réglemens intervenus avant le premier janvier 1689, avoient attribués à leurs
charges.

Il fuit de ce qui vient d'être dit, 1°. que les
principaux officiers des Cours fouveraines de Paris jouiffent de la nobleffe au premier degré, &

la tranfmettent à leur poftérité, pourvu qu'ils aient exercé leurs offices pendant vingt ans, ou qu'ils en aient été titulaires lors de leur décès.

2°. Que les principaux officiers des autres Cours fouveraines jouiffent de la nobleffe graduelle, c'eft-à-dire, d'une nobleffe perfonnelle qui fert de premier degré à l'un de leurs enfans mâles, pour acquérir une nobleffe tranfmiffible à la poftérité de cet enfant, lorfque lui & fon père ont exercé pendant vingt ans un office dans ces Cours ou qu'ils font décédés revêtus de cet office.

3°. Que les prérogatives de la nobleffe ne doivent point être étendues aux officiers des Cours fouveraines qui ne prennent aucune part aux fonctions publiques & auxquels ces prérogatives n'ont point été attribuées d'une manière fpéciale. La raifon en eft, que les expreffions génériques felon lefquelles ces officiers inférieurs doivent jouir des mêmes priviléges que les officiers qui adminiftrent la juftice & rendent les arrêts, ne peuvent s'appliquer qu'aux grâces dont ces officiers inférieurs font fufceptibles & non à la nobleffe, attendu que pour pouvoir réclamer ce privilége éminent, il faut une attribution expreffe en leur faveur, finon ils reftent dans la claffe des roturiers. Cette doctrine a été confirmée par un arrêt du confeil du 9 octobre 1759, rendu contre les filles d'un payeur des gages du parlement de Paris.

Cour des Aides. C'eft une compagnie fouveraine inftituée à l'inftar des parlemens pour juger & décider en dernier reffort & fouverainement tout procès, tant civil que criminel,

au

au sujet des aides, gabelles, tailles & autres matières du même genre.

Dans l'origine, la Cour des aides de Paris étoit unique, & son ressort s'étendoit par tout le royaume : il y en a maintenant quatre autres qui ont leurs siéges à Montpellier, à Bordeaux, à Clermont & à Montauban.

Outre ces cinq Cours des aides, il y en a plusieurs autres qui sont unies à des parlemens ou chambres des comptes : telles sont celles de Grenoble, de Dijon, de Rennes, de Pau, de Rouen, d'Aix, de Nancy, &c.

Nos rois en parlant de la Cour des aides de Paris, l'ont toujours assimilée au parlement. C'est ainsi que l'ordonnance de Charles VI faite sur l'assemblée des trois états du mois de mai 1413, en conservant la Cour des aides dans sa souveraineté, ajoute ces mots : *comme notre Cour de parlement.* Et dans le préambule dé la déclaration du 27 avril 1627, il est dit que *la Cour des aides de Paris a été établie & continuellement reconnue après le parlement de Paris, pour Cour souveraine seule & universelle en France pour lesdites aides.*

Les officiers de la Cour des aides font un premier président & neuf autres présidens ; plusieurs conseillers d'honneur dont le nombre n'est pas fixe ; cinquante-deux conseillers, trois avocats généraux, un procureur général qui a quatre substituts, deux greffiers en chef, cinq secrétaires du roi servant près la Cour des aides, un principal commis de l'audience publique, que l'on appelle ordinairement greffier des appellations, & qui, outre une charge de commis-greffier écrivant à la peau, réunit encore

en fa perfonne l'office de greffier des décrets &
de premier commis au greffe des décrets; un
principal commis en la première chambre pour
l'audience à huis clos & pour les arrêts rendus
en la chambre du confeil, tant au civil qu'au
criminel, que l'on appelle ordinairement greffier
civil & criminel ; lequel outre deux pareils offices créés pour la feconde & troifième chambre,
réunit encore trois offices de commis-greffiers
écrivant à la peau ; un greffier garde-facs & des
dépôts, un greffier des préfentations & affirmations, un tréforier payeur des gages, qui a
trois contrôleurs ; un receveur des épices &
vacations, un contrôleur des arrêts, un commis
à la délivrance des arrêts, un premier huiffier
& fept autres huiffiers.

La Cour des aides a le droit de connoître en
dernier reffort de tout procès, tant civil que
criminel entre toutes fortes de perfonnes, de
quelqu'état, rang & qualité qu'elles foient, &
de quelque privilége qu'elles jouiffent au fujet
des aides, gabelles, tailles, octrois, droits de
marque fur les fers & fur les cuivres & autres
droits, fubfides & impofitions.

Cette Cour reçoit les appels interjetés des
fentences des élections, greniers à fel, juges des
dépôts des fels, juges des traites ou maîtres
des ports, juges de la marque des fers & autres
fiéges de fon reffort, même les appels des fentences rendues fur le fait des droits d'octrois ou
autres dont la connoiffance eft attribuée en première inftance au bureau de la ville ou à d'autres
juges par les édits & déclarations, fauf l'appel à
la Cour des aides.

Elle connoît auffi des appels des ordonnances

& jugemens des intendans & commiffaires départis dans les provinces & généralités, au fujet
des cotes d'offices par eux faites, & des autres matières qui font de la compétence de cette
Cour.

Elle eft feule compétente pour juger du titre
de nobleffe ; & non-feulement elle en juge fur
les conteftations des parties, mais fon procureur
général eft en droit d'obliger tous ceux qui fe
difent nobles, à produire les pièces fur lefquelles
ils fondent cette qualité. Elle vérifie les lettres
d'anobliffement & de réhabilitation, & elle
connoît des exemptions & priviléges dont les
nobles & les eccléfiaftiques doivent jouir par
rapport aux aides, tailles, gabelles & autres
impofitions. Les nobles qui font troublés dans
leur nobleffe par l'impofition aux tailles, peuvent fe pourvoir en première inftance à la Cour
des aides.

Les états de la maifon du roi, ceux des maifons de la reine, des enfans & petits enfans de
France, & du premier prince du fang, font vé-
rifiés à la Cour des aides de Paris & dépofés
dans fon greffe ; & tous les officiers compris
dans ces états n'ont pour juges en dernier reffort relativement à leurs exemptions, que cette
Cour, quoiqu'ils foient domiciliés dans l'étendue du reffort des autres Cours des aides, où
l'on n'envoie que des copies de ces états.

Elle connoit pareillement & privativement
aux autres Cours en première inftance & en
dernier reffort, tant au civil qu'au criminel, de
tous les différends pour raifon des finances dont
le calcul, audition & clôture des comptes appartiennent à la chambre des comptes ; du paye-

ment des débets de ces comptes & des exécutoires de cette chambre ; & en conféquence,
de tous les débets, difcuffions, ventes d'immeubles, priviléges & hypothèques concernant
les comptables, & le maniment & adminiftration des deniers royaux entre les tréforiers,
receveurs généraux & particuliers, leurs commis & leurs cautions. Il en eft de même de
toutes les conteftations concernant les baux,
fous-baux, traités, tranfports, affociations dans
les affaires du roi ; entre les fermiers, fous-
fermiers, munitionnaires, entrepreneurs des
vivres & étapes, traitans, leurs affociés, crou-
piers, cautions, participes, commis & autres
intéreffés, fous quelque fcel, privilégié ou non,
que les aêtes aient été paffés, à Paris ou ailleurs:
ce qui eft fondé fur l'édit de Henri II, du mois
de mars 1551.

Elle connoît auffi en première inftance &
en dernier reffort, à l'exclufion de toutes les
autres Cours & juges, de la difcuffion des biens
de tous les comptables & gens d'affaires du
royaume, & de leurs defcendans & héritiers à
perpétuité, en quelque lieu de l'obéiffance du
roi que leurs biens foient fitués ; lefquels ne
peuvent être purgés de l'hypothèque du roi que
par des décrets faits à la cour des aides de
Paris.

La faifie réelle, foit des offices, foit des immeubles des comptables, ne fe peut faire ailleurs
qu'à la Cour des aides. Cette faifie fe fait à la
equête du procureur général de la Cour des
aides, pourfuite & diligence du contrôleur général des reftes ; c'eft à la Cour des aides qu'elle
eft enregiftrée & que le décret s'en pourfuit ;

& la compétence de cette Cour s'étend tellement fur toutes les affaires & perfonnes dont
l'on vient de parler, qu'elle a le droit de les
évoquer des requêtes du palais, du châtelet &
de tous les autres tribunaux, quand même les
parties y auroient des attributions particulières,
ainfi que toutes les affaires dans lefquelles les
fermiers généraux ou le contrôleur général des
reftes font partie ; & en conféquence de l'évocation, de juger les appels s'il y a eu des fentences rendues.

L'hôpital général fuivant les édits des mois
d'avril 1637 & 1656, a fes caufes commifes directement & en première inftance à la Cour des
aides de Paris, pour tous les procès & différends
mûs au fujet de fes priviléges & exemptions des
droits d'aides & autres dont la connoiffance appartient à cette Cour. Il en eft de même de
l'Hôtel-Dieu.

La Cour des aides de Paris a également le
droit de connoître feule des appellations des fentences rendues fur le fait des aides, gabelles &
autres droits par les prévôt & officiers de M. le
prince de Condé dans l'étendue du Clermontois,
fans que les appellations puiffent être relevées
au bailliage ni en aucune autre Cour. Cela a
d'abord été réclamé par l'enregiftrement fait en
la Cour des aides de Paris le 15 janvier 1661,
des lettres-patentes du mois de décembre 1648,
par lefquelles Louis XIV avoit fait don à M. le
prince de Condé du Clermontois, qui avoit été
cédé à fa majefté par le traité de paix du duc de
Lorraine du 29 mars 1641, lequel don a depuis
été confirmé par la déclaration du 4 juin 1704,
qui fixe & détermine la compétence de chacune

des deux Cours du parlement & de la Cour des aides. Par lettres-patentes du 10 décembre 1715, regiftrées en la Cour des aides le 15 janvier fuivant, le roi a attribué à la première chambre, à l'exclufion des deux autres, la connoiffance de toutes les conteftations des affaires du Clermontois, qui jufques-là pouvoient être indiftinctement portées dans les trois chambres.

Il y a eu auffi plufieurs autres attributions faites à la Cour des aides par différens édits & déclarations. Par déclaration du 15 décembre 1639, elle fut commife pour exercer la juftice à la Cour des aides de Rouen. Par l'édit de mars 1717, portant fuppreffion de la chambre de juftice, & par les lettres-patentes du 29 mai fuivant, le roi a renvoyé en la première chambre de la Cour des aides les faifies réelles ou mobilières faites ou à faire en exécution des rôles des condamnations prononcées en la chambre de juftice ; enfemble les adjudications & difcuffions qui pourroient être faites en conféquence, & les appellations & exécutions des fentences rendues par les fubdélégués de la chambre de juftice, & des faifies faites à la requête des fubftituts du procureur général de cette chambre.

Cette Cour a le droit, ainfi que les autres Cours fouveraines, de faire des réglemens pour l'exercice & manutention de la juftice, ainfi que pour l'exécution & interprétation des lois & ordonnances dans toute l'étendue de fon reffort : elle vérifie les ordonnances, édits, déclarations & lettres-patentes qui forment le droit général du royaume. Beaucoup de traités de paix y ont été enregiftrés. Elle enregiftre auffi les provifions des channceliers ; & c'eft à fes grandes audiences qu'elle en fait faire la publication ; dans la même forme que cela se pratique au parlement.

Par l'édit de mars 1551, portant création de la seconde chambre, & par celui de juin 1636, qui confirme la troisième chambre, cette Cour a le même privilége que le parlement, de pouvoir feule juger les officiers qui la compofent lorfqu'ils font pourfuivis extraordinairement pour crimes ; ce qui a été entr'autres confirmé fous Louis XIV par le renvoi fait à la Cour des aides du procès de M. le préfident de Maridor, qui avoit été commencé par la chambre de juftice en 1661.

Suivant toutes les anciennes ordonnances, elle a toute juridiction & correction, non-feulement fur les officiers des fièges de fon reffort, mais auffi fur les tréforiers, receveurs, collecteurs & leurs commis, dans ce qui regarde les fonctions de leurs charges, offices & commiffions.

La Cour des aides a pour cet effet fon pilori ou poteau dans la cour du palais, au bas de l'efcalier de la Sainte-Chapelle, comme le parlement a le fien au bas de l'efcalier du mai : & fes jugemens portant condamnation de mort ou autres peines, s'exécutent auffi tant à Paris que dans toutes les autres villes & lieux de fon reffort, dans les places où l'on a coutume de faire les autres exécutions.

Outre le privilége qu'ont les officiers de cette Cour, de ne pouvoir être jugés ailleurs en matière criminelle, les préfidens, confeillers, gens du roi, greffiers en chef, fecrétaires du roi près la Cour, & premier huiffier, jouiffent de la nobleſſe au premier degré : ſur quoi il faut obſerver qu'en 1645 le roi ayant accordé la nobleſſe tant à la Cour des aides qu'au parlement, à la chambre des comptes & au grand conſeil, ce privilége qui avoit été renouvelé en 1659, fut révoqué par l'édit de juillet 1669, portant réglement pour les offices de judicature du royaume, & fut depuis rétabli ; ſavoir pour le parlement, par édit de novembre 1690 ; pour la Cour des aides, par édit de mars 1691 ; pour la chambre des comptes, par celui d'avril 1704 ; & pour le grand conſeil, par celui d'août 1717.

Les mêmes officiers de la Cour des aides jouiſſent encore, ſuivant l'édit de mars 1691, de l'exemption des droits ſeigneuriaux dans la mouvance du roi, tant en achetant qu'en vendant.

La nobleſſe n'a été accordée aux ſubſtituts du procureur général de la cour des aides, que par l'édit de novembre 1704.

Les officiers de la Cour des aides jouiſſent du franc ſalé ; ils ſont commenſaux de la maiſon du roi, & c'eſt à ce titre qu'ils ont droit de deuil à la mort des rois, & qu'ils aſſiſtent à leur enterrement en robes noires, à la différence du parlement qui y aſſiſte en robes rouges.

Les préſidens, conſeillers, avocats & procureurs-généraux de la Cour des aides, doivent néceſſairement, ſuivant l'ordonnance donnée à Fontainebleau au mois de juin 1549, être interrogés & ſubir pareil examen ſur la loi donnée, que ceux des parlemens, attendu, dit cette ordonnance, qu'elle eſt Cour ſouveraine & juge en dernier reſſort de toutes les cauſes dont la

connoiffance lui eft attribuée, & de fi long-
temps qu'il n'eft mémoire du contraire. Et par
la déclaration du 27 avril 1627, regiftrée en
parlement le 20 décembre 1635 ; ils ont le privilége d'être reçus fans fubir nouvel examen,
lorfqu'ils font pourvus d'offices du parlement ou
de maître des requêtes.

L'habit de cérémonie de MM. de la cour des
aides eft pour M. le premier préfident & pour
les autres préfidens, la robe de velours noir,
avec le chaperon de la même étoffe fourré d'her-
mine. Les confeillers, gens du roi & greffiers
en chef, portent la robe rouge ; & fuivant l'ancien ufage, ils doivent porter fur la robe rouge
un chaperon noir à longue cornette, ainfi que
cela fut réglé par Henri II le 7 janvier 1552.

Les officiers de la Cour des aides font diftribués en trois chambres. La première, que l'on
appeloit anciennement la chambre des généraux
des aides, ou des généraux de la juftice des aides, étoit autrefois le feul fiége de cette Cour.
C'eft préfentement celle où fe tiennent les audiences, & par cette raifon elle eft appelée dans
plufieurs ordonnances la chambre des plaidoyers
ou plaidoiries.

C'eft en cette chambre que fe portent, ainfi
qu'il fe pratique en la grand'chambre du parlement, toutes les appellations verbales des jugemens rendus dans les fiéges du reffort, toutes les
requêtes introductives d'inftances ou autres qui
font préfentées directement à la Cour des aides
pour y former de nouvelles demandes, & tous
les incidens qui furviennent dans les procès ou
inftances avant que le partage en ait été fait
entre les trois chambres.

La première chambre a auſſi quelques attributions qui lui ſont particulières, comme les
appels des ſentences rendues ſur le fait des aides
& gabelles & autres droits par les juges du
Clermontois, la connoiſſance en première inſtance des affaires de l'hôpital général & de
l'Hôtel-Dieu de Paris, au ſujet de leurs priviléges & exemptions des droits d'aides & autres, la pourſuite des ſaiſies réelles mobilières
faites en exécution des rôles & jugemens de la
chambre de juſtice, &c.

C'eſt dans cette chambre que ſe font les enregiſtremens de toutes les ordonnances, édits,
déclarations, lettres - patentes, lettres de nobleſſe & autres : ce qui ne concerne que les
particuliers eſt enregiſtré dans la première chambre ſeule ; ce qui contient des réglemens généraux & concerne tout le royaume, s'enregiſtre
les trois chambres aſſemblées ; ſur le reſte on
ſuit le même uſage qu'au parlement : c'eſt auſſi
dans cette chambre que le grand maître ou le
maître des cérémonies vient apporter les lettres
de cachet du roi qui invitent la Cour d'aſſiſter à
quelque cérémonie.

Lorſque les princes viennent apporter des
édits à la Cour des aides, ils ont ſéance à la
première chambre ſur le banc des préſidens,
après M. le premier préſident & avant les autres préſidens. Les maréchaux de France qui les
accompagnent ſe mettent ſur le banc à la droite
des préſidens, au-deſſus du doyen des conſeillers, & les conſeillers d'état prennent place ſur
le banc vis-à-vis, au-deſſus des conſeillers.

Les préſidens, conſeillers & gens du roi, ſont
reçus & inſtallés à la première chambre toutes

les chambres affemblées. A l'égard des autres officiers de la Cour, ils y font reçus fans affembler les deux autres chambres, ainfi que tous les officiers reffortiffans à cette Cour qui y font examinés & y prêtent ferment.

Il y a par an deux rentrées de la Cour des aides. La première fe fait le lendemain de la Saint-Martin. Après la meffe du Saint-Efprit, toutes les chambres s'étant raffemblées en la première, on y fait la lecture des ordonnances. M. le premier préfident y prononce un difcours & fait prêter ferment aux greffiers & aux huiffiers, & enfuite un de MM. les gens du roi prononce une harangue. La feconde rentrée fe fait le lendemain de quafimodo. On y fait auffi la lecture des ordonnances.

L'ouverture des audiences de la Cour des aides fe fait en la première chambre, le mercredi de la première femaine après la Saint-Martin.

Les grandes audiences qui fe tiennent fur les hauts fiéges font celles des appellations, tant du rôle ordinaire que du rôle extraordinaire. Les plaidoiries du rôle ordinaire font les mercredis & vendredis matin. Depuis l'Afcenfion jufqu'au 8 feptembre, lorfqu'il y a une fête le jeudi, l'audience du vendredi matin eft remife au famedi. Celles du rôle extraordinaire font les mardis de relevée, & ceffent après la faint Jean. Ces rôles font fignifiés à la communauté des procureurs, & de là vient l'ufage qui fe pratique comme au parlement, de ne point accorder de défauts aux grandes audiences avant que l'huiffier ait appelé & rapporté ; c'eft-à-dire qu'avant que la Cour adjuge le défaut,

l'huiſſier ſe tranſporte au haut de l'eſcalier de
la Cour des aides, d'où il appelle à haute voix
dans la grand'ſalle la partie contre laquelle on
prend le défaut & ſon procureur, & vient rapporter enſuite qu'ils n'ont point répondu. L'ancien des préſidens tient les audiences des mardis
de relevée, à l'exception de la première & de
la dernière qui ſont tenues par M. le premier
préſident.

Les audiences ſur les demandes, que les anciennes ordonnances appellent audiences à huis
clos, ſe tiennent ſur les bas ſiéges les mardis
matin & vendredis de relevée.

Toutes ces audiences ceſſent paſſé le 7 ſeptembre, & ne recommencent qu'après la ſaint
Martin.

Les gens du roi aux grandes audiences, ſont
aſſis à la même place que ceux du parlement,
c'eſt-à-dire au banc qui eſt au-deſſous des préſidens. Les ſecrétaires du roi près de la Cour ne
ſe mettent point ſur ce banc. A l'égard des petites audiences, ils ſont placés ſur le banc qui
eſt à la gauche des préſidens, qui eſt la même
place qu'avoient autrefois au parlement les
gens du roi, ſur le banc des baillis & ſéné-
chaux.

La première chambre eſt compoſée du premier préſident, de trois préſidens, des conſeillers d'honneur dont le nombre n'eſt pas fixe,
& qui ont ſéance au-deſſus du doyen des conſeillers & de dix-huit conſeillers. Les préſidens
& conſeillers des deux autres chambres montent à la première par rang d'ancienneté, ainſi
que les conſeillers des enquêtes du parlemen
montent à la grand'chambre.

Par l'article 3 de la déclaration du 10 août 1748, deux conseillers de chacune des seconde & troisième chambres, doivent à tour de rôle servir pendant six mois à la première chambre.

La seconde & la troisième chambre, font composées chacune de trois présidens & de dix-sept conseillers. Elles donnent audience les mercredi & vendredi matin, sur les demandes incidentes aux procès qui y font distribués. Les avocats généraux y portent la parole dans les affaires qui requièrent leur ministère. Il y a quelquefois des affaires qui font attribuées en parti-lier à l'une de ces deux chambres.

La distribution des procès & instances civiles se fait également entre les trois chambres par M. le premier président, assisté d'un président de chacune des deux autres chambres. Lorsqu'un conseiller de la seconde ou troisième chambre monte à la première par droit d'ancienneté, il peut pendant le cours d'une année rapporter en la chambre d'où il est sorti les procès & instances dont il étoit chargé : mais après l'année révolue, il les remet au greffe pour être redistribués en cette même chambre. Les procès criminels se jugent indistinctement dans les trois chambres.

Lorsque dans les affaires de rapport il y a partage d'opinions en quelqu'une des chambres, le rapporteur & le compartiteur, c'est-à-dire celui qui a le premier ouvert l'avis contraire à celui du rapporteur, vont départager l'affaire dans une autre chambre en cet ordre : les partages de la première chambre vont à la seconde, ceux de la seconde à la troisième, & ceux de la troisième à la première. Il est arrivé

quelquefois que des affaires s'étant trouvées
fucceffivement partagées dans toutes les chambres de la Cour, le roi a donné des lettres-
patentes pour les aller départager dans quelqu'une des chambres des enquêtes du parlement, comme firent MM. Quatrehommes &
Bouette, les 3 & 4 décembre 1614, en la première des enquêtes; & le 8 janvier 1633,
MM. Gourceau & Bourgoin, en la feconde des
enquêtes.

La chambre des vacations commence le 9
feptembre & finit le 27 octobre. Elle tient fes
féances à la première chambre où elle donne fes
audiences fur les bas fiéges les mercredis &
vendredis matin. Elle ne connoît que des affaires
fommaires ou provifoires, des affaires criminelles, & de celles qui concernent le roi. Elle
eft compofée de deux préfidens & de quinze
confeillers; favoir, cinq de chacune des chambres. L'ouverture s'en fait par M. le premier
préfident, qui a droit d'y affifter quand il le juge
à propos.

Cinq fois par an, favoir, la furveille de Noël,
le mardi de la femaine fainte, la furveille de la
Pentecôte, la veille de l'Affomption, & la veille
de faint Simon, la Cour des aides va tenir
fes féances à la conciergerie, & y donne audience pour les prifonniers. C'eft un fubftitut
qui y porte la parole. Quelques jours avant ces
féances, deux confeillers-commiffaires, affiftés
d'un fubftitut & d'un greffier, vont faire leurs
vifites dans toutes les prifons de Paris où il fe
trouve des prifonniers du reffort, & en font
enfuite leur rapport à la Cour.

Les avocarts du parlement plaident & écrivent à la Cour des aides. Les procureurs font les mêmes pour le parlement & pour la Cour des aides.

On fait que par édit du mois d'avril 1771, enregiftré au lit de juftice tenu à Verfailles le 13 de ce mois, la Cour des aides fut fupprimée. Mais les circonftances particulières qui avoient donné lieu à cette fuppreffion ayant changé, l'édit de 1771 a été révoqué par un autre édit du mois de novembre 1774. Cette dernière loi a rétabli la Cour des aides au même état où elle étoit avant la publication de l'édit révoqué, pour connoître de toutes les caufes & matières qui lui avoient été attribués par les ordonnances, édits, déclarations & lettres-patentes des rois prédéceffeurs de fa majefté.

Par une ordonnance du même mois de novembre 1774 (*), le roi a réglé la difcipline

_____

(*) *Voici cette ordonnance.*

Louis, &c. falut. La confervation & la gloire d'un état dépendent de l'attention d'un monarque à y maintenir le bon ordre, à veiller à l'adminiftration de la juftice, à contenir chacun de fes fujets dans les bornes de fon devoir. C'eft l'unique moyen d'entretenir l'harmonie qui doit régner entre tous-les membres d'une monarchie, & de conferver cette force & ces rapports fi néceffaires à la ftabilité des empires. Les rois nos prédéceffeurs, inviolablement attachés à cette maxime falutaire, ont reconnu dans tous les temps que ce n'eft que par elle qu'un fouverain peut acquitter fes obligations envers Dieu & fes fujets ; ils ont fait ufage de l'autorité qu'ils tenoient de Dieu pour établir dans toutes les provinces du royaume des officiers deftinés à rendre la juftice en leur nom ; & pour régler la conduite & les fonctions de ces officiers, ils ont donné plufieurs bonnes, faintes & juftes conftitutions & ordonnances ; lorfque le bien de l'état & leur attention pour tout

qui doit être obfervée à la Cour des aides, foit

ce qui intéreffoit la tranquillité & le bonheur des peuples, l'ont exigé; ils ont corrigé par de nouvelles lois les abus qui avoient pu s'introduire dans les différentes parties du gouvernement, & fuppléer aux omiffions faites dans les ordonnances des rois leurs prédéceffeurs. Héritier du Trône dont leur fageffe aidée de la protection divine a rendu les fondemens inébranlables, animé par l'amour le plus tendre pour nos fujets, fentiment que ces monarques de glorieufe mémoire, nous ont tranfmis avec leur fang, nous nous propofons de fuivre leur exemple : nous avons eftimé que notre premier foin devoit être de rétablir dans nos cours la difcipline prefcrite par les anciennes ordonnances, d'éclairer les magiftrats fur leurs obligations, & de fixer les objets fur lefquels le filence des anciennes lois a pu par le paffé les induire en erreur. A ces caufes, & autres à ce nous mouvant, de l'avis de notre confeil, & de notre certaine fcience, pleine puiffance & autorité royale, nous avons par le préfent édit perpétuel & irrévocable, dit, ftatué & ordonné; difons, ftatuons & ordonnons, voulons & nous plaît ce qui fuit :

### ARTICLE PREMIER.

Notre cour des aides continuera de connoître des matières qui lui ont été attribuées, & elles feront portées dans chacune des chambres d'icelle, fuivant leur nature, comme il fe pratiquoit ci devant.

II. S'il furvient quelques différens entre lefdites chambres fur la compétence, ils feront portés aux chambres affemblées que le premier préfident, ou celui qui préfidera en fon abfence, fera tenu de convoquer, à l'effet de les régler dans le fein même de la compagnie.

III. Dans le cas où ces différens ne pourront être conciliés dans l'affemblée des chambres, celles entre lefquelles ils fe feront élevés, enverront chacune un mémoire contenant fommairement l'objet de la difficulté, & les motifs des prétentions refpectives à notre très-cher & féal chancelier ou garde des fceaux de France, pour, fur le compte

*pour*

pour terminer les conflits qui peuvent s'élever

qu'il nous en rendra, être par nous ftatué, ainfi qu'il appartiendra.

IV. Les difpofitions des articles II & III de notre préfent édit feront exécutées dans le cas où il furviendroit
quelques différens entre les officiers de quelques unes des
chambres de notre Cour des aides, & nos avocats & procureurs généraux, relativement à leurs fonctions, aux droits
& aux privilèges de leurs offices.

V. Lorfqu'il y aura quelques caufes, inftances ou procès
de nature à être plaidés & jugés aux chambres affemblées,
elles pourront être affemblées aux heures marquées par
les règlemens pour les audiences, & pour l'expédition des
affaires; mais dans tous les autres cas les chambres ne
pourront être affemblées que hors les temps & heures de
fervice ordinaire de notre Cour des aides.

VI. Conformément à l'article XVIII de l'ordonnance
du vingt huit octobre 1446, à l'article CXVI de l'ordonnance du mois d'avril 1453, à l'article XXXVI de l'ordonnance du mois de juin 1510, & autres règlemens,
les chambres ne pourront en aucun cas être affemblées,
à la requête des parties; pourront néanmoins les caufes,
inftances ou procès être jugés aux chambres affemblées,
s'ils font de nature à y être portés; ce qui fera décidé
dans la forme ci-après.

VII. Lorfqu'il s'agira de décider fi une affaire eft de
nature à être jugée par les chambres affemblées, le premier préfident ou celui qui préfidera en fon abfence,
convoquera la première, laquelle y ftatuera.

VIII. Les chambres ne pourront être affemblées qu'au
préalable le premier préfident, ou celui qui préfidera en
fon abfence, n'ait été inftruit du fujet & des motifs pour
lefquels l'affemblée des chambres fera demandée, ainfi
que des objets fur lefquels on propofera de délibérer.

IX. Lorfque le procureur général où quelqu'un des officiers de notre cour des aides voudra demander l'affemblée
des chambres, il s'adreffera au premier préfident ou à celui
qui préfidera en fon abfence, lui communiquera le fujet
pour lequel il demande ladite affemblée, les motifs qui le

entre les différentes chambres dónt elle eſt com-

déterminent à la demander, & les objets ſur leſquels il eſtime qu'il y a à délibérer.

X. Si l'une des chambres de notre Cour des aides eſtime
devoir demander l'aſſemblée des chambres, elle ſera tenue
d'envoyer au premier préſident ou à celui qui préſidera en ſon
abſence, deux députés, leſquels ſe conformeront à l'article
précédent.

XI. Le premier préſident ou celui qui préſidera en ſon
abſence, ſera tenu d'accorder ou refuſer l'aſſemblée des
chambres dans vingt-quatre heures; en cas de refus, &
que ce ſoit le procureur général ou un autre officier de
la première chambre qui ait demandé ladite aſſemblée, ils
pourront faire leur propoſition à la première chambre,
que le premier préſident ou celui qui préſidera en ſon
abſence, ſera obligé d'aſſembler à cet effet; & ſi la première chambre décide à la pluralité des ſuffrages qu'il y a
lieu d'aſſembler toutes les chambres, le premier préſident
ou celui qui préſidera en ſon abſence ne pourra ſe diſpenſer
de les convoquer dans la forme ordinaire & accoutumée.

XII. Si l'aſſemblée des chambres eſt demandée par
l'une des chambres de notredire Cour des aides, autre que la
première, le premier préſident ou celui qui préſidera en
ſon abſence, ſera tenu de l'accorder dans vingt-quatre
heures, ou d'aſſembler la première chambre à l'effet d'y
délibérer.

XIII. Dans le cas où l'aſſemblée des chambres aura
été demandée par un officier d'une des chambres, autre
que la première, & refuſée par le premier préſident ou
celui qui préſidera en ſon abſence, ledit officier pourra faire
part à ſa chambre du ſujet pour lequel il avoit demandé
l'aſſemblée, des motifs de ſa demande, des objets ſur leſquels il deſiroit fa're délibérer, & du refus du premier
préſident ou de celui qui préſidera en ſon abſence; & ſi
ladite chambre juge à la pluralité des ſuffrages qu'il y a lieu
à demander l'aſſemblée des chambres, elle envería deux
députés au premier préſident ou à celui qui préſidera en
ſon abſence, lequel ſera tenu, ainſi qu'il eſt porté par
l'article précédent, d'accorder dans les vingt-quatre heures

poſée ; ſoit pour déterminer les formalités re-

---

ladite aſſemblée, ou de convoquer la première chambre pour y délibérer.

XIV. Si la première chambre décide qu'il y a lieu d'aſ-ſembler toutes les chambres, le premier préſident ou celui qui préſidera en ſon abſence, ſera tenu de les convoquer en la manière accoutumée, pourvu que ce ſoit hors deſdites heures des audiences afin de ne point déranger le ſervice ordinaire.

XV. Et où il aura été délibéré par la première chambre à la pluralité des ſuffrages qu'il n'y a pas lieu à l'aſ-ſemblée des chambres, le premier préſident ou celui qui préſidera en ſon abſence, ni aucun des officiers de notre Cour des aides ne pourra les convoquer.

XVI. Il ne pourra être fait aucune dénonciation que par notre procureur général, ſauf néanmoins à ceux des officiers de notre Cour des aides qui ſeroient inſtruits de quelques faits qu'ils regarderoient comme ſujets à dénonciation d'en informer le premier préſident ou celui qui préſidera en ſon abſence, pour, ſur le compte qu'il en rendra à la première chambre, être enjoint au procureur général, s'il y a lieu, de faire ladite dénonciation à laquelle il ne pourra ſe refuſer.

XVII. Les officiers de notre Cour des aides de ſervice dans les autres chambres ne pourront venir ſous aucun prétexte prendre leur place à la première chambre pour autres objets que ceux de la diſtribution de la juſtice, lorſque l'aſſemblée des chambres n'aura pas été convoquée en la manière accoutumée.

XVIII. Aucun officier de notre Cour des aides ne pourra ſous prétexte d'aſſemblée de chambres pour la réception d'un officier, ou pour les mercuriales, ou autres aſſemblées, propoſer aucun objet de délibération étranger, s'il n'a été communiqué, ainſi qu'il eſt porté par les articles précédens.

XIX. La délibération preſcrite par les articles précédens pour déterminer par la première chambre les cas dans leſquels il conviendra d'aſſembler les chambres, n'aura pas lieu à l'égard de nos ordonnances, édits, déclarations &

latives aux affemblées des chambres, foit pour

lettres patentes adreffées à notre Cour des aides, de notre propre mouvement, concernant l'adminiftration générale de la juftice, les impofitions nouvelles, les créations de rantes ou offices ou autres de cette nature, à l'enregiftrement defquels il ne pourra être procédé qu'aux chambres affemblées.

XX. Voulons que conformément à l'article II de l'ordonnance de Moulins du mois de février 1566; à la déclaration du onze décembre de la même année, à l'article II du titre premier de l'ordonnance de 1667, lorfque nous adrefferons à notre Cour des aides des ordonnances, édits, déclarations ou lettres patentes avec des lettres clofes pour l'enregiftrement, les officiers de notre Cour des aides foient tenus de procéder fans retardement, & toutes affaires ceffantes, audit enregiftrement.

XXI. L'article VI de l'ordonnance du mois de juillet 1493, l'article XCIII du titre premier de l'ordonnance du mois d'octobre 1535, l'article XXVII de l'ordonnance du mois de mars 1549, l'article II de l'ordonnance de Moulins, les déclarations des onze décembre 1566 & quinze feptembre 1715, & les lettres patentes du vingt-fix août 1718, feront exécutés, en conféquence, fi en procédant audit enregiftrement les officiers de nos Cours des aides eftimoient qu'il y eut lieu pour le bien de notre fervice & pour l'intérêt public de nous faire des repréfentations fur lefdites ordonnances, édits, déclarations & lettres patentes, ou fur aucune difpofition d'iceux, ils pourront nous faire telles remontrances & repréfentations qu'ils eftimeront convenables avant d'enregiftrer, fans néanmoins que pour la rédaction d'icelles le fervice ordinaire puiffe être interrompu.

XXII. Voulons que conformément à l'article II de l'ordonnance de Moulins & autres règlemens faits par les rois nos prédéceffeurs, les officiers de notre Cour des aides foient tenus de vaquer à la confection defdites remontrances & repréfentations, auffi-tôt qu'elles auront été arrêtées, & qu'elles nous foient préfentées dans le mois au plus tard, à compter du jour que les ordonnances,

procéder à l'enregiftrement des lois nouvelles, &c.

édits, déclarations ou lettres patentes leur auront été remifes par nos avocats & procureurs généraux.

XXIII. Ordonnons pareillement que la déclaration du
onze décembre 1566, & l'article IV du titre premier de
l'ordonnance de 1667, foient exécutés ; en conféquence,
lorfqu'il nous aura plu, après avoir répondu aux remontrances de notredite Cour des aides, de faire publier &
enregiftrer en préfence de perfonnes chargées de nos ordres,
aucunes ordonnances, édits, déclarations & lettres patentes,
voulons que rien ne puiffe en fufpendre l'exécution, &
que notre procureur général foit tenu de les envoyer dans
tous les fiéges du reffort, pour y être publiés & exécutés.

XXIV. Dans le cas néanmoins où les officiers de notre
Cour des aides, après avoir procédé à l'enregiftrement
des ordonnances, édits, déclarations & lettres patentes de
notre très-exprès commandement, & après la publication
& enregiftrement faits en préfence de perfonnes chargées
de nos ordres, eftimeroient devoir encore pour le bien de
notre fervice, nous faire de nouvelles repréfentations, ils
le pourront ; mais l'exécution defdits ordonnances, édits &
lettres patentes ne fera fufpendue en aucune manière ni fous
aucun prétexte.

XXV. Il ne fera accordé à l'avenir aucune lettre de
difpenfe fous quelque prétexte que ce puiffe être, à l'effet
de donner voix délibérative avant l'âge de vingt-cinq ans ;
n'entendons néanmoins abroger l'ufage de compter la voix
des rapporteurs dans les affaires dont ils font le rapport,
encore qu'ils n'aient point vingt-cinq ans accomplis, ainfi
qu'il eft porté par la déclaration du vingt mai 1713.

XXVI. Conformément à l'ordonnance du mois de décembre 1320, à l'article II de l'ordonnance du mois d'avril
1453, à l'article III de l'ordonnance du mois de juillet
1493, à l'article XXV de l'ordonnance du mois de mars
1498, aux articles VI & VII du titre premier de l'ordonnance du mois d'octobre 1535, à l'article CXXIX de
l'ordonnance de Villers-Cotterets du mois d'août 1536,
à l'article IV de l'ordonnance du mois de mars 1549, à

l'article CXXXVII de l'ordonnance de Blois du mois de mai 1579, & autres ordonnances & réglemens donnés par nos prédéceffeurs ; les préfidens & confeillers de notre Cour des aides feront tenus de réfider dans le lieu de l'établiffement de notre Cour des aides, de remplir affiduement les fonctions de leurs offices ; & ne pourront s'abfenter pendant le cours des feances fans congé de leur compagnie, lorfqu'ils ne fortiront pas de leurs reffort, & fans notre permiffion quand ils voudront en fortir.

XXVII. En conféquence, faifons très-expreffes inhibitions & défenfes aux officiers de notre Cour des aides de fufpendre en aucuns cas, & fous quelque prétexte que ce puiffe être, l'adminiftration de la juftice ; ni de donner en corps leurs démiffions par une délibération combinée, fans préjudice de la liberté que chacun d'eux aura en particulier de réfigner fon office entre nos mains, lorfqu'il croira ne pouvoir plus le remplir à raifon de fon âge, de fes infirmités, ou d'autres caufes légitimes.

XXVIII. Dans le cas ou les officiers de notre Cour des aides, ce que nous ne préfumons pas, fufpendroient l'adminiftration de la juftice, ou donneroient leurs démiffions par une délibération combinée, & refuferoient de reprendre leurs fonctions au préjudice de nos ordres, nous déclarons qu'alors la forfaiture fera par eux encourue, laquelle fera jugée par notre confeil en notre préfence, conformément aux lois & ordonnances du royaume. Si donnons en mandement, &c.

*Cette dernière difpofition ayant occafionné des remontrances fondées fur ce que les membres de la Cour des aides ont le droit de ne pouvoir être jugés en matière criminelle que par les perfonnes qui ont féance en cette Cour, le roi a rendu en conféquence le 28 mai 1775 la déclaration fuivante :*

Louis ; &c. Salut : nous nous fommes fait rendre compte des remontrances de notre Cour des aides ; fpécialement en ce qui concerne l'exécution de l'article XXVIII de notre ordonnance donnée à Fontainebleau au mois de novembre 1774, & enregiftrée en notre Cour des aides le

Paris eft la même que celle du parlement de Paris, avec cette différence que la Cour des aides a de plus la Saintonge & l'Aunis, & que d'un autre côté l'Auvergne en a été diftraite pour former une Cour des aides particulière à Clermont.

*Voyez le recueil des ordonnances du Louvre ; Pafquier, recherches de la France ; la bibliothèque du droit françois ; le dictionnaire des arrêts ; le traité des offices de Loifeau & celui de Joly ; les arrêts de Papon ; le recueil de Fontanon ; le mémorial alphabétique des tailles*, &c. Voyez auffi les articles AIDES, TAILLES, GABELLES, ÉLECTION, &c.

COUR DES MONNOIES. Voyez MONNOIE.

COUR SOUVERAINE DE LORRAINE ET BARROIS. Voyez PARLEMENT.

---

12 du même mois, & nous avons reconnu la légitimité du droit réclamé par les officiers de notre Cour des aides, d'être jugés, en matière criminelle, par ceux qui ont féance en cette Cour, & notamment par les princes de notre fang, & les pairs de France, membres effentiels de toutes les Cours fupérieures. A ces caufes & autres à ce nous mouvant, nous avons dit, déclaré & ordonné, & par ces préfentes fignées de notre main, difons, déclarons & ordonnons que, dans le cas où les officiers de notre Cour des aides, ce que nous ne préfumons pas, fufpendroient l'adminiftration de la juftice, ou donneroient leurs démiffions par une délibération combinée, & refuferoient de reprendre leurs fonctions au préjudice de nos ordres, la forfaiture fera jugée par nous tenant notre Cour des aides, à laquelle nous appellerons les princes de notre fang, le chancelier garde des fceaux de France, les pairs de France, les gens de notre confeil, & autres perfonnes qui ont entrée & féance en notredite Cour des aides. Si donnons en mandement, &c.

COURS D'EAU. C'eſt le flux ; le mouvement de l'eau des fleuves, des rivières, des
ruiſſeaux.

L'article 42 du titre 27 de l'ordonnance des
eaux & forêts du mois d'août 1669, défend à
tout particulier de faire dans les rivières navi-
gables aucun moulin ou autre édifice, & d'y
jeter aucune choſe qui puiſſe nuire au Cours de
l'eau, à peine d'amende arbitraire.

Et par l'article 44, il eſt défendu à toute
perſonne de détourner l'eau des rivières navi-
gables, & d'en affoiblir ou altérer le Cours par
des tranchées, foſſés ou canaux, à peine contre
les contrevenans d'être punis comme uſurpateurs
& condamnés à remettre les choſes en l'état où
elles étoient.

Pluſieurs arrêts du conſeil ont confirmé ces
diſpoſitions, & particulièrement un du 22 novembre 1712, qui a condamné la ducheſſe
d'Elbœuf à faire démolir le pas de Vibrat, & à
exhauſſer un pont, &c. qui gênoient le Cours
de l'eau.

Le propriétaire d'un héritage où ſe trouvent
des ſources formant un ruiſſeau, peut en détourner le Cours pour ſon utilité, même au
préjudice de ceux qui ſont au-deſſous, quoiqu'ils ſoient en poſſeſſion immémoriale d'uſer de
cette eau pour arroſer leurs terres, à moins
toutefois qu'il n'y ait ſur cet objet quelque convention particulière.

Cette juriſprudence eſt appuyée ſur la loi 6,
*au cod. de ſervi. & aqu.* & ſur différens arrêts.
Henrys en rapporte un du 13 août 1644 dans
l'eſpèce ſuivante :

Le ſieur Fayet, tréſorier de la généralité de

Riom, ayant acquis un héritage où étoient des sources dont l'eau arrosoit un grand pré appartenant au sieur Brunet, procureur du roi au bailliage de Montrognon, jugea à propos de détourner le Cours de cette eau & de la conduire par des canaux souterreins dans sa maison. Le sieur Brunet se plaignit de cette entreprise, mais par arrêt du 13 août 1644, il fut débouté de sa prétention.

M. de Perchambault cite un arrêt semblable rendu par le parlement de Bretagne au mois de septembre 1698.

. Enfin il y en a un plus récent du 22 août 1766, par lequel le parlement de Paris a jugé que le baron de Vitry avoit été fondé à changer le Cours d'eau des sources qui se trouvoient dans son héritage, nonobstant la possession immémoriale où étoit le curé de Chide de jouir de cette eau pour arroser un pré de sa cure.

Voyez *les œuvres de Henrys; Perchambault, en son traité des facultés & servitudes; l'ordonnance des eaux & forêts du mois d'août 1669; les lois forestières; le dictionnaire des eaux & forêrs*, &c. Voyez aussi les articles EAUX ET FORÊTS, PÊCHE, RIVIÈRE, &c.

COURSE AMBITIEUSE. C'est en matière bénéficiale, l'envoi fait à Rome, du vivant du titulaire d'un bénéfice, pour retenir les dates, à l'effet d'impétrer le bénéfice & de prévenir les collateurs ou patrons. Celui qui retient ainsi prématurément des dates, est indigne du bénéfice, suivant la règle *de non impetrando beneficio viventium.* La retention des dates & la Course ambitieuse peuvent être justifiées en compulsant le registre du banquier. Au reste il ne faut pas confondre la Courſe diligente aveć la Courſe ambitieuſe. La Courſe peut être bonne & utile ſi le courier n'eſt parti pour retenir les dates qu'après le décès du titulaire d'un bénéfice, quand même le courier auroit fait une diligence extraordinaire. Mais ſi l'on a envoyé à Rome du vivant du titulaire, la Courſe eſt toujours ré-putée ambitieuſe, quand même le courier ne feroit arrivé & que la date n'auroit été retenue que depuis la mort du titulaire.

On eſtime qu'il faut au moins ſix jours en été & ſept en hiver, au courier le plus diligent, pour aller de Paris à Rome. Lorſque cette vrai-ſemblance ſe trouve, & que l'envoi eſt parti par le courier ordinaire, le regiſtre du banquier en eſt cru. Si au contraire l'envoi eſt fait par un courier extraordinaire, pour faire une diligence, l'uſage le plus général eſt de conſtater le départ du courier par un marché devant notaires & par le regiſtre du banquier, & de ne regarder comme bonnes les courſes faites avec une dili-gence extraordinaire, que quand il y a de ſem-blabes marchés.

· Voyez *la bibliothèque de Bouchel; le traité de la pratique & des uſages de la cour de Rome, par Pérard-Cartel; les œuvres de Piales; le dictionnaire de droit canonique, &c.* Voyez auſſi les articles DATE, PROVISIONS, PRÉVENTION, BANQUIER, &c. ( *Article de M. DESESSARTS, avocat au parlement* ).

COURTAGE. C'eſt le métier de celui qui s'entremet de faire vendre, acheter ou échanger des marchandiſes.

Ce mot ſe dit auſſi du droit ou du ſalaire qu'on paye à celui qui exerce le Courtage.

COURTAGE fe dit encore d'un droit qui fe lève à Bordeaux, & du bureau où on le perçoit. Ce mot a la même fignification dans les pays d'aides. Voyez COURTIER.

COURTIER. C'eft un entremeteur entre gens de commerce, pour faciliter aux uns la vente & aux autres l'achat des marchandifes.

On difoit autrefois *Couretier* ou *Couratier*, parce qu'un commiffionnaire de cette efpèce eft obligé de courir & de fe donner des mouvemens pour remplir l'objet de fa commiffion. Le genre d'induftrie du Courtier eft à peu près le même que celui du proxenète.

On regarde les Courtiers comme très-utiles dans le commerce, foit extérieur, foit intérieur, à caufe de la connoiffance qu'ils ont des marchands & du négoce dont ceux-ci font profeffion. Avec leur fecours on fe défait fouvent de certaines marchandifes qu'on ne peut aifément débiter, ou l'on s'en procure d'autres dont l'emplette n'étoit pas facile. C'eft ce qui fait que dans prefque toutes les villes commerçantes il y a des Courtiers attachés à chaque corps de marchands.

Quelquefois même ces Courtiers font les fonctions d'agens de change dans les villes où il n'y a point de ces agens établis en titre d'office: mais voyez à ce fujet l'article AGENT DE CHANGE.

Il eft libre pour l'ordinaire à toute perfonne de faire les fonctions de Courtiers de marchandifes; cependant dans les villes d'un commerce confidérable, le prévôt des marchands & les échevins font choix d'un certain nombre de fujets pour remplir ces fortes de commiffions. L'article 19, par exemple, du règlement du 2 juin 1667,

rendu pour la ville de Lyon, porte que « es
» Courtiers ou agens de banque & *marchandises*
» de ladite ville feront nommés par lefdits pré-
» vôt des marchands & échevins, entre les mains
» defquels ils prêteront le ferment de la manière
» accoutumée, en juftifiant par atteftation des
» principaux négocians, en bonne & due forme,
» de leur vie & mœurs & *capacité* au fait &
» exercice de ladite charge, & que lefdits Cour-
» tiers feront réduits à un certain nombre & tel
» qu'il fera jugé convenable par lefdits fieurs
» prévôt des marchands & échevins, fur l'avis
» defdits négocians. »

Il avoit été créé par une déclaration du 8 mai
1760, vingt offices de Courtiers royaux pour
les villes de Bordeaux, Bourg, Libourne & pays
Bordelois, ce qui portoit le nombre des Courtiers dans ce pays-là à foixante : mais fur des
repréfentations faites par les principaux négocians de Bordeaux, qu'il y avoit des inconvéniens
dans cette création, elle fut fupprimée par un
édit du mois de février 1761, & à la place il
fut créé *deux cents lettres de permiſſion ou brevets
héréditaires de Courtiers.*

Les étrangers régnicoles ont été admis à fe
faire pourvoir de ces brevets avec attribution
de gages & exemption du droit d'aubaine.

Ceux qui après avoir été pourvus de ces
brevets, veulent renoncer au courtage pour faire
le commerce, font tenus d'en faire leur déclaration à la juridiction confulaire, & dès-lors ils
ne peuvent plus faire le courtage, à peine de
mille livres d'amende. Les étrangers ne laiffent
pas de jouir de l'exemption du droit d'aubaine
lorfqu'ils font devenus commerçans, pourvu

qu'ils aient été pourvus du brevet de Courtiers pendant l'espace de vingt ans.

Ces sortes de brevets peuvent être vendus & cédés par ceux qui les ont acquis ou par leurs héritiers.

Il est permis aux Courtiers brevetés de se nommer un syndic & deux adjoints pour veiller aux intérêts de la communauté, à l'effet de quoi ils peuvent s'assembler toutes les fois qu'ils le jugent à propos.

Leurs fonctions ne doivent pas, suivant l'édit, empêcher les négocians de traiter leurs propres affaires de change, de banque & de marchandises personnellement & par eux-mêmes, ni préjudicier aux habitans de Bordeaux qui ont le droit de bourgeoisie, d'acheter & charger des denrées & marchandises par eux-mêmes & sans le ministère d'aucun Courtier, pourvu que ce soit pour leur propre compte, sans fraude & non par commission.

Il doit être dressé chaque année, en la juridiction consulaire, deux tableaux contenant le nom de tous les Courtiers reçus; & ces tableaux doivent être affichés, l'un à la chambre consulaire, & l'autre à la bourse.

L'arrêt d'enregistrement de cet édit au parlement de Bordeaux porte que les Courtiers royaux & ceux qui seront pourvus des brevets dont il s'agit, tiendront un carnet paraphé des juge & consuls, pour y coucher les achats, le poids des marchandises, les conditions des payemens, les noms des vendeurs & des acheteurs, avec défense de substituer un autre acheteur que celui qui a été proposé au propriétaire, si ce n'est de son exprès consentement.

L'édit dont il s'agit a été fuivi de Lettres-patentes du 15 juin 1761 qui en confirment les difpofitions. Ces lettres-patentes ont été enre-giftrées en la chambre du domaine & tréfor du palais à Paris le 15 juillet fuivant, à la charge que les étrangers brevetés demeureront dans le royaume, qu'ils n'en fortiront point fans per-miffion, & qu'ils ne prêteront leur nom à aucun étranger.

Les qualités requifes dans un Courtier font d'être prudent & réfervé fur la réputation des négocians, en prenant garde de nuire à leur crédit par fon indifcrétion. Il doit être auffi lui-même de bonne réputation; car l'article 3 du titre 2 de l'ordonnance de 1673 déclare que ceux qui auront obtenu des lettres de repi, qui auront atermoyé ou fait faillite, ne pourront être Courtiers de marchandifes. Ses capacités font d'être au fait de tout ce qui concerne le négoce, pour la qualité, la mefure & le prix des marchandifes; de favoir tenir un livre en bon ordre, & y configner tous les marchés pour lefquels il a été employé, ainfi que la quantité, la qualité & le prix des marchandifes vendues ou achetées par fon entremife (*). Comme les Courtiers ne font pas obligés de prendre cette forte de peine gratuitement, on leur paffe un droit de courtage tel qu'on eft en ufage de le

_____

(*) Les livres des Courtiers quand ils font bien tenus, font foi entre les marchands lorfqu'il furvient des conteftations au fujet de leur commerce, parce qu'au moyen de ces livres, on peut favoir fi effectivement une telle mar-chandife a été vendue & à quel prix.

percevoir dans l'endroit où ils négocient, mais il leur est défendu de l'excéder.

Observez que les Courtiers, ainsi que les agens de change, sont considérés comme personnes publiques, & qu'ils sont dès-lors contraignables par corps à rendre compte des marchandises & des commissions pour lesquelles ils ont été employés ; ce qui est conforme aux dispositions de quelques coutumes, notamment à l'article 21 du titre des *exécutions* de la coutume de Nevers. Cette loi municipale veut que les proxenetes, Courtiers & autres, commis à vendre les marchandises à eux confiées, soient contraints par corps à rendre ces marchandises ou leur valeur.

L'article 399 de celle de Reims contient à peu près une pareille disposition, en voulant que *les Courtiers de vin qui conduisent les marchands forains ou autres acheteurs*, soient personnellement responsables du prix de la vente faite par leur entremise. En effet, comme c'est sur la foi de ces Courtiers qu'un marchand livre sa marchandise, il seroit exposé à être souvent trompé si le Courtier ne répondoit point de la solvabilité des acheteurs.

Comme la bonne foi doit caractériser les Courtiers ainsi que les marchands eux-mêmes, & qu'il seroit dangereux qu'ils ne s'écartassent de cette bonne foi, s'il leur étoit permis de faire le commerce des marchandises pour lesquelles ils se font employer comme Courtiers, attendu la facilité qu'ils auroient de prendre pour eux le bon marché qu'ils auroient fait pour un autre, l'article 2 du titre 2 de l'ordonnance de 1673 leur défend expressément de faire aucun trafic pour leur compte; de tenir caisse d'argent chez eux, pour en faire un commerce à leur profit particulier, & pour le négocier fur place ; de figner des lettres de change par *aval*, de crainte qu'ils ne s'engagent trop facilement envers les négocians, & ne foient refponfables du payement de ces lettres : mais ils peuvent certifier que la fignature de ces lettres eft véritable, parce que leur état les mettant à portée de connoître la fignature des négocians & des banquiers, ils affurent la confiance de ceux qui prennent ces lettres pour de l'argent.

Il y a des villes où l'entremife des Courtiers eft défendue pour certaines marchandifes. Il eft défendu, par exemple, à Amiens, aux marchands fabricans d'acheter ou de vendre aucune marchandife ou étoffe par le miniftère des Courtiers, de crainte que l'intelligence de ceux-ci avec les fabricans ne tourne au préjudice du public. Il y a à ce fujet une déclaration du 20 février 1731.

*Courtiers de marine.* Il y a des Courtiers pour le commerce de mer comme pour celui de terre. Le titre 7 du livre premier de l'ordonnance de 1681 établit la police particulière qui doit régner entre les marchands - commiffionnaires & les interprètes-courtiers. Cependant les difpofitions de cette ordonnance n'ont pas laiffé de donner lieu en 1770 à des conteftations pour lefquelles il a fallu recourir à des lettres-patentes interprétatives des articles 7 & 14 du même titre. Voici le fait.

Le fieur Bonnin, interprète-courtier, conducteur de navire, établi en la ville de Saint-Martin de l'île de Ré, réclamoit en vertu de fa commiffion, le droit exclufif d'accompagner les capitaines & marchands étrangers qui ne favent pas

pas la langue françoise, tant au greffe de l'amirauté qu'au bureau des fermes, pour les affister & leur fervir d'interprète dans leurs déclarations & lorfqu'ils vont y prendre leurs expéditions. Les marchands - commiffionnaires de la même ville prétendoient au contraire avoir la faculté de remplir ces fonctions, relativement aux navires qui leur étoient adreffés, tout comme l'interprète - courtier - conducteur, & de borner celui-ci aux feules fonctions exclufives d'affister les étrangers & de faire les traductions dans les procès intentés & pourfuivis en juftice.

Cette conteftation ayant été portée fucceffivement devant les officiers de l'amirauté de France, & par appel de la part des marchands au parlement de Paris, la cour avant faire droit, a ordonné que les parties fe retireroient devant le roi, pour avoir une interprétation des articles 7 & 14 du titre 7 du livre premier de l'ordonnance de 1681 concernant la marine.

Sur cette demande en interprétation il a été expédié des lettres-patentes le 16 juillet 1776, portant que « les maîtres & marchands qui arriveront » dans un port, foit en relâche, foit pour y » faire commerce de leurs cargaifons, qui fauront » la langue françoife & qui voudront agir par » eux-mêmes, ne feront pas tenus de fe fervir des » interprètes-courtiers pour faire leurs décla- » rations dans les greffes & dans les différens » bureaux, & tous autres actes publics ». Mais les interprètes-courtiers-conducteurs de navires ont été maintenus dans le droit exclufif d'affister les capitaines & marchands étrangers qui ne favent pas la langue françoife, & de leur fervir d'interprètes pour faire les déclarations & les autres actes publics dont il s'agit.

La contestation qui avoit donné lieu à ces lettres-patentes a été terminée en conformité des dispositions qu'elles contiennent, par un arrêt du parlement du 31 janvier 1777 (*), qui en ordonnant l'exécution de l'ordonnance de la marine, porte :

1°. Que les Courtiers-conducteurs des maîtres de navires feront tenus d'avoir des registres cotés & paraphés par le lieutenant de l'amirauté de la Rochelle, pour y écrire les noms des maîtres des navires qui les emploiront, le jour de l'arrivée, le port & la cargaison de leurs navires, avec l'état en détail des avaries, des droits & des sommes qu'ils auront payés pour eux, ainsi que des salaires qu'ils en auront reçus. Le tout doit être arrêté & signé fur ces registres par les maîtres qui sauront écrire, ou par leurs correspondans si les maîtres ne savent pas signer.

2°. Que ces Courtiers-conducteurs ne pourront recevoir que les droits qui leur feront légitimement dûs, & qu'ils en donneront des quittances conformes à leurs registres, à peine de faux en cas de contrariété entre les quittances & le registre.

Voici le tarif réglé par cet arrêt pour les Courtiers, quant à ce qui concerne les bâtimens chargés venant du Poitou, de la Bretagne, de la Gascogne, de Bordeaux, de la

---

(*) Cet arrêt rendu en forme de réglement & imprimé, a été publié à l'audience de l'amirauté de France à Paris, & à celle de l'amirauté de la Rochelle.

Normandie & autres endroits de la Manche.

Pour les bâtimens de quinze tonneaux ou au-
deffous, . . . . . . . . . . 3 liv.

Pour ceux de quinze à trente, . ,. 6.

De trente à quarante , . . . . . 9.

De quarante à cinquante, . . . 12.

De cinquante à quatre-vingt, . . 18.

De quatre-vingt à cent , . . . . 24.

De cent à cent vingt & au-deffus, 30.

Dans chaque fomme font compris tous les droits, tant de déclaration à l'amirauté qu'au bureau des fermes & des octrois ; mais s'il y a un rapport à faire d'avaries, les droits des Courtiers font en outre de fix livres pour les grands bâtimens , & de trois livres pour les bâtimens au-deffous de cent tonneaux.

Le même arrêt porte que fi les bâtimens s'en retournent avec une nouvelle charge, le Cour-tier qui aura procuré un fret, fera payé pour le courtage du retour, de la valeur du fret d'un tonneau par bâtiment de quarante à cinquante tonneaux & au-deffus, fi le fret eft en plein ; & de la valeur du demi-fret d'un tonneau au-deffous de quarante , ou dont le fret ne fera qu'en partie ; & le prix du fret pour fixer le falaire du Courtier doit fe régler fur le prix commun du fret total de la cargaifon, ce qui doit avoir lieu pour tous les bâtimens qui viennent au même port.

Si le bâtiment n'eft pas chargé en plein, ou qu'il ne décharge que partie de fa marchandife dans le port, le droit du Courtier doit être proportionné à la taxe ci-deffus : mais pour les bâtimens qui ne font que de relâche, il ne doit être payé au Courtier que fes droits pour la déclaration du maître à l'amirauté & aux bureaux où il eſt obligé de déclarer. Ces droits ſont fixés à trois livres pour tous les bâtimens, de quelque grandeur qu'ils ſoient.

A l'égard des navires & des autres bâtimens qui viennent de l'Amérique, de Marſeille ou de l'Orient, comme les cargaiſons de ces bâtimens ſont d'un plus grand détail, le Courtier eſt autoriſé à percevoir :

Pour les bâtimens de quarante à cinquante tonneaux, . . . . . . . . . . . 30 liv.

Pour ceux de cinquante à quatre-vingt, 48.

Pour ceux de quatre-vingt à cent, . 60.

Et pour les bâtimens d'un nombre au-deſſus, . . . . . . . . . . 72.

En cas de fret pour le retour, le droit du Courtier doit être réglé comme il eſt dit ci-deſſus

Les bâtimens qui viennent à leur leſt dans le port, pour y prendre un fret, ne ſont ſujets au droit de courtage pour leur arrivée, que comme les vaiſſeaux ſimplement de relâche.

Pour ce qui concerne les bâtimens étrangers, le droit de courtage d'un navire chargé en plein & qui fait ſon entière décharge, eſt régle ainſi :

Pour ceux de cinquante à cent vingt tonneaux, . . . . . . . . . . . . 30 liv.

Pour ceux de cent vingt à cent cinquante, 48.

Pour ceux au-deſſus de cent cinquante, 55.

Il eſt ajouté que ſi les bâtimens viennent de Marſeille, le Courtier pourra prendre 72 livres, comme il eſt dit ci-deſſus : mais que ſi ces bâtimens ne ſont chargés que de bois & de planches, il n'aura que moitié des droits fixés pour les bâtimens étrangers.

Si les Courtiers fe donnent des peines extraordinaires , comme pour prendre le poids des marchandifes dans les bureaux , faire des recenfemens dans les magafins , dreffer des états des décomptes , &c. ils peuvent percevoir une retribution à part , ou fuivant qu'elle aura été convenue ou qu'elle fera réglée par le lieutenant de l'amirauté , en préfence du procureur du roi , après avoir entendu les parties.

*Courtier dans les aides.* Les devoirs des Courtiers , facteurs & commiffionnaires pour le vin , font confignés dans l'article 9 du titre 7 de l'ordonnance des aides pour Paris , dans l'article 10 du titre 9 de l'ordonnance pour Rouen , dans des arrêts du confeil des 31 mars & 21 juillet 1693 , & 10 octobre 1721 , & dans un arrêt de la cour des aides de Paris du 8 mai 1739. En conformité de ces réglemens , les Courtiers doivent tenir des regiftres en papier timbré , paraphés par le juge royal du lieu ou par celui du lieu le plus prochain. Ils doivent y écrire jour par jour ce qu'ils font en leur qualité de Courtiers , déclarer au fermier le nom & la demeure de ceux qui les emploient , la quantité des boiffons qui leur font adreffées , les lieux où ils les font encaver , & repréfenter les pouvoirs qu'ils en ont pour être paraphés par les commis du fermier ; le tout à peine de confifcation des boiffons , & d'une amende de trois cens livres qui ne peut être modérée.

Il leur eft défendu fous les mêmes peines , ainfi qu'aux tonneliers , de faire commerce de vin pour leur compte , & de prêter leur nom aux marchands , ou de s'affocier avec eux direc-

tement ou indirectement. Ces difpofitions ont
pour objet de prévenir les fraudes qui pourroient fe commettre de la part des Courtiers
qui achèteroient pour leur compte fous prétexte d'acheter pour autrui, & qui revendroient
enfuite fans payer les droits de revente. C'eft
par cette raifon auffi qu'il eft défendu aux marchands de vin & à ceux qui en tiennent magafin,
de faire fur cet article les fonctions de Courtiers, & d'envoyer chez eux d'autres boiffons
que celles qui font réellement pour eux, à
peine de confifcation & de trois cens livres d'a-
mende.

Par une fuite des précautions prifes contre la
fraude, on a encore exigé que les vins & les
autres boiffons qui font à encaver chez les commiffionnaires, fuffent marqués à l'arrivée &
démarqués à la fortie, avec faculté aux commis
de les contremarquer d'une marque particulière
dont il doit être fait mention fur leur regiftre,
pour mieux reconnoître les vins qui arrivent
pour le compte des particuliers ; & il eft défendu fous les peines dont nous venons de parler, aux commiffionnaires, de les furvider dans
d'autres futailles, & d'y faire aucun rempliffage,
fi n'eft en préfence des commis.

Un arrêt du confeil revêtu de lettres-patentes
du 5 mars 1754, fait défenfes aux marchands,
facteurs & commiffionnaires de la ville d'Auxerre
& à tout autre, d'échanger les congés pris
au lieu de l'enlèvement, & de les prêter &
fubftituer à d'autres congés, à peine de confifcation des boiffons & de cinq cens livres d'a-
mende.

Il eſt défendu auſſi à tout particulier de prêter ſes caves ou ſes celliers aux Courtiers & marchands en gros, ſans l'avoir déclaré auparavant au fermier & en avoir retiré un certificat, à peine de trois cens livres d'amende ; & au cas que les caves ou les celliers ſoient d'emprunt, le particulier qui les a prêtés eſt tenu de ſouffrir l'exercice des commis de huitaine en huitaine ; ſans quoi il ne ſeroit pas poſſible, comme l'obſerve fort bien l'auteur du traité des aides, de connoître l'objet des vins que les marchands en gros & les Courtiers auroient en leur poſſeſſion, & d'en ſuivre la vente pour la perception des droits.

*Courtiers-jaugeurs.* C'étoient anciennement des commiſſionnaires en titre d'office prépoſés excluſivement à tout particulier pour jauger les futailles & pour faciliter le commerce des vins.

Les premiers Courtiers en titre d'office furent créés par un édit du mois de juin 1572. Leurs fonctions avoient pour objet le courtage non-ſeulement du vin, mais encore de toute ſorte de denrées & de marchandiſes.

Ces offices furent ſupprimés par un édit du mois de janvier 1632, enſuite rétablis par un autre édit de juillet 1656, & ſupprimés de nouveau par un arrêt du conſeil du 11 décembre 1658 ; mais leurs droits continuèrent d'être perçus au profit du roi ſous le nom de droits de *jauge-courtage.*

Ces mêmes offices furent encere rétablis par un édit de février 1674, & ſupprimés ainſi que les droits qui y étoient attachés par un arrêt du conseil du 19 septembre 1679 ; mais ces droits furent rétablis par une déclaration du 10 octobre 1689 & fixés pour le courtage, savoir, par muid de vin, à dix sous ; par muid d'eau de vie, à trente sous ; par muid de bierre, de cidre ou de poiré, à six sous ; & les droits de jauge furent réglés à la moitié de ceux du courtage. Ces droits qu'il ne faut pas confondre avec ceux des jaugeurs Courtiers dont nous allons dire deux mots, subsistent encore aujourd'hui.

Le rétablissement de ces droits donna lieu encore une fois au rétablissement des offices dont nous venons de parler. Ceux des Courtiers furent créés de nouveau par un édit du mois de juin 1691 ; ceux des jaugeurs par un édit d'avril 1696, mais avec attribution aux uns & aux autres de droits différens. Ces droits furent ensuite réunis sur les mêmes titulaires par une déclaration du 4 septembre de la même année ; mais pour être perçus, savoir, ceux des Courtiers, au premier enlèvement & à chaque vente & revente, & ceux des jaugeurs au premier enlèvement seulement, à peine de confiscation en cas de fraude, & de cinq cens livres d'amende.

Les droits pour les jaugeurs furent réglés à quatre sous par muid & demi-queue de vin, & pour les autres vaisseaux à proportion. A l'égard de l'eau de vie & des autres liqueurs, il leur fut accordé le double des droits établis sur le vin ; & quant à la bierre, au cidre & au poiré, on les régla à moitié de ceux du vin ; ces droits sont uniformes partout où ils se perçoivent. Mais au sujet des droits des Courtiers, comme ces droits ne leur furent attribués que suivant qu'ils étoient perçus par l'usage dans les différens lieux où il y avoit des Courtiers & des commissionnaires en titre ou autrement, & que ce défaut d'uniformité occasionnoit des contestations, on arrêta la perception de ces droits par un tarif pour chaque généralité où les droits d'aides ont cours, avec des modifications pour chaque élection. Ce tarif est à la suite d'une déclaration du 4 septembre 1696.

Les droits de Courtiers-jaugeurs furent supprimés par un arrêt du conseil du 24 février 1720 ; mais ils furent ensuite rétablis pour six ans par un autre arrêt du conseil du 22 mars 1721 ; & la perception en a été prorogée depuis par différentes déclarations, dont la dernière est du 8 septembre 1755. Ces droits sont du nombre de ceux qu'on appelle *droits rétablis*.

Les droits de jauge & de courtage se lèvent sur le vin & les autres boissons dans tous les lieux où le droit de gros a cours ; celui de la jauge une fois seulement à la première vente, comme nous l'avons dit, & celui de courtage chaque fois qu'il y a vente & revente (*) ; ils se perçoivent aussi sur les boissons qui sortent d'un pays d'aides où le gros n'a point cours pour entrer dans un pays où il a lieu ou pour aller dans des pays exempts, excepté pour les vins du crû de la Saintonge qui vont chez l'étranger ou dans les provinces où les aides n'ont

(*) Ces droits pour être d'une perception plus facile dans la Normandie, se lèvent à l'entrée avec le droit de subvention, en vertu d'un arrêt du conseil du 31 décembre 1689 & d'une déclaration du même jour.

point cours : il y a pour cette exception un arrêt du conseil du 27 avril 1706.

Les mêmes droits se perçoivent encore sur les boissons venant des pays libres dans des pays d'aides, soit que le gros y ait cours ou non ; sur celles qui sont transportées d'un pays sujet au droit de gros dans des lieux qui en sont exempts ainsi que de l'augmentation, ou qui ne sont sujets qu'à l'augmentation ; enfin sur celles qu'on fait passer d'un pays libre à un autre pays libre, lorsqu'on leur donne passage par un espace de plus de trois lieues sur le terrein d'un pays sujet, ou enfin lorsque sortant d'un pays sujet pour entrer dans un autre pays également sujet, on emprunte le même espace de terrein sur un pays libre.

Dans le cas où les droits dont il s'agit sont dûs, ils se payent conjointement avec le gros & à l'instar de ce droit. Lorsque les vins sont enlevés par mer, du Poitou pour la Picardie, les droits s'acquittent à la sortie du Poitou. Ceci est ordonné par un arrêt du conseil du 23 avril 1678.

Il est défendu à tous les marchands & aux voituriers de passer les bureaux où l'on perçoit les droits en question sans les acquitter ; & cela à peine de confiscation des boissons & des voitures, & de cent livres d'amende. Il est défendu sous les mêmes peines, de tenir magasin ou entrepôt de boissons dans les trois lieues près des des villes & des limites qui séparent les pays d'aides où le gros n'a pas cours, des pays exempts d'aides.

Dans les lieux où les droits dont il s'agit sont établis, nul ne peut s'en dire affranchi, excepté les ecclésiastiques pour les boissons qui provien-

nent du crû de leur bénéfice feulement (*) ; car
ils les doivent pour celles qui proviennent de
leur titre facerdotal. Tous les autres propriétaires les doivent auffi , quand même les boiffons de leur crû feroient deftinées pour leur
provifion. Les habitans de Saint-Germain-en-
Laie qui jouiffent de beaucoup d'immunités ,
n'en ont aucune à cet égard, fi ce n'eft dans le
cas où le roi & la famille royale iroient faire
leur féjour dans cette ville, & cela feulement
pendant le temps qu'ils y demeureroient.

A l'égard des droits de Courtiers-jaugeurs ,
ces droits font dûs pour l'ordinaire lorfqu'il y
a lieu à percevoir ceux de jauge & de courtage ;
cependant ils ne fe perçoivent pas dans les lieux
où les boiffons ne font que paffer debout. Mais
les marchands ou les voituriers font tenus de
repréfenter leurs lettres de voiture en bonne
forme, avec défenfes à eux de voiturer la nuit &
à d'autres heures que celles qui font réglées par
l'ordonnance des aides. Si les boiffons venant par
eau avoient féjourné dans le lieu de paffage plus
de huit jours, ou plus de trois lorfqu'elles viennent par terre, ce lieu feroit en ce cas réputé
celui de la deftination. Il faut excepter de ce
que nous difons, les eaux de vie qui arrivent au
port de Calais pour la ville de Lille : ces eaux
de vie ont fix femaines de féjour en exemption
des droits.

Quand il s'agit du remuage des boiffons, il
eft défendu à toutes fortes de perfonnes fans

_____

(*) L'hôtel-Dieu de Rouen jouit d'un même privilége
en vertu d'un arrêt du confeil du 13 janvier 1693 , mais
pour les boiffons de fon crû feulement.

distinction, d'en faire enlever aucune, même d'une cave à elles appartenante, pour la transporter dans une autre cave, quand même elle leur appartiendroit, avant d'en avoir fait une déclaration & payé les droits d'enlèvement, ou d'avoir obtenu un congé de remuage, à peine de confiscation & de deux cens livres d'amende payable solidairement par le vendeur & l'acheteur. C'est ce qui est établi par une infinité d'arrêts du conseil. Les amendes pour la fraude de ces droits ne peuvent être remises, à peine par les juges d'en répondre en leur nom. Cette fraude peut se prouver par témoins; le fermier ou ses commis y sont autorisés par un arrêt de la cour des aides du 20 août 1704, & une déclaration de 1708.

Nous avons dit que les ecclésiastiques étoient exempts des droits de jauge & de courtage pour les boissons du crû de leurs bénéfices, mais ils ne le sont pas de ceux des Courtiers-jaugeurs; & les habitans de Saint-Germain-en-Laie qui sont assujettis à la jauge & au courtage quand la famille royale n'y fait point sa résidence, ont été déchargés de ceux des Courtiers-jaugeurs par les mêmes lettres-patentes que celles qui les exemptent de ceux d'inspecteurs aux boissons & aux boucheries.

Les habitans des principautés de Sedan & de Rancourt qui se croyoient exempts de ces droits de Courtiers-jaugeurs, y ont été déclarés assujettis par un arrêt du conseil du 4 septembre 1759. Ceux de Mornac & de Breuillet de l'élection de Saintes, qui vouloient s'en affranchir, y ont pareillement été assujettis par un autre arrêt du conseil du 23 juin 1761.

On avoit cru auffi que l'hôtel des invalides, l'école militaire & l'hôpital militaire de Sedan étoient exempts de ces mêmes droits, mais deux arrêts du confeil des 22 juin & 13 juillet 1762 ; les y ont déclarés affujettis pour les vins & les bierres concernant leur confommation.

La connoiffance des affaires concernant la jauge & le courtage, eft de la compétence des juges qui connoiffent des droits d'aides : la connoiffance de celles qui ont pour objet la perception des droits de Courtiers-jaugeurs, eft réfervée par un arrêt du confeil du 24 mars 1722 aux intendans, fauf l'appel au confeil. Cette réferve a été particulièrement renouvelée par deux arrêts du confeil des 29 août 1775 & 9 juillet 1776, à l'occrfion d'une contravention commife dans la généralité de Tours. Elle l'avoit déja été par un autre arrêt du confeil du 11 avril 1769 au fujet d'une autre contravention commife dans l'élection de Richelieu. Mais obfervez que lorfqu'il s'agit en même-temps de ces deux efpèces de droits, le fermier pour ne point divifer la conteftation, peut la fuivre pour le tout ou devant les juges de l'élection, ou devant le commiffaire départi dans la généralité ; & lorfqu'une fois il a adopté l'une des deux juridictions, il ne peut plus varier.

Voyez *un réglement du 2 juin 1667 pour la ville de Lyon ; l'ordonnance du commerce de 1673 ; celle de la marine de 1681 ; les coutumes de Reims & de Nevers ; une déclaration du 20 février 1731 ; les ordonnances des aides pour Paris & pour Rouen ; les édits de juin 1572, de janvier 1632, de juillet 1656, de juin 1691, d'avril 1696 ; les déclarations du 10 octobre 1689, du 4 feptembre*

*1696, du 8 feptembre 1755; les arrêts du confeil des 11 décembre 1658, 19 feptembre 1679, 31 mars & 21 juillet 1693, 27 avril 1706, &c.; le traité des aides par la Bellande.* Voyez aufli les articles AGENS DE CHANGE, CONGÉ, &c. (*Article de M. DAREAU, avocat au parlement, &c.*)

COUSIN, COUSINE. Terme relatif par lequel on défigne ceux qui font iffus, foit de deux frères, foit de deux fœurs ou d'un frère & d'une fœur.

Les Coufins de ce degré font aufli appelés *Coufins germains.*

On appelle *Coufins paternels*, ceux qui defcendent d'un frère ou d'une fœur du père de celui dont il s'agit. Et *Coufins maternels*, ceux qui defcendent des frères ou fœurs de la mère.

Les enfans des Coufins germains, ou les Coufins du fecond degré, font appelés *Coufins iffus de germains.* Et l'on appelle *Coufins arriere iffus de germains*, les Coufins du troifieme degré, ou les enfans des Coufins iffus de germains.

Quant aux autres plus éloignés, on les appelle Confins au quatrième ou au cinquieme degré, &c.

En France, le roi dans fes lettres, traite de Coufins non-feulement les princes de fon fang, mais encore plufieurs étrangers, les cardinaux, les pairs, les ducs, les maréchaux de France, les grands d'Efpagne, & quelques feigneurs du royaume.

Voyez LIGNE, PARENTÉ, SUCCESSION COLLATÉRALE, &c.

COUTEAU POINTU. Les défordres qu'occafionnoit autrefois dans la Flandres l'ufage des Couteaux pointus en a fait profcrire l'ufage.

Louis XIV par une ordonnance du 12 janvier 1668, défendit le port des Couteaux pointus à toutes fortes de perfonnes, tant des villes que du plat-pays, à peine d'amende.

La légéreté des peines prononcées par cette ordonnance n'ayant pu réprimer les excès qui fe commettoient tous les jours dans la chaleur de l'yvreffe, Louis XIV par un édit du mois de juin 1669, regiftré au confeil fouverain de Tournai le 12 juillet fuivant, ordonna que celui qui porteroit des Couteaux pointus & les tireroit à deffein d'en frapper, feroit condamné au carcan ou banni du royaume, au cas que le coup ne fût fuivi d'aucune bleffure; aux galères, s'il y avoit effufion de fang, & à la mort fi le coup étoit fuivi de mort, fe réfervant à lui feul d'accorder des lettres de rémiffion en ce dernier cas. Le même édit défend à tout coutelier, ouvrier & marchand, de faire ou vendre aucun poignard, ftilet, bayonnette ou Couteau pointu, à peine de confifcation & de cent florins d'amende pour chaque poignard, ftilet ou Couteau qui fera trouvé dans les boutiques & ouvroirs. L'édit défend auffi aux hôtes, cabaretiers & particuliers, de fe fervir fur leurs tables, dans leur logis ou ailleurs, d'aucun Couteau pointu, & leur enjoint de faire émouffer ceux qu'ils peuvent avoir.

Le parlement de Flandres donna un arrêt de réglement le 9 mars 1678, qui déclare que les Couteaux non pointus font compris dans l'édit; & en conféquence défend d'en porter & de s'en fervir pour frapper, fous les peines qui y font énoncées.

Pour que ces peines aient lieu, il faut que

l'accufé ait porté le Couteau dans fa poche, ou qu'il y ait eu un deffein prémédité d'en frapper. Par arrêt rendu à l'audience de la tournelle du parlement de Flandres fur les conclufions de M. l'avocat général Waimel du Parc, le 18 février 1718, il fut jugé que Claude Mirabeau, qui s'étant engagé dans une querelle au cabaret, avoit frappé par le tranchant d'un Couteau rond qu'il avoit trouvé fur une table, n'étoit point dans le cas de l'édit, parce qu'il n'y avoit ni port de Couteau, ni deffein prémédité d'en frapper. L'arrêt cité en évoquant le principal, mit les parties hors de cour & de procès, en condamnant néanmoins l'accufé aux dépens.

Voyez *l'édit du mois de mars 1669, dans le recueil des édits propres au reffort du parlement de Flandres; de Ghewiet en fes inftitutions belgiques, part. 4, tit. 6, §. 37.* (*Article de M.* MERLIN, *avocat,* &c.)

COUTELIER. Artifan qui fait & vend des couteaux, des cifeaux & d'autres inftrumens tranchans.

Les orfévres difputèrent en 1755 aux Couteliers le droit d'employer des matiéres d'or & d'argent pour leurs ouvrages.

La conteftation fut fuivie d'une évocation au confeil, & d'un arrêt revêtu de lettres-patentes, du 2 mars 1756, par lequel il fut permis aux Couteliers « de fondre & d'employer pour la » confection des inftrumens de chirurgie, man- » ches & lames de couteaux, branches de cifeaux » & généralement de tous les ouvrages de leur » art, les matiéres d'or & d'argent. ... défenfes » aux maîtres orfévres de les troubler dans leur » profeffion & commerce, à la charge par les » Couteliers

» Couteliers de fe conformer aux règlemens
» pour la fonte, le titre, l'alliage des matières,
» & les marques & poinçons. »

La cour des monnoies, pour faire plus particulièrement connoître aux Couteliers les devoirs
auxquels ils font affujettis en employant des
matières d'or ou d'argent, fit un règlement le
10 avril de la même année 1756, fuivant lequel
ces ouvriers font obligés :

1°. D'employer l'or à vingt karats & un
quart, au remède d'un quart de karat, & l'argent à onze deniers douze grains, au remède de
deux grains.

2°. D'avoir chacun un poinçon particulier,
différent de ceux des autres communautés qui
emploient ces matières, & de faire infculper ce
poinçon fur la table de cuivre dépofée au greffe
de la cour des monnoies, avec défenfe de le
prêter à des ouvriers fans qualité. Le poinçon de
ceux qui gagnent maîtrife à l'hôpital de la Trinité doit porter une marque qui le faffe diftinguer
de ceux des maîtres en titre.

3°. D'envoyer au bureau de la maifon commune des orfévres, les ouvrages fufceptibles de
la contre - marque ; & à cet égard ils font
affujettis aux mêmes règlemens que ceux dont
il fera parlé à l'article MARQUE.

4°. D'avoir leurs forges & fourneaux dans
leur boutique, en vue & fur la rue, fans pouvoir
fondre ni travailler aucune matière d'or & d'argent en chambre ni ailleurs ni à d'autres heures
que celles qui font prefcrites par les ordonnances.

5°. Ceux qui renoncent à leur état, & leurs
héritiers après leur décès, font tenus de rapporter leur poinçon dans quinzaine aux officiers

en charge de leur communauté, pour être déformé. Si la ceffation du travail ne doit avoir lieu que pour un temps, le poinçon doit fimplement demeurer dépofé au bureau de la communauté, jufqu'à ce que l'artifan reprenne fa profeffion.

Les maîtres qui veulent travailler fur l'or & l'argent, & les officiers de communauté font obligés de prêter ferment en la cour des monnoies. Lorfqu'il y a des procès - verbaux de contravention, ils doivent être apportés avec les chofes faifies au greffe de cette même cour, dans les trois jours après la date.

Voyez *le nouveau traité des monnoies par M. de Bazinghen*, & l'article MARQUE. ( *Article de M. DAREAU, avocat au parlement* ).

COUTRE. On a donné ce nom à certains officiers des églifes cathédrales, dont les fonctions confiftent particulièrement dans la garde des chofes appartenantes à l'églife. Il y a encore des Coutres dans l'églife de Reims, lefquels ont une menfe diftincte de celle du chapitre, & font fubordonnés aux chanoines.

COUTUME. Ce terme fe dit d'un certain droit municipal qui s'étant autorifé par l'ufage & par la commune pratique d'une ville, d'une province ou d'un canton, y a force de loi.

L'origine des Coutumes en général eft fort ancienne: tous les peuples, avant d'avoir des lois écrites, ont eu des ufages & Coutumes qui leur tenoient lieu de lois.

Les Coutumes de France qui font oppofées aux lois proprement dites, c'eft-à dire au droit romain, & aux ordonnances, édits & déclarations de nos rois, étoient dans l'origine des ufages non écrits, lefquels par fucceffion de temps ont été rédigés par écrit.

Lorfque les nations Germaines conquirent l'empire Romain, dit l'illuftre auteur de l'ef-prit des lois, elles y trouvèrent l'ufage de l'écriture, & à l'imitation des Romains elles rédigèrent leurs ufages par écrit & en firent des codes. Les règnes malheureux qui fuivirent celui de Charlemagne, les invafions des Normands, les guerres inteftines replongèrent les nations victorieufes dans les ténèbres dont elles étoient forties: on ne fut plus lire ni écrire; cela fit oublier en France & en Allemagne les lois bar-bares écrites, le droit romain & les capitulaires. L'ufage de l'écriture fe conferva mieux en Italie où régnoient les papes & les empereurs Grecs, & où il y avoit des villes floriffantes & prefque le feul commerce qui fe fît pour lors. Ce voi-finage d'Italie fit que le droit romain fe conferva mieux dans les contrées de la Gaule autrefois foumifes aux Goths & aux Bourguignons, d'au-tant plus que ce droit y étoit une loi territoriale & une efpèce de privilége. Il y a apparence que c'eft l'ignorance de l'écriture qui fit tomber en Efpagne les lois Wifigothes, & par la chute de tant de lois il fe forma par-tout des Coutumes.

Du temps du roi Pepin, les Coutumes qui s'étoient formées avoient moins de force que les lois: mais bientôt les Coutumes détruifirent les lois; & comme les nouveaux règlemens font toujours des remèdes qui indiquent un mal pré-fent, on peut croire que du temps de Pepin on com-mençoit déjà à préférer les Coutumes aux lois.

Dans le commencement de la troifième race, les rois donnèrent des chartres particulières &

même de générales ; tels font les établissemens de Philippe-Augufte & ceux que fit faint Louis. De même les grands vaffaux, de concert avec les feigneurs qui tenoient d'eux, donnèrent dans les affifes de leurs duchés ou comtés, de certaines chartres ou établissemens, felon les circonftances. Telles furent l'affife de Geoffroi, comte de Bretagne, fur le partage des nobles ; les Coutumes de Normandie accordées par le duc Raoul ; les Coutumes de Champagne données par le roi Thibault ; les lois de Simon, comte de Montfort, & autres. Cela produifit quelques lois écrites & même plus générales que celles que l'on avoit.

Dans les commencemens de la troifième race, prefque tout le bas peuple étoit ferf ; plufieurs raifons obligèrent les rois & les feigneurs de l'affranchir en partie.

Les feigneurs en affranchiffant leurs ferfs, leur donnèrent des biens ; il fallut leur donner des lois civiles pour régler la difpofition de ces biens. Les feigneurs en affranchiffant leurs ferfs, fe privèrent de leurs biens ; il fallut donc régler les droits que les feigneurs fe réfervoient pour l'équivalent de leurs biens. L'une & l'autre de ces chofes furent réglées par les chartres d'affranchiffement. Ces chartres formèrent une partie de nos Coutumes, & cette partie fe trouva rédigée par écrit.

Sous le règne de faint Louis & les fuivans, des praticiens habiles, tels que Desfontaines, Beaumanoir & autres, réglèrent par écrit les Coutumes de leurs bailliages. Leur objet étoit plutôt de donner une pratique judiciaire que les ufages de leur temps fur la difpofition des biens, mais tout s'y trouve ; & quoique ces auteurs particuliers n'euſſent d'autorité que par la vérité & la publicité des choſes qu'ils diſoient, on ne peut douter qu'ils n'aient beaucoup ſervi à la renaiſſance de notre droit françois. Tel étoit dans ces temps-là notre droit coutumier écrit.

Voici la grande époque. Charles V I I & ſes ſucceſſeurs firent rédiger par écrit, dans tout le royaume, les diverſes Coutumes locales, & preſcrivirent des formalités qui devoient être obſervées dans cette rédaction. Or comme elle ſe fit par provinces, & que de chaque ſeigneurie on venoit dépoſer dans l'aſſemblée générale de la province, les uſages écrits & non écrits de chaque lieu, on chercha à rendre les Coutumes plus générales, autant que cela put ſe faire, ſans bleſſer les intérêts des particuliers qui furent réſervés. Ainſi nos Coutumes prirent trois caractères : elles furent écrites, elles furent plus générales, elles reçurent le ſceau de l'autorité royale.

Pluſieurs de ces Coutumes ayant été de nouveau rédigées, on y fit pluſieurs changemens, ſoit en ôtant tout ce qui ne pouvoit compatir avec la juriſprudence actuelle, ſoit en ajoutant pluſieurs choſes tirées de cette juriſprudence.

Quoique le droit coutumier ſoit regardé parmi nous comme contenant une eſpèce d'oppoſition avec le droit romain, de ſorte que ces deux droits diviſent les territoires, il eſt pourtant vrai que pluſieurs diſpoſitions du droit romain ſont entrées dans nos Coutumes, ſur-tout lorſqu'on en a fait de nouvelles rédactions dans des temps qui ne ſont pas fort éloignés du nôtre, où ce droit

étoit l'objet des connoiffances de tous ceux qui
fe deftinoient aux emplois civils.

On compte environ foixante Coutumes générales dans le royaume, c'eft-à-dire qui font
obfervées dans une province entière, & environ
trois cents Coutumes locales qui ne font obfervées que dans une feule ville, bourg ou village.

Il n'y a point de province où il y ait tant de
bigarure à cet égard que dans la province d'Auvergne: chaque ville, bourg ou village y a,
pour ainfi dire, fa Coutume particulière.

Au refte, il ne fuffit pas aujourd'hui parmi
nous, pour la validité d'une Coutume, qu'elle
foit rédigée par écrit, il faut qu'elle l'ait été par
l'autorité du prince, & qu'elle foit regiftrée au
parlement; car la loi ne prend fon exécution que
du jour de la publicité qu'elle acquiert par l'enregiftrement: mais quand une Coutume eft ainfi
revêtue de l'autorité publique, elle tient lieu de
loi pour tous ceux qui lui font foumis, foit par
rapport à leurs perfonnes, foit par rapport aux
biens qu'ils poffèdent fous l'empire de cette
Coutume.

Les particuliers peuvent par leurs conventions
& autres difpofitions déroger pour ce qui les concerne, aux difpofitions des Coutumes, pourvu
que ces difpofitions ne foient que pofitives ou
négatives, & non prohibitives.

On appelle *difpofition pofitive* ou *négative d'une
Coutume*, celle qui règle les chofes d'une certaine manière, fans défendre de les régler autrement; & l'on appelle *difpofition prohibitive*, celle
qui défend de régler les chofes autrement que la
Coutume ne les a réglées.

On tient communément que les Coutumes

font de droit étroit, c'eft-à-dire, qu'elles ne reçoivent point d'extenfion d'un cas à un autre, quoique quelques auteurs fe foient efforcés de foutenir le contraire.

Lorfqu'il fe trouve un cas non prévu par les Coutumes, la difficulté eft de favoir à quelles lois on doit avoir recours, fi c'eft au droit Romain ou aux Coutumes voifines, ou à celle de Paris.

Quelques-uns veulent que l'on défère cet honneur à la Coutume de Paris, comme étant la principale Coutume du royaume ; mais quoique ce foit une des mieux rédigées, elle n'a pas non plus tout prévu, & elle n'a pas plus d'autorité que les autres, hors de fon territoire.

Il faut diftinguer les matières dont il peut être queftion. Si ce font des matières inconnues dans les Coutumes, & qui ne foient prévues que dans les lois romaines, on doit y avoir recours comme à une raifon écrite.

S'il s'agit d'une matière de Coutumes, il faut fuppléer de même ce qui manque dans l'une par la difpofition d'une autre, foit la Coutume de Paris ou quelque autre plus voifine, en s'attachant particulièrement à celles qui ont le plus de rapport enfemble, & qui paroiffent avoir le même efprit ; ou s'il ne s'en trouve point qui ait un rapport plus particulier qu'une autre, en ce cas il faut voir quel eft l'efprit général du droit coutumier fur la queftion qui fe préfente.

Les Coutumes font en général réelles, c'eft-à-dire que leurs difpofitions ne s'étendent point hors de leur territoire ; ce qui eft exactement vrai par rapport aux biens fonds qui y font fitués. A l'égard des perfonnes, les Coutumes n'ont pareillement d'autorité que fur celles qui leur font foumifes ; mais elles ont leur effet fur ces perfonnes, en quelque lieu qu'elles fe tranf-portent.

Lorfque plufieurs Coutumes paroiffent être en concurrence, & qu'il s'agit de favoir laquelle on doit fuivre, il faut diftinguer fi l'objet eft réel ou perfonnel.

S'il s'agit de régler l'état de la perfonne, comme de favoir fi un homme eft légitime ou bâtard, noble ou roturier, majeur ou mineur ; s'il eft fils de famille ou jouiffant de fes droits, & s'il peut s'obliger perfonnellement ; dans tous ces cas & autres femblables, où la perfonne eft l'objet principal du ftatut, & les biens l'objet fubordonné, c'eft la coutume du domicile qu'il faut fuivre.

Cette même Coutume règle auffi le fort des meubles & de tous les droits mobiliers & im-mobiliers qui fuivent la perfonne.

Pour ce qui eft des immeubles réels, tels que les maifons, terres, prés & bois, &c. les difpo-fitions que l'on en peut faire, foit par donation entre vifs ou par teftament, ainfi que les partages, ventes, échanges & autres aliénations ou hypo-thèques, fe règlent par la Coutume du lieu de la fituation de ces biens.

Les formalités extérieures des actes fe règlent par la loi du lieu où ils font paffés.

* Une ordonnance du 15 mai 1587, rendue par le duc de Parme gouverneur des Pays-Bas, exempte les militaires de ces provinces de la difpofition des Coutumes, & ne ne les affujettit qu'au droit romain & aux lois du prince. Elle eft conçue en ces termes :

« Art. 25. En jugeant on fe conformera aux

» lois & droit commun, & aux ordonnances,
» édits, Coutumes, priviléges & conftitutions
» de guerre, fans s'attacher à aucune loi mu-
» nicipale, Coutume ou conftitution particu-
» lière d'aucune province & lieu auxquels
» les foldats ne font fujets ; parce que les fol-
» dats étant fous leur bannière, en quelqu'en-
» droit qu'ils aillent, doivent toujours avoir les
» mêmes lois, Coutumes & priviléges, n'étant
» point raifonnable que pour aller d'un lieu ou
» d'une province dans une autre, ils foient tenus
» de changer à chaque pas de lois & de Coutu-
» mes, & il ne convient auffi point à l'autorité de
» la difcipline militaire, que les foldats foient
» fujets aux lois & coutumes de la province dans
» laquelle ils font la guerre ».

Cet édit ne fut publié qu'à l'armée ; il n'eft
enregiftré dans aucun des tribunaux ordinaires
des Pays-Bas. C'eft ce qui a fait douter fi l'on
devoit s'y conformer ou non. Il s'eft tenu en
différens temps plufieurs enquêtes par turbes
pour en conftater l'obfervance ou l'inobfervance.
Les plus anciennes que l'on connoiffe font celles
qui furent tenues à Bruxelles le 18 janvier 1642,
par des confeillers du confeil de Mons, le 10 janvier 1653, & le 22 février 1655, par des confeillers du confeil de Brabant, en vertu de lettres
réquifitoriales du confeil provincial de Flandres.
Tous les praticiens y dépofèrent uniformément
que « les gens de guerre font exempts en ma-
» tières perfonnelles, de toute Coutume par-
» ticulière & des juridictions ordinaires muni-
» cipales, & que leurs fucceffions ou maifons
» mortuaires ne font pas réglées ni gouvernées
» par les Coutumes de Bruxelles, mais felon le

» droit écrit ; que cela eft notoire & hors de
» toute controverfe ».

C'eft d'après ordonnance dont il s'agit que le
parlement de Flandres déclara valable un legs univerfel de meubles fait par le baron de Rocca ,
gouverneur d'Ypres , au profit de fa femme ,
quoique la Coutume de fon domicile défendît
aux conjoints de s'avantager les uns les autres.
L'arrêt fut rendu en 1681.

L'obfervance de cet édit fut depuis révoquée
en doute dans un procès que foutenoit le comte
d'Anappes contre les créanciers de la dame de
Sainte-Aldegonde , époufe du fieur de Robles ,
dont il étoit héritier. Il foutenoit que ce dernier
ayant toujours été dans le fervice , il n'y avoit
pas eu de communauté entre lui & fa femme.
Le parlement de Flandres par arrêt du 23 mai
1689 , l'admit *à vérifier que l'édit de 1587 étoit
obfervé en ces pays , à l'égard des officiers origi-
naires & naturels , même en matière de communauté de biens & dettes , lorfqu'il y avoit contrat
de mariage paffé depuis leur engagement dans la
province de leur naiffance ;* & par un arrêté fecret,
il fut dit que s'il ne faifoit pas cette preuve , il
feroit condamné avec dépens.

En conféquence il fit tenir deux turbes à
Bruxelles , & produifit plufieurs titres qui prou-
voient que l'édit avoit toujours été obfervé dans
le Brabant. Les créanciers de leur côté firent
tenir deux turbes à Gand , & produifirent des
titres tirés de l'échevinage de cette ville , qui
vérifioient le contraire pour la Flandres. De
manière que le parlement ne trouvant pas les
preuves du comte d'Annapes fuffifantes , le condamna à payer les dettes de la dame de Sainte-

Aldegonde , & par-là jugea qu'elle avoit été en communauté avec son mari quoique militaire. Le comte d'Anappes se pourvut en révision contre cet arrêt qui fut effectivement réformé le 23 juin 1708 , mais par des motifs étrangers à cette question.

Un mémoire à consulter adressé en 1713 à M. Waimel du Parc , avocat général du parlement de Flandres , porte que le conseil souverain de Mons avoit jugé tout récemment que les biens de la femme d'un militaire n'avoient pu être saisis pour les dettes de son mari , & qu'elle avoit pu s'obliger valablement sans son consentement.

Le présidial de la Flandres flamande jugea aussi par sentence du 22 mai 1708 , que les biens de la dame de Schietere n'avoient pu être saisis pour les dettes du sieur Valder son mari , capitaine au service d'Espagne dans les Pays-Bas.

On peut voir dans le *code militaire pour les Pays-Bas* , un grand nombre d'autres sentences qui ont jugé que l'édit du prince de Parme devoit être observé. Cette jurisprudence paroît la mieux fondée.

Il est d'abord certain que le duc de Parme avoit le pouvoir de faire des lois dans les Pays-Bas. Les autres gouverneurs en ont fait dans le temps que toutes ces provinces étoient sous la domination espagnole. Ce fut Marguerite de Parme qui ordonna la publication du concile de Trente ; ce fut le duc d'Albe qui porta l'édit du 5 juillet 1570 , qui fait la seule loi pour les procédures criminelles dans les Pays-Bas Autrichiens. Ce fut le duc de Monterey qui rendit l'ordonnance de 1672 concernant les tailles , encore obfervée exaêtement dans la Flandres autrichienne, & dans la partie de la Flandres françoife , qui étoit alors fous la domination efpagnole. Ainfi on ne peut fe difpenfer d'obferver l'ordonnance de 1587, fous prétexte de défaut de pouvoir dans le légiflateur.

Le défaut d'enregiftrement dans les tribunaux ordinaires ne forme pas un moyen plus folide contre cette loi. Elle ne règle que ce qui concerne les aêtions perfonnelles & les meubles des foldats. La connoiffance de ces objets n'appartient pas aux juges ordinaires, mais aux juges militaires ; c'étoit donc à ceux-ci & non aux autres à vérifier cette ordonnance ; & cette vérification une fois faite , la loi doit être fuivie, même dans les tribunaux ordinaires, puifqu'il eft de principe que tout juge eft obligé de fe conformer aux lois qui régiffent la perfonne ou les biens de ceux qui plaident pardevant lui , pourvu qu'elles aient été enregiftrées par les juges à qui la vérification en appartenoit. Ainfi s'il fe préfentoit au parlement de Flandres une queftion à juger fur la Coutume de Paris, il feroit obligé d'en fuivre les difpofitions , quoiqu'elle ne foit pas enregiftrée dans cette cour.

Il faut donc tenir pour une maxime conftante , que l'édit du prince de Parme doit être fuivi dans la Flandres comme il l'eft dans le refte des Pays-Bas. M. Pollet en doute fi peu, qu'il affure que le fentiment de Rodemburg , qui penfoit qu'un militaire ne peut donner par teftament à fa femme quand la coutume du lieu le défend , ne doit pas être fuivi dans cette province.

Le fentiment de Rodemburg eft faux s'il s'agit de meubles, mais il eft vrai en fait d'immeu-

bles. Car l'édit n'exempte les militaires des difpofitions des Coutumes, que par rapport à leurs
actions perfonnelles, actives ou paffives, & à
leurs meubles. A l'égard de leurs droits réels,
ils font foumis aux Coutumes comme les autres. Le placard rendu par Charles-Quint le 12
octobre 1547, porte « qu'au regard des hypo-
» thèques créées par lefdits gens de guerre, foit
» durant leur fervice ou auparavant, enfemble
» toute autre action réelle & de fucceffion,
» chacun pourra pourfuivre fon droit felon les
» Coutumes des lieux ». La difpofition de ce
placard eft renouvelée par l'article 5 de celui
qui fut porté par Philippe II le 21 avril 1591,
& par un édit de Philippe V du 18 octobre 1701 ;
& c'eft ce qui fut jugé à la furintendance de
Bruxelles le 20 feptembre 1713, & au confeil
provincial de Luxembourg le 23 décembre de la
même année.

Ainfi la veuve d'un militaire a droit au même
douaire que les autres femmes, quand la Coutume le fait confifter dans l'ufufruit des immeubles de fon mari. Un militaire ne peut difpofer
de fes biens quand la Coutume l'en rend incapable, & fa femme ne peut aliéner fes immeubles fans fon confentement.

L'ordonnance de 1587 n'exempte les foldats
que de l'affujettiffement aux Coutumes ; elle les
foumet aux lois du prince comme les autres citoyens. On a mis autrefois en queftion s'ils
étoient obligés de fe conformer aux formalités
prefcrites par l'édit perpétuel de 1611. Les ar-
chiducs Albert & Ifabelle déclarèrent par une
interprétation du 21 avril 1614, que l'édit étoit
général & comprenoit toutes fortes de perfonnes,
militaires & autres.

*Voyez les arrêts de MM. Pollet & Desjaunau;*
*Deghewiet en ses institutions au droit belgique; le*
*code militaire pour les Pays-Bas; les placards de*
*Flandres, vol. 2, pag. 665. \*.*

On donne aux Coutumes différentes qualifications tirées des dispositions que ces lois renferment : Ainsi,

On appelle *Coutumes d'égalité*, celles qui défendent d'avantager un héritier plus que son cohéritier.

Il y en a quelques-unes qu'on appelle *Coutumes d'égalité parfaite*, pour les distinguer de celles qu'on appelle simplement *Coutumes d'égalité*. Celles ci défendent bien d'avantager un de ses héritiers au préjudice des autres ; mais elles n'obligent pas les héritiers de rapporter ce qu'ils ont reçu, ou bien elles permettent au père de dispenser ses enfans du rapport ; au moyen de quoi la prohibition d'avantager peut être éludée & l'égalité blessée. Telles sont les coutumes de Paris, de Nivernois, de Berri & de Bourbonnois ; au lieu que les Coutumes d'égalité parfaite obligent l'héritier à rapporter ce qu'il a reçu en avancement d'hoirie, & défendent de dispenser de ce rapport. Telles sont les Coutumes d'Anjou & du Maine.

Entre les Coutumes d'égalité parfaite, il y en a quelques-unes qui le sont tant en ligne directe qu'en collatérale ; d'autres en directe seulement & non en collatérale : par exemple, la Coutume de Vitry n'est d'égalité qu'en directe, suivant un arrêt du 4 juillet 1729.

Dans toutes les Coutumes d'égalité, lorsque le rapport a lieu, ce n'est qu'à l'avantage des co-héritiers qui le demandent, parce qu'il n'a été introduit qu'en leur faveur, & non au profit des créanciers : ainſi ces derniers ne ſont pas recevables à le demander.

Les *Coutumes de côté* ou de *ſimple côté*, ſont celles où l'on ſuit la règle *paterna, paternis, materna, maternis*, & où, pour ſuccéder aux biens immeubles d'un défunt, il ſuffit d'être parent du côté d'où ils lui ſont provenus.

Les *Coutumes de côté & ligne* ſont celles où pour ſuccéder à un propre il ne ſuffit pas d'être parent du défunt du côté d'où il lui eſt venu, mais où il eſt encore néceſſaire d'être le plus proche parent du défunt du côté & ligne du premier acquéreur de ce propre, c'eſt-à-dire, du premier qui l'a mis dans la famille. La Coutume de Paris eſt une Coutume de côté & ligne.

Les *Coutumes ſouchères* ſont celles où pour ſuccéder à un propre, il faut être deſcendu du premier acquéreur qui a mis le propre dans la famille. S'il ne ſe trouve perſonne deſcendu en ligne directe du premier acquéreur, le plus proche parent du défunt ſuccéde au propre, comme ſi c'étoit à un acquêt.

Les *Coutumes de franc-aleu* ſont celles où le franc-aleu eſt naturel de droit, c'eſt-à-dire, où tout héritage eſt réputé franc, ſi le ſeigneur dans la juſtice duquel il eſt ſitué ne prouve le contraire.

On appelle *Coutume de ferrette*, une eſpèce de communauté de biens uſitée en Alſace entre conjoints, par laquelle tout ce qu'ils apportent en mariage & tout ce qu'ils acquièrent par ſucceſſion ou autrement, compoſe une maſſe dont le mari ou ſes héritiers prennent les deux tiers,

& la femme ou fes héritiers l'autre tiers, avec environ foixante livres pour gain nuptial. Cette Coutume n'eft point écrite, & elle n'eft fondée que fur un ufage, mais qui a force de loi.

COUTUME, fe dit auffi quelquefois de certains droits ou impôts qui fe payent en quelques lieux pour les grains, vins, beftiaux, volailles & autres denrées que l'on vend dans la feigneurie.

Il y a la *grande Coutume* & la *petite Coutume* : celle-là ne diffère de celle-ci qu'en ce qu'elle repréfente un droit plus fort.

Les Coutumes d'Anjou & du Maine font mention du droit de Coutume.

On appelle *Coutume de Bayonne*, un droit local dont nous avons parlé à l'article BAYONNE.

COUTUME LOUABLE, ou LOUABLE COUTUME, fe dit de certains droits ou rétributions que les eccléfiaftiques exigent des laïcs, & qui ne font fondés fur d'autres titres qu'une longue poffeffion.

Quand ces Coutumes n'ont rien d'exorbitant, elles deviennent avec le temps une forte de convention qui doit être exécutée. Mais lorfqu'elles introduifent des droits exceffifs ou contraires à l'honnêteté, les cours ont foin de les profcrire.

C'eft ainfi que par un arrêt dont parle Jean le Coq, le curé d'Agde fut maintenu, felon l'ancienne & louable Coutume, à prendre le lit de fes paroiffiens décédés, ou la valeur de ce lit, felon la qualité de chaque défunt. Mais par un autre arrêt du 19 mars 1409, rendu à la pourfuite des habitans d'Abbeville, le parlement de Paris défendit d'exiger à l'avenir des laïcs

nouvellement

nouvellement mariés , aucun droit pour leur donner , comme cela fe pratiquoit dans quelques diocèfes , la permiffion de coucher avec leurs femmes les trois premières nuits de leurs noces.

Voyez *le recueil des ordonnances du Louvre ; la fomme rurale de Bouteiller ; l'efprit des lois ; le grand coutumier ; la bibliothèque des Coutumes ; Bacquet , des droits de juftice ; les œuvres de Defpeiffes ; la bibliothèque de Bouchel ; le journal des audiences ; les œuvres de Dumoulin ; Brodeau , fur Paris ; Chorier , jurifprudence de Guypape ; le traité des gains nuptiaux* , &c. Voyez auffi les articles PROPRES, SUCCESSION , FRANC-ALEU, ORDONNANCE , DROIT ÉCRIT , &c. ( *Ce qui eft entre deux aftériques dans cet article eft de M. MERLIN , avocat* , &c.)

COUVENT. On donne ce nom à un monaftère religieux de l'un ou de l'autre fexe.

Un Couvent ne peut être fondé fans une permiffion de l'évêque diocéfain, autorifée par lettres-patentes dûment enregiftrées au parlement.

Les Couvens doivent être entourés de murs & féparés des maifons des autres citoyens. On peut confulter ce que nous avons dit à cet égard à l'article CLÔTURE.

On appelle *biens du petit Couvent* , ceux qui ont été acquis par les religieux , ou qui leur ont été donnés pour acquitter des fondations partilières.

Lorfqu'il s'agit de faire le partage des biens d'une abbaye, on diftingue les biens du petit Couvent de ceux qui font partie de la dotation du bénéfice , & de ceux qui exiftoient avant l'introduction de la commende. Tous les biens de cette dernière espèce doivent entrer dans le partage & forment ce que l'on appelle la mense commune ; mais comme tous les biens d'une abbaye font préfumés faire partie de fa dotation, c'est aux religieux à prouver par titres que les biens qu'ils réclament comme dépendans du petit Couvent, doivent être exceptés du partage. S'ils ne font pas cette preuve, les biens réclamés font réunis à la mense commune & font foumis à la loi du partage. Le commendataire est feulement obligé de payer à fes religieux leurs honoraires pour les messes, obits & autres fondations qui font acquittées dans l'abbaye.

Les juges féculiers ont prétendu qu'ils avoient le droit de forcer les fupérieures des monaftères de religieufes de recevoir des filles ou des veuves dans leurs communautés, fans être obligés de demander la permission de l'ordinaire ; mais il a été décidé que ces juges n'avoient pas ce droit, & que le concours de l'ordinaire étoit indifpenfable. C'est ce qui réfulte furtout de deux arrêts du confeil rendus le 9 janvier & le 18 décembre 1696.

Voyez *les mémoires du clergé ; Augeard ; le recueil de jurifprudence de Lacombe ; le dictionnaire canonique ; le père Thomaffin, dans fon traité de la difcipline de l'églife ; le dictionnaire des arrêts.* Voyez aussi les articles ABBAYES, ABBÉ COMMENDATAIRE, COMMENDE, MENSE, OFFICES CLAUSTRAUX, PARTAGE, TIERS LOT, &c. ( *Cet article est de M. DESESSARTS, avocat au parlement* ).

COUVRIR. On emploie ce terme au palais dans plufieurs phrafes : Ainfi,

*Couvrir une enchère*, fignifie enchérir au-deffus de quelqu'un.

*Couvrir un fief*, fignifie prévenir & empêcher la faifie féodale d'un fief en faifant la foi & hommage, ou en offrant de la faire, & de payer les droits s'il en eft dû.

*Couvrir la prefcription*, fignifie interrompre la prefcription qui commençoit à courir, foit par un acte de poffeffion, foit par quelque procédure.

*Couvrir la péremption*, fignifie la prévenir de manière qu'elle ne puiffe plus avoir lieu.

*Couvrir une fin de non-recevoir*, fignifie la parer & l'écarter de façon qu'on ne peut plus l'oppofer.

*Couvrir une nullité*, fignifie l'écarter par une forte de fin de non-recevoir, comme quand celui qui pouvoit débattre de nullité un exploit ou quelqu'autre acte, a approuvé cet acte en procédant volontairement en conféquence.

Voyez les articles ENCHÈRE, FIEF, PRESCRIPTION, PÉREMPTION, FIN DE NON-RECEVOIR, NULLITÉ, &c.

CRAINTE. C'eft un mouvement inquiet excité dans l'ame par l'image d'un mal à venir.

Les jurifconfultes diftinguent deux fortes de Craintes ; la Crainte grave & la Crainte légère.

La Crainte grave eft celle qui ne vient point de pufillanimité, mais qui eft capable d'ébranler l'homme courageux, comme la Crainte de la mort, de la captivité, &c. Elle fuffit, à la différence de l'autre, pour la refcifion d'un acte, fût-ce même une tranfaction.

La Crainte légére eſt celle qui ſe rencontre dans l'eſprit de quelque perſonne timide pour un ſujet qui n'ébranleroit point un homme courageux. Telle eſt la Crainte révérentielle ; telle la déférence qu'une femme peut avoir pour ſon mari, le reſpect qu'un enfant a pour ſon père, pour ſa mère, pour ſon aïeul ; celui que l'on doit avoir pour ſes ſupérieurs, & particulièrement pour les perſonnes conſtituées en dignité ; la ſoumiſſion des domeſtiques envers leurs maîtres, & autres ſemblables conſidérations qui ne ſont pas réputées capables d'ôter la liberté d'eſprit néceſſaire pour donner un conſentement valable.

Charondas cependant rapporte un arrêt rendu le 7 ſeptembre 1563, qui a jugé que la menace faite par un mari à ſa femme de ne plus coucher avec elle & de ne point conſentir au mariage de ſa fille d'un premier lit, ſi elle ne vendoit certains héritages, étoit une Crainte ſuffiſante pour faire caſſer le contrat de vente qu'elle en avoit fait.

C R A N D. Terme qui ſignifie ſûreté & qui eſt employé dans les chartes générales du Hainaut. Il n'eſt plus uſité que dans les contrats où il eſt de ſtyle de s'obliger à *renforcer le Crand*, c'eſt-à-dire à donner de nouvelles ſûretés à celui avec qui l'on contracte. Quand ces ſûretés ſont ſpécifiées, il n'y a point de difficulté ſur cette clauſe ; mais quand elles ne le ſont pas, le renforcement de Crand équivaut toujours à une promeſſe de donner une caution bonne & valable. C'eſt pourquoi dans ce dernier cas cette clauſe reſte ſans effet, comme ayant été ſurpriſe à l'ignorance du ſens des termes dans lesquels elle est conçue, à moins qu'il ne paroisse par l'acte même que les parties en ont compris toute la force.

Lorsque le renforcement de Crand est stipulé pour sûreté de l'indemnité qu'un des co-obligés solidaires promet aux autres, l'action qui résulte de cette obligation ne peut être intentée par le co-obligé à qui est faite la promesse d'indemnité, que du jour qu'il se trouve poursuivi pour le payement de la chose, ou du jour d'une insolvabilité apparente de la part de celui qui s'est obligé à renforcer le Crand ou donner caution.

Toutes ces dispositions sont renfermées dans l'article 4 du chapitre 115 des chartes générales, en ces termes :

« Les obligations d'acquits ou de garands à
» renforcemens de Crands vaudront comme
» du passé, pourvu néanmoins qu'il apparoisse
» par le contrat que les parties aient été dûment
» informées de l'effet & importance de ladite
» clause ; mais ne se pourra demander l'accom-
» plissement d'icelle clause, s'il n'y a sujet de
» le faire par sommation, débat, ou quelqu'autre
» trouble ou empêchement, ou que l'obligé fût
» insolvent en apparence ».

Voyez le glossaire de Laurière, au mot Crand. Voyez aussi les articles CAUTION, DISCUSSION, INDEMNITÉ, &c. ( Article de M. MERLIN, avocat au parlement de Flandres ).

CRÉANCE. Ce terme dérive du mot latin credere, qui signifie prêter, confier. En prêtant, en confiant quelque chose, on acquiert un droit sur celui qui a reçu la chose, & c'est ce droit qu'on nomme Créance. Il peut naître de diffé-

rentes caufes , telles qu'une donation , un legs ;
un partage , un contrat de vente , &c.

Mais on entend le plus ordinairement par le
mot de Créance , une dette active , c'eft-à-dire
le droit qu'a un créancier de répéter une fomme
d'argent au payement de laquelle un débiteur
s'eft obligé envers lui.

On diftingue différentes fortes de Créances ,
toutes relatives aux caufes dont elles procédent ,
aux effets qu'elles produifent , ou aux circonftances qui les accompagnent. Nous allons les
parcourir rapidement.

Il y a des Créances qu'on appelle *chirogra-*
*phaires.* Ce font celles qui font fondées fur des
écrits fous fignature privée ; celles-ci n'ont une
date certaine que du moment où elles ont été
reconnues en juftice ; & par conféquent elles
ne peuvent emporter hypothèque que de ce
moment.

La diligence qu'un créancier chirographaire
met dans fes pourfuites lui affure une jufte préférence fur les autres créanciers. En confervant
le gage commun, il obtient le droit d'être payé
le premier.

Il eft cependant un cas où le premier faififfant
n'eft pas mieux traité que les autres créanciers :
c'eft celui où fa faifie n'eft interpofée qu'après
la faillite ouverte du débiteur. Le débiteur ayant
alors manqué à tous fes engagemens, par une fic-
tion auffi prudente que judicieufe , tout ce qu'il
poffede eft déja cenfé appartenir à tous fes
créanciers ; & celui qui faifit ne peut que fauver
la chofe commune de la dilapidation qu'en pourroit faire le débiteur.

On peut diftinguer deux fortes de Créances.

chirographaires : les unes qui n'ont aucun droit de préférence par elles-mêmes , on les appelle *chirographaires ordinaires :* les autres, qui par leur objet ont un droit de préférence , foit fur la maffe entière des biens, foit fur certains biens particuliers , on les nomme *privilégiées.* Les frais d'enterrement, les honoraires des médecins dans la dernière maladie font de cette dernière claffe. Mais voyez PRIVILÉGE.

Il y a enfuite les Créances *hypothécaires.* Ce font celles qui réfultent d'un titre authentique , tel qu'un jugement ou un acte paffé devant notaire, & qui affecte un tel bien ou tous les biens du débiteur au payement de la dette. Voyez HYPOTHÉQUE.

Il y a auffi des Créances *perfonnelles.* Ce font celles qui obligent principalement la perfonne du débiteur, à la différence des Créances *hypothécaires* qui ne donnent droit contre un tiers que comme détenteur d'un certain bien qui leur eft affecté pour gage.

On appelle *lettres de Créance ,* des lettres qu'un banquier ou un autre commerçant donne à un homme qui voyage pour fes affaires , afin de le faire reconnoître par fes correfpondans , & qu'ils lui délivrent les deniers ou lui fourniffent les fecours dont il pourra avoir befoin.

Ce terme s'emploie auffi pour exprimer les avis que les princes fe donnent mutuellement fur le choix de leurs ambaffadeurs.

Voyez *pour les autorités celles qui font citées à la fin de l'article* CRÉANCIER. ( *Article de M. LA-CRETELLE , avocat au parlement* ).

CRÉANCIER. On nomme Créancier celui

Cc iv

à qui il eſt dû quelque choſe, ſoit par un prêt; ſoit par toute autre cauſe (*).

On diſtingue trois ordres de créanciers; ceux qui n'ont ni hypothèque ni privilége, ceux qui n'ont qu'une hypothèque ſans privilége, ceux dont la créance a quelque privilége qui diſtingue leur condition de celle des autres créanciers : mais voyez ce que nous avons dit là-deſſus au mot CRÉANCE.

Le titre de Créancier donne un droit. Il eſt important d'obſerver quel eſt ce droit.

Le droit qui appartient à un Créancier, d'obliger ſon débiteur à lui donner la choſe ou la ſomme convenue, n'eſt point un droit ſur la choſe même, *jus in re* ; c'eſt-à-dire que le Créancier ne peut pas regarder la choſe comme ſienne, s'en ſaiſir au temps marqué pour la délivrance, & la revendiquer par-tout où elle ſe trouve. Elle reſte toujours dans la poſſeſſion du débiteur, & il peut même en diſpoſer en faveur d'un autre.

Tout ce qui appartient au Créancier, c'eſt un droit à la choſe, *jus ad rem* ; c'eſt-à-dire la puiſſance de pourſuivre le débiteur ou ſes ſucceſſeurs & héritiers, pour les obliger à lui remettre la choſe. Il n'en devient propriétaire que par la tradition réelle ou feinte qui lui en eſt faite.

Nous diſons que le Créancier peut pourſuivre auſſi les héritiers ou les ſucceſſeurs de ſon débiteur, & cela ſe conçoit aiſément.

L'héritier repréſente celui dont il recueille les

---

(*) Creditorum appellatione non hi tantum accipiuntur, qui pecuniam crediderunt, ſed omnes quibus ex qualibet cauſa debetur. *L. 11. ff. de verb. oblig. L. 10 cod.*

biens ; comme il fuccède à fes droits, il fuccède à fes charges, & l'on peut exercer contre lui le droit qu'on avoit fur fon auteur.

Il en eft de même du fucceffeur qui ne pofsède qu'un ufufruit ; il doit fupporter les charges dont cet ufufruit eft affecté. Il eft feulement néceffaire d'obferver que pour ne pas pourfuivre inconfidérément un tel fucceffeur, il faut que la dette ou l'obligation ait été contractée par le dévancier, non pas perfonnellement, mais à caufe du bénéfice , & avec les formalités requifes dans ce cas.

Nous difons enfuite que le Créancier peut être mis en poffeffion de la chofe, non-feulement par la délivrance de cette chofe, mais encore par une *tradition feinte*.

On appelle tradition feinte celle qui ne tranf-fère pas la chofe même, mais le droit fur la chofe. Or les lois font gardiennes & protectrices des droits des citoyens ; & fous leur empire les droits font des propriétés, parce qu'ils peuvent fe réalifer, c'eft-à-dire fe transformer en jouiffance, en poffeffion. Voici un exemple d'une tradition feinte. Je vous vends ma maifon par un acte public, pour éteindre une créance que vous avez fur moi. Je me dépouille par-là de la propriété du droit fur la chofe ; mais je ftipule en même temps que vous me laifferez le refte de ma vie dans la maifon ; il eft évident qu'il n'y a là que la tradition d'un droit & non pas celle d'une chofe.

Appliquons ce principe , que le Créancier n'a pas un droit dans la chofe, mais feulement un droit fur la chofe, à quelques cas particuliers où il fe développera encore davantage.

Mon débiteur a contracté envers moi l'obligation de me donner en payement d'une fomme d'argent que je lui ai prêtée, un de fes domaines. Il le vend enfuite à un autre. Il eft évident que je ne pourrai pas évincer l'acquéreur ; je ne pourrai qu'attaquer mon débiteur, pour le forcer à me dédommager de l'inexécution de fon engagement.

Par la même raifon, fi mon débiteur a légué la chofe qu'il s'étoit obligé de me donner, il en aura par fa mort transféré la propriété au légataire, parce que la poffeffion de la chofe léguée paffe par la mort du teftateur au légataire (*).

Ce fera donc au légataire qu'elle devra être délivrée, & je n'aurai dans ce cas qu'une action en dommages-intérêts contre les héritiers de mon débiteur.

Il eft cependant une exception à ce principe, & elle eft auffi pofée par la loi.

Si le débiteur en transférant à un autre la propriété de la chofe qu'il m'avoit promife, étoit infolvable, il feroit clair que l'aliénation n'auroit eu lieu que pour me faire perdre mes droits fur lui, & alors il faudroit diftinguer fi la chofe a été donnée à titre gratuit ou à titre onéreux.

Si c'étoit à titre gratuit, la donation feroit nulle.

Si c'étoit à titre onéreux, la vente feroit nulle auffi, mais dans un cas feulement, favoir, fi l'acquéreur avoit eu part à la fraude.

Nous allons dans un moment développer davantage ce dernier principe, en parlant des

---

(*) Dominium rei legatæ ftatim a morte teftatoris tranfit a teftatore in legatarium.

fraudes que l'on peut commettre contre les Créanciers.

Après avoir expliqué la nature du droit qui réside dans le Créancier, il faut développer quelles font les prérogatives des différentes espèces de Créanciers.

Tous les Créanciers font chirographaires ou hypothécaires, & les uns & les autres font ordinaires ou privilégiés. Voyez ci-devant le mot CRÉANCE.

Arrêtons-nous d'abord fur ce qui regarde les Créanciers chirographaires, c'eft-à-dire ceux qui n'ont ni hipothéque ni privilége.

Leur payement eft le moins certain, parce qu'ils font obligés de laifler pafler avant eux les autres Créanciers.

Ils ne peuvent même prétendre aucune préférence les uns fur les autres, à raifon de la priorité de leurs créances. Celles-ci n'étant pas paflées devant les officiers publics, ni reconnues devant les tribunaux, n'ont pas de dates certaines, & elles ne font pas réputées antérieures les unes aux autres. Les fimples Créanciers chirograhaires ne peuvent donc que venir en concurence pour leur payement après celui des Créanciers qui ont des priviléges ou des titres publics; & s'il ne refte pas aflez pour les payer tous, ils reçoivent chacun à proportion de ce qui leur eft dû. *Voyez* PRIVILÉGE.

Quelquefois le Créancier chirographaire prend la précaution de fe nantir d'un gage qui ne peut être qu'un meuble, parce que les immeubles ne peuvent changer de propriétaires ou être affeétés à quelque créance que par un contrat public. Alors le Créancier trouve une fûreté dans son gage. Il peut vendre le meuble, fi le débiteur y confent, & en retenir le prix ; ou au refus du débiteur, le faire vendre par autorité de juftice, pour être payé fur le prix de la chofe, par préférence à tout créancier, même antérieur, mais non au préjudice du créancier qui auroit un privilége fur le même gage.

Ce privilége du Créancier fur fon gage a même lieu dans le cas de la faillite (*).

Mais il ne faut pas étendre cette règle au cas d'un Créancier qui a fait faifir des meubles de fon débiteur, fi la déconfiture arrive pendant la faifie ; car en ce cas le premier faififfant perd fon avantage, comme nous l'avons explique au mot CRÉANCE.

Rappelons actuellement les principaux droits des Créanciers hipothécaires, en renvoyant pour les détails au mot HIPOTHÉQUE.

Si le même fonds eft hipothéqué en même temps à deux ou à plufieurs Créanciers, fans qu'on ait diftingué une portion pour l'un & une portion pour l'autre, chacun aura fon hipothéque fur le fonds entier pour toute fa dette (**).

Et fi le fonds ne vaut pas la fomme totale des deux créances réunies, le droit des Créanciers fe divifera, non par moitié, mais à poportion de la force de leurs créances. Chacun ayant hipo-

____

(*) Si qui contrahebant ipfam mercem pignori acceperint, puto debere dici preferendos. L. 5, §. 8, ff. de tribut. act. Voyez Gage.

(**) Si duo pariter de hipoteca pacifcuntur, in quantùm quifque obligatam hipotecam habeat, utrum pro quantitate debiti, an pro partibus dimidiis quæritur? magis eft, ut pro quantitate debiti pignus habeant obligatam.

théque fur le tout pour toute fa dette, le droit
de chacun doit fe régler d'après la quantité de
ce qui lui eft dû. Ainfi, par exemple, s'il eft dû
dix mille livres à l'un des Créanciers, & cinq
mille livres à l'autre, & que le fonds foumis à
leurs hipothéques ne vaille pas les quinze mille
livres qui font le total de leurs créances, l'un
prendra les deux tiers du prix, quel qu'il foit.

Mais fi des deux Créanciers dont nous parlons,
l'un pofsède le fonds chargé des hipothéques,
celui-ci trouve dans fa poffeffion une raifon de
préférence (*).

Un Créancier hipothécaire conferve fes droits
fur tous les biens de fon débiteur, lors même
qu'ils font partagés entre fes héritiers, de manière
que fi un héritier paye une partie de la dette,
proportionnée à la partie de la fucceffion qui lui
eft échue, cela n'empêchera pas que cette portion ne puiffe être faifie pour le payement de la
dette totale, fauf fon recours contre fes cohéritiers (**).

Le furplus des droits qui appartiennent aux
Créanciers hipothécaires, fera expliqué fous le
mot HIPOTHÉQUE.

Nous ne nous étendrons pas non plus fur les
droits des Créanciers privilégiés; le lieu pour
les expliquer eft au mot PRIVILÉGE.

Nous obferverons feulément qu'entre des
Créanciers privilégiés, le premier & le dernier
ne font diftingués que par la nature de leurs

(*) In pari caufa poffeffor potior haberi debet. *L. 128,*
*ff. de regul. jur.*
(**) Si unus ex hæredibus portionem fuam folverit, ta-
mentota res pignori data venire poterit.

priviléges & non par l'ordre des temps; & f
deux Créanciers ont un pareil privilége, quoiqu
de divers temps, ils feront payés dans le même
ordre & en concurrence (\*).

Occupons - nous actuellement des règles qui
font relatives à tous les Créanciers indiftinctement.

Les Créanciers peuvent fe mettre à la place
les uns des autres; ils peuvent en rembourfant
ceux qui doivent paffer avant eux, empêcher
que les biens fur lefquels ils attendent leur payement ne foient adminiftrés ou vendus d'une manière capable de diminuer leur reffource. Ainfi
un fimple chirographaire peut acquérir les droits
d'un hipothécaire ou d'un privilégié : mais alors
fes deux créances ne deviennent pas égales; il
ne pourra ufer de l'hipothéque ou du privilége
qu'il a acquis, que pour la dette à laquelle ces
avantages étoient attachés. L'autre ne pourra
jamais être rembourfée qu'à fon tour; mais le
Créancier qui s'eft fait fubroger à l'hipothéque
ou au privilége d'un autre, fe met fouvent par-là
en état d'affurer le payement de fa dette chirographaire. *Voyez* SUBROGATION & TRANSPORT.

Le Créancier peut faire la promeffe de fon
débiteur moindre que la fomme qu'il lui prête;
mais il ne peut pas exiger davantage en payement
qu'il n'a donné en prêt; & s'il paroiffoit qu'une
obligation excédât la fomme qui auroit été prêtée,
elle feroit nulle pour cet excédent, comme étant
fans caufe, ou comme n'ayant qu'une caufe
illicite (\*\*).

---

(\*) Piviligia non tempore eftimantur, fed ex caufa.
(\*\*) Si tibi dedeto decem fic ut novem debeas : proculus

. Tous les actes ou toutes les dispositions des débiteurs qui tendent à frauder leurs Créanciers, sont nulles par elles-mêmes.

Cette règle admet cependant quelques exceptions, & elle demande d'être modifiée dans divers cas.

Toutes les dispositions que peuvent faire les débiteurs à titre de libéralité, au préjudice de leurs Créanciers, peuvent être révoquées, soit que celui qui reçoit la libéralité ait connu la fraude ou qu'il l'ait ignorée. Il n'est pas permis aux débiteurs de faire des libéralités de ce qui doit servir à éteindre leurs dettes; & la bonne foi de celui à qui ils ont donné, ne l'autorise pas à conserver ce qui ne pouvoit lui être donné (*).

Cependant si le donataire avoit été de bonne foi, & que la chose donnée ne fût plus en nature, ou qu'elle n'eût pas profité au donataire, il ne seroit pas tenu de rendre un bienfait dont il ne lui resteroit aucun avantage (**).

Mais les aliénations de meubles ou d'immeubles qu'auroient pu faire les débiteurs, au préjudice de leurs Créanciers, à titre onéreux, & à des personnes qui auroient acquis de bonne foi, ne peuvent être révoquées, quelque intention de

---

ait, & recte ; non amplius te ipso jure debere quam novem : sed si dedero ut undecim, putat proculus amplius quam decem condici non posse. *L. 12, ff. de reb. cred.*

(*) Simili modo dicimus, & si cui donatum est, non est querendum aut sciente eo cui donatum, gestum sit, sed hoc tantum, an fraudentur creditores.

(**) In hoc tantum qui ignorantes ab eo, qui solvendo non sit, liberalitatem acceperunt, hactenus actio erit danda, quantum locupletiores facti sunt, ultrà non. *L. 6, ff. 11, §. ff. quæ in fraud. cred.*

frauder que l'on aperçoive dans le débiteur. Sa mauvaise foi ne doit pas nuire à ceux qui n'y ont eu aucune part (*).

L'aliénation seroit aussi révocable s'il étoit prouvé que l'acquéreur à titre onéreux eut participé à la fraude.

Un des signes les plus décisifs que l'aliénation est frauduleuse, c'est lorsqu'elle est faite à vil prix (**).

Et non-seulement l'aliénation est annullée par les lois, mais encore elles veulent que le prix n'en soit pas rendu à l'acquéreur de mauvaise foi (***).

Il est cependant un cas où le prix de l'acquisition doit lui être rendu, c'est lorsque les deniers se trouvent encore en nature dans les mains du vendeur. Les lois ont considéré que si la confiscation tournoit au profit du vendeur, elle seroit une récompense de la fraude, comme elle auroit pu être un motif de la commettre (****).

L'acquéreur n'est pas censé avoir participé à la fraude par la seule raison qu'il savoit que le vendeur avoit des Créanciers. Il faut de plus qu'il ait su que le vendeur étoit insolvable, ou

---

(*) Ait pretor, quæ fraudationis causa gesta erant, cum eo qui fraudem non ignoravit.... actionem dabo..... quare si quidem in fraudem creditorum factum sit, ignoravit, cessare videntur verba edicti. *L. idem.*

(**) Si debitor in fraudem creditorum minore pretio fundum scienti emptori vendiderit. *L. 7, quæ in faud.cred.*

(***) Ne quidem portionem emptori reddendam in pretio. *L. 8, eodem.*

(****) Si nummi soluti in bonis extent, jubeat eos reddi: quia ea ratione nemo fraudetur. *L. 8, eodem.*

qu'il

qu'il ait pu connoître que ce vendeur cherchoit à tromper ses Créanciers (*).

Si le dessein du fraudeur n'est pas exécuté, ou même si la fraude ne constitue pas les Créanciers en perte ; si, par exemple, pendant qu'ils pour-suivent le débiteur, des ressources nouvelles le mettent en état de les payer, la vente qui leur portoit préjudice aura son effet ; elle ne pourroit être annullée que pour la conservation de leurs droits.

Si le débiteur dans la suite vient à emprunter, ses nouveaux Créanciers ne pourront attaquer cette vente qui n'a pu être faite au préjudice de leurs créances, puisqu'elles n'existoient pas (**).

Mais si ces nouveaux Créanciers avoient prêté pour payer les premiers, & si leurs deniers avoient été employés à ce payement, ils pour-roient faire révoquer l'aliénation faite avant leur créance, parce qu'alors ils exerceroient les droits de ceux à qui ce payement les auroit subrogés (***).

Il y a bien des manières de frauder ses Créan-ciers ; les lois elles-mêmes nous en désignent un grand nombre.

Elles mettent au nombre de ces fraudes les donations des biens qui sont nécessaires pour payer les dettes, les ventes à vil prix ou à un

---

(*) Qui sit aliquem creditores habere, si cum eo con-trahit simpliciter, sine fraudis conscentia, non videtur hac actione teneri. *L.* 10, §. 4, *ff. quæ in fraud. cred.*

(**) Cæterum si illos dimisit, & alios sortitus est, cessat revocatio. *L.* 10, §. 1, *ff. quæ in fraud. cred.*

(***) Si autem horum pecunia quos fraudare noluit, priores dimisit, quos fraudare voluit, revocationi locum fore. *L. idem.*

prix fimulé, dont le débiteur donne la quittance, les tranfports à des perfonnes interpofées (*).

Les lois nous fourniffent encore des exemples de fraudes plus fubtiles & par conféquent plus dangereufes.

Si un débiteur d'intelligence avec un de fes débiteurs à lui-même, fe défifte d'un hipothéque qui failoit la fûreté de fa créance.

Si pour éteindre la dette il fournit à fon débiteur des exceptions qui ne lui foient pas légitimement acquifes.

S'il lui défère le ferment fur une demande qu'il pouvoit prouver.

S'il donne quittance de ce qu'il n'a pas reçu.

S'il fe laiffe débouter d'une demande légitime.

S'il fe laiffe condamner à un payement, lorfqu'il avoit des moyens pour fe défendre.

S'il laiffe périmer une inftance.

S'il laiffe prefcrire une dette.

S'il fouffre une diminution volontaire de fes biens.

Dans tous ces cas il eft au moins fufpeét de collufion avec les perfonnes au profit de qui il fe laiffe dépouiller, & par conféquent de fraude envers fes créanciers.

On ne doit pas mettre au nombre des difpofitions révocables par la fraude, la conftitution d'une dot par le père ou d'autres perfonnes dont les biens ne font pas fuffifans pour acquitter leurs dettes, lorfque le mari n'a point eu part à la fraude. Il reçoit cette dot à titre onéreux, car elle doit l'indemnifer des dépenfes que lui cauferont fa femme & fes enfans, & fans elle

_____

(*) Voyez au digefte le titre *quæ in fraud. cred.*

il ne se seroit peut-être pas engagé dans le mariage (*).

Par les ordonnances de François premier du
8 juin 1532, & de Charles IX, du mois de janvier 1563, les constitutions de dot ne devoient
point excéder mille livres. Ces lois ne pouvoient
guère avoir d'autres motifs que de réprimer les
fraudes qui peuvent se commettre dans les constitutions de dot.

Il y a long-temps que ces lois ne sont plus
exécutées.

Le Créancier qui reçoit ce qui lui est dû,
quand même il sauroit son débiteur insolvable,
ne se rend pas coupable de fraude ; il n'a fait
que veiller à ses intérêts ; c'est aux autres
Créanciers à s'imputer d'avoir été moins attentifs ou moins actifs que lui (**).

Il y a cependant une exception à ce principe,
& la voici :

Si après une saisie des biens du débiteur, ou
après le délaissement qu'il en a fait à ses Crean-
ciers, un d'eux recevoit son payement, ou du
fonds des choses saisies, ou de ce qui étoit dé-
laissé aux Créanciers, il seroit tenu de rapporter
à la masse ce qu'il auroit reçu, parce qu'alors
il auroit pris pour soi ce qui appartenoit à
tous (***).

_____

(*) In maritum, qui ignoraverit, non dandam actionem
L. 25, ff. quæ in fraud. cred.

(**) Apud Labeonem scriptum est, eum qui suum reci-
piat, nullam videri fraudem facere : alii creditores suæ ne-
gligentiæ expensum ferre debent. L. 6, ff. quæ in fraud.
cred.

(***) Neque enim debuit præripere cæteris, post bona pos-

Tous ceux qui ont eu part à une fraude faite par un débiteur à ses Créanciers, quand même ils n'en auroient pas profité, doivent réparer le tort qu'ils ont fait à ces Créanciers. A plus forte raison doivent-ils rapporter les gains illicites qu'ils ont pu faire par cette voie, & la loi les y condamne (*).

Le débiteur qui trompe ses Créanciers ne doit pas seulement être condamné à réparer de ses biens le tort qu'il leur a fait ; il peut encore, suivant les circonstances, être condamné à des peines afflictives (**).

On a parlé au mot BANQUEROUTE des peines portées contre les banqueroutiers frauduleux.

Le Créancier ayant droit d'exiger le payement entier de toute sa dette, n'est pas obligé de la diviser & d'en recevoir une partie, ni d'accepter une délégation, ni de recevoir son payement dans un autre lieu que celui qui a été convenu (***).

On trouve dans Brodeau sur Louet un arrêt du parlement de Paris qui a jugé qu'un débiteur ne peut forcer un Créancier de prendre des terres en payement, sous prétexte que d'autres Créanciers consentent à en prendre. Cet arrêt est du 6 septembre 1690.

___

sessa, cum jam par conditio omnium creditorum facta esset. L. 6, ff. quæ in fraud cred.

(*) Proinde interposuerit quis personam Titii, ut ei fraudator res tradat, actione mandati cedere debet. L. 14, quæ in fam. cred.

(**) Actionem dabo, idque etiam adversus ipsum qui fraudem fecit, servabo, ait pretor. L. idem.

(***) Neque cum qui decem peteret cogendum quinque accipere, & reliqua persequi. L. 22, ff. de cred.

Mais fi le débiteur avoit quelque fujet de
contefter une partie de la dette & qu'il offrît le
refte, il feroit de la prudence du juge d'obliger
en ce cas le Créancier à recevoir ce qui feroit
offert, ou d'ordonner la confignation de la fomme aux frais, rifques & périls de qui il appartiendroit.

Lorfque plufieurs perfonnes prêtent conjointement quelque chofe, chacune d'elles n'eft
cenfée créancière que de fa part perfonnelle, à
moins qu'on n'ait expreffément ftipulé que chacune d'elles pourra feule pour toutes les autres
exiger la totalité de la dette.

Les Créanciers d'un défunt pour dettes perfonnelles, comme font les fimples billets chirographaires, & généralement tous ceux qui n'ont
pas d'hypothèque fur les biens de leur débiteur
défunt, ne laiffent pas d'être préférés fur fes
biens aux Créanciers de fon héritier, même hypothécaires. Car quoique les biens du défunt
foient affectés aux Créanciers de fon héritier ;
s'il leur a hypothéqué fes biens à venir, ceux
de l'hérédité font affectés en premier ordre aux
dettes du défunt, & n'ont paffé à l'héritier qu'a-
vec la charge de les acquitter.

Les Créanciers peuvent exercer les droits de
leur débiteur pour la fûreté de leurs créances ;
ils peuvent faifir & arrêter ce qui lui eft dû,
former oppofition en fous ordre fur lui, prendre
en fon nom des lettres de refcifion contre un
engagement qu'il a contracté à leur préjudice,
accepter en fon nom une fucceffion malgré lui.

Il y a dans la coutume de Normandie un article qui décide ce dernier point. C'est le deux

cens foixante-dix-huitième ; il porte « que les » Créanciers pourront fe faire fubroger en fon » lieu & place ( du débiteur ), pour accepter » une fucceffion, & être payés fur icelle jufqu'à » la concurrence de leur dû ; & s'il refte au- » cune chofe, les dettes payées, ce fera pour » les autres héritiers plus prochains après celui » qui aura renoncé ».

Les Créanciers ne peuvent attaquer un arrêt rendu contre leur débiteur, que par la voie que celui-ci auroit dû prendre lui-même, c'eft-à-dire, celles de la requête civile ou de la caffation. Ils ne peuvent pas fe pourvoir par la tierce oppofition ; ce qui a été jugé avec lui eft cenfé l'être avec eux, à moins qu'on ne puiffe prouver un concert frauduleux entre le débiteur & ceux avec qui il plaidoit. C'eft ce qui a été jugé par un arrêt du 21 février 1701, rapporté au journal des audiences.

On a demandé fi les deniers confignés au greffe procédant de l'adjudication d'un décret, étant perdus par un événement de force majeure ou par la faillite du receveur, la perte tomboit fur le débiteur ou fur les Créanciers ?

Les Créanciers peuvent dire que la confignation faite par le faifi ne le libère pas, puifque l'intérêt court à leur profit jufqu'à ce que l'ordre eft arrêté ; que la confignation eft plus l'ouvrage de la loi qui l'ordonne dans le cas du décret, que le leur, quoiqu'elle ait été provoquée par eux ; qu'ils pourroient être chargés de l'événement fi le dépôt avoit été fait chez un notaire ou un banquier choifi par eux ; mais qu'un greffe eft un lieu public dont nul autre que le greffier ne doit être garant.

Le débiteur peut répondre que l'héritage ayant été décrété & adjugé, & le prix payé par l'adjudicataire, il a cessé, lui débiteur, d'être propriétaire ; que la propriété de la chose est passée à l'adjudicataire , & que celle du prix est passée aux Créanciers par la consignation. Or, c'est un principe que le maître supporte seul la perte de son bien. *Res perit domino.*

Par deux arrêts, l'un de 1595, l'autre de 1598, il a été jugé que la perte des deniers consignés devoit tomber sur les Créanciers & non sur la partie saisie.

La qualité de Créancier est un moyen de reproche contre la déposition d'un témoin ; c'est aussi un moyen de récusation contre un juge ou contre un arbitre.

Lorsqu'il y a plusieurs Créanciers d'une même dette, celui qui reçoit sa portion n'est pas obligé d'en faire part aux autres ; mais si la dette étoit solidaire entre les Créanciers ; par exemple, si elle appartenoit à une société, alors il faudroit que celui qui a reçu le payement le versât dans la caisse commune.

Le Créancier bailleur de fonds, peut demander que l'immeuble acheté avec ses fonds , s'il est mis en saisie réelle par d'autres Créanciers, lui soit donné en déduction & jusqu'à concurrence des sommes qui lui sont dues pour la valeur de l'immeuble , suivant une prisée faite par des experts.

Ce privilége appartient aussi à tous les anciens Créanciers, c'est-à-dire , à ceux dont la créance remonte à des époques éloignées & dont la date est certaine ; ce qui suppose des actes publics.

Henrys raifonne ainfi fur cette queftion importante :

« Puifque toutes chofes fe mefurent par l'in-
» térêt, il fuffit que le Créancier prenne l'héri-
» tage pour ce qu'il vaut & qu'il peut être efti-
» mé. Outre qu'on ne préfume pas que l'héri-
» tage puiffe fe vendre au-delà de l'eftimation,
» on a établi cela pour éviter les grands frais
» qu'un décret caufe. On ne peut faire vendre
» des biens par décret que les frais n'en empor-
» tent plus du tiers ; de forte qu'il eft vrai de
» dire que la vente par décret de quelques héri-
» tages eft un gouffre où non-feulement le débi-
» teur, mais encore prefque tous les Créanciers
» font naufrage. . . . . . C'eft à quoi la Cour a
» voulu pourvoir par fa prudence ordinaire &
» par une jurifprudence nouvelle, ayant jugé à
» propos de faire ce que les anciens légiflateurs
» ont toujours fait, qui eft de changer les règles
» felon que les chofes changent, & de s'accom-
» moder au temps.

- » Au refte on peut appliquer à ce fujet le titre
» du code *de jure dominii impetrando*, fuivant
» lequel le Créancier, au défaut d'être payé,
» pouvoit demander au prince d'être fait maître
» des fonds fur lefquels il avoit fon hypothéque,
» & il obtenoit cela, ne fe préfentant aucun qui
» fît la condition meilleure & en offrît davan-
» tage ».

Mais pour que le Créancier puiffe exercer ce
droit, il faut que quatre circonftances concourent en fa faveur.

La première, que le Créancier foit évidemment privilégié ou antérieur en hypothéque.

La seconde, qu'il fasse des offres de payer les Créanciers antérieurs ou privilégiés à lui s'il s'en trouve, & qu'il donne l'option à ces Créanciers de prendre l'héritage aux mêmes conditions que lui; mais cependant à charge par ceux - ci de pousser la vente à un prix assez considérable pour qu'il puisse être payé tant en principal qu'en frais, intérêts & dépens.

La troisième, qu'il consente à prendre les héritages saisis d'après l'estimation qui en sera faite par des experts convenus entre les différens Créanciers. Cela est absolument nécessaire, surtout quand c'est un vendeur ou un bailleur à rente qui veut rentrer dans son héritage, parce que cet héritage peut avoir augmenté de valeur par plusieurs circonstances; ainsi il est de l'intérêt des autres Créanciers qu'il soit estimé avec eux, afin que le prix des améliorations leur revienne.

La quatrième & dernière condition est que les choses soient encore entières, c'est-à-dire, que l'adjudication ne soit pas achevée. C'est ce qui a été jugé par un arrêt du 2 août 1695, rapporté au journal des audiences.

Les Créanciers ont deux voies pour obliger les débiteurs ou les héritiers de ceux-ci à leur donner ce qui leur est dû. Celle de la simple demande en justice, & celle du commandement & exécution.

La première consiste à assigner le débiteur devant le juge compétent pour se voir condamner à satisfaire à l'engagement qui le constitue débiteur.

Lorsque la chose due est un corps certain, & que le débiteur condamné a cette chose en sa

poffeffion, le juge fur la requête du Créancier ;
doit lui permettre de la faifir, & le débiteur
ne peut empêcher cette faifie, en offrant les
dommages - intérêts qui peuvent réfulter de
l'inexécution de fon engagement.

La feconde voie qui eft ouverte aux Créanciers contre leurs débiteurs, confifte à faire faire
commandement à la perfonne ou au domicile de
ceux-ci par un fergent, de remplir les obligations dont ils font tenus ; ou fur le refus des débiteurs, à faifir les meubles & même les immeubles, & à les faire vendre pour être payés fur le
prix de ces ventes.

Mais pour que les Créanciers puiffent prendre cette voie, il faut que trois chofes concourent.

La première, que la dette foit une fomme d'argent certaine & liquide, ou une certaine quantité d'efpèces *fungibles*, comme du bled, du
vin, &c.

Obfervons cependant encore fur cette dernière efpèce de dettes, que quoique la quantité
due foit liquide, la loi veut qu'il foit furfis à la
vente jufqu'à l'appréciation. Telle eft la difpofition de l'article 2 du titre 33 de l'ordonnance
de 1667.

La feconde circonftance néceffaire pour le
commandement & exécution, c'eft que le titre
du Créancier foit exécutoire, c'eft-à-dire, qu'il
ait été paffé devant un notaire, & qu'il foit revêtu de toutes les formalités requifes, ou bien
qu'il foit un jugement de condamnation, non
fufpendu par un appel ni par une oppofition.

La troifième condition requife enfin, eft que

ce soit contre la personne obligée par le contrat ou condamnée par le jugement, que le Créancier agisse. Quoîque les héritiers de cette personne succédent à ses obligations, le Créancier ne peut procéder contre eux que par la voie de demande, jusqu'à ce qu'il ait renouvelé le contrat avec les héritiers par un autre acte devant notaire, ce qui s'appelle passer *titre nouvel*, ou jusqu'à ce qu'il ait fait déclarer le jugement qu'il avoit obtenu contre leur auteur *exécutoire* contre eux-mêmes.

Il y a des choses fort intéressantes à dire sur la manière dont les Créanciers traitoient leurs débiteurs chez les nations anciennes & chez celles du nord qui se font civilisées à leur tour. Le rapprochement des lois les plus féroces & des lois les plus humaines sur la même matière, & souvent chez les mêmes peuples, offre un spectacle digne de l'attention des jurisconsultes. Mais il paroît qu'il sera mieux placé au mot DÉBITEUR.

Voyez *les lois civiles de Domat ; les œuvres de Henrys ; le recueil de Louet ; les œuvres de Despeisses ; celles de Boniface ; le journal du palais ; le journal des audiences ; le traité des offices de Loiseau ; le traité des offices de Joly ; le droit commun de la France par Bourgeon ; le traité des obligations de Pothier*, &c. Voyez aussi les articles ABANDONNEMENT, BANQUEROUTE, DÉBITEUR, DIRECTION, CESSION, FAILLITE, HYPOTHÉQUE, PRIVILÉGE, PAYEMENT, SAISIE, TRANSPORT, &c. (*Cet article est de M. LACRETELLE, avocat au parlement*).

CRÉDIT. (DROIT DE) On a ainsi appelé un droit que la plupart des seigneurs exerçoient autrefois dans leurs terres , & qui confiftoit en ce qu'ils pouvoient y prendre des vivres & des denrées fans être tenus de les payer fur le champ, mais feulement après un certain temps marqué ; par exemple , le roi avoit Crédit pendant quinze jours à Boifcommun & à plufieurs autres endroits pour les vivres qu'il achetoit des habitans. Les feigneurs de Nevers avoient droit de prendre dans la ville des vivres à Crédit fans être obligés de les payer avant quarante jours.

Il eft parlé du droit de Crédit dans une chartre que Philippe-Augufte accorda en 1209 pour l'établiffement de la commune de Compiegne ; dans des lettres du roi Jean du mois d'avril 1351 ; dans une ordonnance du mois de février 1556 , donnée par Charles V alors régent du royaume , & dans plufieurs autres anciennes chartres.

Aujourd'hui aucun feigneur ne peut rien prendre a Crédit que du confentement du vendeur.

CRI D'ARMES , ou CRI DE GUERRE , s'eft dit autrefois de certaines paroles que les premiers françois & les autres peuples de l'europe avoient accoutumé de crier & de mettre dans leurs drapeaux & fur leurs cottes d'armes pour animer les foldats aux combats , ou pour fe faire connoître dans les batailles & dans les tournois.

Le Cri de guerre étoit une fuite de la bannière , c'eft-à-dire que nul n'étoit reconnu pour gentilhomme de nom , d'armes & de Cri, s'il n'avoit droit de lever bannière. Dans les batailles , les bannerets faifoient le Cri ; de forte que dans une armée il y avoit autant de Cris qu'il y avoit de bannières ou enfeignes. Mais outre ces Cris particuliers, il y en avoit un général pour toute l'armée ; celui des François, par exemple, étoit *Monjoie Saint-Denis*. Dans les tournois, c'étoient les hérauts d'armes qui faifoient le Cri quand les chevaliers étoient fur le point d'entrer en lice.

Charles V I I ayant établi des compagnies d'ordonnances vers l'an 1450, & difpenfé les bannerets d'aller à la guerre avec leurs vaffaux, il ne fut plus queftion du Cri d'armes, qui ne fe conferva que dans les armoiries.

CRI PUBLIC, fe dit de la proclamation ou publication qui fe fait après avoir amaffé le peuple à fon de trompe ou de tambour dans les places publiques & carrefours d'une ville, à l'effet de rendre une chofe publique.

En matière criminelle, en cas d'abfence de l'accufé, après qu'il a été affigné à la quinzaine par affiche à la porte de l'auditoire, on l'affigne à la huitaine par un feul Cri public. C'eft ce qui eft prefcrit par l'article 8 de l'ordonnance criminelle du mois d'août 1670.

Le parlement de Rouen a jugé par arrêt du 14 août 1736, qu'un official ne pouvoit pas faire citer par Cri public un accufé.

Voyez *le recueil des ordonnances du Louvre ; l'ordonnance criminelle du mois d'août 1670 ; l'édit du mois de décembre 1680*, &c. Voyez auffi les articles BANNERET, CHEVALIER, ARMOIRIES, ACCUSÉ, CONTUMACE, &c.

C R I É E. C'eft une proclamation publique qui fe fait après une faifie-réelle, par un huiffier ou fergent, pour avertir les intéreffés que les immeubles faifis réellement feront vendus & djugés par décret.

L'édit des Criées donné par Henri II, en 1531, eſt le règlement le plus important qui ait été fait ſur cette matière ( * ). Cette loi ne dé-

(*) *Voici cette édit :*

Henri, par la grâce de Dieu, roi de France : à tous ceux qui ces préſentes lettres verront, ſalut. Comme pluſieuis grandes plaintes & clameurs nous euſſent été faites de la longueur tenue au fait de la juſtice, procédant des exécutions des ſentences & arrêts donnés, tant en nos Cours de parlemens, qu'ès bailliages & ſénéchauſſées reſſortiſſans en icelles, & auſſi ès requêtes de nos palais, & en nos cours établies, tant ſur le fait de la juſtice de nos aides que de notre tréſor, par la malice des parties condamnées, obligées & redevables, qui pour ne vouloir obéir auxdites ſentences & arrêts, ſatisfaire à leurs dettes & obligations, laiſſent ſaiſir leurs héritages & biens immeubles, & iceux mettre en Criées, tendant ( par la longueur du temps accoutumé à faire leſdites Criées, & à les faire vérifier & rapporter, & auſſi à faire droit ſur toutes les oppoſitions & empêchemens qui y interviennent ayant aucune choſe adjuger par décret ) tellement à vexer & ennuyer leurs créanciers, pourſuivant leſdites Criées, & les oppoſans à icelles, qu'ils les contraignent à quitter & délaiſſer les pourſuites deſdites exécutions, & de leurs dettes, & finalement à rendre inutiles & de nul effet leurſdites dettes, obligations, ſentences & arrêts. Au moyen de quoi euſſions chargé aucuns bons perſonnages nos officiers de juſtice, zélateurs d'icelle, & du bien public, de penſer & de regarder à quelques bons moyens, par leſquels l'on pût abréger leſdites exécutions deſdites ſentences, arrêts & obligations, à ce qu'il fût facile à chacun de recouvrer ſon dû, & adjudication pour ſoi en aider à ſon beſoin & néceſſité : même nous, pour notre particulier recouvrer les reſtes des comptes de nos officiers comptables, & autres nos dettes & adjudications : par leſquels nos officiers eût été ſur ce fait & dreſſé aucuns articles leſquels, ſuivant la commiſſion ſur ce par nous à eux dirigée, ils nous euſſent envoyés; ſavoir faiſons, que vus & entendus par nous leſdits articles, & après avoir eu

termine aucun délai à obferver entre la faifie

fur iceux l'avis & opinions des gens de notre privé confeil, & de plufieurs autres bons & notables perfonnages
dudit état de juftice, pour ce convoqués & appelés en notredit confeil, nous par ledit avis & opinion, & afin d'obvier à la ruine, tant des condamnés & obligés, que de
leurs créanciers porteurs de leurs obligations, & ayant obtenu lefdites fentences & arrêts, avons dit, ftatué &
ordonné ce qui s'enfuit, pour être dorénavant par provifion, & jufqu'à ce que par nous autrement y ait été pourvu
obfervé & gardé en nofdites cours & juridictions.

ARTICLE PREMIER.

Que quand aucun héritage ou chofe immeuble fera faifi
& mis en Criées, l'huiffier ou fergent qui fera lefdites
Criées fera tenu fe tranfporter fur les lieux; & en faifant
la faifie & première Criée, de déclarer & fpécifier par
le menu en icelle faifie, & première Criée, les héritages
& chofes Criées par tenans & aboutiffans, fors ès feigneuries, fiefs & droits feigneuriaux, efquels fuffira de faifir le
principal manoir, fes appartenances & dépendances, &
iceux droits feigneuriaux.

II. Et la faifie faite fera tenu de laiffer une attache
contenant la déclaration telle que deffus eft dite, defdites
chofes Criées, laquelle fera mife & attachée à la porte
& entrée de l'églife paroiffiale defdits lieux criés. Et fi
les héritages font affis en diverfes paroiffes, fera fait le
femblable en chacune defdites paroiffes, pour le regard de
ce qui fera affis en icelle paroiffe.

III. Qu'en toutes faifies de maifons affifes ès villes &
villages, mêmement en la ville de Paris, en faifant la
faifie, ou devant la première Criée, fera mis & affiché
fur l'entrée de la maifon un panonceau portant nos armes;
au-deffous duquel fera écrit que ladite maifon eft faifie eft
mife en Criées, & de ladite attache en fera l'exécuteur
mention par fon rapport & procès-verbal, & ce fait,
feront les Criées faites & continuées, ainfi qu'il eft accoutumé de faire aux jours de dimanches & iffues des grandes
meffes paroiffiales, tant ès villes que villages, & fans qu'il

réelle & la première Criée, c'est pourquoi on

---

soit plus besoin faire lesdits Criées ès greffes & auditoires, ainsi que l'on avoit accoutumé de faire.

IV. Que dorénavant, incontinent après la saisie, & auparavant que faire la première Criée, seront établis commissaires au régime & gouvernement des choses Criées, sous peine de nullité d'icelles Criées, & seront lesdits commissaires tenus bailler lesdites choses Criées à ferme au plus offrant & dernier enchérisseur, moyennant bonnes cautions, suivant nos ordonnances. Et avons fait & faisons inhibitions & défenses à tous propriétaires desdites choses Criées, & à tous autres de troubler ou empêcher directement ou indirectement lesdits commissaires & fermiers en la jouissance de leurs commissions & fermes, sous peine à ceux qui, directement ou indirectement, auront fait ledit trouble ou empêchement, d'être déclarés rebelles & désobéissans à nous & à justice, & de confiscation de leurs biens.

V. Que lesdites Criées parfaites, elles seront certifiées pardevant le juge des lieux, lecture faite d'icelles à jours de plaids, & iceux tenans. Et après que le propriétaire aura été ajourné pour voir adjuger le décret, seront les oppositions à fin de distraire ou annuller lesdites Criées, si aucunes y en a, préalablement vidées & terminées, & pareillement les oppositions pour les charges foncières.

VI. Qu'incontinent après que les oppositions afin de distraire ou d'annuller, ou pour charges foncières, auront été vidées, soit par même jugement ordonné, que le décret sera adjugé au quarantième jour ensuivant, sauf, après l'adjudication, à discuter des autres oppositions pour dettes personnelles ou hypothèques, si aucune en y a.

VII. Et sera l'enchere lue & publiée en jugement à jours de plaids, & iceux tenans; & icelle enchere attachée, à la diligence de l'enchérisseur, à la porte de l'auditoire du siége auquel sera faite l'adjudication, pour y demeurer l'espace de quinze jours.

VIII. Et seront tous autres enchérisseurs reçus dedans ladite quinzaine à enchérir ès greffes des cours, ou les-

peut

dites Criées feront pendantes, à la charge toutefois qu'ils
feront tenus faire ſignifier au dernier enchériſſeur ou ſon
procureur, ladite enchère : & la quinzaine paſſée ſera délivré le décret à celui qui ſe trouvera le dernier enchériſſeur : lequel dernier enchériſſeur ſera tenu de conſigner &
mettre les deniers de ſon enchère ès mains de tels perſonnages, marchands ou autres, que les pourſuivans leſdites
criées, & oppoſans à icelle, voudront nommer & élire,
ayant égard à la quantité & plus grande ſomme de deniers dus auxdits pourſuivans & oppoſans, non au nombre
deſdits oppoſans.

IX. Et feront tenus les enchériſſeurs de nommer leur
procureur, en faiſant leur enchère, & élire domicile en la
maiſon de leurdit procureur : & autrement ne ſera reçue
ladite enchère.

X. Et parce que ſouvent y a pluſieurs perſonnes ſufci-
tées par les propriétaires, qui, pour empêcher l'adjudication
par décret, font faire enchère par gens ſuppoſés & inconnus
& par vertu de procurations paſſée à procureurs non con-
noiſſant les parties, nous avons ordonné & ordonnons,
qu'aucun ne ſera reçu à enchérir en perſonne qu'il n'ait
procureur au ſiége, qui ait de lui connoiſſance, & que
ledit procureur ne ſoit préſent à faire icelle enchère.

XI. Avons inhibé & défendu, inhibons & défendons à
tous procureurs, de n'enchérir par vertu de procuration
qui leur feront baillées ou envoyées, ſinon qu'ils connoiſſent les parties ayant paſſé leſdites procurations, ou bien
celui ou ceux qui les voudront charger d'enchérir, dont ils
feront tenus de prendre acte, pour en avoir recours à
l'encontre de ceux qui les auront chargés d'enchérir s'il
eſt trouvé que par fraude ou malice l'enchère ait été
faite.

XII. Que tous héritages criés, feront adjugés à la
charge des droits & devoirs ſeigneuriaux, frais & miſes
deſdites Criées, & des charges réelles & foncières qui ſeront
contenues ès jugemens de diſcuſſion. Et où les héritages
criés feroient de plus grande valeur que leſdites charges,
ſera l'enchère faite à prix d'argent.

après la faisie-réelle, pourvu que ce soit un di-

XIII. Que tous prétendant droits non feigneuriaux ou cenfuels fur les chofes Criées soit fonciers ou autres, feront tenus eux oppofer pour lefdits droits, & pour les arrérages d'iceux s'ils prétendent aucuns en être dus.

XIV. Que si les oppofans afin de diftraire le tout, ou portion des chofes Criées, ou bien prétendant droit réel & foncier fur icelles, ne font apparoir des droits par eux prétendus par lettres ou inftrumens authentiques, ains fe veulent fonder en preuve de témoins, feront tenus au jour qui leur fera affigné pour bailler leurs caufes d'oppofitions, Articuler faits recevables, fur lefquels ils entendent faire preuve, & conféquemment dedans le délai qui leur fera préfix pour informer, d'en informer promptement, & faire leurs enquêtes : & à faute de ce faire fera dedans ledit délai paffé outre à l'adjudication par décret defdites chofes Criées, nonobftant lefdites oppofitions, à la charge toutefois que lefdits oppofans, en vérifiant par après les droits par eux prétendus ( le propriétaire & oppofans appelés ) feront mis en leur ordre à la diftribution des deniers de l'enchère, pour l'eftimation de ce que feront eftimés les droits de propriété ou charge réelle par eux refpectivement prétendus.

XV. Que tous oppofans à fin de diftraire ou annuller, ou pour charges foncières, par le moyen defquelles oppofitions l'adjudication par décret fera retardée, s'ils font déboutés de leur oppofition, feront condamnés en trente livres parifis d'amende envers nous, & en pareille amende envers le pourfuivant Criées, & néanmoins feront tenus des arrérages des rentes qui auront cependant couru par le moyen de leurs oppofitions, ayant retardé l'interpofition du décret, pour lefquelles amendes & arrérages liquidés, s'ils n'ont de quoi payer, ils tiendront prifon, finon que le juge, pour aucunes confidérations à ce le mouvant, trouve qu'ils en duffent être excufés.

XVI. Que s'ils y a oppofition formée pour l'événement d'un procès pétitoire, intenté pour raifon des chofes Criées, ou aucun droit réel prétendu fur icelles, qui puiffe prendre long trait, ou bien pour recours de garantie, ou autre femblable droit, dont n'y auroit procès encommencé : au

manche & qu'il y ait un commiſſaire établi au régime & gouvernement des choſes criées.

Le nombre des Criées n'eſt point fixé par l'édit, ainſi l'on s'en tient à cet égard à l'uſage du lieu ; mais elles doivent être faites à l'iſſue de la meſſe paroiſſiale , & non à l'iſſue de vêpres, à peine de nullité.

Il y a quelques endroits , comme en Franche-Comté, où les Criées ſe font un jour de marché.

A Paris & dans la plupart des coutumes on fait quatre Criées, de quinzaine en quinzaine. Dans le reſſort du parlement de Bretagne, & de celui de Toulouſe, on ne fait que trois Criées de huitaine en huitaine : on n'en fait que

---

moyen deſquelles oppoſitions eſt empêchée l'adjudication par décret & diſtribution des deniers ; ſera préfix temps a l'arbitrage de juſtice, pour faire vuider leſdits procès ja commencés & pendans , & à faute de ce faire dedans ledit temps, ſeront leſdits procès petitoires intentés auparavant la ſaiſie, évoqués & rapportés devant le juge pardevant lequel ſeront pendantes leſdites Criées, & leſquels nous y avons dès à préſent, comme pour lors, evoqués & évoquons, en état qu'iceux procès ſeront lors trouvés, pour faire droit par même moyen ſur ladite demande pétitoire, comme ſeroit à faire une oppoſition afin de diſtraire : & ce par les pièces, & ſur l'inſtruction & état auquel ſera trouvé icelui procès, après le délai deſſuſdit paſſés, ſera auſſi paſſé outre, pour le regard des oppoſitions de recours de gaiantie, pour lequel n'auroit procès commencé, à la charge que les oppoſans poſtérieurs ſeront tenus obliger & hypothéquer tous & chacuns leurs biens & bailler caution idoine & ſuffiſante, de rendre & reſtituer les deniers qui par eux ſeront reçus à l'oppoſant ou oppoſans, pour raiſon de garantie, qui ſeroient trouvés être précédens en hypothèque auxdits oppoſans, auxquels la diſtribution auroit été faite.

Si donnons en mandement, &c.

E e ij

trois non plus en Auvergne ; mais c'est de quinzaine en quinzaine.

En Lorraine où l'édit des Criées n'est point
connu, on doit faire quatre Criées de quinzaine
en quinzaine (*).

---

(*) *Ce qui concerne les Criées dans cette province est
particulièrement réglé par les dispositions suivantes du titre
18 de l'ordonnance civile du duc Léopold du mois de novembre 1707.*

Article X. Les quatre Criées seront faites de quinzaine
en quinzaine ; contiendront par le menu les héritages saisis,
seront signées de l'huissier & des recors, tant ès originaux
qu'ès copies & affichées aux mêmes lieux que la saisie
réelle, avec expression de la quantième Criée, & déclaration qu'il sera procédé aux autres suivantes successivement aux jours ordinaires ; contiendront en outre
le nom du créancier, l'élection de son domicile, le
nom du débiteur, & la somme pour laquelle les Criées
font faites ; comme aussi porteront intimation à toutes personnes qui prétendront droit de propriété, cens ou rentes
foncières, servitudes, charges & hypothèques quelconques,
de s'opposer dans le temps, à peine de n'y être plus reçu ;
& lesdites Criées seront en outre contrôlées, sans qu'il soit
besoin de les signifier au débiteur.

Article XI. Les Criées seront faites les jours de dimanche, au-devant de la principale porte de l'église de la
paroisse, & à l'issue de la messe paroissiale. Abrogeons
l'usage de les faire les jours de samedi, dans les lieux où
cet usage étoit établi.

Article XII. Si les héritages saisis réellement font situés
dans le territoire de plusieurs paroisses, les affiches &
Criées seront faites à la porte de chacune d'icelles : si dans
celui d'une annexe ou succursale, en laquelle la messe ne
soit point célébrée ès jours de l'échéance des Criées, elles
seront faites au devant de la porte de l'église matrice, &
si l'église matrice est d'une autre souveraineté, elles seront
faites au devant de la porte de l'église de nos états la plus
prochaine, qui sera nommée par le juge.

Au refte quel que foit le délai qu'on doit obferver avant de procéder à chaque nouvelle
Criée, l'huiffier doit s'arranger de façon qu'aucune ne tombe le jour de Pâques, attendu que
ce dimanche eft excepté de ceux où cette forte
de procédure peut avoir lieu, & qu'à la rigueur,
le défaut de faire une des Criées dans le temps
fixé par la coutume ou par l'ufage, dans les
lieux où elles doivent être continuées, rend
toutes les autres nulles. On trouve néanmoins
dans le journal des audiences un arrêt du 29
juillet 1658, par lequel le parlement de Paris
n'a pas cru devoir annuller des Criées relativement à une qui tombant le jour de Pâques avoit
été faite le lendemain : il ordonna feulement
qu'il feroit fait une quinte & furabondante Criée.
Au parlement de Normandie, les Criées remifes au lendemain de Pâques font valables fans
faire de Criée furabondante. C'eft ce qui a été
jugé par deux arrêts des années 1606 & 1613
rapportés par Bérault. En Lorraine, la Criée
qui tombe le jour de Pâques peut être valablement remife au dimanche fuivant. C'eft la difpofition de l'article 14 du titre 18 de l'ordonnance du duc Léopold du mois de novembre
1707.

Si les biens faifis réellement font fitués dans
plufieurs paroiffes, il faut des Criées dans chaque paroiffe. Lorfqu'on dit une meffe folémnelle

Article XIII. Aucun appel ni oppofition ne pourront
arrêter ni interrompre le cours des Criées.

Article XIV. Si le jour d'aucunes Criées échet un jour
de Pâques folemnel, elles pourront être valablement remifes au dimanche fuivant, & fans vice de nullité.

aux églises succursales, les Criées doivent aussi y être faites pour les biens situés dans l'étendue du territoire de ces églises.

Les Criées des rentes constituées sur l'hôtel de ville qui sont présumées avoir une assiette à Peris, doivent se faire à la porte de l'église de saint-Jean en Grève, parce que c'est l'église paroissiale de l'hôtel de ville. Quant aux rentes constituées sur les particuliers, la coutume de Paris veut que les Criées s'en fassent devant la principale porte de l'église paroissiale de la partie saisie. Plusieurs coutumes, telles que celles d'Orléans & de Calais, ont des dispositions semblables que le parlement de Paris est dans l'usage d'étendre aux coutumes qui n'ont rien dit sur cet objet.

A l'égard des offices, il doit s'en faire trois publications de quinzaine en quinzaine aux lieux accoutumés, c'est-à-dire à la paroisse du siege où l'office est attaché & au lieu où la saisie réelle de l'office est enregistrée. C'est ce qu'a prescrit l'édit du mois de février 1683.

En Normandie il y a quelques usages particuliers relativement aux criées des héritages & des rentes constituées. On y fait par trois dimanches consécutifs, trois Criées des biens de rôture à la porte de l'église paroissiale du lieu où ils sont situés ; mais il faut auparavant qu'il se soit écoulé au moins quarante jours depuis la saisie réelle. Si l'église paroissiale est située hors du ressort de la Normandie, les Criées doivent se faire au jour ordinaire du plus prochain marché des biens saisis. Lorsqu'il s'agit d'un fief portant le nom de la paroisse où est le principal manoir, les trois Criées ne peuvent se faire que

trois mois après la faisie-réelle : & si le fief porte
le nom d'une paroisse & que le principal manoir
soit situé dans une autre paroisse , les proclamations doivent se faire dans les deux paroisses. Il
faut d'ailleurs que l'huissier ou le sergent qui
fait les Criées y appelle trois témoins autres
que ses recors ordinaires. Telles sont les dispositions de la coutume de Normandie. Et à l'égard
des rentes constituées sur des particuliers , le
règlement de 1666 veut que les Criées en soient
faites dans la paroisse où le débiteur de la rente
a son domicile.

L'huissier doit déclarer à haute & intelligible
voix en procédant aux Criées , à la requête de
qui , pour quelle dette & sur quelle personne les
héritages mis en Criées ont été faisis réellement ,
en quelle juridiction le décret est poursuivi , &
quel est le domicile élu par le saisissant. Il doit
ajoute rqu'à faute de payement , les biens faisis
seront vendus au plus offrant & dernier enchérisseur , & que si quelqu'un y a quelque droit
ou hypothèque , il ait à former son opposition.
Lorsque les biens faisis sont des biens de roture ,
il faut que l'huissier en spécifie les différentes
parties , & qu'il en marque les tenans & les
aboutissans. S'il est question d'un fief , il doit désigner le principal manoir. ( * ) Il dit ensuite si

(*) En Normandie il ne suffit pas de désigner le principal manoir du fief ; la coutume veut encore que l'huis-
fier ou sergent donne lecture de la déclaration du fief que
le saisissant a mise au greffe , ainsi que des actes en vertu
desquels la saisie a été faite , & qu'il attache lors des Criées
un placard a la porte de l'église paroissiale ou aux poteaux
principaux des halles ou marchés les plus prochains. Ce
placard doit contenir la déclaration des biens faisis.

la Criée est la première, la seconde, la troisième
ou la quatrième, & le jour auquel les Criées
suivantes se continueront jusqu'à la dernière.

S'il se présente quelque opposant pendant que
l'huissier fait les Criées, il doit recevoir l'opposition, en faisant élire à l'opposant un domicile
au lieu de la juridiction où le décret se poursuit,

En Lorraine les oppositions aux Criées doivent
être formées au greffe conformément à l'article
15 du titre 18 de l'ordonnance du duc Léopold
du mois de Novembre 1707.

Après chaque Criée l'huissier doit en dresser
un procès-verbal qu'il est tenu de faire signer par
ses records & de faire contrôler ( * ).

--------

( * ) *Formule d'un procès verbal de Criées :*
L'an.... le.... dimanche avant midi en vertu de.... & à
la requête de.... qui a élu son domicile en la maison de
Me.... son procureur, sise rue.... & faute de payement
avoir été fait audit.... par ledit.... de la somme de... de
principal & à laquelle il a été condamné par ladite sentence, sans préjudice des intérêts, autres droits & actions
frais & dépens, & mises d'exécution, continuant la signification de ladite sentence & commandement recordé de
témoins, portant refus, saisie réelle d'une maison sise à...,
sur ledit.... main-mise & établissement de commissaire,
dénonciation & signification d'icelle, avec déclaration que
la première Criée se feroit cejourd'hui, & les..., autres
a pareil jour de dimanche, de.... en.... opposition d'affiches,
& autres poursuites & diligences ci-devant faites; le tout
portant refus : je.... soussigné, me suis exprès transporté à
la grande porte & principale entrée de l'église paroissiale
de saint.... issue & fin de la grand'messe paroissiale, ledit
jour dite, chantée & célébrée en ladite église, les paroissiens sortant d'icelle en grand nombre, j'ai, a haute &
intelligible voix & cri public, dit & fait lecture de l'affiche ci-après transcrite :

Les coutumes de Nevers & de Bourbonnois exigent, outre les deux records qui font néceſſaires ſelon le droit commun, la préſence d'un notaire de cour laïque, à cauſe de l'importance des Criées ; mais cette formalité extraordinaire n'eſt uſitée que dans ces coutumes.

Lorſque les biens décrétés ſont ſitués dans l'enclos, aux rives & à cent perches des forêts, bois & buiſſons du roi, le pourſuivant Criées eſt obligé avant l'adjudication de mettre au greffe des maîtriſes les procès-verbaux des Criées, des affiches & des publications, afin que les gens

De par le roi & noſſeigneurs de...

On fait à ſçavoir.... (*on tranſcrit dans le procès-verbal de Criées l'affiche ci-deſſus, dont l'huiſſier fait lecture juſqu'à* mis & poſé) déclarant à tous, tant en particulier qu'en général, que c'eſt la première Criée de la ſuſdite maiſon.... ſaiſie ſur ledit... & que les.... autres Criées ſe feront & continueront à pareil jour de dimanche, de.... en ... lieu & heure que deſſus, ſans diſcontinuation, & juſqu'à perfection d'icelles, à ce que s'il y a quelques perſonnes qui ſur leſdites choſes réellement ſaiſies, prétendent quelques droits de propriété, de charges, recours de garantie, lods, ventes, cens, rentes, hypothèques, privilèges, dons, douaires, & autres créances de quelque nature qu'elles ſoient, ils aient à le dire & déclarer, & s'oppoſer pendant le cours deſdites Criées, toutes perſonnes y ſeront reçues éliſant domiciles ; ſinon à faute par eux de ce faire, le décret fait & parfait, ſigné, ſcellé & délivré nul n'y ſera plus reçu, & demeureront déchus de tous leurs droits & prétentions, ſans aucun recours ; à laquelle première Criée, nul ne s'eſt oppoſé, *ou bien* s'eſt oppoſé à.... afin de.... & étoient préſens à ce voir faire (*il faut déſigner au procès-verbal le plus de paroiſſiens que l'on peut*) tous paroiſſiens de ladite égliſe & bourgeois dudit lieu, & pluſieurs autres perſonnes ſortant de ladite meſſe de paroiſſe.

du roi puiffent en prendre communication &
veiller à la confervation des intérêts de fa majefté. Si l'on négligeoit cette formalité, ou fi l'on
procédoit à l'adjudication fans avoir fait juger
les oppofitions du procureur du roi, s'il en avoit
formé quelqu'une, le décret feroit nul & le juge
encourroit une amende de mille livres pour la
première fois, de deux mille livres pour la feconde fois & la privation de fa charge en cas de
récidive. C'eft ce qui réfulte de l'article 7 du
titre 27 de l'ordonnance des eaux & forêts du
mois d'août 1669.

Suivant l'ufage commun il n'eft pas néceffaire
de fignifier les Criées à la partie faifie ; mais
cette formalité doit être obfervée dans les coutumes qui la prefcrivent. Telle eft celle de
Vitry.

Les Criées étant faites, on doit les faire certifier. *Voyez à cet égard l'article* CERTIFICATEUR.

Aucun appel ni oppofition ne peuvent fufpendre le cours des Criées.

* *Des Criées dans le reffort du parlement de
Flandres.* Les décrets qui fe font en exécution
des arrêts du parlement de Flandres, doivent
être précédés de trois Criées faites de quinzaine
à autre, à la fuite de la meffe paroiffiale du lieu
où les biens faifis font fitués. L'huiffier exploiteur doit auffi mettre des affiches aux portes du
palais, de l'hôtel de vil'e du lieu, des églifes
& autres endroits publics. Si les biens étoient
fitués fous différentes paroiffes, il faudroit mettre des affiches dans chacune ; mais il fuffiroit de
faire le *cri public* dans celle où eft fituée la principale partie des biens.

La néceffité de faire les Criées à l'iffue de la

meſſe paroiſſiale eſt tellement indiſpenſable , qu'elles ſeroient nulles ſi elles avoient été faites dans un autre moment , parce que la meſſe ſe feroit dite ce jour - là plutôt ou plus tard qu'à l'ordinaire. C'eſt ce qu'a jugé le parlement de Flandres par arrêt rendu en 1673 , en faveur du comte de Genech.

Suivant l'article 82 du règlement du 16 ſeptembre 1672 , l'huiſſier exploiteur doit ſignifier les trois Criées à la partie *après qu'elles ſont effectuées.* Comme elles ſe font le dimanche , on a mis en queſtion , ſi la ſignification pouvoit s'en faire le même jour : mais le parlement de Flandres a décidé pour l'affirmative par arrêt du 11 octobre 1696 , rapporté dans le recueil de M. Pollet.

La coutume du Hainaut preſcrit des formalités un peu différentes : pour parvenir à un décret , il faut faire ſix Criées de huitaine en huitaine : dans l'intervalle des trois premières & avant la quatrième , le débiteur exécuté peut s'oppoſer ; mais après la quatrième il ne peut plus le faire. Quand les ſix Criées ſont faites , on procéde au décret de l'immeuble le lundi qui ſuit immédiatement la dernière Criée , après avoir averti le public par le ſon de la cloche.

Quand les exécutions ſe font en cette province en vertu d'un arrêt du parlement , on ne doit ſuivre pour les Criées que les formalités preſcrites par le ſtyle de la cour , & même dans le Hainaut françois , on doit les ſuivre indiſtinctement , ſoit qu'il s'agiſſe d'exécuter une ſentence d'un juge de province , ou un arrêt du parlement. C'eſt ce qui réſulte de l'article 3 de la déclaration du 17 novembre 1714 , qui ordonne que l'inſtruction des procès civils dans les bailliages, prévôtés & siéges de la province, se réglera à l'avenir sur le style seul du parlement.

Il arrive souvent qu'on prend en chancellerie des commissions des actes exécutoires, dont la connoissance appartient en première instance à quelque juge inférieur ; mais avec la clause qu'en cas d'opposition l'huissier exploiteur assignera l'opposant pardevant le premier juge. En ce cas, les Criées ne doivent pas être faites dans la forme prescrite par le style de la cour, mais par la coutume du lieu, comme l'a jugé un arrêt du 28 juin 1692, à moins que ce ne soit en hainaut, suivant ce qui vient d'être dit.

Comme les Criées doivent faire mention de la somme qui compose le loyer, s'il se trouvoit dans la suite qu'on l'eût porté plus haut qu'il n'est réellement, l'adjudicataire pourroit retenir sur le prix de son adjudication, non-seulement ce qu'il recevroit de moins pendant le reste du bail, mais ce que la somme qui manqueroit produiroit en capital, parce que l'erreur qui se trouve dans les Criées ne cause pas seulement à l'adjudicataire une perte du loyer pendant le terme du bail, mais un préjudice perpétuel & absolu qui ne se peut réparer que par la diminution du prix jusqu'à concurrence du capital de ce qui manque. C'est ce qu'a jugé le parlement de Flandres par arrêt du 8 janvier 1699, rapporté dans le recueil de M. le président Desjaunaux *.

Voyez *la coutume de Paris & les commentateurs ; le Journal des audiences ; les coutumes de Normandie, d'Auvergne d'Auxerre, de N. vernois, de Vitry, &c. ; les traités des Criées, par le Maître, Gouget, Forget & Bruneau ; l'encyclopédie ;*

*le traité de la vente des immeubles par décret ; Hevin sur Frain , &c.* Voyez auſſi les articles DÉCRET, AFFICHE, CERTIFICATEUR, SAISIE - RÉELLE, COMMISSAIRE, OPPOSITION, ADJUDICA- TION, &c. ( *Ce qui eſt entre deux aſtériſques dans cet article , eſt de M. MERLIN , avocat au parle- ment de Flandres* ).

CRIEUR. C'eſt un homme qui moyennant une certaine rétribution ſe charge d'annoncer à cri public les choſes auxquelles on veut donner de la publicité.

Il y a à Paris des Crieurs-jurés dont les fonc- tions s'étendent à fournir les tentures & les au- tres choſes qu'on a coutume d'employer pour les pompes funèbres ; ils furent érigés en titre d'office par une ordonnance de Charles VI du mois de février 1415, *pour crier les vins & les tavernes , crier les corps des morts , aller quérir & rapporter les robes , manteaux & chaperons pour les obſéques & funérailles , crier les denrées à vendre & les choſes perdues ,* avec défenſes à d'autres particuliers de s'immiſcer dans les fonctions at- tribuées à ces Crieurs.

Comme le titre de création de leurs offices ne ſembloit les autoriſer qu'à aller *quérir les robes, manteaux & chaperons ,* & non à les *four- nir* excluſivement à d'autres, ils furent troublés en 1633 dans la poſſeſſion où ils étoient de les fournir comme de les aller quérir ; mais ils y furent maintenus par des lettres-patentes en forme de déclaration du mois de juin de la même année.

Il y eut le 5 décembre de l'année ſuivante un arrêt du conſeil portant règlement pour le prix des tentures, afin qu'il ne dépendît plus comme auparavant de la *volonté des Crieurs.*

Le nombre de ces officiers fut augmenté de vingt nouveaux titulaires par un édit du mois de janvier 1690.

Le même édit en établit deux dans chaque ville du royaume où il y avoit préfidial ou élection, & un feul dans les petites villes, bourgs & paroiffes où il n'y en avoit pas, avec exemption de logement de gens de guerre, de collecte, de tutelle & des autres charges publiques.

Comme ceux qui cherchoient à fe faire pourvoir de ces offices dans l'intérieur du royaume éprouvoient toutes fortes de contradictions pour leurs fournitures, pour leurs rétributions & pour leurs priviléges, le roi rendit en fon confeil, le 12 feptembre de la même année 1690, un arrêt par lequel il enjoignit aux juges de police de veiller à ce que les officiers créés fuffent maintenus dans tous les droits à eux accordés par le titre de leur création.

Par un autre arrêt du confeil du 13 janvier 1691, les commiffaires départis dans les généralités du royaume furent autorifés à régler chacun dans fon département les droits & les vacations qui devoient revenir aux Crieurs dans chaque exercice de leurs fonctions (*).

_____

(*) *Pour donner une idée des droit attribués aux jurés Crieurs, nous allons rapporter le règlement arrêté par l'intendant de la généralité de Moulins, le 6 mars 1691.*

Pour l'affiftance des jurés Crieurs ou leurs prépofés avec leurs cloches aux enterremens a chacun 30 fous.

En cas de tenture, 3 fous par aune de ferge noire ou blanche.

Pour les cris de vin, une pinte du vin qui fera crié & fa valeur en fus.

Pour crier les chofes perdues 20 fous.

L'attribution de ces droits fut un appas qui engagea à lever ces sortes d'offices. Le roi profita de cette circonstance & créa par un nouvel édit du mois de décembre 1694, deux autres Crieurs dans chaque ville où il y avoit parlement ou autre cour supérieure ( à l'exception de Paris ) & un autre dans les villes où il y avoit présidial. Il ordonna en même-temps que ces Crieurs anciens & nouveaux feroient bourse commune pour les deux tiers de leurs droits, & que l'autre tiers feroit pour celui qui auroit exercé.

Les officiers dont il s'agit furent confirmés

---

Pour les cris à journées aux ventes des biens meubles & marchandises faites par les sergens ou autres personnes & aux inventaires, par jour 3 livres. •

Pour la vacation du défaut contre les dépositaires faute de représenter les meubles 10 sous.

Pour les cris & proclamations a haute voix à son de trompette des appels à ban, lettres de divorce, papiers terriers, séparations de biens, enchères d'offices, prix de baux, biens immeubles vendus par décret, & aux portes des églises, au palais, places publiques, 30 sous.

Pour les publications d'enchères qui se doivent faire pour les ventes des bois du roi & des seigneurs laïques, ecclésiastiques, octrois des villes, aux places publiques & salles du palais 50 sous.

Pour toutes autres publications faites à la requête de toutes sortes de personnes 30 sous.

En cas de transport à la campagne pour les publications des biens saisis réellement 20 sous par lieue.

Pour les monitoires affichés aux portes des églises ou carrefours 20 sous.

Pour lever des soldats auront par jour 15 sous , mais fera au choix de l'officier de se servir de son tambour s'il en a.

Fait & arrêté , &c.

dans leurs droits & priviléges à la charge par eux
de payer un supplément de finance ordonné par
une déclaration du 23 juin 1699, & le 13 juillet
de l'année suivante, il y eut une autre déclaration qui porta que ceux qui n'avoient point payé
ou fait leurs soumissions de payer, seroient déchus pour toujours de l'hérédité & des priviléges de leurs offices, sans pouvoir y être rétablis sous quelque prétexte que ce fût.

Il y eut en 1701 des altercations entre les
Crieurs & les marguillers des paroisses de Paris.
Elles furent terminées par un arrêt du conseil du
9 août de la même année. Cet arrêt qu'on trouve
dans le code des curés, régla que les fabriques
continueroient de fournir en la manière accoutumée la croix, le bénitier, le poêle & un certain nombre de chandeliers ; savoir *vingt-quatre*
pour chacune des paroisses de saint-Eustache,
saint-Germain l'Auxerrois, saint-Jean en Grève,
saint-Gervais, saint-Méry, saint-Nicolas des
Champs, saint-Roch & saint-Sulpice ; *dix-huit*
pour chacune de celles de saint-André-des-Arts,
saint-Barthelemi, saint-Benoît, saint-Côme,
saint-Etienne-du-Mont, saint-Jacques de la Boucherie, saint-Jacques du haut-pas, saint-Laurent,
saint-Leu, saint-Gilles, saint-Louis, saint-Nicolas
du Chardonnet, saint-Sauveur, saint-Séverin,
& *douze* pour chacune des autres paroisses de la
villes & des fauxbourgs (*). La fourniture du
surplus appartient aux Crieurs, même dans les
églises des couvens & communautés où leurs

(*) Cette fourniture des chandeliers s'étend suivant cet
arrêt à ceux qui se mettent autour du cercueil chez le défunt
ou dans l'église

droits

droits font encore plus étendus, car dans ces
églifes on ne peut fournir à l'exclufion de ces
officiers, que les croix & les chandeliers des
autels; il y a même une amende de quinze cens
livres contre ceux qui chercheroient à les troubler dans les droits où ils font maintenus par cet
arrêt.

· Il plut au roi de créer enfuite par un édit du
mois de juillet 1704, *trente jurés prud'hommes,
contrôleurs des jurés Crieurs de la ville de Paris,*
pour tenir un regiftre des fournitures qui feroient
faites par ces Crieurs, avec défenfes à ceux-ci
d'en faire aucune fans en avoir prévenu les contrôleurs; mais au moyen d'un payement de
foixante-dix mille livres auquel les Crieurs fe
foumirent, les offices de contrôleurs furent fupprimés par un autre édit du mois de février 1705.

Au mois de novembre 1704, le roi avoit
encore créé des offices *de fyndics des jurés-
Crieurs ;* mais au moyen d'une autre finance de
quinze mille livres, ces offices furent fupprimés
par un autre édit du mois de feptembre 1705.

En 1709, il y eut une création de l'office *de
garde des archives de la communauté des jurés-
Crieurs,* office qui fut encore fupprimé moyennant une finance de vingt-deux mille livres,
par édit du mois d'octobre 1714.

Il y a un très-grand nombre de villes de provinces où les offices dont il s'agit n'ont point été
levés & où il n'y a point de Crieurs en titre.
Ceux qui en font les fonctions, font des particuliers commis à cet effet par les maire & échevins. Au refte, que les Crieurs foient en titre ou
par commiffion, ils ne peuvent rien crier ni
annoncer publiquement, qu'ils n'en aient obtenu

auparavant la permiſſion du magiſtrat de police.
Le bon ordre exige cette ſoumiſſion pour éviter
des proclamations indiſcretes.

Les Crieurs de Paris ſont regardés comme
des officiers miniſtériels attachés au bureau de
la ville. L'ordonnance du mois de décembre
1672 *concernant la juridiction des prévôt des mar-*
*chands & échevins de Paris*, renferme un chapitre particuler au ſujet *des jurés-Crieurs*. L'article
premier de ce chapitre (qui eſt le chapitre 14)
porte qu'il »ne ſera loiſible à autres perſonnes
»qu'aux jurés-Crieurs, de crier vins en cette
» ville & fauxbourgs de Paris, ni les perſonnes
»ou enfans égarés ». On n'entend plus aujour-
d'hui de cris de ces officiers. Quand on veut
faire ſavoir quelque choſe au public, on ſe ſert
d'affiches ou de billets imprimés avec permiſſion.
L'article 2 & l'article 3 concernent le ſervice
qu'ils doivent faire & les tentures qu'ils doivent
fournir pour les obſéques & autres cérémonies
funèbres. L'article 4 porte que » toutes les con-
»,teſtations qui ſeront formées pour raiſon des
» droits (*) attribués aux jurés-Crieurs, ſeront

(*) *Les droits dont il s'agit ont varié en différens tems:*
*le dernier tarif du 5 janvier 1671 qui les regloit, a été*
*augmenté par un nouveau tarif homologué par une ſentence*
*du bureau de la ville du 23 octobre 1760, & par un*
*arrêt du 4 décembre ſuivant, que nous allons rapporter.*
Louis, par la grace de Dieu, roi de France & de navarre; au premier huiſſier de notre cour de parlement,
ou autre notre huiſſier ou ſergent ſur ce requis; ſçavoir
faiſons: que vu par notre-dite cour la requête à elle
préſentée par les ſyndic, procureurs & communauté des
officiers jurés-Crieurs de corps & de vin de la ville de
Paris, à ce qu'il fût ordonné que la ſentence rendue au
bureau de l'hôtel-de-ville de Paris le 23 octobre 1760,
par laquelle a été fait & arrêté le tarif des droits, ſalaires

» réglées par les prévôt des marchands & éche-

& vacations des fupplians ; tant pour les fournitures qu'ils feroient aux obféques , funérailles , fervices des défunts & autres cérémonies funèbres , que le droit de préfence des officiers qui y affifteroient ; ledit tarif inferé en ladite fentence feroit homologué en notredite cour , pour être ladite fentence & ledit tarif exécutés felon leur forme & teneur : vu auffi les pièces attachées à ladite requête fignée Laurent , procureur.

*Suit la teneur de ladite fentence.*

A tous ceux qui ces préfentes lettres verront : Jean-Baptifte le Camus de Pontcarré , chevalier , feigneur de Viarme , Seugy , Beroy , & autres lieux , confeiller d'état , prévôt des marchands & les échevins de la ville de Paris : falut. Sçavoir faifons : que vu la requête à nous préfentée par les fyndic , procureurs & communauté des officiers jurés-Crieurs de corps & de vin de cette ville de Paris , contenant , que le dernier tarif des droits attribués aux fupplians a été fait & arrêté au bureau le 5 janvier 1671 , que depuis ce temps il eft furvenu des changemens fi confidérables dans les différens genres de fournitures néceffaires aux pompes funèbres tant des rois que des princes & particuliers ; que d'un côté la plupart des articles qui compofent ce tarif ne font plus d'aucun ufage , ce qui les a mis dans le cas de faire des changemens dans leur magafin , les marchandifes & la main d'œuvre fe trouvant confidérablement augmentées , il n'eft pas poffible que ce tarif puiffe fervir de règle aux nouvelles fournitures que les fupplians font obligés de faire , avec d'autant plus de raifon , que ces fournitures qui confiftent en moëre , velours , draps & ferges , font actuellement d'un prix exorbitant , & font également d'un entretien confidérable , que les fupplians ayant intention d'obtenir du bureau un nouveau tarif qui puiffe les mettre en état de fervir le public & de fupporter le poids des dépenfes aufquelles ils font affujettis ont recours à l'autorité du bureau : à ces caufes , les fupplians requeroient qu'il nous plaife leur accorder un nouveau tarif des droits que nous jugerons à propos de fixer pour toutes les fournitures qu'ils ont droit de faire aux pompes funèbres , fervices ,

» vins, pardevant lefquels les héritiers, légatai-
» res univerfels ou autres feront appelés ».

---

bouts-de-l'an, & autres : autorifer les fupplians à fe retirer
par-devers l'un de nos échevins pour faire régler par lui
les mémoires des fournitures qu'ils auront faites aux obfeques & autres cérémonies funèbres des défunts, à l'effet
de fe procurer le payement du montant de ce qui aura
été reglé, & même des frais de la part des redevables ;
permettre aux fupplians de faire affigner au bureau qui il
appartiendra en condamnation de leurs droits ; ladite requête fignée Davault, procureur en ce bureau : vu auffi
le tarif des droits, falaires & vacations attribués aux fupplians, arrêté au bureau le 5 janvier 1671, y énoncé :
conclufions du procureur du roi & de la ville : nous ayant
égard à ladite requête, avons fait & arrêté le tarif des
droits, falaires & vacations des fupplians tant pour les
fournitures qu'ils feront aux obfeques, funérailles, fervices
des défunts, & autres cérémonies funèbres, que le droit
de préfence des officiers qui y affifteront, ainfi qu'il fuit :

S A V O I R :

Pour un cent de petits billets d'enterremens, papier,
impreffion & port compris, cinq livres.

Pour le cent de moyen defdits billets, fix livres.

Pour un cent de grand defdits billets, fept livres.

Pour un cent de grandeur extraordinaire pour les perfonnes qualifiées & conftituées en dignités, huit livres.

Pour le cent de billets in-quarto doubles pour invitation aux fervices, impreffion & port auffi compris, cinq
livres.

Pour le cent defdits billets papier grand in-quarto, fix
livres.

Pour ceux de forme extraordinaire, grand papier coupé
ou rogné, fept livres.

Pour une eftrade, par chacun jour douze livres.

Pour un parement de velours noir ou de fatin blanc
pour fervir à une expofition, par chacun jour quatre
livres.

Pour un prie-Dieu & les carreaux néceffaires, pour chacun jour deux livres dix fous.

Lorfqu'il y a des objets foumis au règlement

Pour la charpente d'un dais fervant à une expofition, pour chacun jour douze livres.

Pour un dais de velours noir ou de damas blanc, pour ehaque jour trente livres.

Pour un poéle de velours noir ou de damas blanc, pour chaque jour dix livres.

Pour un autre poéle aufli de velours noir ou de fatin herminé, pour fervir au tranfport, ainfi qu'au maître-autel des églifes, pour chacun jour dix-huit livres.

Pour un cercueil de plomb de médiocre grandeur de poids moyen, fuivant la quittance du plombier.

Pour un autre cercueil de plomb de grandeur extraordinaire, fuivant aufli la quittance du plombier.

Pour un baril de plomb pour contenir & renfermer les entrailles, fuivant la quittance du plombier.

Pour un baril d'un poids & d'une grandeur extraordinaire au même ufage, fuivant la quittance du plombier.

Pour un cœur de plomb, grandeur ordinaire, aufli fuivant la quittance du plombier.

Pour un autre de grandeur plus confidérable, fuivant palement la quittance du plombier.

Pour un cercueil de bois de chêne garni d'equerres, fuivant la quittance du menuifier.

Pour un de grandeur confidérable aufli de bois & aufli garni, fuivant la quittance du menuifier.

Pour un chandelier, par chacun jour une livre.

Pour une croix aufli par chacun jour, une livre dix fous.

Pour un bénitier & fon goupillon, par jour un livre dix fous.

Pour une couronne de vermeil & fon carreau de velours, pour chacun jour dix livres.

Pour un bâton de maréchal de fiance & fon carreau de velours, par jour douze livres.

Pour le mortier de préfident & le carreau aufli de velours, par chacun jour douze livres.

Pour les maffes de chancelier & de gardes des fceaux avec carreau de velours, par chacun jour dix livres.

F f iij

de M. l'archevêque, tels que ceux qui regar-

Pour chacune des plaques pour servir à éclairer les appartemens & escaliers, par jour dix sous.

Pour le pot & la tasse de vermeil doré, le pain, le vin, la serviette, pour servir à l'offrande ; une livre dix sous.

A trois hommes pour porter l'offrande & la présenter en manteau, six livres.

Pour chacune aune de serge ou de drap noir ou blanc, pour chacun jour trois sous.

Pour une aune de tenture de velours ou satin blanc pour y attacher les armes, par chacun jour dix sous.

Pour une chaise couverte de drap noir ou blanc par jour quinze sous.

Pour un siège ployant couvert pareillement de drap noir ou blanc, par jour dix sous.

Pour chaque carreau de drap noir ou blanc, aussi par jour dix sous.

Pour un fauteuil de drap noir ou blanc, par jour une livre.

Pour un grand carreau de velours noir ou blanc bordé d'argent, avec franche, pour chacun jour une livre.

Pour un grand corbillard servant au transport des corps des défunts, par chacun jour trente livres.

Pour un carrosse de suite drapé, par chacun jour quinze livres.

Pour une paire de caparaçons unis, par chaque jour dix livres.

Pour une autre paire de caparaçons à moère d'argent, aussi par jour dix huit livres.

Pour une housse de selle de cheval, comprise la crinière, pour chacun jour six livres.

Pour une paire de chevaux de louage pour servir aux transports en campagne, par chacun jour quinze livres.

Pour semblable paire de chevaux pour servir aux transports en cette ville & fauxbourgs, par chacun jour douze livres.

Pour un petit autel dressé en une salle de dépôt, garni de ses paremens, soubassemens, pierre bénite, gradins & marche-pieds, pour chacun jour trente livres.

Pour une crédence garnie, par chacun jour quatre livres.

dent le port du cadavre & l'ouverture de la

Pour un grand autel à la romaine garni de toutes chofes, pour chacun jour cinquante livres.

Pour un grand dais de velours noir ou de fatin blanc fufpendu à la voûte d'une églife, par chaque jour cinquante livres.

Pour un manteau ordinaire, par chaque jour une livre dix fous.

Pour un manteau bourgeois, par jour deux livres dix fous.

Pour un autre de cour à longue queue, par jour fix livres.

Pour une mante noire, cent vingt livres.

Pour un voile neuf, trente livres.

Pour une mante de louage, par jour vingt livres.

Pour celui d'un voile, par jour trois livres.

Pour une robe de palais, par chacun jour trois livres.

Pour un habit de maître, par jour trois livres.

Pour celui d'un officier de maifon, par jour deux livres.

Pour celui d'un domeftique, auffi par jour une livre dix fous.

Pour une aune de pente de velours noir à crépine d'argent ou de fatin blanc pour le fanctuaire & les tablettes des filets de lumieres, par jour quatre livres.

Pour de grandes armes peintes fur toile de cinq pieds, fuivant la quittance du peintre.

Pour les moyennes fervant aux autels & aux poeles, *idem*.

Pour celles peintes fur papier pour mettre fur les velours ou fatins, *idem*.

Pour celles fur carton pour fervir au luminaire, *idem*.

Pour chaque girandole à cinq branches pour fervir au bas des grandes armoiries, quatre livres.

Pour chacun des pieux employez à élever la tenture à hauteur convenable, par chaque jour quinze fous.

Pour l'honoraire de l'officier juré-Crieur, pour chaque jour dix livres, & plus fuivant fes peines, dix livres.

Pour chacun des officiers obligez au nombre de fept de faire les proclamations pour les juges confuls, y compris l'affiftance aux convois, dix livres.

foſſe, la taxe s'en fait au châtelet, ſuivant que l'obſerve Deniſart. Il a même vu, dit-il, fixer quelquefois au châtelet, les frais funéraires dûs aux jurés-Crieurs quand la taxe ſe trouvoit incidente aux conteſtations qui y étoient pendantes.

Les jurés-Crieurs de Paris ont des ſtatuts qui ont été enregiſtrés au Parlement le 26 février 1681. Suivant l'article 27 de ces ſtatuts, il faut

---

Faiſons défenſes aux ſupplians d'exiger autres & plus grandes ſommes que celles qui ſont compriſes & contenues au tarif cy-deſſus & des autres parts, ſous telles peines qu'il appartiendra : ordonnons que dans le cas de fournitures de choſes non compriſes au préſent tarif, & dont l'uſage pourroit à l'avenir s'introduire dans les pompes funébres, les ſupplians ſeront tenus de ſe pourvoir au bureau pour en faire regler les prix ; autoriſant les ſupplians à ſe retirer par devers l'un de nos échevins pour faire regler les mémoires des fournitures qu'ils auront faites aux obſeques, funérailles, ſervices, & autres cérémonies, à l'effet de ſe procurer le payement du montant de ce qui aura été reglé, & en cas de refus de la part des redevables, permettons aux ſupplians de les faire aſſigner pardevant nous en condamnations de leurs droits & ſalaires. Ce fut fait & donné au bureau de la ville de Paris le jeudi vingt-troiſième jour d'octobre mil ſept cent ſoixante. *Signé* Taitbout, avec paraphe. Contrôlé, avec paraphe. Scellé le 17 novembre 1760, reçu trente-un ſous trois deniers. *Signé*, Chaſtaignier, avec paraphe.

Concluſions du procureur général du roi : oui le rapport de Me. Claude Trudenne, conſeiller : tout conſidéré :

Notredite cour a homologué & homologue la ſentence du bureau de la ville du 23 octobre dernier, pour être ladite ſentence & le tarif inſéré en icelle exécutés ſelon leur forme & teneur. Si mandons mettre le préſent arrêt à exécution. Donné en notredite cour de parlement le quatre décembre l'an de grace mil ſept cent ſoixante, & de notre regne le quarante-ſixième. Collationné. Regnault. Par le chambre. Dufranc.

être né en légitime mariage, être de bonnes mœurs, de la religion catholique & être âgé de vingt ans pour être reçu juré-Crieur. C'eft au bureau de la ville que fe fait la réception & qu'on prête le ferment.

La jurifprudence a mis les Crieurs au rang des privilégiés fur les biens des défunts; en ob- fervant toutefois que le port du cadavre & l'ou- verture de la foffe font compris au nombre des frais funéraires, & que les autres font en con- currence avec les frais de maladie. On peut voir à ce fujet un acte de notoriété du châtelet, du 24 mai 1694. Il a même été jugé au parlement le 27 février 1720, que des mineurs feroient tenus, malgré toute renonciation à la fucceffion de leur mère, de payer ou faire payer aux jurés- Crieurs fur les immeubles de la fucceffion, une fomme de 169 livres 14 fous qui leur étoit due, fauf le recours de ces mineurs contre l'hérédité de la défunte; décifion conforme à celle de plu- fieurs autres arrêts qui ont jugé que les frais fu- néraires pouvoient être demandés aux enfans qui renoncent à la fucceffion de leur père ou de leur mère, fauf leur recours contre la fuccef- fion (*). C'eft auffi ce qu'on peut remarquer dans le commentaire de Brodeau fur l'article 161 de la coutume de Paris.

Le privilège des Crieurs eft encore établi fur

---

(*) Il n'en eft pas de même d'une veuve qui a renoncé à la communauté : un arrêt du 29 avril 1688, en infir- mant une fentence du châtelet, ordonne « que quand les » jurés-Crieurs voudront obliger une veuve qui aura re- » noncé à la communauté, de payer les frais de l'enterre- » ment ou bout de l'an, ils prendront pour cet effet un » ordre d'elle par écrit ».

d'autres préjugés, notamment fur un arrêt du 7 août 1685, par lequel ils furent reçus oppofans à l'ordre du prix des biens de la maifon de Vendôme, en ce qu'ils n'avoient été colloqués que comme fimples créanciers, & par lequel il fut ordonné qu'ils feroient payés par privilége ; arrêt qui prouve en même-temps que des frais de l'efpèce de ceux dont il s'agit, peuvent fe prendre tant fur la vente des fonds que fur celle du mobilier.

Quand une fucceffion n'eft pas fuffifante pour répondre de toutes les dettes dont elle eft chargée, on fait reftreindre les fournitures des Crieurs aux chofes auxquelles le peu de fortune du défunt devoit naturellement les borner ; & fi ces Crieurs n'ont point formé leur demande dans l'année, ils font dans le cas de la fin de non-recevoir, fuivant ce qui réfulte d'un arrêt du 28 juillet 1693 cité par Lacombe, & rapporté au journal des audiences.

Nous n'omettrons pas d'obferver que les Crieurs eurent en 1738 des conteftations avec les frippiers pour la fourniture des manteaux & d'autres chofes ufitées aux cérémonies funèbres : les Crieurs fe pourvurent au bureau de la ville où ils obtinrent une fentence le 7 octobre de cette année, par laquelle il fut fait défenfes aux frippiers *de s'immifcer dans l'arrangement des cérémonies funèbres, ni faire aucune fourniture de manteaux*, &c. Les frippiers interjetèrent appel de cette fentence, mais elle fut confirmée par un arrêt du 28 avril 1741.

Les frippiers ne fe crurent point par-là privés de la faculté de fournir des habits de deuil le jour des obféques & des pompes funèbres, &

ils continuèrent d'en fournir comme auparavant. Ceci donna lieu à différentes fentences rendues au bureau de la ville, fur l'appel defquelles il intervint un arrêt le 18 juin 1744, par lequel il fut ordonné que l'arrêt du 28 avril 1741 feroit exécuté felon fa teneur ; que cependant « à » l'avenir les jurés-Crieurs & les frippiers fe- » roient concurremment la fourniture des habits » de deuil le jour des obféques & pompes funè- » bres ».

Cet arrêt ne renferme aucune contradiction avec le premier : celui-ci laiffe aux Crieurs la fourniture des tentures & même des manteaux, exclufivement aux frippiers ; mais quant aux habits, comme il étoit jufte que ceux qui en avoient befoin puffent en trouver d'affortis à leur taille, & que les frippiers procuroient mieux cette facilité que les Crieurs, la cour crut devoir avec raifon mette les uns en concurrence avec les autres pour cet objet.

La communauté des imprimeurs-libraires eut auffi une conteftation à effuyer avec les Crieurs en 1749. L'affaire fut d'abord portée en pre- mière inftance devant M. le lieutenant-général de police comme commiffaire du confeil dans la partie de la librairie, & la fentence de ce ma- giftrat du 2 décembre 1750, fut en faveur des imprimeurs. Sur l'appel au confeil d'état du roi que les Crieurs jugèrent à propos d'en inter- jeter, il intervint un arrêt le 17 janvier 1752, par lequel il fut ordonné que conformément au jugement du commiffaire, « les maîtres impri- » meurs pourroient imprimer les billets d'en- » terrement, fervice, bout de l'an & autres in- » vitations fünèbres, à la *feule réquifition* des

» particuliers qui en auroient befoin , & fans
» être obligés de prendre l'ordre ni le confen-
» tement par écrit des jurés-Crieurs ; il fut fait
» en même-temps défenfes auxdits jurés-Crieurs
» de troubler lefdits imprimeurs dans la liberté
» de faire lefdites impreffions fous quelque pré-
» texte que ce fût ; le tout fans préjudice aux-
» dits jurés-Crieurs de faire imprimer lefdits
» billets & invitations par tel imprimeur que
» bon leur fembleroit , même de les faire porter
» quand lefdits particuliers les en chargeroient,
» fans que fous ce prétexte ils puffent empêcher
» lefdits particuliers d'employer pour le port
» defdits billets & invitations telles perfonnes
» qu'ils jugeroient à propos ».

Obfervez que la dernière difpofition de cet
arrêt eft relative à la faculté qu'ont les particuliers pour les tentures, pour les habits & autres
chofes néceffaires aux cérémonies funèbres, de
fe fournir eux-mêmes s'ils le jugent à propos :
tout le droit des Crieurs à cet égard eft fimplement d'avoir la préférence lorfque ces particuliers ont befoin de fe fournir d'emprunt & à
prix d'argent ; de forte qu'un marchand drapier
ne pourroit point , au préjudice des Crieurs ,
fournir des pièces d'étofe pour une tenture , &
les reprendre enfuite moyennant une certaine
rétribution.

Lorfqu'à Paris les Crieurs affiftent aux cérémonies, ils y font en robe de palais. Ils font
obligés de porter les armes du défunt peintes en
carton fur leur poitrine : on les a vus anciennement les porter devant & derrière fur leur robe
à peu près comme on porte un fcapulaire.

Dans quelques villes de province ils font vêtus d'une espèce de casaque noire ; ils sont obligés de se conformer à l'usage ; il paroît même qu'on ne doit rien innover à cet égard, car les juges de police de la ville d'Angers ayant voulu en 1745 faire quelque changement à l'habit de cérémonie des Crieurs, ceux-ci furent maintenus par un arrêt du 14 février 1750, dans le droit de s'habiller à la manière accoutumée.

‘ Lorsqu'il y a des publications judiciaires à faire de sentences, d'ordonnances, de réglemens, &c. ces publications se font par un huissier assisté de ceux qui sont préposés pour assembler le public au son de la trompette ou du tambour. Il y a à Paris un Crieur public pour faire ces sortes de publications, & l'office de ce Crieur est possédé par un huissier auquel il appartient aussi de donner les assignations à cri public.

A l'égard des publications extrajudiciaires qui n'ont pour objet que de satisfaire la curiosité publique, ces publications se font par des particuliers présentés par le corps de la librairie & reçus à la police. Ce sont eux qui crient dans les rues de Paris les édits, les déclarations, les arrêts, &c. On peut voir à l'article COLPORTEUR, les réglemens qui sont communs à ces sortes de Crieurs.

*Crieurs de galons.* Ce sont des Crieurs d'une autre espèce : ceux-ci sont soumis ainsi que les ouvriers ou marchands qui trafiquent des matières d'or & d'argent, à la juridiction des monnoies.

Un réglement de cette cour en date du 21 novembre 1644, fit défenses à toute personne de crier & même d'acheter de vieux galons &

des paſſemens d'or & d'argent dans le royaume, ſans en avoir obtenu la permiſſion de la cour ou des généraux provinciaux, & en leur abſence des officiers des monnoies particulières de leur reſſort. Il fut ordonné en même-temps que les paſſemens d'or & d'argent brûlés ſeroient portés aux monnoies ou chez les changeurs, avec dé-fenſes à tout particulier de les acheter des Crieurs ſous peine de mille livres d'amende, de confiſcation & de punition corporelle.

Ce réglement ne recevant point ſon exécu-tion, le procureur général de la cour des mon-noies en fit des remontrances qui furent ſuivies d'un autre arrêt du 27 ſeptembre 1649, par lequel il fut ordonné que le réglement dont il s'agiſſoit ſeroit pleinement exécuté.

Dès qu'il fut publié, pluſieurs particuliers donnèrent leur requête à la même cour des monnoies afin que l'ancienne poſſeſſion où ils étoient d'acheter les vieux galons, leur fût con-ſervée, à la charge de les vendre aux maîtres des monnoies à raiſon de vingt - ſix livres le marc.

Sur ces repréſentations, la cour leur permit par un arrêt du 29 du même mois de ſeptembre de la même année 1649, « d'acheter cordons » de chapeau, poignées d'épée & paſſemens d'or » & d'argent, de les brûler & de les vendre aux » maîtres des monnoies à raiſon de vingt-ſix » livres le marc, avec défenſes de les vendre à » d'autres, à peine d'être privés de ladite per-» miſſion, & de cent livres d'amende, & encore » à la charge d'exécuter les ſuſdits arrêts de 1644 » & de 1649 ſous les peines y portées : faiſant » ladite cour défenſes à toutes autres perſonnes

» de s'immifcer en ladite fonction , à peine du
» fouët , &c. ».

La même cour a renouvelé ces défenfes par
un arrêt du 17 feptembre 1750 , rendu fur le
réquifitoire du procureur général. ( *Article de*
*M.* DAREAU *, avocat au parlement ,* &c. )

CRIME. C'eft une action méchante qui
bleffe directement l'intérêt public ou les droits
du citoyen.

Nous diviferons cet article en quatre fec-
tions :

Dans la première , il fera queftion de la divifion des Crimes & de l'action à laquelle ils donnent lieu :

Dans la feconde , on parlera de la manière de
conftater les Crimes :

Dans la troifième , de la punition des Crimes :

Dans la quatrième , des formalités ou procédures ufitées dans la pourfuite des Crimes.

## SECTION PREMIÈRE.

### *De la divifion des Crimes , & de l'action à laquelle ils donnent lieu.*

Les romains diftinguoient deux fortes de Crimes ou de délits (*) , les uns publics & les
autres privés. Les Crimes publics étoient ceux

---

(*) Quoique ces deux termes aient la même fignification , on fe fert néanmoins le plus fouvent du terme de
*Crime*, pour défigner un délit grave qui intéreffe le public , & l'on emploie plus particulièrement le mot *délit* ,
pour fignifier un Crime dont la réparation concerne moins
le public que quelque perfonne privée.

que toutes fortes de perfonnes avoient le droit de pourfuivre quoiqu'elles n'y euffent point un intérêt direct. Et l'on appeloit *Crimes privés*, ceux dont la pourfuite n'étoit permife qu'aux particuliers qui y étoient intéreffés.

Les Crimes fe divifoient auffi en Crimes ordinaires & en Crimes extraordinaires : les premiers étoient ceux dont la peine étoit déterminée par la loi , par les conftitutions des empereurs ou par l'ufage : les autres étoient ceux dont la peine étoit laiffée à l'arbitrage du juge.

En France on n'obferve point ces diftinctions. Mais on peut envifager les Crimes fous quatre rapports différens , & les divifer en quatre claffes :

Dans la première font ceux qui attaquent la religion : tels font l'athéifme , l'héréfie , le blafphême , le parjure , l'abus des facremens , &c.

Dans la feconde , font ceux qui offenfent la perfonne du roi ou qui donnent atteinte à fon autorité : tels font le Crime de leze majefté au premier chef , les levées de troupes fans commiffion , la rebellion à juftice , le Crime de fauffe monnoie , les affemblées illicites , &c.

Dans la troifième, font les Crimes qui attaquent les particuliers foit dans leur perfonne , foit dans leur honneur ou dans leurs biens. Tels font l'affaffinat , les voies de fait , le poifon , le rapt , les libelles diffamatoires , le vol , le ftellionat , &c.

Dans le quatrième , font les Crimes qui troublent la police & l'ordre public. Tels font le maquerellage , la proftitution publique , les jeux défendus , les banqueroutes frauduleufes , l'expofition de part , &c.

L'action

L'action à laquelle la plupart des Crimes donnent lieu doit être considérée relativement à l'intérêt public & à l'intérêt particulier. Ainsi on peut dire que le Crime produit une double action, dont l'une tend à faire prononcer la peine que mérite le Crime, & l'autre a pour objet la réparation civile due à chaque particulier offensé.

L'action qui a rapport à la peine ne peut être exercée en France que par les officiers que le roi a chargés de veiller à l'intérêt public. Ces officiers sont les procureurs généraux dans les cours, les procureurs du roi dans les bailliages, les sénéchaussées, les prévôtés & les autres juridictions royales, & les procureurs fiscaux dans les justices seigneuriales. Les promoteurs des officialités ont aussi le droit d'intenter contre les ecclésiastiques une pareille action, mais ils ne peuvent conclure qu'à des peines canoniques & nullement à des peines corporelles ou infamantes.

Quant à l'action qui a pour objet la réparation civile, elle peut être intentée par les personnes offensées : leurs conclusions tendent en cas pareil, à ce que l'accusé soit condamné aux dommages & intérêts occasionnés par le Crime qu'il a commis, mais elles ne peuvent d'ailleurs conclure à aucune peine afflictive ou infamante, si ce n'est en matière d'adultère, comme nous l'avons dit en traitant cet article.

Il n'est pas douteux que la partie civile ou offensée ne puisse abandonner l'action qu'elle a droit d'intenter : mais il en est autrement de l'action qui a pour objet la punition du Crime & qui est confiée aux officiers chargés du ministère public. Ceux-ci font obligés de pourfuivre lorfqu'il s'agit d'un Crime qui mérite une peine afflictive ou infamante, foit que la partie civile fe plaigne ou qu'elle garde le filence. Cela leur eft enjoint par l'article 19 du titre 25 de l'ordonnance criminelle de 1670.

Ces pourfuites doivent être exercées tant contre les principaux coupables que contre leurs complices, quand même ils feroient mineurs ou morts civilement. On n'excepte de cette règle que les enfans qui n'ont pas encore l'ufage de la raifon, & les infenfés, parce qu'on ne peut pas fuppofer qu'en commettant le Crime ils aient eu connoiffance de ce qu'ils faifoient & qu'ils aient eu intention de le commettre.

Le décès de l'accufé anéantit l'action que la partie publique a pu diriger contre lui, quand même cette action auroit été dirigée avant qu'il fût mort : mais cette décifion n'a pas lieu à l'égard du Crime de lèze majefté divine ou humaine en certains cas, du duel, du fuicide & de la rebellion à juftice à force ouverte, lorfque le coupable y a perdu la vie. C'eft ce qui réfulte de l'article premier du titre 22 de l'ordonnance criminelle.

Les héritiers de la perfonne contre laquelle le Crime a été commis, peuvent comme elle en pourfuivre la réparation civile.

Il faut en dire autant de quelqu'un qui fans être héritier, a néanmoins fouffert du dommage par le Crime commis. Ainfi la femme dont le mari a été affaffiné eft bien fondée à pourfuivre le coupable & à demander des dommages & intérêts, quand même elle n'auroit pas été commune en biens avec fon-mari.

Si celui qu'on a offensé est mineur, la réparation de l'offense peut être poursuivie par son père ou par son tuteur. Un mari est pareillement en droit de demander la réparation de l'offense faite à sa femme.

Il y a même des coutumes, telles que celle d'Orléans, qui autorisent la femme à poursuivre par elle-même & sans le consentement de son mari, la réparation civile du délit dont elle a à se plaindre.

Si le fils, le domestique, le religieux viennent à commettre un délit dans des affaires où ils agissent comme préposés par le père, le maître, le monastère, ceux-ci sont tenus civilement du fait du coupable (*).

Le Crime & l'action qui en dérivent se prescrivent par vingt années, à moins qu'il n'y ait eu un jugement définitif prononcé ou exécuté par effigie. Alors la prescription ne s'acquiert que par trente années (**).

Mais quand ces trente années commencent-elles à courir ? Est-ce du jour que la condamnation a été prononcée ou exécutée par effigie, ou de celui que le Crime a été commis ?

Plusieurs criminalistes ont pensé que la pres-

(*) L'article 37 de l'édit du mois de mars 1685, & l'article 31 de l'édit du mois de mars 1724 concernant les esclaves des colonies, veulent que le maître soit tenu de reparer le dommage occasionné par le délit de son esclave, si mieux il n'aime abandonner l'esclave a la personne qui a souffert le dommage.
(**) Il faut observer qu'il y a des crimes tels que ceux de duel & de leze majesté au premier chef qui ne se prescrivent par aucun laps de temps.

Gg ij

cription ne devoit courir que du jour de la condamnation prononcée ou exécutée par effigie. Cette opinion nous paroît mal fondée, & nous croyons au contraire qu'en ce qui concerne la peine, la prescription doit commencer à courir du jour que le Crime a été commis.

Nous ne dissimulerons cependant pas que par arrêt du 26 avril 1625, rapporté au journal des audiences, il a été prononcé un hors de cour contre le nommé Guillaume Marchand qui demandoit que le Crime d'assassinat dont il s'étoit rendu coupable il y avoit trente & un ans, fût déclaré prescrit, nonobstant le jugement de contumace rendu contre lui & exécuté par effigie depuis vingt-huit ans : mais outre que des circonstances particulières ont pu faire rendre cet arrêt, le législateur paroît avoir réformé implicitement cette jurisprudence par l'article 35 de l'édit du mois d'août 1769 concernant les duels : *le Crime de duel*, dit cette loi, *ne pourra être éteint ni par la mort, ni par aucune prescription de vingt ni de trente ans*, &c. ; & les coupables de duel, ajoute le législateur, *pourront être recherchés pour les autres Crimes par eux commis auparavant ou depuis, nonobstant ladite prescription de vingt & trente ans*, &c. Ces expressions supposent que tous les Crimes à l'égard desquels la prescription peut avoir lieu, sont en effet dans le cas d'être prescrits par vingt ou par trente années, & il est évident que c'est de l'instant où le Crime a été commis que ces années doivent se compter.

Cette doctrine est d'ailleurs bien clairement établie dans une ordonnance qui n'a pas été faite à la vérité pour la France , mais qui a été rédigée selon l'esprit de l'ordonnance de 1670 , par les soins des jurisconsultes les plus éclairés qu'il y eût alors au parlement de Paris : nous voulons parler de l'ordonnance criminelle du duc Léolold de Lorraine du mois de novembre 1707. Voici ce que portent les articles 16 & 17 du titre 15.

» *Article 16.* Déclarons tous Crimes éteints » & prescrits par le laps de vingt années , soit » qu'il y ait eu condamnation ou non , à l'ex- » ception du Crime de lèze majesté au premier » chef : mais l'action en dommages & intérêts » ne demeurera éteinte & prescrite que par le » laps de trente années.

» *Article 17.* Si la condamnation a été exé- » cutée par effigie ou inscription sur le tableau , » le Crime ne se prescrira que par le laps de » trente années ».

Quant à la prescription relative aux intérêts civils qui dérivent du Crime , la jurisprudence a varié : autrefois l'action de la partie offensée duroit trente ans ; mais les derniers arrêts ont jugé que cette action étant dépendante du Crime , elle ne devoit plus être admise lorsqu'il étoit prescrit.

On ne peut pas douter néanmoins que quand il y a eu un jugement qui a condamné le coupable à des dommages & intérêts envers une partie civile , elle ne puisse exiger le payement de la somme adjugée durant trente ans , à comter du jour du jugement. La raison en est que cette dette n'est pas plus sujette à être prescrite qu'une autre dette.

## SECTION DEUXIÈME.

### De la manière de conſtater les Crimes.

Le premier ſoin du juge auquel on a dénoncé un Crime, doit être de s'aſſurer que ce Crime a réellement été commis: Mais quelles règles doit-il ſuivre pour remplir cet objet ?

Il faut ſur cela diſtinguer entre les Crimes dont les ſuites ſont apparentes & ceux qui ne laiſſent aucune trace après eux.

Quant aux premiers, tels que l'aſſaſſinat, l'incendie, le vol avec effraction, l'exiſtence en peut être conſtatée par la repréſentation du cadavre de la perſonne aſſaſſinée, par l'inſpection des lieux incendiés & des portes ou ſerrures briſées. On doit dreſſer à cet égard tel procès-verbal ou rapport qu'il convient ſelon les circonſtances.

Cette manière de conſtater le Crime ne doit être ſuppléée ni par la dépoſition des témoins, ni même par la confeſſion de l'accuſé. C'eſt pourquoi ſi celui-ci s'avouoit coupable d'un aſſaſſinat, & que pour empêcher qu'on ne cherchât à conſtater le corps du délit, il vînt à déclarer qu'il a jeté la perſonne aſſaſſinée dans la mer, cet aveu ne ſuffiroit pas pour le faire condamner à une peine capitale, ni même à aucune autre peine, à moins que des circonſtances particulières ne le fiſſent d'ailleurs préſumer coupable. Par exemple, Julius Clarus penſe que ſi l'on trouvoit du ſang répandu dans le lieu où l'accuſé déclareroit avoir aſſaſſiné une perſonne, ce ſang formeroit un corps de délit ſuffiſant pour faire prononcer une condamnation capitale.

A l'égard des Crimes qui ne laiffent aucune trace après eux, tels que l'adultère, le viol & d'autres qu'on appelle délits occultes, comme ils ne font pas foumis à l'action de la vue, on ne peut les conftater que par la confeffion de l'accufé & par des indices réfultans ou des procès-verbaux des juges, ou des rapports des médecins & chirurgiens, ou de la dépofition des témoins, ou même de certains écrits felon les circonftances. Tous ces moyens fervent pareillement à établir la preuve des Crimes dont les fuites font apparentes.

Obfervez au furplus, que fi l'on trouve une perfonne noyée dans la rivière ou précipitée dans la rue du haut d'une maifon, le cadavre ne doit pas être regardé comme un corps de délit, ni donner lieu à une inftruction criminelle, à moins que des circonftances particulières ne faffent juger que la mort a été volontaire de la -part du défunt ou qu'elle a été caufée par un tiers. La raifon qu'en donnent les criminaliftes eft que le mal ne devant pas fe préfumer, on doit penfer qu'une telle mort eft arrivée par accident.

Indépendamment des preuves qui pour conftater le Crime peuvent réfulter des procès-verbaux ou rapports des juges & des experts, ou des dépofitions des témoins, ou de la confeffion de l'accufé ; il eft encore un moyen qu'on appelle *preuve conjecturale*, & qui confifte à établir par des argumens l'exiftence ou la vérité d'un fait en conféquence de la liaifon immédiate ou prochaine qu'il a avec d'autres faits connus. « C'eft, dit un criminalifte, une efpèce d'ana- » lyfe morale que les juges emploient lorfqu'ils

» font dans l'impoſſibilité de conſtater un fait par
» des dépoſitions de témoins., & qu'ils ont la
» preuve d'autres faits qui conduiſent à la con-
» noiſſance de ce fait par la liaiſon qu'ils ont
» avec lui ».

SECTION TROISIÈME.

*De la punition des Crimes.*

On punit un Crime tant pour empêcher le
coupable d'en commettre de nouveaux, que
pour contenir par la terreur des châtimens ceux
qui feroient diſpoſés à ſe rendre criminels comme lui.

On peut donc dire que la punition du Crime
eſt une vengeance publique que la loi veut qu'on
tire du criminel.

Les punitions uſitées en France dans les juridictions ordinaires, font la condamnation au feu,
à la roue, à être écartelé, à avoir la tête tranchée, à être traîné ſur la claie, à la potence,
aux galères, au banniſſement, à avoir le poing
coupé, ou la langue percée d'un fer chaud, au
fouet, à la flétriſſure, à l'amende honorable, au
pilori, au carcan, à être renfermé dans une
maiſon de force ou de correction, au blâme &
à l'admonition.

Il y a d'autres punitions que prononcent les
conſeils de guerre, comme de condamner à paſſer
par les armes, par les baguettes, à être mis ſur
un cheval de bois, &c.

Il y a auſſi quelques punitions particulières
établies contre les eſclaves d'Amérique, telles
que celle d'avoir les oreilles coupées, &c.

Les officiaux prononcent pareillement certaines punitions qu'on appelle peines canoniques: telles font l'excommunication, la dégradation des ordres facrés, la privation de bénéfice, l'interdiction ou fufpenfion des fonctions eccléfiaftiques, le jeûne au pain & à l'eau, la cenfure, &c. mais ces juges ne peuvent prononcer aucune peine afflictive ni infamante.

La raifon & la juftice exigent que la punition foit proportionnée au Crime. Ainfi pour établir cette proportion, le juge doit confidérer 1°. la nature & la qualité du Crime : 2°. les circonftances qui l'ont accompagné : 3°. la qualité du coupable & celle de la perfonne offenfée : 4°. les fuites du Crime.

On conçoit aifément que c'eft par la qualité que les grands Crimes diffèrent des moindres ; ainfi c'eft cette qualité qu'il faut particulièrement confidérer pour déterminer la punition. Ce fera par exemple, un plus grand Crime de bleffer une perfonne en plufieurs endroits, que fi on ne lui faifoit qu'une feule bleffure. Celui qui a volé dix mille écus doit être puni plus févèrement que s'il n'avoit volé que cent écus.

Un Crime eft auffi plus ou moins grave, & doit être puni avec plus ou moins de févérité par rapport aux circonftances qui l'ont accompagné : ainfi c'eft un plus grand Crime de voler quelqu'un dans le lieu où l'on rend la juftice, que dans une maifon particulière. La contrebande qui fe fait avec attroupement ou port d'armes, eft un délit plus grave que celle qui a lieu fans ces circonftances. Un vol nocturne ou avec effraction, mérite une plus grande punition qu'un vol fimple : il en eft de même d'une injure faite en public relativement à celle qui n'a eu lieu qu'en particulier. Le Crime commis de deſſein prémédité eſt bien plus grave & plus puniſſab'e que s'il avoit été l'effet d'un premier mouvement ou d'une imprudence.

La qualité du coupable & celle de la perſonne offenſée contribuent pareillement à déterterminer la gravité du Crime & la punition qu'il mérite : ainſi un juge qui exige de l'argent d'un plaideur, un confeſſeur qui féduit ſa pénitente, un gouverneur qui livre aux ennemis la place dont la garde lui eſt confiée, un notaire qui commet un faux, un apoticaire qui empoiſonne, un orfèvre qui fait de la fauſſe monnoie, un geolier qui abuſe de ſa priſonnière, commettent des Crimes plus graves, & par conſéquent plus puniſſables que s'ils étoient commis par de ſimples particuliers. Il en eſt de même de l'injure qu'on fait à un prêtre dans les fonctions de ſon miniſtère, de celle qu'on fait à un magiſtrat dans ſon tribunal, de celle qu'un domeſtique fait à ſon maître, de celle qu'un vaſſal fait à ſon ſeigneur, ou un ſujet à ſon prince, &c.

A l'égard des ſuites du Crime, quoiqu'elles ne changent rien à l'intention du coupable, elles ne laiſſent pas de contribuer ſouvent à faire augmenter ou diminuer la punition. Par exemple, il peut arriver dans une querelle que deux particuliers ſoutenant une cauſe commune, frappent en même-temps deux perſonnes qui leur ſont oppoſées, & que la mort de l'une des deux ſoit occaſionnée par le coup qu'elle a reçue : il eſt évident que dans cette occaſion celui qui aura tué ſera condamné à la peine de l'homicide s'il n'obtient point de lettres de grâce, tandis que fon affocié ne pourra être pourfuivi que par la voie civile. La raifon de cette décifion eft qu'en pareil cas on ne peut juger du motif de l'action que par l'événement. Ainfi l'on ne doit pas fuppofer que celui qui n'a pas tué ait eu le deffein de tuer.

Il en feroit différemment fi le Crime étoit néceffairement l'effet d'une volonté déterminée, comme il arrive dans les Crimes d'affaffinat de guet-à-pens, de rapt, de vol, &c. L'intention feule manifeftée par un acte extérieur, quoique le projet n'ait pas été exécuté, fuffit pour faire punir le coupable, parce qu'on ne peut pas fuppofer qu'il n'ait pas eu le deffein de commettre le Crime. Auffi l'ordonnonce de Blois veut-elle qu'en matiere d'affaffinat on puniffe de mort le fimple attentat lors même qu'il n'a été fuivi d'aucun effet.

## SECTION QUATRIÈME.

### Des formalités ou procédures ufitées dans la pourfuite des Crimes.

S'il eft intéreffant pour maintenir la paix & la tranquillité dans l'état, que les Crimes foient punis, fi cette punition doit être proportionnée au délit fuivant les principes de la juftice & de l'équité, il n'a pas été moins important d'introduire à cet égard des formalités qui affujettiffent les magiftrats à des règles certaines dont ils ne puiffent pas s'écarter dans l'inftruction des procès criminels.

L'obfervation de ces règles eft tellement effentielle dans l'adminiftration de la juftice criminelle que les actes dans lefquels on les auroit négligées ne pourroient être considérés que comme des actes de violence & de tyrannie.

C'est à cause de cette importance, que chez les Grecs, chez les Romains & chez la plupart des nations anciennes les accusations s'instruisoient publiquement & en présence de tout le monde, afin que chacun étant témoin des actions de ceux à qui le soin d'instruire les procès criminels étoit confié, pût juger si dans cette instruction ils s'étoient conduits d'une manière répréhensible ou irréprochable. Cette ancienne pratique s'observe encore aujourd'hui en Angleterre.

En effet, ce n'est pas assez que la loi commande ce qui est juste, & que les Crimes soient punis, il faut aussi que les coupables se jugent & se condamnent en quelque manière eux-mêmes : c'est ce qui arrive lorsqu'ils voient que dans l'instruction de leur procès on est parvenu à prouver clairement qu'ils sont les auteurs des Crimes dont on les a accusés.

La procédure usitée dans la poursuite des Crimes peut être considérée sous les rapports qu'elle a avec l'intérêt particulier & avec l'intérêt public.

Celle qui concerne l'intérêt particulier consiste dans tout ce que fait la partie civile pour obtenir une réparation proportionnée à l'offense qu'on lui a faite.

La procédure relative à l'intérêt public consiste dans les poursuites que font les gens du roi ou des seigneurs, pour parvenir à faire punir le Crime d'une manière exemplaire, ou à faire absoudre l'accusé.

L'objet de l'une & de l'autre de ces procé-

dures eſt de juſtifier que l'accuſé qu'on a pour-
ſuivi a été condamné ou abſous avec juſtice.

Tous les actes ou formalités de la procédure
criminelle ſe réduiſent à ce qui concerne le Crime
en lui-même, l'accuſateur ou plaignant, l'accuſé,
les juges, les preuves, les défenſes ou exceptions,
& le jugement.

Pour qu'il y ait un fondement à la procédure
criminelle, il faut qu'il y ait un Crime dénoncé
à la juſtice, & qu'il y ait un ou pluſieurs accu-
ſateurs, ainſi qu'un ou pluſieurs accuſés connus
ou même inconnus pourvu qu'ils ſoient déſignés.

Obſervez néamoins que quoiqu'on puiſſe rendre plainte & obtenir un monitoire contre des
accuſés inconnus & déſignés, & qu'on puiſſe
même les décréter, on ne peut toutefois pas
régulièrement leur faire leur procès par contumace & encore moins les juger avant qu'ils
aient été connus.

La pourſuite des Crimes pouvant ſe faire
d'office par le juge, on peut dire que dans ce cas
il eſt accuſateur : cependant comme il n'agit
alors que pour l'intérêt public, on ne doit pas
le conſidérer comme étant juge & partie. En
effet, ſes pourſuites ont rapport à la choſe publique qu'il eſt chargé de défendre ; ainſi il eſt
cenſé agir pour la cauſe d'autrui & non pour la
ſienne.

Il eſt eſſentiel que des juges ſoient éclairés
pour pouvoir prononcer des peines convenables
& proportionnées aux crimes : c'eſt pour cette
raiſon que nos lois veulent que les affaires criminelles ne puiſſent être jugées que par un certain
nombre de juges, parce qu'il eſt cenſé qu'il y a
plus de lumières réunies dans un tribunal com-

poſé de pluſieurs juges, que s'il n'y en avoit qu'un ſeul. C'eſt d'après ces principes que le légiſlateur a voulu que dans les parlemens les arrêts ne puſſent être rendus en matière criminelle, qu'il n'y eût au moins dix juges ; qu'il y en eût ſept pour rendre des jugemens en dernier reſſort dans les préſidiaux & dans les ſiéges des maréchauſſées, & qu'il y en eût trois pour les jugemens rendus dans les bailliages, à la charge de l'appel, lorſque les concluſions tendroient à peine afflictive, & cinq en matière de duel (*).

Les accuſés ont le droit de récuſer un juge, lorſqu'ils ont à craindre qu'il n'agiſſe contre eux par des motifs de haine ou de vengeance. Au reſte, ce ſont les juges ordinaires qui doivent inſtruire & juger les affaires criminelles : cependant certaines circonſtances ont quelquefois déterminé le prince à donner aux accuſés des commiſſaires particuliers pour les juger. Ce furent de ſemblables commiſſaires qui firent le procès au grand-maître de Montaigu, lequel eut la tête tranchée aux halles le 17 octobre 1409 ; qui déclarèrent par arrêt du 19 mai 1453, Jacques Cœur, argentier du roi, coupable de déprédation des finances & du Crime de lèze-majeſté ; qui condamnèrent en 1540 l'amiral Chabot à être renfermé dans la priſon de Vin-

---

(*) En Lorraine les arrêts & les jugemens en dernier reſſort ne peuvent être rendus en matière criminelle qu'au nombre de ſept gradués, & les jugemens à la charge de l'appel qu'au nombre de cinq dans les bailliages & de trois dans les prévôtés. C'eſt ce qui réſulte de l'article quinze du titre treize de l'ordonnance criminelle du duc Léopold de Lorraine du mois de novembre 1707.

cennes, comme coupable de péculat ; qui le 21
décembre 1559 condamnèrent Anne du Bourg,
confeiller au parlement de Paris, à être brûlé
vif, quoiqu'il eût demandé d'être renvoyé devant fes juges naturels, c'eft-à-dire devant la
cour dont il étoit membre ; qui condamnèrent le
10 mai 1632 le maréchal de Marillac à avoir la
tête tranchée, &c. (*)

Comme il faut des preuves pour condamner
les coupables, même dans les Crimes notoires
& manifeftes, il fuit que pour acquérir ces
preuves il doit être procédé à une information
dont l'objet eft de conftater le Crime & d'en
découvrir l'auteur pour lui infliger la punition
qu'il a méritée.

Il eft donc néceffaire pour cet effet d'entendre
les dépofitions des témoins qui ont connoiffance
des faits qu'on veut approfondir. Quelquefois
l'information fe fait par comparaifon d'écritures,
& quelquefois le procès s'inft uit & fe juge fans
information préalable. Ceci peut avoir lieu fuivant l'article 5. du titre 25 de l'ordonnance de
1670, lorfqu'il y a *preuve fuffifante par les interrogatoires & par pièces authentiques ou reconnues
par l'accufé, & par les autres préfomptions & circonftances du procès.*

Obfervez néanmoins que toutes les fois qu'il
y a des témoins du corps de délit, il convient
de les entendre, nonobftant l'aveu de l'accufé.

Au furplus, lorfqu'il y a un commencement

---

(*) Comme les commiffions extraordinaires ne peuvent
être établies que contre les règles ordinaires de la juftice,
elles ont toujours donné lieu aux remoutrances des cours ;
auffi l'ufage en eft il devenu très rare.

de preuve contre l'accusé, le juge doit le faire comparoître devant lui, & même le faire emprisonner lorsque le Crime est grave & qu'il mérite une peine corporelle. Dans les délits contre lesquels on ne prononce point de peine afflictive, on ne décrète l'accusé que d'ajournement personnel ou d'assigné pour être ouï, selon la qualité du fait & des personnes, & le décret doit être rendu d'après les conclusions de la partie publique. Telles font les dispositions des articles premier & 2 du titre 10 de l'ordonnance criminelle.

Cette formalité du décret est un acte nécessaire & dont on a fait usage dans tous les temps & dans tous les tribunaux. En effet, il faut que l'accusé soit entendu, afin que s'il a des moyens suffisans pour détruire l'accusation intentée contre lui, il puisse les proposer. On conçoit qu'aucune puissance ne peut légitimement priver un accusé de ce droit. Aussi Tacite, en parlant de Ciconius-Varron & de Pétronius-Turpilianus que l'empereur Galba avoit fait mourir, nous dit que *inauditi atque indefensi tanquam innocentes perierant.*

Et Valère-Maxime, en parlant du meurtre d'Aulus - Albinus que ses soldats avoient fait mourir sans vouloir l'entendre, dit qu'*en mettant la main sur leur capitaine ils avoient à la vérité transgressé la loi des armes, mais qu'en refusant de l'entendre en ses défenses ils avoient violé la nature & corrompu le droit des gens.*

C'étoit sans doute parce que *nemo debet inauditus damnari,* & par respect pour cette maxime inviolable, que chez les Romains on ne condamnoit jamais un accusé absent, lorsqu'il s'a-
giffoit

giſſoit d'un Crime capital ou qui méritât la peine des mines : tout ce que les juges pouvoient faire en pareille circonſtance, étoit de citer l'accuſé & de prononcer contre lui des peines pécuniaires.

De ce que les juges ſont obligés d'entendre l'accuſé, il faut conclure que s'il n'a pas été cité, ou que la citation n'ait pas été faite dans les formes preſcrites, la procédure & le jugement qui eſt intervenu en conſéquence ſont nuls de plein droit.

Il arrive ſouvent que l'accuſé qu'on veut conſtituer priſonnier diſparoît, ou qu'étant ajourné il refuſe de comparoître en juſtice : dans ces cas on inſtruit contre lui une procédure particulière qu'on appelle contumace. *Voyez cet article.*

Quelquefois l'accuſé cité en juſtice ne peut pas comparoître, ſoit parce qu'il fait un voyage néceſſaire ou qu'il eſt malade : il doit alors propoſer ſes exoines, & ſi elles paroiſſent légitimes, le juge lui accorde un délai raiſonnable pour ſe préſenter.

Lorſqu'il n'eſt queſtion que d'un délit léger & que l'accuſation ne mérite pas d'être inſtruite, le procès peut être jugé ſans qu'il faille paſſer au règlement à l'extraordinaire, c'eſt-à-dire au récolement & à la confrontation des témoins; & s'il n'y a aucune preuve contre l'accuſé, ou qu'il n'y ait pas lieu à l'action criminelle, on doit le renvoyer abſous, ou convertir le procès criminel en procès civil.

Mais s'il s'agit d'un crime grave & qui mérite une peine afflictive, le juge doit ordonner que les témoins ouis dans l'information, & ceux qui pourront être entendus par la ſuite, ſeront récolés dans leurs dépofitions & confrontés à l'accufé. Ces formalités font très-judicieufes. Le récolement fert à confirmer, à expliquer ou à faire retraéter la dépofition du témoin, ce qui peut tendre à la décharge ou à la conviétion de l'accufé : la confrontation remplit un objet conforme aux règles de l'équité. En effet, il convient que l'accufé ait le droit de reprocher le témoin entendu contre lui, & d'attaquer fon témoignage. Il faut d'ailleurs que le témoin puiffe dire que c'eft de l'accufé préfent dont il a prétendu parler dans fa dépofition. On doit dans les grands Crimes prendre toutes fortes de précautions pour découvrir la vérité.

Si l'accufé paroiffoit devoir être jugé en dernier reffort, il faudroit avant de prononcer le règlement à l'extraordinaire, faire juger la compétence, c'eft-à-dire faire juger fi le Crime & l'accufé font de qualité à être jugés en dernier reffort, ou à la charge de l'appel.

L'accufé peut propofer fes moyens de défenfe, tant par les interrogatoires qu'à la confrontation & par des requêtes particulières.

Lorfque le procès eft inftruit, on le communique à la partie publique qui doit donner fes conclufions définitives : enfuite on procède au jugement du procès, après avoir interrogé de nouveau l'accufé, s'il n'eft pas contumace.

Si le jugement qui intervient n'eft pas fujet à l'appel, il doit être exécuté le même jour qu'il a été prononcé. C'eft ce que prefcrit l'article 21 du titre 25 de l'ordonnance de 1670.

Il y a néanmoins des cas où cette exécution fe diffère. Tel eft celui où un criminel condamné à mort fait des déclarations qui concernent des accufés avec lefquels il importe de le confronter.

Tel eft encore le cas où une femme condamnée à mort fe trouve enceinte. L'exécution doit être différée jufqu'après fon accouchement.

Voyez *l'ordonnance de Blois ; les arrêts de du Luc & de Larocheflavin ; l'ordonnance criminelle du mois d'août 1670; Airault en fon inftruction judiciaire; Farinacius, praxis & theoria criminalis; Julius Clarus, practica criminalis ; Brodeau fur Louet ; les inftitutes au droit criminel ; le traité de la juftice criminelle de France, & celui des matières criminelles ; l'ordonnance du duc Léopold de Lorraine, du mois de novembre 1707; l'efprit des ordonnances de Louis XIV ; l'encyclopédie*, &c. Voyez auffi les articles ASSASSINAT, LÈZE-MAJESTÉ, RÉBELLION, SÉDITION, FAUX, PÉCULAT, CONCUSSION, ADULTÈRE, VIOL, POISON, VOL, POLIGAMIE, RAPT, INCESTE, SODOMIE, HOMICIDE, DUEL, PARRICIDE, INCENDIE, USURE, BANQUEROUTE, SIMONIE, CONFIDENCE, HÉRESIE, BLASPHÊME, SACRILÉGE, & les autres efpèces de Crimes; ACCUSATION, DÉCRET, INFORMATION, INTERROGATOIRE, RÉCOLEMENT, CONFRONTATION, TÉMOIN, RAPPORT, JUGEMENT, PROCUREUR DU ROI, CONTUMACE, PRISON, &c.

CRIN. Sorte de poil long & rude qui vient au cou & à la queue des chevaux, & de quelques autres animaux.

Le Crin doit à l'entrée quinze fous par cent pefant en vertu de l'arrêt du confeil du 17 feptembre 1743, & trente fous à la fortie, conformément au tarif de 1664.

Hh ij

L'entrée du Crin venant fur des vaiffeaux anglois eft défendue dans le royaume.

Voyez *les lois citées* & les articles ENTRÉE, SORTIE, MARCHANDISE, SOU POUR LIVRE, &c.

CRISTAL. Sorte de pierre tranfparente.

Le Criftal non-ouvré doit pour droit d'entrée, vingt-cinq livres par cent pefant conformément au tarif de 1664, & pour droit de fortie, comme les marchandifes de mercerie.

Suivant l'arrêt du 3 janvier 1690 , & les décifions du confeil des 26 août 1714 & 8 août 1753, les Criftaux de roche ouvrés doivent à toutes les entrées du royaume quatre cens livres par cent pefant.

A l'égard des droits de fortie, ils les doivent fur le pied des marchandifes omifes au tarif, à raifon de cinq pour cent de la valeur.

Le Criftal provenant de la manufacture du fieur Micour en Dauphiné, a été déclaré exempt de tout droit de fortie, par arrêt du Confeil du 13 mars 1755.

Voyez *les lois citées*, & les articles ENTRÉE, SORTIE , MARCHANDISE , MERCERIE , SOU POUR LIVRE , &c.

CROIX DE CENS. Voyez CENS.

CROIX. ( Filles de la) Ce font des filles qui forment une congrégation dont l'inftitut a pour objet l'inftruction des jeunes perfonnes du fexe.

Un maître d'école de la ville de Roye en Picardie , ayant en 1625 attenté à la pudicité d'une de fes écolières ; cet évènement fit qu'on choifit quatre filles vertueufes pour leur confier l'inftruction des jeunes perfonnes de leur fèxe. Ces quatre filles formèrent entr'elles une petite communauté fous la direction & fuivant les règlemens d'un des curés de l'endroit. La guerre dont ce pays devint le théâtre les obligea de se réfugier à Paris : la dame de Villeneuve, veuve d'un maître des requêtes, les plaça dans une maison de Brie-Comte-Robert, à six lieues de Paris. Quelques temps après elle alla demeurer avec elles : pendant son séjour dans cette maison elle les envoyoit successivement d'un endroit à l'autre pour y vaquer à l'instruction qui devoit être l'objet de leur institut. Ensuite elle fit venir à Paris le curé qui avoit donné à ces filles le premier règlement de vie ; mais elle ne put pas être long-temps d'accord avec lui : elle vouloit que ces filles fissent des vœux & le curé ne le jugeoit point à propos. Cependant le nombre des filles augmentant de jour en jour, la dame de Villeneuve obtint de l'Archevêque de Paris l'érection de cette compagnie de filles en société ou congrégation sous le titre de *filles de la Croix.* Cette érection fut autorisée par des lettres-patentes qui furent vérifiées au parlement en 1642.

La dame de Villeneuve qui pour lors demeuroit avec ces filles à Vaugirard leur fit faire & fit avec elles les vœux simples de chasteté, de pauvreté, d'obéissance & de stabilité entre les mains du curé de S. Nicolas du Chardonnet qui leur fut donné pour supérieur par l'archevêque de Paris. Cette dame voyant sa congrégation formée, songea à lui procurer un établissement dans Paris même. Pour cet effet elle pria la supérieure du premier monastère des filles de la Visitation de recevoir au noviciat dans sa maison deux des quatre premières filles qui avoient commencé l'institut des filles de la Croix pour les former plus efficacement dans la pratique des observances régulières. Enfuite elle acheta l'hôtel des Tournelles dans la rue faint-Antoine, au cul-de-fac de l'hôtel de Guémené où les filles de la Croix firent leur réfidence : cette maifon en a depuis produit plufieurs autres.

Les filles qui demeuroient à Brie-Comte-Robert & qui n'avoient point fait de vœux fe féparèrent de celles de Paris, ce qui forma comme deux congrégations différentes. La dame de Villeneuve procura à celles qui avoient fait des vœux un fecond établiffement à Ruel à deux lieues de Paris, par les bienfaits de la ducheffe d'Aiguillon qui leur donna un nouvel établiffement dans la ville d'Aiguillon & leur fit obtenir des avantages confidérables. Les filles qui ne faifoient point de vœux & qui demeuroient à Brie-Comte-Robert eurent auffi à-peu-près dans le même temps un établiffement à Paris fur la paroiffe faint-Gervais. Elles en firent d'autres enfuite dans plufieurs villes du royaume comme à Roye, à Rouen, à Barbefieux, &c. où elles ont des maifons qui font unies fous la direction d'un fupérieur & où elles vivent fuivant les premiers règlemens qui leur ont été donnés.

Les autres filles qui font des vœux ont d'autres règlemens particuliers qu'elles ont reçu de Louis Abelly, évêque de Rhodez, dans le temps qu'il étoit leur fupérieur. Leurs principales maifons outre celles des Tournelles à Paris, de Ruel & d'Aiguillon, font celles de Moulins, de Narbonne, de Tréguier, de Saint-Brieux, de Saint-Flour & de Limoges, fans compter plufieurs hofpices qui dépendent de quelqu'une de ces maifons tels que celui du fauxbourg faint-Marcel à Paris qui dépend de la maison des Tournelles, ceux de Mont-Luçon & d'Evaux qui dépendent de Moulins ; ceux de Guéret & d'Ahun dans la Marche qui dépendent de Limoges, &c.

Le cardinal de Vendôme, dans le temps qu'il étoit légat *à latere* du pape Clément IX en France, confirma cette congrégation, & la bulle qui fut adreffée aux maisons de Paris & de Ruel en 1668, s'exprime d'une manière fort honorable pour cet inftitut, dont Vincent de Paul, fondateur des prêtres de la Miffion, s'étoit singulièrement déclaré le protecteur.

Les filles de la Croix ne bornent point leurs exercices de charité à l'inftruction des jeunes perfonnes de leur fexe, elles reçoivent encore chez elles les pauvres qui veulent s'inftruire de leur religion, & fe difpofer à un changement de vie. Celles qui font des vœux récitent en commun le petit office de la vierge, & font le foir & le matin l'oraifon mentale. Les unes & les autres font habillées de noir. Elles ont une coeffe noire & un mouchoir de cou blanc taillé en biais. Celles qui font des vœux portent une petite Croix d'argent, & les autres une petite Croix de bois. ( *Article de M. DAREAU, avocat, &c.* )

CRU. On appelle vin du Cru le vin qu'un particulier a recueilli dans fes héritages.

En matière de droit d'aides, on fait une différence entre le vin du Cru & le vin d'achat.

Le vin du Cru eft exempt de plufieurs droits auxquels eft fujet le vin d'achat. On jouit pour le premier de certains priviléges dont on ne jouit pas pour l'autre comme on peut s'en appercevoir à l'article BAN-VIN & à d'autres articles relatifs aux droits d'aides.

Ceux qui jouiffent de quelques priviléges à l'occafion du vin de leur Cru, font les eccléfiaftiques & les économes pour les biens d'églife, les nobles, les officiers des cours fouveraines de Paris & de Rouen, même les vétérans, les fecrétaires du roi, les officiers commenfaux de la maifon du roi & des maifons royales, & les marchands de vins privilégiés fuivant la cour, dans les lieux par où paffe ou féjourne fa majefté, excepté à verfailles où leur privilége n'a pas lieu.

Outre ces privilégiés, il y en a d'autres qui ne font regardés comme tels que par rapport aux lieux qu'ils habitent, & il y a cette différence entre les immunités locales & les immunités perfonnelles pour le vin du Cru, que ceux qui jouiffent de l'immunité locale ne peuvent point l'étendre hors des lieux auquels elle eft attachée, tandis que ceux qui font perfonnellement privilégiés, attachent leur exemption au vin de leur Cru partout où il peut être tranfporté.

Ces privilégiés ou autres quels qu'ils foient, font tenus de fournir au fermier chaque année avant la vente de leur vin, une déclaration fignée d'eux de l'étendue des vignes qui font l'objet de leur privilége & de la quantité de vin qu'ils ont recueilli chaque année, à peine de déchéance de leur privilége pour le temps qu'ils n'y ont pas fatisfait ( * ).

_____

( * ) Il y a des lettres-patentes du 26 novembre 1719 qui autorifent le fermier des aides à prendre des connoiffan-

Le vin provenant des dixmes & des preffoirs bannaux eft réputé vin du Cru ; mais les fermiers des vignes, des dixmes & des preffoirs ne jouif-fent pas du même privilége que les propriétaires.

Lorfque les privilégiés donnent leur procura-tion pour la régie de leurs vignes, ils font tenus d'affirmer la fincérité de cette procuration quand ils en font requis par le fermier ; à quoi il faut ajouter qu'ils perdent leur privilége s'ils font exploiter leurs vignes par les fermiers de leurs terres ou mêmes par les domeftiques de ces fermiers.

Si un privilégié avoit d'autres vins que de fon Cru, ces vins feroient réputés vendus avant les vins du Cru pour obvier à l'abus que pourroient faire de leur exemption quelques privilégiés en affeĉtant de ne vendre que les vins de leur Cru, & en paroiffant garder pour leur confommation ceux qu'ils auroient achetés.

L'eau de vie ni toute autre boiffon dénaturée ne jouiffent point du privilége du Cru.

Les vins donnés aux curés à portion congrue font dans le cas du privilége lorfqu'ils provien-nent du Cru du bénéfice deffervi, mais non ceux qui proviennent des dixmes que ces curés tien-nent à titre de ferme, quoiqu'ils foient exempts de taille à cét égard.

Les vins qui proviennent d'un fonds donné pour titre facerdotal à un eccléfiaftique font auffi dans le cas de l'exemption, mais le fermier

---

ces particulières du produit des vignes de chaque année. Ces lettres patentes ont été interprétées par un arrêt du confeil du 30 août 1723 revêtu d'autres lettres-patentes du 10 feptembre fuivant.

peut fe faire délivrer une copie de ce titre pour favoir s'il n'y a point de collufion ; il peut même exiger l'affirmation du donateur & du donataire.

Lorfque dans un bail on charge le fermier de la livraifon d'une certaine quantité de vin, ce vin regardé comme donné en payement ne jouit pas de l'exemption du Cru.

Voyez *les ordonnances & le traité des aides.* Voyez auffi les articles BAN-VIN, GROS, VIN, EXEMPTION, PRIVILÉGE, &c. ( *Article de M.* DAREAU, *avocat,* &c. ).

CRUE. C'eft une augmentation ou fupplément de prix, qui dans quelques pays & en certains cas, eft dû, outre le montant de la prifée des meubles par ceux qui doivent en rendre la valeur.

La Crue a été introduite pour fuppléer à ce qu'on préfume manquer à la jufte valeur des effets mobiliers, compris dans un inventaire, relativement à la prifée qui en eft faite.

En Bretagne, la Crue fe nomme *plus value* ou *plus valeur :* Bouchel dans fa bibliothèque du droit françois l'appelle auffi *plus value.*

Les commentateurs des coutumes de Poitou & de Bourbonnois l'appellent *quint en fus,* ou *cinquième denier,* parce que fuivant l'ufage de ces provinces, elle eft réglée à un quart au-deffus de la prifée, ce qui fait un cinquième au total : mais M. Boucher d'Argis a fort bien obfervé que le terme de *quint en fus* que ces commentateurs ont employé pour exprimer la Crue du quart en fus, n'étoit pas jufte : en effet, le quint en fus ne forme qu'un fixième au total, au lieu que le quart en fus fait un cinquième au total.

Dans plufieurs provinces où la Crue eft auffi

d'un quart au-deſſus de la priſée, on la nomme indifféremment *pariſis* ou *Crue*, parce qu'en général le terme de pariſis ſignifie une augmentation du quart en ſus, c'eſt-à-dire de cinq ſous pour livre : & dans quelques endroits où la Crue n'eſt que d'un huitième au-deſſus de la priſée, comme au bailliage d'Etampes, on l'appelle le demi-pariſis des meubles, ſelon l'obſervation de Brodeau ſur l'article 76 de la coutume de Paris, où il parle du demi-pariſis uſité au bailliage de Troyes.

C'eſt, comme nous l'avons fait entendre, parce que la priſée des meubles eſt cenſée faite à bas pris que l'on y ajoute la Crue; ce qui ſemble être une opération vicieuſe, attendu qu'il ſeroit plus naturel d'eſtimer d'abord les meubles ſelon leur juſte valeur : cependant comme les huiſſiers & autres qui font la priſée des meubles craignent de le porter trop haut à cauſe que l'édit de Henri II du mois de février 1556 les rend garans de leur priſée & que les meubles ne peuvent être vendus au-deſſous de cette priſée ſans une ordonnance de juſtice, il eſt arrivé que pour éviter ces inconvéniens, on a pris le parti de faire les priſées à bas prix, & c'eſt de-là vraiſemblablement qu'eſt venu l'uſage de la Crue.

Lorſque les tuteurs ne font pas vendre les effets qui appartiennent à leurs pupilles, & qui ont été priſés lors d'un inventaire, ils ſont obligés, par le compte qu'ils leur rendent, de leur faire recette de la Crue outre le prix porté par les inventaires ; & cela a même lieu contre ceux qui, ſans être tuteurs, ont conſervé des meubles inventoriés & priſés, appartenans à des majeurs envers leſquels ils en ſont comptables, tels que les exécuteurs teftamentaires , les fequeftres.

L'ufage de l'augmentation de la Crue des meubles , dans les cas dont on vient de parler , n'eft ni univerfel dans le royaume , ni uniforme dans les diverfes contrées où il eft admis. On ne le connoît point dans les refforts des parlemens de droit écrit , dans le Rouffillon , en Alface & dans le reffort des coutumes de Blois, de Normandie, de Saint-Quentin , d'Artois & de Lorraine.

La Crue eft dûe à Paris du quart en fus de la prifée. Elle eft de même dans les coutumes de Péronne , Montdidier & Roye , Mantes & Meulan, Chartres , Chaumont-en-Baffigny , Dourdan , Orléans , Montargis , Nivernois , Poitou, Ponthieu , Beauvais , Bourbonnois , Bourgogne , Châlons , Reims , Senlis , Sens , Vitry , Vermandois , Berry & quelques autres. Celle de Berry eft prefque cependant la feule qui en parle.

L'ufage de l'augmentation de la Crue eft auffi admis dans les provinces de Lyonnois , Forêts, Beaujollois & Mâconnois, qui fuivent le droit écrit ; & elle y eft également du quart en·fus.

Dans le reffort de la coutume de Meaux , la Crue eft feulement admife à raifon de trois fous pour livre.

Au bailliage de Melun , dans celui d'Etampes & à Troyes, elle n'a lieu que pour le demiparifis , c'eft-à-dire à raifon de deux fous fix deniers pour livre.

En Bretagne la Crue eft du quart en fus ou de cinq fous pour livre comme à Paris.

Quand il s'agit de régler fi la Crue eft due , & fur quel pied , on doit fuivre l'ufage du lieu où les meubles ont été inventoriés.

Les prisées faites à juste valeur entre majeurs
ne sont pas sujettes à Crue. Il en est de même des
prisées qui ne sont pas destinées à être suivies de
la vente des meubles, telles que celles qui se
font par contrat de mariage, patce que ces sortes de prisées sont toujours réputées faites à juste
valeur.

Il y a certains meubles qui ne sont point sujets à la Crue, tels que ceux qui sont mis pour
perpétuelle demeure, parce qu'on ne les estime
pas avec les meubles; ils sont censés faire partie
du fonds. Tels sont encore ceux qui ont un prix
certain, comme les espèces monnoyées, la vaisselle & les matières d'or & d'argent, les billets,
obligations, sentences & autres jugemens; les
actions de la compagnie des indes, les gros
fruits, lorsqu'ils sont estimés suivant les mercuriales, le sel, les glaces, les verres, le bois &
le charbon, & les fonds de librairie & imprimerie, attendu qu'ils sont toujours prisés à juste
valeur.

L'article 7 du titre 2 de l'ordonnance du mois
d'août 1747, concernant les substitutions, porte
que l'inventaire contiendra la prisée des meubles, livres, tableaux, pierreries, vaisselle,
équipages & autres choses semblables; ce qui
doit être observé dans les pays mêmes où il n'est
pas d'usage de faire cette prisée; & à l'égard
des pays où la prisée se fait avec Crue dans les
inventaires, la même ordonnance veut que la
Crue soit toujours censée faire partie de la prisée, en ce qui concerne la liquidation des droits
& charges de ceux qui seront grévés de substi-
tution.

Entre conjoints ou entre le survivant & les

héritiers du prédécédé, la Crue n'eſt pas dûe pour les meubles priſés par contrat de mariage ; mais ſeulement pour ceux qui ont été inventoriés après décès, au cas qu'ils ne ſoient pas vendus ou repréſentés en bon état.

On ſtipule ordinairement entre conjoints un préciput pour le ſurvivant, en meubles, pour la priſée & ſans Crue, auquel cas le ſurvivant peut prendre juſqu'à concurrence des meubles pour la priſée ; mais s'il prend de l'argent ou des meubles non ſujets à Crue, il perd le bénéfice qu'il avoit droit de prétendre d'avoir des meubles pour la priſée & ſans Crue, & ne peut pas demander pour cela une indemnité.

Le conjoint donataire mutuel qui a droit de jouir des meubles, doit les faire vendre ou les faire eſtimer à juſte valeur, ſans s'arrêter à l'eſtimation portée par l'inventaire, autrement il en devroit la crue outre la priſée.

Si la priſée étoit frauduleuſe, on n'en ſeroit pas quitte en ajoutant la Crue, ce ſeroit le cas de recourir aux preuves de la véritable valeur des meubles.

Comme la Crue eſt un ſupplément à la priſée des meubles, elle tient lieu de capital de même que la priſée, & les intérêts en ſont dûs auſſi bien que du montant de la priſée. C'eſt la remarque qu'ont faite Menudel, Pothier & des Pommiers ſur l'article 183 de la coutume de Bourbonnois par rapport aux tuteurs.

Devolant rapporte néanmoins un arrêt du parlement de Bretagne du 21 janvier 1636, contraire à cette déciſion, mais le même tribunal a depuis rendu pluſieurs autres arrêts qui l'ont adoptée.

Cette jurifprudence fur les intérêts de la Crue a paru fi jufte, que dans les arrêtés de M. le premier préfident de Lamoignon, les tuteurs, quand ce feroit le père ou la mère, font expref-fément chargés des intérêts tant de la prifée que de la Crue.

Les intérêts de la Crue doivent courir en même-temps que ceux de la prifée : ainfi lorf-que les intérêts de la prifée courent de plein droit, il en eft de même de ceux de la Crue fans qu'il foit néceffaire d'en former la demande. Tel eft felon la remarque de Brodeau, de le Prêtre & de Pocquet de Livonière, le cas où la prifée & la Crue dont le comptable eft chargé doivent fervir à remplir quelqu'un de fa légitime ou de fa portion héréditaire ou d'une foute ou retour de partage qui portent intérêt du jour que le droit eft ouvert.

Les tuteurs doivent les intérêts de la prifée & de la Crue fix mois après l'inventaire, à moins qu'ils ne juftifient par un avis de parens qu'il ne leur a pas été poffible d'en faire un emploi. C'eft ce qui réfulte d'un acte de notoriété du châtelet du 11 mai 1699.

Ils doivent même les intérêts des intérêts, comme l'a remarqué M. Pothier fur l'article 183 de la coutume de Bourbonnois. Mais ces déci-fions n'ont pas lieu à l'égard du furvivant des conjoints ou de fes héritiers : ils ne peuvent être tenus des intérêts de la prifée & de la Crue en-vers les héritiers du prédécédé que du jour de la demande, & ils ne doivent point les intérêts de ces intérêts.

Voyez *Bouchel dans fa bibliothèque du droit françois ; les arrêts de Devolant ; Boucheul, fur* la coutume de Poitou ; Déculant & des Pommiers ; fur la coutume de Bourbonnois ; l'Abbé , fur la coutume de Berry ; Brodeau fur Louet ; l'ordonnance de François premier du mois d'octobre 1535 ; l'édit de Henri II du mois de février 1556 ; les coutumes d'Anjou , de Boulenois , de Paris , de Châlon , de Normandie, de Tours , de Calais , de Cambrai , & les commentateurs ; le traité de la Crue des meubles par M. Boucher d'Argis ; les arrêtés de M. le premier préfident de Lamoignon ; les actes de notoriété du châtelet de Paris ; le Brun , traité de la communauté ; Dumoulin , fur la coutume de Paris ; Bacquet , des droits de juftice ; Renuffon , traité de la communauté ; le traité des minorités , &c. Voyez auffi les articles PRISÉE , MEUBLE , GARDE-NOBLE , MINEUR , TUTEUR , &c.

· CUEILLEURS D'OR DE PAILLOLE. C'eft ainfi qu'on nomme ceux qui ont la permiffion de cueillir des paillettes d'or & d'argent qu'on trouve dans quelques cantons du Languedoc.

: Il fe recueilloit autrefois , fuivant que le fait obferver l'auteur du nouveau traité des monnoies , beaucoup de cet or dit *de paillole* , dans différens endroits du royaume. On en tiroit notamment du Languedoc cinquante à foixante marcs par année. Cet or fe trouvoit dans les fables de certains ruiffeaux proche les Pyrénées. La rivière qui fe joint à la Garonne au-deffus de Touloufe , donnoit auffi de cet or (*). Les pauvres gens du pays qui s'occupoient à le ramaffer ,

---

(*) C'eft delà fans doute que cette riviere eft nommée l'*Auriegue* , comme fi l'on difoit en latin *aqua aurigera*.

furent

furent troublés dans cette occupation par les seigneurs hauts-justiciers riverains, qui exigèrent un droit nommé de *grazalaige*. La chambre des monnoies informée de l'imposition de ce droit, fit des représentations au roi sur le préjudice qui en résultoit pour ses sujets & pour les intérêts de sa majesté.

Sur ces représentations il y eut des lettres-patentes du 23 mai 1472, par lesquelles un des généraux de la chambre des monnoies du Languedoc fut commis pour arranger les Cueilleurs d'or de paillole avec les seigneurs, & il fut fait défense à ceux-ci de troubler ceux-là dans leurs recherches.

Depuis ce temps la cour des monnoies a eu une juridiction privative sur les Cueilleurs d'or de paillole ; & cette juridiction lui a été confirmée par différentes lois, notamment par un édit du mois de janvier 1551, par des lettres-patentes du 3 mars 1554, & par deux autres édits, l'un du mois de juin 1635, & l'autre du mois de décembre 1638.

Le réglement le plus récent que nous ayons sur l'or de paillole, est un arrêt du conseil revêtu de lettres-patentes du 9 novembre 1751. Par cet arrêt il est ordonné que l'or & l'argent de paillole de la province de Languedoc feront portés au change de la monnoie de Toulouse ; & pour les autres provinces, dans les monnoies les plus prochaines pour y être convertis en espèces. Il est fait défenses à toute personne de faire la cueillée de ces matières, même d'en acheter, d'en vendre ou d'en employer sans commission valable de sa majesté ou de ses cours

des monnoies, ou de juges qui y reffortiffent.
Ceux qui font pourvus d'une commiffion ne
peuvent porter ni vendre leur or ou argent ailleurs qu'aux hôtels des monnoies ou aux chan-
ges les plus prochains, à peine contre les uns &
les autres d'être punis comme billonneurs. Il eft
en même-temps fait défenfe aux feigneurs & aux
propriétaires des biens aboutiffans aux lieux où
fe recueillent l'or & l'argent dont il s'agit, de
troubler dans leurs recherches ceux qui font
pourvus de commiffions, ni d'exiger aucun droit
fous quelque dénomination que ce foit, à peine
d'être pourfuivis comme concuffionnaires &
comme ufurpateurs des droits du roi. Il eft cependant permis par cet arrêt de fe pourvoir pour
les dommages caufés, mais on ne peut le faire
que devant les cours des monnoies ou devant
les juges qui y reffortiffent; il eft défendu à tout
autre juge d'en connoître. (*Article de M. Dareau*, *avocat au parlement*, &c.

CUIR. On appelle ainfi la peau des animaux
lorfqu'elle eft féparée de la chair.

On donne le nom de *Cuir vert* à une peau qui
n'a point encore été prépa ée. Et l'on appelle
*Cuir tanné* ou *corroyé*, une peau à laquelle on a
donné les préparations qu'elle exige avant de
pouvoir être employée.

Par édit du mois d'août 1759, le roi a fupprimé les offices de jurés vendeurs, prud'hommes, contrôleurs, marqueurs, lotiffeurs & dé-
chargeurs de Cuirs, ainfi que les droits qui leur
avoient été attribués, & il a été en même-temps
établi dans tout le royaume un droit unique fur
les cuirs tannés & apprêtés.

Ce droit a été fixé par un tarif arrêté au conseil le 9 du même mois (\*).

Par un autre édit du mois de mai 1772, le roi a aussi établi des droits particuliers sur les Cuirs dans les duchés de Lorraine & de Bar. Ces droits sont fixés par un tarif annexé à cet édit (\*\*).

___

(\*) *Tarif des droits sur les Cuirs. Droit unique par livre pesant de Cuirs & peaux façonnés.*

Cuir de bœuf tanné à fort & à œuvre, passé en buffle, en Hongrie ou autrement, deux sous.

Cuir de vache tanné, passé en Hongrie, en Russie, en buffle ou autrement, deux sous.

Cuir de cheval, de mulet tanné, passé en Hongrie ou autrement, un sou.

Peau de veau tannée, passée en chamois, en mégie; en saumat, en alun ou autrement, deux sous.

Peau de mouton passée en chamois, en mégie, en basanne, en alun, en housse, en parchemin ou autrement, deux sous.

Peau d'agneau, de chevreau de tout apprêt, même celui de pelleterie, deux sous.

Peau de bouc, de maroquin en croute, en couleur ou autrement, huit sous.

Chèvre tannée, corroyée, passée en chamois ou autrement, six sous.

Peau de daim, de chevreuil, de chamois, passée en huile ou autrement, dix sous.

Peau de cerf, d'élan, d'orignac, passée en huile, six sous.

Peau de porc, de Truin, de sanglier, deux sous.

Et tous les Cuirs & peaux façonnés, qui ne sont point dénommés au présent tarif, payeront dix pour cent de leur valeur.

(\*\*) *Tarif des droits que le roi, en son conseil, a ordonné & ordonne être levés & perçus sur les Cuirs & peaux tannés & apprêtés dans les duchés de Lorraine & de Bar.*

Cuir de bœuf tanné à fort ou à œuvre, passé en Hongrie ou autrement, pour chaque livre pesant, deux sous.

Les tanneurs, mégiffiers & autres, doivent dans les trois mois, à compter du jour de la feconde marque, acquitter le droit auquel les Cuirs apprêtés font affujettis. C'eft ce qui réfulte tant de l'article 7 de l'édit du mois d'août 1759, que d'un arrêt du confeil revêtu de lettres-patentes du 25 février 1760.

Par l'article 8 du même édit, il eft défendu aux tanneurs, mégiffiers & autres, de contre-

---

Cuir de vache tanné, paffé en Hongrie, en Ruffie, en buffle ou autrement, par livre pefant, deux fous.

Cuir de cheval, de mulet, de mule, tannés, paffés en Hongrie, par livre pefant, un fou.

Peau de veau, tannée, paffée en chamois, en mégie, en faumac, en alun ou autrement, par livre pefant, deux fous.

. Peau de mouton, paffée en chamois, en mégie, en bifanne, en alun, en houffe, en parchemin, ou autrement, par livre pefant, deux fous.

Peaux d'agneau & de chevreau de tous apprêts, hors celui en pelleterie, apprêtés par les pelletiers-foureurs, pour leur propre confommation, par livre pefant, deux fous.

Peau de bouc, façonnée en maroquin, en croute, en couleur, ou autrement, par livre pefant, quatre fous.

Peau de chevre, tannée, corroyée, paffée en chamois, ou autrement, par livre pefant, quatre fous

Peaux de daims, de chevreuil, de chamois, paffées en huile, ou autrement, par livre pefant, dix fous.

Peaux de cerf, d'elan, d'orignac, paffé en huile, par livre pefant, fix fous.

Peaux de porcs, de truin, de fanglier, par livre pefant, deux fous.

Les Cuirs & peaux façonnés qui ne font point dénommés au préfent tarif, le droit fera payé à raifon de dix pour cent de leur valeur.

Fait & arrêté au confeil d'état du roi, tenu à Verfailles le 7 mai 1772. *Signé*, Monteynard.

faire la marque du fermier, fous peine de faux ,
& aux corroyeurs & à tout autre ouvrier ,
d'acheter des Cuirs ou peaux tannés & apprêtés
qui n'aient pas cette marque, fous peine de confifcation.

L'article 10 permet aux fermiers du roi ou
régiffeurs de faire les vifites ordinaires chez les
tanneurs, mégiffiers & ouvriers qui emploient
des Cuirs.

Lorfque les Cuirs ou peaux tannés & apprêtés
font envoyés à l'étranger, les droits perçus en
conféquence du tarif que nous avons rapporté
précédemment, devoient être reftitués en entier à la fortie, fuivant l'article 9 ; mais felon
l'article 11 des lettres-patentes du 2 avril 1772,
la reftitution ne doit plus avoir lieu que pour les
deux tiers.

A l'égard des Cuirs ou peaux en verd, il doit
être perçu à la fortie du royaume pour l'étranger, fix livres par Cuir de bœuf ou de vache,
vingt fous par peau de veau, & dix fous par
peau de mouton, d'agneau & de chèvre ou chevreau. C'eft ce qui réfulte de l'article 13 de l'édit
cité.

Au refte, tous les droits de traite & de fo-
raine fur les Cuirs verds ou tannés, au paffage
d'une province du royaume dans une autre, ont
été fupprimés par l'article 12.

Et la déclaration du 26 mars 1768 a établi
une entière liberté du commerce des Cuirs de
province à province : fuivant cette loi, tout
marchand ou artifan de chaque province du
royaume peut acheter ou faire acheter par les
agens ou commiffionnaires dans l'étendue des
autres provinces, les Cuirs ou peaux, foit en

verd, soit apprêtés qu'ils jugent à propos, &
les faire conduire dans les différentes villes ou
provinces, sans qu'il puisse leur être apporté
aucun empêchement sous quelque prétexte que
ce soit.

Observez néanmoins que ces dispositions relatives à la liberté de la circulation, en exemption des droits de traites, ne doivent s'entendre
que de la communication des provinces des cinq
grosses fermes avec les provinces réputées étrangères, qui ont sur leurs frontières & dans leur
communication avec l'étranger, des bureaux où
se perçoivent les droits imposés sur les Cuirs
verds destinés pour les pays étrangers, & sur les
Cuirs tannés qui viennent de ces pays dans le
royaume : ainsi la liberté dont il s'agit ne s'étend
pas aux provinces qui n'ont aucun bureau des
traites dans leur communication avec l'étranger.
La raison en est que s'il en étoit autrement, les
Cuirs verds, si nécessaires à l'aliment des tanneries nationales, une fois parvenus en exemption
de droits de sortie des provinces de l'intérieur
dans celles où il n'y a aucun bureau des traites,
sous prétexte d'être destinés à la consommation
de celles-ci, passeroient ensuite sans aucun obstacle à l'étranger ; & que les Cuirs tannés de
fabrique étrangère, dont la concurrence pourroit nuire aux tanneries du royaume, ayant une
fois pénétré en exemption des droits d'entrée
dans ces dernières provinces, s'introduiroient
dans l'intérieur, affranchis de même de tout
droit des traites contre le but que le roi s'étoit
proposé par l'édit du mois d'août 1759, de faire
jouir cette branche de commerce national, soit
dans la consommation du royaume, soit dans la

vente à l'étranger, des faveurs les plus propres à l'encourager & à l'étendre.

C'eft d'après ces confidérations que deux arrêts du confeil des 22 février & 26 juillet 1774, ont en caffant deux arrêts de la cour des aides de Bordeaux des 18 août 1770, & 5 août 1772, & un arrêt du parlement de Bretagne du 2 décembre 1771, jugé que Bayonne étant affimilé à l'étranger effectif, les Cuirs verds qui paffoient des autres lieux du royaume dans cette ville, devoient à la ferme des traites les droits de fortie comme s'ils étoient exportés à l'étranger, indépendamment des droits de marque dus à la régie des Cuirs.

Un autre arrêt du confeil du 26 mars 1776 a pareillement ordonné, en conféquence des motifs qu'on vient d'expofer, que les droits des traites feroient payés, indépendamment de celui de la marque des Cuirs, fur les Cuirs verds fortant du royaume pour la Lorraine & les trois évêchés, & fur les Cuirs tannés ou corroyés venant de ces provinces dans le royaume; le tout conformément aux arrêts du confeil des 18 avril 1667, & 10 mai 1689 (*).

Les maîtres des navires, voituriers, conducteurs, négocians & autres qui amènent des Cuirs ou peaux façonnés venant de l'étranger, doivent à l'arrivée dans le royaume, en faire déclaration au plus prochain bureau du régiffeur, avec énonciation de la valeur des mêmes Cuirs ou peaux, pour être marqués & le droit payé comp-

_____

(*) Suivant ces arrêts les Cuirs venant de l'étranger dans le royaume, doivent vingt pour cent de la valeur, & fortant du royaume pour l'étranger, fix livres la douzaine.

tant à raifon de dix pour cent, conformément
au dernier article du tarif que nous avons rapporté. Si ces Cuirs ou peaux font deftinés pour
Paris, la marque n'y doit être appofée & les
droits n'en doivent être payés que quand ils fom
arrivés dans cette ville ; c'eft pourquoi il doit
être délivré un acquit à caution lors de la déclaration au premier bureau d'entrée du royaume.
Telles font les difpofitions de l'article 10 des
lettres-patentes du 24 feptembre 1759.

Et fuivant l'arrêt du confeil du 28 juin 1760,
le droit de dix pour cent dont il vient d'être
parlé doit être payé à l'entrée du royaume non-
feulement fur les Cuirs & peaux façonnés, mais
encore fur toute autre efpèce de marchandife
de tannerie, ouvrée ou non ouvrée, venant de
l'étranger ; le tout fous peine de confifcation
de ces Cuirs ou marchandifes, & de cinquante
livres d'amende pour chaque contravention.

Les règles à obferver fur la régie & perception du droit établi fur les Cuirs, ont été fixées
tant par les lettres-patentes du 29 mai 1766,
que par celles du 2 avril 1772 (*).

---

(*) *Comme il importe de connoître les difpofitions de ces*
*lois, nous allons les rapporter.*

Louis, &c. falut. Par le compte que nous nous fommes
fait rendre de l'exécution de notre édit du mois d'août
1749, portant établiffement d'un droit unique fur les Cuirs
& peaux tannés & apprêtés ; de nos lettres patentes du
24 feptembre fuivant, & de celles du 25 février 1760;
nous avons reconnu que les déclarations prefcrites à chaque
mife & levée de foffes & cuves, excitoient journellement
les plaintes des fabricans & apprêtans Cuirs & peaux, fur
le fondement que ces déclarations réitérées dans le cours
du travail & des différentes opérations néceffaires aux ap-

prêts, leur étoient infiniment onéreuses ; que souvent elles
étoient préjudiciables à la préparation des Cuirs & peaux,
par l'intervalle qui se trouvoit nécessairement entre l'avertissement donné aux commis, & leur arrivée ; & qu'en
général elles pouvoient nuire au commerce par les entraves
qu'elles y apportoient : nous avons remarqué aussi qu'il
restoit de l'incertitude sur les époques auxquelles devoient
être apposées les marques de préparation & de perception,
& que c'étoit une double source de difficultés & de contes-
tions qui pouvoit retarder l'activité & faire obstacle aux
progrès d'une branche de commerce,intéressante pour l'état.
Dans l'intention où nous sommes d'accorder à ce commerce la protection qu'il mérite, nous avons fait faire un
nouvel examen de tout ce qui pouvoit le concerner ; nous
avons reconnu que le droit unique établi par l'édit du
mois d'août 1759, à la place des droits qui n'avoient
lieu que dans quelques provinces, & même avec des quo-
tités différentes, étant uniforme dans tout le royaume,
établissoit l'égalité, soutenoit la concurrence & la balance
entre tous les fabricans, & qu'en le rendant seulement
exigible à des époques qui missent le fabriquant en situation de ne se constituer dans aucune avance à ce sujet
il ne pouvoit être préjudiciable au commerce, sur-tout si
l'on procuroit aux fabricans toutes les facilités qui pouvoient
se concilier avec la sureté du droit : & nous portant à les
accorder, il nous a paru indispensable de contenir par
des peines pécuniaires, ceux qui abusant de ces facilités,
se livreroient à la fraude, dont l'impunité opéreroit la ruine
du produit du droit, & même celle des fabricans de bonne
foi, qui ne pourroient soutenir la concurrence, avec ceux
qui éluderoient le payement de cette imposition. Un objet
encore plus important a fixé notre attention ; c'est la conservation de la matiere premiere & de la main d'œuvre dans
notre royaume ; dans ces vues, nous avons imposé par
notre édit du mois d'août 1759, les Cuirs verds & peaux
en poil ou en laine, à des droits capables d'en assurer la
préférence aux fabriques de notre royaume, & d'arrêter
les progrès de l'exportation à l'étranger : mais pour obvier

été défendu aux tanneurs fabriquant des Cuirs

---

aux fraudes qui peuvent se commettre à la sortie de ces matières à l'étranger, & même à l'entrée des Cuirs & peaux apprêtés & ouvragés, qui en sont apportés, nous avons appliqué à la sortie desdites matieres, & à l'entrée desdites marchandises de Cuirs ou peaux, les précautions & les formalités de notre ordonnance du mois de février 1687, en y ajoutant celle que l'expérience nous a fait juger nécessaire. Nous avons tout lieu d'attendre du zèle de nos cours, qu'elles veilleront avec la plus grande attention à l'exécution de ces dispositions, qui n'ont d'autre objet que le bien général du royaume, & dans lesquelles on doit reconnoître nos desirs & nos soins pour le progrès des fabriques nationales & le succès de l'industrie de nos sujets : nous avons enfin cherché les voies les plus sûres & les plus promptes pour remédier à la contrefaction des marques, par la procédure sommaire que nous prescrivons à cet égard : les faveurs accordées à la fabrication des Cuirs & peaux, & les précautions les plus réfléchies pour la mettre à l'abri de tout préjudice de la part de l'étranger, nous donne tout sujet d'espérer que nous aurons la satisfaction de voir bientôt prospérer un commerce auquel l'abondance des matières premières dans notre royaume, & l'habileté des fabricans & ouvriers nationnaux, doivent procurer les plus grands accroissemens. A ces causes, de l'avis de notre conseil, nous avons ordonné, & par ces présentes signées de notre main, ordonnons ce qui suit :

### ARTICLE PREMIER.

L'édit du mois d'aout 1759, les lettres-patentes du 24 septembre suivant, & celles du 25 février 1760, seront exécutés selon leur forme & teneur, & en les interprétant, voulons & ordonnons qu'à l'avenir les fabricans & apprêtans Cuirs & peaux de toute espece, ne soient astreints à faire leurs déclarations au bureau de la régie, & à faire apposer les deux marques de préparation & de perception, prescrites par les lettres-patentes du 15 février 1760, ainsi qu'à faire peser leurs Cuirs & peaux, qu'aux époques & de la maniere ci-après déclarée.

en province, de faire vendre à Paris leurs Cuirs

II. Ne pourront les tanneurs fortir & lever leurs Cuirs & peaux, foit de dernière poudre pour ceux qui feront mis en foffe, cuve ou nocs, foit des paffemens rouges, coudremens ou refaifages, pour ceux qu'ils ne feront point paffer en foffe ou cuve, qu'ils n'en aient fait leurs déclarations, à l'effet d'être lefdits Cuirs & peaux prix en compte par les commis du régiffeur, & marqués au même inftant de préparation, à la tête; & feront les Cuirs & peaux, cenfés & réputés être fortis définitivement de foffe ou cuve, lorfque lefdits Cuirs & peaux feront trouvés hors du bord des foffes & cuves, dans des lieux différens de l'enceinte des foffes ou cuves; & dans ledit cas lefdits Cuirs & peaux feront faifis & confifqués, & le fabriquant fera condamné à deux cens livres d'amende.

III. Il fera loifible auxdits tanneurs de faire porter leurs Cuirs & peaux au féchoir, immédiatement après les levées & prifes en compte, & après l'appofition de la première marque, auquel cas la pefée n'en fera faite & la marque de perception appofée a la culée, qu'à la fortie des féchors & à leur réquifition, laquelle réquifition ils ne pourront faire pour moins de douze Cuirs & peaux à la fois; & feront les droits acquittés trois mois après ladite réquifition & pefée, à raifon du poids effectif qui aura été reconnu, conformément au tarif annexé à l'édit d'août 1759.

IV. Pourront auffi lefdits tanneurs, faire pefer & marquer de perception, leurs Cuirs & peaux à œuvre en humide, après qu'ils auront été levés de foffe & qu'ils feront dépreignés de leurs premières eaux & de leurs premières écorces ou tan; auquel cas les droits n'en feront acquittés que fur le pied fixé par le tarif de réduction annexé aux préfentes, & fix mois feulement après ladite pefée & marque de perception, ce qu'ils feront, en ce cas, tenus de déclarer à l'inftant defdites levées : feront les Cuirs & peaux cenfés dépreignés de leurs premières eaux & en état d'être pefés en humide, fix heures après leur levée de foffe pendant l'été, & vingt-quatre heures après pendant l'hiver.

V. Les Cuirs & peaux qui feront deftinés à être pefés

par commiſſion : il leur étoit enjoint de les

& marqués, comme il vient d'être dit, ne pourront être mis ſur le bord des foſſes qu'en une ſeule pile, qui comprenne la totalité de la levée, à moins que ladite levée n'excédât dix douzaines de peaux ; & ne pourront leſdites peaux être buttées ni ſouffrir avant ladite peſée, aucun travail, de quelque eſpece qu'il ſoit, autre que d'être ſecouées à la main, à peine de privation du bénéfice de la réduction.

VI. Défendons aux tanneurs qui n'ont pas droit de corroyer, de vendre aux corroyeurs, & mettre hors de leurs mains, en quelque manière que ce ſoit, leurs Cuirs & peaux, qu'ils n'aient été peſés & marqués de perception, à peine de confiſcation & de deux cens livres d'amende : mais les tanneurs qui ont droit de corroyer, auront le choix ou de faire peſer ou marquer, conformément à l'article précédent, ou de ne faire peſer & marquer qu'après le dernier apprêt de corroyerie ; & dans ce dernier cas le droit ſera payé à raiſon du poids effectif : comme auſſi faiſons défenſe au régiſſeur, ſes directeurs, commis & prépoſés, de conſentir aucune autre évaluation ni reduction de poids, que celle portée au tarif annexé aux préſentes, du bénéfice de laquelle leſdits tanneurs ne pourront jouir, s'ils ont fait porter leurs Cuirs & peaux au ſéchoir, avant leſdites peſées & ſeconde marque.

VII. Les Cuirs & peaux qui auront les deux marques de préparation & de perception, ne pourront être remis dans les foſſes ou cuves, que préalablement il n'en ait été fait déclaration, & leſdites marques reconnues par les commis, à l'effet d'être leſdits Cuirs & peaux peſés & pris en charge, pour, les droits de l'excédent de poids réſultant de la nouvelle miſe en foſſe ou cuve, être payés après nouvelle peſée, aux époques portées par ces préſentes, le tout à peine de confiſcation deſdits Cuirs & peaux, & de deux cens livres d'amende.

VIII. Les hongroyeurs ſeront tenus, lorſqu'il voudront faire ſortir leurs Cuirs des aluns, pour les mettre ſur perches d'en faire leurs déclarations, à l'effet d'être pris en compte & d'être marqués au temps que les commis juge-

vendre eux-mêmes én perfonne ou par leurs

---

ront lefdits Cuirs fufceptibles de recevoir la marque de préparation ; & après qu'ils feront entièrement fecs, pourront
lefdits hongroyeurs faire marquer de la marque de perception, les Cuirs qu'ils voudront vendre en blanc, lefquels feront pris en charge par les commis ; pourront lefdits
Cuirs être vendus en blanc par lefdits hongroyeurs ; mais
les Cuirs qui feront deftinés à être mis en fuif, ne feront
pefés & marqués qu'après ladite mife en fuif, & les droits
en feront payés fix mois après lefdites pefées & marque,
fans aucune diminution du poids du fuif dont lefdits Cuirs
pourront fe trouver imbibés ; & dans les mêmes fix mois
feront auffi payés les droits fur les Cuirs qui auront été
vendus en blanc, à raifon du poids commun des Cuirs mis
en fuif.

IX. Les mégilliers, bourliers ou gorliers, préparant
& employant eux-mêmes leurs Cuirs en blanc, & n'en
préparant point en fuif, feront tenus de faire leur déclaration & de fouffrir la marque de préparation, ainfi &
de la manière qu'il eft dit dans l'article précédent ; & lorfque leurs Cuirs feront fecs, ils feront tenus de les faire
pefer & marquer, pour le droit être perçu dans les fix
mois, à raifon du poids conftaté par ladite pefée.

X. Pour indemnifer lefdits mégilliers & autres onvriers
travaillant en mégie, des pertes & déchets qui peuvent arriver fur le nombre de peaux comptées lors de la première
marque, foit par le vent qui en auroit enlevé de deffus
les perches, foit lors du redreffage, où il y en auroit eu
de déchirées ; voulons qu'il leur foit paffé deux pour cent
de déchet fur chaque pefée, à condition toutefois de repréfenter, faire pefer & marquer de perception, la totalité
des peaux qui auront été prifes en charge, au cas qu'elles
exiftent ; & dans le cas où il y en aura eu de réellement
perdues ou déchirées, elles n'en feront pas moins partie
de chaque pefée, & le poids de celles manquantes, au
moyen de la déduction ci-deffus, en fera évalué fur le
pied du commun de peaux exiftantes.

XI. Les maroquiniers feront tenus de faire leurs déclarations, avant de faire fortir les peaux des coudremens, pour être

femmes, leurs enfans ou domestiques, & non

portées au séchoir, à l'effet d'y être prises en compte, &
marquées, comme ci-dessus, de la marque de la préparation, mais elles ne feront pesées & marquées de perception, que sur la réquisition des fabricans, qui feront obligés
d'en payer les droits, trois mois après, à raison de quatre
sous par livre de leur poids seulement, conformément à
l'arrêt de notre conseil du 13 novembre 1760, qui à cet
égard, a dérogé au tarif de 1759.

XII. Les déclarations ordonnées par ces présentes, feront
faites au bureau du régisseur; savoir, depuis le premier
octobre jusqu'au premier mai, le matin avant midi, pour
les opérations de l'après-midi; & dans l'après-midi avant
sept heures du soir, pour les opérations du lendemain
matin; & depuis le premier mai jusqu'au premier octobre,
les déclarations précéderont de quatre heures les opérations
qui y feront annoncées, & les déclarations pourront être
faites depuis cinq heures du matin jusqu'à quatre heures du
soir, pour les opérations du même jour; & à défaut par
les commis de se rendre dans les délais ci-dessus marqués,
les fabriquans pourront procéder aux opérations annoncées
dans leurs déclarations, en l'absence desdits commis; &
dans ce cas, feront les Cuirs & peaux pris en échange &
marqués, lors de leur première visite chez les fabricans,
qui ne pourront employer ni vendre lesdits Cuirs & peaux,
que préalablement le compte n'en ait été fait, & qu'ils
n'aient été pesés & marqués de perception, à peine de
confiscation & de deux cens livres d'amende.

XIII. Les déclarations contiendront seulement le jour
& heure qu'elles feront faites, & le jour & heure auxquels
le fabricant entendra procéder auxdites opérations; elles
feront inscrites sur un registre destiné à cet effet, & signées
tant par le buraliste que par le fabricant, s'il fait ou veut
signer, sinon fera fait mention de son refus, & il lui en
fera sur le champ délivré, sans frais, copie signée du buraliste, laquelle copie le fabricant fera tenu de représenter
aux commis, à leur réquisition.

XIV. Les chamoiseurs qui feront fouler leurs Cuirs &
peaux dans des moulins de l'intérieur du royaume, feront

par d'autres : mais le feu roi a donné le 9 août

obligés de faire leurs déclarations en la forme portée par l'article précédent, avant la première ouverture desdits Cuirs & peaux, pour être après ladite première ouverture pris en compte & marqués de préparation ; mais s'ils les envoient au foulon dans des moulins situés en pays étranger, ils seront tenus d'en faire auparavant une déclaration signée d'eux, contenant le nombre & la qualité des Cuirs & peaux, qu'ils entendront faire sortir, avec soumission de les représenter lors de la première ouverture, pour être marqués de préparation, sur laquelle déclaration il leur sera délivré sans frais, un permis de sortir ; & à défaut de représentation desdits Cuirs & peaux, & de partie d'iceux, les droits de ce qui s'en défaudra, en seront payés, conformément à l'article XIII de l'édit d'août 1759.

XV. Les Cuirs & peaux seront pesés & marqués de perception, lorsque les chamoiseurs le requerront, & les droits en feront, acquittés trois mois après, conformément au tarif annexé à notre édit du mois d'août 1759, & à l'arrêt de notre conseil du 13 novembre 1760.

XVI. Les déclarations ordonnées par les articles précédens, feront faites, à peine de confiscation des Cuirs & peaux non déclarés & de deux cens livres d'amende.

XVII. Tous les fabricans ci-dessus nommés, & autres sans exception feront tenus de fournir les romaines, poids & balances nécessaires, dûment étalonnées, & de transporter ou faire transporter leurs Cuirs & peaux, aux lieux où se trouveront établis leurs balances & poids ; comme aussi de présenter ou faire présenter aux comptes, marques & pesées, les Cuirs & peaux, dans les cas où il y aura lieu de compter, peser ou marquer lesdits Cuirs & peaux en humide.

XVIII. Les marchands & ceux des fabricans qui vendront en détail, feront tenus de conserver pour les derniers, les morceaux où la marque fera empreinte, & de les représenter au commis lors de leurs visites, à peine de confiscation des morceaux non marqués, & de cinquante livres d'amende ; & dans le cas où lesdits marchands & fabricans voudroient couper leurs Cuirs en morceaux pour mettre dans le commerce, ils pourront le faire en la présence

1770 des lettres-patentes, qui en dérogeant à

des commis, qui feront tenus de les contre-marquer gratuitement, à la première requifion qui leur en fera faite.

XIX. Les Cuirs & peaux apprêtés, & les ouvrages faits defdits Cuirs & peaux, en tout ou en partie, venant de l'étranger, foit par mer, foit par terre, feront déclarés dans les ports & bureaux d'arrivée, conformément à ce qui eft prefcrit par le titre II des déclarations, de l'ordonnance des fermes de 1687; la déclaration contiendra la valeur defdits Cuirs & peaux apprêtés, ainfi que celle des Cuirs & peaux employés en ouvrages; le droit fur les uns & fur les autres, fera payé comptant, à raifon de dix pour cent de leur valeur, fans préjudice des droits appartenans aux fermes générales, & lefdits Cuirs & ouvrages de Cuirs, marqués dans les bureaux du régiffeur, foit d'entrée, foit de deftination, à l'effet de quoi ils feront, dans ce dernier cas, expédiés par acquit à caution; & fi dans le lieu de la deftination il n'y a point de bureau, le payement dudit droit & la marque, fe feront au bureau le plus prochain dudit lieu de deftination, le tout fous peine de confifcation & de trois cens livres d'amende.

XX. Le régiffeur pourra prendre & retenir pour fon compte, les Cuirs & peaux apprêtés venans de l'étranger, pour la valeur qui lui aura été déclarée, en payant cette valeur & le fixième en fus.

XXI. Les marchands, voituriers & tous autres qui enleveront, foit de l'intérieur du royaume, foit d'un lieu fitué dans les quatre lieues frontières de l'étranger, des Cuirs verds ou peaux foit en laine, foit en poil, à la deftination de l'étranger; feront, dans le premier cas, tenus d'en faire déclaration au bureau du lieu de l'enlevement, & d'y payer les droits impofés par l'article XIII de notre édit du mois d'août 1759, s'il y a bureau, finon au premier bureau de la route; fi l'enlevement eft fait dans lefdites quatre lieues frontières, & qu'il n'y ait pas de bureau dans le lieu du chargement, la déclaration & le payement des droits feront faits avant l'enlevement, dans le bureau le plus prochain dudit lieu de chargement, quand bien même il ne feroit pas fur la route de la deftination; le tout à

la

la déclaration dont on vient de parler , ont au-

peine de confiscation desdites marchandises , de l'équipage servant à les conduire , & trois cens livres d'amende.

XXII. Ceux qui enleveront, soit de l'interieur du royaume, soit d'un lieu situé dans les quatre lieues frontières de l'étranger, des Cuirs verds ou peaux en poil ou en laine, à la destination d'un autre lieu situé dans l'étendue desdites quatre lieues, seront pareillement, dans le cas d'enlevement de l'intérieur, tenus, sous les peines portées par l'article précédent, d'en faire déclaration au bureau du lieu du chargement, s'il y a bureau, sinon au premier bureau de la route; mais si le chargement est fait dans lesdites quatre lieues, & qu'il n'y ait point de bureau dans le lieu du chargement, la déclaration sera faite avant l'enlevement dans le bureau le plus prochain, encore qu'il ne soit pas sur la route; il sera dans l'un & l'autre cas, pris dans le bureau où la déclaration aura été faite, acquit à caution pour sûreté de ladite destination : en arrivant au lieu de cette destination, lesdits Cuirs ou peaux seront représentés au bureau, & s'il n'y en a point, ils seront conduits au plus prochain bureau, où l'acquit à caution sera déchargé, & lesdits Cuirs & peaux pris en charge par les Commis, pour l'emploi en être justifié auxdits commis ; & à défaut de représentation ou de justification d'emploi, ceux qui auront été chargés desdites marchandises seront condamnés à la confiscation de la valeur desdites marchandises non représentées, ou dont l'emploi n'aura pas été justifié, & en trois cens livres d'amende.

XXIII La confiscation & l'amende de trois cens livres, auront lieu lorsque les marchandises auront passé au-delà des bureaux, ou qu'elles auront été déchargées avant d'y avoir été conduites.

XXIV. Défendons, sous les mêmes peines, à tous ceux qui conduiront des Cuirs verds ou des peaux en poil ou en laine, dans l'étendue desdites quatre lieues, de passer par des chemins detournés, pour quelque cause ou sous quelque prétexte que ce soit, encore qu'ils soient porteurs de déclarations, soumissions ou acquits à caution.

XXV. La confiscation & l'amende pourront être pour-

torisé ces tanneurs à faire conduire à la halle

luivies & ordonnées avec les conducteurs ou voituriers ,
fans qu'il foit néceffaire de mettre en caufe les propriétaires,
quand même ils feroient indiqués : fauf aux propriétaires
leurs recours, s'il y a lieu, contre lefdits conducteurs ou
voituriers ; comme auffi elles pourront être pourfuivies avec
les propriétaires, fans que dans ce cas il foit néceffaire de
mettre en caufe les conducteurs ou voituriers.

XXVI. Défendons tout magafin ou entrepôt de Cuirs
verds ou de peaux, foit en poil, foit en laine, dans l'é-
tendue des quatre lieues frontières de l'étranger, quoique
déclarés & tranfportés par acquit à caution , à peine de
confifcation & de cinq cens livres d'amende qui fera prononcée folidairement , tant contre le propriétaire defdits
Cuirs & peaux , que contre tous ceux chez qui ils feront
trouvés en entrepôt.

XXVII. Les déclarations feront faites , les droits de
fortie & d'entrée feront acquittés, & les acquits à caution
feront pris aux bureaux de la régie des Cuirs, dans tous les
lieux où elle a ou aura des bureaux ; & dans les lieux où
il n'y aura point de bureau de la régie , les expéditions
feront prifes & les droits acquittés aux bureaux des fermes
générales.

XXVIII. Les difpofitions de l'ordonnance des fermes du
mois de février 1687, concernant l'entrée & la fortie des
marchandifes, les déclarations , les acquits à caution , les
faifies, la juridiction des juges des traites, les amendes &
confifcations, & la po'ice générale des droits de traites, feront
obferves, tant pour les Cuirs & peaux apprêtés & ouvragés ,
que pour ceux en verds ; déclarons ces difpofitions communes à la régie des droits établis fur lefdits Cuirs & peaux ,
en ce qui n'eft point contraire aux difpofitions portées par
ces préfentes.

XXIX. Dans le cas de faifie de Cuirs & peaux, pour
raifon de marques prétendues fauffes, fi la faifie eft faite
dans les maifons & magafins des fabricans & marchands
ou fur le carreau des halles, foires & marchés , il fera fait
par le procès verbal fur le champ & fans déplacement, en
préfence defdits fabricans ou marchands, ou eux dûment
fommés d'y être préfens , defcription des marchandifes

saifies, par leur nombre, efpèces, qualités & poids ; après
laquelle defcription feront les marques prétendues fauffes,
coupées & enlevées defdits Cuirs & peaux , & enfuite
elles feront renfermées dans une boîte ou mifes en paquet,
& cette boîte ou l'enveloppe du paquet fera cachetée par
les commis & par la partie faifie, ou elle dûment inter-
pellée de ce faire, en préfence de laquelle, ou elle dûment
fommée, le dépôt en fera fait fur le champ au greffe de
la jurifdiction compétente, dont le greffier fera tenu de
figner fa charge & garde fur le procès-verbal des commis :
en cas d'abfence des parties intéreffées, les commis feront
tenus de fe faire affifter par notre procureur en l'élection,
& à fon défaut par le premier ou plus ancien officier, fuivant l'ordre du tableau de ladite élection ou du fiége des
traites, ou autres juges de nos droits; finon par tout autre
juge, même des feigneurs s'il y en a d'établis dans le lieu
& ne pourra aucune des formalités prefcrites par le préfent article, être omife à peine de nullité : fi la faifie eft
faite à la campagne, les commis après avoir déclaré la
faifie des Cuirs & peaux, les feront conduire au plus prochain bureau avec interpellation aux propriétaires, conducteurs & voituriers de s'y trouver ; en cas d'acquiefcement
de leur part, il fera procédé au bureau en leur préfence
auxdits defcriptions en détail, enlevement & dépôt des marques prétendues fauffes ; & dans le cas où lefdits propriétaires, conducteurs ou voituriers auroient été refufans de
fe trouver audit bureau, il fera procédé auxdites opérations
en préfence d'un juge, s'il y en a d'établi dans le lieu, comme il eft ci deffus ordonné.

XXX. Après que les marques prétendues fauffes auront
été coupées, renfermées & cachetées comme il eft dit
dans l'article précédent, il fera offert aux parties intéreffées,
main-levée des Cuirs & peaux, à condition de fournir par
elles, fur le lieu, bonne & folvable caution de la valeur
defdits Cuirs, laquelle valeur fera fixée de gré à gré, foit
dans le procès-verbal, foit dans l'acte de cautionnement.

XXXI. Si la main-levée eft acceptée, les Cuirs &
peaux avant d'être rendus aux parties, feront préalablement

qui proviendroient de leur fabrication & com-

---

marqués par lefdits commis ; fi la main-levée fous caution
n'eft point acceptée , il en fera fait mention dans ledit procès verbal de faifie , & les Cuirs & peaux feront & demeureront dépofés au bureau après avoir fommé les parties
intéreffées d'être préfentes audit dépôt , fi bon leur femble :
pourront néanmoins en tout état de caufe les parties faifies ,
demander main-levée de leurs Cuirs & peaux en donnant
caution de leur valeur , comme il eft dit dans l'article
précédent , & les Cuirs & peaux feront rendus , préalablement marqués par lefdits commis.

XXXII. La vérification defdites marques fera faite fur
les empreintes dépofées au greffe , dont le dépôt aura été
infcrit fur le regiftre du greffier , par deux experts qui feront
nommés d'office par l'ordonnance que le juge mettra au
pied de la requête de la partie la plus diligente ; ils feront
leur rapport comme en matière civile , & après leur rapport la caufe fera portée à l'audience & jugée , fans qu'il
foit néceffaire de plus ample inftruction ; fauf au juge à
nommer d'office un tiers-expert , dans le cas où les deux
premiers fe trouveroient d'avis différent.

XXXIII. Si les marques font déclarées fauffes , les Cuirs
& peaux dont elles auront été tirées , feront confifquées ou
la valeur d'iceux , avec dépens , mais fans amende dans le
cas où les Cuirs & peaux fauffement empreints auroient été
trouvés en la poffeffion d'employans Cuirs , ou de marchands non fabricans eux-mêmes les Cuirs de leur commerce , fauf le recours tel que de droit defdits marchands
ou employans Cuirs contre ceux de qui ils tiendroient lefdits
Cuirs ; mais fi les Cuirs & peaux fauffement empreints ont
été trouvés en la poffeffion des fabricans mêmes fortes de
Cuirs & peaux , ou en celle de leurs ouvriers ou autres
prépofés , lefdits fabricans feront condamnés en trente livres
d'amende , pour chaque Cuir de bœuf , vache , cheval &
mulet , & en dix livres d'amende pour chaque autre peau
fauffement marquée ; fauf à nos procureurs généraux & à
leurs fubftituts de rendre plainte en tout état de caufe ,
contre les auteurs & complices de faux , lefquels , en cas
de conviction , feront condamnés , favoir , les hommes

merce , & de les y faire vendre & débiter par

---

aux galères pour trois ans , les femmes & les filles au fouet, & les uns & les autres en trois cens livres d'amende applicable à la régie , laquelle amende ne pourra être modérée pour quelque cause que ce soit.

XXXIV. Si les marques sont déclarées vraies , le régisseur sera condamné aux dépens, même au dédommagement du préjudice causé par l'enlevement des marques & l'apposition de nouvelles marques ; lequel dédommagement nous avons fixé, savoir, dans le cas où les Cuirs & peaux auront été laissés aux parties, à trente sous par chaque Cuir de bœuf, vache, cheval & mulet ; à vingt sous par chaque Cuir ou peau de veau , âne , cerf , daim , chevreuil , élan, chamois & orignac, & dix sous par chaque autre peau telle qu'elle soit ; & dans le cas où les Cuirs & peaux auroient été saisis & déposés au bureau , à dix pour cent de leur valeur par chaque six mois qui se feront écoulés depuis la saisie jusqu'au jour du jugement définitif.

XXXV. Validons en tant que de besoin les procédures qui auront pû être faites avant ces présentes par la voie civile , pour la vérification des marques : voulons qu'il y soit statué conformément à ce qui est prescrit par ces présentes.

XXXVI. Il sera loisible au régisseur , de prendre la voie extraordinaire , même après le dépôt au greffe , des marques suspectées de faux ; & dans ce cas la procédure extraordinaire sera faite & instruite conformément à l'ordonnance de 1737 : voulons, suivant ce qui a toujours été pratiqué pour nos fermes générales, que les directeurs & receveurs puissent rendre & signer les plaintes & tous actes nécessaires aux inscriptions & accusations de faux principal , & à leur instruction, sans procuration spéciale du régisseur à cet effet, desquelles inscriptions & accusations de faux principal , ledit régisseur demeurera civilement responsable envers les accusés.

XXXVII. Les inscriptions de faux contre les procès-verbaux des commis, seront formées & instruites conformément à ce qui est prescrit par la déclaration du 25 mars 1732 , à peine de nullité.

Kk iij

les agens, commiffionnaires ou autres perfonnes

---

XXXVIII. Permettons aux régiffeurs de nos droits, de faire faire de nouveaux marteaux, de faire contre marquer les Cuirs & peaux déja marqués, d'une ou deux marques, tant chez les fabricans que chez les marchands & employans Cuirs & peaux, & de prendre en charge lefdits Cuirs & peaux par nouveaux inventaires.

XXXIX. Voulons au furplus que l'édit du mois d'août 1759, les lettres patentes du 24 feptembre fuivant, & celles du 25 février 1760, foient exécutées felon fa forme & teneur, en tout ce qui ne fera point contraire aux préfentes. Si vous mandons, &c.

*Lettres-patentes du 2 Avril 1772.*

Louis, &c. Salut. La fabricationtion des Cuirs & peaux formant une des branches intéreffantes du commerce de notre état, nous avons toujours cherché à lui procurer les accroiffemens dont elle pouvoir être fufceptible, & à concilier avec la régie & le recouvrement du droit impofé par notre édit du mois d'août 1759, les facilités qu'elle peut exiger. C'eft par une fuite de ces vues que, par nos lettres-patentes du 29 mai 1766, en même temps que nous avons fupprimé, comme étant entierement deftructives de la concurrence & de l'égalité, qu'il eft de la plus grande importance de maintenir entre les fabricans des différentes province de notre royaume, les évaluations d'après lefquelles le poids des Cuirs & peaux tannés à œuvre, & deftinés à paffer par les apprêts de la corroyerie, étoit réglé & déterminé, nous nous étions portés à laiffer la faculté de faire pefer & marquer de perception, à la fortie des foffes, les Cuirs & peaux à œuvre deftinés à être vendus en humide; nous avions en conféquence arrêté un tarif de réduction, d'après lequel les droits fur ces Cuirs & peaux devoient être acquittés, & nous avions accordé, à compter de l'époque à laquelle la marque de perception feroit appofée, un délai de fix mois pour l'acquittement des droits; nous avions lieu de croire qu'une faculté dont l'objet étoit de procurer à la fabrication toute fa perfection, & aux fabricans toutes les facilités qui pouvoient y concourir, rem-

qu'ils jugeroient à propos de choisir pour cet effet.

---

pliroit parfaitement les vues que nous nous étions propo-
sées, mais elle est devenue au contraire la source & le principe d'une multitude d'abus , de fraudes & d'inconvéniens
qui ne sont pas moins préjudiciables à la fabrication & au
commerce qu'à la perception & au recouvrement de cette
partie de nos revenus. Nous sommes , en effet, informés
que les changemens qui s'opèrent nécessairement dans les
marques apposées sur des Cuirs & peaux humides , ont fait
éclorre les faux marteaux, dont l'usage s'est introduit presque généralement dans les différentes provinces du royaume ; qu'un grand nombre de fabricans, dans la vue de
rendre encore plus difficile la vérification des marques apposées avec ces faux marteaux, ne donnent pas à leurs
Cuirs & peaux les apprêts suffisans pour les conduire au
degré de perfection qu'ils exigent; que les préposés à la
régie & perception du droit se trouvent presque toujours
dans l'impossibilité de constater les délits & contraventions;
que les experts qui sont nommés pour la vérification des
marques, éprouvent souvent eux-mêmes des incertitudes
qui ne leur permettent pas de porter un jugement certain,
& que les juges auxquels appartient la connoissance des
contestations relatives à cette partie de nos droits , ne peuvent, par une suite de ces incertitudes, se procurer les connoissances nécessaires pour prononcer les peines prescrites
par les réglemens, de manière qu'en même-temps que les
fausses marques, si destructives du produit que nous devions
attendre de cette partie de nos droits, se perpétuent & se
multiplient, le public est exposé a se servir de Cuirs & peaux
qui n'ont pas reçu leur entière perfection, & qu'il n'existe
plus aucune sorte de balance ni d'égalité entre les fabricans
qui remplissent fidèlement leurs obligations, & ceux qui se
livrent à la fraude. Nous sommes pareillement informés
que la restitution des droits que nous avons, par l'article 9
de notre édit du mois d'août 1759 , ordonnée être faite à
la sortie pour l'étranger, des Cuirs & peaux tannés & apprêtés dans l'intérieur du royaume, non-seulement nous
est très-préjudiciable, en ce que nous nous trouvons souvent

dans le cas de reftituer des droits qui n'ont point été acquittés, mais qu'elle tourne entièrement au profit des marchands & commiffionnaires, de manière qu'elle ne procure
point aux fabricans les avantages dont nous avions eu principalement pour objet de les faire jouir. C'eft pour réprimer
les abus & les inconvéniens que nous venons de rappeler,
& pour rétablir le bon ordre & la concurrence dans la fabrication & le commerce, que nous avons jugé devoir
abroger la faculté que nous avions accordée de faire pefer
& marquer de perception en humide les Cuirs & peaux à
œuvre deftinés à paffer par les apprêts de la corroyerie, en
laiffant néanmoins aux tanneurs qui n'ont pas droit de corroyer, ou qui ne corroyent pas eux-mêmes, la facilité de
vendre en humide, & fous les conditions que nous y avons
appofées, les Cuirs & peaux qui par la nature de leur apprêt peuvent être fufceptibles d'être vendus dans cet état
d'humidité. Nous avons prefcrit en même-temps les nouvelles précautions & les nouveaux tempéramens qui fans
apporter aucune gêne ni entrave à la fabrication & au
commerce, ont été jugés & reconnus néceffaire pour maintenir la perfection dans les apprêts, affurer à ceux qui auroient acheté des Cuirs & peaux revêtus de fauffes marques
le recours qu'ils doivent naturellement avoir contre les
vendeurs, prévenir les verfemens qui fe font en fraude des
droits & au préjudice de la main-d'œuvre & des fabriques
nationales des Cuirs & peaux en verd à l'étranger, & en
confervant à la fabrication & au commerce les avantages
& les encouragemens que nous nous étions propofés de leur
procurer, par la reftitution que nous avons ordonnée du
montant des droits fur les Cuirs & peaux tannés & apprêtés
qui font exportés à l'étranger, reftreindre cette reftitution
dans les juftes bornes qu'elle doit avoir, & faire ceffer les
abus & les inconvéniens dont elle a été jufqu'ici fufceptible.
A ces caufes & autres à ce nous mouvant, de l'avis de notre
confeil, & de notre certaine fcience, pleine puiffance &
autorité royale, nous avons par ces préfentes fignées de
notre main, dit, déclaré & ordonné, difons, déclarons &
ordonnons, voulons & nous plaît ce qui fuit :

table de mer qui doivent être perçus fur les

____

### ARTICLE PREMIER.

Aucuns Cuirs & peaux ne pourront à l'avenir, & à compter de la publication des préfentes, être pefés & marqués de perception qu'ils ne foient entièrement fecs. Défendons expreffément au régiffeur de nos droits, fes commis & prépofés, de péfer & marquer de perception aucuns Cuirs & peaux en humide, & d'accorder aucune évaluation ou réduction de poids, pour quelque caufe ou motif que ce puiffe être : faifons pareillement défenfes aux tanneurs de requérir lefdites pefées & marques en humide, & aux juges de les ordonner, à peine de nullité de leurs jugemens, de confifcation des Cuirs & peaux qui auront été ainfi pefés & marqués, & de deux cens livres d'amende.

II. Pourront néanmoins les tanneurs qui n'ont pas droit de corroyer, ou qui ne corroyent pas eux-mêmes, continuer de vendre les peaux de veau fur le bord des foffes à des corroyeurs feulement, après qu'elles auront été prifes en charge, & marquées de préparation par les commis, à la charge qu'elles ne pourront être enlevées, qu'au préalable il n'en ait été fait déclaration au bureau du régiffeur, & pris un acquit à caution, contenant les noms, furnoms, demeures & qualités du vendeur & de l'acheteur, la quantité des peaux vendues, le lieu de la deftination, & la foumiffion du vendeur de rapporter dans le délai d'un mois au plus tard, le certificat de décharge defdites peaux à leur deftination, figné de deux commis du régiffeur, fous peine d'être contraints au payement du quadruple des droits fur le pied du poids de trente cinq livres la douzaine de peaux. Faifons défenfes auxdits tanneurs d'en vendre en humide à d'autre perfonnes qu'à des corroyeurs, ni autrement que féches d'huile, ou en croûe, ou corroyées, & après qu'elles auront été pefees & marquées de perception, à peine de confifcation & de deux cens livres d'amende.

. III. Les peaux de veau qui auront été vendues en humide à des corroyeurs, feront prifes en charge par les commis chez ceux qui les auront achetées, lefquels ne pourront les faire pefer & marquer de perception, qu'après

## Cuirs étrangers lorfqu'ils entrent en Provence

les derniers apprêts de la corroyerie, & feront tenus d'en acquitter les droits trois mois après lefdites pefées & marques. Voulons qu'en rapportant par les tanneurs qui auront vendu lefdites peaux, le certificat de leur arrivée au lieu de la deftination, dans le délai fixé par l'article ci-deffus, il leur en foit donné decharge par les commis du lieu de l'enlèvement.

IV. Enjoignons à tous tanneurs, & autres fabricans ou apprêtans Cuirs & peaux, d'avoir chacun un marteau particulier, fur lequel feront gravés leurs noms, furnoms & demeures, duquel marteau ils feront tenus de dépofer, dans la huitaine du jour de la publication des préfentes, une empreinte au greffe de l'élection ou de la juridiction compétente dans le reffort de laquelle ils fe trouveront domiciliés, & d'en remettre une femblable au bureau du régiffeur. Voulons que lefdits tanneurs, & autres fabriquans & apprêtans, foient tenus d'appofer leurs marques fur tous les Cuirs & peaux de leur fabrication, au même inftant que les commis les marqueront de perception ; & feront les marques defdits fabricans & apprêtans mifes à la culée directement au deffus de la marque de perception ; le tout à peine de deux cens livres d'amende contre les refufans. Faifons défens à tous corroyeurs & autres apprêtans, d'altérer & défigurer lefdites marques. Leur enjoignons au contraire très-expreffément de les ménager en travaillant lefdits Cuirs & peaux, à peine de confifcation de ceux dont les marques feroient méconnoiffables, & de tous dommages & intérêts envers les propriétaires defdits Cuirs & peaux.

V. Défendons à tous tanneurs & autres fabricans de vendre à telles perfonnes que ce puiffe être aucuns Cuirs & peaux en cours d'apprêts & d'en requérir la pefée & marque de perception qu'ils ne foient entièrement tannés & apprêtés, comme auffi de recoucher en foffe ou remettre en cuves, fous quelques prétexte que ce foit, des Cuirs & peaux marqués, foit de charge feulement, foit de charge & de perception, à peine de confifcation des Cuirs & peaux qu'ils auront recouchés & de deux cens livres d'amende.

VI. Ne pourront les tanneurs & autres fabricans, ache-

& en Languedoc , ont été fixés par un arrêt du

ter ni faire conduire dans leurs maisons, tanneries, magasins, ouvroirs, boutiques & autres lieux, aucuns Cuirs &
peaux tannés & apprêtés, qu'il n'en ait été fait déclaration
au bureau du régisseur, & pris avant l'enlèvement un laissez-passer contenant les noms, demeures & qualités du vendeur & de l'acheteur, le nombre & l'espèce des Cuirs &
peaux, le lieu de l'enlèvement & celui de la destination
dont le voiturier sera porteur; lequel laissez passer sera dé-
posé à l'arrivée dans le lieu de la destination au bureau du
régisseur, pour être lesdits Cuirs & peaux visités & pris en
charge par les commis à leur première visite : le tout à
peine de confiscation des Cuirs & peaux non déclarés, ou
qui seront voiturés sans laissez-passer , ensemble chevaux,
charrettes & harnois , & de deux cens livres d'amende contre les voituriers & contrevenans.

VII. En interprêtant l'article 8 de nos lettres-patentes
du 29 mai 1766 , ordonnons que les hongroyeurs ne
pourront à l'avenir faire peser & marquer leurs Cuirs de
perception qu'après qu'ils auront été mis en suif; laquelle
marque de perception sera appolée à leur requisition, &
les droits payés par les hongroyeurs trois mois après la
pesée & marque, & sans aucune diminution du poids du
suif dont les Cuirs se trouveront imbibés. Pourront néanmoins ceux des hongroyeurs qui font des Cuirs en blanc ,
sans les préparer en suif, vendre lesdits Cuirs en blanc, à la
charge qu'ils ne pourront les faire peser & marquer de
perception qu'après en avoir fait leur déclaration signée
d'eux, au bureau du régisseur, & pris un laissez-passer pour
l'enlèvement, contenant les noms, surnoms, demeures &
qualités du vendeur & de l'acheteur, le nombre & le
poids des Cuirs vendus en blanc, & le lieu de la destination ; le tout à peine de confiscation des Cuirs &
peaux enlevés sans déclaration & laissez-passer, & de deux
cens livres d'amende. Voulons que la marque de perception soit appolée à la tête sur les Cuirs qui seront vendus
en blanc, à côté de la marque de préparation, & que ceux
desdits Cuirs qui se trouveroient dans la suite mis en suif,
soient confisqués, & le propriétaire desdits Cuirs condamné

conseil du 30 juillet 1764. Cet arrêt porte « que

en deux cens livres d'amende, qui ne pourra être remise ni modérée pour quelque cause que ce puisse être.

VIII. Les mégissiers, bourreliers & Gorliers, seront tenus, sous peine de confiscation des Cuirs & peaux non-déclarés, & de deux cens livres d'amende, de faire leurs déclarations des Cuirs & peaux qu'ils voudront sortir des aluns pour les mettre sur perches, à l'effet d'être pris en compte & marqués ensuite de préparation ; savoir les Cuirs passés en blanc après le redressage, & les peaux apprêtées en mégie après la première ouverture sur le pellon ou palisson, & lorsque lesdits Cuirs & peaux seront secs, ils seront pesés & marqués de perception à la réquisition des fabricans & les droits par eux payés trois mois après lesdites pesées & marqués, à raison du poids constaté par lesdites pesées. Défendons sous les mêmes peines auxdits fabricans de couper & employer lesdits Cuirs & peaux avant lesdites pesées & marqués de perception.

IX. Interprétant en tant que de besoin l'article 14 desdites lettres patentes, ordonnons que les chamoiseurs qui enverront fouler leurs Cuirs & peaux dans des moulins de l'intérieur du Royaume, seront tenus au retour desdits Cuirs & peaux, & avant que les voitures puissent être déchargées, d'en faire une déclaration signée d'eux contenant le nombre & la qualité des Cuirs & peaux qu'ils feront revenir des moulins, à l'effet d'être lesdits Cuirs & peaux pris en compte par les commis, & ensuite marqués de préparation après la première ouverture sur le palisson ; le tout à peine de confiscation des Cuirs & peaux non-déclarés & de deux cens livres d'amende, & le surplus dudit article sera exécuté selon sa forme & teneur.

X. Tous les marchands, voituriers & autres, qui enlèveront des Cuirs verds ou des peaux en poil ou en laine dans l'étendue des quatre lieues frontières de l'étranger pour les conduire & transporter dans l'intérieur du royaume, seront tenus d'en faire déclaration au bureau du lieu du chargement, s'il y en a, sinon au plus prochain bureau, & d'y prendre avant l'enlèvement un acquit à caution portant soumission de rapporter, dans le délai de six semaines

» tous les Cuirs de bœufs & de vaches en poil ,

au plus tard, un certificat de l'arrivée desdits Cuirs & peaux au lieu de leur destination, signée de deux commis du régisseur, à peine de confiscation desdits Cuirs & peaux ou de leur juste valeur , & de deux cens livres d'amende.

XI. La restitution des droits ordonnée par l'article 9 de notre édit du mois d'août 1759, à la sortie pour l'étranger des Cuirs & peaux tannés & apprêtés dans le royaume, n'aura plus lieu , à compter du jour de la publication des présentes, que pour les deux tiers desdits droits, & ladite restitution ne pourra être exigée qu'aux bureaux des lieux de l'enlèvement & pour les seuls Cuirs & peaux qui seront entiers, en justifiant par les fabricans ou apprêtans, marchands ou commissionnaires, de la sortie desdits Cuirs & peaux par le certificat des commis du bureau de sortie, & la quittance des droits de la ferme générale.

XII. L'article 12 de nos lettres-patentes du 24 septembre 1759 sera exécuté selon sa forme & teneur, & en l'interprétant, ordonnons que le régisseur sera préféré pour le payement de ce qui se trouvera nous être dû par les redevables de nos droits, & à tous autres créanciers sur les deniers provenans de la vente des marchandies, ingrédiens, meubles & autres effets mobiliers desdits redevables saisis & vendus , aux exceptions néanmoins portées par notre ordonnance du mois de juin 1680.

*L'article 12 des lettres-patentes du 24 septembre 1759 , de l'interprétation duquel il s'agit ici est ainsi conçu :*

» Pourra le régisseur , ainsi que ses commis & préposés » décerner ses contraintes contre les redevables & poursui- » vre en vertu d'icelles pour le payement des droits par les » voies accoutumées pour les deniers & affaires de sa ma- » jesté, & qui seront usitées pour le payement & le recou- » vrement des droits d'aides, dont sa majesté déclare les ré- » glemens communs pour la régie & perception desdits » droits : veut pareillement sa majesté que les procédures » soient suivies & instruites conformément auxdits règle- » mens & à la déclaration du 13 février 1688 , tant pour » l'ordre des procédures civiles ou criminelles, que pour les » vacations des juges , la taxe & les salaires de huissiers.

» même les Cuirs & peaux de veaux , auffi en

XIII. Interprétant en tant que de befoin les difpofitions de l'article 29 des lettres-patentes du 29 mai 1766, concernant les formalités à remplir en cas d'abfence des parties intéreffées , déclarons avoir entendu comprendre comme parties intéreffées les femmes, enfans majeurs ou mariés, & les affociés des fabricans & marchands , dont les déclarations vaudront comme fi elles avoient été faites par eux-mêmes. Voulons qu'en cas d'abfence defdits fabricans & marchands, il puiffe être procédé par les commis du régiffeur , en préfence de leurs femmes, enfans majeurs ou mariés, ou de leurs affociés , aux faifies & autres opérations en réfultantes, fans être tenus de requérir l'affiftance de notre procureur en l'élection , ou autre officier, & qu'ils puiffent de même continuer lefdites opérations, lorfqu'après avoir été commencées en préfence des parties intéreffées, elles fe feront retirées fans attendre qu'elles foient finies ; feront tenus feulement les commis de faire mention dans leurs procès-verbaux de la retraite des parties & de leurs refus d'y refter préfentes. En cas de faifie de faux martaux, les parties intéreffées ne pourront fe retirer pendant les opérations de la faifie, qu'elles n'aient appelé ou fait appeler, fi bon leur femble, un juge pour y être préfent, & à défaut par elle de le faire, les commis pourront, fi elles s'abfentent, continuer leurs opérations, fans être aftreints à autre chofe qu'à faire mention dans leurs procès-verbaux de la retraite defdites parties, & de leur refus d'appeler un Juge.

*Le même article 29 a encore été interprété par une déclaration du roi du 10 janvier 1777.*

*Suivant cette loi , le dépôt des marques prétendues fauffes enlevées des Cuirs faifis, doit être fait fur le champ , & par provifion au greffe de toute juftice royale ou feigneuriale, lorfque dans le lieu, il n'y a ni élection , ni autre juge des droits du roi.*

*Il eft ordonné aux greffiers des juridictions ou juftices de cacheter à l'inftant, du fceau de leur juridiction, les boîtes ou paquets dont le dépôt aura été fait en leur greffe.*

*Il eft défendu aux mêmes greffiers de fe déffaifir des dépôts faits en leur greffe , à moins que ce ne foit en vertu d'une*

» poil, de quelques qualités qu'ils se trouvent,

---

*ordonnance des officiers de la juridiction compétente pour connoître de la saisie.*

XIV. Interprétant également l'article XXXII desdites lettres patentes, ordonnons que nonobstant toutes exceptions dilatoires, incidens & demande en nullité, & sans y préjudicier, il sera procédé à la vérification des marteaux ou empreintes saisies comme fausses, & les juges ne pourront nommer pour experts que des graveurs reçus en nos hôtels des monnoies. Voulons aussi qu'a la fin de chaque vacation de la vérification, les pièces arguées de faux soient renfermées dans une boîte ficelée & cachetée par le juge, & qu'elles restent déposées au greffe dans le même état après l'entière vérification, même après les sentences & arrêts qui interviendront sur lesdites vérifications, sans qu'en aucun cas, & pour quelque motif que ce soit, il puisse être ordonné qu'elles seront remises aux parties.

*L'exécution de cet article ayant rencontré divers obstacles tant par la difficulté de réunir deux graveurs reçus aux hôtels de monnoies, attendu qu'il n'y a guère que ceux qui sont directement attachés au service de ces hôtels qui s'y fassent recevoir, qu'à cause des retardemens qui résultoient de cette circonstance pour les vérifications des marteaux saisis, & des frais considérables qu'occasionnoient les voyages & séjours de ces graveurs, le roi pour faire cesser ces obstacles, & ne confier en même-temps les opérations relatives aux vérifications dont il s'agit, qu'à des experts qui réunissent les connoissances qu'elles exigent, a ordonné par ses lettres patentes du 16 mai 1773 rendues en interprétation de l'article XIV ci dessus, que les juges seroient tenus de choisir & nommer ces experts parmi les graveurs établis dans les villes où il existe des hôtels ou juridictions des monnoies, & qui exercent principalement & habituellement la profession de la gravure sur métaux.*

XV. Lorsque la saisie des marques suspectées fausses aura été faite dans le ressort d'une juridiction différente de celle du lieu porté par lesdites empreintes, voulons que le juge qui en doit connoître, adresse, sur la requête de la partie la plus diligente, au juge du lieu où les empreintes

» grands ou petits, même ceux tarés ou gâtés
» venant des pays étrangers, autres néanmoins
» que ceux venant d'Angleterre & des îles fran-
» çoises de l'Amérique, acquitteront à leur en-
» trée dans le royaume par la Provence & le
» Languedoc, ledit droit de la douane de Lyon
» au poids de marc, à raison de dix sous le quin-
» tal, au lieu des droits auxquels ils étoient
» assujettis à la pièce, suivant leur différente
» qualité, par le tarif de ladite douane du 27
» octobre 1632; comme aussi que tous lesdits
» Cuirs en poil, aussi autres que ceux d'Angle-

ont été originairement déposées, une commission rogatoire
à l'effet de faire insculper de nouvelles empreintes en la
présence dudit juge, en celle de notre procureur & de deux
experts nommés d'office & résidens sur le lieu, lesquelles
empreintes nouvellement insculpées seront comparées avec
celles originairement déposées, & leur conformité attestée
par lesdits experts, s'il y a lieu, sans qu'il soit nécessaire
d'appeller la partie saisie auxdites opérations. Du tout il
sera dressé procès-verbal qui sera envoyé avec les nouvelles
empreintes bien & duement cachetées, au juge qui doit
connoître de la saisie, pour être sur icelles procédé à la
vérification des marques suspectées.

XVI. Dans toutes les matières concernant la levée &
perception de nos droits sur les Cuirs, ensemble dans tous
les incidens concernant la procédure, il ne pourra être
taxé, pour chaque cause dans nos cours de parlement,
cours des aides, conseils supérieurs, & autres juridictions
qui connoissent desdits droits, plus de six rôles de requêtes
& autres écritures, sans qu'il puisse être passé en taxe aucun
mémoire imprimé, ni plus d'un droit de remise pour chacune desdites causes. Voulons au surplus que l'édit du
mois d'août 1759, les lettres patentes du 24 septembre
suivant, & celles des 25 février 1760 & 29 mai 1766,
soient exécutées selon leur forme & teneur en tout ce qui
ne sera pas contraire à ces présentes. Si vous mandons, &c.

» terre

» terre & des îles françoises de l'Amérique,
» acquitteront pareillement à l'entrée de la Pro-
» vence le droit de la table de mer au même
» poids de marc, à raison d'un sou six deniers
» le quintal, au lieu des différens droits qui se
» payoient à la pièce, suivant le tarif de ce droit
» arrêté le 9 juillet 1669 : sa majesté dérogeant
» à cet égard seulement, auxdits tarif des 27
» octobre 1632 & 9 juillet 1669 ».

Par un autre arrêt du 28 mai 1768, le roi a
ordonné l'exécution de ceux des 7 septembre
1688, premier février & 10 mai 1689, & en
les interprêtant en tant que de besoin, sa majesté a déclaré que les Cuirs tannés & corroyés,
vaches de Roussy, peaux de veaux & autres
passées en couleur, soit en pièces entières, soit
eu bandes ou autrement, ainsi que tous les ouvrages de Cuir ou de peau, tels que bottes,
bottines, souliers, bas, culottes, gants, harnois, brides, selles, ceinturons & autres semblables venant des pays étrangers, seroient assujettis à payer à toutes les entrées du royaume
vingt pour cent de leur valeur. Il est dit au surplus qne le roi n'a point entendu comprendre
dans ces dispositions les peaux de chèvre ni
celles de mouton passées en blanc, jaune ou autre couleur en façon de chamois, qui font propres aux manufactures de gants, lesquelles ne
doivent payer que les droits ordinaires des tarifs,
conformément à l'arrêt du 15 mars 1689 : sa
majesté a pareillement déclaré n'avoir rien prétendu changer à la fixation faite par un autre
arrêt du 10 mai de la même année 1689, pour
les peaux de veau corroyées venant des pays
étrangers, lesquelles doivent continuer de payer,

pour tenir lieu du droit de vingt pour cent, celui de fix livres par douzaine de peaux.

L'arrêt du fix feptembre 1701 a défendu l'introduction des Cuirs d'Angleterre dans le royaume.

Voyez *les lois citées*, & les articles ENTRÉE, SORTIE, MARCHANDISE, SOU POUR LIVRE, &c.

CUIVRE. C'eft une efpèce de métal imparfait qui fous quelque forme que ce foit, mais particulièrement lorfqu'il eft pénétré par quelques fels & réduit en verd de gris, produit les accidens les plus fâcheux & devient un poifon fi on le prend intérieurement. C'eft pour cela que les vaiffeaux & uftenfiles de Cuivre qui fervent à la préparation des alimens font d'un ufage dangereux, & que les perfonnes prudentes les banniffent de leurs cuifines. C'eft pour la même raifon que le roi par fa déclaration du 13 juin 1777, enregiftrée au parlement le 2 feptembre fuivant, a fait défenfe aux laitières ou autres perfonnes vendant du lait, ainfi qu'aux regratiers de fel & aux débitans de tabac, de faire à-l'avenir ufage de vaiffeaux & de balances de Cuivre pour leur commerce (*).

_____

( * ) *Voici cette déclaration.*

Louis, &c. falut. L'expérience a fait reconnoître que la diffolution du plomb, prife intérieurement, produit les plus dangereux effets fur la fanté ; cependant les marchands de vins font dans l'ufage de revêtir leurs comptoirs de ce métal ; le vin qui y féjourne plus ou moins, fuivant l'inégalité de leur furface, & qui en diffout toujours une partie, étant recueilli avec foin, vendu & diftribué au peuple, il en réfulte des maladies d'autant plus fâcheufes qu'on en ignore prefque toujours la vraie caufe. Il en eft de même du verd-de-gris

## Il est à desirer pour le bien de l'humanité, que

que produisent les vaisseaux de Cuivre dont se servent les
laitières ; le lait qui y séjourne, souvent vingt-quatre heures, peut devenir une nourriture dangereuse, & il est d'autant plus facile d'y substituer des vaisseaux de bois, que par
les expérience qui en ont été faites par les ordres du sieur
lieutenant général de police de Paris, il a été reconnu
que le lait s'y conserve mieux que dans les vaisseaux de
Cuivre, & que d'ailleurs il lui en auroit été présenté des
modèles en bois dont la forme est aussi commode. & dont
le prix est fort au-dessous des pots en Cuivre que la plupart
des laitières ont employé jusqu'à ce jour. Les balances du
même métal, en usage chez les regratiers de sel & les débitans de tabac, presque toujours couvertes de verd-de-gris,
présentent le même danger pour la classe des citoyens la
plus pauvre qui achete le sel & le tabac à petite mesure. Il
est encore facile de substituer le fer-blanc ou battu à ces
métaux, & même à l'étain, qu'on ne pourroit employer
sans danger à cause des parties arsenicales qu'il contient
& de son alliage avec le plomb ; la prudence doit en exclure l'usage dans les maisons des particuliers, mais le bien
de l'humanité & l'intérêt de nos sujets exigent que l'usage
général en soit proscrit. A ces causes, de l'avis de notre
conseil qui a vu le rapport des sieurs Lieutaud notre premier médecin, de Lassonne notre premier médecin en
survivance, & celui du sieur Macquer, médecin de la
faculté de Paris, ensemble les observations du sieur Cadet
le jeune maitre en pharmacie & professeur de chymie de
l'école vétérinaire, & de notre certaine science, pleine
puissance & autorité royale, nous avons, par ces présentes
signées de notre main, dit, déclaré & ordonné, disons,
déclarons & ordonnons, voulons & nous plaît ce qui suit:

### ARTICLE PREMIER.

Les comptoirs des marchands de vins, revêtus de lames
de plomb, les vaisseaux de Cuivre dont les laitières &
autres personnes vendant du lait font usage pour leur commerce, & les balances aussi de Cuivre dont se servent les
regratiers de sel & les débitans de tabac, seront & demeu-

cette loi foit fuivie d'une autre qui défende
d'employer dans les auberges ou cabarets aucun uftenfile de Cuivre pour y préparer des
alimens aux voyageurs ou aux perfonnes qui
vont y manger. Et une telle loi feroit plus utile
encore fi elle profcrivoit indiftinctement dans
tout le royaume l'ufage & la fabrication de ces
fortes d'uftenfiles.

Les droits fur les Cuivres en rofette, en mitraille & autres de toute efpèce, non travaillés,
venant de l'étranger, doivent être perçus à
toutes les entrées du royaume à raifon de trois
pour cent de la valeur, & fur les Cuivres en
fourrures & en fond, c'eft-à-dire qui ont reçu
une première main d'œuvre & avec lefquels on
peut faire des chauderons, cafferoles, marmites
& autres pareils ouvrages, à raifon de cinq
pour cent de la valeur. C'eft ce qui réfulte de

reront fuppiimés; faifons défenfes auxdits marchands de
vins, laitières ou autres perfonnes vendant du lait, & aux
regratiers de fel & débitans de tabac, d'avoir chez eux,
paffé le délai de trois mois à compter du jour de la publication de notre préfente déclaration, de pareils comptoirs,
vaiffeaux & balances, d'en faire ufage pour leur commerce,
& même de fubftituer l'étain au plomb & au Cuivre dont
ils font compofés, & ce à peine de confifcation & de trois
cens livres d'amende.

II. Pourront les marchands de vins fubftituer des cu-
vettes de fer-blanc ou battu aux lames de plomb dont leurs
comptoirs font revêtus, comme auffi les laitières & autres
perfonnes vendant du lait, au lieu de vaiffeaux en Cuivre,
faire ufage de vaiffeaux de fayance ou de terre verniffée,
ou même de fimple bois; & à l'égard des regratiers de
fel & débitans de tabac, ils ne pourront fe fervir que de
balances de fer-blanc ou battu. Si donnons en mandement, &c.

l'article premier de l'arrêt du conseil du 22 juillet 1760.

Suivant l'article 2, les Cuivres destinés pour l'étranger doivent payer à toutes les sorties du royaume, savoir, ceux qui font en rosette, mitraille & autres non travaillés, trois pour cent de la valeur, & ceux qui font en fourrure & en fond, un pour cent de la valeur : ces droits doivent tenir lieu de tous les autres droits des traites dus depuis le lieu de l'enlèvement jusqu'à la sortie ; & pour assurer la destination de ces Cuivres, ils doivent être expédiés par acquit à caution au bureau du lieu de l'enlèvement, ou à défaut de ce bureau, au plus prochain de la route.

Pour obvier aux difficultés qui auroient pu survenir dans les évaluations, l'article 3 a fixé la valeur des Cuivres en rosette, mitraille & autres non travaillés, à cent livres par quintal, & celle des Cuivres en fond & en fourrure, à cent vingt livres : ainsi les Cuivres non travaillés doivent à l'entrée du royaume trois livres par quintal, & un pareil droit à la sortie lorsqu'ils font destinés pour l'étranger, & les Cuivres en fourrure & en fond doivent à l'entrée du royaume six livres par quintal, & vingt-quatre fous à la sortie lorsqu'ils font destinés pour l'étranger.

A l'égard des Cuivres ouvragés en chaudrons, chandeliers, landiers, platines & autres batteries de cuisine, ils doivent être regardés comme quincaillerie de Cuivre, & doivent en conséquence payer à toutes les entrées du royaume fept livres dix fous par quintal, conformément aux arrêts du confeil des 3 juillet 1692, 15 mai 1760, & 18 juillet 1764.

Voyez *les lois citées*, & les articles ENTRÉE, SORTIE, MARCHANDISE, QUINCAILLERIE, SOU POUR LIVRE, &c.

C U M U L, ou CUMULATION. Termes de coutume, ufités dans quelques provinces pour exprimer le droit qu'a un héritier de demander qu'on accumule les propres & les autres immeubles pour prendre un tiers fur la totalité, lorfque les meubles & les acquêts excèdent de deux tiers la valeur des propres.

Ce droit eft particulièrement connu dans le Poitou : on voit dans le commentaire de Boucheul fur l'article 208 de la coutume de cette province, ce que c'eft que ce droit (*). Lorfque le père & la mère ont peu de propres, & que néanmoins ils ont fait donation à l'un de leurs enfans de leurs meubles & de leurs acquêts, les autres ont le choix dans la coutume dont nous parlons, ou de prendre les deux tiers des propres ou de faire une maffe de tous les immeubles propres & acquêts & d'en prendre un tiers pour eux. Mais ceci n'a lieu qu'en ligne directe, car les donations en collatérale ne font point fufceptibles de cette faveur.

Si la donation étoit faite à plufieurs enfans au lieu d'un feul, les autres non donataires, n'y en eût-il qu'un, auroient toujours la même option. Il pourroit cependant fe faire que cette option accordée à un enfant lui fût plus favorable que la donation faite aux autres, mais il a été jugé

(*) Lebrun en parle dans fon traité des fucceffions, liv. 2, chap. 4, nomb. 61.

par un arrêt du 4 mars 1617, que les donataires pouvoient offrir le partage de tous les immeubles, & en avoir par ce moyen chacun leur part & portion.

Si la donation étoit faite partie à un enfant & partie à un étranger, les autres enfans ne laisseroient pas d'être recevables à demander le tiers. C'est ce qui a été jugé contre Boucheul lui-même, le commentateur de la coutume de Poitou, par un arrêt du 26 août 1651.

La raison est la même, soit que la donation ne vienne que du père ou de la mère, ou de tous les deux conjointement ; & ceux-ci sont réputés avoir peu de propres quand ces biens ne reviennent pas à la valeur du tiers de tous les autres immeubles. Mais quand cette valeur s'y trouve, les donataires peuvent conserver l'objet de leur donation, & c'est à eux à établir cette valeur, parce qu'il suffit aux enfans non donataires de demander le tiers.

L'option dont il s'agit a encore lieu quoique la donation ne soit que d'une portion des acquêts, lorsque le reste de ces acquêts non donnés ne revient pas au tiers de tous les immeubles. Il y a plus : c'est que le Cumul des meubles a lieu quand il y a peu d'immeubles.

Observez que les enfans donataires ne prennent rien sur le tiers de ce qu'ils sont obligés d'abandonner, & que le droit d'aînesse n'entre pas dans ce tiers. C'est notamment ce qui a été jugé par un arrêt du 16 juin 1682.

Observez encore que lorsqu'il s'agit de considérer les propres, on comprend indistinctement dans cette classe les propres fictifs & les propres conventionnels, tels que des deniers stipulés propres par un contrat de mariage avec les propres réels, & qu'il est égal que la donation soit faite entre-vifs ou à cause de mort.

On trouve dans Filleau, autre commentateur de la coutume de Poïtou, un acte de notoriété du présidial de Poitiers du 9 juillet 1680 (*), qui atteste la jurisprudence que nous développons sur cet article. Il y en a un autre du siége royal de Niort du 28 février 1681.

Dans la coutume d'Angoumois où il y a aussi une grande différence entre les propres & les acquêts, le Cumul y est usité lorsqu'il y a lieu de réformer des libéralités excessives. Cette manière de ramener les choses à l'équité a été adoptée par deux arrêts que Vigier rapporte sur l'article 49 de cette coutume, l'un du 23 juin 1585, & l'autre du 24 mars 1623. Dumoulin qui a apostillé cette même coutume & nombre d'autres, observe fort bien que lorsqu'elle désire un propre pour pouvoir disposer de ses acquêts, ceci ne doit pas s'entendre d'un petit morceau de terre, *non intelligitur de vili cespite terræ*, mais d'un propre porportionné aux autres biens qu'on peut avoir, sans quoi on peut confondre les propres & les acquêts dans une seule masse pour en distraire les deux tiers au profit des héritiers, & ne laisser que l'autre tiers au donataire.

Voyez les articles ACQUÊTS, PROPRES, &c. (*Article de M. D A R E A U, avocat au parlement, &c.*)

CURATEUR. C'est un homme commis

___

par la justice pour prendre soin des biens & des intérêts d'autrui.

Lorsque ce Curateur est en même temps chargé & de la personne & des biens, comme cela arrive quelquefois en matière d'interdiction, il est alors un vrai tuteur; car il n'y a de différence entre un tuteur & un Curateur, qu'en ce que celui-ci n'est chargé que de veiller aux intérêts d'autrui, au lieu que le tuteur est chargé & de la personne & des intérêts.

Le mot de Curateur vient du verbe latin *curare* qui signifie prendre soin. Les fonctions de Curateur, ainsi que celles de tuteur, sont de droit public. L'intérêt de la société a exigé que ceux qui ont besoin de secours pour la conservation de leur personne & de leurs biens, trouvassent ce secours dans le zèle de leurs semblables; & que ceux-ci fussent même contraints à s'acquitter d'un devoir que la nature leur impose, lorsqu'ils cherchent à s'y soustraire sans cause légitime.

Le ministère d'un Curateur est nécessaire dans plusieurs cas: 1°. lorsqu'il s'agit de minorité; 2°. d'interdiction; 3°. de biens vacans, déguerpis & confisqués; 4°. de procès en matière criminelle, contre des sourds, des muets, des communautés, des cadavres ou contre la mémoire des défunts; 5°. enfin lorsqu'il s'agit de grossesse & qu'il est nécessaire de s'assurer de la naissance & de l'état d'un enfant. Nous allons nous occuper dans cet article de ces différens genres de curatelle.

*Curateur pour fait de minorité.* Lorsque des enfans ont perdu leur père qui étoit tout à la fois leur tuteur & leur Curateur naturel, & que ces enfans sont au-dessous de l'âge de puberté, on leur donne un tuteur pour prendre foin de leur perfonne & de leur bien, & cette tutelle dure de plein droit jufqu'à leur majorité qui commence à la vingt-fixième année (*).

Cependant avant cette majorité acquife ils peuvent fortir de tutelle lorfqu'ils ont, favoir, les garçons l'âge de quatorze ans, & les filles celui de douze ; & ils en fortent au moyen d'une émancipation qui peut avoir lieu de deux manières, par le mariage & par des lettres du prince (**).

Lorfque les mineurs font émancipés de l'une ou l'autre de ces deux manières, ils peuvent jouir du revenu de leurs immeubles & difpofer de leur mobilier fuivant leur libre arbitre, parce qu'on leur fuppofe alors affez de fageffe pour fe conduire prudemment à cet égard ; mais cette liberté qui eft entière pour le mobilier (***) fe borne à une fimple adminiftration du revenu des

---

(*) L'auteur de la collection de jurifprudence rapporte qu'il a été jugé par un arrêt du 2 juin 1731, à l'occafion d'une demande en partage, que dans la coutume de Metz le pere n'eft point Curateur naturel de fes enfans âgés de vingt ans & pourvus de charges de magiftrature, mais qu'il faut leur créer un Curateur en juftice dans les occafions importantes.

(**) Dans les pays de droit écrit qui ne font point du reffort du parlement de Paris, le mineur peut fe faire émanciper par le juge d'après un avis de parens fans être obligé de recourir aux lettres du Prince. Voyez ÉMANCIPATION.

(***) C'eft-à-dire qu'un mineur hors de tutelle peut de fon chef vendre, troquer, engager tel ou tel objet de fon mobilier que bon lui femble ; mais il ne peut pas de même fe dépouiller par un feul acte de l'univerfalité de fes meubles : une aliénation pareille feroit une conduite irréfléchie pour laquelle il n'eft point cenfé avoir obtenu d'émancipation.

fonds & des immeubles fictifs : car s'il s'agit de
contracter quelque engagement de conféquence,
il faut alors que le mineur foit affifté du confeil
d'un Curateur (*) ; & ce Curateur fe donne ou
lors de l'émancipation ou poftérieurement à cette
émancipation, par un acte particulier (**).

---

(*) Cette règle n'eft pas générale en pays de droit écrit
pour toute forte de mineurs : on diftingue entre ceux du
bas peuple qui n'ont point de fortune, & ceux d'une naiffance honnête qui ont des biens & des revenus : ceux qui
n'ont rien à perdre fortent de tutelle fans prendre de Curateur ; ils peuvent s'obliger feuls de leur chef, fauf à fe
faire reftituer en cas de léfion. A l'égard des mineurs qui
ont de la fortune, ils ne peuvent point s'obliger fans l'autorifation d'un Curateur.

(**) *Formule d'une curatelle.*

Aujourd'hui, &c. eft comparu en notre hôtel & pardevant nous.... (lieutenant général, &c.) le fieur Pierre Giverdy, marchand drapier de cette ville, lequel nous a expofé que quoiqu'il foit émancipé par le mariage & habile
à difpofer de fon mobilier & du revenu de fes immeubles,
il a néanmoins befoin d'être pourvu d'un Curateur formel
pour être affifté de fon confeil & en tant que de befoin de
fon autorifation dans les différentes affaires qui peuvent fe
préfenter & notamment au fujet de la reddition de compte
qu'il eft en droit de demander au fieur.... qui a exercé
fur fa perfonne & fur fes biens les fonctions de tuteur ;
que d'ailleurs étant dans le cas d'avoir des actions judiciaires à former, l'affiftance d'un Curateur aux caufes lui
étoit néceffaire, que pour cet effet il avoit requis fes parens paternels & maternels de comparoir cejourd'hui devant nous pour approuver le choix qu'il entendoit faire de
celui qu'il fe propofe de fe nommer pour Curateur, ou de
lui en nommer un eux-mêmes ; en nous obfervant que
lefdits parens étoient fur le point d'entrer en délibération
devant nous, fi nous voulions bien le leur permettre.

A quoi adhérant, lefdits parens qui font (*tels & tels,
&c.*) étant entrés devant nous en délibération à ce fujet

On diſtingue à ce ſujet deux ſortes de Curateurs, les *Curateurs formels* & les *Curateurs aux*
*cauſes.*

Les Curateurs formels ſont ceux que le juge
décerne aux mineurs pour leur donner une au-
toriſation ſuffiſante, à l'effet ou d'une audition
de compte de tutelle, ou d'un emprunt pour
cauſe néceſſaire, ou d'une aliénation, ou d'un
établiſſement en mariage, ou d'une profeſſion
en religion, ou pour recevoir le rembourſement
d'une rente ou d'une aliénation faite ſous faculté
de réméré. Ces Curateurs ſe décernent ſur un
avis de parens convoqués à cet effet.

Comme la mère & l'aïeule peuvent être tutrices, elles peuvent auſſi être nommées Cura-
trices.

Obſervez que le Curateur formel, quel qu'il
ſoit, n'a de pouvoir qu'autant que lui en donne

---

après ſerment par eux fait en pareil cas accoutumé, &
ayant délibéré, ont unaniment approuvé le choix que ledit
ſieur Giverdy leur a dit avoir fait de la perſonne du ſieur
Jacques de la Touche ſon oncle pour Curateur dans toutes
les affaires judiciaires & extrajudiciaires qui pourront le
concenter.

Et ſur ce ouï le procureur du roi, & après avoir reçu le
ſerment dudit ſieur de la Touche l'un des délibérans, de
s'acquitter fidélement de cette commiſſion, nous juge magiſtrat ſuſdit, en homologant la délibération & nomination ci-deſſus, avons confirmé & confirmons par ces préſentes ledit ſieur de la Touche pour Curateur dans toutes
les affaires judiciaires & extrajudiciaires que ledit ſieur Giverdy pourra avoir pendant le cours de ſa minorité. Fait,
aſſiſté de notre greffier ordinaire, leſdits jour & an que
deſſus. *Enſuite on fait mention de la ſignature de ceux*
*qui ont ſigné & de la déclaration de ceux qui ne l'ont ſu*
*ou qui ne l'ont pu.*

son acte de nomination, de sorte que si tous les cas pour lesquels un mineur a besoin d'autorisation n'étoient point exprimés, il seroit nécessaire de recourir à une nouvelle convocation de parens pour chaque cas nouveau qui se présenteroit.

Si l'acte de curatelle s'étendoit en général à toutes sortes d'affaires, sans aucune explication particulière, le Curateur n'auroit de pouvoir suffisant que pour les affaires ordinaires; car s'il s'agissoit d'un mariage ou d'une aliénation de fonds, le Curateur ne pourroit y consentir sans avoir pris auparavant un avis de parens, comme nous l'avons observé à l'article ALIÉNATION ( *de biens de mineurs* ). La mère nommée Curatrice pourroit sans cette convocation consentir au mariage de ses enfans, parce qu'elle est présumée avoir elle seule autant d'intérêt que toute la famille à ce qu'ils ne fassent que des établissemens convenables. Cependant si les parens s'apercevoient qu'elle donnât trop facilement les mains à une union qui ne convînt pas, ils pourroient l'en empêcher, en demandant au juge que la curatelle fût décernée à quelque proche parent de la famille.

Dans les actes où l'autorisation du Curateur formel est nécessaire, le mineur ne peut point contracter solidairement sans la participation de ce Curateur; celui-ci ne peut pas non plus de son chef engager le mineur sans que ce dernier ne soit partie dans l'acte. Il n'est pas nécessaire que l'autorisation requise soit donnée en termes formels, le seul consentement marqué du Curateur suffit.

On appelle *Curateur aux causes,* celui qui est

nommé à l'effet d'assister le mineur dans tous les actes de procédure qui peuvent concerner ses intérêts, en demandant ou en défendant. Les actes de procédure qui émanent du mineur, doivent être signifiés à la requête de ce dernier *procédant sous l'autorisation de ( tel ) son Curateur aux causes.*

Le Curateur formel nommé pour toutes sortes d'affaires en général, est censé nommé pour Curateur aux causes ; & lorsqu'on assigne le mineur, ce Curateur doit être pareillement assigné pour donner son autorisation. En un mot, son assistance est requise activement & passivement, toutes les fois qu'il s'agit de quelque discussion judiciaire concernant les intérêts du mineur.

Si le mineur n'a point de Curateur formel & qu'il soit question d'une affaire litigieuse, on doit avant d'agir contre lui, demander qu'il lui soit nommé un Curateur aux causes (*). Le juge

---

(*) *Formule d'action contre le mineur par laquelle on demande qu'il ait à se nommer un Curateur aux causes.*

L'an 1776, &c. à la requête, &c. je.... huissier, me suis transporté au bourg de la paroisse de.... au domicile de Pierre le Maigre voiturier de profession : ou étant & parlant à.... je lui ai donné assignation à comparoître à la première audience d'après les délais de l'ordonnance pardevant M. le prevôt Châtelain de la châtellenie royale de.... pour voir dire 1°. qu'attendu son état de minorité & son émancipation par le mariage, il sera tenu de se nommer judiciairement un Curateur aux causes, ou que faute par lui de le faire, il sera permis au requérant de lui en faire nommer un en la manière accoutumée 2°. pour se voir condamner sous l'assistance de ce Curateur à se désister de la possession qu'il exerce à la suite de défunt son pere depuis environ dix à douze ans, d'une terre labourable appelée....

permet une convocation de parens à cet effet,
& d'après leur avis se fait la nomination de ce
Curateur. Si c'est au contraire le mineur non
pourvu de Curateur, qui ait une action à diriger,
il peut se nommer lui-même un Curateur, &
pour l'ordinaire c'est celui qui doit lui servir de
procureur qu'il prend pour Curateur : mais quel
que soit celui qui lui prête son assistance en cette
qualité, il doit auparavant avoir fait le serment
devant le juge, de s'acquitter fidellement de sa
commission.

Observez au surplus que les fonctions du Curateur aux causes ne sont jamais examinées avec
scrupule, parce que les choses se passant sous les
yeux de la justice, les juges sont censés avoir
suppléé à tout ce qui pouvoit manquer du côté
de l'exactitude du Curateur. S'il se signifioit même
un acte où l'on eût omis de faire mention de
l'assistance du Curateur, la signification n'en
seroit pas moins valable, soit par ce qu'elle seroit
présumée être de l'aveu du Curateur, supposé
qu'elle fût favorable au mineur, soit parce que
ce Curateur pourroit encore la ratifier par un
acte subséquent.

Quand l'assistance du Curateur est nécessaire,

---

de l'étendue de.... arpens située au territoire de.... joignant, &c.
*Si le mineur ne se nomme point de Curateur, on prend
un jugement par lequel on se fait autoriser à une convocation de parens en l'hôtel du juge pour cette nomination.
Quand le Curateur est nommé, ou par le mineur judiciairement ou en l'hôtel du juge, on lui fait signifier la
demande formée contre le mineur avec assignation devant
le juge, pour voir adjuger au demandeur les conclusions
par lui originairement prises contre ce mineur.*

la partie qui procède avec le mineur fans qu'il foit autorifé d'un Curateur, peut bien lui objecter ce défaut d'autorifation, pour faire cesser toute procédure jufqu'à ce qu'il foit autorifé; mais fi cette partie a volontairement procédé avec lui, nonobftant ce même défaut d'autorifation, elle ne peut plus exciper de ce moyen pour faire regarder comme non avenue la procédure faite jufqu'alors; elle peut fimplement exiger l'affiftance d'un Curateur pour la procédure à continuer. La raifon en eft que le Curateur eft donné au mineur pour fon avantage, & que toutes les fois qu'il l'a fait fans la participation de ce Curateur, il ne l'a pas fait moins valablement que s'il avoit été autorifé.

Lorfqu'il s'agit d'une femme mineure mariée, il ne lui faut point d'autre Curateur que fon mari lorfqu'il eft majeur; il feroit indécent de la mettre en ce cas fous l'autorité de toute autre perfonne que de celui dont elle dépend naturellement. Voyez à ce fujet ce qui a été dit à l'article AUTORISATION.

Un procureur qui eft mineur a-t-il befoin de l'affiftance d'un Curateur aux caufes dans les affaires qui lui font perfonnelles? L'affirmative paroît l'opinion la plus conforme aux règles, fur-tout fi l'on fait attention qu'il a été jugé deux fois au parlement de Touloufe, qu'un procureur âgé de moins de vingt-cinq ans ne pouvoit fervir de Curateur aux caufes à fa partie. On a cependant jugé au même parlement, par un arrêt du 13 juillet 1645, dans la caufe d'un confeiller de la cour des aides de Montpellier, qu'on ne pouvoit contraindre un magiftrat de cour fouveraine, quoique mineur, de fe nommer un Curateur aux caufes;

caufes, & que la dignité de fon état exigeoit qu'il fût réputé majeur; mais cette confidération due à un officier de cour fouveraine ne reçoit point d'extenfion à un procureur.

Les procédures qui fe font en juftice contre des mineurs non affiftés de Curateurs, ne font pas toujours regardées comme nulles. On trouve dans Papon un arrêt qui a déclaré un mineur non recevable à fe plaindre d'avoir été débouté d'un déclinatoire, fur le feul fondement qu'il n'avoit point été affifté d'un Curateur. Bouchel dans fa *bibliothèque* fait mention d'un arrêt du premier février 1586, confirmatif d'une procédure faite contre une fille mineure fans Curateur, par la raifon qu'on trouva qu'elle avoit été fuffifamment défendue. Albert fait mention de deux arrêts du parlement de Touloufe qui ont jugé de même dans de pareilles circonftances. Obfervez auffi que lorfqu'on affigne un mineur fans affigner en même temps fon Curateur, la procédure contre ce mineur ne laiffe pas d'être valable s'il n'a point de Curateur nommé, faute par lui d'avoir comparu pour demander qu'il lui en fût décerné un. C'eft ce qui réfulte d'un arrêt des grands jours de Clermont du 18 octobre 1540, rapporté par Papon: mais l'ufage reçu dans la plupart des fiéges eft de lui en faire nommer un, comme nous l'avons obfervé ci-deffus.

On ne doit pas laiffer ignorer ici qu'on fait une grande différence dans quelques tribunaux entre un mineur émancipé par le mariage, & un mineur émancipé en vertu de lettres du prince ou de fon âge de puberté. Quand l'émancipation réfulte du mariage, on regarde le mineur comme habile à efter feul en jugement, fans aucune

affiftance de Curateur, pour fes affaires mobilières ou perfonnelles, parce qu'on a tout lieu
de préfumer qu'il fe comportera au moins auffi
fagement fous les yeux de la juftice, qu'on a cru
qu'il le feroit en lui abandonnant la difpofition
de fon mobilier & la jouiffance de fes revenus ;
& c'eft d'après ce principe fondé en raifon qu'on
n'exige point au châtelet de Paris, dans ces fortes
d'affaires, de Curateur pour un mineur marié.
Nous ajouterons qu'il devroit en être de même
d'un mineur émancipé en vertu de lettres du
prince ou de fa puberté, lorfqu'on lui a confié
la difpofition de fon mobilier & la puiffance de
fes revenus, fans lui nommer de Curateur lors
de l'émancipation, parce qu'alors on a préfumé
auffi avantageufement de lui que d'un mineur
marié. Mais quand il s'agit d'affaires réelles ou
d'affaires même perfonnelles qui peuvent être de
conféquence, comme celles où il s'agit de fépa-
ration, de validité de mariage ou de l'état de
perfonnes contefté, on eft généralement d'accord
que le mineur, quoiqu'émancipé par le mariage, a befoin en juftice, ainfi que tout autre
mineur, de l'affiftance du Curateur. Avec cette
diftinction on peut concilier beaucoup de préjugés qui ne font contraires entr'eux qu'en apparence, parce qu'on peut les ramener au principe
qui réfulte de cette même diftinction. La diverfité
apparente de ces préjugés peut naître encore de
la diverfité des coutumes qui y ont donné lieu ;
car il y a des coutumes où le mariage même
n'émancipe point : telle eft celle de Poitou. Il y
en a d'autres où l'émancipation eft fubordonnée
à des règles particulières fuivant certains cas,
& c'eft à quoi l'on doit faire attention pour ne

point s'appuyer fans connoiffance de caufe fur nombre de préjugés qui fans cette attention pourroient induire en erreur.

Il y a auffi des caules où un mineur, marié ou non, n'a nullement beloin de l'affiftance d'un Curateur. Il n'en a pas befoin dans celles où il s'agit d'un fait de commerce, aans celles où il eft queftion d'affaires relatives à fon état, ni dans celles où il eft traduit au tribunal de la police. Il n'en a pas befoin non plus dans celles où il demande des gages, des falaires ou le payement de fes ouvrages, parce que s'il a été habile à traiter fans Curateur avec ceux qui lui doivent, il eft pareillement habile à demander fans Curateur ce qui peut lui être dû.

A l'égard des matières criminelles, on diftingue entre celles de grand criminel & celles de petit criminel. Dans celles de la première efpèce, accufateur ou accufé, le mineur n'a pas befoin de l'affiftance d'un Curateur. Il n'en a pas befoin non plus dans celles de petit criminel, lorfque l'affaire fe pourfuit par la voie de la plainte ; mais lorfque la réparation demandée eft introduite par la voie civile, ou que l'affaire eft civilifée, on exige alors un Curateur. Cependant il y a des tribunaux où ces fortes de caufes fe fuivent fans Curateur ; on n'en exige point par exemple au châtelet de Paris, & l'ufage introduit eft la feule règle à obferver à cet·égard (*).

_____

(*) Un acte de notoriété du bailliage de ville Franche en Beaujolois, du 23 juin 1721, attefte que » quand un » mineur âgé de plus de 18 ans veut intenter des demandes » & inftances qui peuvent réfléchir directement ou indirec- » tement contre fon tuteur, il comparoît en perfonne à

Nous avons dit que les fonctions de Curateur font des fonctions de droit public, ainſi que celles de tuteur. Ceux qui ne peuvent s'exempter de celles-ci, font obligés de remplir celles-là : elles font dévolues à ceux qui font les plus proches parens des mineurs, & qui en cette qualité ont le plus d'eſpérance de leur fuccéder.

Les Curateurs formels ou autres ne font reſponſables de rien envers les mineurs, parce que pour l'ordinaire ils n'ont aucune comptabilité : cependant comme ces Curateurs font tenus de veiller à l'emploi des deniers qui ont été rembourſés aux mineurs, s'ils les avoient laiſſé diſſiper, ils feroient dans le cas d'être recherchés à cet égard.

Les Curateurs aux cauſes ne répondent pas non plus de l'évènement des affaires pour leſquelles ils ont prêté leur aſſiſtance ; ils ne feroient repréhenſibles qu'autant qu'ils auroient ouvertement induit leurs mineurs dans des procédures abſolument contraires à leurs intérêts, parce que le Curateur aux cauſes eſt obligé de conduire le mineur comme il ſe conduiroit lui-même, autrement il feroit fort inutile qu'on eût recours à ſon aſſiſtance.

Lorſque le Curateur a fait des débourſés pour la cauſe du mineur, celui-ci eſt obligé de lui en faire raiſon ; il eſt pareillement obligé de lui tenir compte des frais des voyages néceſſaires, & même du temps perdu, ſi le Curateur eſt d'un

---

» l'audience, & là requiert que pour la validité des de-
» mandes qu'il a formées, Curateur au conſeil ou *ad lites*
» ( c'eſt-à-dire aux cauſes ) lui ſoit decerné afin de lui prêter
» ſon autorité pour la validité des procédures. »

état à ne tirer fa fubfiftance que de l'emploi de fon temps.

Si un Curateur n'étoit nommé que pour une caufe qui s'eft préfentée, il ne feroit point cenfé nommé pour toutes les autres caufes à venir ; mais lorfqu'il eft nommé Curateur aux caufes en général, fon affiftance fuffit dans toutes celles qui peuvent avoir lieu.

Lorfque le Curateur eft décédé, le mineur n'acquiert ni plus de pouvoir ni plus de liberté qu'il n'en avoit auparavant ; il eft obligé de recourir à l'affiftance & à l'autorifation d'un nouveau Curateur.

*Curateur pour fait d'interdiction.* L'interdiction peut avoir lieu à l'égard des majeurs pour plufieurs caufes, telles que la démence, la fureur, la prodigalité, &c. ___  ___

Lorfqu'un homme a le malheur de tomber dans la démence, & qu'on le voit incapable de prendre foin de fa perfonne & de fes biens, on lui donne un curateur qui devient pour lui un vrai tuteur comptable de fa geftion & de fon adminiftration. Les actions qui concernent l'infenfé ou le furieux fe dirigent contre ce curateur ; & celui-ci en cette qualité pourfuit de même celles qui regardent les intérêts de l'interdit.

Lorfqu'il s'agit de diffipation & de prodigalité, en réduifant celui qui tombe dans ce genre de déréglement à l'état d'un mineur émancipé, on lui laiffe fimplement la jouiffance de fes revenus & on lui interdit la faculté de former aucun engagement qui ait trait à l'aliénation de fes fonds, à moins que ce ne foit de l'aveu & du confentement de celui qu'on lui donne pour curateur. Quelquefois, au lieu d'un curateur, on se contente de lui donner un conseil avec défenses de contracter & d'intenter aucun procès sans l'avis par écrit de ce conseil ou sans son intervention dans l'acte.

Lorsque le curateur du prodigue est mort, & qu'on néglige de lui en nommer un autre, il rentre dans sa première liberté, au lieu que la mort du Curateur de l'insensé ou du furieux ne change point leur état, ils demeurent toujours interdits. Au surplus voyez à l'article INTERDICTION, pour quelles causes & de quelle manière elle a lieu, combien elle dure, quels en sont les effets, & comment elle finit.

*Curateur pour biens vacans, confisqués & déguerpis.* Lorsqu'une succession est ouverte & qu'il ne se présente pas d'héritiers, ou lorsque ceux qui sont appelés à la recueillir jugent à propos d'y renoncer, les créanciers qui ont intérêt d'être payés sur les biens de cette succession, y font nommer un curateur. Cette nomination n'exige point d'assemblée de parens : on présente une requête au juge expositive du fait, & l'on demande qu'il soit nommé un curateur aux biens vacans ; cette requête est communiquée au ministère public qui indique une personne pour Curateur. Ce Curateur se présente ( * ) & l'on reçoit de lui le serment de s'acquitter fidellement de sa commission. La curatelle s'insinue, & le Curateur entre en fonctions.

_____

(*) On emploie ordinairement d'anciens praticiens pour ces sortes de fonctions; on leur passe quelques salaires, au moyen de quoi on n'est jamais en peine de trouver des Curateurs en pareille occasion.

Si plufieurs perfonnes font créer chacune de fon côté un Curateur à des biens vacans, il eft d'ufage de donner la préférence à la curatelle la plus ancienne en date du côté de l'infinuation. Cependant s'il y avoit des raifons pour préférer la curatelle la moins ancienne, eu égard au plus ou moins d'aptitude & de capacité de la part des Curateurs nommés, il refteroit à la prudence du juge de faire prévaloir celle qu'il croiroit la plus avantageufe pour la confervation des biens.

Le Curateur nommé repréfente le défunt ou l'ancien propriétaire. C'eft contre ce Curateur qu'on doit diriger toutes les actions qu'on a à exercer. Le Curateur de fon côté eft partie capable en cette qualité pour intenter toutes celles qui ont rapport aux intérêts qui lui font confiés. S'il y a du mobilier il peut le vendre, mais pour que la vente foit régulière, elle doit être faite par l'autorité de juftice après publication & affiches, c'eft-à-dire à-peu-près de la manière qu'on procède à la vente du mobilier des mineurs. L'article 344 de la coutume de Paris contient des difpofitions à cet égard.

Tous les frais légitimes que fait le curateur font des frais qui doivent lui rentrer par préférence aux créances même les plus privilégiées.

Si après qu'un Curateur s'eft immifcé dans l'adminiftration des biens qui lui ont été confiés, il furvenoit un héritier inconnu auparavant, tout ce qui auroit été fait avec le Curateur ne feroit pas regardé comme nul; cet héritier feroit obligé de prendre les chofes dans l'état où elles fe trouveroient; c'eft ce qui a été jugé au parlement de Paris par un arrêt du 28 mars 1702.

Nous remarquerons ici d'après de Ferrières

fur l'article 34 de la coutume de Paris, que lorfque le Curateur eft donné à un fief faifi à la requête des créanciers du vaffal, ce Curateur eft bien reçu à la vérité à faire la foi & hommage au feigneur pour avoir main-levée de la faifie féodale ; mais par la mort de ce Curateur il n'y a ni mutation de vaffal, ni ouverture de fief, parce que le débiteur en conferve toujours la propriété jufqu'à une adjudication par décret.

Quand le Curateur eft nommé à une fucceffion vacante ou à un fief abandonné, la chofe eft différente, il n'y a plus alors de propriétaire connu: ainfi le feigneur peut dans ce cas, obliger les créanciers à lui donner ce qu'on appelle un homme vivant & mourant ; car le Curateur n'eft point regardé comme tel par fa fimple qualité de Curateur.

Mais obfervez qu'en fait de faifie réelle, les fonctions de Curateur aux biens faifis appartiennent aux commiffaires des faifies-réelles où il y en a de créés en titre d'office.

Ce que nous venons de dire du Curateur aux biens vacans & déguerpis, s'applique au curateur des biens confifqués ; car après une confifcation acquife, celui auquel elle doit profiter n'étant point partie capable pour défendre aux droits des créanciers, il faut qu'il faffe créer un Curateur aux biens qui font l'objet de la confifcation. On peut voir ce que dit Auzanet à ce fujet fur l'article 183 de la coutume de Paris.

*Curateur en matière criminelle.* Lorfqu'il s'agit de faire le procès à un accufé muet ou tellement fourd qu'il ne puiffe rien entendre, le juge fans aucune requifition, ni de la partie publique, ni de la partie civile, doit lui nommer d'office un

Curateur qui sache lire & écrire, & il doit être fait mention dans le procès-verbal de nomination de ce Curateur, à peine de nullité, du serment qu'on est tenu de lui faire faire de bien & fidellement défendre l'accusé.

Pour que ce Curateur s'acquitte comme il faut de sa commission, l'ordondance lui permet de s'instruire secretement avec l'accusé par signes ou autrement des moyens qui peuvent servir à la justification de celui-ci. C'est par cette considération que le juge doit avoir l'attention de lui donner pour Curateur une personne qui le connoisse particulièrement, & qui ait vécu ou qui ait eu des habitudes avec lui.

Si l'accusé est muet sans être sourd, ou sourd sans être muet, on peut lui donner à écrire toutes ses réponses ainsi que ses dires & reproches contre les témoins, lorsqu'il a l'usage de l'écriture. Mais ce qu'il a écrit doit être signé de lui & du Curateur tout ensemble, ou il doit être fait mention de la raison pour laquelle ni l'un ni l'autre n'ont signé.

Si ce sourd ou ce muet ne veut écrire ni signer, le Curateur doit répondre en sa présence, & fournir des reproches contre les témoins. Ce Curateur est reçu à faire tous les actes que pourroit faire l'accusé; on observe à son égard les mêmes formalités que celles qu'on observe ordinairemement à l'égard de celui de la défense duquel il est chargé, avec cette différence seulement que le Curateur ne se met jamais sur la sellette, il reste debout & nu-tête lors du dernier interrogatoire.

Au reste, que l'accusé soit sourd ou muet simplement, ou qu'il soit tout ensemble sourd &

muet, il n'en doit pas moins être fait mention dans tous les actes de la procédure de l'assistance de son Curateur, & cela à peine de nullité, & des dépens ainsi que des dommages-intérêts des parties contre les juges; mais dans le dispositif du jugement, il ne doit être fait mention que de l'accusé.

On ne donne point de Curateur aux accusés qui entendent, & qui pouvant répondre ne veulent rien dire.

Ce que nous venons d'observer au sujet des sourds & des muets, est tiré du titre 18 de l'ordonnance criminelle de 1670.

L'article 11 du titre 14 de la même ordonnance a prévu le cas où un accusé n'entendroit pas le françois; elle veut dans cette occasion qu'il lui soit donné un interprète qui fait alors à-peu-près les fonctions d'un Curateur. *Voyez* INTERPRÊTE.

Quand une communauté s'est rendue coupable de rebellion, de violence ou de quelqu'autre crime, & qu'il s'agit de lui faire le procès (*), le titre 21 de l'ordonnance que nous venons de citer, veut que cette communauté soit tenue de se nommer un syndic ou un député, suivant que le prescrira l'ordonnance du juge, à l'effet de la representer dans le procès & de la défendre, & lorsqu'elle refuse de faire cette nomination, le juge est autorisé à lui nommer d'office un Curateur.

_____

(*) L'ordonnance prescrit la même chose à l'égard des corps & des compagnies que nous comprenons ici sous le mot général de *communauté* qui s'entend aussi des villes, des bourgs & des villages.

Ce Curateur fubit les interrogatoires pour la communauté ; c'eft avec lui que fe font les confrontations ; & il eft employé en cette qualité dans tous les actes de la procédure (*). Mais on ne le comprend point dans le difpofitif du jugement qui fe rend feulement contre la communauté.

Un autre cas en matière criminelle où les fonctions d'un Curateur font néceffaires, c'eft lorfqu'il s'agit de faire le procès au cadavre ou à la mémoire d'un défunt, foit pour crime de lèze-majefté divine ou humaine, foit pour duel, ou pour homicide de foi-même, ou pour rebellion à juftice avec force ouverte, quand l'accufé eft mort dans la chaleur de cette rebellion.

Comme l'accufé n'eft plus en état de fe défendre, l'ordonnance veut que le juge nomme d'office un Curateur au cadavre ou à la mémoire du défunt ; & qu'on prenne par préférence un parent de ce dernier s'il s'en offre quelqu'un pour faire cette fonction.

La procédure s'inftruit contre ce Curateur de la même manière qu'elle s'inftruit contre celui qui eft nommé à une communauté.

Ce Curateur au cadavre ou à la mémoire d'un défunt, a la faculté d'interjeter appel de la fentence rendue dans l'affaire pour laquelle il a prêté fon miniftère ; il peut même être forcé par l'un des parens à l'interjeter ; mais alors ce parent eft tenu d'avancer les frais de l'appel.

Obfervez que fur cet appel les cours peu-

(*) Le meilleur ftyle en dénommant la communauté, eft d'ajouter : *repréfentée par N. fon fyndic (ou fon Curateur) &c.*

vent élire un autre Curateur que celui qui a été nommé par les premiers juges.

Ce que nous difons à ce fujet réfulte du titre 22 de l'ordonnance de 1670. Voyez au furplus ce que nous avons dit à l'article CADAVRE.

*Curateur pour fait de groffeffe.* Ce Curateur a lieu lorfque la femme fe trouve enceinte lors de la mort de fon mari, & ce Curateur, on l'appelle ordinairement *Curateur au ventre.* Ses fonctions font de veiller aux intérêts de l'enfant à naître. Quelquefois auffi les héritiers, lorfqu'ils ont de juftes raifons de craindre de la part de la veuve une fuppofition de part pour les fruftrer de la fucceffion, font créer ce Curateur pour s'affurer en même-temps de la naiffance de l'enfant & de l'état où il fe trouve au moment où il viendra au monde ( * ). Si cet enfant eft dans le cas de vivre, on lui donne un tuteur auquel le Curateur rend compte de fon adminif-tration pendant la groffeffe; mais ce même Curateur peut être continué pour cette adminiftra-tion en qualité de tuteur.

Voyez *le traité des minorités ; Auzanet & de*

_____

( * ) Denifart dit avoir vu nommer un Curateur au ventre, dans le cas que voici : « Un particulier qui venoit de perdre » fa femme, en époufa prefqu'auffitôt une autre qui étoit » groffe. Les parens du premier lit prétendirent que l'enfant » dont la femme étoit groffe au tems de fon mariage avoit » été conçu du vivant de la première femme, & qu'il ne » pouvoit par conféquent naître légitime. Par provifion on » nomma un Curateur au ventre à la nouvelle époufe, à » l'effet de veiller à fon accouchement, & à ce que l'enfant » fût examiné au moment de fa naiffance par médecins & » chirurgiens qui rapporteroient l'état de l'enfant & s'il étoit » né à terme ».

*Ferrières , fur la coutume de Paris ; les arrêtés du préfident de Lamoignon ; le recueil des actes de notoriété du châtelet de Paris ; le recueil de jurifprudence civile ; la collection de Deniçart ; l'ordonnance de 1670, &c.* Voyez auffi les articles AVIS ( *de parens* ) , AUTORISATION ( *du mineur* ) , CADAVRE , INTERDICTION , MINEUR , &c. ( *Article de M.* DAREAU *, avocat , &c.* )

## ADDITION A L'ARTICLE CURATEUR.

*Des droits à percevoir relativement aux nominations de Curateur.*

Toutes les nominations de Curateur font fujettes à l'infinuation : celles qui concernent les perfonnes doivent être infinuées dans le lieu de leur domicile & celles qui ont rapport aux biens dans le lieu où ils font fitués. C'eft ce qui réfulte de l'édit du mois de décembre 1703 & de la déclaration du 19 juillet 1704.

Pour les nominations de Curateur à des mineurs , il eft dû un droit d'infinuation par chaque mineur fur le pied réglé par l'article 15 du tarif du 29 feptembre 1722 , qui s'en explique formellement. ( * ) Le confeil a d'ailleurs rendu en conformité de cet article , une décifion le 28 février 1733.

---

( * ) *Cet article porte que* pour chacune nomination de Curateur aux fucceffions vacantes , a fubftitutions , aux interdits , aux mineurs & autres , foit par actes judiciaires ou volontaires , pour quelque caufe que ce foit , les droits d'infinuation en feront payés , pour chaque fucceffion , & pour chacun des interdits , mineurs & autres compris dans un même acte ou fentence , par rapport à la qualité de la perfonne de la fucceffion de laquelle il s'agit.

CURATEUR.

Suivant une lettre de M. le contrôleur général à M. le procureur général du parlement de Dijon, les droits d'insinuation doivent être avancés par les parens, & pris par préférence sur les meubles.

Divers arrêts & décisions du conseil ont jugé que les droits d'insinuation pour la nomination de Curateur à des mineurs, devoient être perçus indépendamment de ceux qui sont réglés par l'article 14 du tarif pour les lettres de bénéfice d'âge.

Le conseil a aussi jugé le 26 août 1741, que conformément au tarif, ces droits devoient être perçus selon la qualité du père des mineurs.

Le syndic de la communauté des procureurs du bailliage de Gresivaudan ayant formé au conseil une demande dont l'objet étoit de faire dispenser de l'insinuation les nominations des Curateurs que les juges donnent d'office aux mineurs dans les procès qu'ils ont devant eux, & celles qui ont rapport aux discussions bénéficiaires, cette demande a été rejetée par arrêt du 31 juillet 1742; en conséquence il a été fait défense à tout greffier de la province du Dauphiné de délivrer aucune sentence ou acte de nomination de Curateur à des mineurs, sans les avoir fait préalablement insinuer & en avoir payé les droits, à peine de nullité & de 300 livres d'amende contre les contrevenans.

Observez néanmoins que quand par l'acte de tutelle, on nomme un Curateur pour assister à l'inventaire, ( * ) cette nomination est exempte de l'insinuation : il n'y a que les nominations de

---

(*) C'est ce qu'on appelle à Paris *subrogé tuteur.*

Curateur faites lorfqu'il n'y a plus de tuteur, &
que les mineurs font émancipés, qui y foient
affujetties. C'eft ce qui réfulte de deux décifions
du confeil des 6 juillet 1724 & 2 juin 1726.

A l'égard des nominations de Curateur aux
prodigues & aux perfonnes en démence, les
droits d'infinuation doivent en être payés fuivant la qualité de celui qui eft mis en curatelle,
fur le pied fixé par l'article 15 du tarif du 29
feptembre 1722 : ces droits font dûs indépendamment de ceux qui font fixés par l'article 8
pour l'interdiction quand même les deux difpofitions feroient contenues dans le même acte : la
raifon en eft que l'interdiction regarde la perfonne de l'interdit, & que l'édit de 1703 veut
que la nomination qui regarde le Curateur foit
rendue notoire par l'infinuation.

Il y a fur cet objet une décifion du confeil du
6 feptembre 1738 rendu contre Henri Revin,
nommé Curateur de Jeanne Coffette par l'acte
d'interdiction.

Par une autre décifion du 19 juillet 1753, le
confeil a condamné la dame Robiquet, nommée
par fentence du châtelet de Paris, Curatrice de
la perfonne & des biens du fieur d'Aigremont
fon mari, au lieu & place de Nicolas d'Aigremont, au payement du droit d'infinuation de la
même fentence, & a prononcé tant contre elle
que contre un huiffier & un procureur au parlement l'amende de trois cens livres, parce qu'ils
s'étoient fervis de cette fentence & l'avoient
fait fignifier avant qu'elle fût infinuée.

Les nominations de Curateur à des fucceffions
vacantes font affujetties à payer autant de droits
fur le pied de l'article 15 du tarif qu'il y a de

fucceffions vacantes, & felon les qualités des défunts. La même règle doit être obfervée au fujet des nominations de Curateurs aux fubftitutions.

Quant à la nomination de Curateur à des biens déguerpis, le droit d'infinuation doit en être perçu relativement à la qualité de celui qui a fait le déguerpiffement.

Le Curateur aux biens vacans tient lieu de vaffal : c'eft un vaffal provifionnel qui doit acquitter le centième denier de ces biens fi la fucceffion vacante eft ouverte en ligne collatéralle : mais fi elle eft ouverte en ligne directe, il n'eft point du de centième denier tant que les biens reftent vacans.

CURATEUR EN TITRE. On appelle ainfi en Lorraine des officiers prépofés pour veiller à l'intérêt des abfens & à la confervation des biens des fucceffions vacantes.

Avant que le roi Staniflas, dernier duc de Lorraine, eût fupprimé par fon édit du mois de juin 1751, les anciens bailliages & les autres fiéges fubalternes de cette province pour en créer de nouveaux, les fonctions des Curateurs en titre étoient exercées par des officiers auxquels le fouverain accordoit des provifions pour cet effet.

Ces officiers ayant été fupprimés par l'édit qu'on vient de citer, il n'en fut point établi de nouveaux. Cette circonftance détermina le procureur général de la cour fouveraine de Lorraine & Barrois, qui eft aujourd'hui le parlement de Nancy, à préfenter un requifitoire expofitif que les créations nouvelles de tribunaux & d'officiers de juftice contenues dans l'édit de juin 1751, ayant été faites à l'inftar des tribunaux, offices & ufages de France, auxquels elles avoient été affimilées, il n'y avoit point eu de création nouvelle de l'office de Curateur en titre qui étoit inconnu dans le royaume de France & dont les fonctions s'y exerçoient par le miniftère public, enforte que s'il n'y étoit pourvu, l'adminiftration de la juftice feroit interrompue, ou une grande partie des procédures expofée à des nullités effentielles : qu'ayant fait à cet égard fes remontrances à fa majefte, il en avoit reçu ordre d'y apporter un expédient provifionnel. En conféquence la cour rendit le 22 novembre 1751, en conformité des conclufions de ce magiftrat, un arrêt par lequel elle ordonna que dans tous les bailliages, prévôtés & fiéges de fon-reffort, il feroit établi par les officiers de ces fiéges, fur les requifitions des fubftituts du procureur général, un Curateur aux abfens & aux fucceffions vacantes, lequel feroit du nombre des avocats des mêmes fiéges & prêteroit ferment pardevant ces officiers pour faire par provifion, fous le bon plaifir du roi, & jufqu'à ce qu'il en eût autrement ordonné, les fonctions des Curateurs en titre fupprimés, exercer les droits que l'ordonnance du mois de novembre 1707 leur avoit attribués, & remplir les obligations que cette loi leur avoit impofées : il fut en outre ordonné qu'immédiatement après la preftation de ferment de ces nouveaux officiers, tous les regiftres, titres, lettres, papiers, procédures & deniers concernant les curatelles, leur feroient remis par les anciens Curateurs en titre, fous inventaire fommaire qui en feroit dreffé fans frais par les juges, au pied duquel les nouveaux Curateurs s'en chargeroient & en donneroient décharge à leurs prédéceffeurs ou à leurs héritiers fur un *duplicata* de cet inventaire.

Les fonctions du Curateur en titre font déterminées dans l'ordonnance du duc Léopold de Lorraine du mois de novembre 1707, par un chapitre particulier du règlement concernant les droits, fonctions & attributions des officiers de juftice.

Suivant l'article premier, les Curateurs en titre ne peuvent pas s'immifcer dans la geftion des fucceffions prétendues vacantes & abandonnées, fi ce n'eft en vertu d'une ordonnance de juftice intervenue fur une requête préfentée foit par eux foit par les autres parties intéreffées, & cette ordonnance doit leur prefcrire ce qu'ils ont à faire.

Les juges peuvent fur la requifition du Curateur en titre, obliger les parties qui font des pourfuites contre des abfens ou relativement à des fucceffions vacantes & abandonnées, de lui avancer une certaine fomme de deniers pour être employée aux frais néceffaires, fauf à la partie qui a fait ces avances à les recouvrer comme frais privilégiés. C'eft ce qui réfulte de l'article 2.

L'article 3 veut que le Curateur en titre tienne un regiftre exact de toutes les pourfuites actives & paffives concernant la curatelle, par chapitre féparé pour chaque affaire & fans aucune confufion des unes avec les autres.

Il eft tenu par l'article 4 de faire tout ce qui lui eft poffible pour avertir les abfens des pourfuites dirigées contre eux.

Suivant l'article 5 , il doit exercer pendant le temps de fa commiffion les droits dépendans des fucceffions vacantes.

L'article 6 attribue aux avocats-Curateurs en titre des bailliages & fiéges inférieurs le droit de précéder les autres avocats dans les marches & actions publiques.

Il eft dit par l'article fept que les regiftres, papiers & procédures concernant les curatelles , feront remis par inventaire & moyennant décharge valable , entre les mains du fucceffeur en charge , à condition que dans le cas du remboursement des émolumens des pourfuites , ils appartiendront à la veuve ou aux héritiers du prédéceffeur.

. Voyez *les lois citées* , & les articles ABSENS , SUCCESSION , &c.

C U R E & C U R É. On appelle *Cure* un bénéfice eccléfiaftique qui demande réfidence , & dont le titulaire a foin, quant au fpirituel , d'un certain nombre de perfonnes renfermées dans une étendue de pays qu'on appelle paroiffe. Et l'on nomme *Curé*, le prêtre qui eft pourvu d'une Cure.

Il n'eft pas étonnaat que les miniftres de la religion influent fouvent fur l'état des citoyens , & qu'ils foient à la fois les interprêtes de la loi divine & les hommes de la loi civile : ce double caractère fe rencontre furtout dans la perfonne des Curés. Le légiflateur ayant attaché à l'adminiftration de plufieurs facremens des effets civils de la dernière importance , les Curés qui font miniftres nés de ces facremens fe trouvent chargés de l'exécution d'une partie des lois ; & fi la religion s'en fert pour conduire les fidèles à la

vie éternelle par l'accompliſſement des précep-
tes révélés, l'état à ſon tour s'en ſert pour aſſurer & fixer l'exiſtence légale des citoyens. Aux
yeux du politique comme du chrétien, le rang
& l'état de Curé ne peut donc manquer d'être
infiniment reſpeĉtable.

Le nom de Curé vient-il du mot *Cura* ou *Cu-
rio?* peu importe. On trouve l'un & l'autre
également employé dans les conciles des onzième & douxième ſiècles, ou tantôt on appelle
les Curés *Curati*, & tantôt *Curiones. Parochus,
plebanus, reĉtor* ont encore ſervi à les déſigner.
Il y a des pays où ils ont conſervé quelques-
unes de ces dénominations; en Bretagne on les
nomme reĉteurs.

Une autre queſtion qui mérite plus d'attention, & qui a ſouvent agité les eſprits, eſt de
ſavoir quelle eſt leur origine; s'ils ont été inſti-
tués par Jeſus-Chriſt lui-même ou s'ils ont été
établis par l'égliſe. Sont-ils de droit divin? Sont-
ils de droit poſitif eccléſiaſtique? Ont-ils reçu
leur caraĉtère & leur juridiĉtion du fils de
Dieu, ou ſont-ils de ſimples délégués des évêques? Les partiſans des droits de l'épiſcopat ont
cru en relever l'éclat & la ſplendeur, en rédui-
ſant l'état des Curés à celui de ſimples manda-
taires révocables *ad nutum.* Ils n'ont vu dans ces-
hommes reſpeĉtables & laborieux qui ſuppor-
tent le poids & la chaleur du jour, & qu'on
peut à juſte titre appeler les colonnes de l'égliſe,
que des ouvriers pour ainſi dire étrangers à la
vigne du ſeigneur, des mercenaires qui n'exerçoient les pouvoirs du ſaint miniſtère que par
procuration, & qui ne rempliſſant leurs fonĉtions
ni en vertu de leur ordre, ni en vertu de leur

caractère, ne pouvoient tenir aucun rang dans la hiérarchie eccléfiaftique. Au contraire les défenfeurs des droits des Curés, ont foutenu leur indépendance des évêques, & quant à la puiffance d'ordre, & quant à celle de juridiction, & faifant remonter leur origine jufqu'à Jefus-Chrift, ils les ont regardés comme les fucceffeurs des foixante & douze difciples. Les paffions qui fe gliffent jufques dans le fanctuaire & fur l'autel même ont animé les deux partis & les ont fait fortir des bornes que la religion & la raifon leur prefcrivoient.

Les évêques ont cherché à opprimer les Curés en leur refufant une inftitution divine ; & malheureufement les Curés, en réclamant une origine qu'on ne peut leur contefter, ont voulu fe délivrer d'une fubordination que lé divin auteur de notre religion a lui-même établie & qui fait la bafe de tout le gouvernement eccléfiaftique.

Jefus-Chrift pendant fa vie mortelle a établi deux ordres de miniftres. On ne peut fe refufer à cette vérité, lorfqu'on voit dans les livres faints la vocation des apôtres & la miffion des difciples. Il eft certain que les uns & les autres ont été inftitués pour le même but & le même objet, la prédication de l'évangile. Il eft encore certain que les apôtres étoient d'un rang fupérieur aux difciples. Leur inftitution étoit la même : ils tiroient leurs pouvoirs de la même fource ; mais ces pouvoirs étoient fubordonnés entr'eux & les difciples ne les exerçoient que fous l'infpection & la furveillance des apôtres.

Si les Curés font les fucceffeurs des difciples comme les évêques font ceux des apôtres, tout est décidé ; ils sont de droit divin. Or, cela paroît incontestable. En vain dit-on que l'on ne trouve point de paroisses établies dans les premiers siécles de l'église. Ce n'est pas saisir l'état de la question. Il ne pouvoit point y avoir de paroisses lorsqu'il n'y avoit point de chrétiens. La religion a commencé à s'établir dans les villes. Les fidelles d'abord en petit nombre n'avoient qu'un temple & n'étoient gouvernés que par l'évêque ; mais cet évêque avoit avec lui un certain nombre de prêtres ; & lorsque le christianisme en multipliant les profélites, eut converti les habitans des villes, & se fut répandu dans les campagnes, les prêtres qui assistoient les évêques, & qui demeuroient avec eux, les quittèrent & s'établirent dans les différens quartiers des grandes villes & dans les campagnes peuplées de chrétiens ; voila l'origine des paroisses & des Curés.

Les Curés ne sont donc que ces prêtres qui dans les premiers commencemens du christianisme ne quittoient point les évêques & étoient les compagnons de leurs travaux apostoliques. Comment nier que ces prêtres ne fussent les successeurs des disciples ? Où trouve-t-on leur origine dans l'histoire de l'église ? Les actes des apôtres auroient-ils manqué de nous rapporter leur institution, comme ils nous ont transmis celle des diacres ? Au contraire ces mêmes actes supposent par tout les prêtres aussi anciens que la religion. S. Paul assemble à Milet les prêtres de l'église d'Ephèse. *Majores natu ecclesiæ.* Le discours qu'il leur adresse prouve qu'il les regardoit comme d'institution divine ; *attendite vobis & universo gregi in quo vos spiritus sanctus posuit episcopos regere eclesiam Dei quam acquisivit sanguine suo.* Il n'est pas possible de traduire ici le mot *episcopos* par évêques dans le sens que nous lui donnons aujourd'hui. Il n'y avoit certainement qu'un évêque à Ephèse, il n'y en a jamais eu plusieurs dans une même ville, c'est donc de tous les prêtres de cette église qu'il faut entendre ce que dit l'apôtre. Cela souffre d'autant moins de difficulté que le texte grec au lieu de *majores natu*, porte les *prêtres de cette église.* Or, ne dit-il pas en termes formels qu'ils doivent leur institution à Dieu même? *In quo vos spiritus sanctus posuit episcopos.* Ce ne font point les hommes, c'est l'esprit saint qui les a établis pour être les inspecteurs & les surveillans de l'église de Dieu, acquise par son sang. On ne peut donc sans contredire S. Paul, donner aux prêtres une institution positive ecclésiastique.

Mais si cette opinion a toujours été admise dans l'église; si les pères, les conciles & les docteurs ont toujours regardé les prêtres-Curés comme les véritables successeurs des disciples, alors il n'y aura plus de difficulté. La tradition, règle sûre & infaillible, dissipera les obscurités que pouvoit présenter le texte sacré.

Or, on trouve dans tous les auteurs qui ont traité cette matière, des passages précis de S. Ignace, de S. Irénée, de S. Chrisostome, &c. qui ne laissent aucune difficulté sur l'institution divine des prêtres & des Curés. Le clergé de France a toujours tenu la même doctrine; ses plus célèbres évêques, dès le huitième siècle, ont déclaré positivement qu'ils reconnoissoient les Curés comme leurs associés dans les travaux apostoliques & les successeurs des soixante-dix

difciples. C'eft également la doctrine de Gerfon
& de S. Thomas. La faculté de Théologie de
Paris a toujours eu le foin le plus attentif à condamner toutes les propofitions qui pouvoient y
donner quelqu'atteinte. Nous laiffons au théo-
logien à rapporter & à difcuter les preuves de
tous ces faits. Ce font des objets abfolument
étrangers au jurifconfulte.

A ce précis des preuves de l'origine des Curés, nous nous contenterons d'ajouter qu'ils
exerçoient autrefois & de droit commun une
juridiction beaucoup plus étendue qu'ils ne
l'exercent aujourd'hui. Le père Thomaffin dans
fa difcipline eccléfiaftique, prouve d'après les
anciens monumens, qu'ils conféroient à leurs
paroiffiens les ordres que nous appelons mineurs; on voit dans la vie de faint Seine, qu'il
reçut vers l'an 540 la tonfure par les mains du
Curé de Maymond, nommé Euftade. Ils avoient
auffi le droit de porter des cenfures tant contre
le clergé que contre le peuple de leurs paroiffes.
Ils pouvoient enfin donner des pouvoirs aux
fimples prêtres pour entendre les confeffions de
leurs paroiffiens; preuves inconteftables que la
juridiction qu'ils exerçoient n'étoit point une
juridiction déléguée, mais une juridiction qu'ils
ne tenoient que de leur ordination, & par conféquent que de Jefus-Chrift lui-même; premier
auteur du facrement de l'ordre.

Si les Curés ne jouiffent plus de tous ces
droits, on n'en peut rien conclure contre eux,
parce qu'on reconnoît & on a toujours reconnu
que l'églife a le droit de limiter & de reftraindre
l'exercice des pouvoirs de fes miniftres felon
les circonftances & fes befoins. Si les Curés ne

confèrent plus les ordres mineurs, s'ils ne portent plus de cenfures, s'ils ne déléguent plus pour entendre les confeffions, on ne peut pas dire pour cela que ces pouvoirs ne font point attachés à leur ordre & à leur caractère ; on en doit feulement conclure que l'exercice en eft limité ou fufpendu par les ordres fupérieurs de l'églife. Les évêques qui ont abandonné aux papes beaucoup de droits épifcopaux, n'en tiennent pas moins ces droits de Jefus-Chrift lui-même, quoiqu'ils ne les exercent plus ; & comme un changement dans la difcipline pourroit leur rendre ce que leur foibleffe ou leur complaifance leur ont fait perdre, de même les Curés pourroient rentrer dans leurs anciennes prérogatives, fi l'on abrogeoit les lois récentes qui les ont réduits à l'état où nous les voyons aujourd'hui.

Mais de ce que les Curés font d'inftitution divine, il ne s'enfuit pas qu'ils ne doivent point être foumis & fubordonnés aux évêques, & qu'ils leur foient égaux en pouvoirs & en juridiction. Nous ne voyons jamais dans l'écriture les difciples marcher de pair avec les apôtres ; ceux-ci au contraire font les chefs de toutes les affemblées ; par-tout ils portent la parole. Les dix-fept, dix-huit, dix-neuvième verfets de l'épître première de faint Paul à Thimotée, prouvent la fupériorité des évêques fur les prêtres, & jamais la difcipline de l'églife n'a varié fur ce point. Au refte, leur inftitution divine & les pouvoirs qu'ils tiennent immédiatement de Jefus-Chrift, n'ont rien d'incompatible avec la fubordination aux évêques ; & s'il eft permis de comparer les chofes facrées aux profanes, ils

font comme nos tribunaux inférieurs qui tiennent leur juridiction du souverain, & ne l'exercent cependant que sous l'inspection & la dépendance des cours supérieures. Nous nous ferons
donc un devoir de dire ici avec le concile de
Trente, *si quis dixerit episcopos non esse presbiteris
superiores anathema sit.*

A peine le christianisme se fut-il répandu dans
les villes & dans les campagnes, que l'on voit
des Curés dans l'exercice de leurs fonctions.
Saint Paul dans son épître aux romains, chapitre
15, verset 1, indique qu'il y avoit une église à
Cencrée. Cette église avoit seulement un ministre. Théodoret assure qu'il n'y a jamais eu d'évêque. Ce ne pouvoit donc être qu'un Curé.
Eusèbe, livre 2, chapitre 16, rapporte que les
différentes paroisses qui étoient à Alexandrie
avoient été établies par saint Marc même. So-
zomene en parle comme d'un établissement fort
ancien. Saint Denis qui en fut évêque l'an 248,
rassembla les prêtres qui étoient dans les villages
de la province d'Arsinoé pour combattre l'erreur des millenaires.

Les Curés ont la même ancienneté dans l'é-
glise d'Occident que dans celle d'Orient. Si l'on
en croit Hermas, auteur contemporain des apôtres, il y avoit à Rome dans le temps de saint
Clément, qui a succédé presqu'immédiatement
à saint Pierre, des prêtres qui gouvernoient sous
lui les églises de cette capitale du monde. On
lit dans le pontifical attribué au pape Damase,
que le pape Evariste qui mourut l'an 108 de
Jésus-Christ, la partagea en différens quartiers,
& qu'il en distribua les titres à ses prêtres qu'on
nommoit alors cardinaux & qui n'étoient que

de simples Curés. Enfin ce qui ne laisse aucun doute sur leur ancienneté, c'est le trente-sixième canon des apôtres, qui défend aux évêques d'ordonner des prêtres dans les villes & villages qui ne sont pas de leurs diocèses. L'auteur de la fausse décrétale attribuée au pape saint Denis s'est donc évidemment trompé lorsqu'il a placé sous le pontificat de ce saint, la formation & l'établissement des paroisses. Il est beaucoup plus ancien. En effet, il a dû y avoir des Curés en titre dès le moment où le nombre des chrétiens & la distance de leurs habitations de la ville épiscopale a exigé que les prêtres qui vivoient avec l'évêque s'en éloignassent & fixassent ailleurs leurs demeures pour distribuer le pain de la parole & administrer les sacremens. Nous ne nous arrêterons point à citer une foule de conciles qui prouvent l'ancienneté des Curés en titre. C'est un point de fait qu'on ne peut plus contester.

Un Curé doit être prêtre, âgé de vingt-cinq ans accomplis, & être gradué si sa Cure est dans une ville murée.

Selon l'ancien droit, on pouvoit être nommé à une Cure lorsqu'on pouvoit être ordonné prêtre dans l'an de la paisible possession; il suffisoit donc d'avoir vingt-trois ans accomplis, puisqu'à 24 ans également accomplis on est capable de recevoir la prêtrise. Il en étoit de même pour les dignités qui emportent le soin des ames. Nos rois protecteurs nés des canons & de la discipline ecclésiastique, & comme tels ayant droit de faire des lois sur tout ce qui ne touche ni à la doctrine ni aux matières purement spirituelles, ont cru devoir abroger un usage qui

pouvoit entraîner avec lui de grauds inconvéniens, & dont le moindre étoit de confier les
paroiffes aux foins peu vigilans des prêtres mercenaires qui les deffervoient, jufqu'à ce que
les vrais titulaires fuffent parvenus à l'âge de
vingt-quatre ans : ils ont donc voulu que nul
ne pût être nommé Curé qu'il ne fût actuellement prêtre. Ils ont porté plus loin leur attention pour le bien de l'églife. Ils ont cru qu'un
prêtre nouvellement ordonné n'avoit encore ni
un âge affez mur, ni une expérience affez con-
fommée pour exercer dignement & en chef les
fonctions paftorales, & ils ont voulu qu'un Curé
eût au moins vingt-cinq ans accomplis. Ils ont
fuppofé qu'une année d'exercice dans le miniftère étoit au moins néceffaire pour être Curé.
Cette loi eft renfermée dans la déclaration du
13 janvier 1742, enregiftrée au parlement de
Paris le 26 du même mois & de la même année (*).

C'eft donc actuellement une jurifprudence

(*) Voici ce qu'elle dit relativement aux Curés. « Vou-
» lons & nous plaît que nul eccléfiaftique ne puiffe être
» pourvu dorénavant d'une Cure ou autre bénéfice à charge
» d'ames, foit fur la préfentation des patrons, foit en vertu
» de fes degrés, foit à quelqu'autre titre ou par quelque
» collateur que ce foit, s'il n'eft actuellement conftitué dans
» l'ordre de prêtrife, & s'il n'a atteint l'âge de vingt-cinq
» ans accomplis; faute de quoi, voulons que fans avoir
» égard aux provifions obtenues qui feront regardées com-
» me nulles & de nul effet, foit en jugement ou autre-
» ment, ladite Cure ou ledit bénéfice foient cenfes vacans
» & impétrables, & qu'en conféquence il y foit pourvu
» librement & de plein droit d'un fujet capable par ceux
» à qui la collation ou l'inftitution en appartiennent ».

certaine qu'il faut être prêtre & âgé de vingt-
cinq ans accomplis pour être Curé. Sans ces
deux qualités, toute espèce de collation & de
provision seroit radicalement nulle, la Cure seroit impétrable, & la possession même triennale
ne pourroit couvrir ce défaut.

En est-il de même du degré pour être Curé
dans les villes murées ? Le concordat en porte
une disposition formelle. Nous ordonnons, y est-
il dit, que les églises paroissiales qui se trouvent
dans les cités ou dans les villes murées, ne
soient conférées qu'à des ecclésiastiques qualifiés
comme ci-dessus, ou du moins qui aient étudié
pendant trois ans en théologie ou en droit, ou
qui soient maîtres ès-arts (*). Voilà la loi; elle
est positive. Pour être Curé *in civitatibus*, c'est-
à-dire dans les villes épiscopales, *& in villis
muratis*, c'est-à-dire dans les villes ou bourgs,
qui sont entourés de murailles, il faut être doc-
teur, licencié ou bachelier dans quelqu'une des
trois facultés supérieures; c'est ce qu'il faut entendre par ces mots qualifiés comme ci-dessus,
*præmisso modo qualificatis*. Le concordat n'exige
pour ceux qui n'ont point acquis ces degrés,
que trois ans d'étude, soit en théologie, soit en
droit, ou bien la maîtrise ès-arts.

· Cette disposition du concordat est absolument
semblable à celle de la pragmatique sanction sur
le même sujet, & à l'ordonnance de Louis XII
de l'an 1499.

---

(*) *Statuimus quoque quod parochiales ecclesiæ in civitatibus aut villis muratis existentes, non nisi personis
præmisso modo qualificatis, aut saltem qui per tres annos
in theologia vel in altero jurium studuerint, seu magistris
in artibus conferantur.*

A ne confulter que la lettre de ces différentes lois, il paroît bien clair que trois ans d'étude en théologie ou en droit fuffifent pour pouvoir poſſéder une Cure dans une ville murée. Cependant beaucoup d'auteurs prétendent que ce temps d'étude eſt infuffifant ſi l'on n'y ajoute le degré, qui ne ſe donnant que ſur des examens, peut ſeul fournir une preuve de capacité. Ils s'appuient ſur l'ordonnance de Henri II de 1551. Mais en faiſant attention à cette ordonnance, on ne voit pas que le légiſlateur déroge à celle de Louis XII, ni à la pragmatique fanction, ni au concordat. Il ordonne que « les procès mus » ſur les Cures des villes murées, feront jugés » fuivant la teneur des ſtatuts, décrets & con- » cordats, & fans avoir égard aux impétrations » qui pourroient être faites & fubrepticement » obtenues par perſonnes non graduées & de la » qualité contenue auxdits concordats ». Henri II ſe réfère aux concordats précédens qu'il veut être exécutés, & auxquels par conféquent il ne déroge point; il veut qu'on n'ait aucun égard aux impétrations faites par ceux qui ne feront point gradués & *qui n'auront point les qualités contenues eſdits concordats.* Or, une de ces qua- lités eſt d'avoir étudié trois ans, ſoit en théo- logie, ſoit en droit. Il n'y a donc dans cet article de l'ordonnance de Henri II, rien de contraire au concordat & aux autres lois qui l'ont précédé, qui ne demandent que trois ans d'étude dans les facultés de droit ou de théologie pour pou- voir poſſéder une Cure dans une ville murée.

Cependant Dumoulin eſt d'une opinion con- traire, & il rapporte un arrêt de 1536 rendu toutes les chambres aſſemblées, qui a jugé que

trois ans d'étude, foit en théologie, foit en droit,
font infuffifans fans le degré. Beaucoup d'auteurs
refpeĉtables ont embraffé l'opinion de Dumoulin. Les mémoires du clergé difent que fur cette
queftion il n'y a aucun préjugé dans les arrêts ;
qu'elle ne s'eft pas encore préfentée, & que la
raifon en eft que ceux qui ont trois ans d'étude
en théologie ou en droit, peuvent facilement
acquérir un degré, ce qu'ils aiment mieux faire
que de rifquer un procès douteux.

Mais fi trois ans d'étude en théologie ou en
droit paroiffent, felon la loi, fuffire fans le grade
pour poffeder une Cure dans une ville murée,
il n'en eft pas de même du grade fans le temps
d'étude. Il eft certain qu'il ne mettroit point le
Curé à l'abri d'une impétration, & qu'il feroit
dans le cas de fe voir enlever fa Cure, quelque
longue que fût fa poffeffion. Cela ne fouffre plus
de difficulté depuis la déclaration de 1736 enregiftrée à Paris & à Touloufe. Elle veut « que
» tous ceux qui obtiendront à l'avenir des degrés
» dans les univerfités du royaume, foient tenus
» de fe conformer exactement, foit en ce qui
» concerne le temps d'étude & en ce qui regarde
» les examens & aĉtes probatoires néceffaires
» pour obtenir le titre de maître ès arts, où les
» degrés de bachelier, ou de licencié, ou du
» doĉtorat, aux règles établies par le concordat,
» par les ordonnances du royaume, ftatuts &
» réglemens particuliers de chaque univerfité ;
» le tout à peine de nullité des titres ou degrés
» qui leur feroient accordés contre lefdites rè-
» gles ; & en outre, de déchéance des dignités,
» Cures & autres bénéfices qu'ils obtiendroient
» en vertu ou fur le fondement defdites lettres
» ou degrés ».

Une queſtion non moins importante, & ſur laquelle il y a une grande diverſité d'opinions, eſt de ſavoir dans quel temps il faut avoir le degré requis par le concordat pour être Curé dans une ville murée. Faut-il être gradué avant les proviſions ? ſuffit-il de l'être avant la priſe de poſſeſſion ? eſt-il néceſſaire de le devenir après la priſe de poſſeſſion ? Pour traiter ces queſtions avec clarté, il faut établir différentes hypothèſes qui pourront fournir différentes ſolutions.

La collation d'une Cure dans une ville murée faite par l'ordinaire à un non gradué, n'eſt pas radicalement nulle, ſuivant le ſentiment le plus commun des auteurs ; ce défaut ſe trouve couvert ſi le pourvu acquiert le degré avant ſa priſe de poſſeſſion. C'eſt ce qui a été jugé par des arrêts du parlement de Paris des 9 février 1699, 12 juillet 1700 & 15 mars 1701, qu'on trouve rapportés dans les mémoires du clergé. Il faut cependant remarquer que ſi un tiers dans l'intervalle de la collation à l'adeption du degré avoit acquis un droit au bénéfice, alors le premier pourvu ne ſeroit plus admis à purger la demeure ; & un dévolutaire qui auroit intenté ſa complainte avant que ſon adverſaire eût obtenu le degré, devroit être maintenu. Quand on accorde au pourvu d'une Cure dans une ville murée un délai pour ſe faire graduer, on donne au degré obtenu poſtérieurement aux proviſions, un effet rétroactif qui les complette & les perfectionne. C'eſt une pure faveur que les cours ont cru pouvoir accorder, parce qu'elles ont penſé qu'il étoit indifférent que la capacité du pourvu fût prouvée avant ou après ſes proviſions.

fions. Mais il feroit de toute injuftice qu'une pareille faveur qui n'eft point l'ouvrage de la loi, portât préjudice à un tiers qui auroit un droit acquis. Nous remarquons en paffant qu'un dévolutaire n'a de droit au bénéfice dévolute que du jour qu'il a intenté fa complainte & mis fa partie en caufe.

Les provifions pour une Cure d'une ville murée, obtenues en cour de Rome par la voie de la prévention, deviennent nulles fi l'ordinaire a conféré à un gradué avant que le pourvu par le pape fe foit mis en règle. Ces provifions deviennent nulles parce que, comme dit Dumoulin, *concordatis papa ipfe ligatus eft & non videtur jure preventionis conferre poffe hujufmodi parochiales ecclefias, nifi qualificatis.* Il faut donc dire avec Boutaric, qu'il ne paroît pas qu'on puiffe donner au grade un effet rétroactif au temps de la provifion au préjudice du droit acquis au gradué pourvu par l'ordinaire; & que tout ce qu'on peut admettre de plus favorable, eft de faire fubfifter la provifion du pape fi lors de l'obtention du grade les chofes font dans leur entier du côté de l'ordinaire. Si l'on paffe quelque chofe au préventionnaire, il ne doit pas en être de même du dévolutaire. Son rôle auffi défavorable qu'il puiffe être, ne permet pas qu'on tempère en rien pour lui la rigueur des lois. D'ailleurs comment demander au pape un bénéfice fondé fur une incapacité dont on ne fe voit pas foi-même exempt? Comment un non gradué demanderoit-il une Cure en apportant pour raifon que le titulaire actuel n'eft pas gradué? cela impliqueroit contradiction; ce feroit dire au pape: dépouillez tel titulaire qui ne s'eft pas conformé à la loi, pour revêtir un autre qui n'y a pas plus fatisfait que lui. C'eft bien le cas de dire une fecende fois avec Dumoulin, *concordatis papa ipfe ligatus eft.* Nous avouons que ces principes fur les dévolutaires ne font appuyés fur aucun arrêt : l'efpèce ne s'eft pas préfentée. Mais nous penfons qu'ils feroient non recevables fi avant d'impétrer des Cures de villes murées fur des non gradués, ils ne s'étoient mis en règle du côté des degrés.

Il eft bien rare qu'un réfignataire donne lieu à la queftion que nous agitons. Comme avant fa prife de poffeffion le bénéfice eft encore cenfé réfider fur la tête du réfignant, il paroît d'après l'efprit de la jurifprudence actuelle, qu'il lui fuffit de prendre le grade avant fon vifa ou fa prife de poffeffion.

Mais après la prife de poffeffion peut-on acquérir le grade & fe garantir par-là des impétrations ? Un arrêt du parlement de Paris du 8 janvier 1738 femble avoir jugé l'affirmative. Le fieur Cadot, Curé de la Ville-l'Evêque, qui n'avoit obtenu fon degré que poftérieurement à fa prife de poffeffion, fut maintenu contre le fieur de Lacofte dévolutaire, qui ne l'avoit affigné & mis en caufe qu'après lui avoir donné le loifir de fe faire graduer. Mais comme l'obferve l'annotateur de d'Héricourt, cet arrêt rendu fur des circonftances particulières, ne peut pas fervir de préjugé décifif. En effet, ne feroit-ce pas trop étendre l'interprétation que l'on donne au concordat ? Ne feroit-ce pas introduire une jurifprudence qui tendroit infenfiblement à la deftruction de la loi même ? Un Curé de ville murée pourroit donc refter dix, vingt ans fans prendre des degrés; & lorfqu'il craindroit d'être inquiété , il fe les procureroit & fe mettroit par-là fous la protection des lois après les avoir éludées fi long-temps. L'intention des deux puif-fances de qui le concordat eft émané, a été d'affurer aux paroiffes dont les peuples font plus nombreux & plus inftruits, des pafteurs qui euffent fait preuve d'une capacité plus qu'ordinaire. Elles ont voulu pour Curés dans les villes mu-rées , des miniftres fur les lumières & les talens defquels il n'y a ni ne peut y avoir de doute , & qui euffent par conféquent fubi les épreuves aux-quelles eft attachée non la certitude , mais au moins la jufte préfomption d'un mérite fuffifant. C'eft donc aller contre l'efprit & l'intention des légiflateurs , que d'admettre en tout temps les Curés des villes murées à prendre les degrés exigés par le concordat.

Ces principes ne peuvent-ils pas conduire à la folution de la queftion de favoir fi la poffeffion triennale peut couvrir dans un Curé de ville murée le défaut de grade ? Il faut d'abord dif-tinguer celui qui auroit trois ans d'étude en théologie ou en droit fans degré, de celui qui n'auroit ni le temps d'étude ni le degré. Pour le premier, la queftion retombe dans celle que nous avons déja examinée , fi les trois années d'étude en théologie ou en droit font fuffifantes fans le degré. Quant au fecond, la poffeffion triennale lui feroit abfolument inutile ; il ne pourroit invoquer le décret de *pacificis poffeffori-bus.* Il feroit évidemment *intrus.* On ne pourroit le confidérer autrement fans renverfer le concordat dont l'efprit & la lettre concourent éga-lement à exiger pour les villes murées, des Curés qualifiés. Cela fe prouve en outre par la declaration de 1736. Quoique cette décifion ne s'y life pas formellement, on la tire cependant par une induction néceffaire. Le roi maintient pour le paffé ceux qui ont acquis la poffeffion triennale & auxquels on ne peut oppofer d'autres défauts ou incapacités, que ceux qui réfultent de la nullité ou de l'irrégularité de leurs titres ou degrés obtenus avant cette déclaration. Donc la poffeffion triennale ne pourroit plus être une raifon de maintenir ceux qui par la fuite auroient des degrés ñuls ou irréguliers ; donc elle ne feroit pas une raifon pour maintenir ceux qui n'en auroient point du tout ; autrement il faudroit dire que les provifions d'une Cure dans une ville murée, jointes à des degrés nuls ou irréguliers, ne formeroient point un titre coloré, tandis que ces mêmes provifions fans degré en formeroient un ; ce qui eft abfurde ; parce qu'une incapacité qui réfulte d'une irrégularité dans le degré, réfulte à bien plus forte raifon du défaut abfolu de ce même degré.

Au refte, toutes les difficultés que nous venons de traiter difparoîtroient bientôt, fi l'on vouloit s'attacher uniquement aux lois qui régiffent cette matière : elles font claires, elles font précifes. Qu'on examine attentivement la pragmatique fanction, l'ordonnance de 1499, le concordat, la déclaration de 1551, & l'on fera facilement convaincu qu'il faut être gradué ou avoir au moins trois ans d'étude en théologie ou en droit, au moment même des provifions, & que par conféquent tout titre d'une Cure dans une ville murée fait à un prêtre qui n'auroit pas ces qualités est radicalement nul, & ne peut être couvert par la possession triennale.

La pragmatique sanction, §. 13 du chap. 11, ordonne de placer dans les Cures de villes murées (*) des personnes qui soient qualifiées. L'expression *instituantur* que l'on *institue*, ne laisse aucune équivoque ; elle est aussi impérative qu'elle puisse être ; elle est sûrement relative au moment de l'institution, & ne suppose point qu'on puisse valablement conférer les Cures des villes murées à des non gradués. Il n'est plus permis de douter de l'intention de la loi, lorsqu'on voit qu'au §. 19 elle prononce le décret irritant contre toutes les collations faites au mépris des décrets qu'elle vient de porter & parmi lesquels se trouve celui des Cures des villes murées.

L'ordonnance de Louis XII de 1499 s'explique aussi clairement. « Seront tenus les gradués » voulant avoir les églises paroissiales étant de- » dans les villes murées, avoir étudié par le » temps ci-dessus, & faire ce que dessus est dit ». Ces expressions, *les gradués voulant avoir les églises paroissiales*, ne peuvent s'entendre que du temps qui précéde les provisions. Il ne s'agit que des personnes qui veulent avoir les Cures des villes murées : c'est à elles seules que la loi impose des conditions. Si elles n'y ont pas satisfait, elles sont incapables, parce que c'est un préliminaire nécessaire à remplir. « A tout le moins » seront tenus avoir étudié en théologie, en

_____

(*) *In ecclesiis autem parochialibus quæ in civitatibus aut villis muratis existunt, instituantur personæ sicut supra qualificatæ.*

» droit civil ou canon par trois ans, ou feront
» tenus d'être maitres ès-arts en univerſité fa-
» meuſe ». L'ordonnance ne dit pas que les pourvus des Cures dans les villes murées feront tenus d'étudier ou de devenir maîtres ès-arts,
mais *d'avoir étudié & d'être maîtres ès-arts* ; ce
qui fuppoſe néceſſairement le temps d'étude &
le grade antérieurs aux proviſions. Rien de plus
abſolu que ces expreſſions : Seront *tenus d'avoir
étudié ou d'être maîtres ès-arts*. Comment les concilier avec la prétendue jurisprudence moderne,
qui non-feulement admettroit les Curés des
villes murées à prendre leurs grades après leurs
proviſions & leur priſe de poſſeſſion, mais encore qui feroit couvrir le défaut de grade par la
poſſeſſion triennale.

Cette prétendue jurisprudence ne feroit pas
moins oppoſée au concordat, qui défend poſi-
tivement de conférer les Cures des villes murées à d'autres qu'à des perſonnes qualifiées.
*Non niſi perſonis præmiſſo modo qualificatis.* . . .
*conferantur.* ON NE CONFÉRERA LES CURES
DES VILLES MURÉES QU'À DES PERSONNES
DÛMENT QUALIFIÉES. Ces termes font prohi-
bitifs & équivalent à un décret irritant ; donc
toute collation d'une Cure dans une ville murée
faite à d'autres qu'à des gradués, eſt ſelon l'intention du concordat, radicalement nulle. D'ailleurs c'eſt un principe univerſellement adopté
en France, que toutes les diſpoſitions de la
pragmatique ſanction qui n'ont point été ſpécia-
lement abrogées par le concordat, doivent être
maintenues dans toute leur vigueur. C'eſt une
ſuite de notre inviolable attachement à ce pré-
cieux monument de nos libertés. Or, la prag-

matique porte le décret irritant contre les provisions des Cures des villes murées, faites à des non gradués; le concordat ne l'a point abrogé; donc il doit être exécuté.

La déclaration de Henri II de l'an 1551 est tout aussi formelle que les lois précédentes. « L'université de Paris nous a fait dire & re- » montrer, *expose le roi dans le préambule*, que » par les décrets & concordats faits entre le » Saint-Siége apostolique, & de feu bonne mé- » moire le roi François. . . . . esquels soit par » exprès contenu que les bénéfices, Cures & » églises paroissiales desdites villes closes & mu- » rées de notre royaume, ne seront conférées » sinon à personnes graduées & qualifiées de la » qualité contenue esdits saints décrets & con- » cordats ». L'université demande que les Cures des villes murées ne soient conférées qu'à dès gradués. Elle invoque les saints décrets & les concordats; elle rapporte même les raisons qui les ont déterminés à porter cette loi. *C'est qu'aux villes closes & fermées y a grande affluence de peuples, pour la conduite & instruction duquel, & pour le conserver & entretenir à la religion, est besoin qu'en icelles villes soient préposées personnes graduées, &c.* Ces remontrances ne supposent point que l'on puisse être pourvu de ces sortes de Cures sans être gradués ou qualifiés, & que l'on puisse s'exempter du grade en appelant à son secours la possession triennale. Il y a plus : elles tendent à empêcher le pape de dispenser des degrés, & le légiflateur les décide absolument nécessaires, en ordonnant *qu'on n'ait aucun égard aux impétrations qui pourroient être faites par personnes non graduées & de la qualité con-*

*tenue efdits concordats.* Des provifions d'une Cure
dans une ville murée , données par le pape aux
non gradués , font donc radicalement nulles ;
pourquoi celles données par l'ordinaire ne le fe-
roient-elles pas auffi ? les concordats l'obligent-
ils moins que le pape ? Ce n'eft point ici une de
ces circonftances où le droit des ordinaires foit
plus favorable que celui du fouverain pontife ;
ce n'eft point le maintien de la juridiction épifcopale qui a déterminé la loi , mais le bien des
peuples. Cette raifon eft toujours la même, foit
que les provifions émanent du pape , foit qu'elles
émanent de l'ordinaire. Si elle rend nulles les
provifions du pape , il doit en être de même de
celles de l'ordinaire. Le grade eft donc une capacité effentielle à un Curé d'une ville murée.
Or, il eft de principe que le défaut d'une capacité effentielle rend le titre radicalement nul ,
& qu'un titre radicalement nul ne peut être va-
lidé par la poffeffion triennale ; d'où nous tire-
rons deux conféquences. La première , que le
décret *de pacificis* ne peut être d'aucune utilité
à un Curé d'une vi'le murée qui ne feroit pas
gradué ; la feconde , qu'il ne peut être admis
poftérieurement à fon titre à prendre le degré ,
parce que ce titre étant radicalement nul , ne
peut devenir un titre légitime fuivant cet axiome, *quod ab initio nullum eft ex poft facto con-
valefcere nequit.* Il eft donc bien vrai que fi l'on
s'en tient à la loi fans fe permettre des interpré-
tations qui font prefque toujours arbitraires , un
Curé d'une ville murée doit avoir le grade au
moment de fes provifions ; qu'il ne peut être
admis à l'acquérir , foit avant , foit après fa prife
de poffeffion , & que ce défaut ne peut être

couvert par la possession triennale. Ces principes suivis dans la pratique feroient évanouir une foule de difficultés qui sont la source d'une infinité de procès.

Si l'on y oppose l'autorité de la chose jugée, qu'il nous soit permis de dire avec d'Héricourt, page 417 de la dernière édition : « Cette jurisprudence ne seroit-elle pas du nombre de » celles qu'on voit s'introduire quelquefois au » palais sur des matières délicates, & qu'on » abandonne après pour revenir *aux anciennes* » *règles* » ? A d'Héricourt nous joindrons Vaillant, qui soutient que le grade pris après les provisions ne peut couvrir l'incapacité du pourvu, parce que *si provisus erat inhabilis tempore provisionis & post ex fiat habilis, provisio non convalescit & necesse est obtinere novam provisionem :* Rebuffe sur le §. *statuimus* du concordat, remarque comme nous avons fait, que ces termes, *non nisi personis prædicto modo qualificatis conferantur*, supposent visiblement le degré obtenu avant les provisions, de même que ceux dont se sert la pragmatique, *instituantur personæ qui gradum magisterii adepti fuerint.* Louet & Dumoulin sont du même avis. Ne pourroit-on pas dire que la jurisprudence moderne que l'on suppose opposée à ces principes, n'est pas aussi certaine que le prétendent quelques auteurs ; des arrêts contraires aux véritables maximes ne sont ordinairement que des arrêts de circonstances ; on est toujours forcé de revenir à la loi, quand même on s'en seroit écarté quelquefois.

Le parlement de Toulouse a une jurisprudence qui paroît détruire les principes que nous venons d'établir ; mais dans le fond ſes arrêts favoriſent notre opinion : il ne regarde les proviſions de cour de Rome que comme de ſimples mandats *de providendo*. Selon lui, le *viſa* forme les véritables proviſions ; ainſi en admettant le pourvu en cour de Rome à prendre ſes degrés avant ſon *viſa*, il ne juge pas que ces degrés puiſſent être obtenus après les proviſions.

Après avoir examiné l'origine, l'ancienneté & les qualités néceſſaires aux Curés, nous nous occuperons de leurs devoirs & de leurs droits.

Nous ne parlerons point ici des devoirs qui regardent le for interne. Nous laiſſons cette matière aux théologiens & aux moraliſtes. Nous ne parlerons que de ceux qui étant preſcrits par les lois civiles & canoniques, peuvent être du reſſort du juriſconſulte.

Parmi les principaux devoirs d'un Curé, la réſidence eſt ſans doute un des plus eſſentiels. Le relâchement & les changemens introduits dans la diſcipline ont contraint l'égliſe à porter des lois pour obliger tant les premiers que les ſeconds paſteurs à réſider dans leurs bénéfices. Il eſt inutile de rapporter les canons que les conciles ont faits à ce ſujet Nous nous contenterons de citer le concile de Trente dans la ſeſſion XXIII *de reformatione*, chapitre premier. Il ſoumet les Curés non réſidens aux mêmes peines que les évêques, c'eſt-à-dire à la perte des fruits à proportion du temps qu'ils n'auront pas réſidé. Il ne leur permet de s'abſenter que pendant deux mois, encore avec la permiſſion de l'évêque qui ne peut accorder un temps plus long, à moins qu'il n'y ait des raiſons graves :

*niſi ex gravi cauſa.* Si un Curé tranſgreſſe ces lois, le concile veut qu'après l'avoir fait citer & avoir établi la contumace, l'ordinaire puiſſe procéder contre lui par ſequeſtre & ſouſtraction de fruits & par toute autre voie de droit, même par la privation du bénéfice.

Nos rois ont adopté ces ſages diſpoſitions. L'ordonnance de Blois, article 14, porte : « A » ſemblable réſidence & ſous pareille peine, » ſeront tenus les Curés & tous autres ayant » charge d'ames, ſans ſe pouvoir abſenter que » pour cauſes légitimes, & dont la connoiſſance » en appartiendra à l'évêque diocéſain, duquel » ils obtiendront par écrit licence ou congé, » qui leur ſera gratuitement accordé & expédié, » & ne pourra ladite licence, ſans grande oc- » caſion, excéder l'eſpace de deux mois ».

L'article 11 de l'ordonnance de 1629 renou- velle celle de Blois en ces termes : « Les Curés » ſeront tenus de réſider en perſonne ſur les lieux » nonobſtant la proximité des villes ; & à faute » de ce faire, ordonne ſa majeſté en conſéquence » de l'article 14 de l'ordonnance de Blois, & » de l'article 7 de l'édit de Melun, les fruits » deſdits Curés être ſaiſis au profit des hôpitaux » du lieu prochain, pour autant de temps qu'ils » auront manqué à la réſidence. Ils ſeront ſom- » més à la requête des procureurs généraux ou » de leurs ſubſtituts, par exploits faits au do- » miciles & lieux deſdits bénéfices de ſatisfaire » à ladite réſidence ; & à faute de ce faire ac- » tuellement, dans un mois, ou plus ou moins, » ſelon la diſtance des lieux, ſera procédé aux- » dites ſaiſies ».

Le clergé qui trouvoit que ces lois le mettoit

fous l'influence trop immédiate des tribunaux
féculiers, fe plaignit & en demanda la révocation. Mais elles furent feulement modifiées par
l'article 23 de l'édit de 1695 ; & ces modifications font que rarement un Curé peut voir
fon revenu faifi à la requête du procureur général pour caufe d'abfence. Pour ne pas anti-
ciper fur les matières & intervertir l'ordre que
nous nous fommes prefcrit, nous ne nous étendrons pas davantage fur ces ordonnances. Nous
nous réfervons de le faire lorfque nous traiterons de la réfidence en général : notre but dans
ce moment, eft de ne parler que de ce qui regarde les Curés en particulier.

Selon le concile de Trente & l'ordonnance
de Blois, l'évêque eft juge de la légitimité des
caufes qui peuvent permettre à un Curé de
s'abfenter. Un arrêt du confeil d'état du 12 décembre 1639, rendu fur la requête de l'archevêque de Bordeaux, ordonne que les Curés de
ce diocèfe ne pourront, pour quelque caufe &
occafion que ce foit, fe difpenfer de la réfidence
actuelle fans le congé exprès ou par écrit de
l'archevêque ou de fes grands vicaires. Quoique
l'évêque foit juge de la légitimité des caufes
d'abfence de fes Curés, il ne peut cependant
pas refufer arbitrairement la permiffion qu'ils
font obligés de lui demander, parce que la
même loi qui impofe aux Curés l'obligation de
prendre le congé de l'évêque, ordonne certainement à celui-ci de l'accorder lorfqu'il n'aura
pas de motifs pour le refufer ; & s'il fe condui-
foit autrement, il s'expoferoit à un appel bien
fondé, foit fimple, foit comme d'abus.

Mais dans le cas d'une abfence confidérable &

fans permiffion, un évêque peut-il faire faire le procès à un Curé par fon official ? Si l'on fuit le concile de Trente, cela ne pourra fouffrir aucune difficulté : mais comme fa difcipline n'eft point reçue en France, on pourroit dire que l'ef-prit de nos ordonnances eft qu'en ce cas le procès foit fait par les juges royaux. Celle de 1629 veut que les pourfuites contre les Curés non-réfidens foient faites à la requête des procureurs généraux ou de leurs fubftituts. *Ils feront fommés à la requête de nos procureurs généraux ou de leurs fubftituts.* L'article 23 de l'édit de 1695 n'eft pas fi impératif ; il femble n'accorder aux juges royaux qu'une fimple faculté qui ne leur attribue pas une juridiction exclufive. « Nos cours de » parlement, nos baillis & fénéchaux....... » pourront les avertir..... Nofdites cours, nos » baillis & fénéchaux pourront à la requête des » procureurs généraux» ; cette expreffion *pour-ront* employée deux fois dans cet article ne prou-ve-t-elle pas que l'intention du légiflateur n'eft pas de dépouiller les évêques d'une juridiction qui dérive naturellement de leur droit de furveillance & d'infpection, mais feulement de les rendre plus foigneux & plus attentifs, en leur joignant les procureurs généraux & leurs fubftituts pour veiller à l'exécution des lois portées fur la réfi-dence, de forte que dans ce cas les juges royaux exercent fur les eccléfiaftiques une juridiction cumulative avec les évêques & leurs officiaux. D'ailleurs les peines portées contre la réfidence ne font point d'une nature à n'être point pro-noncées par le juge d'églife. La privation des revenus & la déchéance des bénéfices font des peines canoniques que l'official peut impofer lorſqu'il a rempli toutes les formalités preſcrites par les lois du royaume.

Si les Curés doivent réſider c'eſt principalement pour adminiſtrer les ſacremens à leurs paroiſſiens. Parmi ces ſacremens il en eſt ſur-tout deux qui intéreſſent particulièrement le juriſconſulte par l'influence qu'ils ont ſur l'état civil des citoyens. Si le baptême eſt l'entrée dans le chriſtianiſme, l'acte qui le conſtate eſt auſſi le premier titre par lequel nous tenons à la ſociété. Un Curé ne peut donc apporter trop de ſoin pour que cet acte ſoit en règle & ne contienne aucun vice qui puiſſe faire un jour conteſter à l'enfant qu'il baptiſe un état que la nature lui a donné, mais que la loi ne lui aſſure que lorſqu'il eſt atteſté par le miniſtre des autels qui dans cette occaſion eſt encore le miniſtre de la ſociété. Un Curé ſe garantira de commettre à ce ſujet des fautes dont les ſuites ſont ſi importantes, en ſe conformant exactement aux lois qui ont été preſcrites ſur cette matière, & que nous rapporterons au mot REGISTRE.

Le ſacrement de mariage, quant à ſes effets civils, eſt d'une auſſi grande conſéquence que le baptême. Une connoiſſance parfaite des lois de l'égliſe & de l'état eſt le ſeul moyen que puiſſe employer un Curé pour ſe comporter de manière à ne pas s'attirer les punitions portées contre leurs infracteurs. Il doit ſur-tout faire attention à l'âge & au domicile des parties. Il ſeroit coupable s'il marioit des mineurs ſans le conſentement de leurs pères, mères, tuteurs ou curateurs. Il ne commettroit pas une moindre faute s'il uniſſoit des perſonnes qui ne ſont pas domiciliées depuis ſix mois dans ſa paroiſſe, ſi elles font de fon diocèfe, ou depuis un an fi elles font d'un diocèfe étranger : mais rien ne pourroit l'excufer fi fe prêtant au rapt & à la féduction il employoit fon miniftère facré pour favorifer des enlèvemens que la loi veut qu'on puniffe de mort. L'atticle 39 de l'ordonnance de 1629 « fait défenfes à tous les » Curés & autres prêtres féculiers ou régu- » liers, fous peine d'amende arbitraire, de cé- » lébrer aucun mariage de perfonnes qui ne foient » de leurs paroiffes, fans la permiffion de leurs » Curés ou de leurs évêques ; & feront tenus les » juges d'églife juger les caufes defdits mariages, » conformément à cet article. »

L'édit du mois de mars 1697 ajoute à cette difpofition : « Voulons que fi aucuns defdits » Curés ou prêtres, tant féculiers que réguliers, » célébrent ci-après fciemment & avec connoif- » fance, des mariages entre des perfonnes qui » ne font pas effectivement de leur paroiffe, fans » en avoir la permiffion par écrit des Curés de » ceux qui les contractent, ou de l'archevêque » ou évêque diocéfain, il foit procédé contre » eux extraordinairement, & qu'outre les peines » canoniques que les juges d'églife pourront-pro- » noncer contre eux, lefdits Curés & autres » prêtres, tant féculiers que réguliers, qui au- » ront des bénéfices, foient privés pour la pre- » mière fois de la jouiffance de tous les revenus » de leurs Cures & bénéfices pendant trois ans, » à la réferve de ce qui eft abfolument néceffaire » pour leur fubfiftance, ce qui ne pourra excéder » la fomme de fix cents livres dans les plus gran- » des villes, & celle de trois cents livres par-tout » ailleurs, & que le furplus defdits revenus foit

» faisi à la diligence de nos procureurs, & dis-
» tribué en œuvres pies par l'ordre de l'arche-
» vêque ou évêque diocéfain ; qu'en cas d'une
» feconde contravention ils foient bannis pendant
» le temps de neuf ans des lieux que nos juges
» eftimeront à propos........ & que lefdits
» Curés & prêtres puiffent en cas de rapt fait
» avec violence être condamnés à plus grandes
» peines, lorfqu'ils prêteront leur miniftère pour
» célébrer des mariages en cet état. »

Nous ne nous étendrons pas davantage fur ce
fujet ; on trouvera au mot Mariage tout ce qui
pourroit manquer ici.

Les Curés, comme nous l'avons déjà dit,
avoient autrefois le pouvoir de déléguer des
prêtres pour entendre les confeffions de leurs
paroiffiens, c'eft-à-dire qu'ils fe choififfoient
eux-mêmes des vicaires qui n'avoient pas befoin
d'autres pouvoirs que ceux qu'ils leur conféroient. Le concile de Trente, feffion 23, *de
reformation.* a introduit à cet égard un droit nouveau ; il a voulu qu'il n'y eût que les Curés ou
les prêtres approuvés par l'évêque qui puffent
entendre les confeffions, & cela nonobftant tout
privilége & toute coutume contraire, même
immémoriale.

L'édit de 1695 a adopté cette difpofition. Il a
ordonné par les articles 10 & 11, que nul ne
pourroit prêcher & confeffer fans l'approbation
de l'évêque ; il n'a excepté de cette prohibition
que les Curés & autres bénéficiers à charge
d'ames. C'eft donc nne loi générale, établie par
le concours des deux puiffances, que les Curés
ne peuvent plus donner de pouvoirs pour prêcher & confeffer dans leurs églifes. Ils délèguent
encore

encore pour l'administration des facremens de baptême & de mariage.

Ils ont en outre confervé le droit de faire faire par qui ils le jugent à propos les inftructions familières qu'ils doivent à leurs paroiffiens. L'édit de 1695 ne parlant que de la prédication & de la confeffion, il s'enfuit par une raifon toute naturelle qu'il a laiffé aux Curés tous les pouvoirs dont ils jouiffoient autrefois. L'évêque d'Auxerre ayant donné deux ordonnances qui exigeoient fon approbation par écrit pour les cathéchifmes, les prières du foir & les inftructions familières, les Curés de la ville d'Auxerre furent reçus appelans comme d'abus de ces ordonnances, par arrêt du 9 mars 1756, qui fit défenfes provifoires de les exécuter. Le moyen employé par les Curés étoit que les cathéchifmes, les prières du foir, les prônes & les autres inftructions familières ne font point compris dans les articles 10 & 11 de l'édit de 1695.

Mais fi les Curés ne peuvent plus déléguer des prêtres pour les aider dans l'administration du facrement de pénitence, l'évêque peut-il les forcer à prendre des vicaires qui leur foient défagréables? peut-il en nommer *invito parocho?* C'eft encore ici une de ces queftions qui n'auroient jamais dû s'élever fi les pafteurs du premier & du fecond ordre ne cherchoient, comme ils le doivent, que le bien de l'églife. Il eft certain que ce bien ne peut s'opérer qu'autant que les miniftres des autels y concourent par la bonne harmonie & animés par le même efprit. Cette raifon puifée dans le bien général doit feule décider la queftion. Jamais une paroiffe ne fera

*Tome XVI.* P p

bien gouvernée que quand le Curé & le vicaire unis par le lien de la confiance, de l'eſtime & de l'amitié, travailleront de concert, auront les mêmes vues & ſe concilieront pour les moyens qu'ils doivent employer. Donc on ne doit point donner à un Curé un vicaire qu'il ne regardera que comme ſon ennemi, ou du moins comme ſon délateur & ſon eſpion, dès qu'il ſera contre ſon choix ou ſa volonté.

Ainſi de droit commun un Curé eſt le maître du choix de ſes vicaires. Le fils d'un prêtre avoit été ordonné ſous-diacre. Son évêque lui refuſa la prêtriſe & ne voulut point lui confier l'adminiſtration d'une Cure à laquelle un patron laïc l'avoit préſenté. Alexandre III à qui le ſous-diacre porta ſes plaintes, ordonna que l'évêque placeroit pour deſſervir la Cure, du conſentement du ſous-diacre, un prêtre avec lequel il partageroit les revenus. La conſéquence toute naturelle de ce décret du pape eſt que ſi pour faire deſſervir une Cure il falloit le conſentement d'un titulaire non prêtre, à plus forte raiſon faudra-t-il celui du véritable Curé pour lui aſſocier un coopérateur.

Les conciles laiſſent toujours aux Curés la liberté de ſe choiſir un vicaire, ſoit pendant leur abſence, ſoit qu'ils en aient beſoin pour les ſeconder. C'eſt ce que ſuppoſent évidemment celui de Vicheler de l'an 1240, can. 26; celui de Cognac de l'an 1226, can. 10; celui de Chicheſter de l'an 1289, can. 8; celui de Selsbourg de 1420, can. 5 : ceux de Cologne de 1536, de Mayence de 1549, de Cambray de 1565 ne ſont pas moins formels. Celui de Trente lui-même, qui a dépouillé les Curés du droit de déléguer

pour les confeffions, leur a certainement laiffé
celui de choifir leurs vicaires. Il leur enjoint,
feffion 23 , chap. premier, de mettre à leur place
des vicaires capables & approuvés par l'évêque,
lorfqu'ils s'abfentent pour caufe légitime. Dans
la feffion 21 , ch. 4, il ordonne aux évêques de
contraindre les Curés de s'affocier autant de
prêtres qu'il fera néceffaire pour l'adminiftration
des facremens & la célébration du culte divin.
Si le concile eut penfé que les évêques avoient
le droit de placer les vicaires malgré les Curés,
il eut tenu un langage bien différent.

Ce font ces autorités qui ont déterminé les
canoniftes ultramontains, tels que Pirring, liv.
premier, tit. 28, *de officio vicarii*, & Fagnan fur
le chap. *confultationibus*, tit. *de clerico ægrot.* à
décider que les Curés avoient la liberté de choifir
leurs vicaires. On peut y joindre Vanefpen,
partie première, tit. 3, ch. 2, n°. 2. Parmi nous,
Bouchel, un de nos plus anciens auteurs, a embraffé cette opinion ; & Rebuffe, dans fa pratique, au titre de *difpenf. de non - réfiden.* attefte
que de fon temps c'étoit l'ufage général du
royaume.

Nos ordonnances n'ont fait à ce fujet que répéter, pour ainfi dire, les décifions des conciles.
Par-tout elles ordonnent aux Curés abfens de
commettre des vicaires capables & approuvés
par l'ordinaire. C'eft la difpofition précife de
l'article 5 de celle d'Orléans, & de la déclaration
de 1562 rendue à la follicitation du clergé. La
chambre eccléfiaftique des états du royaume
affemblés en 1614 demanda que les Curés qui pour
quelques juftes caufes fe trouveroient abfens &

légtimement difpenfés de réfider, fuffent tenus
de mettre à leur place un vicaire fuffifant, au
gré néanmoins de l'ordinaire & avec fon expreffe
approbation. Enfin l'article 290 de la coutume
de Paris prouve que les Curés ont toujours eu
le choix de leurs vicaires, & que même autrefois
ils leur donnoient des lettres de vicariat. Il n'accorde aux vicaires la faculté de recevoir des
teftamens que lorfqu'ils ont des lettres de vicariat
de leurs Curés, & qu'ils les ont fait enregiftrer
au greffe de la juridiction de leur domicile.

Les cours fouveraines ont adopté l'opinion
favorable aux Curés & l'ont confirmée par leurs
arrêts. Chenu, dans fon recueil de règlemens,
titre premier, chapitre 12, en rapporte un du
parlement de Paris de 1567, où il eft enjoint au
Curé de Longjumeau de mettre en fon abfence
un vicaire qui foit de bonne vie, doctrine &
exemple. On en lit un dans Chopin, *de facra
politia*, de 1585, qui confirme une fentence de
l'official de Paris, par laquelle il avoit été ordonné au Curé de Saint-Benoît de commettre
un prêtre approuvé par l'ordinaire, pour deffervir l'églife de Saint-Jacques du Haut-pas
alors fuccurfale ou annexe de fa paroiffe. On en
trouve encore plufieurs autres rendus dans le
même efprit. Les parlemens de Rennes, de Touloufe & d'Aix fuivent la même jurifprudence:
cependant il faut convenir qu'aucun de ces arrêts
n'a été rendu entre un évêque & un Curé; ce
n'eft que par une induction très-forte à la vérité
qu'on les regarde comme décififs en faveur des
Curés. La queftion s'eft préfentée *in terminis*
en 1731 au parlement de Paris. Le Curé de la

paroiſſe de Galuis s'étoit rendu appelant comme d'abus de la nomination d'un vicaire que M. l'évêque de Chartres avoit faite malgré lui : M. Gilbert de Voiſins, avocat général, ne balança pas à ſe déclarer contre l'évêque & à conclure à ce que ſa nomination fût déclarée abuſive ; mais des conſidérations particulières déterminèrent la cour à appointer la cauſe, & elle n'a point été jugée.

Les circonſtances doivent avoir beaucoup d'influence ſur le jugement d'une pareille conteſtation. Le droit des Curés de ſe choiſir leurs vicaires eſt ſans doute inconteſtable, & d'autant plus inconteſtable qu'il ne nuit en rien à la ſubordination due aux évêques. S'ils ne peuvent pas forcer les Curés à accepter malgré eux des vicaires, de leur côté les Curés ne peuvent pas en choiſir malgré les évêques, puiſqu'ils ſont les maîtres de ne pas accorder les pouvoirs néceſſaires pour être vicaire. La nomination d'un vicaire faite *ſpreto parocho*, lorſque le Curé propoſe à l'évêque des ſujets capables & ſuffiſans, ſeroit abuſive ; ce ſeroit un véritable excès de pouvoir qui tendroit à dépouiller ſans raiſon un Curé d'un droit que lui donne ſon état de Curé : mais auſſi ſi un Curé refuſoit opiniâtrément de recevoir des mains de l'évêque un vicaire, ſi s'obſtinant à demander pour ſon coopérateur un ſujet auquel on auroit des reproches bien fondés à oppoſer, & mettoit ſes paroiſſiens dans le cas de manquer des ſecours ſpirituels qu'il leur doit par lui-même ou par autrui ; alors l'évêque pourroit nommer un vicaire, & cette nomination néceſſaire dans les circonſtances devroit être

maintenue malgré les réclamations du Curé. Il
se trouveroit dans la position d'un collateur ordinaire qui ayant négligé de nommer à un
bénéfice, ou y ayant nommé un incapable, auroit
pour cette fois consommé son droit, & le verroit passer *jure devolutionis* dans les mains de son
supérieur: ce seroit une juste punition de son
humeur ou de son caprice. Il ne faut jamais perdre de vue que si d'un côté les supérieurs ne
doivent point excéder les bornes de leurs pouvoirs, d'un autre côté les inférieurs ne peuvent
user de leurs droits que conformément à la raison
& aux lois.

Il est certain qu'excepté l'évêque diocésain,
qui dans toute l'étendue de son diocèse est toujours le premier pasteur, personne ne peut sans
la permission du Curé, célébrer la messe dans
son église, y prêcher ou exercer les autres
fonctions du saint ministère. Il ne faut pas conclure de-là que par caprice & sans raison il
puisse empêcher un prêtre approuvé par l'évêque de dire la messe. Nous pensons que si ce
prêtre est né sur la paroisse, il ne peut sans des
motifs dont il est responsable, l'éloigner des saints
autels. Ce seroit prononcer contre lui une espèce
d'interdit deshonorant & infamant. Ce seroit le
cas de se pourvoir contre le curé par les voies
de droit. Concluons donc qu'un Curé n'est pas
plus un despote dans sa paroisse qu'un évêque
dans son diocèse. L'un & l'autre ne doivent agir
que pour le bien des fidèles confiés à leur solli-
citude ; & s'ils doivent veiller à la conservation
de leurs droits, ils ne sont pas moins obligés de
s'abstenir de tout ce qui pourroit nuire & pré-

judicier à leurs inférieurs quand ils n'ont rien à leur reprocher. C'est sans doute dans cet esprit qu'a été rendu au parlement de Paris l'arrêt du 14 juillet 1700, par lequel deux prêtres habitués à saint Roch & approuvés par l'archevêque pour confesser, célébrer la messe, assister au chœur & prendre place dans les stales, *etiam invito parocho*, furent maintenus dans l'exercice de ces pouvoirs malgré le Curé. Goard, tome premier de son traité des bénéfices, page 755, assure que cet arrêt fut rendu par défaut & en l'absence du Curé qui étoit exilé par ordre du roi.

Un Curé, en vertu de son titre, peut-il confesser dans tout le diocèse, & l'évêque peut-il le restraindre à sa paroisse & à ses paroissiens? Les principes sont contraires aux prétentions des Curés. En effet, quoiqu'ils aient reçu ainsi que tout prêtre par leur ordination le pouvoir de lier & de délier, il faut cependant convenir que selon les lois canoniques, ce pouvoir quant à l'exercice, est suspendu; il a besoin pour qu'il soit mis en activité, hors le cas de nécessité, que l'église assigne des sujets à celui qui en est revêtu. C'est ce qu'elle fait par le ministère de l'évêque lorsqu'il donne à un prêtre des provisions d'une Cure, ou qu'il lui en accorde l'institution autorisable. Le pouvoir de lier & de délier suspendu relativement à tous les fidèles, cesse de l'être par rapport à ceux qui lui sont confiés; certainement par le *visa*, l'évêque n'assigne au prêtre auquel il le donne, que les sujets qui se trouvent dans l'étendue de sa paroisse. Lacombe dans son recueil de jurisprudence canonique,

*verbo confeſſeur*, a' donc tort d’avancer que de
même qu’un prêtre qui a une approbation générale & ſans limitation, peut confeſſer dans tout
le diocèſe, de même le Curé par ſon ſeul *viſa*
peut confeſſer partout. Le viſa n’eſt qu’un titre
particulier borné & limité de ſa nature; autrement il faudroit dire qu’un Curé ſeroit non-
ſeulement Curé de ſa paroiſſe, mais encore de
celles de tout le diocèſe, puiſqu’en vertu de ſon
titre il pourroit exercer partout une des principales fonctions curiales. C’eſt encore une erreur de prétendre comme le fait le même auteur,
que l’évêque en approuvant le Curé par le *viſa*,
lève l’obſtacle & le met dans ſes anciens droits
qui ſont indéfinis dans ſon diocèſe. Les ſujets
aſſignés au Curé par ſon *viſa* ne ſont que ceux
de la paroiſſe dont il eſt fait Curé; c’eſt donc
ſur eux ſeuls qu’il acquiert des droits. Dans les
diocèſes où les Curés ſont dans l’uſage de confeſſer partout indifféremment, les évêques par
le conſentement tacite qu’ils donnent à cet uſage l’approuvent, & c’eſt de cette approbation
que les abſolutions tirent leur force & leur validité.

L’évêque peut donc empêcher un Curé de
confeſſer hors de ſa paroiſſe & le limiter à ſes
ſeules proviſions. Saint Charles Boromée dans
ſon onzième ſynode, défend aux Curés des villes
d’appeler ceux de la campagne pour les aider
dans le tribunal de la pénitence, à moins qu’ils
n’aient un pouvoir par écrit de confeſſer hors
de leurs paroiſſes. La congrégation des cardinaux a décidé qu’un Curé n’étoit approuvé que
pour le lieu où ſa paroiſſe eſt ſituée, & qu’il ne

l'eft pas pour tout le diocèfe indifféremment.

L'article 12 de l'édit de 1695, porte : « N'en-
» tendons comprendre dans les articles précé-
» dens les Curés tant féculiers que réguliers qui
» peuvent prêcher & adminiftrer le facrement
» de pénitence *dans leurs paroiffes* ». Ces dernières expreffions, *dans leurs paroiffes*, décident
la queftion ; & felon Gibert dans fa conférence
fur cet édit, il n'y a plus de doute qu'un Curé
ne peut confeffer hors de fa paroiffe fans l'approbation ou la permiffion de l'évêque. Ce ca-
nonifte détruit le fondement de l'opinion contraire, qui eft qu'un homme une fois reconnu
capable de confeffer, eft reconnu capable de
confeffer partout, en remarquant avec raifon
que tel Curé dont les lumières & les talens fuffifent pour conduire & diriger des payfans, feroit très-déplacé à confeffer dans une ville. Mais
il nous paroît fe tromper & n'être pas conféquent avec lui-même, lorfqu'il prétend que l'article de l'édit de 1695 qui défend aux Curés de
confeffer hors de leurs paroiffes fans le confentement de l'évêque, leur permet de confeffer
dans leurs églifes les autres paroiffiens qui s'a-
dreffent à eux avec l'agrément feul de leur
Curé. Circonfcrire un territoire à un tribunal
quelconque, c'eft évidemment borner fa juridiction aux habitans de ce territoire : c'eft ce
que fait l'édit de 1695, en difant que les Curés
pourront fans l'approbation de l'évêque confeffer dans leurs paroiffes. Leur territoire eft
limité ; & comme la confeffion ne peut s'exercer
que fur les perfonnes, il eût été inutile de borner leurs pouvoirs à leurs paroiffes, fi par pa-

roiffe on n'eût entendu leurs paroiffiens. L'argument qu'emploie Gibert ne nous paroît pas victorieux. *Un Curé peut*, dit-il, *confeffer les paroiffiens des autres qui le lui permettent, de même qu'il peut marier les paroiffiens des autres qui le lui permettent.* La comparaifon n'eft rien moins qu'exacte ; les Curés font en poffeffion de déléguer pour l'adminiftration du facrement de mariage & non pour celui de la pénitence ; & s'ils ne peuvent déléguer pour la confeffion fur leurs propres paroiffes, comment le peuvent-ils fur celles des autres ? D'ailleurs la raifon de ce que les lumières & les talens des Curés doivent être proportionnés à l'état de ceux qu'ils confeffent, revient ici dans toute fa force. S'il n'eft pas raifonnable qu'un Curé de la campagne, par exemple, puiffe fans l'approbation de fon évêque, adminiftrer la pénitence dans une ville parce que la capacité requife pour une ville doit être différente de celle qui eft requife pour un village, cette même raifon doit empêcher que le Curé de la campagne ne puiffe fans approbation conteffer les habitans de la ville lorfqu'ils viendront le chercher dans fa paroiffe ; parce qu'il n'y a aucune différence entre les confeffer à la ville ou les confeffer à la campagne. Enfin un Curé confeffera les habitans d'une autre paroiffe en vertu de fon titre ou en vertu du confentement de leur propre Curé. Ce n'eft pas en vertu de fon titre, puifqu'il ne lui donne de pouvoirs que fur fes paroiffiens ; ce n'eft pas en vertu du confentement de leur propre Curé, puifqu'il ne peut déléguer à cet effet. Donc un Curé ne peut fans l'approbation foit tacite, foit expreffe de l'évêque, confesser les habitans d'une autre paroisse.

Nous ne dissimulerons pas que beaucoup d'auteurs sont contraires à l'opinion que nous venons d'embrasser. Elle nous a paru plus conforme aux principes, & nous avons pesé les raisons plutôt que les autorités. Nous avons cru appercevoir qu'elle s'approchoit le plus de l'esprit de notre jurisprudence ; & l'événement de la contestation qui s'est élevée en 1737 entre M. de Saléon évêque de Rhodez, & le sieur de de Brillan, Curé de la cathédrale de cette ville, nous a confirmé dans notre sentiment. M. l'évêque de Rhodez lui avoit défendu par une ordonnance d'entendre en confession d'autres personnes que ses paroissiens, à peine de nullité. Le Curé interjeta appel comme d'abus de cette ordonnance ; il obtint même du parlement de Toulouse permission d'intimer l'évêque & de le prendre à partie, quoique l'article 43 de l'édit de 1695 le défende expressément pour tout ce qui dépend de la juridiction volontaire. Le prélat se pourvut au conseil du roi & y obtint le 14 mars 1740 un arrêt qui confirma son ordonnance & déclara l'appel du Curé abusif. Cet arrêt se trouve dans le rapport que firent les agens généraux du clergé à l'assemblée de cette année. Il est vrai qu'il ne fut pas contradictoire avec le sieur de Brillan décédé pendant le cours de l'instance, mais seulement par défaut contre un autre Curé son voisin qui se trouvoit dans le même cas. Quoiqu'il n'ait pas les caractères nécessaires pour faire regarder la chose comme jugée, c'est cependant un préjugé favorable à l'opinion que nous venons de défendre, parce que le roi promit alors aux évêques les mêmes marques de sa protection lorsque la conduite de leurs Curés les mettroit dans la nécessité de la réclamer. Au reste, dans les diocèses où l'usage est que les Curés confessent indifféremment leurs paroissiens & ceux de leurs confrères avec leur consentement, les absolutions sont bonnes & valides, parce que l'usage autorisé par le silence des évêques vaut une approbation spéciale ; & s'ils peuvent déroger à cet usage, c'est un droit qu'ils n'exercent pas souvent & dont ils ne doivent user qu'avec beaucoup de modération & pour des raisons très-graves.

L'auteur du dictionnaire de droit canon rapporte au mot *Mission* plusieurs arrêts du conseil d'état qui maintiennent les évêques dans le droit de faire faire des missions dans les paroisses de leurs diocèses malgré les Curés. Nous observerons qu'une mission à laquelle un Curé ne coopéreroit pas & même s'opposeroit, pourroit difficilement produire les fruits que l'église desire. Un évêque doit donc rarement employer des missionnaires contre le gré des pasteurs ordinaires ; c'est encore un de ces droits qu'il est souvent prudent & sage de ne pas exercer. Si la question se présentoit devant les parlemens, il pourroit arriver qu'ils se détermineroient par les circonstances. Le silence de l'édit de 1695 sur cette matière sembleroit les y autoriser. C'est ce que Gibert insinue dans sa conférence sur l'article 10 de cet édit.

Doit-on excepter de la règle générale à laquelle tous les fidèles sont soumis relativement aux Curés , les monastères d'hommes & de femmes ? Les religieux sont dans l'usage de s'administrer les sacremens entr'eux sans l'approbation des évêques & sans recourir aux Curés. Cet usage seroit difficile à combattre ; il paroit que l'église a donné aux supérieurs de chaque maison un pouvoir général pour confesser & administrer leurs religieux ; mais il n'en est pas de même de leurs domestiques & des autres séculiers qui pourroient habiter parmi eux ; rien ne les dispense des devoirs *parochiaux ;* & il est sûr que le Curé a seul le droit de les confesser , de leur administrer le viatique & d'en faire l'inhumation. On trouve dans Lacombe un arrêt du parlement de Bretagne de 1672 qui l'a ainsi décidé en faveur du Curé de Saint-Paterne à Vannes contre les Jacobins de cette ville.

La difficulté est plus grande pour les monastères de filles. En général tout ce qui est extérieur à la clôture , tout ce qui n'habite pas l'intérieur de la maison ne peut être soustrait à la juridiction du pasteur ordinaire. Quant à l'intérieur des monastères , on distingue ceux qui sont exempts de ceux qui ne le sont pas. Les maisons exemptes reçoivent les sacremens des mains de leurs chapelains qui font aussi les inhumations. Elles ont même le droit d'enterrer chez elles les pensionnaires qui y décédent. Mais cela n'a pas lieu pour celles qui sont soumises à l'ordinaire. Le Curé peut y exercer les droits curiaux & y faire les inhumations ; les pensionnaires doivent être enterrées à la paroisse. Dire que les Curés violeroient la clôture en venant administrer les malades , c'est faire une bien

foible objection, puisque les chapelains la violeroient tout de même. D'ailleurs est-ce en-
freindre la clôture que d'entrer dans un monaftère lorsqu'on y est appelé par une nécessité aussi
urgente que l'administration des facremens? Il
feroit fage à un Curé de déléguer pour ces fonctions le chapelain de la communauté. Ce feroit
tout à la fois veiller à la confervation de fes
droits & à la tranquillité du monaftère. Nous
obferverons que pour adminiftrer le facrement
de pénitence à des religieufes, il faut même à
un Curé des pouvoirs particuliers de l'évêque,
tant il eft vrai qu'un fimple *vifa* n'eft pas un
titre général qui lève par rapport à toute forte
de fujets, l'empêchement que l'églife a mis à
l'exercice des pouvoirs qu'un prêtre reçoit par
fon ordination.

Il y a quelques maifons religieufes qui ont
droit d'exercer les fonctions curiales & d'adminiftrer les facremens à leurs fermiers, domeftiques, & à tous ceux qui habitent les enceintes
& les baffes cours de leurs monaftères. C'eft un
privilége accordé à l'ordre de Cîteaux dans
lequel il a été maintenu par plufieurs arrêts;
privilége, au refte, qui confirme les principes
que nous venons d'établir.

On a tellement confidéré en France les Curés
comme des miniftres auffi attachés à l'état qu'à
la religion, qu'ils avoient autrefois le pouvoir
de recevoir des teftamens concurremment avec
les notaires & les autres officiers publics. L'article 250 de la coutume de Paris les y autorife.
« Pour réputer un teftament folemnel, eft requis
» qu'il foit écrit & figné de la main du teftateur,

» ou qu'il foit paffé devant deux notaires ou par-
» devant *le Curé* de la paroiffe du teftateur, ou
» fon vicaire général & un notaire, ou dudit
» Curé ou vicaire, & de trois témoins ». L'article 291 ajoute : « Seront auffi tenus lefdits
» Curés & vicaires généraux, de porter & faire
» mettre de trois mois en trois mois ès greffes
» comme deffus, les regiftres de baptêmes,
» mariages, les teftamens & fépultures, fous
» peine de tous dommages & intérêts, & pour
» ce ne doivent rien payer au greffe.

L'ordonnance des teftamens du 31 août 1735
s'exprime ainfi, article 25 : « Les Curés fécu-
» liers ou réguliers pourront recevoir des tefta-
» mens ou autres difpofitions à caufe de mort
» dans l'étendue de leurs paroiffes, & ce feu-
» lement dans les lieux où les coutumes & fta-
» tuts les y autorifent expreffément, & en y
» appelant avec eux deux témoins ; ce qui fera
» pareillement permis aux prêtres féculiers pré-
» pofés par l'évêque à la defferte des Cures
» pendant qu'ils les defferviront, fans que les
» vicaires & autres perfonnes eccléfiaftiques
» puiffent recevoir des teftamens & autres der-
» nières difpofitions. N'entendons rien innover
» aux réglemens & ufages obfervés dans quel-
» ques hôpitaux par rapport à ceux qui peuvent
» recevoir des teftamens ».

L'article 26 continue : « Le Curé ou deffer-
» vant feront tenus immédiatement après la mort
» du teftateur, s'ils ne l'ont fait auparavant, de
» dépofer le teftament ou autre dernière difpo-
» fition qu'ils auront reçus chez le notaire ou
» tabellion du lieu ; & s'il n'y en a point, chez

» le plus prochain notaire royal dans l'étendue
» du bailliage ou fénéchauffée dans laquelle la
» paroiffe eft fituée, fans que lefdits Curés ou
» deffervans puiffent en délivrer aucune expé-
» dition, à peine de nullité defdites expéditions
» & des dommages-intérêts des notaires ou ta-
» bellions, & des parties qui pourroient en dé-
» pendre ».

Ces deux articles ont dérogé à l'ancien droit
en trois chofes ; 1°. ils ont ôté aux vicaires le
droit de recevoir des teftamens ; 2°. ce droit
pour les Curés eux-mêmes, eft reftraint & limité aux lieux où les coutumes & les ftatuts les
y autorifent expreffément ; 3°. ils font obligés
de dépofer les teftamens qu'ils ont reçus chez
le tabellion du lieu ou chez le plus prochain
notaire royal, & ils ne peuvent en délivrer aucune expédition. L'article 33 de la même ordonnance excepte le temps des peftes, pendant lequel tout Curé, vicaire, deffervant, foit régulier, foit féculier, peut recevoir des teftamens.
Les Curés font tenus ainfi que les autres officiers publics, d'obferver toutes les formalités
prefcrites par l'ordonnance & les ftatuts locaux.

Nous ne parlerons pas ici de beaucoup d'autres droits des Curés que nous aurons occafion
de traiter par la fuite, & qui trouveront néceffairement leur place fous les différens mots qui
fe préfenteront, comme DIXME, MONITOIRE,
PORTION CONGRUE, SÉPULTURES, &c.

Comme premiers pafteurs & chefs de leurs
diocèfes, les évêques ont un droit d'infpection
& de furveillance qui entraîne néceffairement

après

après lui le pouvoir de punir & de corriger ;
pouvoir sans lequel ils ne pourroient maintenir
le bon ordre & la discipline qu'ils sont chargés
de conserver. Un des moyens les plus efficaces
pour y réussir est sans doute la tenue des synodes : c'est dans ces assemblées où l'on peut
remédier aux abus généraux qui s'introduisent
dans un diocèse. C'est-là que les Curés les moins
zélés & les moins fervens viennent puiser dans
les exemples & les discours de leurs supérieurs
& de leurs confrères, l'esprit & les vertus ecclésiastiques. Aussi voit-on que dans tous les
siècles les conciles ont sévi contre les Curés qui
cherchoient à se soustraire à ce joug salutaire.
Le concile de Metz de l'an 756 condamne ceux
qui sans raison refusent de s'y rendre, à
soixante livres d'aumônes, & celui de Saintes
de l'an 1280, prononce contre eux la peine
d'interdit. Le concile de Trente en a aussi une
disposition formelle (*). Cette loi de discipline
a été adoptée dans nos tribunaux. Ils ont donné
plusieurs arrêts pour contraindre les Curés à se
rendre aux synodes. Les Curés réguliers qui se
prétendent exempts de la juridiction ordinaire,
sont soumis à cette loi générale. On voit dans
Bardet un arrêt du 23 février 1637, qui confirma une condamnation à huit livres d'aumône
portée par l'évêque de Beauvais contre un Curé
de l'ordre de Malte. M. Bignon qui porta la pa-

---

(*) *Synodæ quoque diœcefanæ quotannis celebrentur
ad quas exempti etiam omnes qui alias ceffante exemptione
intereffe deberent, nec capitulis generalibus fubduntur ac-
cedere teneantur.*

role dans cette caufe, avança que l'obligation d'affifter au fynode ne pouvoit être anéantie ni par l'exemption ni par la prefcription. Un arrêt du grand confeil rapporté par l'auteur des mémoires du clergé, tome 3, page 723, enjoint au Curé de la paroiffe de Mont-Saint-Michel, diocèfe d'Avranches, d'affifter au fynode diocéfain toutes les fois que les évêques le convoqueront, & ce nonobftant fa prétendue exemption de la juridiction épifcopale.

Parmi les peines dont un évêque peut punir un Curé, il en eft qu'il prononce lui-même fans aucune efpèce de formes juridiques. Il en eft d'autres qu'il ne peut infliger qu'après une information en règle & une procédure légale. L'évêque ne peut pas lui-même prononcer ces dernières. Elles font uniquement réfervées à fon official ; nous n'en parlerons point ici. Parmi les premières, la plus commune eft l'envoi au féminaire pour quelque temps. Nos rois ont cru digne de leur attention de donner des bornes à ce pouvoir des évêques, & d'empêcher que fous le fpécieux prétexte de conferver la difcipline, les Curés ne fuffent expofés à des vexations & à des actes de defpotifme. Une déclaration du 15 décembre 1698, enregiftrée dans toutes les cours, porte, « que les ordonnances par lef- » quelles les évêques auront eftimé néceffaire » d'enjoindre à des Curés ou autres eccléfiafti- » ques ayant charge d'ames dans le cours de leurs » vifites, & fur procès verbaux qu'ils auront » dreffés, de fe retirer dans des féminaires pour » le temps de trois mois & pour caufes graves, » mais qui ne mériteront pas une inftruction

» dans les formes de la procédure criminelle ,
» seront éxécutées nonobſtant toute appella-
» tion ».

D'après cette déclaration, il eſt certain 1°.
qu'un évêque ſans employer la procédure criminelle , ne peut condamner un Curé au ſéminaire que pour trois mois ; 2°. qu'il ne le peut
que dans le cours de ſa viſite ; 3°. qu'il doit
dreſſer un procès-verbal qui eſt le fondement
de ſon ordonnance ; 4°. qu'il faut que la faute
ſoit grave ; 5°. enfin que l'ordonnance étant
exécutoire nonobſtant appel, y eſt cependant
ſujette. Il faut encore conclure de cette déclaration , que ſi l'évêque ordonnoit trois mois de
ſéminaire hors du cours de ſa viſite ou ſans avoir
dreſſé de procès verbal, ſon ordonnance pourroit être attaquée par la voie de l'appel comme
d'abus : il y a apparence que dans ce cas un Curé
obtiendroit facilement un arrêt de défenſe. Il y
a donc deux moyens d'appel comme d'abus d'une
ordonnance d'un évêque qui enjoindroit à un
Curé d'aller au ſéminaire pendant un certain
temps. Le premier , tiré du défaut des formalités preſcrites par la déclaration de 1698 ; le
ſecond , pris dans le fond même de l'ordonnance.
Le premier moyen peut être ſuſpenſif, c'eſt-à-
dire que les cours peuvent accorder un arrêt de
défenſes. Mais ſi l'abus n'eſt fondé que ſur l'in-
juſtice même de l'ordonnance , il n'eſt que dévc-
lutif , & l'ordonnance doit être exécutée nonobſtant l'appel. Pour mettre le Curé dans le cas de
ſe juſtifier s'il eſt innocent , ou de ſe corriger
s'il eſt coupable , on doit lui donner copie du
procès verbal dreſſé contre lui. S'il parvenoit à

démontrer que l'évêque n'a févi contre lui que par paffion, il feroit dans le cas de demander des dommages & intérêts. On en a vu plufieurs en obtenir & diftribuer aux pauvres de leurs paroiffes les fommes qui leur avoient été adjugées.

Un arrêt du parlement d'Aix du 28 mars 1740, nous apprend qu'un Curé peut être envoyé au féminaire pour un terme moins long que trois mois, quoique l'évêque ne foit pas dans le cours de fa vifite. Alors on ne confidère point le féminaire comme une peine, mais fimplement comme une correction paternelle & un remède falutaire pour rappeler à un eccléfiaftique le fouvenir de fes devoirs. On contefte aux grands vicaires le droit de condamner dans le cours de leurs vifites un Curé au féminaire. Les auteurs qui leur font favorables conviennent qu'il faut que ce pouvoir foit exprimé dans leurs lettres de vicariat. Le clergé pour prévenir toute conteftation fur ce point, crut devoir en 1726 demander à ce fujet une déclaration qui n'a pas encore paru.

Nous connoiffons en France plufieurs efpèces de Curés; il y a des Curés primitifs & des Curés vicaires perpétuels, dont les charges & les droits font totalement différens. Il y a en outre des Curés féculiers & des Curés réguliers. Les obligations des uns & des autres par rapport aux fidèles font abfolument les mêmes. Mais les devoirs qu'impofe la vie monaftique & l'obéiffance due à la règle dans laquelle ils fe font engagés, a fait foumettre les Curés réguliers à des lois qui leur font particulières & qui ne regardent en rien les féculiers. Nous en rendrons compte lorfque nous aurons parlé des Curés primitifs & des Curés vicaires perpétuels.

*Des Curés primitifs & des Curés vicaires perpétuels.* Il n'y avoit autrefois dans l'églife qu'une efpèce de Curés : ce n'eft que vers le feptième fiècle que l'on commença à diftinguer les Curés primitifs & les Curés fubalternes. Il paroît qu'il faut attribuer à différentes caufes l'origine de cette diftinction. La première & fans doute la plus favorable eft la deftination que les évêques firent de plufieurs Curés de la campagne qu'ils appelèrent auprès d'eux, pour les feconder dans l'adminiftration du diocèfe & compofer une partie du clergé de la cathédrale. Ces prêtres confervèrent les revenus de leurs Cures, en fe chargeant de les faire deffervir par d'autres prêtres qui étoient pour ainfi dire à leurs gages, & fur lefquels ils s'attribuèrent une fupériorité. Voilà pourquoi tant de chapitres font encore Curés primitifs.

Vers le neuvième fiècle, l'ignorance & la barbarie féodale ayant régné jufque fur le clergé féculier qui auroit pu difficilement fe préferver de la corruption au milieu d'un peuple corrompu, on fut obligé de recourir aux moines. Les mœurs & les fciences refugiées dans les cloitres furent alors d'un grand fecours à l'églife : mais bientôt le clergé féculier fortit de fon état d'aviliffement, & l'on s'aperçut que les fonctions du miniftère étoient incompatibles avec la vie monaftique. Alors l'églife qui ne s'étoit fervi de moines que comme on fe fert des troupes auxiliaires que de fâcheufes circonftances forcent d'employer, les rendit à leur premier état & les fit rentrer dans leurs cloîtres. A cette époque ils étoient maîtres de presque toutes les Cures. Les évêques leur en avoient confié une partie, & les seigneurs laïcs qui pendant deux siècles s'étoient emparés des biens ecclésiastiques & sur-tout des paroisses, crurent satisfaire à leur conscience & faire une restitution suffisante, en les remettant à des monastères à qui ils n'avoient jamais appartenu. Les moines en se retirant dans leurs cloîtres n'abandonnèrent pas les revenus des églises paroissiales ; on toléra même qu'ils en jouissent, à la charge toutefois de faire desservir les Cures par des prêtres séculiers qui étoient amovibles. Il y eut beaucoup d'évêques qui pour permettre ce partage inouï, par lequel les charges & les travaux se trouvoient d'un côté, & les richesses & l'oisiveté de l'autre, se faisoient payer à chaque mutation de desservant, ce droit si connu sous le nom de rachat des autels, *altarium redemptio*. Telle est l'origine de la supériorité que beaucoup de monastères prétendent sur plusieurs Cures.

Il faut cependant convenir qu'il y en a quelques-unes qui ont servi à la fondation & à la dotation de certains monastères, & que quelques autres ne sont que les chapelles que les moines avoient élevées dans leurs granges & dans leurs fermes, & qui dans la suite sont devenues des paroisses. Ces dernières sont en petit nombre ; c'est pourquoi nos lois en distinguant les chapitres & les monastères Curés primitifs, ont traité bien plus favorablement les chapitres que les monastères, au moins quant aux droits honorifiques.

C'étoit fans doute un grand défordre que de voir les peuples confiés aux foins des pafteurs amovibles, & à qui les Curés primitifs refufoient prefque le néceffaire. L'églife tonna contre cet abus intolérable; mais fes règlemens & fes menaces furent inutiles, & la cupidité trouva pendant long-temps les moyens de les éluder. Nos princes protecteurs de la religion lui ont prêté à cette occafion un bras fecourable, & leurs lois ont enfin mis les canons en vigueur. L'article 12 de l'ordonnance de 1629 eft conçu en ces termes : « Les Cures qui font unies aux » abbayes, prieurés, églifes cathédrales ou » collégiales feront dorénavant tenues à part & » à titre de vicaire perpétuel, fans qu'à l'avenir » lefdites églifes puiffent prendre fur icelles Cures » autres droits qu'honoraires, tout le revenu » demeurant au titulaire, fi mieux lefdites églifes » ou autres bénéfices dont dépendent lefdites » Cures, n'aiment fournir auxdits vicaires la fom- » me de trois cents livres par an, dont fera fait » inftance auprès de notre faint père le pape ». Il paroît que cet article ne fut point exécuté, ou du moins fouffrit beaucoup de difficulté. On en peut juger par le grand nombre de déclarations que Louis XIV & Louis XV ont données à ce fujet.

Le préambule de celle du 29 janvier 1686 nous apprend que dans quelques provinces du royaume plufieurs Curés primitifs & autres à qui la collation des Cures & des vicaires perpétuels appartenoit, commettoient des prêtres pour les deffervir pendant le temps qu'ils jugeoient à propos de les y employer, avec une rétribution très-médiocre. Le roi, pour remédier, à un abus tant de fois condamné par les canons, ordonne « que les Cures qui sont unies à des » chapitres ou autres communautés ecclésias- » tiques, & celles où il y a des Curés primitifs, » soient desservies par des Curés ou des vicaires » perpétuels qui seront pourvus en titre, sans » qu'on y puisse mettre à l'avenir des prêtres » amovibles, sous quelque prétexte que ce puisse » être. »

Il n'est guère possible à un législateur de tout prévoir, & il est peu de lois nouvelles qui ne donnent lieu à de nouvelles contestations. Il s'en éleva beaucoup entre les Curés primitifs & les vicaires perpétuels. Il faut convenir que jusqu'alors leurs droits respectifs n'avoient pas encore été réglés. En payant la portion congrue aux vicaires perpétuels, les Curés primitifs les troubloient dans la perception des oblations, offrandes & autres droits casuels. La déclaration du 30 juin 1690 eut pour but de terminer toutes ces contestations scandaleuses. « Voulons, y » est il dit, que les vicaires & Curés perpétuels » jouissent à l'avenir de toutes les oblations & » offrandes, tant en cire qu'en argent & autres » rétributions qui composent le casuel de l'église, » ensemble des fonds chargés d'obits & fonda- » tions pour le service divin, sans aucune dimi- » nution de leur portion congrue, & ce nonobstant » toute transaction, abonnement, possession, » sentences & arrêts auxquels nous défendons » à nos cours & juges d'avoir aucun égard. Pour- » ront néanmoins lesdits Curés primitifs, s'ils » ont titre ou possession valable, continuer de

»'faire le fervice divin aux quatre fêtes folem-
» nelles & le jour du patron, auquel jour ils
» pourront percevoir la moitié des oblations &
» offrandes, tant en cire qu'en argent, & l'autre
» moitié demeurera au Curé vicaire perpétuel;
» & fera au furplus notre déclaration du mois de
» janvier 1686 exécutée felon fa forme & teneur,
» en ce qui n'y eft pas dérogé par ces pré-
»:fentes ». L'édit de 1695, article 24, ordonne
aux évêques d'établir, fuivant les déclarations
de 1686 & 1690, des vicaires perpétuels où il
n'y a que des prêtres amovibles.

Malgré ces lois réitérées, il s'élevoit journellement une infinité de procès entre les Curés
primitifs & les Curés vicaires perpétuels. Deux
déclarations du 5 octobre 1726 & du 15 janvier
1731 ont enfin pofé des limites qu'il n'eft plus
permis de franchir. Tout y eft prévu, tout y eft
déterminé. Les prétenrions exceffives des abbés,
prieurs & communautés y font réprimées, les
droits des chapitres confervés & l'état des Curés
vicaires perpétuels fixé d'une manière convenable à l'importance & à la dignité de leurs
fonctions. La déclaration de 1726 ne contient
que fept articles : celle de 1731 eft beaucoup
plus étendue. Comme c'eft elle qui forme la
jurifprudence actuelle, nous allons en rendre
compte, en la conférant avec celle de 1726.
Par ce moyen on connoîtra toutes les lois qui
régiffent la matière que nous traitons.

: L'article premier affure aux vicaires perpétuels'
le titre de Curés vicaires perpétuels qu'ils pourront prendre en toute occafion, même en contractant avec le Curé primitif : c'eft ce que figni-

fient évidemment ces expreffions, *en tous actes & en toutes occafions.* L'article 11 de la déclaration de 1726 porte une difpofition femblable.

Plufieurs communautés & des bénéficiers particuliers prenoient fans fondement le titre de Curés primitifs ; l'article 11 de notre déclaration détermine ceux qui pourront le prendre à l'avenir. » Ne pourront prendre le titre de Curés pri-
» mitifs que ceux dont les droits feront établis,
» foit par des titres canoniques, actes ou tran-
» factions valablement autorifées, arrêts contra-
» dictoires, foit fur des actes de poffeffion cen-
» tenaire. N'entendons exclure les moyens & les
» voies de droit qui pourroient avoir lieu contre
» lefdits actes & arrêts ; lefquels feront cependant
» exécutés jufqu'à ce qu'il en ait été autrement
» ordonné, foit définitivement ou par provifion,
» par les juges qui en doivent connoître, fuivant
» ce qu'il fera dit ci-après ». L'article 4 de la
déclaration de 1726 s'expliquoit en ces termes :
» Le titre & les droits de Curés primitifs ne
» pouvant être acquis légitimement qu'en vertu
» d'un titre fpécial, ceux qui prétendent y être
» fondés, feront tenus en tout état de caufe d'en
» repréfenter les titres, faute de quoi ils ne pour-
» ront être reçus à le prendre au préjudice des
» vicaires perpétuels à qui la provifion demeu-
» rera pendant le cours de la conteftation ; & ne
» feront réputés valables à cet effet autres titres
» que les bulles du pape, décrets des arche-
» vêques ou évêques, ou actes d'une poffeffion
» avant cent ans & non interrompue ; & fans
» avoir égard aux tranfactions ou autres actes,
» ou aux fentences & arrêts qui pourroient avoir

» été rendus en faveur des Curés primitifs, si ce
» n'est que par leur authenticité & l'exécution
» qui s'en feroit suivie, ils eussent acquis le degré
» d'autorité nécessaire pour les mettre hors
» d'atteinte. »

La différence entre ces deux articles consiste
en ce que selon celui de 1726, pendant le cours
de la contestation, la provision doit demeurer
aux Curés vicaires perpétuels, & que par celui
de 1731 les titres des Curés primitifs doivent
être exécutés provisoirement, quoique les Curés
vicaires perpétuels se pourvoient contre ces
titres par les moyens de droit. Une autre différence, c'est que toutes transactions ou arrêts
non exécutés ne peuvent faire titre aux Curés
primitifs, suivant la déclaration de 1726, au lieu
que selon celle de 1731 tout arrêt contradictoire
ou transaction valablement autorisée fait titre
indépendamment de l'exécution. La déclaration
de 1726 étoit en ce point plus favorable aux
Curés vicaires perpétuels. Elle nous paroît aussi
se rapprocher davantage des principes, en rendant plus difficiles les preuves sur lesquelles on
doit établir la qualité de Curé primitif. Devroit-
on en cette matière permettre de suppléer le
titre constitutif par des actes possessoires ou autres
actes équivalens ? Les Curés primitifs sont aussi
contraires à la discipline de l'église & au droit
commun que les exemptions. On n'admet point
pour celles-ci de titres qui puissent suppléer le
titre constitutif. La possession même, quelque
longue qu'elle soit, est inutile sans ce titre ;
pourquoi n'en est-il pas de même pour les Curés
primitifs ? Leur possession avec un titre est non-

feulement une dérogation au droit commun &
à la faine difcipline de l'églife, mais encore une
violation de la loi évangelique qui ne veut pas
que celui qui ne fert point à l'autel vive de l'autel,
& de la loi naturelle qui défend de fe nourrir &
de s'engraiffer des fueurs & des travaux de fes
frères : dès-lors cette poffeffion fans titre n'eft-
elle pas le plus intolérable des abus? On dira
peut-être que ce feroit anéantir tous les Curés
primitifs que de les obliger à repréfenter leurs
titres conftitutifs? Peut-on regarder comme un
inconvénient une loi qui tendroit à rétablir l'ancienne difcipline & à guérir en partie une plaie
dont l'églife gémit encore? D'ailleurs cela ne
feroit que les rendre moins communs fans les
détruire entièrement. Il en feroit comme des
exempts qui fe font confervés malgré la rigueur
des lois portées contre eux.

L'article 3 détermine à qui appartiendra le
titre & les fonctions de Curés primitifs relativement aux communautés religieufes. Les moines
les difputoient à leurs abbés, prieurs réguliers
ou commendataires, & à leurs fupérieurs clauf-
traux. Ils prétendoient être en droit de venir
quand bon leur fembloit, officier dans les églifes
dont leur communauté étoit Curé primitif, &
cela malgré le Curé vicaire perpétuel. Notre article remédie aux inconvéniens qui pouvoient
naître de pareilles prétentions. Il porte : « Les
» abbés, prieurs & autres pourvus, foit en titre,
» foit en commende, du bénéfice auquel la qua-
» lité de Curé primitif fera attachée, pourront
» feuls & à l'exclufion des communautés établies
» dans leurs abbayes, prieurés ou autres béné-

» fices, prendre ledit titre de Curés primitifs &
» en exercer les fonctions; lesquelles ils ne pour-
» ront remplir qu'en personne, sans qu'en leur
» abfence ou pendant la vacance, lesdites
» communautés puissent faire lesdites fonctions
» qui ne pourront être exercées dans lesdits cas
» que par les Curés vicaires perpétuels ; & à
» l'égard des communautés qui n'ayant point
» d'abbés ni de prieurs en titre ou en commende,
» auront les droits de Curés primitifs, soit par
» union de bénéfices ou autrement, les supérieurs
» defdites communautés pourront feuls en faire
» les fonctions, le tout nonobftant tous actes,
» jugemens & poffeffions à ce contraires, &
» pareillement fans qu'aucune prefcription puiffe
» être alléguée contre les abbés, prieurs ou au-
» tres bénéficiers, ou contre les fupérieurs des
» communautés qui auront négligé ou qui né-
» gligeront de faire lefdites fonctions de Curés
» primitifs, par quelque laps de temps que ce
» foit ». Ces difpofitions font entièrement conformes à l'article 5 de la déclaration de 1726.

L'article 4 règle quelles feront les fonctions
que pourront exercer les Curés primitifs. « Les
» Curés primitifs, s'ils ont titre ou poffeffion
» valable, pourront continuer de faire le fervice
» divin les quatre fêtes folemnelles & le jour du
» patron ; à l'effet de quoi ils feront tenus de
» faire avertir les Curés vicaires pepétuels la
» furveille de la fête, & de fe conformer au rit
» & au chant du diocèfe, fans qu'ils puiffent
» même auxdits jours adminiftrer les facremens
» ou prêcher fans une miffion fpéciale de l'é-
» vêque ; & fera le contenu au préfent article

» exécuté nonobſtant tous titres, jugemens ou
» uſages à ce contraires ». Cet article eſt encore
abſolument conforme à la déclaration de 1726.
Il faut en conclure que pour exercer les fonctions
qui y ſont déſignées, le Curé primitif doit avoir
ou titre ou poſſeſſion. L'un ſans l'autre eſt ſuffiſant, parce que l'intention du légiſlateur eſt que
la poſſeſſion ſupplée le titre, & qu'il a ordonné
par l'article précédent que la preſcription ne
pourroit anéantir le titre. On doit encore en
conclure que le titre de Curé primitif & les
charges qui y ſont attachées ne donnent pas le
droit d'exercer les fonctions que cet article
accorde en général aux Curés primitifs. Il faut
en effet, outre le titre de Curé primitif, en avoir
un particulier qui emporte le droit de célébrer
le ſervice divin, ou du moins prouver la poſſeſſion. C'eſt ce que ſuppoſe évidemment notre
déclaration, puiſque dans l'article 2 elle parle
du titre néceſſaire pour prendre la qualité de
Curé primitif, & que dans celui que nous examinons elle ne s'occupe que du titre & de la
poſſeſſion requiſe pour pouvoir officier les quatre
fêtes ſolemnelles & le jour du patron. Cette
diſtinction eſt fondée ſur ce que la qualité générale de Curé primitif n'emporte pas eſſentiellement les droits honorifiques, parce que rien
n'empêche qu'ils ne ſoient ſéparés des droits
utiles. Cette doctrine eſt appuyée ſur deux arrêts
remarquables: l'un du grand conſeil, rendu le
20 ſeptembre 1676 a maintenu l'abbé Deſpreaux
dans le titre de Curé primitif de la paroiſſe de
Cambon, diocèſe de Paris, & cependant lui fait
défenſes d'y officier aucun jour de l'année; l'autre

du 26 mars 1691 eft du parlement de Paris : il
déboute les religieux de Montdidier, diocèfe
d'Amiens, de leurs prétentions quant à la célébration du fervice divin dans une paroiffe dont
ils étoient reconnus pour Curés primitifs. Ce
dernier arrêt eft d'autant plus important qu'il eft
poftérieur à la déclaration de 1690 qui maintient
en général les Curés primitifs dans le droit d'officier certains jours de l'année.

L'article 5 fixe les droits utiles des Curés primitifs lorfqu'ils officieront : « Les droits utiles
» defdits Curés primitifs demeureront fixés, fui-
» vant la déclaration du 30 juin 1690, à la moitié
» des oblations & offrandes, tant en cire qu'en
» argent, l'autre moitié demeurant au Curé
» vicaire perpétuel ; lefquels droits ils ne pour-
» ront percevoir que lorfqu'ils feront le fervice
» divin en perfonne, aux jours ci-deffus marqués,
» le tout à moins que lefdits droits n'aient été
» autrement réglés en faveur des Curés primitifs
» ou des vicaires perpétuels, par des titres ca-
» noniques, actes ou tranfactions valablement
» autorifés, arrêts contradictoires ou actes de
» poffeffion centenaire ». Cet article déroge à
la claufe portée dans l'article 3 de la déclaration
de 1726. Le légiflateur y ordonnoit que la moitié
des offrandes préfentées les jours que les Curés
primitifs officieroient, appartiendroit aux Curés
vicaires perpétuels, « nonòbftant tous ufages,
» abonnemens, tranfactions, jugemens & autres
» titres à ce contraires ». Il feroit à defirer que
cet obftacle n'eût pas été réformé, non-feulement parce qu'il eft favorable aux Curés vicaires
perpétuels, mais encore parce qu'il obvioit à

beaucoup de procès que font naître les prétendus titres ou actes possessoires allégués par les Curés primitifs & qu'on leur conteste ordinairement.

Les articles 6 & 7 conservent les usages particuliers & locaux des paroisses qui ont coutume de s'assembler certains jours de l'année dans les églises des monastères ou prieurés, soit pour la célébration de l'office divin, soit pour des *te Deum* ou processions générales, &c. Ces deux articles ne se trouvent point dans la déclaration de 1726.

Il y a des paroisses qui sont desservies dans des églises de religieux ou de chanoines qui en sont Curés primitifs. On voyoit tous les jours des difficultés s'élever entre les religieux ou chanoines & leurs vicaires perpétuels. Ce qui y donnoit le plus souvent lieu étoit l'usage du chœur & des bancs, les sépultures dans l'église & les heures des offices. Les articles 8 & 9 de la déclaration fixent sur ces objets les droits des uns & des autres, en distinguant avec soin ce qui est de pure police extérieure & ce qui tient au spirituel qu'elle laisse à l'entière disposition des évêques. Ces deux articles sont encore ajoutés à la déclaration de 1726. Les voici.

Art. VIII. « Voulons que dans les lieux où la » paroisse est desservie à un autel particulier de » l'église dont elle dépend, les religieux ou cha- » noines réguliers de l'abbaye, prieurs ou autres » bénéficiers, puissent continuer de chanter seuls » l'office canonial dans le chœur, & de disposer » des bancs ou sépultures dans leursdites églises, » s'ils sont en possession paisible & immémoriale » de ces prérogatives ».

Article IX.

Art. IX. « Les difficultés nées & à naître fur
» les heures auxquelles la meffe paroiffiale ou
» d'autres parties de l'office divin doivent être
» célébrées à l'autel & lieux deftinés à l'ufage
» de la paroiffe, feront réglées par l'évêque
» diocéfain, auquel feul appartiendra auffi de
» prefcrire les jours & heures auxquels le faint
» facrement fera ou pourra être expofé audit
» autel, même à celui des religieux ou cha-
» noines réguliers de la même églife ; & les or-
» donnances par lui rendues fur le contenu du
» préfent article feront exécutées par provifion
» pendant l'appel fimple ou comme d'abus, fans
» y préjudicier, & ce nonobftant tous priviléges
» & exemptions, même fous prétexte de juri-
» diction quafi-épifcopale prétendue par lefdites
» abbayes, prieurés ou autres bénéfices, lefdites
» exemptions ou juridictions ne devant avoir lieu
» en pareille matière. »

Après avoir déterminé par l'article 4 quels
étoient les droits honorifiques que pourroient
exercer les Curés primitifs conformément à leur
titre & à leur poffeffion, le légiflateur craignant
de ne s'être pas expliqué affez clairement, &
voulant qu'ils ne puiffent prétendre aucune efpèce
de fupériorité ni fur le fpirituel ni fur le temporel
des églifes paroiffiales, leur défend par l'article
10 de préfider, fous quelque prétexte que ce
foit, aux affemblées que pourront tenir les Curés
vicaires perpétuels avec leur clergé, par rapport
aux fonctions ou devoirs auxquels ils font obligés,
ou autre matière femblable, en leur défendant
pareillement de fe trouver aux affemblées des
Curés vicaires perpétuels & marguilliers qui

regardent la fabrique ou le droit d'en conserver les clefs entre leurs mains, & ce nonobstant tous actes, arrêts & usages à ce contraires.

L'article XI est extrêmement important. Il fixe le seul cas dans lequel les Curés primitifs peuvent être déchargés du payement de la portion congrue. « Les abbayes, prieurés ou com-» munautés ayant droit de Curés primitifs, ne » pourront être déchargés du payement des » portions congrues des Curés vicaires perpé-» tuels ou de leurs vicaires, sous prétexte de » l'abandon qu'ils pourroient faire des dîmes à » eux appartenantes, à moins qu'ils n'abandon-» nent aussi tous les biens ou revenus qu'ils pos-» sèdent dans lesdites paroisses & qui sont de » l'ancien patrimoine des Curés ; ensemble le » droit & titre de Curé primitif ; le tout sans » préjudice du recours que les abbés, prieurs » ou religieux pourront exercer réciproquement » les uns contre les autres, selon que les biens » abandonnés se trouveront être dans la mense de » l'abbé ou prieur, ou dans celle des religieux ». Cette disposition se trouve dans l'article 7 de la déclaration de 1726, & a été renouvelée par l'article 8 de l'édit de 1768, conçu en ces termes : « Voulons en outre, conformément à nos » déclarations des 5 octobre 1726, & 15 jan-» vier 1731, que le Curé primitif ne puisse être » déchargé de la contribution à ladite portion » congrue sous prétexte de l'abandon qu'il au-» roit ci-devant fait ou qu'il pourroit faire aux-» dits Curés ou vicaires perpétuels des dîmes » par lui possédées, mais qu'il soit tenu d'en » fournir le supplément, à moins qu'il n'aban-

» donne tous les biens fans exception qui com-
» pofoient l'ancien domaine de la Cure, enfem-
» ble le titre & les droits de Curé primitif ».
Ces différens articles donnent lieu à beaucoup
de queftions que nous traiterons fous les mots
DIXME ET PORTION CONGRUE.

L'article XII décide quels font les juges qui
doivent prononcer fur les conteftations concernant la qualité de Curé primitif, les droits qui
en dépendent, & en général toutes les demandes
formées entre les Curés primitifs, les Curés
vicaires perpétuels & les gros décimateurs. Ce
font en première inftance les baillis, & les
autres juges royaux reffortiffans nuement aux
cours de parlement, & ce nonobftant toutes
évocations, lettres-patentes & déclarations à
ce contraires.

L'article XIII porte que les fentences & jugemens qui feront rendus fur les conteftations
mentionnées dans l'article précédent, foit en
faveur des Curés primitifs, foit au profit des
vicaires perpétuels, feront exécutés par provifion, nonobftant appel & fans y préjudicier.

L'article XIV apresa voir foumis à l'exécution
de la déclaration dont il s'agit tous les ordres,
congrégations, corps ou communautés féculières ou régulières, même l'ordre de Malte &
celui de Fontevrault, fait une exception en
faveur des chapitres. Voici comme il s'exprime :
« Sans néanmoins que les chap tres des églifes
» collégiales ou cathédrales foient cenfés com-
» pris dans la précédente difpofition en ce qui
» concerne les prééminences, honneurs & dif-
» tinctions dont ils font en poffeffion, même de

» prêcher avec la permiffion de l'évêque cer-
» tains jours de l'année ; defquelles prérogatives
» ils pourront continuer de jouir ainfi qu'ils ont
» bien & dûment fait par le paffé ». Le légiflateur traite bien plus favorablement les chapitres
qui font Curés primitifs, que les monaftères,
abbés, prieurs & autres bénéficiers. Il leur conferve des honneurs & des prérogatives qu'il
refufe à ceux-ci. On peut apporter pour raifon
de cette différence, que les unions des Cures
aux chapitres ont quelque chofe de moins odieux
& de moins contraire à l'efprit de l'églife, que
celles qui ont été faites aux monaftères. L'avantage du diocèfe & le bien des fidèles a été le
motif des premières, & les autres n'ont pour
l'ordinaire d'autre origine que la cupidité des
moines, qui en reftituant la defferte des paroiffes
au clergé féculier, ont trouvé le fecret de n'a-
bandonner que le travail & les charges & de
conferver l'utile & l'honorifique : nous difons
pour l'ordinaire, parce qu'il faut convenir comme on l'a déjà dit, qu'il y a quelques Cures qui
dans l'origine ont été légitimement unies à des
monaftères, foit pour dotation ou fondation,
foit qu'elles doivent leur naiffance aux anciennes
fermes & granges qui dépendoient des abbayes.

L'article XV & dernier veut que la déclaration du 29 janvier 1686, celle du 30 juin 1690
& l'article premier de la déclaration du 30 juillet 1710, foient exécutés felon leur forme &
teneur, en ce qui n'eft point contraire à celle
dont nous parlons. Nous avons rapporté les deux
déclarations de 1686 & de 1690 ; & pour ne rien
laiffer à defirer fur ce qui concerne cette matière,

nous allons rapporter l'article premier de la déclaration de 1710. « Voulons que les mandemens des
» archevêques ou évêques, ou de leurs vicaires
» généraux qui feront purement de police ex-
» térieure ecclésiastique, comme pour les fon-
» neries générales, stations du jubilé, procef-
» fions & prières pour les nécessités publiques,
» actions de graces & autres semblables sujets,
» tant pour les jours & heures, que pour la
» manière de les faire, soient exécutés pour
» toutes les églises & communautés ecclésiasti-
» ques féculières & régulières, exemptes &
» non exemptes, sans préjudice à l'exemption
» de celles qui se prétendent exemptes en autres
» chofes ».

Quelques auteurs ont pensé que la déclaration de 1731 avoit dérogé à celle de 1726. Ils
se fondent sur ce que le roi, dans l'article XV,
ne rappelle que celles de 1686, 1690 & 1710,
qu'il veut être exécutées. Le filence qu'il a
gardé fur celle de 1726 est, difent-ils, une
preuve qu'elle doit être regardée comme non
avenue. Mais en confultant le préambule de la
déclaration de 1731, on voit qu'elle ne doit
faire qu'une même loi avec celle de 1726, &
celles qui l'ont précédée. « C'est pour faire cef-
» fer ces inconvéniens que nous avons jugé à
» propos de réunir dans une feule loi les difpo-
» fitions de la déclaration du 5 octobre 1726 &
» celles des loix précédentes, en y ajoutant tout
» ce qui pouvoit manquer à la perfection de ces
» loix ». Le légiflateur s'explique bien clairement. Son intention n'est point d'abroger la déclaration de 1726, mais feulement d'y ajouter

& de la perfectionner : on ne peut donc pas la regarder comme non avenue ; elle est dans toute sa force, & on n'en peut douter lorsqu'on la voit rappelée dans l'article VIII de l'édit de 1768 avec celle de 1731. ·· Voulons en outre, ·· conformément à nos déclarations du 8 octobre » 1726 & 15 janvier 1731 ». Ces deux déclarations ont donc une égale autorité.

Ces loix semblent ne rien laisser à desirer sur . les droits & prérogatives des Curés primitifs. Il nous resteroit à parler de leurs charges, qui font le payement de la portion congrue, les fournitures de ce qui est nécessaire pour le service divin & les réparations des chœurs & cancels des églises. Mais toutes ces matières viennent naturellement fous les mots DÉCIMATEUR, & PORTION CONGRUE. Nous passerons donc à ce qui regarde les Curés réguliers.

De droit commun, les religieux font incapables de posséder des cures ; la vie commune & l'obéissance à des supérieurs particuliers ont paru trop opposées aux fonctions pastorales, pour qu'on les leur confiât. Cependant plusieurs congrégations connues fous le nom de chanoines réguliers de l'ordre de faint Augustin, se font maintenues dans la possession des Cures qu'elles desservoient, dans ces siècles où l'ignorance du clergé séculier avoit forcé l'église de recourir aux moines. Lorsqu'ils rentrèrent dans leurs cloîtres, & quittèrent les Cures, les chanoines réguliers foumis à une règle moins austère, parvinrent à faire faire une exception en leur faveur. Nous voyons Innocent III, au chapitre *cum Dei timorem*, *de statu monach.* décider que quoiqu'ils soient véritablement compris dans le nombre des moines , *à sanctorum monachorum consortio non putantur sejuncti ;* cependant leur règle moins auſtère que celle des autres religieux *regulæ laxiori* ne pouvoit être un obſtacle à ce qu'ils deſſerviſſent des Cures, pourvu qu'ils euſſent toujours avec eux un de leurs confreres pour conſerver , autant qu'il eſt poſſible , l'eſprit de la règle *ad cautelam* , dit ce pape. Le père Thomaſſin rapporte des ſtatuts faits par un légat du pape , de concert avec le Comte de Touloufe en 1232 , qui ordonnent qu'il y ait au moins trois chanoines réguliers dans chacune des égliſes paroiſſiales qu'ils deſſervent. L'établiſſement de la règle *fecularia fecularibus , regularia regularibus* a confirmé la capacité des chanoines réguliers à poſſéder les Cures dépendantes des abbayes de leurs ordres, & on ne la leur difpute plus aujourd'hui.

Les Curés réguliers quoique jouiſſant de tous les droits & prérogatives attachés à la qualité de Curé, ſoit pour le ſpirituel, ſoit pour le temporel , différent cependant en un point bien eſſentiel des autres Curés. Ils ne font point inamovibles ; leurs ſupérieurs réguliers peuvent les rappeler dans leur cloître ſans forme de procès ; il n'eſt pas même néceſſaire qu'une conduite répréhenſible ſoit le motif de ce rappel, le bien de l'ordre ſuffit ; & dès lors on voit qu'il dépend abſolument de la volonté du ſupérieur ; mais cependant avec la reſtriction dont on parlera tout à l'heure. Cette amovibilité ne prouveroit-elle pas que les bénéfices - Cures ne font point impreſſion ſur la tête des réguliers, & qu'ils ne font point les vrais titulaires, les vrais époux de leurs égliſes ? Des proviſions qui n'attachent point inféparablement un Curé à un bénéfice ; ne peuvent guères être confidérées que comme de fimples commiffions, & non pas comme de véritables titres.

Le droit des fupérieurs réguliers de rappeler quand bon leur fembloit, les religieux Curés dans le cloître, pouvoit avoir bien des inconvéniens. Rien de plus contraire au bon gouvernement des paroiffes que les changemens multipliés des pafteurs ; comme il eft important qu'un fujet peu propre à la conduite des ames ne refte pas longtems dans une Cure, de même il eft très-avantageux qu'un bon Curé ne foit point enlevé à fes paroiffiens pour concilier le bien des paroiffes avec les droits des fupérieurs réguliers, pour ne pas rompre tous les liens qui attachent un religieux à fon ordre, & pour prévenir en même-tems des changemens dangereux ; nos lois ont voulu que les Curés réguliers en demeurant toujours dans la dépendance de leurs fupérieurs, ne puffent cependant être révoqués & retirés de leurs bénéfices que du confentement de l'évêque diocéfain. Un évêque intéreffé à conferver un bon Curé ne confentira à fon rappel que lorfque les motifs des fupérieurs lui paroîtront juftes ; & il y donnera volontiers les mains lorfque la conduite du régulier demandera fon rappel ou fa retraite. Ces lois femblent avoir paré à tous les inconvéniens. Elles mettent les Curés réguliers à l'abri des caprices de leurs fupérieurs, & leur préfentent une prompte punition s'ils oublient leurs devoirs. Tel eft l'objet des lettres-patentes du mois d'octobre 1679, enregiftrées le 6 décembre fuivant au grand confeil, & données pour la congrégation de fainte Genevieve ; de celles du 9 août 1700 pour les religieux de l'étroite & de la commune obfervance de Prémontré ; du 27 février pour l'ordre de la Trinité & Rédemption des captifs ; & du 22 octobre 1710 pour les religieux de la Chancelade. Un arrêt du grand confeil du 6 octobre 1697 a jugé que les Curés de l'ordre de Fontevrault ne pouvoient être révoqués fans le confentement de l'évêque.

Les réguliers ne peuvent accepter de Cure fans la permiffion de leur fupérieur. C'eft ce que portent expreffément les déclarations & lettres-patentes dont nous venons de parler. Ce confentement eft fi effentiel que felon les lois qui ont été données pour les génovefins, ce défaut feroit une nullité radicale qui rendroit le bénéfice vacant & impétrable.

Au refte, quelque exempts de la juridiction ordinaire que foient les réguliers, ils font foumis en qualité de Curés, à tous les règlemens du diocèfe. L'évêque a fur eux la même juridiction que fur les Curés féculiers ; il peut vifiter leurs églifes, leur impofer les peines canoniques lorfqu'ils commettent quelques fautes ; & fi ces fautes exigeoient une inftruction criminelle , il n'eft pas douteux qu'ils ne fuffent jufticiables de l'official diocéfain.

Pour traiter tout ce qui a rapport à cet article, il nous refte à parler des Cures. Une Cure ou paroiffe eft, comme on l'a dit en commençant cet article , un certain territoire circonfcrit & limité , dont les habitans font confiés pour le fpirituel aux foins d'un prêtre attaché à une églife bâtie fur ce territoire, & dans laquelle ces habitans font obligés de venir remplir les devoirs & affifter aux cérémonies du chriftianifme. Les limites de ce territoire font imprefcriptibles, c'eft-à-dire que toutes les fois que le titre d'érection ou de bornage eft repréfenté, il fait évanouir toutes les prétentions qui ne feroient appuyées que fur la poffeffion. Mais en l'abfence & au défaut du titre, une poffeffion immémoriale fuffit à un Curé pour réclamer un canton ou une portion du territoire comme une dépendance de fa Cure. Il y a même beaucoup d'auteurs qui ne demandent qu'une poffeffion quarantenaire, & leur fentiment paroît affez fondé.

Lorfque des maifons font fituées fur les confins de deux paroiffes, ce n'eft que la fituation de la porte d'entrée qui décide de quelle paroiffe elles font. Il fuit de là qu'on peut changer de paroiffe en changeant l'entrée de fa maifon. Cela a été ainfi jugé par un arrêt du parlement de Paris du 6 mars 1650, rapporté par Dufrefne, liv 6, ch. 1 ; le Curé & les marguilliers de la paroiffe qu'on quitte, n'ont aucune indemnité à demander. C'eft ce qui a encore été décidé par un arrêt du même parlement du 3 mai 1670. Si par ce changement un Curé perd quelque partie de fon revenu, il eft en même-tems déchargé d'une partie de fon fardeau ; ainfi tout fe trouve compenfé. C'eft auffi fur l'ouverture principale des portes, qu'on a réglé les limites des paroiffes de faint Sulpice & de faint Côme. Ce règlement a été homologué au parlement par arrêt du 18 janvier 1677. On peut conclure de ces arrêts, que quoique l'érection d'une paroiffe & les bornes de fon territoire dépendent de la puiffance épifcopale, les conteftations qui s'élèvent à cette occafion entre les paroiffes établies font de la compétence des juges royaux.

Il n'y a que les évêques qui aient droit d'ériger des Cures : « les archevêques ou évêques, » porte l'article XIV de l'édit de 1695, pourront » avec les folemnités & les procédures accou- » tumées, ériger des Cures dans les lieux où » ils l'entendront néceffaire ».

Dans l'état actuel des chofes, toute érection de Cure eft néceffairement un démembrement d'une autre paroiffe. Cet établiffement eft donc en même-tems une fection de bénéfice ; opération que l'églife n'a jamais permife que pour de grandes raifons & des motifs d'une néceffité reconnue. D'après le chapitre *ad audientiam*, tit. *de ecclef. edif.* & le décret du concile de Trente, feff. 21, ch. 4, une des principales raifons pour ériger une Cure, c'eft lorfque la diftance des lieux & la difficulté des chemins empêchent une partie des paroiffiens de fe rendre à l'églife paroiffiale, & mettent obftacle à l'adminiftration des facrements.

Le grand nombre des paroiffiens n'eft pas une raifon pour ériger une nouvelle Cure, felon beaucoup d'auteurs, parce que, difent-ils, dans ce cas un Curé peut s'affocier des coopérateurs & des vicaires. Il faut convenir que cette raifon n'eft pas folide : un Curé ne peut pas fe multiplier à l'infini, & quelque vertueux & habiles que foient fes vicaires, ils n'ont jamais fur l'efprit des peuples le même degré d'autorité que le Curé. C'eft pourquoi lorfque les évêques ont érigé en Cure quelques fuccurfales, auxquelles abfolument parlant un vicaire pouvoit fuffire, leurs décrets ont été confirmés par les parlemens. C'eſt ce qui eſt arrivé en 1672 par rapport à ſaint Roch, qui juſques-là avoit été ſuccurſale de ſaint Germain-l'Auxerrois. Il fut dit n'y avoir abus dans cette éreĉtion, quoiqu'on prouvât qu'un ſimple vicaire pouvoit ſuffire pour la deſſerte.

Les évêques ſont juges de la néceſſité ou de la grande utilité de l'éreĉtion des Cures. Il ne faut cependant pas croire que leurs déciſions ſur ce point puiſſent être arbitraires. L'édit de 1695 les aſtreint à obſerver les ſolemnités & les procédures accoutumées. La principale & la plus importante de ces procédures eſt l'enquête *de commodo & incommodo*. C'eſt par elle ſeule qu'on peut s'aſſurer de la légimité des motifs qui ont déterminé à ériger la nouvelle Cure. Il faut entendre les parties intéreſſées. Le Curé & les marguilliers de la paroiſſe dont on fait le dénombrement ſont de ce nombre. Il en eſt de même des patrons, ſi cette paroiſſe eſt en patronage. Leur conſentement n'eſt pas néceſſaire ; il ſuffit qu'ils aient été appelés & entendus. On a aſſez fait pour la conſervation de leurs droits. Il paroît qu'autrefois on ne recouroit point au prince pour l'éreĉtion des nouvelles Cures ; cependant l'uſage a prévalu, & l'on obtient ordinairement des lettres-patentes ; c'eſt le plus ſûr ; & beaucoup d'auteurs prétendent que ſans cela, le nouveau titulaire ne pourroit pourſuivre & défendre en juſtice les droits de ſon bénéfice. Elles ſont indiſpenſablement néceſſaires, lorſque les habitans ſe chargent de fournir ſur leurs propres biens la portion congrue du nouveau Curé.

L'évêque doit pourvoir à la dotation de la nouvelle Cure. Il le peut, dit l'article XIV de l'édit de 1695, par union de dîmes & autres revenus eccléfiaftiques. Si le Curé de l'ancienne paroiffe eft gros décimateur, il doit contribuer à la portion congrue du nouveau Curé, au prorata de ce qu'il leve dans les dîmes. Cette nouvelle création de Cure ne changeant rien aux droits des décimateurs, il s'enfuit que le Curé n'a aucun droit fur les dîmes, à moins qu'on ne lui en abandonne une partie pour le remplir de fa portion congrue. Si les dîmes ne fuffifent pas pour cela, l'évêque doit y pourvoir par l'union de quelques bénéfices fimples. Si l'érection s'eft faite à la follicitation du feigneur & des habitans, c'eft à eux à affurer la fubfiftance de leur nouveau Curé. Dans les villes où les droits cafuels font confidérables & appartiennent aux fabriques, elles doivent payer la portion congrue; c'eft ce que nous voyons dans l'érection de la Cure de fainte Marguerite, fauxbourg faint Antoine ; la fabrique eft chargée de payer trois cens livres par an au nouveau Curé.

Cette érection faite en 1712 par M. le cardinal de Noailles, nous apprend encore que l'on conferve à l'églife matrice, des droits utiles & honorifiques. Les marguilliers de la nouvelle paroiffe de fainte Marguerite, doivent rendre tous les ans le pain béni dans l'églife de faint Paul, le dimanche dans l'octave de la fête de cet apôtre, aux dépens de la fabrique de leur églife, & payer ce jour-là dix livres à la fabrique de faint Paul & dix livres au Curé, lequel peut en outre, fi bon lui femble, venir tous les ans le jour de fainte Marguerite avec fon clergé y célébrer l'office divin & faire, mais seulement en perfonne, les fonctions curiales, auquel cas, il a le droit de partager avec l'autre toutes les offrandes & honoraires. M. de Harlay avoit fuivi à peu près les mêmes règles, en érigeant en 1673 la Cure de Bonne-Nouvelle qui étoit fuccurfale de faint Laurent. Cette nouvelle Cure fut chargée d'une redevance annuelle de douze cens livres en faveur du Curé de faint Laurent, à qui il fut accordé en outre, la moitié des offrandes que le nouveau titulaire recevroit aux fêtes de Pâques & de Noël.

Lorfque l'églife matrice eft à la pleine collation de l'évêque, il devient collateur de la nouvelle Cure : cela s'eft obfervé pour la Cure de fainte Marguerite. M. de Noailles s'en réferva la collation en qualité de collateur de faint Paul. Lorfque la nouvelle Cure eft dotée aux dépens des fonds de l'ancienne, l'ancien Curé devient Curé primitif & patron. Il eft encore dans l'ufage que les Curés primitifs deviennent patrons des églifes paroiffiales qui s'érigent dans leur territoire. C'eft pourquoi le prieur de faint Martin des Champs a acquis le patronage de la Cure de Notre-Dame de Bonne-Nouvelle, érigée dans le fauxbourg faint-Laurent. C'eft auffi pourquoi M. de Harlay a abandonné aux religieux de faint-Germain le patronage de toutes les Cures qu'on pourroit établir dans le fauxbourg faint-Germain. Il en eft de même lorfqu'une chapelle eft érigée en Cure ; le patron de la chapelle devient patron de la Cure. C'eft en conféquence de ce principe que les abbés de l'abbaye du Bec, en Normandie, font patrons des églifes paroiffiales de faint-Jean en Grêve , & de faint-Gervais de Paris. On a cependant trouvé un moyen pour ne pas accorder aux patrons des chapelles érigées en Cure, le patronage de la Cure : c'eft de laiffer le titre de la chapelle attaché à l'autel où il étoit, & d'annexer celui de la Cure à un autre ; par ce moyen l'évêque s'en réferve la collation, & les droits du patron font entièrement confervés. Cet expédient qui nous eft venu de Rome, a été mis en ufage lorfqu'on érigea en Cure la chapelle de fainte-Marguerite. M. de la Fayette en étoit patron laïc ; il prétendit en cette qualité devoir l'être de la nouvelle paroiffe érigée dans fa chapelle. L'affaire fut évoquée au confeil. Ele eft reftée indécife jufqu'en 1740, que madame l'abbeffe de faint-Antoine à qui M. de la Fayette avoit remis tous fes droits, la perdit au parlement de Paris. M. de Vintimille fut maintenu dans la pleine collation de la nouvelle Cure.

S'il eft des circonftances où il eft permis de divifer une Cure, ce n'eft jamais pour en former un bénéfice fimple & une vicairie perpétuelle. Cette divifion abfolument contraire à l'efprit de l'églife & à nos lois, ne pourroit manquer d'être déclarée abufive. Il en feroit de même des unions des Cures a des bénéfices fimples. En général l'union d'une Cure eft plus défavorable que fon démembrement. Il eft cependant arrivé qu'on en a uni à des feminaires ou à des chapitres. Nos ordonnances & le concile de Trente rendent les unions très-difficiles. Les articles XXII & XXIII de l'ordonnance de Blois, prouvent clairement que l'union des Cures à tout autre bénéfice qu'à des Cures, eft contraire à l'intention du légiflateur. Ces fortes de bénéfices, pour nous fervir des expreffions de M. Talon, font d'une fonction trop éminente & trop nécesflaire pour les unir à d'autres bénéfices qui font d'une dignité inférieure & moins utile dans la Hiérarchie ; ce feroit élever les membres avec le chef, & mettre la fille au même rang que la mere.

On a vu des paroiffes entièrement dépeuplées par les guerres, la pefte ou la famine. Le peu de paroiffiens qui pouvoient refter ne fuffifant point à l'entretien d'un Curé, ces bénéfices ont été réunis aux Cures les plus voifines. Mais cette union qui ne fe fait point par l'extinction d'un des deux titres, doit ceffer lorfque la caufe qui l'avoit occafionnée ne fubfifte plus ; & ces paroiffes venant à fe rétablir & à fe repeupler, les chofes doivent retourner à leur premier état. C'eft moins alors la divifion d'une Cure que le rétabliffement d'une ancienne. Rien de plus favorable dans le droit canon que cette divifion ; & fi les évêques ne s'y prétoient pas, foit pour favorifer les gros décimateurs, foit pour ne pas payer eux-mêmes une portion congrue, nous penfons que le titre de la Cure n'étant point éteint, & revivant par le rétabliffement de la paroiffe, feroit dans le´ cas d'être impétré en cour de Rome, ou d'être conféré par le fupérieur *jure devolutionis*, par droit de dévolution.

On a beaucoup difputé pour favoir à quelle marque on pouvoit reconnoître une églife paroiffiale. On lit dans le journal des audiences, un arrêt rendu le 12 février 1682, qui a admis des habitans à prouver que léur églife avoit

autrefois

autrefois été paroiffe, par les anciens veftiges
tant du cimetière que des fonds baptifmaux.
Corradus, Lacombe & plufieurs autres auteurs
remarquent avec raifon que ces preuves ne font
pas décifives, parce qu'il y a beaucoup de fimples fuccurfales qui ont des cimetières & des
fonds baptifmaux. Ce font cependant des préfomptions qui peuvent fe convertir en preuves,
s'il eft certain d'ailleurs que le lieu dont il eft
queftion, a été autrefois confidérable & qu'il
a fouffert des défaftres & des calamités.

Quant au rang que les paroiffes doivent tenir
dans les cérémonies publiques, voici les règles
qui s'obfervent. Toute paroiffe doit céder le pas
à la cathédrale. Elle le doit auffi dans le concours avec une collégiale. Quand il n'y a que
des paroiffes, la plus ancienne doit l'emporter
fur les autres. Si les Curés marchent fans leur
paroiffe, celui de la plus ancienne doit avoir le
premier rang, quoiqu'il foit le plus jeune ou le
plus nouveau des Curés. Il n'en eft pas de
même dans les fynodes ou affemblées du clergé,
Le tems de l'ordination fixe l'ordre des rangs.
C'eft la règle générale. Il y a cependant des
diocèfes où des ufages particuliers ont prévalu.
On eft obligé de s'y conformer. Les conteftations qui peuvent naître à ce fujet doivent être
portées devant les juges royaux. Elles ne fe
traitent que poffeffoirement, ce qui eft de leur
compétence. Deux arrêts des parlemens de Paris & de Rennes du 15 juillet 1602 & du mois
de mai 1603, ont déclaré abufives des procédures d'officiaux qui avoient voulu en connoître.

Voyez *d'Héricourt ; Goard ; Lacombe ; Jouſſe ; du Perrai & Gibert ſur l'édit de 1695 ; les mémoires du clergé ; le dictionnaire du droit canon ; le pere Thomaſſin ; inſtitutes de l'abbé de Fleuri , code des Curés ; Furgole des Curés primitifs ; Cabaſſut* &c. Voyez auſſi les articles DÉCIMATEUR, DIXME, PATRON, PORTION CONGRUE, FABRIQUE , &c. ( *Cet article eſt de M. L'ABBÉ REMY , avocat au parlement* ).

CUSTODES. On donnoit autrefois ce nom à ceux qui avoient ſoin des cloches, des ornemens , des linges & des autres meubles dont on fait uſage dans les égliſes.

C'étoit un office entièrement ſubordonné à l'archidiacre. Les fonctions qui y étoient attachées furent fixées par le concile de Tolede.

Ces fonctions ſont aujourd'hui partagées dans la plupart des chapitres entre le tréſorier & le ſacriſtain. Il y a cependant des cathédrales où il exiſte encore des offices de Cuſtodes , telle que celle de Saint-Omer.

Il y a auſſi dans la ville de Lyon une paroiſſe qu'on appelle Sainte-Croix qui eſt deſſervie par des prêtres qu'on nomme Cuſtodes. Cette paroiſſe eſt dans les dépendances de la métropole, & le chapitre eſt ſon curé primitif.

Il s'éleva il y a quelques années une conteſtation entre ces Cuſtodes & le chapitre de Lyon, pour ſçavoir s'ils avoient 1°. le droit d'aſſiſtance, 2°. celui de s'abſenter, 3°. celui d'avoir le ſel , & 4°. l'exemption des droits d'entrée du vin. Ces quatre queſtions ont été décidées en faveur des Cuſtodes par arrêt rendu en 1764 au parlement de Paris.

Le parlement de Provence, par arrêt du 4 mars 1677, a jugé que le facriftain d'une églife doit avoir la garde des vafes facrés & ornemens, par préférence au fous-facriftain, qui paroît cependant remplacer les anciens Cuftodes.

Voyez les articles CHAPITRE, SACRISTAIN, TRÉSORIER, &c. ( *Cet article eft de M. DESESSARTS, avocat au parlement* ).

CUSTODINOS. Ce mot eft employé en matière canonique pour marquer une efpèce de convention fimoniaque, par laquelle un titulaire d'un bénéfice prête fon nom à un autre pour en recueillir les fruits.

Comme une telle convention eft contraire à toutes les règles de la difcipline de l'églife, toutes les fois qu'on peut en rapporter des preuves, elle donne lieu au dévolut, & le bénéfice eft vacant de plein droit. Voyez CONFIDENCE. ( *Cet article eft de M. DESESSARTS, avocat au parlement* ).

CYPRÈS. On appelle *branche de Cyprès* un droit de traite qui fe perçoit au bureau de Blaye fur chaque navire chargé venant de Bourg, Libourne & Bordeaux. Il n'appartient au roi que le tiers de cet impôt, les deux autres tiers ont été cédés à la maifon de Saint-Simon.

Quant à l'origine de cet impôt, la chronique Bordeloife rapporte qu'anciennement les matelots qui venoient acheter des vins à Bordeaux, étoient dans l'ufage de remporter avec eux, comme une marque de triomphe, une branche de Cyprès dont ils ornoient leur vaiffeau. Ils étoient tellement attachés à cet ufage, qu'on imagina infenfiblement de leur faire payer un droit auquel ils se soumirent plutôt que d'y renoncer : & c'est à cette circonstance que l'on rapporte l'établissement de ce droit.

CYR. Voyez SAINT CYR.

*Fin du Tome seizième.*

## ADDITIONS ET CORRECTIONS.

### TOME XI.

Pag. 573, ajoutez après la seizième ligne, composée du mot salaire, ce qui suit :

.. Observez au surplus que tout ce que dit l'ordonnance qu'on vient de citer au sujet des greffiers des tailles, est aujourd'hui sans objet, attendu que ces officiers n'existent plus.

### TOME XVI.

Observez que depuis l'impression de l'article *Contrôleur général des domaines & bois*, le roi a supprimé par son édit du mois d'août 1777, les offices de cette nature, à l'exception de ceux qui ont été créés & établis dans les provinces & domaines dépendans des apanages des princes frères de sa majesté, & de M. le duc d'Orléans. Les titulaires de ces offices conservés doivent continuer leurs fonctions comme avant l'édit dont il s'agit; & ces fonctions font les mêmes que celles que devoient remplir les officiers supprimés dans les diverses généralités du royaume.

Pag. 247, lign. 5, vendues depuis, ajoutez, la réunion de cette île à la couronne, la déclaration, &c.

Pag. 249, lign. 17 & 21, Surrenne, lisez Sarrenne.

Pag. 251, lign. 11, excepté comme nous venons de la dire, lorsque l'inspecteur des bois est en coise, lisez excepté lorsque l'inspecteur des bois est partie.

*Les Tomes XVII & XVIII paroîtront en Mars 1778.*

www.ingramcontent.com/pod-product-compliance
Lightning Source LLC
Chambersburg PA
CBHW060823220326
41599CB00017B/2268